Franz Jung Werke in Einzelausgaben

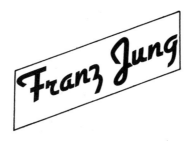

NACH RUSSLAND!
Schriften zur russischen Revolution

Reise in Rußland
Hunger an der Wolga
An die Arbeitsfront nach Sowjetrußland
Der neue Mensch im neuen Rußland
Die Geschichte einer Fabrik
Das geistige Rußland von heute
und verschiedene Artikel
Anhang: Rohbau

Werke 5

Publiziert bei Edition Nautilus

Franz Jung Werke 5
Editor dieses Bandes: Lutz Schulenburg

Editorische Notiz: Franz Jung, geboren 1888 in Neiße/Schlesien, verstorben 1963 in Stuttgart. Dieser Band präsentiert erstmalig zusammenhängend alle bislang bekannten Arbeiten Jungs zum Themenkreis Rußland. Zur Drucklegung wurden, soweit zugänglich, die jeweiligen Erstveröffentlichungen verwendet. *Asien als Träger der Weltrevolution,* in Der Gegner, Nr. 8/9, Berlin 1919. *Streng vertraulich!* und *Protokoll der Sitzung der Executive der Kommunistischen Internationale,* unveröffentlichte Typoskripte, 1920. *Reise in Rußland,* Verlag der Kommunistischen Arbeiter-Partei Deutschlands, Berlin 1920. *Die Wirtschaftsorganisation Sowjetrußlands,* in Der Kampfruf, Nr. 33, Organ der AAU, Berlin 1920. *Staatskapitalismus,* unveröffentlichtes Typoskript, undatiert, vermutlich 1921 nach Einführung der NEP geschrieben. *Hunger und Klassenkampf,* in Der Gegner, Nr. 1, Berlin 1922. *Hunger an der Wolga,* Malik Verlag, Berlin 1922. *Die Aufgaben der Internationalen Arbeiterhilfe in Sowjetrußland,* in Internationale Pressekorrespondenz, Nr. 80, 1922. *Die Schulkommunen der Internationalen Arbeiterhilfe im Ural,* in Rabočij žurnal, Nr. 2, Swerdlowsk 1922 (aus dem Russischen übersetzt von Fritz Mierau). *Über die Probleme der Arbeiterhilfe,* in Internationale Pressekorrespondenz, Nr. 126, 1922. *Emigrant,* Filmszenarium, Typoskript, 1923. *Der neue Mensch im neuen Rußland, Rückblick über die erste Etappe proletarischer Erzählkunst,* Verlag für Literatur und Politik, Wien 1924. *An die Arbeitsfront nach Sowjetrußland. Zum Produktionskampf der Klassen,* Vereinigte Internationale Verlagsanstalten (= Arbeiterhilfe und Sowjetrußland, Bd. 1), Berlin 1922. *Die Geschichte einer Fabrik,* Verlag für Literatur und Politik, Wien 1924. *Das geistige Rußland von heute,* Ullstein Verlag (= Wege zum Wissen, Bd. 25), Berlin 1924. Überschneidungen und Korrespondierendes in anderen Bänden der Werkausgabe: *Asien als Träger der Weltrevolution* wurde bereits in Bd. 1/1 veröffentlicht, dort finden sich auch die thematisch korrespondierenden Artikel: *Fröhliche Weihnachten, vergnügte Feiertage* (s.S. 270) und *Pawel Dorochow. Golgatha* (s.S. 281). Weitere Korrespondenzen zum vorliegenden Band in *Briefe und Prospekte* (Band 11): *An den Rat der Volkskommissare; Werte Genossen* (Brief an die KAPD); *Werter Genosse Radek; Betr. Ausbau der Propagandaabteilung; Erklärung; Lieber Franz Jung* (Brief von Sehren-Zöllner); *Von den Arbeitern der Metallurgischen Fabrik „Ressora". An den lieben Administrator Gen. Jung Franz Franzowitsch* (s.S. 44ff). Eigentümlichkeiten in Orthographie und Zeichensetzung Jungs wurden weitgehend gewahrt. Nur offensichtliche Druckfehler wurden korrigiert, fehlende Satzglieder dort ergänzt, wo sie für das Verständnis unerläßlich waren; gelegentliche Zusätze des Herausgebers finden sich in Doppelklammern. Weiterreichende Bearbeitungen unterblieben.

Originalausgabe
Edition Nautilus Verlag Lutz Schulenburg
Hassestr. 22 · D-2050 Hamburg 80
Alle Rechte vorbehalten
(c) by Verlag Lutz Schulenburg, Hamburg
1. Auflage 1991
ISBN: 3-89401-186-6 (Pb.)
ISBN: 3-89401-187-4 (Ln.)
Printed in Germany

Adolph Weingarten gewidmet

ASIEN ALS TRÄGER DER WELTREVOLUTION

Die Entwicklung der Revolution in Deutschland zeigt in unentrinnbarer Konsequenz, daß der Wille zur Revolution, das innere Bereitsein des revolutionären Kämpfers, einer ständig wachsenden Krise unterworfen ist bezw. dieser Krise zutreibt. Für eine oberflächliche Beurteilung mag es erscheinen, als ob diese Krise begründet ist in dem Gegensatz zwischen West und Ost, von dem die Völker-Psychologie alter und neuer Schule so viel Aufhebens macht. Die Psychologisierung der Revolution indessen oder besser des revolutionären Erlebens läßt zusehends diesen Unterschied zurücktreten und vereinfacht ihn auf die Plattform des Widerspruchs gegen die Autorität, und zwar eines Widerspruchs, der aus der individuellen Lebenseinteilung heraus zur Gemeinsamkeit solidaren Empfindens geworden ist. Die Solidarität in Widerspruch gegen das Autoritäre nicht nur in der politischen, sondern auch in der ideellen Auseinandersetzung zeigt eine Veränderung der Erlebens-Struktur, die die Unterschiede westlicher und östlicher Lebensauffassung beinahe überbrückt hat.

Die Literaturen des Westens empfangen schon seit den letzten Jahrzehnten diesen Solidaritätswillen, der als Drittes von außen her getragen ist, er erscheint von Osten, namentlich aus der russischen Volkspsyche. Und die Spuren dieser Beeinflussung sind selbst in so nüchternen realen Köpfen wie Bernard Shaw und Wells, sind in dem jetzt veröffentlichen Roman Jimmie Higgins Clarté und weiter zurück bei den Kulturkritikern Jules Vallès, Charles-Louis Philippe, den Brüdern Goncourt und anderen nachzuweisen. In Deutschland ist ein solcher Nachweis schwieriger, weil die deutsche Denkart, die deutsche Lebenstechnik zu wenig herausgearbeitete Selbständigkeit trägt, als daß sie sich im Gegensatz zu dem Empfangenen nach ihren Einflüssen projizieren ließe. Der deutsche Revolutionsinstinkt trägt als Hauptmerkmal nur die Bereitwilligkeit des Empfangens, die Kameradschaftlichkeit des Mitkämpfens und ist noch völlig ungeeignet, selbst zu sich heran Solidarität aufzurufen.

Die Tatsache der Verbürgerlichung des westlichen Revolutionswillens nach den Tagen der großen Revolution in Frankreich und ihres letzten Aufflackerns in der Kommune als Bestätigung des wiedergewonnenen Selbstbewußtseins der einzigen revolutionsfähig gebliebenen Klasse – des Proletariats – läßt auch von Westen her die Kristallisation der Revolution nach der Solidarität hin gehemmt erscheinen. Es zeigt sich daher immer mehr, *daß sich die Revolutionsgrundlage verschoben hat von der Erkenntnis zum Empfinden.* Das revolutionäre Empfinden vermag allein, sofern die Revolution auf Solidaritätszwang Anspruch macht, sofern also die Revolution nicht mehr der Ausdruck des einzelnen Willens, sondern der Weg zu dem neuen Leben, zur erleichterten weiteren, darum aber nicht weniger differenzierten Lebensform, geworden ist, den Träger des Kampfes um die neue Weltordnung ((zu)) bilden; um so mehr, als dieses revolutionäre Empfinden verankert ist in der Summe wissenschaftlicher Erkenntnisse, getragen von der Kontrolle einer fortgesetzt veränderlichen Selbsterkenntnis, die überwiegend den Elan des Widerspruchs in sich trägt und deren weiterreichende Bedeutung nur in der Betonung der Solidarität innerhalb dieses Widerspruchs begründet ist.

Man spricht Worte wie Elan, Begeisterung, Kampfesfreude, Erbitterung und Verzweiflung in der revolutionären Terminologie, verwendet davon mit einer Bedeutung, die beinahe ängstlich die psychologische Zersplitterung dieser Begriffe zu vermeiden sucht. Man bezeichnet damit die Weite des revolutionären Empfindens, die nicht angetastet werden darf, soll nicht die Sicherheit der Solidarität unter den Völkern innerhalb der Differenzierung der Volksempfinden verloren gehen. Man hütet sich, zu stark zu betonen, Ziele zu differenzieren, die möglicherweise mit der gleichen Kraft von dem anderen Volk nicht aufgenommen werden können. Trotzdem ist die innere Betonung der Grundlage jener Kampfmittel, auch wenn man sie nicht bestimmt fixiert, die gleiche, weil sie aus derselben inneren Quelle strömen, einer Quelle, deren Hauptmerkmal die Weltumspannung, die Weltverbrüderung und sozusagen das Allgemeine ist. Es ist, anders ausgedrückt, die Entfesselung des Weltempfindens, es ist die Gemütswucht in der deutschen Empfindungs-Terminologie gesehen, jene Gemütswucht, die in Deutschland zum Träger der Revolution sich durchgesetzt hat. Die Formen, unter denen diese revolutionäre Wucht nach außen zur Wirkung kommt, mögen verschieden sein. Sie zeigen in Deutschland beispielsweise eine gewisse Hilflosigkeit innerhalb der Auseinandersetzung über die politischen und wirtschaftlichen Kampfmittel der Revolution. Sie erscheinen hilflos, weil sie solange gehemmt sind, bis der direkte und klare Weg zur Quelle der Revolutionswucht freigelegt und solidaritätswirksam geworden ist.

Gerade dies ist der Hebel, den für die Völker psychologisch-differenzierter Revolutionen das Beispiel Sowjet-Rußlands bildet. Das System der Räte, geboren aus dem Empfinden des russischen Proletariats, dem überufernden, der Weite nach phantastischen und doch zur Naivität des reinen Glaubens kristallisierten Revolutions-Gemeinsamkeitswillen des russischen Volkes, stellt die Verbindung, die Erlösung und die treibende Kraft für die Freilegung der revolutionären Wucht der übrigen Welt dar. Die revolutionären Führer der westlichen Völker und Deutschlands, mögen sie es eingestehen oder nicht, hängen in der Luft, sobald sie den Kontakt mit Rußland aufgeben oder verloren haben.

In diesem Zusammenhang muß die neue gewaltige Arbeit Lenins und der Volkskommissare beurteilt werden zur Revolutionierung Asiens. In Moskau ist jetzt ein orientalisches Institut gegründet worden, das an Bedeutung und Auswertungsmöglichkeiten alle Universitäten, alle Bildungsanstalten der Welt, alle zentralen Organisationen zur Revolutionierung der Welt übertrifft. Moskau ist in diesem Institut zum Drehpunkt der Weltrevolution geworden, nicht so sehr durch den Sitz der Räteregierung, nicht so sehr durch die über alles Erwarten kühne und zielsichere Selbstbehauptung der russischen Revolution, sondern durch das Hineintragen des Propagandafunkens der Weltrevolution nach Asien, wie es das Moskauer Orientinstitut erstrebt. Die zahllosen Völkerschaften Asiens haben darin ihre Vertreter entsandt: die Nomadenstämme der asiatischen Steppe, die Tibetaner und Sibirier, die Baschkiren, Afghanen, Persen und die zahllosen Stämme Asiens nehmen dort den Gedanken der Weltrevolution in sich auf. Sie kämpfen als Asiaten den Kampf um das Gleichgewicht, um die Gleichheit der Menschen, ein Gedanke, der typisch asiatisch jahrhundertelang von der differenzierten Herrenkultur des Europäertums unterdrückt worden ist. Das Licht und die revolutionäre Welle aus Asien wird, wie schon vor Jahrhunderten, wieder als ungeheure Flut über die Welt hereinbrechen. Sie wird andere Merkmale zeigen in ihrer kulturellen Struktur, als die Völkerwanderungen in den Abständen der Jahrtausende. Sie wird heute die kommunistische Kultur, die in China bis auf den heutigen Tag fest verankert ist und unter einer dünnen Kruste kapitalistischer Zweckentwicklung, die seit der Absperrung Chinas durch die berüchtigte chinesische Mauer erst eingesetzt hat, über Europa und die ganze Welt tragen. Es ist der Funke einer dem Menschen nie wieder verloren gegangenen Erinnerung eines glücklichen Erlebens, an die Paradiessehnsucht einer kompromißhaft gewordenen Glaubensatmosphäre wie Judentum und Christentum, der im Aufleuchten ist und der in der Revolution aufgefangen sich zum Brande entwickelt.

Wir können der Ironie der skeptisch gewordenen europäischen Kultur, die den Bolschewismus mit dem Schimpfwort „asiatisch" abzutun glaubt, ruhig entgegensehen. Diejenigen unter uns, die den Funken empfangen haben, die voll Gemütswucht des Herzens getrieben auf die Straße gehen, Kameraden und Gleichgesinnte um sich sammeln und aus der Realität der Umwelt heraus politische Forderungen momentaner Zweckmäßigkeit verfechten, den Kampf um die politische Macht des Proletariats mit den im Augenblick gegebenen Mitteln führen, sind skeptischen Beurteilungen, autoritären Einwirkungen wissenschaftlicher psychologischer Sezierungsmethoden nicht mehr zugänglich. Die Kristallisation der Tatsache, daß alles schlecht ist, daß der Starke den Schwachen überwindet, daß gleich wie die Naturgesetze undefinierbaren Gewalten unterworfen, auch die Gesetze des Miteinanderlebens der Menschen von kompromißhaften Entwicklungen, von einem Zweckmäßigkeitsausgleich abhängig sind, vermag viele zu schrecken, vermag die Gemütswucht zu zersplittern in minderwertiges Empfinden und in die Zustände dämmernder Verzweiflung. Diejenigen, die den Gemütsfunken empfangen haben, die den Kommunismus in seiner Erlösungs-Atmosphäre, in seiner Verantwortungssphäre nach innerer Selbsterkenntnis in sich tragen, vermag dies nicht zu schrecken. Der asiatische Wille nach Gleichheit und Gemeinsamkeitsfreude, der in Moskau zu unerhörter Wucht sich sammelt, wird unüberwindlich sein.

STRENG VERTRAULICH!

An den Wirtschaftsbezirk

Werte Genossen!

Die Verhandlungen sind abgeschlossen; der Bericht ist zwar noch nicht in unserer Hand, doch ist Resultat bekannt. Es handelte sich um 3 Punkte: 1. Einheitlichkeit der Partei 2. Parlamentarismus 3. Gewerkschaftsfrage. Zu 1. wurde uns Pamphlet Wolffheim-Lauffenberg vom 1. Mai vorgelegt, ferner Resolution Rühle (Ostsachsen) über Tendenz zur Zerstörung der Partei. Wir erklärten uns mit beiden nicht einverstanden, insbesonders Ansicht, daß Levi als Organisator des Bürgerkrieges die Front 1918 von hinten erdolcht habe. Gesamtlage der Partei ist dadurch entscheidend sabotiert worden, sodaß Forderung auf Reinigung der Partei von diesen Tendenzen von uns bewilligt. Wir erklärten diesbezüglich Antrag zu stellen. Zu 2. und 3. vertraten wir konsequent unsern Standpunkt. Es wurde zugestanden, daß Partei, *die zum II. Kongress der III. Internationale Mitte Juli nach Moskau eingeladen ist,* dort ihren Standpunkt vertreten soll. Die Exekutive will die Fragen auf die Formel bringen, daß keine Partei sich in der Taktik von den Massen entfernen darf. *Wir müssen also beweisen, daß wir bei den Massen trotzdem bleiben.* Von *Lenin* erscheint Broschüre über „Kinderkrankheiten der linken Kommunisten", die für Elastizität der Taktik eintritt. An Hand der Broschüre, die gegen uns sich wendet, müssen wir Analyse der Bewegung in Deutschland geben, die unsere Auffassung erklärt. Wir ersuchen also den Parteitag für Anfang Juli einzuberufen, damit die neue Delegation noch zurechtkommt. Den *Weg* bringen wir. Wir hoffen noch zurecht zu kommen. Die Antwort an uns soll in „brüderlichem" Ton gehalten sein. Mittel bringen wir nicht, doch wird ein neuer Vertreter zu uns delegiert von der Exekutive, der diese Dinge mit uns regeln soll, auch bezüglich Aufträge für die K.O.

Wir bitten dringend, keine persönlichen Momente mehr in die Auseinandersetzung hineinzutragen und den Weg für die *einheitliche* Front in der bevorstehenden Aktion zu ebnen.

Franz Jung, Berlin   J. Appel, Hamburg

PROTOKOLL DER SITZUNG DER EXECUTIVE DER KOMMUNISTISCHEN INTERNATIONALE VOM 20. UND 25. MAI

Im Namen der Parteileitung der KAPD erstatten Genosse A. und J. den Bericht über die zur Spaltung der Kommunistischen Partei Deutschlands führenden Gegensätze, über den Standpunkt der KPD und fordern die Aufnahme ihrer Partei in die Kommunistische Internationale.

Die Executive nahm zu dem Bericht Stellung durch eine eingehende Diskussion und Fragen. In erster Linie wurde von den Mitgliedern der Executive festgestellt, daß die Behauptung der Vertreter der KAP, ihre Partei bilde ein einheitliches politisches Gebilde den Tatsachen widerspreche, während sich der Gründungsparteitag der KAPD für den Bauernkrieg und die rücksichtslose Durchführung der proletarischen Diktatur ausgesprochen hat, gibt das Mitglied der KAPD Heinrich Laufenberg und Fritz Wolfheim im Auftrage der ersten Bezirkskonferenz des Bezirks Nord dieser Partei ein neues Manifest aus, in dem einem der Führer des Spartakusbundes der Vorwurf gemacht wird, er habe im Oktober 1918 also zur Zeit wo noch die kaiserliche deutsche Regierung bestand, die deutsche Front durch seine Agitation erdolcht. In demselben am 1. Mai schon nach der Gründung der KPD herausgegebenen Dokumente, wird demselben Führer des Spartakusbundes vorgeworfen, er organisiere den Bürgerkrieg. Diese Stellungnahme Laufenbergs und Wolfheims im Namen einer ganzen Bezirksorganisation der KAPD beweist, daß sie konterrevolutionäre, nationalistische Elemente enthält, mit denen die Kommunistische Internationale nichts gemein hat. Es wurde festgestellt, daß diese konterrevolutionären, nationalistischen Elemente gegen den Spartakusbund eine antisemitische pogromartige Agitation führen, seine hervorragendsten Vertreter als Agenten des englischen Kapitals den Mörderzentralen der Kappisten denunzieren. Die Vertreter der Parteileitung der KAPD erklärten, daß sie den Artikel der Kommunistischen Arbeiterzeitung vom ..... und das Pamphlet Laufenbergs und Wolfheims für unvereinbar mit den Grundsätzen und der Taktik der KAPD aufs tiefste verurteilen, daß sie sich verpflichten: 1) ihrem Parteivorstand die Einleitung des Ausschlußverfahrens gegen Laufenberg und Wolfheim einzuleiten, 2) daß sie den

Nordbezirk aus der Partei ausschließen werden, falls er sich hinter Laufenberg und Wolfheim stellt. Sie sprachen die Überzeugung aus, daß, wenn Laufenberg und Wolfheim ihr Pamphlet im Namen der Konferenz des Nordbezirkes herausgegeben haben, so muß es sich hier um einen Mißbrauch des Namens des Nordbezirks handeln.
Daraufhin wurde von den Vertretern der Executive festgestellt, daß die KAPD in ihren Reihen Organisationen dulde, die sich überhaupt gegen die Existenz Kommunistischer Parteien aussprechen. So die Dresdener Organisation der KAPD, die am 16. April die Resolution Rühles annahm, in welcher erklärt wird, jede Partei müsse opportunistisch und konterrevolutionär sein. Die Vertreter der Executive erklärten, daß selbstverständlich der Kommunistischen Internationale keine Parteien angehören können, welche in ihren Reihen Organisationen dulden, die durch einen solchen Standpunkt die Weltrevolution in ihrem Lebensnerv bedrohen. Nichts hindere mehr das westeuropäische und amerikanische Proletariat an der Verstärkung und Ausbreitung seines revolutionären Kampfes wie das Fehlen starker revolutionärer Kommunistischer Parteien.
Die Vertreter der KAPD erklärten sich mit dieser Auffassung einverstanden und verpflichteten sich 1) ihren Parteivorstand zu veranlassen gegen Otto Rühle das Ausschlußverfahren einzuleiten, 2) die Dresdener Organisation auszuschließen, wenn sie sich hinter Rühle stellen sollte.
In der darauffolgenden Diskussion wurde das Verhältnis der KAPD zu der Gewerkschafts- und Parlamentsfrage diskutiert. Die Executive stellte fest, daß der Standpunkt der KAPD in beiden Fragen ihrer Auffassung strikt entgegengesetzt ist. Der Verzicht auf den Kampf um die Eroberung der Gewerkschaftsorganisationen, die Bildung der Arbeiterunionen, die nur in vorne hinein bewußte, revolutionäre Arbeiter aufnehmen sollen, müsse zur Isolierung der Kommunisten von der Masse führen. Die Behauptung der Vertreter der KAPD ihre den Gebrauch des Parlamentarismus regierende Stellungnahme, sei nur daraus zu erklären, daß Deutschland jetzt direkt vor dem Ausbruch der entscheidenden revolutionären Kämpfe stehe, wurde seitens der Vertreter der Executive widerlegt durch den Hinweis auf die Resolution des Gründungsparteitages der KAPD, die die ablehnende Stellung zum Parlamentarismus allgemein ablehne für

die ganze Periode der sozialen Revolution, wie durch den Hinweis, daß doch die Elemente, die sich in der KAPD zusammengeschlossen haben, nicht nur heute, sondern seit Jahr und Tag diesen Standpunkt einnehmen, also auch in der Zeit, wo die überwiegende Mehrheit der Arbeiterschaft Deutschlands nichts von der Diktatur des Proletariats wissen wollte und man darum garnicht daran denken konnte, man stehe vor entscheidenden revolutionären Kämpfen. Die Vertreter der KAPD hielten ihren Standpunkt aufrecht, als ein Resultat der Erfahrungen der deutschen Revolution. Daraufhin wurde ihnen von der Executive die Frage gestellt, ob sie sich dem Beschlusse des II. Kongresses der Kommunistischen Internationale unterwerfen werden. Die Vertreter der KAPD erklärten, daß falls ihnen die Möglichkeit gegeben wird, ihren Standpunkt vor dem Forum des Kongresses zu verteidigen, sie sich seinem Beschluß fügen werden.

Zum Schlusse wurde seitens der Vertreter der Executive erklärt, die Kommunistische Internationale könne nicht dulden, daß seitens der KAPD gegen die KPD und ihre Führer und insbesondere gegen den Genossen Paul Levi, der gleichzeitig ein Vertreter der Executive der Kommunistischen Internationale ist, ein Verleumdungsfeldzug geführt wird, daß Parteiversammlungen gesprengt, Redner physisch bedroht werden. Es sei angenommen, der KAPD die Taktik der KPD und ihrer Führer zu bekämpfen, aber der geistige Kampf in den Reihen der Kommunistischen Internationale dürfe doch nicht weder mit vergifteten Waffen der Verleumdung, noch mit Terror geführt werden. Die Vertreter der KAPD erklärten, sie hätten doch schon diese Kampfesweise selbst verurteilt und werden in Deutschland das ihrige tun, daß sie aufhört. Sie weisen aber darauf hin, daß diese Kampfesweise ein Resultat der Verleumdungen seitens der „Roten Fahne" ist, die die KAPD der Beziehungen zu der Kappclique beschuldigte.)** Seitens der Executive wurde geantwortet, daß die Zentrale der KPD sich öffentlich erboten hat, dem Parteivorstand der KAPD zu beweisen, welche Mitglieder der KAPD Verhandlungen mit den Kappleuten geführt haben, daß demnach es die Pflicht der Vertreter der KAPD war, die Stichhaltigkeit der politischen Anklagen der Zentrale zu untersuchen, nicht aber zu dulden, daß der Vertreter der Kommunistischen Internationale, Levi, als bestochener Agent des englischen Kapitals dargestellt wurde. Die Executive wird in den nächsten Tagen den

Vertretern der KAPD die Antwort auf das Ersuchen der Aufnahme in die Kommunistische Internationale erteilen.

Zusatz der Genossen Joh. Appel und F. Jung.
)**. Sie erklären ferner, in einer besonderen Denkschrift die verleumderische Kampfesweise des Spartakusbundes der bisherigen Opposition, jetzigen KAPD gegenüber der Executive darlegen zu wollen.

Joh. Appel   F. Jung

Reise in Rußland

VORBEMERKUNG

Um die Bedeutung der russischen Sowjetrepublik für die Umgestaltung der Welt richtig einschätzen zu können, genügt es nicht, den politischen und ökonomischen Apparat des sozialistischen Rätestaates an Ort und Stelle studiert zu haben. Es genügt nicht allein die Bewunderung der bereits geleisteten Riesenarbeit an Organisation, die dem durchschnittlichen Westeuropäer am gewaltigsten auffällt, da er die Ergebnisse nicht im Einklang mit seine vorgefaßten Meinungen über Rußland und das russische Volk findet, es genügt nicht die „wohlwollende", weil überhebliche Wiedergabe des Volkslebens unter den Räten, das sich so grundsätzlich in der Struktur der Volkspsyche von jeder Nation zu scheiden beginnt und daher der skeptischen Ironie des kulturlüsternen Beurteilers so leichtfaßlich sichtbar wird. All das, die Feuilletons und Bücher über Sowjetrußland vermögen bisher keinen anderen Eindruck von dem Beginn des kommunistischen Zeitalters wiederzugeben als den der Rückständigkeit ihrer Verfasser, die, aus der bourgeoisen Kultur stammend, mit den Schlacken bürgerlicher Entwicklung, Erziehung der Familie beladen, sich mit jedem Wort weiter von dem entfernen, was sie, falls sie überhaupt ehrlichen Willen haben, beschreiben wollen. Für den deutschen Schriftsteller ist es noch überdies besonders peinlich, über Rußland zu schreiben, solange die deutsche Revolution noch nicht den geringsten Versuch gemacht hat, den Kern der russischen Revolution, den neuen Wesensinhalt des sozialistischen Aufbaus, ja überhaupt des sozialistischen Gedankens zu begreifen.

Ich bin mit einem Kameraden durch Rußland gereist, nicht in der Absicht, Land und Leute kennen zu lernen, die Sowjetinstitutionen zu studieren oder Vergleiche zwischen sozialistischen und kapitalistischen Staatsformen zu ziehen. Ich weiß, daß darüber von Sachverständigen wie von Literaten eine Flut von Literatur im Entstehen ist. Ich fühlte mit jedem weiteren Tage in Rußland den fast unüberbrückbaren Riß zwischen der alten und der neuen Welt, und ich weiß, daß jede Literatur über dieses Rußland, abgesehen von einem gewissen, wenngleich mir zweifelhaften Propagandawert, Unfug ist, solange sie nicht lediglich den russischen Maßstab benützt, die eigenen Verhältnisse, die politischen sowohl wie die sozialen im eigenen Lande, die kulturellen und auch die persönlichen zu messen und zu überprüfen. Und wenn ich mich doch noch entschlossen habe, mit dieser Skizze des neuen Rußlands zur Vermehrung der oben gekennzeichneten Literatur beizutragen, so drängte sich mir dieser Entschluß auf, nachdem ich Rußland bereits verlassen hatte. Ein unvorhergesehener Aufenthalt in einem Fjord des nördlichen Norwegens ließ mir die Muße, den Gesamteindruck Sowjetrußlands, der ungewollt sich mir immer plastischer gestaltet hatte, ungestört auf mich wirken zu lassen. Dort in einer Fischerhütte, die an die kahlen Felsen geklebt, noch mitten im Sommer, umgeben von Schnee und Eis, Ausschau zu halten scheint nach dem benachbarten Rußland, hatte ich Gelegenheit, mit norwegischen Fischern und Arbeitsleuten über die Rätemacht zu sprechen. Als ich diese Menschen, die kaum noch mit den kapitalistischen Kulturzentren der alten Welt in Berührung kommen, und die, was die Vorgänge in der Welt anbelangt, immer einige Wochen zurück sind, von ihrer Unterstützung der finnischen Revolution erzählen hörte, als sie vor Freude aufsprangen, als sie erfuhren, daß auch in Deutschland die Revolution noch nicht tot sei, sondern zur Entscheidung jetzt dränge, und ich den Stolz in den blitzenden Augen sah, als sie mich nach Rußland fragten und ich ihnen die Bilder zeigte, die sie immer wieder in verhaltener, schüchtern kindlicher Begeisterung betrachteten, die Bilder von der roten Armee, den Demonstrationen, den Arbeitsschulen, den Arbeiterpalästen – da begriff ich, daß sie ein starkes Bewußtsein hatten, an all dem mitzuwirken. Es war *ihr* Werk, und es war *für sie* das, was jetzt Räterußland für die ganze Welt und für alle Völker ist. Die Fischer im entlegenen Finnmarken haben wenig vom Klassenhaß. Der Klassenkampf steht ihnen nicht so unmittelbar vor Augen wie dem Proletariat anderer Völker, denn sie setzen bei ihrer Regierung schließlich immer noch das durch, was sie verlangen. Aber sie leben den Kampf um die Rätemacht mit ihren Arbeitsbrüdern draußen in Europa mit und lauschen über das Meer nach dem Pulsschlag der Weltrevolution. Dort begriff ich, wie weit das deutsche Proletariat, das deutsche Volk an Selbsterziehung zur proletarischen Revolution und zum neuen Menschentum noch zurück ist. Dem deutschen Volk an dem russischen Beispiel den Gedanken der Selbstdisziplin, der Gemeinschaft, der Brüderlichkeit und der gegenseitigen Hilfe näher zu bringen, das ist der Zweck dieser schnell hingeworfenen Skizze.

DIE ERBSCHAFT DER AMERIKANER

Der Reporter, der Salonsozialist, der Literat, Typen, die zu Dutzenden sich in Rußland zur Zeit herumtreiben, wissen so vieles von der Langsamkeit des russischen Lebens zu erzählen. Das russische „ssetschas" (gleich, sofort) ist zum Charakterisierungswort für das russische Tempo geworden, und jeder schätzt sich besonders geistreich, das Kindlich-Träumerische im Volkscharakter, das fatalistische Sichgehenlassen im sozialistischen Rußland wieder gefunden zu haben. Well, sagen die einen, das russische Volk hat sich nicht geändert, und lächeln über ihre Gastgeber, die Sowjets, mit der Miene des Besserwissers. Oder: das russische Volk ist eben noch nicht reif. Sie sind alle Kinder, bestimmt, von der ungeheuren Ausdehnung ihres Landes überwältigt und zerrieben zu werden; denn sie können ihre organische Zusammenfassung nicht gestalten --- meinen andere, und überall liegt ein richtiger Gedanke versteckt. Es beweist sich die Anschauung, daß, was vom Gifte des Kapitalismus genährt ist, daran sterben muß. Die bürgerliche Denkungsweise bleibt, wo sie vorherrschend war, und ein Teil davon haben wir ja alle nach wie vor, daran ändert die Revolution so gut wie nichts in dieser Generation, und zerrieben wird die Masse des Volkes ganz gewiß. Mit fabelhafter Präzision siebt die sozialistische Staatsmaschinerie die Tüchtigen von den Untüchtigen, die Arbeiter von den Drohnen, die neuen Menschen von den alten. Der Ausscheidungsprozeß ist ganz ungeheuer, man sieht die Menschen geradezu fallen, zerpreßt werden und verfaulen. In einem rasenden Tempo wird der neue Mensch geschmiedet. Unter der Moskauer Kaufmannschaft soll der Prozentsatz der Gehirnerkrankungen einen ganz gewaltigen Aufschwung genommen haben. In den Teilen Räterußlands, die von den Weißen besetzt waren, wütet der Flecktyphus. Bezeichnenderweise ist die rote Armee davon völlig frei, doch kann man mit Sicherheit annehmen, daß der Bourgeois aus Jekaterinburg oder Wologda oder Smolensk, der zur Ordnung seiner Geschäfte nach Moskau reist, unterwegs im Waggon sich den Flecktyphus holt. Alle sprechen in Rußland davon wie von einem Wunder. Die Widerstandskraft des Bürgers ist vollkommen zusammengebrochen. Er wartet schon verwesend auf sein Ende, das rasende Tempo wird ihn vollends verschlingen. Diese Entwicklung geht in jedem Einzelnen vor sich, und die Besten unter den Besten sind jeden Tag genötigt, in eiserner Selbstdisziplin sich von neuem zu stählen, den Reinigungsprozeß, der ihr eigenes Innere, ihre Gedanken und Überbleibsel aus der alten Zeit erfaßt, ohne zu große Verluste an neuem Mut und Initiative zu überstehen. Das ist ein physischer Grundvorgang in Rußland, der geflissentlich übersehen wird, weil er nicht so sehr typisch russisch, sondern allgemein für die ganze Welt kennzeichnend werden wird.

Dem Tempo des Innenlebens sind die Aufgaben des praktischen Außenlebens voll angepaßt. Wird Amerika an Psychotechnik heute von Rußland bereits überflügelt, so auch in der sagenhaften Organisation des Städtebaues. Ich hatte das besondere Glück, den ersten Eindruck von Räterußland an den Häfen der Murmanküste zu erhalten. In der Tat scheint der Eindruck von Alexandrowsk und Murmansk so der Buchschilderung einer beliebigen amerikanischen Goldgräberstadt entnommen, daß er fast unwirklich und verzerrt grotesk wirkt.

Alexandrowsk, das während des Krieges einen gewaltigen Aufschwung genommen hatte – sollte es doch besonders für Amerika ausgebaut werden ähnlich wie die französischen Häfen Saint-Nazaire und Le Havre –, hat die Revolution einfach stillgelegt. Vom Meer steigt die Stadt steil an. Die Seestation, die Kommanantur, die Schule grüßen mit roten Flaggen. Es ist gerade der erste Mai. Schnee liegt noch auf den Hängen. Der erste Mai wird in Rußland mit sechsstündiger Freiarbeit gefeiert. Oben vor der Kommandantur drängen viele Hunderte. Sie reihen sich ein in Kolonnen, die, militärisch ausgerüstet, an die Arbeitsstelle abrücken. Lachende Gesichter, und später beim Schneeschaufeln treibt einer den anderen unter Scherzen an. Das war unser erster Eindruck von Rußland. Und ferner: ein Einzelner arbeitet für sich, schaufelt Schnee vor der Tür seines Hauses; es war der Pope, und das Blockhaus war die recht bescheidene Kirche. Verlassene Schienenstränge, abgerissene Häuser, deren Grundbalken gerade noch stehen, halbverfallene Schuppen erzählen, daß eines Tages die Stadt von dem Kapital verlassen worden ist.

Die weißrussische Regierung, der General Miller, die mit dem Vorstoß der Engländer 1919 im Norden sich gebildet hatte, hat ihr weiteres Interesse der Stadt nicht mehr zugewendet, und die Räteregierung beeilt sich, das noch vorhandene Material wegzuschaffen. Alexandrowsk als Kriegshafen hat ausgespielt. Die Murmanbahn ist über Murmansk nicht hinausgekommen, und dort sammelt sich auch das Interesse für den Wiederaufbau. In Alexandrowsk sieht man kaum einheimische bodenständige Bevölkerung. Die Stadt macht den Eindruck, als würde sie verladen, wie man die Holzbauklötzer nach beendetem Spiel wieder in den Kasten packt. Das Gegenstück bildet Murmansk. Der Hafen bietet ein überwältigendes Bild. Hohe Berge ringsum, dünnbewaldet, schwarze Tannen, die wie spitze Pfähle fast ganz ohne Zweige aufragen. In diese Bucht voll unheimlicher Düsterkeit einer klassischen Strenge gerader Steillinien fühlen sich die Molen wie die Finger einer Hand vor, dazwischen stauen sich in wirrem Durcheinander alle möglichen Fahrzeuge, Torpedoboote, Eisbrecher, Trawler, englische und amerikanische Jachten, die zurückgelassen werden mußten, Minenleger, Panzermotorboote, längst abgetakelte Handelsfahrzeuge, die weiß Gott woher jetzt hier zusammengeschleppt worden sind. Das Hafengebiet selbst ist ein düsteres Chaos. Ein Gewirr von Schienensträngen, deren Schwellen teilweise verschwunden sind, man tritt durch den losen Schnee in ein tiefes Wasserloch ——— Berge von Kisten und Fässern sind aufgestapelt, amerikanisches Material, das an den Küstenstationen jetzt gesammelt worden ist und vorläufig für irgendwohin an Land geworfen wird. Halb im Wasser schon die unendliche Reihe der Lagerhäuser, vollgepfropft mit amerikanischen Waren und Lebensmitteln. Die an Zigaretten, Marmeladen, Speck, Kakao, Mehl zurückgelassenen Vorräte sind kaum noch zu übersehen, dazu das Heeresgut, Bahnmaterial, Ausrüstungsgegenstände wie Gummistiefel, Rasierapparate usw.; es ist phantastisch, zu denken, daß die amerikanische Kriegsindustrie sich hier im russischen Norden gewaltsam ein Ventil geschaffen hat. Die Stadt schiebt sich tiefer in den Wald hinein, vorbei an Hunderten von Wellblechbaracken, an Camps, Tennis- und Fußballplätzen, vorbei an noch gut erhaltenen Plakaten, in denen die Comrades aufgefordert werden, die Singhalle einer Miß Ivandom zu besuchen für wohltätige Zwecke, dazwischen die russischen Blockhäuser und die windschiefen Erdhütten der Ortsansässigen. Eine Straße gibt es nicht. Dagegen breitet sich rings um die Stadt ein endloser Morast, ein schauriges Hochmoor aus, in dem erst die deutschen und westeuropäischen Kriegsgefangenen und später die Engländer zu Hunderten und Tausenden umgekommen sind. Ein Schritt vom Wege ab bedeutet schon sicheren Tod bei der Unmöglichkeit, eine Orientierung zu finden. Viele Hunderte Werst geht die Murmanbahn über dieses Moor. Zahllose Bäche, Wasserfälle, Katarakte brausen durch die „Stadt", dort, wo die Möglichkeit vielleicht gegeben war, Straßen anzulegen. Auf den Trümmern eines für den Hafenverkehr bestimmten Gleisnetzes fahren über Abgründe und Pfahlbrücken trotz riesiger Granitblöcke, die von Zeit zu Zeit unter Donnergepolter auf die Schienen rollen, und unbeschadet gewaltiger Erdrutsche fast an dreißig Lokomotiven die Kreuz, die Quer. Es ist bei bestem Willen nicht möglich, den Zweck dieser Fahrten zu erkennen. Die Lokomotiven stoßen fürchterliche Schreie aus, die von den Bergwänden wiederhallen, manchmal bellen sie kurz wie bissige Hunde, die man verscheucht. Das ist Murmansk. Man möchte im ersten Augenblick sich die Ohren zuhalten und davonrennen.

Das soll Rußland sein?

Ja, hinter diesem Chaos, in dieser Hölle von Verwirrung und Durcheinander hockt noch unscheinbar, aber dafür um so zielbewußter das neue Rußland. Es kostet Mühe, sich hineinzufinden, viele gehen achtlos drüber weg. In einer Situation, wo der deutsche Verwaltungschef, der amerikanische Manager sich vor Verzweiflung die Haare ausraufen würden, bleibt der russische Kommunist sehr gelassen. Er gibt vom Waggon, mit dem er aus Petrograd oder direkt aus Moskau eingetroffen ist, und den er auch in Murmansk nur höchst selten verläßt, seine Anweisungen. Der ganze politische und ökonomische Verwaltungsapparat wird gleich mitgebracht, der örtliche Sowjet zusammengestellt, die Kontrolle über die örtlichen Funktionäre organisiert. Der Telegraph arbeitet, vom ersten Tage seiner Ankunft an erscheint bereits der tägliche Rosta-Bericht. Meetings werden zusammengetrommelt, täglich zwei bis drei Ansprachen gehalten, Kinderheime, Lesehallen, Arbeiterklubs errichtet. Arbeiterbataillone kommen nach, Kolonisten, rote Marine, Stabsquartiere wachsen empor, in 14 Tagen verfügte der Ort bereits über 400 Telephonanschlüsse, das Netz der sozialistischen Staatsmaschinerie ist über den Platz gespannt. Nun beginnt sie zu arbeiten. Nicht so sehr nach außen sichtbar. Zunächst sondern sich aus der vorhandenen Stammbevölkerung die arbeitsfähigen Elemente aus. Die breite Masse wird jetzt bearbeitet durch Propaganda, durch Politik, durch Arbeitszwang, durch Hunger. Hinter allem eine verschwindend kleine Zahl Zielklarer, die Vertreter der Staatsgewalt, überwiegend ortsfremd. Sie geben den Umriß, die Grenzen, in denen der Aufbau sich vollziehen soll. Der neu geschaffene politisch-ökonomische kulturelle Organismus soll da hineinwachsen, und wo alles noch stockt, helfen sie nach. Und siehe, für den Durchreisenden noch nicht sichtbar, entwirrt sich das Knäuel. Man sieht noch nicht direkt die Leute bei der Arbeit, verängstigt laufen sie noch hin und her, und viele, sehr viele Arbeit wird noch vergeudet; in Gruppen hocken sie um ihre halbverfallenen Hütten, starrend vor Schmutz, und betteln von den Soldaten Tabak oder tauschen irgendwelche Schieberware, aber allmählich, allmählich flaut dieses ab. Die ersten Transporte rollen aus Murmansk heraus. In die Schuppen kommt Ordnung, doch merkt man kaum, daß über viertausend Mann Militär eingerückt sind und über den Hafen verteilt werden. Der Dampferknäuel entwirrt sich. Eine Kommission nimmt sozusagen den Bestand auf, unermüdlich Tag für Tag. Da sitzt zugleich ein Vertreter des Auswärtigen Amtes, um offizielle Verhandlungen mit Norwegen zu führen. Goldtransporte gehen als Tauschmittel für Lokomotiven über die Grenze. Delegationen treffen ein, Meetings, Paraden, Konzerte. Das war Murmansk im Mai. Und im Juni? Die karelische Frage wird aufgerollt und im Sinne der Bevölkerung entschieden. Es wird Licht. Die Außerordentliche Kommission arbeitet verblüffend. Ihr Büro ist in einem Wellblechverschlag, fast unter offenem Himmel. Die Beamten wechseln fortwährend. Resultat: Kommissare werden zurückberufen, Parteifunktionäre abgesetzt, ein Deutscher, den der deutsche Rat zur Verwaltung der nationalisierten Dampfer empfohlen hatte, wird schon nach 14 Tagen wegen dunkler Paßaffären eingelocht. Dazwischen werden Spione aller Nationalitäten verhaftet, beobachtet, über die Grenze gebracht. Gefangene Engländer, Dänen, selbst Marokkaner stolpern zwischen den Gleisen. Die Stadt atmet auf, fühlt man. Das sind 4 Wochen Entwicklung in Sowjetrußland. in weiteren Wochen wird die karelische Republik emporwachsen. Dann wird da oben ein Tempo einsetzen, von dem man sich in Westeuropa überhaupt keine Vorstellung machen kann. Karelien besitzt Mineralien, wie bestes Eisenerz, in Hülle und Fülle, es besitzt Kohlen, Naphta und Wasserkräfte, ungeheure Wälder. Eine Holzindustrie ist im Entstehen, die aus Finnland die besten Kräfte schon jetzt aufsaugt. Eine neue Phase der ökonomischen Revolution, Abschnürung des weißen Finnlands durch die finnischen revolutionären Arbeiter bereitet sich vor, und Rußland schenkt bereitwilligst den finnischen Brüdern alles hin, das Land, die Organisation und die Mittel --- Man muß den kommunistischen Staat begreifen lernen.

DIE MURMANBAHN

Die Geschichte der Murmanbahn ist zugleich das Spiegelbild der letzten Etappe in der kapitalistischen Entwicklungsgeschichte Rußlands. Unter den letzten Zuckungen des Zarismus erbaut, als strategische Bahn im Weltkrieg von größter Bedeutung für den russischen Kapitalismus, sollte sie dessen Vollendung zum amerikanischen Trustkapital beschleunigen helfen. Milliarden wurden vom Großkapital der Welt geopfert, um den Weg zur Ausbeutung Rußlands vom Norden her frei zu machen. Der russische Kapitalismus wollte die ihm vielleicht noch verbliebenen Etappen der Verteidigung und Organisierung seiner im Kriege errungenen Machtstellung überspringen und brach so auch vorschnell und fast kampflos in sich zusammen. Die Profitgier des zaristischen Staatssäckels und dessen Stützen, die Kriegsindustrie, konnten nach den Opfern dieses Bahnbaus nicht fragen, sofern nur die glatte Zahlenrechnung auf dem Papier für die Zukunft in Ordnung schien. Was dieser Bahnbau an Menschenverlusten gekostet, darüber bestehen keine genauen Zahlen, sie würden auch so phantastisch sein, daß man ihnen schwerlich glauben würde. Die einheimische Bevölkerung ist buchstäblich ausgerottet. Das Zarenregime, das kaum die Verpflegung seiner Heere sicherzustellen imstande war, konnte nicht daran denken, die Verpflegung der nordrussischen Waldgebiete, die ausschließlich auf Getreidelieferung aus Sibirien und Fettprodukte aus Finnland angewiesen sind, aufrechtzuerhalten. Mitten in diese drohende Hungerkatastrophe fiel plötzlich der

Bahnbau mit seinen Hunderttausenden von Kriegsgefangenen, von ostrussischen Arbeiterbataillonen, von Chinesen, von dem Troß russischer Beamter, Kriegsdrückebergern und Verwaltungsoffizieren. Mit Hunger und Seuchen, Skorbut und Flecktyphus rottete die Bahn die Menschen aus, im Sommer erledigte das Sumpffieber den Rest. Man erzählt viel von den Zehntausenden von deutschen und österreichischen Kriegsgefangenen, die dort elendiglich verreckt sind, von den Russen, den Kareliern, den Lappen spricht niemand; denn sie wohnten dort. Ein Gerücht geht, daß unter jeder Schwelle der Bahn ein Kriegsgefangener begraben liegt. Nun, es sind dort sehr, sehr viele Schwellen, und man kann sagen, sie haben sich einen ganz wundervollen Platz gewählt.

Viele Tausende sind entflohen. Täglich sind scharenweise Leute losgegangen, geradewegs in die Sümpfe hinein. Es muß eine wahnwitzige Verzweiflung gewesen sein. Wochenlang nichts als Sumpf, Berge. Dort wächst plötzlich ein breiter Strom aus dem schwarzen Wald, wenige hundert Meter, und er tost in breitem Katarakt in einen See, hervorgezaubert wie ein Traumgebilde aus dem Märchenland. Wellen kräuseln sich, von drüben winkt der bläuliche Kranz ferner Wälder, liebliche und sichere Unterkunft verheißend. Aber es ist immer unermeßlich derselbe düstere Wald und Sumpf. Man denkt daran, während der Zug sich hier durchwindet, vom sicheren Abteil aus denkt man an die fürchterlichen Leiden der Flüchtlinge. Kaum hundert sind nach Norwegen, vielleicht einige Hundert nach Finnland durchgekommen, aber das ist gar kein Verhältnis zur Zahl der Geflüchteten. Der Wald ist zu überwältigend, die Seen, die Bergströme zu wundervoll, um das Bedauern überwiegen zu lassen. Dann von neuem erbebt der ungeheure Wald von tragischem Schicksal. Dort gleichen die roten und die weißen Finnen jetzt ihre Schlußrechnung aus. Von entfernter militärischer Operationsbasis aus gehen Streifenabteilungen auf eigene Faust vor. Die finnischen Arbeiter, die aus ihrem Land von den Weißen mit einem bisher in der Geschichte der Klassenkämpfe beispiellosen Terror vertrieben worden sind, sammeln sich zur Abwehr. Die ersten Wirkungen ihrer Niederlage, des Zusammenbruchs der finnischen Revolution, sind überwunden. Sie gehen jetzt wieder vor, und ihre Rache wird eine furchtbare sein. Dort gibt es weder Zurückweichen noch

Pardon. Der Finne zieht das Messer der Feuerwaffe vor.
Man sieht an den Stationen solche Trupps. Die eine Partei wird auf dem Platze bleiben. Daß es diesmal nicht mehr die Arbeiter sein dürfen, dessen muß sich jeder bewußt sein und danach handeln.
Je weiter die Bahn nach Süden fährt, um so deutlicher treten die Spuren erbitterter Kämpfe hervor. In der Gegend von Petrosawodsk am Onegasee erreichte die englisch-amerikanische Expedition 1919 gegen die Räte ihr Schicksal. Kilometerweise sind die Bäume abgemäht, Schützengräben, Artilleriestellungen längs der Bahn – hier wurde mit einer Erbitterung gekämpft, die noch heute, fast ein Jahr später, Spuren in den Gesichtern der Menschen zurückgelassen hat. Was die Londoner Drahtzieher veranlaßt haben mag, diese Expedition ins Werk zu setzen, darüber wird kaum jemals wirkliche Klarheit zu bekommen sein. Und wie die Wahnsinnigen haben diese Truppen, Menschenware aus Kanada und Australien, Freiwillige aus Amerika, abenteuerliche Tramps in Alexandrowsk und in den Städten des Weißen Meeres und am Onegasee gehaust. Eine spätere Generation wird gelehrte Untersuchungen anstellen, von welcher Krankheit Soldaten, Proletarier, ausgebeutete Söldner befallen waren, um kalten Blutes Füsilladen von Hunderten von Nichtkämpfern – Frauen und Kindern – ausführen zu können. Am Onegasee ereilte sie ihr Schicksal. Mancher hat vielleicht jemandem zu Hause erzählen wollen von den düsteren und sagenumwobenen Ufern dieses Nordlandsees, dessen Wasser in ständiger Unruhe den Fischern so gefährlich sind, daß früher besondere Gottesdienste abgehalten wurden, ehe eine Flottille den Hafen verließ – an den Ufern des Sees sind ein großer Teil der großrussischen Sagen und Märchen entstanden. Von 50 000 Mann dieser Expedition ist aus der Etappe kein einziger zurückgekehrt. Der Rückgang entlang der Bahn, bewaffnete Banden im Rücken, muß fürchterlich gewesen sein! Die Etappenstationen warteten die Fronttruppen meist nicht mehr ab, die Plätze wurden Hals über Kopf verlassen, so daß, wer nicht gerade dem Kern der Roten Armee gegenüberstand und dort gefangen wurde, elendiglich umgekommen oder dem Messer eines Freischärlers verfallen ist. Die Bahn selbst ist eigentlich in provisorischem Zustande geblieben. Vielleicht wird sie vom sozialistischen Staat völlig neu aufgebaut werden müssen, soll sie wirklich leistungsfähig für

den Transport über die Nordhäfen werden. Man spürt jedoch bereits auch im gegenwärtigen Zustand den neuen Geist. Neue Menschen arbeiten in Kolonnen an der Bahn, räumen das Material weg, das in Massen an der Bahn liegt – Tausende von Motordraisinen, umgestürzte Lokomotiven, halbverbrannte Waggons –, die Arbeitsarmee, die sich das neue Karelien baut. Diese Arbeitsarmee bildet sich die Verwaltung, die bewaffnete Grenzwacht, die Staatsgewalt allmählich längs der Bahn nach Norden. Und an dem Tage, da der Verkehr zwischen der Ostsee und dem Weißen Meer für den Riesenbedarf des Landes in Schwung kommen wird, sind auch die neuen Menschen mit neuem Geistesinhalt in das neue freie Land hineingewachsen.

DER EISERNE HAMMER

Noch eine Erinnerung an die Murmanbahn: wir lagen vor Kem fest. Ein Militärzug war entgleist und sperrte die Strecke. Eine Stunde verging nach der andern, wir gingen schließlich, einige Sowjetbeamte, Matrosen, die zur polnischen Front mobilisiert waren, 2 Kommissare, die zum Empfang irgendeiner Delegation gereist waren, sonstige Neugierige – wir gingen zur Unfallstelle. An einer scharfen Kurve zwischen einem steil aufragenden Hang, der mit Granitblöcken besät war, und einem Abgrund von einigen 20 Metern – unten rauschte ein tosender Bergfluß – war das Unglück durch einen niederrollenden Granitblock geschehen. Mehrere Waggons waren ineinander geschoben, eine Anzahl Soldaten verletzt. Derartige Fälle kommen dort täglich vor. Was nun? Die Soldaten, vielleicht 200, standen noch um die Wagenreste, die Lokomotive hatte sich in die Bergwand gebohrt – überall lagen Säcke mit Mehl herum, Kisten, Fässer, aus denen rote Marmelade sich ergoß. Sie standen schon mehrere Stunden so, als unser Trupp anlangte. Einer der Kommissare schwang sich auf ein quer in die Luft ragendes Trittbrett und hielt eine Ansprache. Der zweite Kommissar stellte Gruppen zusammen. In das Eisenbahnbegleitpersonal kam Leben, es schwirrte nur so von Anweisungen. Der Redner endet gerade, einer stimmt die Internationale an, und vielhundertstimmig schallt das Kampf- und Siegeslied, das zum Wahrzeichen Rußlands geworden ist, in die Einöde. Es wird mit einer Andacht gesungen, die man früher in den Kirchen vergebens gesucht haben würde. Bald wimmelt es von Arbeitern, sie schleppen die Sachen beiseite, andere versuchen mit Hebeln die Waggons vom Gleis wegzubringen, sie werden schließlich in den Fluß gestürzt, sorgfältig werden die verstreuten Lebensmittel gesammelt, es geht nichts verloren, und wo einer stockt, sich zu besinnen beginnt, in die Luft starrt, hagelt es von aufmunternden Zurufen. Alle lachen und rühren sich. Und zwei Stunden später ist die Strecke frei, provisorisch zwar, aber der Zug kann wieder weiter fahren. Es war eine Probe für die Organisationsfähigkeit des neuen Rußlands, die glänzend bestanden wurde. Das gute Beispiel ist die stärkste Waffe, mit der der Kommunismus in Rußland kämpft. Ich begriff bald, daß dieses gute Beispiel in Räterußland planmäßig organisiert wird.

An den größeren Stationen fanden Abschiedsmeetings für die Frontgruppen statt, an denen sich die Reisenden beteiligten. Die Mobilisation der Parteimitglieder für die Front, sozusagen als Elite für besondere Aufgaben, stärkt das Ansehen der Partei ungemein und erleichtert wesentlich die Verteidigung der Macht. – Wenn man bedenkt, daß über ganz Rußland kaum 800 000 Kommunisten verteilt sind, wovon gut die Hälfte, wenn nicht mehr, trotz peinlichster Auswahl, Stellenjäger sind, die für wirkliche Arbeit als Kommunisten überhaupt nicht in Betracht kommen, so wird man ermessen können, welcher Wert der in die Praxis umgesetzten Propaganda innewohnt. Ein guter Agitator macht in einer Woche seiner Reise 6 Monate Sabotage der Verwaltung vergessen, vorausgesetzt, daß er, worum immer es sich auch handelt, in allem vorangeht und selbst mit Hand anlegt. Die Offizierskurse der Roten Armee, zu denen die fähigsten Arbeiter herangezogen werden, wählen besonders Leute aus, die sich eignen für bestimmte Aufgaben, die im Sinne der Propaganda des guten Beispiels für die Front liegen. So erzählt man sich, daß Petersburg nicht zuletzt durch den todesverachtenden Vorstoß einer Tankabteilung gerettet worden ist, die bei Jamburg im Rücken der Judenitsch-Armee erschien und sich zur Frontlinie durchschlug im Angesicht der roten Front. Man wird an die Kämpfe im Mittelalter, vor allem des republikanischen Roms erinnert. Das russische Volk ist trotz 6 Jahren Krieg, trotz Hunger und Seuchen noch begeisterungsfähig. Es ist gläubig.

Gerade weil das russische Volk im guten Sinne gläubig ist, weil es das Menschlich-Gemeinsame in jeder Art achtet, weil es sich selbst zum neuen Menschentum zu erziehen daran ist, deswegen wirkt jede Kritik, die bei den Westeuropäern überdies noch beliebte Ironisierung der Propagandatätigkeit der russischen Kommunisten so peinlich, so völlig abwegig und überflüssig. Man merkt, hier wird das Problem nicht erfaßt, dafür aber wird vorbeigeredet.

Ich habe versucht, ungefähr die Richtung der in die Tat umgesetzten Propaganda aufzuzeigen. Was aber an reiner Organisationsarbeit geleistet wird, das dürfte selbst einem amerikanischen Reklameboß, der allerdings schon gewöhnlich überschätzt wird, noch vor einem Jahr phantastisch erschienen sein. Täglich erscheint der Rosta-Bericht, der einen Stimmungsbericht über die Lage Rußlands, mitunter Artikel von führenden Männern über alle die breite Öffentlichkeit interessierenden Fragen des äußeren und inneren Lebens, sodann Telegramme von den Fronten, Arbeitsberichte und Auslandsmeldungen enthält. Das Rosta-Bulletin erscheint, wo nur eine Telegraphenstation ist, und wird als Zeitungsblatt gedruckt, wo nur überhaupt eine Presse steht. Man sieht es an Häusern, Zäunen und Bäumen kleben, an den Waggons, in Moskau wie im verlassenen Nest, in Wologda, überall der gleiche, großartig in den einzelnen Teilen auf Gesamtwirkung abgestimmte Bericht. Es macht nichts aus, daß sehr viele Leute noch das Rosta-Blatt willkommen heißen – als Zigarettenpapier, viele andere zu sonstigen industriellen Zwecken. Ich bin nicht sicher, daß heute schon alle diese Leute den Bericht, überhaupt auch nur ein Wort lesen, aber die Regierung rechnet damit, eines Tages werden sie doch lesen. Und das stimmt zweifellos. In den größeren Städten, die bereits eigene Zeitungen aufzuweisen hatten, erscheint der Bericht, umrahmt von lokalen Ereignissen, als Zeitung. Die Moskauer „Prawda" und „Iswestija" sind stark aufs Ausland zugeschnitten, sie sind beinahe, möchte man sagen, auf die bürgerliche Intelligenz abgestimmt und stellen einen besonderen Zweig der kommunistischen Propaganda dar – die dialektische Beweisführung und die Analyse. Daneben erscheint die Zeitung der Roten Armee, die Frontzeitung, abschnittsweise mit den besonderen Aufgaben des betreffenden Frontabschnittes, und mit verändertem Untertitel und Berichtsinhalt – der reine Propagandainhalt bleibt der gleiche – Berufszeitungen und Zeitschriften, nicht immer regelmäßig, je nachdem die Lage es erheischt. So erscheint zur Zeit die Eisenbahnerzeitung in der besten Aufmachung und am regelmäßigsten. Es gibt indessen sehr viele Fachblätter, insbesondere den ökonomischen Aufbau betreffend, die meist früher schon bestandene Journale mit neuem Inhalt fortsetzen und die eine Fundgrube wissenschaftlicher Forschung bilden.

Eine besonders wichtige Aufgabe hat das Plakat zu erfüllen. Man sieht radikal-expressionistische Plakate unter Auflösung jeder Gegenständlichkeit. Sicher denkt niemand an Expressionismus, dem damit auf die Beine geholfen werden soll. Aber man hat gefunden, daß sie die Stimmung und Gedanken der am meisten abseits Stehenden, der bäurischen Arbeiter, die noch zu unbeweglich sind, aufs Land wieder zurückkehren und als Industriearbeiter nicht zu verwenden sind, fesseln und beeinflussen. Dagegen bearbeitet man gerade die städtische Bevölkerung mit Bilderbogenplakaten, die in der Ausführung Jahre zurückzuliegen scheinen, ganz grobe Sachen, während für die Bauern fast nur noch Schriftplakate verwendet werden. Man hat nämlich die Erfahrung gemacht, daß die Bauern über bildliche Darstellungen so lange sinnieren, bis sie eine lächerliche Seite herausgefunden haben, die jeden ernsten Propagandawert aufhebt. Es ist ein Katze- und Maus-Spiel. Die Propagandazentrale ändert sofort die Angriffsrichtung. Seit einiger Zeit erscheinen satirische Bilderbogen, die sehr versteckt den Kommunismus propagieren und dem Lacher nach Stunden erst zu denken geben, wenn er die dort geschilderten Vorgänge plötzlich am eigenen Leibe spürt. Die Rosta ist dazu übergegangen, die Schaufenster der leerstehenden Läden mit satirischen Verzerrungen der Feinde des russischen Volkes, der äußeren wie der inneren, zu bemalen, Vitrinen, die in Westeuropa so etwas wie eine neue Kunst bedeuten würden. Auf Papierfahnen, die an Straßenkandelabern der Elektrischen, an Portalen ehemaliger Paläste angebracht sind, wird die Geschichte des Zaren, des Wucherers, des weißen Offiziers und des Popen in Serienbildern geschildert. – Man hat manchmal den Eindruck, in Erinnerung an Reisebriefe – in einer Chinesenstadt zu sein.

Rechnet man die Meetings, die zufälligen wie die bestellten, die besondere Kriegspropaganda, die besser in Rußland als in irgendeinem Lande während des Weltkrieges organisiert wird, aber

inhaltlich sich nicht sehr unterscheidet – der Zweck heiligt die Mittel –, schlechte Filme, Betriebstheater, das über die gute Idee nicht hinausgekommen ist, es fehlen zur Zeit die Kräfte, die Anfänge weiter auszubauen, die offiziellen Empfänge, Paraden – weiterhin und nicht zuletzt die Propaganda durch erstklassige Kunst, die berühmtesten Künstler noch aus der Zarenzeit singen und spielen vor dem Volk, etwas geziert zwar, eben noch als Mittel benutzt, aber doch schon gelegentlich die echte Berührung findend, so überblickt man etwa das gesamte Tätigkeitsfeld der russischen Propaganda. Es ist, nach dem Wort eines der Schöpfer dieses Apparats, der eiserne Hammer, der täglich auf die breite Masse des russischen Volkes niedersaust. Die Erziehung zum Kommunismus ist keine gefühlsmäßige Angelegenheit. Der Kampf gegen die Bourgeoisie ist der Kampf gegen die bürgerliche Geistesrichtung, auch in uns selbst, und das Gemeinschaftsgefühl, das kollektive Handeln wird erst sich auswirken können, wenn das Gemeinschaftsbewußtsein, der kollektive Gedanke geboren ist und sich im harten Kampfe gestählt hat.
Dies vorzubereiten, den Nährboden hierfür zu schaffen, tritt der eiserne Hammer in Tätigkeit.

MOSKAU

So ist alles, was jetzt in Rußland geschieht, verwebt in die Atmosphäre der kommunistischen Propaganda und einem allumfassenden Rahmen eingeordnet. Ob man gegen oder für die Regierung etwas unternimmt, ob man sich rasieren läßt oder zum Schleichhändler geht, um hintenherum einen Kaffee zu trinken, ob man zu Fuß geht, fährt oder reist, auf den Fahrkarten schon wird man gewahr, daß es notwendig ist, der Gewerkschaft seines Arbeitsberufes anzugehören, du liest etwas von der internationalen Solidarität, und bevor du ein Theater betrittst, findest du auf dem Billett den Hinweis: die Kunst dem Volke, und: Die Arbeiterklasse wird die Kunst von den Fesseln des Konventionellen befreien. Es besteht eine Analphabetenzeitung, die mit dem ABC zugleich das ABC des Kommunismus verbindet, an jedem freien Rennplatz wird in Riesenplakaten für Sport und Bewegungsspiele geworben. Über dem Schutthaufen im Straßenwinkel – und es gibt deren sehr viele in Moskau – steht zu lesen: Das freie Volk wird für Reinlichkeit sorgen, die Arbeiterklasse wird den Mist, den Nikolai zurückgelassen hat, aufräumen. Der Straßenkehricht wird in Haufen zusammengefegt und angezündet. Dicker gelber Rauch schwelt durch die Stadt der 2000 Kirchen, durch die Winkelgassen, in denen ein Palast neben dem anderen steht, architektonische Wunderwerke, und dieser Gestank des verbrennenden Mistes ist zum typischen Merkmal Moskaus geworden. Goldene Kuppeln, grüne und blaue schimmern drüber hin.

Von der Basiliuskathedrale schlägt die Uhr im Dreiklang zu Moll übergleitend. An den kirchlichen Festtagen schwingen die tausend Glocken durch die Stadt, mehrmals in der Woche und mehrmals am Tag, dann kann man sein eigenes Wort nicht mehr verstehen, und man denkt an ein Gedicht aus der Schule, in dem die Glocke über das Feld wandelt und die unbußfertigen Sünder mit Gewalt in die Kirche zurücktreibt. Denn die Kirche scheint noch eine große Macht in Moskau zu sein. Zwar schleichen die Popen in ziemlich demütigem Zustande durch die Straßen, sie sehen verkommen aus, verhungert und abgerissen. Die langen Mäntel sind voller Flicken, und der Schlapphut sieht aus wie von Motten zerfressen. Aber das Knochengestell strafft sich, wenn einer aus der Menge herbeiläuft, sich tief verbeugt und die schlaff herabhängende Hand faßt, um sie zu küssen. Dann kommt Feuer in die Augen des Popen, und hoheitsvoll sieht er über das Volk hin. Sehr zahlreich sind die Leute, die sich vor den Tausenden von Heiligenbildern verneigen und bekreuzigen. An manchen Heiligtümern, wie dem Nikolai-Bild und der iberischen Madonna, stehen Frauen und Männer in langer Reihe, um das Bild zu küssen. Sie treten nur beiseite, wenn in rasendem Lauf das Auto eines Kommissars aus dem Kreml herausschießt, um noch, ehe die Hupe um die nächste Ecke verklingt, sich wieder zusammenzuschließen. Es ist ein tatsächliches Wunder, daß hierbei niemand überfahren wird.

Moskau, unter dem Zarentum ausschließlich Händlerstadt, lebt von der Spekulation. Dieselben Leute, die von der Vergnügungssucht der russischen Kaufleute, der Verschwendung der Grundbesitzer und von dem Geldbedarf der Offiziere sich nährten, sind geblieben, nur ihr Tätigkeitsfeld ist ein anderes geworden. Sie schieben in Lebensmitteln und Waren aller Art, sie bilden die Börse für alles, was dem Bürger fehlt, und das wird täglich mehr; sie spekulieren in Valuta, in Arbeitsbescheinigungen, Beamtenstellen und, so gefährlich es auch sein mag, etwas in Konterrevolution. Man kann sich leicht denken, daß diese Menschen für einen ernsten Kampf nicht mehr mitzählen. Und in der Tat: der Bourgeoisie ist in Rußland das Rückgrat gebrochen. Sie ist bereits in Verwesung und stinkt. Was auf den Straßen ist, schimpft. Da beklagt sich einer, daß er keinen Schein für irgendeine Sache bekommt, dort einer, daß er nicht nach dem Ausland reisen darf. Alle jammern über die hohen Preise. Aber sie sehen alle gut aus. Sie leben alle für 30 – 160 000 Rubel im Monat. An allen Ecken stehen Verkäuferinnen von Milch, von Zuckerwerk, Brot, Zigaretten. Es ist verboten; werden sie ausgehoben, sperrt man sie ein. Aber sie stehen zu Hunderten und machen gute Geschäfte. Ein Stiefelputzer – es gibt sehr viele Leute noch in Moskau, die sich auf der Straße die Stiefelchen putzen lassen – ein Stiefelputzer verdient monatlich 80 000 Rubel, das Putzen kostet 100 – 200 Rubel. Der monatliche Normalarbeitslohn der Arbeiter beträgt 2 – 4 000 Rubel gestaffelt, desjenigen Arbeiters, der die Rätemacht stützt und repräsentiert und der ausschließlich von dem Rationierten lebt, das ihm die Räte zuweisen. Der Bürger, der sich gezwungen nach einem Dienst im Staate umgesehen hat, verdient das Gleiche und noch dazu Hunderttausende durch Spekulation und – jammert gottserbärmlich. Merkt man den Unterschied in der Auffassung?

Der Bürger ist zum Tode verurteilt. Er stirbt allmählich; denn er ist zäh, aber er stirbt sicher. Seit über Jahresfrist dauert der Ausverkauf der Bürgerlichen an, und sie schaffen doch immer wieder noch neue Werte dazu; der Sucharewka, der große Schleichhandelsmarkt, sieht merkwürdige Dinge. Alte Strohhüte, goldene Uhren, halbzerbrochene Musikinstrumente, das Stück eines Tischläufers, ein Knäuel Wolle, Haarspangen, gestopfte seidene Strümpfe, Lederkoffer, Blusenfetzen, Perserteppiche, eine Majolikastanduhr – die Bürgerlichen haben dort einen besonderen Stand, und alles findet Käufer. Zum Teil haben sich spekulative Aufkäufer herangebildet, die fabelhafte Geschäfte machen sollen. Man sagt, antike Kunstgegenstände sind billig zu haben. Bauern sieht man als Käufer, oder besser, sie tauschen sich Sachen ein. Beliebt sind Photographiealbums. – Wahrscheinlich, um zu Haus mit den „Herrenbildern" prahlen zu können. Arbeiter findet man dort nicht. Die Arbeiterschaft hält sich sehr zurück, voller Verachtung gegen das Gesindel, das noch Moskau bevölkert, aber doch nicht ohne Gutmütigkeit. Sie helfen den Bürgern in vielem aus, sie geben sich Mühe, sie arbeitsfähig zu machen. Man erlebt das täglich in den Fabriken, der Erfolg ist gering. Es gibt eben Naturgesetze, die der Mensch nicht ändern kann. Die Arbeiterschaft ist von den Straßen verschwunden. Sie sind an der Front oder an ihrer Arbeitsstätte. Der Arbeiter wohnt in unmittelbarer Nähe der Arbeitsstätte, meist in der Fabrik. Dort herrscht peinlichste Sauberkeit und Ordnung und eine für Rußland fabelhafte Arbeitsdisziplin. Das Verwaltungsgebäude, die Privatwohnungen der Direktion sind andern Zwecken zugeführt: Kindergärten, Entbindungsheime, Krankenräume, der Arbeiterklub, Bibliothek und Fachabteilung der Arbeitsschule. Dort keimt das neue Leben in Rußland und der Welt, und die deutsche Arbeiterschaft, die Arbeiterschaft draußen in der ganzen Welt wird noch viel mehr tun müssen an Solidarität, an Brüderlichkeit, an Bereitschaftswillen zur eignen Befreiung als bisher, soll der noch zarte Keim Sowjetrußland über die Welt wachsen.

Auf den Straßen, auf den großen Plätzen, auf der Promenade schiebt sich die Bourgeoisie. Noch immer sehr elegant gekleidet, besonders die Damen, weiße Stiefelchen mit sehr hohen Absätzen, manchmal aber ohne Strümpfe. Luxuspelze noch allenthalben – im Sommer. Den Twerskoi-Boulevard hinunter flutet die Menge, sie promeniert an der Eremitage, während Oper und Operette, Boulevardstücke von leichtestem Schlage die Sinne kitzeln. Sie promenieren wie ehedem, leichtlebig, dem Ende entgegen. Die Regierung läßt sie gewähren. Die Dekrete der Arbeiterregierung sind noch zunächst Richtungsdekrete, die sagen, was sein *soll,* oder vielleicht sollte, wie es dann später sein wird. Es ist verboten, im Stadtinnern in der Moskwa zu baden. Aber es baden sehr viele und zu allen Zeiten und sehr ungeniert. Laßt sie, denkt die Regierung, nächstes Jahr werden Badeanstalten sein.

Man verkauft auf den Boulevards noch Kaffee und Kuchen in offenen Restaurants. Es ist verboten. Manchmal ist der Kuchen in Papier gewickelt. Man geniert sich wirklich nicht, wobei schließlich der Kuchen allein einige tausend Rubel kostet. – Der Nachmittagskaffee der Bürgerlichen.

So sieht Moskau aus. Etwas schlechteres Pflaster, sonst genau wie Berlin und München, Kopenhagen und Brüssel. Gar nicht anders die Theater, Kinos, die Konzerte und der Flirt. Bloß, es stinkt schon in Moskau, die Schale ist dort schon geplatzt.
Die Sonne glüht über dem Pflaster. Auf den Promenaden sitzen die Leute barhäuptig, stundenlang in der Glut, sich zu wärmen. Der Schweiß tropft. Sie seufzen, dann sagt einer: Im Winter wird es furchtbar sein. Es ist sehr kalt in Moskau im Winter. Rings um die Stadt sind Wälder. Das Holz liegt auf der Straße sozusagen. Aber man holt es nicht, viele sind vergangenen Winter erfroren --- an Hunger und Kälte gestorben, und sehr viele werden im kommenden Winter folgen ---.

PETROGRAD

Es ist langweilig, Städte zu beschreiben. Moskau hat Museen, Theater, Paläste, Kirchen und sonstige Anlagen, Petrograd hat auch solche und jede größere Stadt eines beliebigen Landes. Früher beschäftigte sich der Baedeker damit und zeichnete mit Sternchen. Das hat Gott sei Dank aufgehört. Auf das Volk, auf die Menschen, die drinnen wohnen, kommt es an. In Petrograd hat sich die Bourgeoisie verkrochen, die Arbeiter wohnen in den Vorstädten, in den Fabrikzentren, Petrograd ist leer.
Die Sowjetbüros arbeiten. Die Arbeitskammer, der Palast der Arbeit, draußen Smolny, dann die militärischen Behörden. Zu gewissen Stunden, je nach der Bürozeit, flutet ein Menschenstrom durch die Stadt. Die Trams sind überflutet, die Leute hängen noch draußen dran, auf den Decks, dann wird die Stadt wieder still. Man hört die Menschen gehen ---.
Petrograd kennt den offenen Schleichhandel nicht. Die Ordnung ist viel strenger. Das Brot knapper. Militärtrupps ziehen singend durch die Straßen, Matrosen überall. Man muß sich besondere Mühe geben, die Bürgerquartiere aufzuspüren. Viele Durchreisende sind zu sehen, Bauern aus dem Norden, die schwer beladen irgendwohin ziehen. Die Paläste, die großen Schlösser sind für Büros mobilisiert. Der schönste ist der „Palast der Arbeit", das Gewerkschaftshaus: wie der Smolny eingerichtet als Arbeitsschule, Arbeitsuniversität, Technisches Laboratorium, Versammlungsräume, Riesenspeiseräume, in denen die arbeitende Bevöl-

kerung einer ganzen Stadt gespeist wird, alles in rotem Prunk. Es ist der Stolz Petrograds, und mit einem freudigen Glanz in den Mienen betritt der Arbeiter das Haus. Es ist *seines,* es steht hundertmal in großen und kleinen Initialen zu lesen: Dies Haus gehört der Petrograder Arbeiterschaft, ein Geschenk der Räte.
Die Prachtstraße am Kai ist arg zerschossen. Die Häuser teilweise niedergebrannt. Der Newski ist an vielen Stellen aufgerissen. Über die Löcher springen die Autos, in rasender Fahrt. Der Hafen liegt verlassen. Versenkte Leichter, umgekippte Krane. Die Newa fließt wie unter Nikolai.
Der Kern der Stadt, die bewaffnete Arbeiterschaft schafft fieberhaft. Kriegsmaterial für die Front, Lokomotiven und sonstiges Transportmaterial für den Wiederaufbau, landwirtschaftliche Maschinen, Zigaretten, Leder und Gummi. Die Kriegs- und Zivilbehörden arbeiten mit Moskau direkt, ohne Zwischenschaltung wie von einem Zimmer zum andern.
Die technischen und taktischen Fragen der Ausgestaltung der Arbeitermacht sind im Mittelpunkt der Diskussion unter den Arbeitern. Wie von der Kommandobrücke aus wird der Kurs Sowjetrußlands gemessen und kritisiert. Scharfe Worte hört man getragen von der Begeisterung und ernster Zuversicht auf die Weiterentwicklung, man erfaßt Sowjetrußland erst in der Gedanken- und Lebensatmosphäre der Petersburger Arbeiterschaft und erst recht, wenn man *nach* Moskau in Petrograd geweilt hat.
Die Stadt ist ständig in Alarm. Die Front nach Finnland, nach den weißen Baltikumstaaten ist noch Frieden oder Waffenstillstand, die Roten haben gelernt, daß dies nicht vor Überfällen schützt. Die englische Flotte kreuzt vor Kronstadt, solange ihr die Skandinavier und vor allem die Dänen Unterschlupf gewähren. Die Judenitsch-Offensive steckt dem Petrograder Arbeiter noch in den Knochen. Damals schien das Schicksal der Stadt besiegelt, und die Arbeiter waren in dem Bewußtsein nach Gatschina hinausgezogen, dort für den Kommunismus zu sterben. Das vergißt der Petrograder Arbeiter nicht mehr. Nur ein Wunder an Tapferkeit und Entschlossenheit hat die Stadt gerettet.
Dieser letzte Kampf vor Petrograd hat der Bourgeoisie den Rest gegeben. Sie hat sich geflüchtet oder sich völlig untergeordnet. Es ist nur noch *ein* Wille in Petrograd, den kommuni-

stischen Aufbau zu beschleunigen und die Räte zu festigen.
Sonntags promenieren die Arbeiter mit Frauen und Kindern durch die Stadt. Es ist ein Bild wie sonst nirgends in der Welt. Selbstbewußte, fröhliche Gesichter, stolz und doch auch ernst. Die Stadt besitzt wohl als einzige in Rußland einen Volkspark, einen amerikanischen Vergnügungsplatz, einen Riesenrummel. Genau nach amerikanischem Muster. Wasserbahnen, Teufelsräder, Schaukeln, eine Riesen-Berg- und Talbahn. Ungeheurer Lärm und Ausgelassenheit, Schaubuden, Theater, Ring- und Boxkämpfe, Scheinwerferreklame. Und dort findet so etwas wie eine Versöhnung zwischen Arbeiterschaft und Bourgeoisie statt. Dort ist sie noch vertreten und läßt sich gehen. Sie macht mit. Man hat den Eindruck, als gewönne sie dort Zutrauen. Der Bolschewismus, der diesen Rummel gestiftet, ja sogar organisiert, kann so schlimm und blutdürstig nicht sein.

DURCH DAS NOWGORODSCHE

Auf der Reise von Petrograd nach Moskau fährt man durch die Gouvernements Nowgorod und Twer. Wir in Deutschland würden sagen, durch Thüringen. Obwohl ich Thüringen nicht so genau kenne, hat man doch das Gefühl, es drängt sich einem auf, dort soll man sich eine Hütte bauen, im Wald arbeiten am Fluß im Nowgorodschen.
Auf dieser Fahrt sprach ein Herr aus Petrograd, der unter dem Zaren Betriebsleiter einer Kartonagenfabrik gewesen war, und jetzt diese Stellung noch inne hatte, wenn auch mehr zwangsweise – dieser sprach über Rußland. Er erwähnte, daß er über 30 Jahre im Turnverein sei, und daß er eine Frau aus Schweden geheiratet habe, die auch eine Turnlehrerin sei. Er verdiene sich bei den Bolschewiken etwas Geld dazu, dadurch, daß er den Kindern seines Rayons Turnunterricht gebe, was mehr einbringe als seine Beschäftigung bei der Fabrik. Er selbst sei eigentlich Finne. Ein Arbeiter, der ihm zur Seite saß, wies ihn scharf zurecht, als er vom Hunger der Petrograder Arbeiter zu sprechen begann. Wenn er in einem Betriebe wirklich arbeite, würden die Kameraden schon für ihn sorgen. Er wisse Fälle, wo die Arbeiter für die Beamten im Winter 30 Werst weit Holz herbeigeschafft hätten. Dann wurde der Arbeiter verlegen, da er plötz-

lich merkte, daß Ausländer im Abteil saßen. Er begann sich zu entschuldigen. Wir haben noch viel mit Mißverständnissen zu kämpfen, aber kein böser Wille – er lächelte. Er fragte dann sehr vorsichtig nach dem Stand der Bewegung im Ausland. Er war erstaunlich gut unterrichtet. Auch über Einzelheiten mehr national begrenzter Art. Er freute sich, mit Ausländern auf kameradschaftlichem Fuße als Gleichberechtigter sprechen zu können. Das merkte man deutlich, er wußte nur nicht, daß er weit höher stand als wir außerhalb Rußlands. Eine peinliche Nebenfrage: er war Kriegsgefangener in Deutschland gewesen und 1917 geflüchtet. Er hätte es uns sicherlich nicht erzählt, wäre die blöde Frage nicht gekommen. Er ging auch schnell, fast mit einer Handbewegung, darüber weg, mit einem gutmütigen Lächeln. Wir schwiegen alle eine Zeitlang; wir Deutschen schämten uns. Gott sei Dank sprach niemand davon, wie es ihm in Deutschland ergangen sein mochte.

Jetzt mischte sich ein anderer ins Gespräch, der bisher teilnahmslos in der Ecke gesessen hatte. Ein Deutschrusse, gewesener Vertreter einer deutschen Mühlenbaufirma. Er sprach fistelnd und melancholisch, als habe er Schläge bekommen und erwarte gleich wieder welche. Sein schleichendes, honigsüßes Wesen machte den widerlichsten Eindruck. Man erzählt, daß dies etwa der Typ des Deutschen unter dem Zaren gewesen wäre. Er hatte Frau und Kinder und wollte nach Deutschland. Er war zunächst persönlich erbost gegen uns, daß die Zustände in Deutschland nicht so wären, wie er es sich vorgestellt hatte, für einen Mann in den „besten Jahren" bequem. Dann klaubte er krampfhaft immer noch einen Lichtstrumpf aus dem deutschen Sumpf auf und klammerte sich daran als eine bessere Zukunft.

Von draußen schimmerte ein lieblicher See herein, wie um uns zu necken. Frühlingsgrüne Wälder, in der Ferne verblauend, ––– mit dem Spiegel des Sees, an dessen Ufer sich Boote schaukelten. Dort öffnete sich eine Lichtung für den Fluß, der bedächtig Hunderte von Stämmen vor sich herschob.

Das Gespräch kam auf die Preise: die Hunderter als Einer, die Tausender als Zehner, das will den Leuten noch nicht in den Kopf. Denken Sie sich, sagte der Deutsche, für das Pfund Butter zahlt man jetzt 2 000 und für den Zucker 5 000 Rubel. Ein Paar Schuhe habe ich bezahlt mit 25 000 Rubel. Da waren sie noch billig, sagte ein Soldat dazwischen, der die ganze Zeit die Ohren

gespitzt hielt. Die Mark bewertet man im Schleichhandel mit 80 – 100 Rubel, und es stellte sich schließlich heraus, daß alles in Sowjetrußland trotz der hohen Zahlen noch wesentlich billiger als in Deutschland war. Aber es stellte sich weiter heraus, daß noch alles, wenn nicht in Fülle, so doch genügend vorhanden war. Bei allen ungeheuren Strapazen und Leiden des russischen Volkes – richtige Not hat das russische Volk doch noch nicht zu spüren bekommen und wird es auch jetzt nicht mehr bekommen. Kein Mensch in Rußland in den Städten sieht direkt verelendet aus, wie der Proletarier im Durchschnitt in Deutschland. Das soll durchaus kein Lob für den deutschen Proletarier sein, eher die Feststellung, daß es dem Deutschen an entschlossenem Willen, an Initiative und an gegenseitiger Kameradschaft gefehlt hat, dieses Los abzuschütteln. Die Existenz eines ganzen Volkes steht auf dem Spiel, ja bis zu einem gewissen Grade auch die Zukunft des Sozialismus, da streiten sich die Führer der proletarischen Massen darum, ob grün oder blau, ob das i mit oder ohne Tüpfelchen. Vom Ausland gesehen macht es einen erschreckenden Eindruck. Man möchte sich in den entlegensten Winkel der Erde verkriechen, um nur ja kein Deutscher zu sein. Und das Beschämendste: die deutschen Arbeiter fühlen das Lächerliche, das --- wenn es nicht so michelhaft, dumm und komisch wäre, denn sie brummen zwar, aber tun nichts, reinen Tisch zu machen. Nur weil sie im innersten Kern sich doch eins fühlen mit diesen eitlen aufgeblasenen Querköpfen von Politikanten. Sie sind dennoch von einem Fleisch und Blut, daß diese Führer, traurig ist es, es niederzuschreiben, aber die Wahrheit dringt einmal ja doch durch – noch immer die besseren Vertreter, die allein fähigen dieser Masse sind. Gerade weil sie noch unfähig sind. Vielleicht geschieht ein Wunder.
Gewöhnlich begeht man die Taktlosigkeit, Vergleiche anzustellen mit den Führern des russischen Proletariats. In Deutschland die hölzernen Spießer, die schweißigen Buchsklaven, die mitunter Marx auswendig lernen, die sogar die Rhythmik seines Satzbaues begriffen haben, aber sonst – au weh. Ein schöner Anblick und ein rechter deutsch-bescheidener.
Der Arbeiter, der Soldat und ein wenig auch die beiden andern sprechen in einer ganz eigenartigen Weise von ihren Führern. Nichts Überschwengliches, aber so verständnisvoll, so menschlich wahr. Sie schmunzeln alle, wenn sie von Lenin oder Trotzki

sprechen, wie etwa: „Das war ein feines Ding, was da gedreht wurde, eine gute Sache. Tüchtige Kerle, der 'Iljitsch', der Trotzki und die andern da –". Der Arbeiter erzählt, wie Lenin sich nach der mißglückten Julirevolution in einem Heuhaufen nahe Petrograd verborgen hielt, ehe es ihm gelang, zu entfliehen. Er schilderte das in einer Weise, die die besondere Pfiffigkeit des Iljitsch herausstreichen soll. Er ist stolz auf seine Leute. Es ist leicht möglich, daß er ein wenig zu den Heldentaten hinzuschwindelt, namentlich der Soldat, aber es berührt angenehm.

Von der Armee weiß der Rotgardist nur in glühender Begeisterung zu berichten. Er behauptet, die Armee sei für 10 Jahre noch gerüstet, sie hätten die beweglichen kleinen Tanks, die selbstkriechende Mine, die tausend neuesten Erfindungen aller Art. Alles schließlich Dinge, die gar nicht so neu im Munde der einstigen Soldaten, sich phantastisch ausmachen und doch schließlich die Schlagfertigkeit der Armee in ein neues Licht rücken. Denn der Glaube des Heeres an seine Unüberwindlichkeit ist bekanntlich maßgebend für die Entscheidung. Indessen berichtet der Arbeiter, daß sie zuweilen noch über 25 Prozent Deserteure im Krieg gegen die Polen haben, aber das ist gut so. Bei dem Millionenheer, in das alle schließlich unterkriechen, schon weil sie nicht arbeiten wollen, muß fortwährend gesiebt werden. Unser Heer ist anders als das der Kapitalisten. Unsere Leute müssen auch innerlich zusammengehören. Laßt die laufen, denken die Unsrigen – er spricht dies in selbstbewußter Überlegenheit. Der Soldat staunt, er hat das selbst erst in diesem Augenblick begriffen.

So geht das Gespräch. Immer weiter dehnt sich das Thema, denn Rußland ist groß und weit. Und es bleibt schließlich bei den Bauern stehen. Die Bauern sind noch zu dumm, sie wollen nicht, wenngleich sie nicht direkt sabotieren, sagt der Soldat. Ich habe ihn im Verdacht, selbst einer zu sein. Der Arbeiter dagegen: Die Bauern wollen die Rätemacht, aber keinen Kommunismus. Sie sind bereit, alles Mögliche für die Sowjets zu tun, wenn es ihnen materiell keinen Verlust bringt. Die Bauern sind gerieben, und wir haben einen schweren Kampf mit ihnen. Aber ein anderer sagt: Sie jammern, es gibt so wenig Land, und das ist auch so. Ein seltsamer Gedanke im großen Rußland, und er ist doch nicht ohne Berechtigung. Der Arbeiter beharrt aber darauf: Sie treiben es wie mit den Popen, wenn sie sie brauchen, erinnern sie sich. Dabei glaubte früher alle Welt, der Bauer sei fromm. Sie sind nur zu gewinnen, wenn sie es am eigenen Leibe spüren. Koltschak und Denikin haben ihnen den Kommunismus schon näher gebracht, die Polen werden in der Ukraine den Rest besorgen, und er schmunzelt über das ganze Gesicht. Der Gegensatz zwischen Arbeiterschaft und Bauerntum ist noch stark. Es wird viel Mühe kosten. Es ist eine internationale Erscheinung. Der Mann aus Petrograd fügt hinzu: In Rußland hungert der Bauer. Das liegt indessen nicht in der Organisation, die Sowjetregierung nimmt ihm allerdings jetzt so ziemlich alles ab, aber der Bauer hat schon früher gehungert, er hat alles bis auf das Letzte verkauft, es fehlt ihm an Aufklärung.

Ich weiß nicht, ob es allein Aufklärung ist, jedenfalls nicht in dem Sinne, wie wir es verstehen. Es ist ein neu im Entstehen begriffenes Menschengeschlecht, der russische Bauer, das eigenen Gesetzen gehorchen und wie eine ungeheure Flut Europa verschlingen wird, wenn die Stunde gekommen ist.

Währenddem hält der Zug. Hinter dem letzten Waggon hat sich ein fliegender Markt aufgetan. Kinder stehen da mit Milch, Brot, Früchten, Eiern – alles für den Petrograder unerreichbar. Ein wildes Geschrei, das Geschäft blüht. Dahinter die Frau mit Körben von Vorräten, aus denen die Kinder ihre Waren ergänzen. Und ganz hinten, schon außerhalb der Station, stehen die Bauern, im heißesten Sommer noch im Fellrock. Sie leiten das Ganze. Der Bauer hat das Geld. Die Kinder laufen hin, um zu wechseln. Der Grund dieser Aufstellung ist der, daß täglich durch die Bahnhofswache dieser natürlich streng verbotene Handel aufgehoben wird. Geht die Wache geschickt vor, so faßt sie fast sicher die Kinder, den Frauen gelingt es zum Teil, das Weite zu gewinnen, den Bauern aber immer. Die Ware geht zum Teil verloren. Das Geld bleibt ihnen. Wenn sie begriffen haben werden, daß es weniger Wert hat, ob viel, ob wenig, als seine Produkte, dann wird ihn eine maßlose Wut erfassen. Das wird eine der Stufen des Kommunismus sein. Vorläufig hält ihn noch die bewaffnete Macht in Schach.

Wir sahen eine derartige Szene mit an, die Kinder weinen, die Erwachsenen belustigen sich. Was die Bauern dabei denken, weiß ich nicht. Eine Bürgerliche jammerte gottserbärmlich, daß gerade sie keine Milch mehr bekommen hatte. Sie bekreuzigte sich bei Erwähnung dieser Zeit und der Menschen, die jetzt leben, und schwur, daß das Strafgericht Gottes hereingebrochen sei. Der Zug fuhr entlang an einem grünen Flusse. Der war glatt wie der blaue Himmel über ihm. Und dicht bei ihm in sanfter Anhöhe steigend rollten sich Waldwiesen auf. Dort weideten Kühe und Pferde.

DAS FÜHRERPROBLEM

Ich habe eine der Krisen des kommunistischen Staates aufgezeigt. Neben der Bauernfrage verliert der zu rasche und zu intensive Verbrauch an wirklichen Kräften, der Kampf gegen den toten Buchstaben und die Formel viel an Bedeutung. Es ist zusammengefaßt die Auseinandersetzung mit den Verwesungserscheinungen des Kapitalismus, der Kampf gegen die bürgerliche Ideologie, die Gedankenrichtung und die Gefühlsgrundlage des Einzelnen, über die die revolutionäre Welle zwar im ersten Ansturm hinwegfluten kann, die aber im wesentlichen Kern unberührt bleibt und dem kommunistischen Aufbau sich entgegenstellt. Es ist dies nicht so sehr eigentlich eine Krise, vielmehr die Aufgabe der Durchsetzung, der Festigung der proletarischen Macht, eben in diesem Kampf. Man wird sich von Anfang an darüber klar sein müssen, daß es gerade hier überhaupt keine Vereinbarungen geben kann. Es ist selbstverständlich, daß dies von Anfang an ein Vernichtungs- und Ausrottungskrieg ist, selbst wenn er sich in der Form des Absterbenlassens bewegt.
Dieser Kampf wird in Rußland bereits mit aller Schärfe durchgeführt, wenngleich kaum sichtbar. Das scheinbare Einlenken, das Gehenlassen, die Nachsicht bezüglich der Nichtbefolgung wichtigster ökonomischer Verordnungen wirkt wie ein großes Kesseltreiben, bei dem das Wild mit unfehlbarer Sicherheit gefangen wird.
Das ist nur möglich, wenn in Rußland Führer im wahrsten Sinne des Wortes und der geschichtlich überlieferten Begriffsgestaltung vorhanden sind. Führer, die das Programm der Bewegung und der neuen Zeit auch in ihren taktischen Formulierungen zum Ausdruck bringen und die Plattform für die Durchführung schaffen. Diese sind in Rußland unzweifelhaft vorhanden. Das kann ganz offen gesagt werden, man vergibt sich

dabei nichts. Führer, die Disziplin, das gute Beispiel, Führer, die Zielsicherheit und die Unfehlbarkeit verkörpern. Man soll den Unfehlbarkeitsbegriff nicht zu eng fassen: die katholische Kirche hat mit diesem Dogma noch eine letzte gute Kraftanstrengung gemacht, der Kardinalstaatssekretär Pius IX. war nur ein Dummkopf, der die Sache selbst nicht begriffen hatte. Natürlich ist der Papst unfehlbar, das ist selbstverständlich. Aber nicht der, der auch die Toilette benutzt. Nur der Dogmenträger, der Stellvertreter Gottes auf Erden. Man sollte bei den Jesuiten lernen, daß Irren besser ist als Recht haben. Das Menschliche, das Hineintasten in die Probleme, die Wucht der Verantwortung, die Selbstdisziplin, die propagandistisch offen zur Schau getragen wird, das macht den Glauben an die Führer und insbesondere das Wesen der Führerschaft in Rußland aus. Dabei zugleich ihre „Unfehlbarkeit". Jeder weiß, sie wissen nichts, sie lernen, sie sind gerade dabei, diese Frage zu studieren – und das ganze Volk gibt sich gewissermaßen Mühe, mitzuhelfen, daß keine Dummheit herauskommt. So faßt man die Thesenfabrikation auf. Man atmet erleichtert auf, wenn das Kind geboren wird. Es ist gut so. Und niemand fragt danach, daß eine Losung vielleicht noch zwanzigmal umgestoßen wird, denn die Gemeinschaft, das kollektive Bewußtsein ist vorhanden. Es schadet gar nichts, daß menschliche Schwächen, Eitelkeiten bei dem einen oder andern vielleicht zu finden sind, – Grund genug, wenigstens zu schimpfen. Das ist gut so. Es muß auch die Möglichkeit sein, einen Stein zu schmeißen, denkt man. Mag er sich wehren. Eine solche Führerschaft vermag die Balance zu halten.

Wie anders in Deutschland: die Führereigenschaft richtet sich nach dem Ziel. Die Deutschen hatten im alten Sinne gute Führer, als es sich um Organisation, reine Sammelpolitik handelte. Die Sozialdemokratie vor dem Kriege, die Gewerkschaften. Die Bewegung ist eine andere, das Ziel ein anderes geworden, die Führer sind dieselben geblieben. Sie haben als echte Deutsche sich noch nicht einmal, wenigstens in ihrer großen Mehrzahl, die Mühe gegeben, den Versuch zu machen, mit der Zeit zu gehen und umzulernen. Die andere Sorte Führer, die zum Teil mit der Revolution aus der Masse hervorgegangen ist, sind nur revolutionäre Mitläufer gewesen, gelehrige und willige Schüler der Russen. Naturgemäß ist psychologisch ihre Aufgabe die des

Besserwissers, des Oberlehrers, eines Typs, der den Deutschen eigentümlich ist. Sie schielen ständig nach Moskau, unsicher, was der Meister sagt, und ängstlich besorgt, auch ja keinen Fehler zu machen. Sie studieren. Aber es wird alles Mist. Sie haben das Tempo der proletarischen Revolution in Deutschland nicht erfaßt. Sie hinken nach. In Deutschland werden die Führer gepufft und gestoßen. Die Folgen kann man sich denken. Ich bin der Meinung, man kann vieles nachsehen: daß sie eigensinnig und eingebildet sind, daß sie nicht immer die Wahrheit sagen, daß sie manchmal verblödet sind – das liegt in den Verhältnissen. Aber eines muß die Arbeiterschaft, wenn schon die Dinge in Deutschland so liegen, erzwingen: daß ihre Führer zugeben, daß es möglich ist, daß der ungeheuerlichste Blödsinn, ja Katastrophen an verpaßten Gelegenheiten in der revolutionären Bewegung in Deutschland möglich sind. Sie sagen es zwar schon, aber von den Kollegen, jeder schließt noch immer sich selbst aus. Das hat keinen Sinn. Sie drücken sich vor der Verantwortung. Der deutsche Arbeiter ist zu gutmütig, um seine Führer für Niederlagen zur Verantwortung zu ziehen. Eine nationale Eigenschaft möglicherweise. Aber auf etwas müssen die Leiter der Bewegung aufmerksam gemacht werden. Viele Tausende gehen in den Tod, sitzen in den Gefängnissen, quälen sich bitter ab mit Fragen, von denen sie wissen, daß ihre Existenz davon abhängt. Sie müssen also gelöst werden. Weil man studiert hat, weil man alter Politikant und Praktiker ist, gut, fällt es leichter, aber man soll keine Witze darüber machen. Nicht die proletarische Politik so leicht nehmen. *Etwas mehr Achtung vor der Gemeinschaft!* Solange wir dies nicht durchgesetzt haben – ich nehme keine Partei aus, es ist wie eine Krankheit bei uns, wird das deutsche Volk im Sumpf bleiben.

Man lacht über „Phantasten", die in dem Begriff „proletarisch" einen neuen Inhalt sehen und ihn begreiflich darstellen möchten. Das verständlich machen, woran man leidet, ist schwer, man stottert und sagt vielen Unsinn. Aber der Unterton trifft die Sache. Die Geschicklichkeit, die Lacher aus den Kreisen der bürgerlichen Intelligenz auf seine Seite zu bringen, ist nicht wichtig für die Revolution. Die Studenten, die Halbschädel, die, mit Marx oder Kautsky aufgepumpt, aufs Proletariat losgelassen werden, sollte man schleunigst davonjagen. So viel Achtung sollte der proletarische Führer vor dem Arbeiter haben! Diese abge-

richteten deutschen Hohlköpfe, denen jede Einstellung zur Kameradschaft, zum Verständnis für das Proletariat – das Studium der Nationalökonomie allein schafft das nicht – fehlt, begreifen natürlich nicht, daß es keine Ehre, keine gehobene Stellung, sondern eine Beleidigung für die „Arbeiter" ist, heute noch „Student" zu sein. Ich spreche versöhnlich.
Der deutsche Führer ist nicht der russische Führer. Der deutsche Student nicht der russische. Krampfhaft sollen die Massen den russischen angepaßt werden. Das korrumpiert. Schade um die Leute, wenn sie sonst guten Willens sind. Das Hineinreden in die Massen, das Warten, bis die andern etwas tun, das überhebliche Besserwissen, das den deutschen Führer auszeichnet, wird man in Rußland vergeblich suchen. Es wird auch sehr viel geredet, es wird sogar in den Meetings – etwas geschauspielert, aber immer vor Leuten, die noch eifriger dabei sind als die eifrigsten Zuschauer. Und wie jede Diskussion fast aufgehört hat, bleibt die Masse in den Versammlungen schweigend, und erst gegen das Ende setzt Beifall ein, übertönt von der Internationale, deren Refrain nach jeder Ansprache gespielt wird, wo nur immer Musiker sind, selbst in den kleinsten Vorstadtmeetings. Es ist das Vertrauen des Volkes, das sich die russischen Führer und damit alle, die in ihren Bahnen wandeln, erworben haben. Autorität ist gleich Vertrauen in der proletarischen Bewegung, und Vertrauen kann man nicht erzwingen. Eine selbstverständliche Suche, über die der Spartakusbund mit keiner Dialektik hinwegkommt. Leistet was!

ETWAS ÜBER DIE FRAUEN

Die Gefährlichkeit der bürgerlichen Erziehungsatmosphäre (siehe die Studenten) kann doch nicht unterschätzt werden. Wo neues Leben sich entfalten soll, müssen auch die klimatischen Bedingungen für die Keimentwicklung gegeben sein. Das Bürgerliche ist die Atmosphäre, in der der Kommunismus ersticken muß, nicht so sehr die ökonomische Befreiung der Frau, obwohl sie Vorbedingung der selbstverständlichen Nebenerscheinung der Befreiung des Mannes ist, sondern die psychologische, die psychophysische Loslösung von der althergebrachten, der bürgerlichen Familienideologie, ist das Problem der Revolution der

Frau. Diese Revolution ist im Werden. Sie wächst empor. Das hat man klar in Sowjetrußland erkannt. Noch sind ihre Träger, ihre Losungen, ihre Entwicklungen und ihre Macht nicht zu erkennen. Diese neue Revolution ist nicht ausschließlich Sache der Frau allein. Gleicherweise wird der Mann daran teilnehmen.

Die Rolle der proletarischen Frau gewinnt ständig an Bedeutung in Räterußland. Noch sind ihre Aufgaben beschränkt, gerade in Rußland. Man weiß im übrigen Europa sehr wenig von der russischen Frau, ihrer Bedeutung für die Kristallisierung der psychischen Grundlage, auf der die Volksgemeinschaft ruht, ihre Entwicklung ist schwer abzuschätzen. Sicher ist eins: Die revolutionäre Frau wird im Proletariat wurzeln. Man hat das in Europa vergessen. Auch wieder darum, weil der Typ der russischen Revolutionärin so leicht übertragbar schien. In Deutschland z.B. ohne Gefahr in den Salon. Die russischen revolutionären Frauen sind an praktische Aufgaben herangegangen. An die Organisation der Erziehung, der Kulturaufgaben, der Volkshygiene, mit einem Wort: der Mütterlichkeit. Aus der praktischen Durchführung dieser Aufgaben wird die Revolution der Frau ihre erste Kraft saugen, den Antrieb. –

Das, was an Veränderung nach außen in Erscheinung tritt, ist das Absterbende, die Zuckungen der Bourgeoisie. Man sagt, die Frauen in Rußland, Moskau und Petrograd haben einen „genialen Schwung" bekommen nach persönlicher Freiheit. Die Familienbande lösen sich. Man muß sich hüten, dies zu überschätzen. Die bürgerliche Frau, die jetzt in das Sowjetbüro geht, um ihren Lebensunterhalt zu verdienen, bringt nicht die innere, auf revolutionäre Selbstdisziplin gestellte Kultur mit sich, die Verpflichtung „freier Beziehungen" tragen zu können, die noch kompromißhaften Differenzierungen einer vorrevolutionären Phase der Frauenentwicklung überhaupt verstehen zu können. Die zutagetretende Freiheit in den Sexualbeziehungen ist nichts weiter als eine Prostitution der bürgerlichen Frau vor den neuen Machthabern. Der rote Offizier gilt eben, was ehedem der weiße, der buntröckige, gegolten hat – und der Sowjetbeamte wird als der Mann betrachtet, der Macht in sich vereinigt. Vielfach neigt man in proletarischen Kreisen dazu, diese naturnotwendig begründete Enthüllung der Genußsucht, der Profitgier, der Prostitution sentimental beurteilen zu sollen als die Befreiung der Frau

von den Fesseln bürgerlicher Konvention. Das ist blanker Unsinn. Die bürgerliche Frau bleibt eine bürgerliche und ihre Freiheit ist die Charakterisierung des Zerfallsprozesses. Die sexuelle Freiheit wird geboren mit der Freiheit der Frau. Und die Freiheit der Frau wird nur getragen von der proletarischen Frau. Die Revolution der Frau wird die Gesetze dafür aufstellen, worin der Begriff „proletarisch" als Zusammenfassung vielleicht in Abweichung vom bisherigen zu finden sein wird, und worin sich die Gemeinsamkeit und das Bewußtsein der Unterdrückung der Frau verankert.
Die Frauen, die man in Rußland sieht, entfalten einen auffallenden Luxus in der Kleidung. „Sie tragen die Sachen ab, weil das Aufheben jetzt wenig Zweck hat." Auch wird ihr Liebhaber, der heute noch einen Gefallen darin findet, bei der Frau eines gewesenen Direktors, eines „Herren" zu schlafen – sofern er sein Klassenbewußtsein wiederfindet –, sie auf die Dauer nicht davor schützen können, notwendige Arbeit zu leisten. In Deutschland wird der Arbeiter die bürgerlichen Huren, die „Damen" der Herren Offiziere, der Beamten und der bürgerlichen Intelligenz, die als Geschlechtstiere zur Repräsentation für den Haushalt und die „Familie" sich in nichts von den weißen Bestien, ihren Ehegatten, unterscheiden, trotz Beteuerung ihrer Sehnsucht nach Freiheit, nach Abwechslung, trotz der zur Schau getragenen Sympathie ihrer Töchter, der weiblichen Jugend und der studierenden für die Bewegung, von Anfang an zum Teufel jagen. Die neue Familie, die proletarische Familie, ist noch in der Entwicklung. Sie wird alle Menschen umfassen, und sie kann es sich daher gestatten, Menschen davon auszuschließen, denen ihrer ganzen Erziehung nach nicht zu trauen ist. Die proletarische Frau wird in ihrer Begriffsbildung von Freiheit, Familie und Beziehung mit derselben Schärfe gegen die bürgerliche Frau kämpfen müssen wie der Arbeiter gegen den Verteidiger des Unternehmertums. Es sind zwei Fronten gegen denselben Feind: die Gedanken und Empfindungswelt des Kapitalismus.

DER ZUSAMMENBRUCH
DER BÜRGERLICHEN INTELLIGENZ

Der Zusammenbruch der bürgerlichen Intelligenz ist in Rußland ein vollkommener. Ingenieure, Oberlehrer, die obere Verwaltung, Schriftsteller, alle die in den Jahren, als die russische Revolution Mode war, mit ihr sympathisiert haben und gelegentlich auch in die Verbannung gegangen sind, beweisen heute, daß mit der Jugend zu gehen und für Fortschritte zu sein nichts weiter als eine schwache Stunde der bürgerlichen Demokratie bedeutet. Sie sind ausgesprochene Konterrevolutionäre geworden. Die Menschewiki, die Sozialrevolutionäre klammern sich krampfhaft an Theorien und Programme, die nach der Oktoberrevolution den Inhalt verloren haben, leere Phrasen geworden sind. Man kennt in Europa die Schulprogramme Lunatscharskis, die großzügigen Pläne für Kindergärten, Schulhygiene. Man denkt, es muß für die Lehrer ein großes Glück sein, diese Aufgaben in Wirklichkeit umzusetzen. Jeder Wunsch der Lehrenden ist erfüllt, sehnsüchtig schaut ein Volk, das so lange im Dunkeln gehalten worden ist, gläubig schaut es zu ihnen auf. Aber diese Lumpen der bürgerlichen Intelligenz sabotieren! Gerade beim Lehrer, dem Volksbildner, es gibt eine bestimmte Vorstellung von ihm, versteht man das nicht. Es ist doch die Jugend, das heranwachsende Geschlecht, die neue Menschheit, die unbeeinflußt von Haß und Verzweiflung, von Not und Bitterkeit, unbeeinflußt vom Klassenkampf, frei und glücklich mit allem Guten und Schönen, das endlich freigelegt ist, weil der sozialistische Staat die Mittel hat, gerade darin nicht zu sparen – es ist doch unsere bessere, freiere und glücklichere Zukunft, die der „Volksbildner" vor sich hat. Und gerade diese will er vernichten. Er sabotiert fast durchwegs. Man glaubt das kaum: die Programme bleiben auf dem Papier. Die Schulen sind überhaupt kaum in Betrieb. Monatelang herrschte ein schreckliches Durcheinander, und erst dem Eingreifen der Fabrikkomitees ist es gelungen, wenigstens innerhalb ihres Machtbereiches notdürftig mit schnell zusammengescharten Kräften, darunter nur ein sehr kleiner Teil Berufslehrer, die Verhältnisse etwas zu bessern. Der sabotierende Lehrer, das ist zugleich die schmählichste Seite im Zusammenbruch der Bourgeoisie. Unentwegt arbeitet indessen Lunatscharski an der Vervollkommnung seines Kulturerziehungsprogramms. Er muß es sich gefallen lassen, daß die politischen Zentralen in Rußland zu lächeln beginnen. Auch hier wird die Arbeiterschaft ganz von unten herauf neu anfangen müssen. Die proletarische Schule wird auf die sogenannten Errungenschaften bürgerlicher Kultur gleich von Anfang an verzichten müssen. Die proletarische Kultur hat eben auch in angeblich neutralen, weil allgemein menschlichen Fragen nichts mit der bürgerlichen Kultur gemeinsam.

Daß der Ingenieur, obwohl er sich zur Verfügung stellt, sabotiert, ist eher verständlich. Man kennt in Rußland nicht den Typ des deutschen Arbeiters, der auch imstande ist, selbst die Arbeit eines Betriebes zu leiten. Der Ingenieur war vordem Herr der Fabrik, Herr über die Arbeiter. Man kann nicht erwarten, daß er sich in die neuen Verhältnisse hineinfindet. Er ist zu feig, sich offen zum Kampf zu stellen, so macht er der Außerordentlichen Kommission viel zu schaffen. Der weitaus größte Prozentsatz der in Schiebungen, Schleichhandel, Spekulation Gefaßten sind Ingenieure und industrielle Betriebsbeamte. Erst in einigen Monaten werden die Betriebsschulen, die technischen Kurse aus der Arbeiterschaft selbst genügend geeignete Kräfte herangezogen haben, daß man die Ingenieure samt und sonders zum Teufel jagen kann. Alle Kompromisse, die der proletarische Staat macht, rächen sich. Auch wenn sie im Augenblick vom Gesetze bitterer Notwendigkeit diktiert sind.

Man findet vereinzelt Verwaltungsbeamte, Bankdirektoren, die in einer Trustzentrale irgendeinen Posten bekleiden, so ist im Zentrotextil ein Direktor des Crédit Lyonnais Botenmeister. Es ist ihnen anzumerken, daß sie nicht zufrieden sind. Sie tun ihre Pflicht, viele haben begreifen gelernt, daß auf neuen Umsturz zu warten zwecklos ist, sie warten immerhin --- Auf den Funken des neuen Gemeinschaftsgeistes, der auch bei ihnen noch aufglimmen soll, vielleicht, oder auf ihr seliges Ende. Nur keine Illusionen, als würde man diese Leute noch verwenden können. Nur so lange, bis die Jungen neu gebildet sind.

Der russische Intellektuelle im Reintyp sitzt im Ausland. Er jammert und schimpft, und die gleichen Gestalten in Deutschland und in der Welt sind unschlüssig, was zu tun. Der Nimbus des Russen ist verschwunden, der russische „Revolutionär" im Auslande ist nicht mehr. Geblieben ist der Kaufmann, der weiße Offizier, der Gold und Brillanten über die Grenze gerettet hat, noch in der Hoffnung, zu intrigieren, das Kapital im Ausland für neuen Putsch zu interessieren. Sich damit vorläufig über Wasser zu halten, wenn das Geld aufgefressen ist.

DAS GELOBTE LAND

Nicht anders wird es dem deutschen Intellektuellen ergehen. Der Hammer der sozialen Revolution trifft auch ihn und wird nicht viel von ihm übrig lassen. Es bleibt jetzt noch ein Weg, noch bevor er an der Wand steht. Laß alles stehen und liegen, geh auf die Wanderschaft, tauche unter. Es drängt zu gehen nach Spitzbergen in die Kohlengruben, ungelernte Arbeiter werden dort verlangt. Nicht viele gehen hin. Das Leben ist schwer. Neun Monate ist es dunkel und kalt. Die 3 – 400 Menschen an einem Platz sind mehr auf einander angewiesen als irgendwo anders. Dort lernst du die Menschen kennen. Volk wirst du dort mit dem Volk werden. Oder geh in die Steppen Sibiriens. Ein neuer Schlag von Tramps ist dort im Entstehen. Hast du die Kraft, dich zu halten, so wirst du nützliche Arbeit leisten – auch für den Sozialismus. Erzählt von Europa, arbeitet dort am Hausbau, an den Wegen, an der Eisenbahn. Geht als Holzfäller nach Karelien, dort überall ist noch die Möglichkeit, sich umzustellen. Nicht mehr inmitten der sozialen Revolution. Wir werden alle herausgeschleudert sein. –
An den Grenzen des europäischen Rußland wachsen die neuen Reiche empor. Der Osten ist in Bewegung. Der Osten marschiert. Aus dem Altai sind Gesandte nach Moskau gekommen, und sie haben uns erzählt. Dort sind die breiten Täler jenes Urgebirges, von dem herab einst die Urväter des Menschengeschlechtes herabgestiegen sein sollen, auf der Erde zu wohnen. Dort auf den unermeßlichen grünen Hängen weiden Millionen Rinder und Schafe, die genügen würden, den Bedarf Europas an Fleisch, Milchproduktion und Leder zu decken. Das Land, das als großer Talkessel ringsum von Gebirgsketten eingeschlossen ist, taucht plötzlich auf wie aus der Vergessenheit, die Behörden reiben sich die Augen. Die Kommission brachte eine Aufstellung mit über die Bodenschätze. Danach sind fast alle wichtigen Mineralien in großen Mengen und leicht abbaufähigen Lagern vorhanden, Kohle und Naphta findet sich, Edelsteine und Gold. Der Gold-

bergbau wurde zwar schon unter dem Zaren betrieben, aber in einer derartigen Weise, daß die Kosten den Ertrag überstiegen. Auf die erste Kunde von der Revolution ist der Betrieb stillgelegt worden, und die Abgesandten machten erstaunte Gesichter, als die Regierung ihnen erklärte, daß der Goldbergbau sofort wieder aufgenommen werden müßte --- Sie glauben nicht recht, daß der sozialistische Staat auch noch Gold, das des Teufels ist, braucht. Es sind Leute, die nicht studiert haben. Sie sind kaum als Arbeiter oder Handwerker oder Bauer sehr weit in der Welt herumgekommen. Aber sie haben für die Bewirtschaftung des Landes, für die Industrialisierung, Anlage von Städten und Siedlungen aus eigenem Wissen ein Programm aufgestellt, das der Oberste Volkswirtschaftsrat als vorbildlich bezeichnet. Es ist bemerkenswert, daß dieses Programm in seinen Grundzügen mit dem Ökonomieprogramm der Sowjetregierung, das einen Extrakt jahrzehntelanger wissenschaftlicher qualifizierter Einzelarbeit darstellt, vollkommen übereinstimmt, so daß es so, wie es ist, übernommen wird. Und doch ist es entstanden ohne Vorbereitung, in einer Sitzung zusammengestellt, in einer Aussprache angenommen von den Vertretern der östlichen Distrikte, deren jeder wieder größer ist als Preußen. Es sind lebenserfahrene Menschen, diese Leute aus dem Altai, und sie stehen dem Kommunismus näher, weil er ihnen selbstverständlicher ist als manchem gelehrten Herrn, der sich vielleicht für unentbehrlich für die Bewegung hält.

DIE HAUSMASCHINE
DER SOZIALISTISCHEN WIRTSCHAFT

Im Altai, in Westsibirien ist unter den besten Bedingungen Platz für 50 – 60 Millionen Menschen, die dort neu angesiedelt werden können. Der Ural entwickelt sich zu einer Riesenindustrie, in der der Mittelpunkt des sozialistischen Europas liegen und der gleichfalls Millionen Arbeiter in sich aufnehmen wird. Eine Völkerwanderung nach Rußland wird einsetzen, alle die ungeheuren Arbeits- und Existenzmöglichkeiten in Gang zu bringen und zu unterstützen. Er mag übertrieben sein, der Ruf: Rußland fehlt es an gelernten Arbeitern. Für das, was an moderner Industrie vorhanden ist, sind genügend Arbeitskräfte, auch gelernte, vorhanden, selbstverständlich erst, wenn die Rote Armee sie entbehren kann und freigibt – im Augenblick steht es natürlich schlimm damit –, aber für das, was Rußland werden soll, eine Riesenmaschine von ungeheurem Ausmaß, dazu bedarf es der Hunderttausende und Millionen westeuropäischer Arbeiter. Die Arbeit der russischen Kommunisten ist darauf gerichtet, dieser Entwicklung den Unterbau vorzubereiten. Man pflegt das in Westeuropa falsch zu sehen und einzuschätzen. Die Erfassung der Produktion, die Gliederung der Rohstoffe und ihre Einordnung in die Organisation der Arbeit, der Arbeitsmacht, des Arbeitsmittels und der Energie der Arbeiter – alles das ist in seinem zentralen Aufbau, seiner Differenzierung, dem technischen Apparat weit in die Zukunft weisend. Es ist ein Grundbau für die Wirtschaft des kommenden Jahrhunderts. Eine neue Wirtschaft, in die erst ein neues Geschlecht hineinwachsen muß.

Gerade weil diese Organisation nicht *nur* ein geistvoller Versuch ist, steht der Verwirklichung des Programms noch so vieles im Wege heute, vor allem die Menschen. Man kann durchweg sagen: 75 Prozent der Beamten, der Angestellten sabotieren. Zum Teil unbewußt, sie sind faul und verstehen nichts. Und doch kommt die Maschine langsam in Gang. Wie mit Riesenfangarmen ergreift sie allmählich Menschen und Rohstoffe, sie zwingt die Menschen zu arbeiten, in ihrem Dienste oder im Dienste der Rohstoffe, des Produkts. Und sie wird die Widerstrebenden automatisch zermalmen. Die Frage der Sozialisierung oder Nationalisierung der Produktion ist eine automatische geworden. Was noch nicht nationalisiert ist, drängt danach, doch muß es erst den Beweis, volkswirtschaftlich notwendige Arbeit zu leisten, aus sich selbst heraus erbringen, sonst läßt die Staatsmaschine es verdorren. Sie saugt es nicht auf, es zuckt noch etwas, wie der Schleichhandel, hier und da sogar störend, aber doch ohne Bedeutung, zum Absterben bestimmt. Die Organisation dieser Riesentrusts, die das tote Produkt zum Leben erweckt, mit Rechten und Pflichten den Rohstoff gegen den Menschen stellt und beide durch organisierte Arbeit, in der die gleichen Rechte und Pflichten wiederkehren, verbindet – dieses Wundergebilde rollt völlig neue Probleme auf, die über das revolutionäre hinausgehen. Wird der Mensch gegen den Rohstoff revoltieren müssen? Wird der Mensch den Rohstoff ganz unter seinen Willen zwingen?

Man soll sich hüten, die Beantwortung zu einfach zu nehmen. Ich glaube, die Phase anarchistischer Duselei ist endgültig vorbei. Wir wissen, daß die Menschen kollektiv im Handeln und Denken zusammengeschlossen dem anmarschierenden Rohstoff entgegentreten müssen. Der Mensch muß, um zu leben, arbeiten, verarbeiten. Die sozialistische Wirtschaft erschließt neue Rohstoffquellen. Die Elektrizität wird, da die Kostenfrage fortfällt, in großem Maße freigemacht, über die ganze Welt gespannt werden, und eine ungeheure Kraft wird für die Menschen arbeiten. Wird sie der einzelne bändigen, wird die Gemeinschaft der Menschen, so wie sie heute noch ist, überhaupt dem Tempo, dem Rhythmus dieser Kraft gewachsen sein? Die Produktion für den Bedarf wird bald andern Gesetzen folgen, differenzierteren, der Beschleunigung intensiven Lebens, Erlebens angepaßten, was wird dann sein? Eine neue Revolution gegen die Maschine, die Organisation? Kaum anzunehmen, eher gegen Konzessionen an den bürgerlichen Individualismus, gegen Reservate des selbstgefälligen Ich. Denn der kommunistische, der kollektiv verwurzelte Individualismus, die Ichbetonung in der Gesamtheit wird weitergehende Ziele haben, größere Freiheiten gerade in der Gemeinschaft als bisher der Ichmensch, der Einzelne im Nichts, in der Wüste, an der er obendrein noch mitschuldig wird.

DER REVOLUTIONÄRE KRIEG

Für diejenigen, die immer vergleichen. Auch in Deutschland wird die Revolution blutig sein, wir brauchen auch in Deutschland den Roten Terror, ja mehr als in Rußland, aber Deutschland wird keinen Krieg führen. Auch Rußland führt keinen Krieg. Daran muß sich der Deutsche gewöhnen, der Deutsche, der sich eine so konkrete Vorstellung vom Krieg, von der Kriegsorganisation angeeignet hat: Rußland führt gar keinen Krieg, es führt einen proletarischen revolutionären „Krieg". Einen solchen wird auch Deutschland führen.

Dieser Krieg, dieser revolutionäre proletarische „Krieg", ist so verschieden von dem Krieg im bürgerlichen, im kapitalistisch-imperialistischen Sinn, daß es nottut, schon den Grundbegriff nach verschiedenen Beziehungen anzuwenden. Dieser Krieg wird nicht gewonnen oder verloren, seine Siege, seine Niederlagen sind eins: die Revolution, der Aufbau der neuen Gemeinschaft. Die modernen Kriegsmittel sind nicht mehr Selbstzweck in der Vernichtung, sie rücken an zweite Stelle: sie werden zum Träger und Verteidiger der Propaganda, der Propaganda des Wortes und der Tat, des sozialistisch-kommunistischen Gedankens. Das oberste Ziel der Kriegsführung: den Gegner unschädlich zu machen, zu vernichten – gibt es nicht in diesem Kriege. Das Ziel wird sein: an den Gegner heranzukommen, ihn aufzuklären, ihn aufzunehmen, ihn zum Kommunisten zu machen. Werdet so wie wir, ist das Feldgeschrei. Verjagt Eure Offiziere, zerbrecht die Bande der Disziplin, die die Waffe Eures Ausbeuters, des Kapitalismus ist, und kämpft mit uns gegen die Ausbeuter der Welt. Die Schranken der Nation fallen. Der Haß der Völker untereinander, künstlich gezüchtet, verschwindet. Die russische Rote Armee ist frei von nationalistischen Rücksichten, frei von nationalem Eigendünkel. Das gerade ist ihre Stärke, ihre Unüberwindlichkeit trotz Napoleon. Sie weiß heute, daß dieser Krieg nicht heute oder morgen aufhören wird, sondern daß sie bis zur Niederwerfung des letzten Widerstandes des Kapitalismus in der Welt wird kämpfen müssen. Sie marschiert an der Spitze, und sie wird an der Spitze bleiben. Die Zeit kennt keine Grenzen mehr. Der Kämpfer für den Kommunismus ist kein preußischer Soldat, keine Mobilisation der Ludendorff und Haigs. Die deutschen Arbeiterbataillone werden anders in den Kampf eintreten. Sie werden vielleicht Positionen und Städte verlieren. An allen Grenzen, gegen die Weißen im eigenen Lande, gegen deren Helfershelfer aus den übrigen kapitalistischen Ländern; die proletarische Diktatur erzeugt den Gegendruck, und dieser muß niedergerungen werden. Aber es wird nicht so wichtig sein, das Militärische in den Vordergrund zu stellen. Gerade in Deutschland nicht, der Militarismus steckt noch manchem Revolutionär in den Knochen. Es gilt wie in Rußland, Propaganda über die Grenzen zu tragen, Propaganda in die feindlich gestimmte Bevölkerung herein. Die Nerven behalten, Rückschläge ertragen zu können. Mag die oder jene Position militärisch verloren gehen, Monate intensiver Aufklärungsarbeit schaffen sie wieder zurück. Das macht Rußland unüberwindlich, das macht jede militärische Intervention der Entente zu einem lächerlichen Abenteuer. Wir dürfen in Deutschland nicht daran denken, uns Rußland anzuschließen, bevor nicht der letzte Keim militärischer Gedankenwelt erstickt ist, sonst lähmen wir die Kraft der Weltrevolution. Wir brauchen keinen proletarischen „Hindenburg", wir wollen nicht den „Sieg" der deutschen Waffen etwa über Ententesöldner, die einer deutschen Revolution im Interesse der eigenen Weißen entgegengeführt würden. Wir wollen diese Söldner aufnehmen, uns zu Kameraden machen, wir wollen den Gedanken des Kommunismus, den proletarischen Staat mit ausbreiten helfen und stützen, im Verein mit dem russischen, im Verein mit dem Proletariat aller Länder, und nur einer der Träger mit sein. Mag der deutsche Mann, mag das deutsche Volk auch dabei untergehen. Dann werden wir guter Dinge sein für das Wachstum der Weltrevolution. Der Deutsche hat es nötig, als Volksganzes Opfer zu bringen. Es gilt, das Vertrauen des Proletariats der Welt wiederzugewinnen. Die Nation mit dem Beinamen die „kriegerische" darf nicht wiedererstehen.

EIN KAPITEL GEGEN DEN DEUTSCHEN ARBEITER

Der deutsche Arbeiter muß das begreifen lernen. Er ist jahrelang im Preußentum gedrillt worden. Nur durch Anspannung aller Kräfte, durch technische Vervollkommnung seiner Arbeit, durch Fixigkeit hat er sich oben halten können. Der Krieg hat die höchsten Anforderungen an ihn gestellt. Daß die imperialistischen Ziele zusammengebrochen sind, das wurmt trotzalledem, trotz Sozialismus und proletarischem Verbrüderungswillen den Arbeiter, hat man doch so vieles aus ihm herausgepreßt – nutzlos. Das ist die eine ständige Gefahr für jede Bewegung. Die zweite ist zur Zeit zwar in Schach gehalten, ein ausgesprochener Eigendünkel, der deutsche Arbeiter ist der beste in der Welt, heißt es. Das Selbstbewußtsein, das sich darauf gründet, mag berechtigt sein oder nicht. Gut ist es aber nur dann, wenn es im revolutionären befreienden Sinne eingesetzt wird. Bisher schlug der deutsche Arbeiter jede Konkurrenz, weil er gefügiger, billiger und zäher im Joch der Ausbeuter aushielt, weil er der Arbeit, der Arbeit im Interesse des Profits, des Kapitals persönliches Interesse und Verständnis entgegenbrachte. Der deutsche Arbeiter muß verstehen, daß er den Hebel der Arbeitsfreude, der Freude an der Leistung erst ansetzen darf im Rahmen der proletarischen Arbeiterinternationale, für die Proletarier der anderen Länder und damit auch für sich. Der Russe ist darin wirklich vorbildlich, er denkt nur an die andern, fast nie an sich. Die Arbeiter der Prochorodowschen Manufaktur, die uns zu einem Fabrikmeeting eingeladen hatten, sprachen uns davon, wie den deutschen Kollegen in ihrem Kampfe gegen die Unterdrücker zu helfen wäre. Sie dachten nicht daran, daß die Fabrik seit Monaten stillsteht, weil es an Brennstoff mangelt. Sie erwähnten nicht, daß über 75 Prozent der Arbeiterschaft in der Roten Armee an der Front stehen und dort vielfach übermenschliche Arbeit leisten, als Agitatoren, Soldaten, Organisatoren und Arbeiter zugleich, eine Anstrengung, die sie einmal zusammenbrechen lassen muß. Davon sprachen sie mit keinem Wort. Sondern sie sagten, daß man den Krieg über Polen nach Deutschland tragen müsse. Daß der Lebensmitteltransport aus Zentralrußland und Sibirien für Deutschland organisiert werden muß. Das sagten dieselben Leute, denen selbst noch so gut wie alles fehlt. Sie erwogen sehr vorsichtig die Chancen der deutschen Revolution und waren sich bewußt, welch neue schwere Belastung das russisch-deutsche Bündnis für das sich zum Leben entwickelnde Sowjetrußland in seiner ersten und schwersten Phase bedeuten muß. Lächelnd werden sie jedes Ungemach tragen, Kälte und Hunger, wenn sie der deutschen Revolution helfen können.

Es war eine furchtbare Stunde, diese Menschen anlügen zu müssen. Keiner hätte es fertig gebracht, ihnen die Wahrheit zu sagen. Ihnen zu sagen, die deutschen Arbeiter denken gar nicht daran, Verpflichtungen für die Weltrevolution auf sich zu nehmen. Sie demonstrieren zwar gelegentlich für Sowjetrußland, aber in Parteien zersplittert, und jede Partei für sich, und diese benutzt solche Demonstrationen, unter Verleumdung der andern neue Mitglieder für sich zu gewinnen. Mag das Proletariat in noch so viele Parteien gespalten sein, bei allen Unterschieden der Kampftechnik, ein gemeinsames Ziel muß schließlich vorhanden sein. Das ist auch der Fall, nur steht es in Deutschland auf dem Papier, auf dem Programmpapier. Ich weiß, die Arbeiter wünschen das nicht, warum tun sie aber nichts gegen diese wüsten Beschimpfungen der Führer, der Redakteure untereinander? Man hat eher den Eindruck, sie haben ihren Spaß daran, wie an Ringkampf- und Boxmeetings. Die Parteien des Proletariats stehen einander gegenüber mit der Losung: Vernichtung, Ausrottung bis zum letzten Mann. Nein, deutsche Arbeiter, das Ziel liegt anderswo. Die Bourgeoisie, der organisierte weiße Terror, das Kapital – dahin seht. Dort sind alle Kräfte einzusetzen. Nicht nur auf dem Programm. Sollte es so schwer sein, diese einheitliche Kampfparole durchzubringen? Die augenblicklichen Verhältnisse in Deutschland bieten Anlaß genug dazu.

Wie es wirklich im deutschen Proletariat aussieht, das konnten wir den russischen Arbeitern zu erzählen den Mut nicht aufbringen. Wir sprachen von den Anstrengungen, die Macht zu erobern, von den immer wieder vergeblichen Anläufen, von dem festen Willen, zum Ende durchzukommen, von den blutigen Kämpfen, von der wachsenden Erbitterung, von dem Vernichtungswillen, aber nicht von dem des Proletariats untereinander. Denn wir schämten uns einzugestehen, daß das deutsche Proletariat trotzalledem so schwach sein soll. ---

DIE WELTREVOLUTION AUF DEM MARSCH

Man kann von niemandem verlangen, eine Schwäche einzugestehen. Lieber im Wust einer Lüge und Verleumdung mit zusammengebissenen Zähnen verlacht und angespien als Dummkopf vor der ganzen Welt untergehen. Die Aufgabe des deutschen Proletariats ist klar vorgezeichnet: sich einzuordnen in die Weltrevolution, in der zweiten Phase Träger des kämpfenden Kommunismus und agitatorisches Bollwerk gegen Westen zu sein. Die Russen werden weiter die Außenarbeit leisten. Schon ist der ganze Osten in Bewegung. Die bolschewistischen Kommissare werden in Wirklichkeit als Propheten empfangen. An der persischen Grenze beten die Mullahs im Namen Mohammeds und Lenins. Es ist borniter Eigendünkel eines Geschichtsphilosophen, der sich so nennt und von deren Kaliber es so viele in Deutschland gibt, man denke nur an die Marxpfaffen und die Thesenfabrikanten – es ist eine unglaubliche Begrenztheit, in dieser Bewegung, die der Bolschewismus auslöst und unterstützt und auswertet, nationalistische Tendenzen der russischen Kommunisten zu sehen. Die besondere Ideenwelt der Ostvölker, nicht nur in den Randgebieten, sondern Indien und

China im Mittelpunkte, die der konstruierten Gesetzeswelt der kommunistischen Ökonomie durch ihre von Urzeiten stärker bewahrte kollektivistische Gefühlsbetonung um vieles näher steht, weil sie selbstverständlicher und naturbewußter erscheint als dem von den raffinierten Zuchtmitteln des Kapitals geknebelten westeuropäischen Proletariat, das in schweren inneren Kämpfen beginnen soll, sich auch geistig frei zu machen – diese spezifisch östliche Gefühlsbetonung wird in brüderlicher Verbindung und Sympathie mit dem europäischen Proletariat, mit der Arbeiterschaft als Herr über die wirtschaftlichen Machtmittel eine neue Gemeinschaftsbetonung in die europäische Gedanken- und Gefühlswelt tragen und mit dieser sich allmählich erst durchsetzenden und verbreiternden Nuance Europa umgestalten. Das wird die neue Zeit und das neue Jahrtausend sein.

Wir sind von der Zeit so begnadet, die ersten Anfänge dieser Entwicklung bereits gefühlsmäßig begreifen und miterleben zu können. Es ist eine herrliche Zeit, und man muß manchmal an sich halten, um an dem vielen, das nach außen drängt und doch unausgesprochen bleibt, weil noch der Niederschlag notwendiger Gemeinsamkeit fehlt, nicht zu ersticken. Die wissenschaftliche, die historisch-materialistische Analyse einer Kritik des Kapitalismus spielt für den Osten eine untergeordnete Rolle. Der Osten wird sich niemals in der Weise kapitalistisch entwickeln wie Europa. Der Agitator, der den Nomaden der kirgisischen Steppe den Unterschied im Besitz vor Augen führen wollte, würde zur Antwort bekommen, warum soll ich so viel haben wollen wie der Nachbar, soll nicht jeder mit dem leben, was er hat? Und wenn er den Rest seiner Habe verliert, wird er sich keine Gedanken machen. Er wird an den Wasserplätzen als Bettler sitzen und zufrieden sein. Die Zahl der Reichen ist sehr begrenzt, und auch ihr Reichtum ist kein organisierter, ist keine Macht, sondern eine zufällige Erscheinung, der der Inhaber selbst geringen Wert beizumessen gelernt hat. Wo die europäische Kultur stärker eingedrungen ist, wo das europäische Kapital eingegriffen hat, wo der Einzelne vom Volksganzen gelöst als Arbeits- und Ausbeutungsobjekt behandelt wird, da sind naturgemäß die Gegensätze schärfer, doch schaffen sie trotzdem nicht ein Proletariat in europäischem Maßstabe. Das Volksganze, ohne Ausnahme einzelner, wird dann Proletariat. Der Funke der kommunistischen Revolution in Europa hat im Osten gezündet.

Die Völker erwachen wie von etwas gerufen, das sie selbst schon vergessen und das ihnen gemeinsam ist. Die rote Armee marschiert im Osten unter der Parole: Für die Armen und Unterdrückten, für die Bettler, für die Blinden und Aussätzigen – eine Parole, die die ganze Bevölkerung für sich in Anspruch nimmt und die im besten Sinne des Wortes national ist und wirkt. Sowjetrußland entfaltet diese Propaganda über die sibirischen Nomadenstämme, über die kaukasischen, grusinischen und mongolischen Völker, nach China und der Mongolei, über Persien und Afghanistan und Indien. Der Einfluß des Kommunismus ist im Mohammedanertum ein ungeheurer, und die Verbindung der aufständischen türkischen Nationalisten mit russischen Emissären ist keine rein zufällige, taktische. Das Ausbeutungsobjekt des Weltkapitalismus, wie Asien, ist aufgerüttelt von kommunistischen Kampfparolen. Der endgültige Zusammenbruch, das ist die breitere Auswirkung des bereits eingetretenen ökonomischen, ist wieder eine weitere Phase nähergerückt. Rußland hat in Asien die Waffe in der Hand, die europäisch-imperialistischen Mächte zu jeden beliebigen Verhandlungen zu zwingen. Die Sowjetregierung bietet dem deutschen Proletariat an, diese Waffe in seinem Interesse zu verwenden. Das ist die wirksamste Hilfe, die Rußland dem deutschen Proletariat, mit dem es verbunden sein wird, wenn die deutsche Arbeiterschaft sich geeinigt haben wird, um die Macht zu übernehmen, bringen kann.

Was hat die deutsche Arbeiterschaft zu tun? Ihre nächste Aufgabe ist: Einigung für die Durchführung der Revolution, das ist die Ergreifung der politischen Macht einerseits, dann aber wirtschaftliche Hilfe durch organisierte Arbeitshilfe für Rußland und den ganzen Osten im Rahmen der deutschen Räterepublik unter Ausnützung der der deutschen Arbeiterschaft in hohem Maße zur Verfügung stehenden technischen Betriebsmittel. Erst dann wird die Wundermaschine der kommunistischen Wirtschaft, die die Russen im Programm aufgebaut haben, praktische Arbeit leisten können. Die Zeit ist reif. Dem großen Sterben der Völker Einhalt zu tun, werden die bürgerlichen Klassen geopfert werden müssen, das ist Naturgesetz.

NORDISCHER SOMMER

Ich habe versucht, den Gesamteindruck Sowjetrußlands wiederzugeben. Technische Einzelheiten, Beschreibungen, den ganzen Wust des sogenannten Wissenswerten wird man besser bei anderen Schriftstellern nachlesen. Ich hasse die Leute, die hinterm Schreibtisch sitzen und durch Hornbrillen sich die Ereignisse belesen. Denen ein Weltgeschehen auf Befehl vorgeführt wird, damit sie ihre Analysis, die sie sich ersessen, wie andere Hämorrhoiden, daran erproben können. Die sozialistischen und kommunistischen Theoretiker in Deutschland sind von solchem Schlage. Man sollte sie allesamt aufhängen, damit besseres Licht in Deutschland wird. – Aber da es dazu nicht kommen wird, so soll doch wenigstens zum Mißfallen dieser Autoritäten einmal gesagt werden, daß ihr Blut zu trübe und zu dick ist, das, was Sowjetrußland überhaupt ist, zu verstehen. Schulgelehrsamkeit, die wahnsinnige Besitzangst, daß ihnen „Marx", der ihr alleiniges geistiges Eigentum ist – weggenommen werden könnte, Schulmeisterinstinkte ändern daran nichts. Vertragen wir uns also, aber rutscht mir den Buckel runter. Es lebe die deutsche Revolution!

Noch den Rhythmus der Internationale in den Knochen, sieht man den russischen Hafen zurücktreten. Das Boot hat Kurs hart Nordwest. Bald schnüren die kahlen Felsen des nördlichen Norwegens Herz und Blick ein. Die Träume, neue Kräfte, eine neue Welt zu entfesseln, schrumpfen ein. Es ist bitter kalt. Eine Schneebö verjagt die letzten spekulativen Illusionen. Die eigenen Aufgaben, nüchtern, made in Germany, steigen auf. Von Ferne tickt der wohlbekannte Rhythmus deiner eigenen Zeit, deiner eigenen Schwäche, deiner eigenen Angst. Wir sind keine Helden mehr, und viel von dem, was wir alle denken, ist Blödsinn.

Norwegen ist sehr romantisch. Es sind das die Fjorde im hohen Norden, in denen der Lachs gefangen wird, von dem die Fischer leben. Es sind harte Menschen, diese Fischer, manchmal fahren sie nach Kristiania oder auch nur nach Tromsö und machen sich einen vergnügten Tag. Manchmal auch Wochen. Der Whisky ist zwar abgeschafft. Mancher deutsche Dichter würde sich an dem rauhen Leben der Fischer begeistern können. Es gibt dort oben auch Lappen und Finnen. Die meisten haben bis zu 13 Kinder, weil es sehr kalt ist im ganzen Jahr. Das Land ist sehr schön –

Mitternachtssonne. Neun Monate ist es völlig dunkel. Vor dem Krieg fuhren sehr viele Deutsche im Sommer dorthin, auch Kaiser Wilhelm. Aber ich glaube, nicht so hoch hinauf. Die Norweger wollen auch Revolution machen. In Nord-Norwegen besonders. Dort arbeiten die Fischer für die Fabriken im Süden und die wieder für das amerikanische Kapital. Wie aber, wenn die Fischer ihren Fang alle zusammen gemeinschaftlich an Kommunen nach Sowjetrußland verkaufen, das ihre Fische kauft? Dann bricht Norwegen zusammen, im Ernst gesprochen.
So wird Spaß, etwas Revolutionsspielerei, dicke Packen Sozialisierungsliteratur – mit einem Tage blutiger Ernst. Fast unmerklich ist diese Wandlung in Norwegen eingetreten. Der Sekretär der Arbeiterpartei reist im Motorboot mit roter Flagge in den Fjords Nord-Norwegens. Die bürgerliche Presse witzelt und höhnt, und die Militärdienstverweigerung der Fischer wird allgemein; denn nur in den Sommermonaten kann gedient werden, wo der Fischer auch nur seinem Verdienst nachgehen kann. Sozialistisch? Gewiß nicht. Aber wo wird die Propaganda enden? Was wird die Regierung tun? Offene Sabotage der Einberufungen. Über 50 Prozent bleiben zu Hause, lassen sich einsperren. Unter der Jugend ist die antimilitaristische Bewegung allgemein. Die großen Hafenstädte räkeln sich noch in sattem Behagen. Man ißt viel und gut und spuckt fleißig. Ringsum Hochwald, Schneegipfel und Bergseen. Dunkel blaut das Meer unten ins Land. Forellen sind billig, wenn man sie sich nicht schon selbst greifen will. Es gibt wenig „Schiller", aber viele Schiffsagenten und Heringshändler, wie es in Deutschland viele Philosophen gibt. Eine großartige Jugend wächst in diesem Lande heran. Sie gehen auf die Hütten hinaus im Sommer, in die Berge, Jungen und Mädchen, die sozialistische Jugend. – Der vom Schleim europäischer Kultur noch Bedreckte kritisiert: *Man* weiß schon, das kennt man, alles nur für den einen Zweck – und macht eine Handbewegung. Er kann das freie Selbstbewußtsein, die keusche Freiheit der geschlechtlichen Beziehungen, die in der Jugend in der Welt sich allmählich anbahnen, nicht beflecken. Es ist großartig, wie die Jugend sich von dem Schleim antiquierter Rücksichten der Familienformalität befreit.
Ich war bei einem Meeting hoch in den Bergen, 2000 Fuß steil über dem Fjord. An der Bergwiese saßen die Männer und Frauen. Der Redner stand an einen Felsvorsprung gelehnt, das

atlantische Meer im Rücken weit hinaus gegen Westen. Kinder sprangen umher, jagten sich um den Redner, der gelegentlich die Stimme anschwellen ließ, um sich gegen den Lärm der kleinen Schreier bei den Großen durchzusetzen. Er sprach über eine praktische politische Frage von ziemlicher Belanglosigkeit. Man hörte schweigend und aufmerksam zu. Dann, als er geendet, traten die jungen Leute zusammen. Sie standen in einer Gruppe, den Blick aufs Meer, und sangen. Es war, als wollten sie mit dem Sozialistenmarsch über das Meer marschieren. Die Beine breit, die Hände auf dem Rücken, den Körper vornübergebeugt, so sangen sie. Dann wurde getanzt.

Der norwegische Arbeiter sieht jetzt nach Rußland. Aber mehr nach Amerika. Viele von ihnen sind durch die Staaten getrampt. Die tatkräftigsten Führer der mächtig sich entwickelnden Arbeiterpartei sind in Amerika in harter Schulung zu Sozialisten geworden.

Es wird leichter sein als in Deutschland. Norwegen wird seine Aufgabe in der Weltrevolution erfüllen. Wenn der Ruf ergeht. Die Arbeiterpartei besitzt schon heute einen starken Schuß der neuen beweglichen Weltsolidarität, die auf nationale Schranken wie auf abgestandene Sentimentalität pfeift.

Denn das Gemütvolle, das hat noch den Familiendreck an sich. Das ist deutsch heutzutage, national gesprochen. Damit will ich schließen. Ich sah in Kristiania, dort möchte ich sein, einen amerikanischen Film, es ist eine Schande, daß die Galizianer noch unsere Filme in Deutschland herstellen dürfen, wie wenn jemand mit Gewalt etwas lernen will, dem man das Gehirn herausgenommen hat, lächerlich diese deutschen Filmversuche --- ich sah also einen amerikanischen Film, in dem jemand im Pacific-Train allerhand Abenteuer erlebt, boxt und prügelt, rausgeworfen wird, heiratet, gelyncht wird und schließlich kandidiert und dann mit einem Kind, daß ihm eine freundliche Dame auf den Schoß gesetzt hat, und die unterwegs aussteigt, sitzen bleibt. Ich sah das Gesicht dieses Mannes im Film, der langsam den Rock auszieht und den großen Hut abnimmt und ein Taschentuch ausbreitet --- und dann höre ich noch, wie ein Mann in der Pause, lange später in der Pause, zu lachen anfängt, wie er frei heraus lacht, lacht und lacht und lacht. Daß die Balken sich biegen.

Trotzalledem – Spaß muß sein.

DIE WIRTSCHAFTSORGANISATION
SOWJETRUSSLANDS

Von Alfons Goldschmidts Buch, „Die Wirtschaftsorganisation Sowjet-Rußlands", auch nur den Inhalt wiederzugeben, ist fast unmöglich, weil es nicht entschieden genug beim Thema bleibt, weil es mit Erklärungen in Zusätzen, die über die Aufgabe hinausgehen, ja sie sogar teilweise auflösen, zu vermitteln sucht. Es ist daher fast wichtiger, die Aufnahme dieses Buches zu beobachten. Man zeigt sich verlegen. Ein bürgerliches Blatt hat es in einem höhnischen Leitartikel einen Baedeker durch die russische Wirtschaft genannt. Leider nicht ganz mit Unrecht, und darin liegt der Grundfehler des Buches, von einem Beurteiler aus gesehen, der auf den eigenen Goldschmidt'schen Zu- und Zwischensätzen basiert.

Dieses Buch stellt den letzten großen Versuch einer Überbrückung der Klassengegensätze dar. Es ist auf Gutmütigkeit geschrieben, und bürgerliche Wirtschaftspolitiker, sofern sie klug sind, schweigen heute darüber, weil sie sich die Hoffnung offen lassen, sich einmal dahinter verstecken zu können. Nur die plattesten Zeitungskuli schreien über Utopie. Die professoralen Wirtschaftstheoretiker schweigen. Goldschmidt bringt das *Erlebnis* der kommunistischen Gemeinwirtschaft, das Buch basiert schließlich darauf. Goldschmidt schließt von Trägern und Teilnehmern dieser Wirtschaft als den Arbeitern, die Arbeit als Arbeitsfreude und Arbeitsfreiheit erleben, allgemein zu einer Menschheitsgattung, die Lust an der Arbeit hat, wie jemand mehr die Bewegung liebt als die Ruhe. Das Problem des materiellen Wertes scheint glücklich ausradiert, der Arbeitswert, das ist dann: der Glückswert, schiebt sich dazwischen. Goldschmidt kennt aus Erfahrung den deutschen Ingenieur, Techniker und Wirtschaftspraktiker. Er sieht sie arbeiten, tätig sein und möchte sie mithaben. Er lockt sie. Er will nicht glauben, daß sie ihn zurückweisen, es sind doch verständige Menschen – so denkt er. Hier liegt der Grundfehler. Er verengt ein Entwicklungsgesetz auf Etappenerlebnisse der gleichen Persönlichkeit. Er nimmt dabei dieser Entwicklung die Gesetzmäßigkeit, den Zwang, nämlich als Diktator des Proletariats. Er setzt dafür den allgemein menschheitsduseligen Glückseligkeitsbegriff eines arbeitsbefriedigten Menschen. So ist es eben nicht.

Goldschmidt möchte glauben machen, der selbstseinsbewußte Arbeiter und der in alter Schule großgewordene Wirtschaftsführer und Techniker ergänzen sich, wenn sie dasselbe wollen, wenn der Techniker mithilft. Er verwischt den Klassengegensatz, und er kommt daher zu einer gänzlich falschen Beurteilung des Klassenkampfes, seiner ökonomischen Begleiterscheinungen und momentanen Wirkungen. Er rückt damit Rußland in eine schiefe Perspektive. Weiß Goldschmidt nicht, daß für diese Leute die Form: Dein Arbeitswert ist deine Existenz, gleichviel in welcher Gemeinschaftsatmosphäre, eine schlimme Fesselung und Störung immer bedeuten wird? Woher sollen sie kollektiv denken und empfinden lernen, wenn sie nicht darin geboren und aufgezogen sind, wie die Masse der Lohnarbeitenden zwar noch in der Form des kollektiven Bewußtseins der Unterdrückung als Proletariat. Sie müssen ihr gesamtes Erleben umstellen, das Proletariat bietet ihnen die Hilfsmittel dazu. Er führt sie, wenn sie guten Willens sind. Einen Blinden macht man nicht sehend, man führt ihn, oder man operiert mit Christusgesten. Sind wir nicht endlich froh, gerade davon frei zu sein?

Nun spricht dies zwar Goldschmidt nicht offen aus. Aber es steht zwischen den Zeilen und in den Zusätzen. Man kann es aus jedem Kapitel analytisch herauskristallisieren, und jedem Kapitel könnte eine Kritik von gleichem Umfange beigefügt werden, die zu untersuchen hat und zu teilen: An wen wendet sich der Verfasser. „Seelenkommunismus" verbindet nicht, Goldschmidt, nur Kampfgemeinschaft. Eine Kritik soll bei der Auseinandersetzung in persönlicher Beurteilung nur die Differenzen aufzeigen, die Schattenseiten des einen wie des andern. Die Schönheiten des Buches, das mitschwingende Eindringen in das Werden der proletarischen Wirtschaftsorganisation, das soll jeder lieber selber nachlesen und sich damit auseinandersetzen, wenn er das Bedürfnis dazu fühlt. Eines muß aber noch hervorgehoben werden: Infolge der Verdrängung des Klassenkampfgedankens als leitenden, fehlt die grundsätzliche Analyse der bolschewistischen Revolution. Auch in einer Darstellung über die Wirtschaftsorganisation darf diese nicht fehlen. Goldschmidt gibt einen Ersatz, der zu eng ist und falsche Schlüsse zuläßt. Nicht die „sozialistische Wandlung" des Proletariats ist das Primäre, sondern der mutige energievoll durchgeführte, vom ersten Augenblick international gespannte Versuch der Errichtung der kommunistischen Wirtschaft durch einen eben noch zur Führung der wichtigsten Hebelarme ausreichenden Vortrupp von kommunistischen Theoretikern. Ein Versuch, der die Begleiterscheinungen des Krieges nur ausnutzt, um sich zu halten. Die so fast unorganisch hochgetriebene Organisation der Wirtschaft ist mehr Programm, ist noch Rahmenorganisation. Denn sie war von Anbeginn auf Arbeitervölker zugeschnitten; Rußland wird es dulden, es wird Brot und Rohstoffe liefern, aber es stellt nur einen geringen Teil der kommunistischen Arbeiter, der Arbeiterfunktionäre in dieses System. Dieses System muß, will es nicht wie ein Ballon platzen, sich organisch auffüllen, ausgreifen über Europa und insbesondere über Deutschland. Das Standortsproblem wird viel gewaltiger. Goldschmidt sagt dies nicht deutlich genug. Er verschweigt das bolschewistische Kernproblem, die Initiative, den Intensitätszwang. Nur zu verständlich, weil Initiative kein Feld läßt für Versöhnung und Vermittlung, sondern den Kampf entfesselt, die letzte Auseinandersetzung um die Vernichtung der einen oder der anderen Ideologie. Die bolschewistische Initiative ist das Mütterliche, sie ist gütig in einem anderen Sinne als gutmütig.

Insofern hätte Goldschmidt über die Darstellung der russischen Wirtschaftsorganisation hinaus die vergleichende Analyse deutscher Wirtschaft einfügen können. Denn Deutschland wächst ja, noch so vielen unsichtbar, in diese Organisation hinein. Die Revolution vollzieht sich bereits inmitten der großen Trustbildung der letzten Zeit, das ziel- und energiesichere Proletariat wird den Ausschlag geben. Aber die Gesetzmäßigkeit der Organisationsbildung um massierte Arbeit, um Produktionszwang ist offenbar; mit einem Schlage wird sie das deutsche Proletariat erfüllen können, wenn es sich der Aufgaben bewußt genug ist. Es vollzieht sich schon, es ist schon alles bereit.

Alles das ist irgendwie angedeutet. Aber es ist nicht klar genug gesagt, es steht nicht an wichtigster Stelle. Es gleitet zwischen den Sätzen, und das ist bedauerlich. Es ist direkt eine Unterlassung. Goldschmidt ist als Schriftsteller mit diesem Buch das erste sichtbare Opfer eines neuen Zeitalters. Wir wollen Bücher, die alles restlos sagen. Keine Deutungen, keine Assoziationen, nichts mehr zwischen den Dingen, klar und eindeutig und nüchtern, das ist kampfbereit. Goldschmidt soll die Wirtschaftsorganisation vermitteln als Ganzes, er ist Wirtschaftstheoretiker und Praktiker. Er hat das gelernt und die Augen aufgemacht. Jede Zeile spricht davon, daß er als Proletarier fühlt. Er soll aber gerade deswegen für uns mitdenken, mitanalysieren, mit aufbauen, gedanklich, in der Aufgabe, die ihm die proletarische Idee der Gemeinschaft zuweist. Jede Differenz, jede Abweichung müssen wir doppelt scharf betonen. Gerade weil er in unser aller Gemeinschaft arbeiten soll und arbeitet.

STAATSKAPITALISMUS

Die Kritik über den neuen ökonomischen Kurs in Rußland verharrt einseitig sowohl von rechts wie von links her auf dem Kapitalbegriff der vorimperialistischen Epoche. Man kann von der Basis des reinen Profitkapitals die historische Entwicklung des Kapitalismus, die im übrigen Marx bereits richtig angedeutet hat, nicht mehr analysieren; im übrigen also keine Abweichung vom marxistischen Programm, sondern Erfüllung – es handelt sich darum, jede Situation der marxistischen Kapitalanalyse zu unterwerfen. Nach Rosa Luxemburg führt die Akkumulation des Kapitals historisch zur Selbstaufhebung des Kapitalismus, d. h. sie bereitet die Situation dazu vor und organisiert selbst den Zusammenbruch. Den heutigen Verhältnissen in der Weltkrise nach dem imperialistischen Krieg entsprechend heißt das, das internationale Großkapital gewinnt in der obersten Spitze einen kollektivistischen Zug. Es kämpft um Produktionsmöglichkeiten, wenngleich noch unter der Flagge des Profits, d. h. des alten Kapitalbegriffs. Dieses seinem Wesen nach dem Drang nach reiner Produktion unterliegende Kapital gibt das Stichwort für die Arbeitermassen, die dem gleichen Drang nach Produktion historisch unterliegen, nach Produktionskontrolle und Eroberung der Produktion. Das bedeutet kurz: Das Revolutionsproblem wird aus einem gefühlsbetonten, atmosphärischen aus dem historisch gewordenen Gegensatz der Klassen hervorgegangenen zu einem psychologischen und technischen. An Stelle des Revolutionsproblems tritt das Arbeitsproblem. Es ist dies die konsequente Weiterentwicklung des Kommunismus. Soziologisch gesehen ist der Kommunismus in seiner ersten Stufe Klassenbetonung des Proletariats (in Zeiten des Widerstandes der bürgerlichen Reste Verteidigung) und Erziehung, in seiner zweiten Stufe Technik, Staatsverwaltungs- und Wirtschaftstechnik. In einer noch kommenden Stufe wird er Lebenstechnik bedeuten, die alle alten Begriffe von Moral und Religion, Kunst und Wissenschaft in sich verarbeitet einschließen wird, das Zeitalter des Kollektivismus.

Die augenblicklichen Kritiker von rechts und links werfen die analytischen Inhalte aller drei Stufen fortgesetzt durcheinander. Rußland befindet sich bereits im Gegensatz zu den westeuropäischen Ländern auf der zweiten Stufe. Die gleiche Entfaltung des Kommunismus in Amerika und Westeuropa unterstützt dort den Kampf der Arbeiter um Eroberung der Macht und wirkt dort nach dem fixierten Begriff revolutionär, die in Rußland im Bewältigen des Arbeitsproblems jetzt ringt unter Formen, die nach außen eine Abkehr von den ursprünglichen Revolutionsinhalten zu bedeuten scheinen. Es ist nichts als eine dialektische Konzession an die Ideologie der westeuropäischen Arbeitermassen von der gegenwärtigen Situation in Rußland als von einer durch zufällige und besonders unglückliche Zufälle und Ereignisse diktierten zu sprechen. Der neue Kurs des Staatskapitalismus in Rußland ist historisch bedingt und eine positive Weiterentwicklung des Kommunismus. Nichts ist geschehen, als daß die Phrase von der Weltrevolution einen konkreten Inhalt bekommen hat, die Perspektive so ungeheuer groß sie auch immer sein mag, beginnt sich jetzt schärfer herauszuschälen.

Für Amerika gesehen, verlangt die Auswirkung der Weltkrise Abwanderung des aufgehäuften Goldkapitals nach produktiver Anlage; in der ganzen Welt ist dafür kein anderes Land vorhanden als Rußland, da in den übrigen europäischen Ländern die Anlage amerikanischen Kapitals auf Kosten der bereits von Amerika gewährten Kredite geschieht, im Grunde also Verminderung des Kapitals bedeutet. Die Sowjetregierung stellt dem Kapital frei, im Lande zu arbeiten und auch zu verdienen, weil die wirtschaftliche Erschließung Sowjetrußlands mit fremdem Kapital nichts anderes als ein übliches Handelsgeschäft darstellt; die allmähliche Gesundung Sowjetrußlands ist eine Hilfe, für die man zu bezahlen gewillt ist. Amerika hat wie kein anderes Land die Chance, einen neuen Faktor in den Weltmarkt einzuführen und damit sich länger als die übrigen Länder am Weltmarkt bis zur endgültigen Verschmelzung mit der kommunistischen Technik zu halten.

Die Kritiker Sowjetrußlands vergessen, daß der Staatskapitalismus Sowjetrußlands ein kollektivistisches Ganzes ist und daß der Profitcharakter des Kapitals zugunsten des Produktionscharakters sich verändert hat. Zum ersten Mal in der Geschichte wird Kapital wirklich gleich Arbeit. Der Mehrwert und die Ausbeutungsmöglichkeit zerstiebt und verschwindet in dem kollektivistischen Grundzug der sowjetischen Verfassung. Nur Überängstliche mit bürgerlicher und kapitalistischer Grundeinstellung sind der Meinung, daß an der Tatsache, daß amerikanisches Kapital am Aufbau Sowjetrußlands verliert, die Grundlage Sowjetrußlands sich auch nur atmosphärisch ändert. Man braucht nur einen Tag in Sowjetrußland gewesen zu sein, um die Lächerlichkeit dieser Auffassung klar zu empfinden.

Gerade das Großkapital hat das gut genug begriffen und es stürzt sich durchaus nicht so willig auf dies Geschäft, wie viele noch angenommen haben. Aber es ist notwendig, daß auch in diesen Kreisen endlich Leute zu Wort kommen, die sich nicht scheuen, den historischen Ablaufprozeß des Großkapitalismus objektiv zu analysieren und offen auszusprechen. Wenn die Frage der Menschheitszukunft sich vor dem Wirtschaftspsychologen in dieser Epoche so konkret aufrollt, sollte man nicht länger in Phrasen und Abenteuerlichkeiten verharren. Viele Gemeinsamkeiten sind zwischen Amerika und Sowjetrußland, sie sind historisch aufeinander angewiesen, das Land des höchst entwickelten Industriekapitalismus und das Land der kommunistischen Technik. Rußland hat viel von Amerika gelernt, nicht zuletzt die Grundform der kollektivistischen Technik selbst. Ihre Verschiedenheit besteht noch in der Einschätzung des Menschen und des psychischen Kollektivcharakters der Arbeit.

HUNGER UND KLASSENKAMPF

Ein neues Schlagwort ist geboren.
Der Hunger ist dem Proletarier nicht fremd. Er ist mit dem Begriff Proletarier bis zum gewissen Grade verbunden. Wenn nicht der Hunger direkt in seiner brutalsten Form und mit seinen Begleiterscheinungen wie Cholera, Typhus und Skorbut in der Behausung des Arbeiters zu finden ist, so wird sein Schicksal doch noch heute und überall durch die Angst vor diesem Hunger bestimmt. Die Aussicht, auf die Straße geworfen zu werden und dort mit Frau und Kindern elendiglich zu verrecken – dieses Bild immer vor Augen hält den Arbeiter noch in der Lohnsklaverei. Die Statistik der auf der Straße in Westeuropa Verhungerten ist nach offiziellen Ziffern nicht hoch. Trotzdem fühlt der Arbeiter das Schicksal mit Zuckerbrot und Peitsche tief in seiner Existenzgrundlage verankert. In der Raffiniertheit eines hochentwickelten kapitalistischen Ausbeutungsnetzes sind die äußerlichen Brutalitäten etwas poliert. Und er weiß, daß das, was jetzt in Rußland vor sich geht, im Grunde genommen mehr oder weniger sein eigenes Schicksal ist. An der Wolga vollzieht sich das buchstäblich, was der europäische Arbeiter in Gedanken so schrecklich empfindet – dort fallen Unglückliche wirklich auf der Straße vor Hunger um, dort wütet die Hungerkrankheit, dort kann man in der Tat von dem Tode eines ganzen Volkes sprechen. Es ist der Schrei nach Menschlichkeit, nach den ursprünglichen Solidaritätsgefühlen der Menschen untereinander, der zu einer gewaltigen Fanfare anschwillt und von Osten her sich erhebt. Und doch, so beinahe automatisch und organisch der Widerhall in der Brust jedes einzelnen lebendig wird, er erfaßt doch die Menschen nicht gemeinsam. Er verflüchtet sich in ein Schlagwort, mit dem und um das mit allen Mitteln der politischen Verleumdung und des mörderischsten Klassenhasses gerungen wird.

Die Geschichte des Hungers in Rußland
Ich will euch an dieser Stelle nicht aufzählen die einzelnen Methoden und Argumente, mit denen um die Propaganda und eine praktische Auswirkung der Hungerhilfe gerungen wird, mit dem politischen Endzweck, sie unmöglich zu machen, sie

zu hemmen oder sie direkt gegen die Arbeiterklasse und gegen die Hungernden selbst auszunutzen. Man kann in einer Verteidigung, die man führt, seine Beweise auch darauf stützen, daß man die Geschworenenbank, die man anruft, selbst zum Kronzeugen benutzt.

Ich will jetzt darauf hinweisen, daß man gut tut, sich zu erinnern, daß Rußland und überhaupt der gesamte Osten für die augenblickliche Etappe unserer Kulturstufe schon immer das Land der Hungerkatastrophen gewesen ist. Es ist eine schöne Zusammenstellung, die das Zeitalter des Finanzkapitalismus wunderbar charakterisiert, daß Rußland zugleich das Land der größten Ernten, des bedeutendsten Getreideexports und zugleich der größten Hungerkatastrophen gewesen ist. Lassen wir Indien und Persien, das einstmals der Garten der Erde gewesen ist, lassen wir China, das in seiner hochstehenden Ackerkultur noch heute mit Leichtigkeit die ganze Welt ernähren könnte, lassen wir diese Länder, die jährlich in einzelnen Teilen von furchtbaren Hungerkatastrophen noch heute betroffen werden, aus dem Spiel und bleiben wir beim russischen Bauern. Um die Mitte des vorigen Jahrhunderts stand das russische Volkstum als Gegenstand von Literatur und Kunst in Blüte. Eine Anzahl großer russischer Schriftsteller, die die Liebe zum Volke predigten, wuchs auf. Sie sind weniger berühmt geworden in der westeuropäischen Kultur, weil sie größtenteils vorzeitig den Verfolgungen des Zarentums erlagen. Ihr tragisches Schicksal ist eine Geschichte für sich. Heute beginnt man sich wieder ihrer zu erinnern, und bald werden ihre Schriften, die eine treffende Charakteristik des russischen Arbeiters und Bauern geben, auch Westeuropa zugänglich gemacht werden. Die bedeutendsten sind Rjetschetnikow und Uspenski, der erstere wurde eingesperrt und später in einem raffinierten Bewachungssystem zu Tode gequält, weil er als erster Schriftsteller es gewagt hatte, ein Bild von dem Leben der Bauern zu geben, wie es in Wirklichkeit ist. Seine Schilderung der Leute von Podlionaja stützt sich nicht auf irgend welche Hungerkatastrophe, Mißernte oder Dürre. Die Bauern sind um den einen Ofen in der Stube zusammengedrängt, die Alten und die Familien der Kinder mit den zahlreichen Enkeln. Die Menschen haben nichts zu essen. Man wird das Vieh schlachten müssen. Seit dem Erntefest haben sie kein Brot mehr gegessen, aber sie hoffen, daß ihnen der Gutsherr etwas Mehl für die Weihnachtswoche geben wird. Sie leben von Baumrinde, sie wissen seit alter Zeit, daß der Weizen, den sie bebauen, dem „Herrn" gehört, daran hat auch die Aufhebung der Leibeigenschaft nichts geändert. Früher nahm man es von Natur, jetzt nimmt man es durch Gesetz, – das ist die Grundauffassung der Bauern. Wenn sie die Landarbeiten beginnen müssen, so wird sie der Verwalter mit Kohlsuppe durchfüttern und mit Prügeln. Die Überzähligen, die ganz jungen Menschen und die Greise und meistens auch die Frauen ziehen im Sommer die riesigen Lastkähne, die nach Holz und Getreide fahren, die Wolga stromaufwärts. Es ist eine grausige und entsetzliche Schilderung des Bauernlebens, erschütternd in seiner Wirklichkeit und verklärt von der Liebe des Dichters zum Volke, die Rjetschetnikow in dieser Novelle entwirft. Er wurde dafür von den Zarenschergen zu Tode gehetzt.

Ich habe das so ausführlich erwähnt, weil im großen ganzen der russische Bauer, soweit er auf seiner Scholle noch sitzt, sich nicht verändert hat. Er hat damals die unermeßlichen Kornschätze sich von dem Herrn, später von der Spekulationsgesellschaft in der nächsten Kleinstadt, vom Popen und dem Natschalnik des Dorfes aus den Händen winden lassen. Sie sind ihm sozusagen buchstäblich gestohlen worden, mit Schnaps und Prügeln hat man ihn abgespeist. Die Aufhebung der Leibeigenschaft hat darin nichts geändert. Als nach der Aufhebung einige Jahre nachher in denselben Bezirken wie heute um die Nord- und Mittel-Wolga herum eine furchtbare Dürre ausbrach, benutzten reaktionäre Agitatoren, Vorläufer der späteren Schwarzen Hundert die Verzweiflung der hungernden Bauernmassen dazu, einen Aufstand zugunsten der Wiedereinführung der Leibeigenschaft anzuzetteln. Während die fanatisierten Bauern auf dem Lande die Gutshöfe der liberalen Grundbesitzer in Brand steckten, entlud sich die Provokationsabsicht der Inspiratoren in einer wütenden Pogromhetze gegen die Arbeiterschaft, die damals begann, sich mit den Grundforderungen des Sozialismus vertraut zu machen. Das war die Zeit, von der die großen russischen Romandichter Turgenjew, Dostojewski und Korolenko berichten. Sie standen mitten in diesen Bewegungen drin, und besonders der letztere hat aus dem Wolga-Gebiet dieser Zeit Schilderungen und Tagebuchnotizen hinterlassen, die in ihrer Hoffnungslosigkeit sich mit Dantes Gesängen aus der Hölle an Schreckensbildern messen können. Man begreift heute nicht mehr, wie die europäische Welt an solchen Aufschreien teilnahmslos hat vorübergehen können. Man begreift kaum mehr, welch raffinierte Organisation es dem Zarentum ermöglicht hat, das russische Volk weiterhin zu knechten und in einer beispiellosen Abhängigkeit von Pope und Pristav zu halten. Es erscheint wie ein Märchen, daß der gleiche russische Bauer, von dem all diese Leiden erzählt werden, wieder geduldig und ohne Murren seinen Buckel auch im nächsten Jahre unter das Joch gebeugt hat. Wir begreifen das nicht mehr, weil wir heute alles, die Menschen und die Dinge um uns herum, die Arbeits- und die Lebensgrundlage anders betrachten. Die Revolution ist im Land, in dem einen in größerer, in dem anderen in schwächerer Kampffront bereits im Gefecht. Die von der Lohnsklaverei schwerfällig gewordenen Gedanken sind beflügelt. Das Licht der Freiheit blitzt auf, manchmal noch weit in der Ferne, manchmal näher, manchmal aber auch auflodernd und glühend nah. Darum sehen wir die Menschen und die Verhältnisse anders. Man möchte sagen ungeduldiger, und doch sind alle Menschen und auch wir selbst im Wesenskern noch von der Vorzeit her belastet. Wir sind noch infiziert von dem Gift, mit dem das Sklavensystem des Kapitalismus die menschliche Arbeitskraft, das Menschheitsglück und die Menschheit schlechthin zerstört.

Die gegenwärtige Katastrophe
In den gewaltigen Hungerepidemien, die Anfang der neunziger Jahre des vorigen Jahrhunderts Rußland überfluteten, von denen Korolenko so ausführlich berichtet, traten als gemeinsam Leidende, gemeinsam von den Folgen Betroffene Arbeiter und Bauer als Opfer in Erscheinung. Zwar nicht in direkter Verbindung, auf einer gemeinsamen Front der Verteidigung, sondern in Wirklichkeit nur indirekt. Der verzweifelte Bauer wird zum Aufstand getrieben in provokatorischer Absicht, und die Rache entlädt sich gegen den Arbeiter in der Stadt, der zunächst nicht unmittelbar von den Folgen der Hungerkatastrophe betroffen war. Heute leben in Rußland die Enkel jener Bauern und Arbeiter in der vordersten Linie, in der Kampf-

front, und deren herangewachsene Söhne und Töchter wiederum sind der Fels, auf dem die Zukunft Sowjetrußlands und vielleicht der Weltrevolution aufgebaut wird. Dieselben Arbeiter und Bauern sind wiederum, der eine mehr mittelbar, der andere mehr unmittelbar in die gleiche Kampffront gezwungen. Sie sind sich heute schon viel näher, auch in ihrem Bewußtsein, nicht nur dem Grad ihrer früheren Ausbeutung nach. Der Arbeiter hat bereits das Joch seiner Ausbeuter abgeschüttelt, er hat diesen Befreiungskrieg auch für die armen Bauern geführt, aber seine Stellung in diesem Kriege der Arbeiterklasse gegen das Ausbeutertum ist noch nicht stark genug, die Zahl der Fronten, gegen die er im Verteidigungskrieg seine Position zu behaupten hat, war zu vielfältig, und der Zerfall der Wirtschaft zu groß – als daß dem armen Bauern die sofortigen und wirksamen Folgen seines eigenen Sieges bewußt geworden wären und ihn zu einem anderen Menschen gemacht hätten. Der Arbeiter beginnt auch die geistigen Rückstände seiner Knebelung seit Generationen abzuschütteln, er entfaltet Initiative, mit einem beispiellosen Heroismus arbeitet er, die Zähne zusammengebissen, trotz tausender Widerstände an dem Wiederaufbau der Wirtschaft – es ist fast jedem Arbeiter heute schon sicher, daß es ihm gelingen wird, daß er den Sieg behaupten wird – der Bauer aber hat noch keine Initiative entfalten können. Jeder Schritt, den er nach vorwärts tun will, um dem Arbeiter nachzufolgen, zerrt ihn tiefer in den Sumpf. Er stößt auf den reichen Bauern, er kollidiert mit dem geistigen Vorurteil in sich selbst, in der Familie und in der Umgebung, die Besitzverhältnisse von Grund und Boden sind ihm als ein unantastbares Heiligtum eingewurzelt, der Kollektivismus im Erdulden zwar ihm angeboren, fällt ihm als Arbeit noch schwer – seht diesen in sich zerquälten, von jahrhundertelanger Unterdrückung geschwächten Menschen straucheln und zusammenbrechen unter dieser Last. Keuchend unter der Last sich immer wieder emporheben, schwanken und umsinken. Das ist der Ausdruck der gegenwärtigen Katastrophe in Sowjetrußland. Der geringste Anstoß, den Zwang zur Initiative einzulullen, hat genügt, die Katastrophe herbeizuführen. Die Dürre in den Frühsommermonaten, ungeheure Heuschreckenschwärme in der Zeit, als die spärliche Ernte beginnen sollte, bereiteten die Epidemien vor und beschleunigten den Zusammenbruch. Die Katastrophe trat deshalb so blitzschnell ein, weil die ersten Nachrichten bei dem psychischen Gesamtzustand der Bauern in den Nachbargouvernements eine Erstarrung, gleich wie eine Schreckenslähmung hervorriefen, die die Wirkung der Mißernte wie im Fluge über 19 Gouvernements verbreitete. Jede Hilfe aus eigener Initiative mußte ins Stocken geraten, der ganze Organisationsapparat kam zum Stillstand. Die Katastrophe, die in der Form einer Epidemie über die Wolgagebiete niederging, zeigt ihre Auswirkungen bis in die fernsten Teile des großen Rußland. Eine neue ungeheure Belastungsprobe für die Regierung der Arbeiter und Bauern, für die Diktatur des Proletariats erzwang die sofortige Lösung dieser Aufgabe. Jeder Nerv des politischen und wirtschaftlichen Lebens wurde getroffen.

Man muß das begreifen, ehe man sich ein Urteil über den häßlichen Zank um die Hungerhilfe bilden kann.

Der Klassengegensatz im Dorf

Die Todeszuckungen des bankrotten Imperialismus haben dem Arbeiter die Erfahrung beigebracht, daß das Gemeinsame im Allmenschlichen der Menschen untereinander vorläufig nur in den Büchern steht. Nur die naiven Gemüter vermögen noch zu glauben, daß in der Tat von allen Menschen gewissermaßen automatisch dorthin Hilfe gebracht wird, wo die Hilfe mit der Erhaltung des Lebens von vielen Millionen Menschen davon abhängig ist. In Wirklichkeit ist es eben nicht so. Die Wirklichkeit ist rauher. Es herrscht noch überwiegend das kapitalistische Prinzip in der Welt, und wo es gestürzt ist, wuchern seine Überreste. Ihr Verwesungsgestank lähmt die Initiative zur vollkommenen Befreiung. Vielfach stehen die Menschen eben noch unter dem Tier. Die gegenseitige Hilfe im Tierreich ist keine Fabel mehr, sie ist von Wissenschaftlern, Tierpsychologen und Naturforschern als ein Lebensgesetz in einwandfreier Weise bestätigt worden. Die Menschen sind noch nicht so weit, obwohl ihre organische Anlage danach drängt. Erst der Sieg der Arbeiterklasse wird diesen Grundinstinkt der Menschen freilegen.

Man soll das nicht verschweigen: der Klassengegensatz im Dorfe gerade in den Hungergebieten ist auf die Spitze getrieben. Die Macht des Proletariats in Rußland wird durch den ökonomischen und politischen Zuschnitt des Dorfes nicht charakterisiert. Der größte Teil der Bauern, die den Anschluß an die Front der Arbeiterklasse vollzogen haben, befindet sich in den Reihen der roten Armee oder in verantwortlichen Verwaltungsstellen, wie Spreu im Winde über das Riesenreich verteilt. Der arme Bauer erlebt trotz proletarischer Diktatur in der Wirklichkeit von den Auswirkungen derselben für ihn als Klasse noch wenig. Ihm selbst fehlt die Möglichkeit und eigene Initiative, sich selbst durchzusetzen und vielfach auch das richtige Bewußtsein des Klassengegensatzes.

Aber es ist im Entstehen. Täuscht euch auch darüber in Westeuropa nicht. Langsam beginnt die Aufklärung durchzusickern. Es bleibt haften, von dem Beispiel des täglichen Lebens unterstützt. Da ist ein Bauer mit vier Pferden im Stall, die Dürre trifft in gleicher Weise die Reichen wie die Armen, aber er hat noch Vorräte versteckt und bis jetzt war es ihm noch möglich, die Pferde durchzufüttern. Er selbst hat schon zu hungern angefangen. Mit dem im Kriege und in den ersten Revolutionsjahren verdienten Bündel Papiergeld kauft er im nächsten Flecken Ersatzbrot für sich und seine Familie. Es geht ihm an sich noch ganz gut, wenn er auch schon hungert. Die Pferde und das andere Vieh fressen das gute Getreide, möglich, daß ihn einer der Ärmsten der Armen, dem seine Kinder unter den Augen sterben, um Hilfe angeht. Er wird seinen Nachbarn zur Tür hinauswerfen. Wahrscheinlicher aber ist, daß dieser ihn gar nicht angehen wird, so sicher ist er von der Aussichtslosigkeit eines solchen Versuches überzeugt. Er wird die Kinder sterben sehen, die Frauen und die Greise, aber er wird schweigen. Es wird sein, daß, ehe er sich entschließt, seinen Ackergaul, der schon nicht mehr auf den Beinen sich halten kann, für ein Pud Ersatznahrungsmittel umzutauschen, zusammen mit seinem letzten Ackergerät, noch wie eine Erleuchtung ein letzter verzweifelter Gedanke ihn durchglüht: die Flucht. Da werden die Reste der Habe schnell auf den Wagen geladen, von einem Strom ähnlicher Flüchtlinge mitgerissen, wühlt sich das armselige Gefährt mühsam durch die Steppe – irgendwohin, nur fort. Aber bald bricht der Gaul zusammen und will nicht mehr aufstehen, und nach entsetzlichen Tagen einer mühseligen Wanderung kehrt die Familie ins Dorf zurück, um das Notwendigste ihres Haushaltes noch ärmer, oft sogar ohne das schützende Dach zu finden, denn viele haben dem Kulaken, dem Spekulanten aus der nächsten Stadt vorher für einen Spottpreis ihr Häuschen verkauft. Sie werden schweigend und erwarten ergeben ihr Schicksal. Die Frauen jammern noch zuweilen in Erinnerung der Prophezeiung von der Ankunft des Antichrist, an den noch viele glauben. In der ersten Zeit ging das Dorf noch zum Popen, um den um Rat zu fragen und vielleicht die Fürsprache bei Gott zu bekommen. Aber die Popen halten nicht mit den armen Bauern. Nachdem die Reichen ihre Taschen zugeknöpft haben, denen jetzt selbst ein Zerfall ihres Besitzes droht, haben sie das Interesse am Dorf verloren. Sie sind zum größten Teil ausgerückt. So wurde allmählich die lokale Sowjetbehörde zum Mittelpunkt, bei der die armen Bauern ihre schüchternen Fragen beantwortet bekommen. Sie kommen mit allen möglichen Gerüchten, und es mag viel Geduld dazu gehören, immer wieder die notwendige Aufklärungsarbeit zu leisten. Das Beispiel der wenigen Kommunisten, die manchmal an verantwortlichen Stellen über einen ganzen Kreis verteilt sind, wirkt Wunder. Sie haben die Masse der armen Bauern durch das Beispiel für sich gewonnen. Die Hungernden schweigen, sie fügen sich in ihr Schicksal, das vielleicht im Laufe dieses Winters trotz aller Hilfsaktionen dennoch der Tod sein wird. Vielleicht, daß die Frauen und Kinder noch werden gerettet werden können, auch wer von den übrigen noch neuen Mut genug faßt, sich am Leben zu halten, wird überwintern – es ist ein hartes Wort, aber es sagt die Wahrheit. Viele, sehr viele haben den Tod vor Augen, unabwendbar.

Im Gros der Bauern ist eine neue Liebe zur Sowjetregierung emporgewachsen. Als ob die Seele des russischen Bauern sich aufzuschließen beginnt gegenüber dem Bruder, der in der Fabrikhalle, an der Drehbank steht und für ihn arbeitet. Die Seelen haben sich aufs neue genähert, und das Organisatorische, das künftige Sozial-Verbindende im Wirtschaftsaufbau Sowjetrußlands wird in den kommenden Monaten daraus neues Leben gewinnen. Auf der Grundlage dieses, wenngleich noch schüchternen, aber deswegen nicht weniger glücksgetragenen Vertrauens zwischen Arbeiter und Bauer vollzieht sich die Hilfsaktion der Sowjetbehörde. Die Hungernden schweigen, nur eine Klasse schreit: die Kulaken. Die Steppe hallt wider von ihrem Verzweiflungsjammer, sie haben noch vier Pferde im Stall, eine Durchsuchung ihrer Verstecke fördert manchmal Lebensmittel zutage die auf Tage hinaus das ganze Dorf ernähren könnten. Der Lebenswille der armen Bauern ist im Wachsen, während der der Kulaken langsam gebrochen wird.

Die Klassengegensätze in der Hilfe
In dem gleichen Maße wie die Nachrichten aus dem von der Hungerkatastrophe betroffenen Gebiet in den Zentralbehörden anschwollen, im gleichen Maße setzte die Initiativbewegung zur Bekämpfung der Hungerepidemie ein. Den Leuten, die in Westeuropa bei den ersten Meldungen über die Hilfsaktion der Sowjetregierung skeptisch gelächelt haben, mag dieses Lächeln längst erstorben sein, und die Rede dazu. Immer von neuem wieder wirkt es wie ein Wunder, wie tief die Regierung der Arbeiter und Bauern in Rußland im russischen Volk verwurzelt ist. Um die beispiellose Größe dieser Leistung zu begreifen, müßt ihr einen Versuch machen, euch vorzustellen, wie die an den europäischen Vorkriegsverhältnissen hochentwickelter Industriestaaten gemessene ökonomische Lage Sowjetrußlands auf den Lebensstandard des einzelnen Arbeiters wirkt. Der kommunistische Arbeiter in Rußland hungert seit vier Jahren, in der Gleichmäßigkeit seines Kampfes mit dem Hunger nur unterbrochen von den Entbehrungen neuer Kriege, in denen persönlicher Heroismus meist die modernen Kriegswaffen ersetzen mußte. Dieser Arbeiter schaut von Monat zu Monat sich nach Hilfe um. Da brach die Hungerkatastrophe ein in ein Land, in dem der Arbeiter an sich hungert und das Notwendigste an Kulturgütern entbehrt. Hand aufs Herz, westeuropäischer Arbeiter, wieviele von euch wären in einer solchen Situation zusammengebrochen? Mit zielsicherer Hand hat die russische Arbeiter- und Bauernregierung die Zügel des neuen Wirtschaftskurses in der Hand. Die Organisation der Hilfe für die Hungernden greift unter Zugrundelegung der wirtschaftlichen Erleichterungen betreffs Freihandel und Arbeitszwang in das wirtschaftliche Leben jedes einzelnen hinein. Sie zwingt die Menge der Nichtstuer, die in der Form der Sabotage zwar dem Sowjetstaat dienen, im Grund aber von den Überresten ehemaligen Besitzes, von ihrer bourgeoisen Verbitterung und fortschreitenden Verdummung leben, in den

Dienst dieser Hilfe hinein. Die Woche für die Hungernden hat überall gezeigt, daß an freiwilligen Hilfsspenden seitens der Kleinbürger, geschweige denn der weißrussischen Großbourgeoisie nicht zu denken ist. Der Versuch mit dem Allrussischen Zentralhilfskomitee hat ja auch ein schnelles Ende gefunden. Soweit in dieser Hilfswoche der bürgerlichen Ideenwelt angepaßte Mittel angewandt wurden, wie eine Geldlotterie zum Beispiel, waren die Ergebnisse annehmbar, dagegen ergaben die Haussammlungen bei den Bürgerlichen ein klägliches Bild. Wie aber ist die Hilfeleistung der Arbeiter einzuschätzen, die vor Hunger entkräftet und enerviert durch die furchtbare Last der Verantwortung dieser Revolutionsjahre beschlossen haben, bis zur kommenden Ernte für die Hungernden freiwillig den Sonntag zu arbeiten, und die bis zu 20 Prozent ihres Lohnes und ihrer Verpflegung, die an sich schon auf das kärglichste bemessen ist, dem Hilfskomitee überweisen? Wie denkt ihr wohl über diejenigen Arbeiter, die von ihrem Lohn in den Fabrikanlagen ein Kinderheim errichten, um dort Kinder aus dem evakuierten Gebiet unter ihrer Aufsicht und Liebe zu verpflegen? Wie denkt ihr wohl über jenes Bataillon Rotarmisten, das in der Umgegend von Samara stationiert, im Laufe einer Woche durch freiwillige Mehrarbeit Baracken zur Aufnahme von mehr als zehntausend Flüchtlingen baute und das Holz stapelte, das diesen Unglücklichen Wärme spenden soll? Und in ganz Rußland von Archangelsk bis Odessa arbeiten die Werktätigen mit neuen gewaltigen Anstrengungen an der Aufgabe, die Wirtschaftsmaschine Sowjetrußlands in Gang zu bringen, die Sabotage der aus parteilosen und bürgerlichen Elementen zusammengesetzten Verwaltungsbehörden – es ist ja im Grunde genommen keine bewußte bösartige Sabotage, meist nur Schlaffheit und Absterben der Lebensenergie, dazu die Tradition jahrhundertealter Korruption und Lotterwirtschaft – zu brechen und in positive Mitarbeit umzuwandeln. Eine ganz fabelhafte Leistung, die in der Geschichte der sozialen Umwälzungen ohne Beispiel ist, vollzieht sich in Sowjetrußland. Die Solidarität zwischen Arbeitern und Bauern wird geschmiedet. Die Arbeiter haben eine neue Mehrbelastung ihres Kampfes aufgenommen, den Kampf um die praktische Erziehung der Bauernmassen durch das heroische Beispiel. Arbeit der russischen Werktätigen hilft den Hungernden an der Wolga. Die

Arbeit derjenigen, die selbst hungern, denen aber der Gedanke brüderlicher Solidarität der Werktätigen untereinander zum Ziel und lebendigen Inhalt geworden ist.

Seht auf Sowjetrußland
Seht Rußland, wie es ist, mit den Augen des Proletariats und proletarischen Verständnisses und mit Brüderlichkeit. Jeder Arbeiter muß heute die Aufgabe der proletarischen Revolution in Rußland und die Aufgaben der russischen für die Weltrevolution begriffen haben. Du siehst die russische Arbeiterschaft von neuem die schwerste Aufgabe übernehmen, die Diktatur des Proletariats unter der Masse der Indifferenten und Parteilosen,, der Verdummten und Verbitterten, der Saboteure und offener Konterrevolutionäre im Kampfe mit dem Hunger wirksam zu machen. Du sollst dir vorstellen, daß auf Schritt und Tritt du auf Menschen stößt, die gezwungen und widerwillig den Wirtschaftsapparat, den Transport und die ganze Staatsmaschine sozusagen in Gang halten. Leicht ist es, von der Korruption, die unter den alten Bürokraten noch nicht ausgerottet ist, zu erzählen, von den technischen Fehlern, die die neue, noch wenig geschulte Arbeiterverwaltung noch allenthalben macht, das sind alles selbstverständliche Dinge, sie sagen nichts weiter als die ungeheuren Schwierigkeiten, unter denen der russische Arbeiter kämpft. Viele auch von den westeuropäischen Arbeitern, die als Emigranten nach Rußland gekommen sind, haben das nicht verstanden, sie wollten nicht sehen, daß man in Rußland ein Doppeltes leisten muß, und daß es darauf ankommt, daß jeder mit Hand anlegt und mit Anspannung der höchsten Energie, anstatt die Hände in den Schoß zu legen und auf die gebratenen Tauben zu warten, die ihm ins Maul fliegen sollen.
Vergeßt doch nicht, daß wie in Rußland so in der ganzen Welt Klassenkampf und Bürgerkrieg ist!
Manche Arbeiter meinen, daß die schwierigen Verhältnisse in Sowjetrußland beweisen, die Zeit für eine Diktatur des Proletariats sei noch nicht reif. Sie sollten nach Rußland gehen und die offene und versteckte Sabotage aller nicht Proletarisch-Klassenbewußten am eigenen Leibe spüren. Die Bourgeoisie, die kalten Blutes Millionen Proletarier in den Weltkrieg gehetzt hat, sie läßt heute den russischen Bauern, der in vielen Dingen

ihr manchmal noch wesensverwandt ist, ebenso kaltherzig vor Hunger verrecken. Sie sabotiert die Möglichkeit einer umfassenden Auslandshilfe, sie sabotiert die Verwaltung im Innern, sie führt den Krieg im Lande, wenngleich passiv, so doch nicht mehr auf Kosten der Arbeiter, sondern auf Kosten Millionen Unglücklicher, die zu schwach sind, um ihr Leben um Hilfe zu schreien. Der russische Arbeiter trägt diesen Ruf weiter, weil der klassenbewußte Proletarier heute allein in der Lage ist, Solidarität zu üben nicht nur zu den Klassengenossen der Gegenwart, auch gegenüber denen der Zukunft, den jetzt noch Unwissenden und in alten Traditionen Wurzelnden.

Die letzte Phase des Klassenkampfes, in die wir jetzt eingetreten sind, zeigt das bürgerliche Element als das, was es ist, als den Feind und brutalen Ausbeuter jedes allmenschlichen Verbindungsgefühls, als den Feind einer kommenden Menschheit, der, kann dieses Ziel erreicht werden, restlos niedergeschlagen und ausgerottet werden muß. Vergeßt das nicht, Arbeiter in Westeuropa.

Denn jetzt, wo der Ruf nach Hilfe auch zu euch dringt, müßt ihr euch über die Aufgabe, die euch daraus erwächst, vollkommen im Klaren sein. Mehr wie je in der bisherigen Geschichte der russischen proletarischen Revolution handelt es sich um eine Hilfe für den russischen Arbeiter. Diese Hilfe ist im wichtigsten Ziel die Entfachung des Bürgerkrieges und die Entfesselung der proletarischen Revolution. Wir ringen in diesem Kriege von Etappe zu Etappe, wir haben eine Stellung erreicht, in der wir den Angriff eines neuen Feindes, den Hunger zu überwinden haben. Daher, wo ihr auch angreift, ihr werdet den russischen Arbeiter entlasten. Und nur so ist auch die direkte Hilfe zu verstehen, die Unterstützung mit Lebensmitteln, Geld, Kleidungsstücken, Maschinen aller Art und ähnlichem. Sie ist nur wirksam, wenn sie getragen ist von dem Solidaritätsgefühl und von dem Grundgedanken des Klassenkampfes. Dann aber gebt auch alles her, was ihr geben könnt. Haltet euch den hungernden russischen Arbeiter vor Augen, der seine Ration hergibt, um denen an der Wolga zu helfen. Das Gefühl, ein brüderliches Werk zu tun, schafft Wunder. Nicht loskaufen sollt ihr euch damit vom Klassenkampf, sondern ihn dadurch entfachen, euch selbst dafür stählen, indem ihr nicht einen Augenblick vergeßt, daß die Aufgabe, die der russische Arbeiter übernommen hat, auch eure Aufgabe ist. Um euch selbst handelt es sich, wenn die neue Phase des Bürgerkrieges, der Kampf mit der Hungerepidemie und der Unwissenheit in den nächsten Monaten in Rußland entschieden werden muß.

Wie viele Tausende der unwissenden und hungernden Bauern werden in diesem Jahre noch sterben, und die Zahl derer, die an Seuchen und Entkräftung bereits umgekommen sind, ist selbst für den, der an die Zahlen des Weltkrieges gewohnt ist, erschreckend hoch. Trotzdem geht der Kampf weiter, der Kampf ums Leben, denn die Arbeiterklasse wird die Fahne einer glücklichen Zukunft aufrichten, und wer unter ihrem Banner fällt, der fällt im Kampfe gegen den Tod und für das Leben.

Hunger an der Wolga

DIE FALSCHE VORSTELLUNG

Seit dem Sommer dieses Jahres hat sich der bürgerlichen Vorstellungswelt ein neues Schlagwort bemächtigt, das für die nötige Gemütserregung sorgt, das Sensationsbedürfnis befriedigt und jene typische Scheinheiligkeit der bürgerlichen Klassensphäre ermöglicht, sich moralisch zu entrüsten und zugleich alle Verantwortung von sich abzuschieben. Den Bürger gruselts, die menschlich-allmenschliche Reserve an Sentimentalität kommt zum Verbrauch, das gute Herz taut auf. Nach Menschlichkeit, nach Hilfe schreit der am lautesten, der weil selbst unmenschlich, nicht imstande ist zu helfen, denn das würde bedeuten, daß er selbst von der Bildfläche erst verschwinden muß. Eine Panik voll erlogener Gütephrasen wirbelt auf wie ein Nebel, die eigene Verwesung zu bemänteln. So ist die Linie gefunden, auf der die internationale Bourgeoisie herangeht an das Menetekel dieses Jahres: Hunger in Rußland.

Die Hungerkatastrophe an der Wolga – wie im innersten Lebensnerv getroffen starrt das internationale Proletariat auf das Ringen der russischen Genossen um Durchdringung und Entfaltung der kommunistischen Wirtschaft, die einer neuen und immer schwereren Belastungsprobe ausgesetzt ist. Die unerhörte gewaltige neue Anspannung jenes Vortrupps, der 1917 die Weltrevolution entfesselt hat, läßt die eigenen Leiden gering erscheinen und fast vergessen. Die Bourgeoisie der kapitalistischen Länder glaubt den Weg frei, sich aus der Schlinge zu lösen. Das Proletariat des eigenen Landes scheint in der Initiative gelähmt, sich in direktem Angriff selbst zu befreien, das eindeutige Kampfziel in seiner Richtungsspitze verbreitert sich und verflacht in theoretische Haarspaltereien über vergangene und zukünftige Revolutionsentwicklung. Die Gegenwart stöhnt, enervierend in ihrem schwindenden Bewußtsein von der Bedeutung des Proletariats als Klasse. Der Antrieb läßt nach, der in irriger und in eigener Schwäche begründet war, daß das russische Proletariat die soziale Revolution in Deutschland oder in England oder wo sonst immer in Gang bringen wird. Vier Jahre lang, eingelullt von Führerstreitigkeiten untereinander, warten dort die Arbeiter darauf, daß über Nacht, einmal an einem schönen Hoffnungsmorgen dort die russische Rote Armee da sein und ihnen die Schlüssel zur

Produktion und zur proletarischen Macht feierlichst überreichen wird. – So nun macht weiter, richtet Euch jetzt ein – jahrelang hat man nur über das „was dann weiter" gestritten. *Der Traum scheint ausgeträumt.*
Wieder ist Rußland in Not – wie schon ach so oft. Erst die Konterrevolution, die Denikins und Koltschaks, die Interventionen, die Transportkrise, die Sabotage im Innern, jetzt der Hunger. Der Arbeiter in Berlin und Essen, Paris oder Roubaix, Livorno, Antwerpen, in Glasgow und Manchester, in Philadelphia und überall in der kapitalistischen Welt senkt den Kopf.
Statt den Kopf höher zu heben, statt sich aufzurichten, die Brust zu spannen, das Brett weg vom Schädel! Hungern die Arbeiter oder Arbeitslosen, was ja heute schon dasselbe ist, in Österreich und Deutschland, in Paris oder London und New York etwa nicht? Kommt es vielleicht nur darauf an, daß mancher am Wochenende sich gerade sein Brot kaufen kann? Und gibt es keinen unter Euch, die diese Schrift lesen, der noch kein Hundefleisch gefressen hat? Was ist überhaupt Hunger – und wo sind die Satten, die Zufriedenen mit Gott und der Welt und wie alles so schön eingerichtet ist im Himmel und auf der Erde –? Eine Flut von Korrespondenten aller Kaliber ergießt sich über Rußland auf der Jagd nach Greuelgeschichten. (Ihr braucht keine Angst zu haben, ich werde auch damit nicht sparen.) Man liest, wie die Menschen sterben. Man hört das Sterben. Die Menschen sterben in allen Tonarten. Viele entdecken die Unterschiede – die Männer, die Frauen, die Kinder, selbst die ganz alten Leute. Der Bürger seufzt über die Kinder, macht er nach gutem Frühstück sich doch selbst gern kindlich. Denn das eine imponiert dem Bürger: da ist erst die böse Sonne, die das meiste verbrennt, dann die Heuschrecken, die alles wegfressen und schließlich die Kommunisten, die den Rest nehmen – das paßt fein zusammen. Jetzt, Proletarier, Hand aufs Herz, das manchmal leicht in die Hosen rutscht: Ist das alles? Die Heuschrecken spielen ja schon in der Bibel eine Rolle, die Sonne, das weiß jeder, scheint manchmal und wenn es regnet, scheint sie nicht. Das steht fest. Wer steckt da dahinter – da ist nichts zu machen, denkt der Bürger, wenns grade paßt. Wir wissen aber längst, daß es ein Wirtschaftssystem gibt, das mit solchen Zufällen

fertig wird, eine Wirtschaftsführung, die die Naturgewalten in ihren Dienst zwingt. Nur ist sie, die kommunistische, die kollektive gemeinschaftliche, in der alle für das Gemeinsame arbeiten, wo der Profit des Einzelnen keine Bedeutung und keine Berechnungsgrundlage mehr hat, wo der Überschuß des einen Teiles den Ausfall eines anderen automatisch ausgleicht, wo Bewässerungs- und Meliorationsarbeiten in einem Maßstabe möglich sind, an die Einzelrisiko und Einzelprofit sich nicht heranwagen können. Und so taucht die Frage auf, warum hat man das alles, wenn es doch möglich ist, nicht getan. Drohend steigt dieses Warum auf, wie eine Fanfare – unter den Höllenqualen, daß die Menschen sterben, die Erwachsenen und die Kinder, rettungslos zugrunde gehen müssen – oder glaubt jemand, die paar Tausend Büchsen kondensierte Milch können 30 Millionen Menschen retten? Heute sterben die Millionen in Rußland, morgen in China oder Indien – war das nicht schon immer so, ist es nicht wie eine Regel, die immer wiederkehrt? Ist die Arbeitslosigkeit in Europa und Amerika erst seit gestern? Seht Euch die bürgerlichen Klassen an, wie sie sich damit abfinden. Vielleicht gefällt Euch das? Aber davon später.

Nur ein Beispiel noch: Der europäische Krieg ist ja noch nicht so lange her. Manche von Euch werden noch nicht alles vergessen haben. Da las man auf der einen Seite die Klagen über die Verwüstungen, die grauenvollsten Schilderungen über das Elend des Krieges, die Schmerzensschreie der Verwundeten, das Jammern über die Toten. Auf der anderen Seite aber warf man sich in die Brust: Immer nur vorwärts, immer neue Millionen Menschen als Schlachtvieh opfern. Und so ging das Jahr für Jahr. Der Bürger zerdrückte wohl auch mal eine Träne, wenn das Kind, der Sohn, der Stolz der Familie mit unter den Gefallenen war. Das war Pech, das mußte er mit in Kauf nehmen. Heute hängt das Bild des Geopferten in Öl mit Orden und in buntem Rock an der Zimmerwand. Gegenüber aber steht der Kassenschrank. Der macht das Auge wieder trocken. Es war doch ganz schön und am Ende noch alles gut – ist auch Papier nicht mehr so viel wert wie Gold – Geschäfte kann man aber auch damit machen. Es ist ja nur ein Beispiel, aber es kommt Euch vielleicht so vor, als hätte es ein weltfremder Literat ausgedacht.

DIE FLÜCHTLINGE AN DER WOLGA

Den Spuren der Zeitungskorrespondenten folgend, trifft man in Saratow am Ufer der Wolga auf die Spitze jenes ungeheuren Zuges von Auswanderern, der sich von den südlichen und südwestlichen Wolgaländereien nach Westen ergießt, in die Gouvernements Homel und Briansk oder wenn bereits in Evakuierungslisten aufgenommen, nach der Krim oder in die Umgebung von Petrograd oder nach sonst einem Teil des russischen Reiches. Auf dem Wege nach Baronsk, einem der drei Zentren des Hungers, muß man in Saratow auf den Dampfer warten.

Es war schon die zweite Hälfte des Oktober. Die Sonne stand noch hell am Horizont, aber ein eisiger Wind ging durch alle Knochen. Von der hoch auf einem Plateau gelegenen Stadt, in deren schnurgerade breite Straßen von allen Seiten kahle Bergkuppen hineinsehen, eine Stadt, die in vielem an Salzburg oder Stuttgart erinnert, steigt man zur Wolga steil herab. Das Pflaster wird schlecht. Die Stadt, die geradezu einen für Rußland auffallend reinlichen Eindruck macht, duckt sich mehr zusammen. Das Straßenpflaster verschwindet. Auf der Straße bergab wäscht das Schneewasser große Höhlen. Ein kaputtes Wasserrohr gießt eine stinkende Flüssigkeit über die Vorübergehenden. Dann noch eine Biegung, ein den Atem raubender Pesthauch aus einem großen weißen Eckgebäude, das, wie ich später hörte, die Zentralevakuierungsstation ist, und man steht oben auf der natürlichen Dammhöhe der Wolga.

Unten vom Flußufer her grüßen die Pristans. Der Blick über die Wolga ist nicht gerade der reizendste. Eine breite Sandbank läßt für die Schiffahrt an den Saratower Anlegeplätzen nur eine schmale Fahrrinne frei. Von den Pristans scheints, wälzt sich ein dicker gelber Qualm das Ufer entlang. Die Sonne verschwindet,- alles wird grau in grau. Und aus diesen beizenden Nebelschwaden tritt für das Auge erst allmählich das wimmelnde und krabbelnde Chaos heraus. So weit das Auge reicht ein Wanderlager vieler Tausender von Menschen. Das sind die ersten Flüchtlinge – sagt man.

Aber ein Gang durch das Lager mutet einen seltsam an. Da sitzen mehrere Familien um das Feuer. Die Frauen hantieren mit großen Kesseln, in denen allerlei brodelt. Es riecht nach

Fleisch und Knoblauch, nach Kraut mit einem so eigentümlichen durchdringenden Geruch, daß man schon von einer besonderen Wolgaluft sprechen könnte. Und immer eine Gruppe neben der anderen. Der Lehmboden in scharfem Abhang zeigt viele Risse und Löcher. Dort hausen scheints Bevorzugte. Manche haben ein Zelt aufgeschlagen, viele bloß eine Seitenwand aus allerlei Lumpen. Die Menschen schwatzen und lachen. Die Kinder tollen herum. Es sind nicht allzuviel Feuer. Das Holz ist knapp. Man holts aus den schon morschen Schuppen. Ein Mann schlägt mit der Axt ein Stück los vom Eckpfeiler eines Häuschens, das als Pfahlbau in die Luft gebaut scheint, und in dem die Karten für die Fahrt nach Baronsk ausgegeben werden. Früher mal – denn die fahrplanmäßige Schiffahrt ist bereits eingestellt. Nur noch Fracht- und Evakuierungsdampfer verkehren, man braucht keine Karten, nur Erlaubnisscheine, und wenn erst das Fahrzeug wirklich am Pristan mal liegt, auch diese meistens nicht. Vereinzelt sieht man auch Wagen mit Lumpen und Gerümpel, einige vermummte Gestalten darauf, regungslos und wie verwunschen. Aber durch die Tausende von Menschen, die hier zusammengepfercht liegen, drängt sich das Vieh. Pferde und Kühe spazieren herum, ganze Horden Hunde und ab und zu ein Schwein, das schwarze Schwein der russischen Steppe. Sind das wirklich alles Flüchtlinge? – zum ersten Mal taucht die Frage auf. Die Leute sehen gar nicht so schlecht aus. Sie sind munter und guter Dinge. Der gellende Kinderlärm bleibt einem in den Ohren. An den Zugängen zu den Pristans, den schwimmenden Quaischiffen, ballen sich die Menschen zu dicken Haufen, eine schwarze und undurchdringliche Masse. Dort sind Buden und Tische aufgeschlagen, fünfzig vielleicht, nein Hunderte nebeneinander. Mit Wurst und Fleisch, wirklich, in phantastischer Menge, Brot, Weißbrötchen und Wagenräder von Brot, Kuchen und Bonbons, Melonen, Arbusen und Kürbisse, Berge von Weintrauben, Äpfeln und Birnen. Samowar neben Samowar zischt. Ströme von heißem Tee, Kaffee und Kakao. Man verkauft Zigaretten und Feuerzeuge, Benzin und Petroleum und überall dazwischen die Verkäufer mit gedörrten Sonnenblumen- und Kürbiskernen. Großhandelsmarkt.
Auf den Pristans das gleiche Bild. Niemand weiß, ob unser Dampfer geht. Die Nacht bricht an. Vielleicht geht morgen

das Schiff, heißt es. Die Wartehallen sind längst überfüllt. Die Menschen liegen übereinander. An der zugigen Wasserseite erobere ich mir einen Platz für das Gepäck, auf dem man einen Augenblick ausruhen kann. Die Stunden vergehen. Es ist bitter kalt. Die Sterne wandern über den weiten Horizont. Vor mir, am Fuße eines Pfeilers, kauert ein Junge, schon seit Stunden, unbeweglich. Er starrt unverwandt auf mich. Vielleicht ein Hungerkind, denke ich. Aber es ist plötzlich wie vom Erdboden verschwunden. Ich hatte gerade nicht aufgepaßt, nur einen Signalpfiff gehört, dann war das Kind verschwunden. Wohin, was wollte es, warum der Posten – jetzt wird der Pristan geräumt. Polizei-Miliz versucht sich Geltung zu verschaffen. Es ist nicht der erste Versuch. Die Patrouille droht, erregtes Stimmgewirr – aber alle bleiben. Oder wer geht, kommt in der nächsten Minute wieder an seinen Platz. Neben mir spricht jemand deutsch. Ich wende mich um. Vielleicht hat der Mann darauf gewartet. Ein Bauer spricht mich sogleich an „Was wollen Sie hier?" Ich gebe eine ausweichende Antwort. Er mustert mich. „Sie kommen wohl wegen der Armut? – Ach ja, da kommen viele." Sein Gesicht ist voller Runzeln, aber der prüfende schlaue Blick eines alten pfiffigen Bauern irritiert mich. Was will er? Was tut er hier – Auswanderer? Schließlich spricht noch ein anderer. Sie fahren nach Vieh in die Koloniedörfer. Sie selbst wohnen schon seit Frühjahr nicht mehr in den Kolonien. Man kann dort jetzt billig Vieh kaufen. – Ich schweige. Ich beginne die Menschen, die hier warten, zu verstehen. Es sind nicht alles Auswanderer.

DIE ERNÄHRERIN RUSSLANDS

Dank guter Verbindungen wird uns schließlich eine Motorbarkasse der Außerordentlichen Kommission zur Verfügung gestellt. Zehn Minuten nach der telephonischen Zusage waren wir schon an Bord. Die Menschen um mich herum drängen an die Rampe. Vielleicht nimmt man sie mit. Aber das Boot setzt sich in Fahrt, der Pristan beginnt zurückzutreten. Ein Mann springt uns nach – ins Wasser. Man wird ihn wohl wieder herausgezogen haben. Es ist ein etwas peinlicher Gedanke, so viele Wartende zurückzulassen. Auch die Transportmittel sind

so beschränkt. Man sagt, Hunderttausende Pud Waren und Lebensmittel liegen in den Speichern und warten auf Weiterbeförderung. Wir fahren in dem geräumigen Fahrzeug ganz allein. Auch das Öl ist knapp. –
Auf der Wolga. Unter dem strahlenden Sternenhimmel. Die Wellen schlagen an das Boot, wir gewinnen die Breite des Stromes, die Sandbank liegt hinter uns. Leuchtfeuer blinken auf. Dann geht es in voller Fahrt stromaufwärts. Mit schneidender Schärfe fegt der Steppenwind über das Deck. Über Steuerbord glitzert noch der Orion, die Milchstraße, aber es huschen schon einige Schneeflocken über das Gesicht. Bald wird es schneien.
Der Kommandant des Bootes schickt uns nach der vorderen Kajüte. Dort ist es stickig warm. Wir sind in dem kleinen Raum zu acht. Es gibt heißes Wasser. Wir hocken da und starren vor uns hin. Die Öllampe leuchtet trübe durch den Dunst. Auf den beiden Schlafbänken an den Seitenwänden liegen Bündel Lumpen. Wir haben noch Brot mitgebracht und fangen an zu essen. Da bewegt sich das eine Bündel. Es ist der eine Maschinist, der hier schläft; er schaut verwundert auf. Aber neben ihm rührt sich noch etwas, wimmert. Ein kleiner Junge von vielleicht 5 Jahren richtet sich hoch und starrt auf das Brot. Das Gesicht ist ganz verfallen, die Stirn beult sich und hängt vorn über. Wie ein Greis sieht der Junge aus, die Augen blinzeln träge. Wir geben ihm eine Scheibe Brot, und er verschlingt sie, ohne zu kauen. Jetzt hat sich auch der Maschinist erhoben und langt bei uns zu. Der Junge schlingt, ohne die Augen vom Tisch zu wenden. Der Maschinist erzählt, er habe das Kind oben in Holsk aufgelesen. Es ist gleich so zutraulich ihm nachgelaufen, daß ers bei sich gehalten hat. Es geht nicht mehr von seiner Seite. Er weiß nicht, woher es stammt. Das Kind nennt seinen Namen nicht, weiß nicht mehr, wo es gewohnt hat. Er sieht es an und streichelt ihm über den kleinen Kopf. Das Kind schlingt und schlingt. Dann legt es sich wieder um. Der Mann seufzt. Wir haben bloß selbst nichts, klagt er. Seit 2 Monaten ist es nicht von Bord gekommen. Immer unterwegs, rauf und runter die Wolga. Es gibt so wenig Brot für die Arbeiter und auch kein Geld. Die Regierung hat nichts – er zuckt müde die Achseln. Sein Gesicht ist schrecklich eingefallen, die Augen liegen in großen

Höhlen. Mit zitternden Fingern hält er die dargereichte Zigarette. Dann legt er sich auch wieder um, seine Wache ist nicht mehr fern, und der Schlaf ist noch das einzige, was ihm über die Zeit hilft. Wir hören von ihm, daß es den anderen und dem Kommandanten nicht viel anders geht. Das bißchen Brot ist bald aufgeteilt. Wir hören wieder auf das schwerer werdende Stampfen des Motors, auf die Wellen, die hart von unten anschlagen. Unsere russischen Begleiter wollen uns einen Gefallen tun. Sie summen das Wolga-Lied vor sich hin, sie möchten singen, aber der Öldunst verschlägt die Stimme. Es hat einen etwas leiernden Rhythmus, dieses Nationallied von der Wolga, der Ernährerin Rußlands. Es wirkt mehr wie ein etwas sentimentales deutsches Lied. Die deutschen Kolonisten singen es mit dem Refrain: An der Wolga will ich bleiben, an der Wolga will ich sein. Aber die Sentimentalität ist himmelweit verflogen. Es ist ein grausiger Hohn und bald wird es wieder ganz still.

Die Stunden vergehn. Der graue Morgen steigt herauf. Oben an Deck ist es noch bitter kalt. Jetzt kann man die Ufer besser sehen. Auf der Bergseite schieben sich gespenstig die kahlen Hügelreihen mit tiefen Einschnitten, denen die jährlichen Erdrutsche das Aussehen von Felsenklippen verleihen, vorbei. Die senkrechten Abhänge schimmern grau-violett. Auf der anderen Seite dehnt sich ins Graue verschwimmend die Steppe. Kaum sieht man, wo das Land sich vom Wasser trennt. Noch ist das Wasser der Wolga tiefschwarz. Ein großer Dampfer, zweistöckig, wie ein ganzer Häuserblock, strahlend hell erleuchtet, rauscht vorbei. Man unterscheidet keine Menschen in dem Dämmer. Sie liegen wohl am Boden, zusammengekauert in ihren Lumpen, apathisch. Das Signallicht am Mast leuchtet noch eine Weile durch das Morgengrauen.

Die Barkasse kommt ins Schlingern. Wir fahren über eine Sandbank. Die Fahrstrecke wird von Monat zu Monat schwieriger. Große Baggerarbeit müßte geleistet werden. Und von Jahr zu Jahr frißt die Wolga mehr von dem fruchtbaren Steppengrund.

BARONSK

Ich will versuchen, den ersten Eindruck von Baronsk möglichst getreu wiederzugeben. Am Pristan war schon reges Leben. Eine Frachtbarke, die gerade ausgeladen wurde, versperrte uns den direkten Anlegeplatz. Wir mußten über die Barke hinweg. Man entlud Kartoffeln und Mehl. Am Ufer stand eine große Anzahl von Fuhrwerken. Der Weg vom Ufer zur Stadt ist sehr beschwerlich. Eine tiefe Sandwüste, und obwohl alles steinhart gefroren war, lag frischer Flugsand über dem Boden, in den man noch bis über die Knöchel einsank. Der Weg ging über tiefe Bodenrisse, in den größeren hatte sich Wasser zu kleinen Teichen angesammelt. Der eigentliche Fahrweg ging in großem Bogen auf die Anhöhe, hinter der die Stadt lag. Pferde und Kamele hatten schwer zu tun. Die Tiere sahen erbärmlich aus. Die Bauern gingen neben den Wagen her, hieben wie toll auf die Tiere ein, ächzend und stöhnend schob sich die Karawane vorwärts. Die Bauern in ihren kurzen Schafpelzen sahen noch gar nicht so schlecht aus, stämmige Gestalten, starkknochige breite Gesichter, auf denen ordentlich noch die Spuren der Sommersonne eingegraben schienen.

Vielleicht in ein Werst Breite wird Jahr für Jahr das Land der Wolga geopfert, nach der Schneeschmelze wird es überflutet. Nach dem Abfluß des Wassers liegt es unbeachtet. Es ist Wüste geworden, nicht mehr der winzigste Halm wächst darauf, und es ist doch gleich der fruchtbarste Marsch. Noch nach der Gluthitze dieses Sommers, den Sandstürmen während der Dürre leuchtet durch Risse und Sprünge hindurch der Humusboden, die schwarze Muttererde.

Oben auf der Anhöhe stehen die Ambare, wohl an hundert Ambare, in zwei, drei Reihen hintereinander. Die Ambare sind die Getreidespeicher. Sie erinnern in ihrer Bauart an die Speicher in den kleinen deutschen Hansestädten, die noch aus dem Mittelalter stammen. Eine breite Treppe führt von außen etwa bis zur Höhe eines dritten Stockwerkes hinauf. Es sind sehr massiv gebaute Speicher. Sie sind jetzt nationalisiert. Aber einige sind schon eingerissen. Es fehlt an Brennholz. Zwar liegen am Ufer viele Tausende Klafter Holz und Brennschiefer, die man im Sommer die Wolga heraufgeführt hat. Aber nur das Notwendigste für die Behörden ist in die Stadt geschafft.

Unter unsäglichen Mühen konnten wenigstens die Arbeitskräfte mobilisiert werden, das Brennmaterial ans Ufer zu schaffen. Jetzt liegt es dort. Schon liegt dichter Schnee darüber. Die Fluten lecken schon bedenklich. Eine Schneeschmelze wird alles wieder fortschwemmen. Die Menschen aber in der Stadt und die vielen Tausende, die auch in Baronsk das Schiff erwarten, frieren. Sie frieren entsetzlich; in Lumpen, die wenigsten haben noch Schuhe und Strümpfe. So holen sie sich das Brennholz von den Ambaren. Dieser Winter wird sie vollends fressen. Es ist das Wahrzeichen einstigen Reichtums. Wie reich muß dieses Land gewesen sein. Unheimlich sieht die tote Stadt dieser Ambare aus. Der Fremde hält sie zunächst für Wohnhäuser, denkt: Das ist also Baronsk und erschrickt im Innersten. Eine dicke schwarze Wolke von Raben kreist darüber. Manchmal knarrt vom Steppenwind gepackt eine Tür. Der Wind heult.

Von der Höhe der Ambare breitet sich in die weite Ebene hinein die Stadt. Strahlenförmig gehen die breiten Straßen. Wir stolpern, noch ehe wir in eine derselben einbiegen auf den großen Platz, der im Hintergrund von den Ambaren umsäumt wird, über Steinreihen, schon halb vom Sand verweht. Es sind die Grundmauern des Volkshauses, das hier einmal gebaut werden sollte. Es war ein großzügiger Plan, ein geistiger und gesellschaftlicher Mittelpunkt sollte erstehen. Heute denkt niemand mehr daran. Das Schicksal mancher Pläne. An der einen Seite des Platzes sind Hunderte von landwirtschaftlichen Maschinen auf einen Haufen zusammengeworfen. Die Kooperative hat sie den armen Bauern, die um ihr Brot ihr letztes veräußern mußten, abgekauft, ehe sie dem Wucherer in die Hände fallen – leider vielfach zu spät. Es sind nur noch die Reste.

Die Straßen weisen zahlreiche Häuser auf, die Landhauscharakter tragen, schmucke weiße Fassaden mit grünschillerndem Dach. Aber überhaupt die Mehrzahl aller Häuser macht einen reinlichen, wohlhabenden Eindruck. Doch je weiter wir kommen, näher an die Häuser heran, zeigen sich die Spuren des Verfalls. Die Hofumzäunung ist schadhaft, das Schneewasser hat die Einfahrt unterwühlt, oft sind die Fenster nur notdürftig geflickt. In den Höfen, öde und unsäglich traurig ausschauend, türmt sich der Schmutz. Und immer sichtbarer wird, daß ein schreckliches Unglück über die Stadt hereinge-

brochen sein muß. Der Anblick der Häuser erzählt davon. Doch das Leben scheint nicht erstorben. Viele Menschen gehen auf die Straßen. Ein großer Wagenverkehr. Gräßlich, wie Signalhörner, heulen die Kamele. Eine Schafherde, eng zusammengedrängt, biegt in eine Seitengasse ein. Schweine pirschen sich an den Häusern lang. Ein Rudel kläffender Hunde jagt hinterher. Dazwischen das Gebrüll der Bauern, die auf Pferd oder Kamel losschlagen. Sie haben keine Peitsche, einen langen Knotenstock, der auf die Flanken klatscht. Und trotz alledem – alles scheint träge zu schleichen, ein bißchen unwirklich.
Dann aber legt sich der Reiz des Unerwarteten. Man will tief Atem holen, da würgt es einem die Kehle. Man entdeckt ihn eigentlich erst jetzt – den Pestgestank, der über der Stadt lastet. Er überfällt dich, läßt dich kaum mehr vorwärts kommen. Die Augen brennen. Ich habe etwas ähnliches schon einmal erlebt. In den ersten Kriegsmonaten in Polen, nach den Gefechten um Lodz, als wir, ein kleiner Trupp von Deserteuren, auf eigene Faust uns zur Grenze durchschlagen wollten, querten wir ein Dorf, das soeben von Russen oder Deutschen geräumt war. Einige Häuser brannten, Schrappnells streuten noch über die Straße, überall lagen Tote am Wege. Die Unsicherheit kam hinzu, was beginnen, wohin wenden. Da überfiel uns dieser Geruch, der in die Brust dringt und das Blut gleichsam verdickt. Quälender Durst und doch eine furchtbare Apathie. Man trinkt das Wasser aus der Pfütze, in der vielleicht eben einer verreckt ist. Man stürzt sich auf die Toten, um vielleicht noch irgend etwas brauchbares zu erraffen. Die Hemmungen einer anerzogenen Kultur schwinden, nur Gier nach Befriedigung. Und alles scheint in einen gelben, schmutzigen Nebel gehüllt. Dieser Gedanke lag über der Stadt. Es bedurfte aller Willensanstrengung, solche Eindrücke niederzukämpfen. Nirgends war Nebel, die Luft war klar, die Menschen trotteten ruhig ihres Weges, den Kopf vielleicht mehr gesenkt als sonst. Vielleicht, daß auf den Höfen das Mistholz qualmte. Aber es war mehr als das – es stank nach Leichen. Und das stand schon auf der Stirn der Menschen geschrieben, die vorübergehen.
Baronsk ist der russische Name der Stadt. Die deutschen Kolonisten nannten sie Katharinenstadt. Seit das Gebiet als Arbeitskommune der Deutschen an der Wolga eine Autonomie erhalten hat, heißt sie Marxstadt. Sie zählt heute 15 000 Einwohner.

DER MARXSTÄDTER BASAR

Ich stand von Anfang an den Berichten von den Basaren im Hungergebiet zweifelnd gegenüber. Ich fürchte, man wird auch mir nur halb glauben. Es ist nicht nur alles vorhanden, sondern es ist auch viel billiger als anderswo. Der Bürger denkt: Natürlich, die Hungerleider verkaufen eben alles, was sie noch haben; so kann man billig zu einem Pelz kommen. Das war auch mal so, im Sommer, als die Katastrophe einsetzte. Diese Stufe des Elends ist aber jetzt schon überschritten. Es ist nichts mehr da, womit der Bürger auf Gelegenheit spekulieren kann, wenigstens nicht auf dem Basar. Man spekuliert heute in Grundstücken und Evakuierungspapieren und mit dem Holz und Stroh der Dächer – aber davon noch später. Man lebt im Hungergebiet viel billiger als in irgendeiner anderen Stadt Rußlands. Nach Moskauer Preisen berechnet, kostet Brot, Butter, Milch etwa die Hälfte, Fleisch kaum mehr als ein Viertel. Man wird sich wundern, ja gibts denn das alles? Gewiß, und in ansehnlichen Mengen. Zwar gibt es vielleicht noch mehr Kuchen als Brot. Die Kuchen sind sehr billig. Vom reinsten Weizenmehl gebacken, buttergetränkt, mit Schokoladenguß und Schlagsahne. Eine ganze Frontseite des Basars füllen die Kuchen- und Konfektstände. In mehreren Buden trinkt man einen großartigen Bohnenkaffee, Kaffee à la Warschau, Kaffee mit einer hohen Haube Schlagsahne. Querüber auf der anderen Seite sind die Fleischstände. Es wirkt phantastisch, welche Riesenmengen Fleisch zum Verkauf gestellt sind. Da hängen reihenweise Hammel und Schweine. Ein westeuropäischer Großschlachter würde vor Neid platzen. Und das Fleisch ist, mit den Bürgern zu reden, spottbillig. Ich habe nicht gesehen, wer das alles kauft. Irgendwo muß es aber doch hinkommen, denn jeden Morgen ist immer, scheint es wenigstens, frische Ware da. Ich kam gerade an dem Tage zum ersten Male auf den Markt, als bekannt wurde, daß die Tarifsätze der Arbeiter und Angestellten zum nächsten Ersten erhöht werden sollten. Daraufhin stiegen alle Produkte sofort um 30 Prozent. Vorher also, um nochmal mit dem Bürger zu sprechen, hatte man es geradezu geschenkt bekommen. Ich fragte meinen Begleiter und tat, als verstände ich nicht, denn die Leute kommen doch günstigenfalls erst in sechs Wochen in den Besitz ihres höheren Lohnes –? Er lächelte und wußte es auch nicht.

In den Nachmittagsstunden waren aber trotzdem Kuchen und Fleisch, Eier und Brot zu höheren Preisen verschwunden. Das ist die eine Seite des Marktes. (Wir sprechen schon davon noch.)
Der Basarplatz, sagt man, ist zu klein geworden. Die Verkäufer fanden nicht mehr Platz genug. Ich konnte nicht herausbekommen, ob man jetzt erst umzieht oder schon umgezogen ist. Ich sah den Basar aufgeschlagen auf einem Friedhof, neben der katholischen Kirche. Den Pfarrer sah ich auch auf dem Basar. Er verkaufte nichts, er kaufte. Der Boden war festgestampft wie Stein und hügelig. Man hatte einen wundervollen Blick in die weite unermeßliche Steppe, am Westrand der Stadt. Die Kirche ist ziemlich das letzte Haus. Gegenüber steht das ehemalige Kaufmannshaus, jetzt der Agitpunkt, ein Hungermuseum ist darin. Man schenkt unentgeltlich dort Tee aus. Aber als ich hineinging, stoben zwei alte Frauen auseinander. Es kommt so selten jemand. Vor der Tür aber ist das Marktgewühl. Zwischen Agitpunkt und Kirche ist der Friedhof. Dort ist der Basar. Ich las schöne deutsche Trostsprüche. Manche Grabsteine sind umgestürzt. Man muß sich vorsehen, um nicht die Knochen zu brechen. Augenblicklich, heißt es, begräbt man weiter draußen in der Steppe. Ich sah einen solchen Leichenzug. Selbstverständlich nicht nur einmal. Das ist sozusagen das erste, was man in Marxstadt sieht. Aber nur einmal einen richtigen mit dem Pfarrer nämlich. Es gibt keine Pferde, außer für die wichtigsten staatlichen Transportarbeiten. Gestalten, die man als Leichnam hätte ansehen können, trugen auf den Schultern den Sarg, vielleicht eine Werst weit in die Steppe. Dahinter schwankten ein paar völlig vermummte Weiber. Sie sahen so vermummt aus, weil sie aus allerhand Einzelstücken von Lumpen notdürftig den Oberkörper vor Kälte schützen wollten. Ein Schneesturm, der auch mit Eisstücken um sich warf, ging ganz barbarisch mit diesem Zuge um. Vorneweg aber fuhr der Pfarrherr in einem Kutschwägelchen, ein feuriges Pferdchen am Zügel, das Fell glänzte durch den Schnee. Die große Glocke der Kirche läutete schwer und melancholisch, wie in den Kindheitstagen in meiner katholischen Vaterstadt.
Aber zum Markte zurück. Zu meinen ersten Eindrücken gehören auch die Verkaufsstände von Werkzeugen, Geschirren und Grammophonen. Das eine davon war in Tätigkeit und verkündig-

te den andächtig Lauschenden eine Rede Wilhelms des Einfältigen, unterbrochen von einem Präsentiermarsch. Mancher Bauer, der drüben von der Russenseite jenseits der Wolga herübergekommen war, lernte vielleicht dabei zugleich die deutsche Sprache. Ich entfernte mich, als der Apparat gerade dreimal Hurra schrie. Nicht weit ab stand ein Mann mit einer Drehorgel. Es war ein altes deutsches Kirchenlied, was da vor sich ging: Nimm mich in deine Hände, Herr Jesu Christ – und daneben stieß eine ganz verhutzelte Bäuerin ihre Tochter, die mit vor Kälte verweinten Augen vor ihr stand, an: Horche noch mal, das hat ganz gefährlich schön geklunge ... Und dann wollte ich gehen.

Da sah ich noch, etwas abseits, eine große Menge Menschen auf einem Haufen. Eine öffentliche Versteigerung. Inmitten eines dichten Kreises stand ein ältlicher Mann mit noch straffen Gesichtszügen, klarem Adlerblick, der Typ eines süddeutschen Bauern und hielt einen alten Regenschirm hoch. Ihm gegenüber stand der Mann, der die Gebote annahm und ausrief. Der erste pries fortgesetzt die Güte des Schirms oder schnarrte verächtlich den gebotenen Preis nach. Ich dachte: Ein Lichtblick. Denn daneben, auch mitten im Kreis, stand ein in Lumpen gehülltes Weib, das sich kaum auf den Beinen zu halten schien, den Kopf gesenkt, wie als müßte sie eine fürchterliche Prüfung über sich ergehen lassen. Es lag offenbar. Das ist die gegenseitige Hilfe, – dachte ich. Die Frau traute sich nicht mehr, selbst zu verkaufen. Hilfsbereite veranstalten für sie eine Versteigerung. Schließlich wurde für 20 000 Rubel der Schirm losgeschlagen. Die Frau sah dankbar auf den Käufer und sah zitternd den anderen die Papiere in Empfang nehmen. Während die Menge auseinanderging, wurde ich einen Augenblick abgedrängt. Ich sah die beiden Männer und noch einen dritten um das Mütterchen stehen. Ich kam gerade noch zurecht, um zu sehen, wie jeder der drei sich 4000 Rubel abzog, die Frau erhielt im ganzen 8000 Rubel. Das ist hier so Brauch, sagte mir einer. Dann ging ich.

Das waren die ersten Eindrücke. Ich kann mir nicht helfen, vielleicht glaubt man mir's nicht.

AUF DER SUCHE

Auf der Suche nach Material, nach Statistiken, nach dem Schema der Organisation, nach Hunger, Greueln und dem großen Sterben. Schließlich kann man die Verwaltungszentren, die Vollzugsorgane nicht umgehen. Obwohl es ein Stück harter Arbeit ist. Im ganzen Gebiet, und nicht nur in der deutschen Wolgakommune, reisen eine Unmasse Kommissionen. Man kann es schon nur zu gut verstehen, daß man nicht gerade gern gesehen ist. Da reisen englische, französische und deutsche Kinooperateure, Hilfskommissionen, allerhand Brüderschaften, Quäker und Botthianer, ärztliche Studiengesellschaften, Vertreter von Gewerkschaften des In- und Auslandes, Emissäre der fremden Regierungen, Delegierte der Nachbargouvernements und Bevollmächtigte der autonomen Republiken. Die Deutschen aus Omsk und Tschelabinsk, Taschkent und Simforopol senden eigene Kommissionen, weiter noch Leute, die für die Außerordentliche Kommission, für das Landwirtschaftskommissariat, für den Obersten Volkswirtschaftsrat Erhebungen anstellen. Ein Mann reiste aus Hamburg eigens herbei, um über Laubheufragen zu studieren. Der Mann schlug vor, nachdem er 4 Wochen lang kreuz und quer gefahren war und keinen Baumstumpf gesehen hatte, geschweige denn Laub oder Laubheu, Aufforstungsarbeiten vorzunehmen. Alles das wäre eine welthistorische Groteske, über die man noch wie über die Schildbürger nach Jahrhunderten lachen könnte, wäre man nicht zugleich mit dabei, wie Millionen Menschen sterben. Es ist hoffnungslos, rettungslos – und diese Tatsache gilt es zuerst ins Auge zu fassen. Alle da unten an der Wolga, ob sie am Schreibtisch sitzen oder davor stehen und um Auskunft fragen und auch diejenigen, die im Vorzimmer sitzen mit ihrem Anliegen – fühlen sich daran mitschuldig. Es ist jetzt die Zeit, wo man die Wahrheit sagen muß. Die ganze ungeschminkte Wahrheit allein weist jetzt noch den Weg, Aufklärung zu bringen. Es ist eine Fanfare, vor der alle Taktik, Theorie und Diplomatie verschwindet. Es ist die einzig noch wirksame Waffe gegen den endlich im Kern bloßgelegten Hauptfeind der Menschheit: die Dummheit.
Die Mitglieder der A.R.A. (American Relief Commission) verlangen, daß die Leute die Mütze abnehmen, wenn sie mit ihnen sprechen. Der eine, ein Mr. Rapp, hat eine Beschwerde einge-

reicht, daß einmal jemand gewagt hätte, ihn mit Genosse anzureden. Warum gibt man solchen Lumpen nicht den verdienten Fußtritt? Die Nansenvertreter sind nicht viel besser. Das Gebiet der Wolgadeutschen wird in den Verpflegungskreis der englischen Hilfsmission aufgenommen. Zur Zeit sind dort Produkte für 10 000 Kinder eingetroffen. So weit von den Kommissionen. Sie beanspruchen die letzten Pferde, die wenigen Automobile. Wichtigste Verwaltungsarbeit muß liegen bleiben. Man kann verstehen, daß manchem die Geduld reißt. Auch die Bauern im Dorfe schütteln schon den Kopf. Erst wurden die Amerikaner angestaunt wie Wundertiere. Die Fremden, – hieß es und im Augenblick war das ganze Dorf versammelt. Als aber einer nach dem andern kam und alle mit leeren Händen, die ausländischen Ärzte, die Meßinstrumente auspackten, um weiß Gott welche wissenschaftlichen Untersuchungen anzustellen, die Photographen immer nur photographierten, ohne etwas Greifbares zu bringen, nämlich etwas zu fressen, – haben die Bauern die Achtung vor den ausländischen Kommissionen rasch aufgegeben. Es ist eine harte Arbeit, alle verantwortlichen Gebietszentralstellen heil zu passieren. Man muß sich manchmal bittere und nicht immer vielleicht ganz gerechtfertigte Bemerkungen einstecken.

Zudem ist die Ausbeute an Material gering. Nur an Atmosphäre einbringlicher. Man wartet mit fünfzig anderen im Vorzimmer. Die Mandate verschaffen zwar trotzdem als erster in der Reihe Zutritt. Man hat aber Zeit, den Verwaltungsapparat arbeiten zu sehen. Überall ist das Rauchen verboten. Sicher ganz vernünftig. Aber es wirkt seltsam, wenn mir das von einem typisch schnippischen Büromädel gesagt wird, die brennende Zigarette in einer ellenlangen Spitze im Mund, der Glimmpunkt schwebt dir drohend vor deinen Augen auf und ab. Ich frage nach dem Grund des Verbots, wenn die eigenen Angestellten rauchen. Abgesehen davon, daß das Mädchen, hysterisch geworden, sofort mit Herauswurf und Tschekas droht, höre ich, daß die Leute hier, die Wartenden, ja hinausgehen können, um zu rauchen, während sie, die Angestellten, ja doch hier bleiben müssen, in dem Rauch aber nicht arbeiten können. Es hört sich nicht unvernünftig an, trotzdem werden die Bauern, die da warten, diese Logik nicht verstehen, auch wenn sie selbst unter Schimpfen vorgetragen wird. Sie werden nur sehen, wie die da drinnen rauchen, während es zugleich ihnen verboten ist. Später, als ich mich näher erkundigte, hörte ich, daß man das Mädchen als vielleicht einzige wirklich perfekte Maschinenschreiberin des Gebietes nicht entbehren kann. Man hat mit ihr schwer zu tun. Ihre Brüder sind vor nicht zu langer Zeit erschossen worden. Sie selbst macht aus ihrer konterrevolutionären Gesinnung keinen Hehl. Im Betrieb kann man sie nicht einen Augenblick unbeobachtet lassen, an ihre Schreiereien mit den Bauern hat man sich gewöhnt. Sie haben alle hier Angst vor dem Weibe, sagte mir einer.

Überall sah ich die wartenden Bauern. Überall hörte ich Schreierei und Streitigkeiten in den Vorzimmern. Überall sitzen die hysterischen und konterrevolutionären Bürodamen. Damen im europäischen Sinne des Wortes. Die verantwortlichen Leiter drücken sich bescheiden in die Ecke. Man hält sie für die Bürodiener, die untergeordnetsten Sekretäre und Stellvertreter; und was weiß ich für Bürokraten sind dafür desto selbstbewußter. Es ist die Bauernintelligenz, entweder die reichen Bauern oder deren Söhne und Vettern oder Pastoren und Lehrer. Davon noch später. Es ist ihnen gelungen, auch in die wichtigsten Stellen vorzudringen. Sie beherrschen völlig den Verwaltungsapparat. Vor einem Fremden glänzen sie durch lauerndes und eindrucksvolles Schweigen. Eine Frage beantworten sie mit einem Lächeln. Sie sind eben an der Grenze Asiens und sie glauben das asiatische Lächeln, das eine Höflichkeit ist, mit einer Dosis Hinterlist zu europäisieren. Sie kommen sich dabei sehr gebildet vor. Aber auch die deutschen Wolgabauern hören noch nicht ganz genau das Gras wachsen. Man braucht sich nur mit Geduld zu wappnen und eine recht dicke Haut zur Schau zu tragen, an der alle Seitenblicke abprallen. Dann hört man aus ihrem vieldeutigen Schweigen allerhand heraus. Der Vorsitzende des Gebietsvollzugs-Komitees schwieg mir gegenüber viele Stunden lang. Die Leute schlugen schon draußen an die Tür. Dann hatte ich alles begriffen.

DIE STERBEANSTALTEN

Das Krankenhaus

Ich hatte nichts zu kontrollieren. Ich bin nicht Mitglied einer Kommission. Mich trieb nicht einmal die Neugierde, denn ich wußte alles vorher. So verzichtete ich auf örtliche Begleiter, örtliche Erlaubnisscheine. Und ich kam überall hinein, an dem schreckensvollen Gesicht manches Beamten sah ich, daß ich auch ganz unerwartet kam. Aber ich hatte auch nichts zu kontrollieren oder zu berichten. Es handelte sich ja nicht um die Einzelheiten, sondern um die Atmosphäre des Ganzen.

Im Sommer, als die Choleraepidemie einsetzte, hatte man noch eine Cholerabaracke, draußen vor der Stadt an der Wolga, im Überschwemmungsgebiet des Flusses. Die Heftigkeit der Epidemie machte im Augenblick alle Anlagen illusorisch. Es konnten nicht mehr alle Kranken aus der Stadt, geschweige denn aus dem Gebiet aufgenommen werden. Es waren aber strenge Vorschriften – und so brachte man denn auch alle Kranken pflichtgemäß nach der Baracke. Was mit den Kranken geschah, was nun weiter werden sollte, ob sie Pflege finden würden, Sanitätsmittel, Reinigungsmöglichkeiten und Nahrung – danach traute sich niemand zu fragen. Dort lagen nun die Kranken, zu ganzen Haufen übereinander, Tote, Lebende und noch Lebende, alles im gleichen Raum auf dem Fußboden, und wer noch Leben in sich hatte, wartete auf den Tod. Verpflegungspersonal gab es nicht. Es waren kaum Leute da, die die Toten begruben. Aber das alles ist Erzählung. Bleiben wir in der Gegenwart. Die Choleraepidemie ist zurückgedrängt. Sie hat dem Typhus Platz gemacht. Zu der Zeit wütete der Typhus ganz schrecklich. Zwei große Privathäuser mußten geräumt werden, mit Gewalt wurde für die Kranken Raum geschafft. Aber man hatte keine Bettgestelle, keine Decken. Das Haus war auch für alles andere als für ein Krankenhaus gebaut. Die eingelieferten Kranken wurden auf den Fußboden gelegt, mit ihren Lumpen zugedeckt. Bis zu 60 Kranke zählte man auf ein kleines Zimmer. Gut die Hälfte konnte man am nächsten Tage schon wieder heraustragen. Dann wurden aus den beiden Gefängnissen die Pritschen geholt. So sah ich es. Die Pritschen standen in der Mitte des Zimmers. Sie müssen nach beiden Seiten Raum geben, daß zwei, manchmal auch drei Menschen darauf Platz finden. Auf diese Weise schafft man für etwa 40 Kranke Liegemöglichkeit. Decken und Wäsche hat man noch nicht. Man hofft indessen, noch welche zu bekommen. Medizin könnte man den Kranken schon geben, aber es gibt keine Nahrungsmittel, die man ihnen geben kann. Sie bekommen eine dünne Krautsuppe und ein halbes Pfund Brot, das ist alles. Es sind 800 Kalorien, aber 2400 braucht der Mensch täglich zur Ernährung. Als ich da war, waren dem Arzt den Tag vorher ein paar Flaschen Wein zur Aufbesserung der Krankennahrung überwiesen worden. Er mußte selbst lächeln, als er mir davon erzählte. Wem sollte er wohl damit zuerst helfen – im Haus war kein Tropfen Milch und kein Wasser, für über 200 Kranke zusammengepfercht auf 4 Räume und Küche. Gerade während wir sprachen, gingen draußen ein paar Bauersfrauen aus den Dörfern jenseits der Wolga vorbei. Drüben war die Erntekatastrophe nicht so schlimm. Die Bauern haben ihr Vieh behalten. Die Weiber trugen in Steinkrügen frische Milch auf den Basar, gebratene Hühner hatten sie unter dem Arm; eine hatte einen großen Korb mit Eiern. Sehen Sie, sagte der Arzt, wenn wir das hier hätten – und er wandte sich von mir weg. Er hatte ganz recht: Was wollte ich eigentlich in diesem Haus – es ist kein Wasser da für die Kranken. Sie können nicht gereinigt werden. Sie liegen noch, den Körper mit Dreckkrusten überzogen, wie sie eingeliefert wurden. Das Wasser muß aus der Wolga geholt werden. Wer soll den Tonnenwagen ziehen –? Die staatliche Transportabteilung stellt täglich einmal ein Pferd. Mehr kann sie nicht. So bekommen die Kranken pro Tag eine Tonne Wasser. Damit soll gekocht, das Geschirr und die Produkte gereinigt werden, die notwendigen Arzneien bereitet, etwas für den Tee zurückbehalten werden. Wo bleibt dann der Mensch? Ein Tönnchen Wasser für 250 Menschen. Die Kranken liegen in ihren Lumpen und stöhnen. Das Fieber hat sie gepackt und die Erschöpfung. Wer leben will, muß sich aufraffen und sehen, wie er zu Hause wieder hoch kommt, sagt der Arzt. Eine Grube ist auf dem Hof für die Exkremente. Es ist ein menschenunmöglicher Gestank. Nachts stellt man eine Tonne auf den Flur für alle. Das Bedienungspersonal muß alle paar Wochen gewechselt werden. Es waren gerade neue eingezogen. Sie sahen mich finster und mißtrauisch an und würdigten meine bescheidene

Anfrage keiner Antwort. Ihre Vorgänger waren soeben hinausgeworfen worden. Sie haben aus der Suppe der Kranken noch das Kraut weggefressen. Das Wasser behielten sie für sich und schließlich weigerten sie sich, überhaupt weiter zu dienen. Die Verwaltung kann sie nämlich nicht bezahlen (man soll vielleicht sagen, nicht „pünktlich" bezahlen). Sie kann ihnen auch nichts zu essen geben (8 Pfund Brot für einen Monat als Gesamtpajok). Man hat zu Anfang noch ein Auge zudrücken müssen, bis andere da waren, Hungerflüchtlinge, die zunächst noch froh sind, an der ersten Etappenstation wo unterkriechen zu können. Wie wird es nach drei Wochen aussehen – der Arzt ist ein junger melancholischer Kommunist. Der Versuch eines Vorwurfs erstickt auf der Zunge. Man braucht ihn nur anzusehen. Er hungert.

Das Konzentrationslager
Ich meine das Gefängnis. Die Leute sagten, dort sei die Sterblichkeit besonders groß. Ich ging da hinein, um mir diesen Eindruck zu holen. Man wies mich aber auf meine Moskauer Scheine ab, ich mußte mir erst einen Genossen von der örtlichen Tscheka zur Hilfe bitten. Ich werde dieses Bild menschlichen Elends mein Leben lang nicht vergessen. Die Ärmsten der Armen sitzen darin. Leute, die auf Diebstählen abgefaßt sind, läßt man jetzt laufen. Und doch ist das Lager voll. Die Angeberei, falsche Beschuldigung, eine gewisse Aufstandsnervosität wächst in den Dörfern. Manchem Bauern ist es zum Ziel seines Lebens geworden, seinen Nachbarn in die Tscheka zu bringen. Es ist die widerlichste Seite im Existenzkampf einer absterbenden Gesellschaft, in der Verurteilung eines ganzen Volkes. Denn immer kommt es einem zum Bewußtsein: die deutschen Wolgabauern in ihrem bisherigen Existenzaufbau sind zum Verschwinden verurteilt. Wir leben mitten drin in dieser Katastrophe.

Die Ärmsten der Armen aber sind hier, weil nur diejenigen im Lager bleiben, die zu schwach sind, sich selbst zu helfen oder keine Verbindung haben, von andern Hilfe zu bekommen. Die meisten der Straffälligen winden sich irgendwie heraus. Man kann nicht alle zur gleichen Zeit auf einmal einsperren. Die letzte Amnestie hat viele aus dem Frühjahrsaufstand dieses Jahres wieder befreit – aber nur diejenigen, die anfangen wollten, zu arbeiten und den Boden zu bestellen. Viele aber waren zu entkräftet dazu, zu arm, denn der reichere Bauer, der sie zum Aufstand verführt hat, hat ihnen für ein paar Tausend Rubel, für die sie sich kaum einmal satt essen konnten, ihr Land und ihr Haus abgenommen. Heute heizt er sich damit seine Stube, der gute reiche Vetter. Im Hauptlager waren zur Zeit 120 Gefangene. In den einzelnen Haftträumen der Tscheka etwa 70, meist Untersuchungsgefangene. Im Lager ist die Einrichtung getroffen, daß diejenigen, die sich sauber halten, den helleren Raum zugewiesen bekommen. Sie können sich freier bewegen – und es sind doch gerade die Wucherer, die Spekulanten, die man dabei erwischt hat, aus dem Hunger für sich Kapital zu schlagen. Es ist die Intelligenz des Gebietes – warum sollen sie nicht sauber halten, wenn sie Erleichterungen dafür erhalten, denen schnell manchmal die Begnadigung folgt. Die anderen aber verrecken obendrein noch an ihrem furchtbaren Schmutz. Zwar holt man zweimal am Tag die Tonne voll Wasser, denn die Tonne können die Männer selber ziehen – da fehlt es aber wieder an Wachmannschaften. Das Lager ist groß und wenn die Gefangenen wollten, könnten sie einfach alle weglaufen. Ich glaube, im Ernstfall könnte sie niemand hindern. Ein quälendes Mitleid überfällt einen, wenn man diese Menschen sieht. Man versucht, für Arbeit zu sorgen, eine Schusterwerkstatt ist schon errichtet, viele andere Arbeiten könnten gemacht werden, drinnen und draußen, auch in der Stadt. Die Menschen sind aber zu schwach. „Ich habe sie manchmal zum Holzholen an die Wolga geschickt", sagt der Kommandant. „Man fordert von mir immer die Arbeitskräfte. Ein paarmal ist es gut gegangen; dann sind sie einfach draußen liegen geblieben – schließlich geht es doch auf meine Verantwortung." Alles ist leider richtig. Diese Menschen, ob Wucherer, ob Banditen, ob Defraudanten, wie der Lehrer, den ich dort sah und der noch eben ein hoher Verwaltungsbeamter gewesen war, sie haben alle den gleichen Blick, den Blick des Sterbenden. Sie sterben vor Entkräftung und vor Hunger. Niemals hat man mehr den Eindruck, wie gleichgültig es ist, ob man draußen in Freiheit lebt oder eingesperrt ist. Wenn nur Körper oder Geist arbeiten. Diese Menschen haben nur den Wunsch, am Leben zu bleiben. Furchtbares liegt in ihren Augen. Wie sie darum betteln. Irgend etwas ist zerbrochen. Die Arbeit als

Rettung erfassen sie nicht mehr. Sonst wäre vielleicht doch die Hoffnung, daß die Kooperative sie für Private arbeiten ließe, so daß die Verwaltung ihnen für das erhaltene Geld Lebensmittel auf dem Basar kaufen könnte. Mit der ihnen zugewiesenen Ration müssen sie allmählich umkommen, das wissen sie selbst. Und sie können sich doch nicht helfen. Niemand kann ihnen helfen. Die Gebietsverwaltung kann sich selbst ihrer nicht annehmen. Sie werden sterben und sie sterben. Man spricht manchmal davon, ob wirklich normale Menschen, Monate noch vor Augen, mit sehenden Augen in den Hungertod wohl hineingehen können. Dort leben solche. Sie jammern und stöhnen nicht, nur sie schauen so sonderbar ...

Die Kinderheime
Die Kinderheime auf den Dörfern sind wahre Höllen. Es erweist sich plötzlich, daß die Erwachsenen gar nicht wissen, wie sie mit Kindern umgehen sollen. Einige Menschen sind überall, mit vielem guten Willen, aber sie stehen ihrer Aufgabe hilflos gegenüber. Ein Befehl des Gebietsvollzugs-Komitees spricht von der Einrichtung von Kinderheimen und Sammelstellen. Der örtliche Sowjet hat das Schriftstück gewissenhaft studiert und weiterverbreitet. Die Kinder werden nach einem Hause zusammengebracht. Freiwillige Helfer sind zur Stelle. Der Sowjet erhält die ersten Produkte zur Verteilung. Aber wie und was nun weiter zu tun ist, das weiß niemand. Die Bauern jagen ihre eigenen Kinder zum Hause raus – unnötige Esser. Man kämpft mehr um Pferd oder Kuh durchzubringen, als die eigenen Kinder. Mit Knütteln werden die Kinder aus dem Dorfe gehetzt. Geht, wo es zu essen gibt – heißt es. Die größeren Rayon-Dörfer haben nun die ersten Kinderheime. Die Menschen sind noch nicht viel besser dort. Wäre nicht der strenge Befehl, niemand würde die Kinder dort aufnehmen. Man versteht gar nicht, was man mit den Kindern soll. Die Erwachsenen und nicht nur die Wärter und Wärterinnen nähren sich von den Liebesgaben für die Kinder. Das sind die angeblich kulturell so hoch stehenden deutschen Wolgabauern. Sie verachten noch heute die umwohnenden Russen. *Nirgends kann etwas ähnliches von den russischen Bauern berichtet werden.* Die Kinderheime, obwohl die erste Rettungsstation, sind eine wahre Hölle. Glücklich, wenn das Kind nach ein paar Tagen

noch Kraft genug findet, weiterzuwandern, nach den Gebietsstädten. In Baronsk, heißt es, sind die Kinder dann gerettet. Ich habe die Heime auf den Dörfern wie in der Stadt gesehen. Über die letzteren will ich den Bericht folgen lassen, den eine den verantwortlichen Stellen nahestehende Genossin erstattet hat. Man mag ihn aufmerksam lesen, es handelt sich um die Stellen, wo die Kinder, wie man sagt, gerettet sind.

„Die aus den umliegenden Dörfern gesammelten elternlosen Kinder bis zu 14 Jahren werden zunächst in ein Sammelheim gebracht, von dem aus sie in die verschiedenen Gruppen verteilt werden. Nach ihrer Ankunft schneidet man den Kindern die Haare, um einer zu großen Verlausung zu steuern. Sie sind alle fast nur in Lumpen gekleidet. Da die andern Heime alle überfüllt sind, müssen die Kinder oft lange warten in dieser Sammelstelle. Hier sind die Zimmer vollständig ohne Möbel, die Kinder liegen auf dem kahlen Boden ohne Kissen und Decken. Einmal in drei Wochen hatte man die Möglichkeit, sie in ein Bad zu führen. Es sind einige Kranke unter ihnen, die aus Mangel an Platz und Betten nicht ins Krankenhaus überführt werden können. In drei Räumen sind zuweilen 120 Kinder, in jedem Zimmer eine Aufseherin. Die Kleinen hocken meist stumm am Boden, ab und zu weint eines jämmerlich, weil es wieder „nach Hause" will, das heißt, nach dem Basar, oder dem Platz, von dem man es aufgelesen hat. Dreimal am Tag werden alle in eine Speisehalle geführt, morgens bekommen sie 1/4 Pfund Brot und etwas Tee ohne Zucker, mittags einen Löffel voll ((...)) dasselbe wie zum Frühstück.

In den übrigen Heimen sind die Kinder in etwa 15 Gruppen eingeteilt, die sich meist in Schulen befinden. In drei bis vier großen Zimmern, deren Raum fast ganz durch die aufgestellten Holzpritschen, die den Kindern zum Schlafen dienen, eingenommen ist, sind vierzig bis sechzig Kinder untergebracht worden. Da sie keinen Platz in den Räumen haben, um sich zu bewegen, sitzen sie auch fast den ganzen Tag auf den Bänken. Man hört nicht den fröhlichen Lärm, wie es sonst bei so vielen Kindern der Fall wäre, einige hocken gänzlich apathisch und sind zu schwach, um zu sprechen. Tag und Nacht sind sie in derselben Kleidung, sie tragen Kattunmützchen, auf denen die Nummer ihrer Gruppe vermerkt ist. Auf jedes Zimmer kommen zwei Frauen, die die Aufsicht führen.

Hier ist alles schon sauberer als in den Sammelstellen, obwohl man keine Besen hat. Man ist bemüht, ihnen Kleidung und Schuhe zu beschaffen, doch können immer nur einige etwas erhalten, für alle reicht es nicht. In diesen Gruppen werden Kinder von 6–14 Jahren aufgenommen. Es ist oft schwer, das Alter dieser Kleinen festzustellen, sie selbst wissen es häufig nicht, wie sie auch ihren Namen nicht kennen. Und nach ihrem Aussehen kan man sie nicht abschätzen, da es durch die ständige Unterernährung von jeder Norm abweicht. – Die Nahrung für alle Heime ist die gleiche. Sie wird aus derselben Küche verabreicht.

Für die Kinder, die fortgebracht werden, besteht ein sogenanntes Evakuierungsheim. Die Kleinen haben sich meist schon etwas erholt und sind ein wenig kräftiger. Man hat ihnen fast allen Kleidung und etwas Unterzeug gegeben, das jedoch, da es aus Sammlungen vom Sommer her stammt, nur aus dünnem Kattun besteht. Warme Mäntel konnten bisher noch nicht beschafft werden, auch haben die größeren noch keine Schuhe erhalten können. Trotzdem sie nur dreimal des Tages den Weg bis zur Speisehalle machen, gehen sie nicht gern aus, weil sie zu sehr frieren, obwohl frische Luft für sie sehr nötig wäre. – Die Räume können nicht geheizt werden, doch ist es durch die Wärme der vielen kleinen Körper fast heiß im Zimmer, in dem die Kinder trotz aller Verbote immer wieder die Mützen auf dem Kopf behalten. Ab und zu, so oft als möglich, besucht ein Arzt die Heime; doch ist es trotzdem nicht zu vermeiden, daß einige Kranke unter den Kindern sind. Manche haben Augenleiden, die ansteckend sind, wie Trachom, bei einigen sind die Augen durch den Hunger mit einer weißen Haut überzogen.

In jedes Heim kommt der Lehrer für einige Stunden, doch ist es kaum möglich, den Kindern etwas beizubringen, sie sind zu schwach, um zu lernen. Man hat ihnen im Evakuierungsheim ein paar Bilderbücher gegeben, die sie immer wieder und wieder still besehen.

So warten die Kinder Tag für Tag, daß man sie fortbringt, wo es warm ist, sagen sie und man zu essen hat. – Und die andern warten wieder, daß sie an ihre Stelle in das Heim aufgenommen werden können.

In den Krankenhäusern sind einige Abteilungen für die Kinder

eingerichtet, ihre Krankheit ist fast immer nur Hunger, Entkräftung und Typhus. Bis zum Skelett abgemagert liegen sie meist ohne Bewegung, als wären sie schon tot, zu zweien oder dreien auf dem Strohsack einer Holzpritsche. Nachdem die furchtbare Zeit der Cholera- und Typhusepidemien, die im Sommer herrschten, etwas vorüber ist, war auch die Möglichkeit gegeben, den Kranken etwas mehr Raum zu verschaffen, und ihnen mehr Pflege zuzuwenden.
Verhältnismäßig am besten gestellt sind die Kinderkrippen, welche die Kleinsten bis zum sechsten Jahre aufnehmen. Es sind dies alles Kinder der umliegenden Ortschaften, nur die Pflegerinnen vom Ort dürfen ihre eigenen Kleinen bei sich haben. In der Krippe gibt es Bettchen für die Kinder, und Tische, auf denen sie essen. Auf einem kleinen Teppich sitzen sie am Boden, sie haben etwas mehr Bewegungsfreiheit. Ihre Nahrung besteht aus einem halben Pfund Schwarzbrot pro Tag und etwas Griesbrei. Zwar haben die Krippen Kakao erhalten, doch hat man keinen Zucker, um ihn kochen zu können. Auch Milch ist nur ganz selten und nur in kleinen Quantitäten aufzutreiben. Häufig werden Kinder, an deren Aufkommen man bei der Aufnahme gezweifelt hat, doch wieder kräftiger, aber viele sterben auch."
Soweit der Bericht. Man muß zwischen den Zeilen zu lesen verstehen. Man wird solcher Darstellung weder Böswilligkeit noch Parteilichkeit vorwerfen können. Aber der Bericht verschweigt einiges. Er verschweigt, daß die Kinder, wenn sie zum Essenholen geführt werden, oft stundenlang vor der Ausgabestelle warten müssen. Sie stehen in ihren dünnen Röckchen barfuß im Schnee. Der Raum für die Essenausgabe ist so klein, daß man die Kinder drinnen nicht warten lassen kann. Keine Berechnung des Essens ist möglich. Man kocht für 800 und muß schließlich 3000 Portionen ausgeben. Das verursacht Stockungen. Es ist ein Wunder, daß es überhaupt noch ein Angestellter in der Organisationsabteilung des Verpflegungskommissariats aushält. Wut und Verzweiflung, der ganze Jammer entlädt sich über sie. Alle satten Bürger, die ihren Kohlkopf gestiftet haben, mischen sich ein. Die Bude ist voll tobender und schreiender Menschen – draußen in der Kälte warten die Kinder, von Fieber und Typhus geschüttelt.
Noch einen anderen Vorgang, dessen Zeuge ich gewesen bin,

will ich hier anführen. An einer Straßenecke ballte sich ein Haufen Menschen zusammen, die aufeinander einschrieen. Sie standen im Kreise herum, und als ich näher trat, sah ich in der Mitte drei Kinder, die sich gegenseitig untergefaßt hielten. Zwei ziemlich gleichaltrige Jungen und ein Mädchen. Alle in Lumpen, nur der eine Junge trug Schuhe. Dem andern waren die Füße zu unförmigen Klumpen angeschwollen. Er konnte nicht mehr stehen und hing hilflos an den Armen der beiden anderen. Das Mädchen, das ein dünnes Stück Leinentuch um die Beine geschlungen hatte als Rock, gab keinen Laut von sich und schaute unentwegt starr vor sich hin. Der andere Junge weinte und versuchte sich verständlich zu machen. Aber die Umstehenden verstanden ihn nicht, er quetschte die Worte mühselig raus – es war eine Qual zuzuhören. Die Leute aber stritten sich, was geschehen sollte. Eine Frau hatte die drei aus einer Vertiefung am Zaun aufgelesen. Dort hatten sie sich vor dem Wind verkrochen, weiterlaufen konnten sie nicht mehr. Die Frau hatte ein paar Männer angerufen, zu den Behörden zu gehen. Die einen drückten sich schnell, die andern unterhielten sich darüber, welche denn eigentlich in Betracht käme. Einer kam und sagte, alle Stellen sind jetzt voll, vielleicht daß morgen ein Platz frei wird. Inzwischen sammelten sich immer mehr an. Ich sah, wie die Mehrzahl der Leute mit bösen Augen auf die Kinder sahen. Wäre ihnen die Möglichkeit gewesen, ihren Instinkten freien Lauf zu lassen, so hätten sie die Kinder am liebsten gleich totgeschlagen – die kulturell so hochstehenden deutschen Wolgabauern. Hochkommen tun die doch nicht mehr – sagte einer, und ein anderer schrie die Frau an, warum sie sich denn gerade an ihn wende, und er wies auf einen Nachbarn hin, der sich nun wiederum mit einer Flut von Beschimpfungen gegen ihn wandte. Indessen waren die Kinder wieder zu einem Häuflein Unglück zusammengesunken. Ein paar Frauen brachten sie wieder hoch. Es schneite, es war bitter kalt, ein eisiger Wind fegte durch die Straßen. Schließlich kam jemand auf den Gedanken, die Kinder in das Amt für soziale Fürsorge zu bringen. Und die Menschen griffen zu und schleiften, im buchstäblichen Sinne des Wortes, die erstarrten und geschwollenen Kinder dorthin, wie man etwa Säcke den Boden langzieht. Das Amt ist eine Geschäftsstelle, wie alle andern. Mit Bürodamen und vielen Wartenden im

Vorzimmer. Dort wird und kann man keine Kinder aufnehmen. Man wird die Kinder, die dort vielleicht abgesetzt werden, sicherlich bald an die Luft befördern, im besten Falle nach Amtsschluß. Und selbst wenn man sich bemüht dort – die Unglücklichen brauchen nur eine Lagerstätte, Wärme und eine kräftige Suppe. Alles das findet sich in keinem Heim, in der ganzen Stadt nicht. Was wird also mit den drei unglücklichen Kindern geschehen? – Der Leser mag sich darauf selbst eine Antwort geben.

Die Komitees der gegenseitigen Hilfe
Der Anregung vom Zentrum folgend, sind auch im Gebiet Komitees zur gegenseitigen Hilfe organisiert worden. Es ist ein so schöner Gedanke, daß die Hungernden aus eigener Initiative anfangen sollen, sich gegenseitig zu helfen. Jeder weiß, daß es im Dorfe nach wie vor reiche wie arme Bauern gibt. Es gibt selbstverständlich nicht mehr den alten Reichtum und die typischen Bauernprotzen, die gewohnt waren, mit dem Gelde um sich zu werfen. Aber es gibt noch Leute genug, die vier Pferde im Stall, eine ganz ansehnliche Schafherde und vielleicht auch noch Zugtiere und Kühe haben. Sicher ist, daß der Bestand an Kamelen im Gebiet im Verhältnis noch ein ziemlich erheblicher ist. Nach diesen Beständen kann man auf die immer noch reichen Bauern schließen. Es gibt aber im Dorf auch Bauern, die nicht nur kein Stück Vieh mehr haben, sondern die auch bereits damit begonnen haben, das Dach zu verkaufen und Brett für Brett und Ziegel für Ziegel dem Bessergestellten ablassen müssen für die Erlaubnis, am Herd des Reichen ihre Wassersuppe zu kochen. Als der Befehl zur Organisierung solcher Komitees bekannt wurde, traten die örtlichen Sowjets zusammen, um die Durchführung zu besprechen. Die Sowjets und die Verwaltung des Dorfes setzen sich in überwiegender Mehrzahl von vornherein aus den wohlhabenderen Bauernschichten zusammen. Man kann wohlhabend ruhig gleichsetzen mit der Fähigkeit, lesen und schreiben zu können. Als Exekutivorgan mußte man für die Sowjets natürlich mit Leuten rechnen, die wenigstens lesen. In der Zeit des Banditismus und der Aufstände war es gewiß keine Kleinigkeit, ein Sowjetmitglied aus dem Dorfe zu sein. In den meisten Fällen sind die Verwaltungsbeamten, wenn sie nicht rechtzeitig flüchten

konnten oder über großen verwandtschaftlichen Anhang im Dorfe verfügten, grausam abgeschlachtet worden. Man zeigt noch heute die Bilder der so Geopferten, die einen grauenerregenden Eindruck erwecken. Vielen ist der Kopf mit dem Messer abgeschnitten. Eine beliebte Todesart war, die Gefangenen an einem Strick durch ein Loch in das Eis der Wolga zu lassen und durch ein zweites Loch wieder aus dem Wolgaeis herauszuziehen. Man kann sich also vorstellen, daß sich die Leute nicht danach gedrängt haben, Verwaltungsposten im Dorf zu übernehmen. Wenn das jetzt nach der blutigen Liquidierung des Aufstandes anders geworden ist, so verfehlen die Beamten in der Mehrzahl doch nicht, sich bei den lautesten Schreiern gegen das Sowjetregime irgendwie durch ein gewisses Entgegenkommen den Rücken zu decken. Mit einem so gearteten Sowjetapparat muß man draußen auf dem Dorfe rechnen. Es versteht sich von selbst, daß die Komitees zur gegenseitigen Hilfe nicht besser sind. Sie setzen sich aus denselben Leuten und mit Hinzuziehung einiger Neutraler, wie des Pastors oder Pfarrers, des ehemaligen Schullehrers, falls er, was eine Seltenheit wäre, nicht Kommunist und irgend ein Verwaltungschef im Gebietszentrum geworden ist, zusammen. Von ihrer Aufgabe haben die Komitees keine Ahnung. Dem deutschen Wolgabauern ist das Verständnis für Hilfe überhaupt fremd. Er verfolgt diejenigen mit seinem Haß, die weniger haben als er. Und wenn man sich die Mühe gibt, seinen Gedankengängen zu folgen, so mißt er den Unglücklichen, die jetzt verhungern, alle Schuld auch an seinem eigenen Unglück zu. Denn mit der Zeit wird früher oder später auch der reichste dieser Kulaken in das allgemeine Unglück hineingezogen. Das schärft seinen Haß und macht ihn geradezu unmenschlich. Niemand in einem solchen Dorf ist bisher auf den Gedanken gekommen, daß durch den örtlichen Sowjet oder das Komitee für gegenseitige Hilfe die im Dorfe vorhandenen tatsächlichen Produkte oder Produktionsmittel zusammengelegt werden, um das ganze Dorf zu ernähren und wenigstens für die erste schwere Zeit bis zur besseren Organisierung der Verpflegung vom Zentrum her, über Wasser zu halten. Wer 4 Pferde im Stall hat, kann leicht 2 davon hergeben, um für die Verhungernden Produkte heranzuholen, oder die Fahrten für die Behörden auszuführen und statt die letzte Kuh abzuschlachten und das Fleisch auf dem Markt zu verschleudern, könnte der Bauer vielleicht durch eine geringe Abgabe bewogen werden, die Kuh durchzuhalten und die Milch für die Kinder und Kranken zu liefern. Es sind gar nicht so wenig dieser einzelnen Kühe im Dorf, die auf diese Weise noch zu Geld gemacht werden, in demselben Dorf, wo zwei Drittel der Seelen mit Hungertyphus auf dem kalten Boden liegen und verrecken. In einem solchen Dorfe führte mich der Vorsitzende des Komitees zu einer Familie, die gerade am Sterben war. Man merkte, er hatte diese Familie schon vielen anderen Kommissionen vor mir vorgeführt. Ich erwischte sozusagen gerade noch den letzten Atemzug. Auf meine Frage, warum man den Leuten nicht geholfen habe, antwortete der Bauer mit dem typischen Grinsen: „Wegschaffe hat mer sie halt nicht mehr könne." Ob dem Mann wohl einmal zum Bewußtsein kommen wird, daß es an sich schon ein Verbrechen gewesen wäre, wenn man die unglücklichen Leute wirklich weggeschafft hätte? So geht der wundervolle Gedanke der gegenseitigen Hilfe in diesem Volk, das in besonderem Maße unter der kapitalistischen Ausbeutungsgier systematisch verdummt worden ist, achtlos vorüber. Unter unsäglichen Mühen sind jetzt bei einer kleinen Zahl von Dörfern wiederum kommunistische Zellen organisiert worden. Es sind dies Menschen, die bereit sind, sich zu opfern. Vielleicht wird eine spätere Zeit von dem Heldentum dieser Kommunisten berichten. Inmitten des allgemeinen Chaos, inmitten der Verzweiflung und Apathie, die alle Menschen dieses Gebiets und der Landstrecken erfaßt haben, verschwinden die einzelnen vollkommen. Nur langsam dringt manchmal eine erste Mitteilung von ihnen über die Verhältnisse durch. So der Bericht aus dem Balzer Bezirk jenseits der Wolga, ein charakteristisches Bild von der Psyche dieses Bauernvolkes. Der Gegensatz zwischen reich und arm im Dorf ist gerade in den dortigen Bezirken besonders groß. Eine umfangreiche Hausindustrie beginnt sich zu entwickeln, wir sprechen darüber später noch. Dort haben diese Komitees zur gegenseitigen Hilfe sich zu regelrechten Unterdrückungsorganen des Proletariats organisiert. Die Komitees führten die Evakuierung durch, sie verkauften den armen Bauern das Haus überm Kopf. Es waren mehr Ausweisungen als Evakuierungen. An Drohungen wurde nicht gespart, und die reichen Bauern schlossen sich zusammen, um unter der Flagge des Komitees ihr Eigentum zu schützen. Sie verstanden darunter, daß man entsprechende Vorbeugungsmaßnahmen treffen müsse, um sich ihr Vieh und ihr vergrabenes Getreide zu schützen. Sie fürchteten die Angeber und drängten so die Ärmsten der Armen, die nichts mehr für sich selbst zu schützen hatten, aus dem Dorfe hinaus. Und wer nicht ging, der wurde geprügelt. Aus eigener Machtvollkommenheit führten diese Komitees der gegenseitigen Hilfe die Prügelstrafe wieder ein und mit der Plette wurde, wie unter dem Zaren, geprügelt. Gegen die Felddiebstähle versuchten sie sich später zu verantworten. Selbstverständlich liegt heute die Sache bei der Tscheka und man wird eine ganze Reihe solcher Komitees einsperren. Ob man aber an der Grundauffassung etwas ändern können wird, ist mehr wie zweifelhaft. Schon beginnen sie sich in ihrem egoistischen Wahnsinn selbst zu zerfleischen. Noch leuchtet ihnen nicht das Licht irgend einer Aufklärung.

Hyänen und Wölfe
Wer im Gebiet draußen reist, kann rudelweise die Wölfe hinter den Sandhügeln auftauchen sehen. Von der Steppe, in der sie den heißen Sommer über von dem Aas der gefallenen Tiere sich gemästet haben, werden sie jetzt nach der Wolga zu hingedrängt. Sie brechen in die Dörfer ein und wenn erst der Winterschnee einige Zeit liegen wird, so werden sie Tiere und Menschen angreifen. Niemals hat man im Gebiet so zahlreich und früh die Wölfe auftreten sehen wie dieses Jahr.
Aber um die Wölfe handelt es sich nicht. Von den Wucherern, die das Haus des Verhungerten auf Abbruch kaufen, haben wir schon gesprochen. Es gibt Leute, die auf den Märkten dem Bauern das Geld, was er für seine letzten Lumpen, für sein letztes Stück Vieh erhalten hat, um dafür Brot oder Holz zu kaufen, wieder abnehmen unter der Vorspiegelung, ihm eine Stelle oder irgend einen Arbeitsplatz in den wärmeren und glücklicheren Gegenden zu verschaffen. Diese Teufel drücken dem Bauern einen Zettel in die Hand, mit dem er am Pristan in Baronsk oder in Saratow sich melden soll. Die Zahl der Opfer ist eine ganz gewaltige, und bei dem Mißtrauen, das der Bauer gegen die örtlichen Polizeiorgane hat, ist auch an eine planmäßige Aufklärung gar nicht zu denken. Überall hoffnungslose Verzweiflung und Unglück. Kaum blitzt der Gedanke an

eine rettende Möglichkeit irgendwo auf, versinkt er sofort in dem Sumpf des Unmöglichen, da die Brücke fehlt zwischen dem Neuen und Alten, zwischen Kommunismus und egoistischem Individualismus, der zudem hier nicht gelernt hat, sich zu verstellen. So sind die deutschen Wolgabauern ein willkommenes Opfer für alle die weißgardistischen Schurken, die aus dem Hunger politischen Profit ziehen wollen. Zwar denkt im Gebiet sicherlich keiner mehr daran, mit der Waffe in der Hand an einem Aufstand sich zu beteiligen. Aber er gibt sich gern her, die unmöglichsten Gerüchte weiter zu verbreiten und selbst zu glauben. Schon hundertmal hat er am eigenen Leibe erfahren, in welch dummer Weise er sich dazu hergegeben hat, die dunklen Geschäfte eines politischen Betrügers, der zudem seine eigenen Wuchermanipulationen mit dem politischen Mantel verdecken will, zu besorgen. Gegenwärtig treibt der blödeste Nationalismus seine Blüten. Exkaiser Wilhelm der Einfältige ist unter den deutschen Wolgabauern die populärste Person. Unheimliche Geschichten werden von dem deutschen „Heldenkaiser" verbreitet. Und wenn heute jemand dort auftreten würde und erzählen, daß der deutschländische Kaiser in Saratow eingetroffen sei, um sie dem deutschen Reiche einzuverleiben, so würden sie das auf das Wort glauben. Oder umgekehrt, wenn der deutsche Kaiser sie rufen würde, nach Deutschland zu kommen, so würden sie, glaube ich, im Augenblick alles stehen und liegen lassen mit Ausnahme der reichen und intelligenten Bauern, die ungefähr doch schon wissen, wo ihr Vorteil liegt, und was sie von Deutschland zu halten haben, natürlich nicht im kommunistischen Sinne. Sie würden die Armen und Dummen nach Deutschland schicken und sich an ihrem Erbe mästen.

Auf diesen Bevölkerungsschichten ruht auch der Banditismus. Das Bandenwesen ist gerade im deutschen Gebiet und an dessen Grenzen nach der Kirgisensteppe zu besonders stark. Aber nicht etwa die armen Bauern bilden diese Banden, um den Reichen ihre Wuchergewinne abzunehmen, sondern gerade die reichen Bauern und deren Söhne, die einmal aus Haß gegen die Sowjetregierung, aus angeborener Räuber-Abenteuerlust zur Waffe greifen, dann aber auch aus Selbsterhaltungstrieb gegen die fortschreitende Intensivierung und Kollektivbearbeitung des Bodens, die ihrem Prasserdasein früher oder später und stärker noch als die Hungerkatastrophe dieses Jahres ein Ende bereiten muß.

Der Kampf gegen diese Banden ist für die Verwaltung sehr schwierig. Die Hilfe, die die Rote Armee hierbei leisten kann, ist bei jedem Mangel an Verkehrsmitteln, bei dem schlechten Zustand der Transportwege sehr gering. In der Steppe vermögen diese Banden mit großer Übermacht Roten Truppenabteilungen gegenüberzutreten. Man schätzt die Stärke dieser Banden, die sich gegenwärtig dort in den Salzwüsten an der Ostgrenze des Gebietes aufhalten, auf circa 3000 Mann. Sie stehen unter dem Befehl weißgardistischer Offiziere wie Syrow und Pedagof. Ein Teil der ehemals Vakulinschen Bande, die im Frühjahr den Aufstand im Gebiet entfesselt hatte, hat sich einen deutschen Kolonisten Seelmann, der ehemals Mitglied der Kommunistischen Partei war, zum Führer gewählt. Im Balzer-Bezirk hausen etwa noch 600 Mann, die aus Versprengten der Antonowschen Banden aus dem Tambower Gouvernement zusammengesetzt sind. Der politische Charakter der Banden ist mehr und mehr zurückgetreten. Eine Amnestie der Verwaltung für Teilnehmer an solchen Banden hat viel dazu beigetragen, die Lage zu beruhigen. Aber noch mehr ist es der allmählich aufkeimende Widerstand der Bauern selbst gegen diese Banditen. Der wahre Charakter dieses Banditismus zeigt sich nämlich immer klarer, längst geht der Kampf schon nicht mehr gegen die Sowjetregierung, sondern gegen die Bauern selbst, die sie anfangs unterstützt haben. Sie nehmen ihnen noch das letzte, was sie haben. Sie werfen die Verhungernden aus den Häusern, um die paar Balken ihrer Hütte als Brennmaterial wegzuschleppen. In den Dörfern herrscht allgemein die Überzeugung, daß im Winter die Verpflegungstransporte aus dem Gebietszentrum nach den Steppendörfern von den Banditen geplündert werden. Sie bitten um Waffen, sie gehen schon jetzt mit Heugabeln und Knütteln auf die Banditen los. Bei dem Überfall eines Sowjetgutes durch die Banden, das von den Banditen vollständig ausgeplündert wurde, kamen die Bauern von 30 Werst her zu Hilfe der auf 15 Mann starken militärischen Besatzung. Leider zu spät, die Besatzung mußte sich vor den etwa 400 Mann starken Banditen zurückziehen, um die Feuerwaffen nicht in die Hände ihrer Angreifer fallen zu lassen. Denn der Mangel an Waffen wird über kurz oder lang auch das Bandenwesen liquidieren. Noch heute aber sind die reichen Müller im Gebiet, die ehemaligen Lagerverwalter der Speicherei-Genossenschaften und die früheren

Gutsbauern die Schlüpfwinkel und die geheimen Verbündeten der Banditen. Ihre Agitation unter den armen Bauern, sich den Banden anzuschließen, verliert allerdings mehr und mehr an Boden. Mit Seelmann sind zur Zeit Verhandlungen im Gange, die auf eine neue Amnestie hinzielen. Seelmann erklärt in einem Schreiben, daß er nicht weiter kämpfen werde, da es sich jetzt weiterhin nur um Räubereien handeln könne. Sein Ziel wäre ein politisches und gegen die ungerechtfertigte Unterdrückung der Bauern gerichtet gewesen. Er bittet die Sowjetregierung, seine Unterwerfung anzunehmen. Die Frage ist noch nicht entschieden, und das Bandenwesen ist im Grunde ernster zu betrachten, als manchmal die örtlichen Organe tun. Der Verdacht liegt nahe, daß die Banden Etappenstationen sind, um den Kurierkrieg für eine über ganz Rußland verzweigte Konterrevolution zu decken. Sie schicken für diesen Zweck die armen und dummen Bauern ins Feuer und ins Unglück. Der Arme glaubt ja alles, was sie ihm sagen, denken die Drahtzieher. Noch können die Bauern sich nicht selbst helfen. Es ist Zeit, daß auch darin die Verwaltung vorangeht.

DAS STERBEN IN DER STEPPE

Marienburg
Die Kino-Operateure, die den Mannheimer Rayon mit dem letzten, der Gebietsverwaltung gebliebenen Auto bereisten, bis auch dieses auf eben derselben Tour zum Teufel ging, wurden in den Dörfern mit Musik empfangen. Der Sowjet, der davon in Kenntnis gesetzt wird, wie ein Auto sich durch die Steppe heranwindet, zeitweilig verschwindend in den Gräben und Rissen, die die Dürre in den Boden gefressen hat, mobilisiert die noch nicht Verhungerten der ehemaligen Dorfkapelle, um die Fremden gebührend zu begrüßen. Alles was im Dorf noch laufen konnte, kommt auf die Straße. Allmählich werden die Gesichter lang, sehr lang. Welches auch der Zweck solcher Kommission sein mag, und seien es selbst Kino-Operateure, die mit einer Ansprache über die bevorstehende Hilfsaktion über die Umherstehenden herfallen, wenn erst alles das gekurbelt sein wird – die Enttäuschung ist jedesmal ganz furchtbar. Ich selbst konnte in den Mannheimer Rayon nicht mehr hinkommen. Es fehlte

an jeder Transportmöglichkeit. Man hofft bis zum Dezember einen regelmäßigen Transportverkehr mit Kamelen organisieren zu können. Das sagte man Ende Oktober. Die aber um jene Zeit aus diesen Gebieten kamen, erzählten Schreckliches. Es war mit dem letzten Transport, der nach dem Evakuierungssammelpunkt geleitet wurde. Auch Marienburger waren noch darunter.

Das Dorf sieht aus, als wäre es Zeuge eines gräßlichen Verwüstungskampfes gewesen. Reihenweise, ganze Straßenzüge, sehen die Häuser aus wie zerschossen und im Granatfeuer niedergelegt. Die Marienburger, eine Siedlung von nahezu 5000 Seelen, sind im ganzen Gebiet wenig geachtet. Alles Schlechte traut man von vornherein den Marienburgern zu. Ein hoher Verwaltungsbeamter nennt sie noch heute eine Horde von Banditen und Dieben, die am besten ausgerottet werden müßten. Die Marienburger sind eine katholische Siedlung inmitten von Lutheranern. Nicht weit davon ab sind die Mennoniten-Dörfer, die Wolga-Aristokratie. Man kann sich von dem religiösen Haß der Wolga-Kolonisten untereinander kaum eine Vorstellung machen. Die Mennoniten, die noch reichlich Pferde haben, deren Lage auch für die Heranführung der Verpflegungshilfe besser ist, die sogar noch über Mehlvorräte verfügen, wenn auch nur für 2–3 Monate, reiben sich die Hände, daß neben ihnen die Marienburger verrecken. In diesem Dorf, über das die Katastrophe Ende Juni schon hereinbrach, gilt das Gesetz nicht mehr allzuviel. Schon zweimal ist der Sowjet im Laufe der letzten Wochen neu besetzt worden. Die Amtsvorgänger haben sich niederlegen müssen, das heißt, sie sind liegen geblieben und gestorben. Auch in Marienburg werden die Kommissionen trotzdem noch mit Musik empfangen. Es sind viele Justizkommissionen darunter. Die Marienburger sollten Angaben über die Herbstsaatfläche machen. Damals hat der Pfarrer den Marienburgern gesagt, Gott müsse ihnen helfen, und Gott werde erst die Sowjets strafen, die alles verschuldet haben. So hat man denn keinerlei Vorarbeiten in Marienburg gemacht. Dann kam die erste Panikwelle. Wer noch Lebenswillen in sich spürte, suchte fortzukommen. Ganz gleich auf welche Weise. Das Dach über dem Kopfe wurde verkauft, die Querbalken, aller Hausrat, die landwirtschaftlichen Geräte und Maschinen – alles wurde verschleudert. Die Mennoniten und die Russen aus dem Nebendorf von der andern Seite waren gierige Abnehmer. Aufs geratewohl, mit dem letzten Pferdchen fuhren die Leute los, ohne Ziel. Manche sind zurückgekommen, sehr viele aber sind auf dem Wege durch die Steppe zugrunde gegangen. Das war im August. Um diese Zeit ist der Pfarrer ausgerissen und hat seine Herde im Stich gelassen. Das Gerücht kam, daß in den umliegenden Ortschaften Saatgetreide ausgegeben wird. Da sandten auch die Marienburger eine Delegation. Obwohl sie nichts vorbereitet hatten, erhielten sie schließlich auch Wintersaat. Aber man muß die Leute sprechen. Man muß die Unglücklichen erzählen hören, der Sowjet konnte sich nicht durchsetzen und dann, wie soll er auch anders sein als alle Marienburger – das Saatgetreide wurde zu zwei Dritteln sofort aufgegessen. Ein ganz winziger Teil wurde ausgesät, ein Teil noch an die Nachbargemeinde verkauft. Jetzt sieht man um das Dorf ein paar grüne Fleckchen Saatfläche, aber das letzte Stück Vieh weidet darauf ... Schwere Strafe droht den Marienburgern, dem Sowjet, dem örtlichen Hilfskomitee. Aber ich glaube nicht, daß einer auch nur wird imstande sein, sich zu verantworten. Man könnte sich vorstellen, wie er durch die Leidensgeschichte seines Dorfes verständige Richter vielleicht finden wird. Aber die Vorstellung ist müßig. Die Marienburger sind heute von der Welt so gut wie abgeschnitten. Für die Reichen aus den Nachbarsiedlungen gibt es dort nichts mehr zu holen. Arbeitskräfte nach außerhalb können die Marienburger nicht mehr stellen. Sie sind von selbst auf den Gedanken gekommen, sich als Arbeiter auf die Sowjetgüter zu verdingen. Aber man hat sie ausgelacht – die Marienburger und arbeiten, hieß es, und dann die Sowjetgüter – es war einmal ein schöner Plan, heute sind sie so gut wie verlassen, man hat sie kaum gesehen, Pferde und Zugtiere sind längst weiß Gott wo hin, zum Teufel, in einer Zeit, wo sie den Kristallisierungspunkt im Wiederaufbau bilden müßten, mit dem guten Beispiel vorangehen sollten, wo Hunderttausende an der Wolga gespannt auf die Arbeit der Sowjetgüter sehen – es ist ein Skandal und ein Verbrechen! Der einzige wirklich fähige Ökonom im Gebiet, ein Österreicher, ein studierter Mensch – wird am Schweinekoben beschäftigt. Ängstlich hütet man sich, ihn in die Verwaltung hineinblicken zu lassen.

Es ist nur eine Parallele zu Marienburg. Auch Marienburg ist nur ein Name wie viele andere. In Marienthal, in Luzern und überall weiter hinein in die Steppe nach Osten ist es das gleiche. In anekdotischen Einzelheiten verschieden, in der Gesamtlage völlig gleich. Da gibt es kaum noch Rettung. Es wäre eine Lüge, wollte man etwas anderes sagen. Die Menschen draußen in der Steppe werden sterben. Daß sie nicht in der Lage sein werden, die Frühjahrssaat zu bestellen, darüber gibt sich auch heute die Verwaltung keiner Täuschung mehr hin. Vielleicht werden einige überwintern, aber die übergroße Mehrzahl wird zugrunde gehen. Vielleicht, wenn sie aus sich selbst heraus den brennenden Wunsch hätten, zu leben, sich selbst zu helfen, einen Funken eigener Initiative, er würde weiterspringen, übergreifen auf die Verwaltung, auf die Menschen ringsum, denen es ein klein wenig besser geht, vielleicht – der Mensch im Kampfe um die eigene Existenz verbringt manchmal Wunder. Dieses Wunder tut dringend not.

Orlowskoi
Das ist eine der Musterkolonien. Im ganzen Ort findet man kaum ein verfallenes Haus. Die einzelnen Grundstücke sind mit großen Obstgärten umgeben, eine Seltenheit im Wolgagebiet. Ein gemeinschaftlicher Weideplatz liegt außerhalb des Dorfes, weiter noch ein Wäldchen, das aller Ausrottungswut bisher standgehalten hat. Als ich nach Orlowskoi einbog, den Abhang eines Lehmberges scharf hinunter, das Wägelchen krachte in allen Fugen, pfiff durch die breiten Straßen ein eisiger Südost. Ich verwunderte mich nicht, keinen Menschen auf den Straßen zu sehen. Als ich aber näher zusah, merkte ich, daß die Häuser keine Fenster mehr hatten, mit Holzleisten waren die Fenster zugeschlossen und eine Querleiste darübergenagelt. Überall waren die Häuser verlassen, die Menschen geflohen. Aber die Flucht mußte in aller Ordnung vor sich gegangen sein. Nirgends sah man abgerissene Häuser und Dächer wie weiter draußen in den Steppendörfern. Der Wind rüttelte an den Toren, die Pfosten, noch aus starkem, frischem Holz, hielten kräftig stand. Es war ein organisierter Widerstand, den das Dorf gegen den Hunger leistete.
Der Platz um die lutherische Kirche lag verödet. In einem großen, noch weiß glänzenden Haus wurden ein paar Lichter angesteckt. Man sah eine Menge Gestalten durch das Fenster hin und her huschen. Es war das ehemalige Pfarrhaus, das

gegenwärtig zum Kinderheim umgewandelt worden ist. Den Pfarrer hat man in etwas bescheidenere Verhältnisse umquartiert, Orlowskoi ist eine der Hauptetappenstationen für die Kinderevakuierung. Es ist Platz genug in Orlowskoi für die Kinder, Hunderte von Häusern stehen leer – dennoch schickt man auch die Orlowskoier selbst nach Baronsk, dem Mittelpunkt, der nur 15 Werst entfernt ist. Und dort bricht alle Organisation zusammen, weil man den Zustrom der Tausende nicht bewältigen kann. Dafür hat man aber in Orlowskoi keine Kräfte, die sich dem Hilfswerk zur Verfügung stellen. Die Armen arbeiten zum größten Teil an dem Wegebau, der als Notstandsarbeit längs der Wolga ausgeführt wird. Sie arbeiten in der Filzbereitung, aus der dann die Filzstiefel, ein nationaler Industriezweig des Wolgagebietes, gewonnen werden. Nur die Arbeitsunfähigen sind für den Dienst im Ort zurückgeblieben. Die Reichen, die Lebensstarken, die Intelligenz des Ortes, haben Orlowskoi schon lange verlassen. Sie waren die ersten, die sich selbst auf Evakuierungslisten zu setzen verstanden. Sie haben sich die besten und für sie bequemsten Plätze ausgesucht. Sie saßen an der Quelle der Saatverteilung, und sie waren die ersten, die mit Produkten aus der Hilfsaktion beliefert wurden. Das wird noch und in der ganzen Welt oft so sein. Statt zu helfen, sind sie ausgerissen – die Lebensstärksten, die die Hilfsaktion in ihrer praktischen Durchführung hätten stützen können. Die vernagelten Fenster und Tore sind ihr letzter Gruß. Man sagt, daß gerade viele von den Orlowskoier Kulaken sich durch Schmiergelder bei der deutschen Fürsorgestelle in Moskau die Einreiseerlaubnis nach Deutschland verschafft haben. Sie warten dort bessere Zeiten ab und damit ihnen die Zeit nicht lang wird, haben sie einen Verein verbunden mit einer Landbank ins Leben gerufen, der auf verleumderische Hetze gegen die Kommunisten gegründet ist. Wer durch Orlowskoi fährt, den erfaßt der ganze Ekel, der aus der Atmosphäre dieser Menschen einem erwächst. Sie haben noch Millionen genug gehabt, die deutschen Grenzbeamten zu bestechen, noch heute macht die Kolonie den reichsten Eindruck von der ganzen Wolga – aber sie haben nicht einen Pfennig hergegeben, die Orlowskoier Kulaken, um das Dorf einen Damm zu errichten, die primitivsten Bewässerungsanlagen zu schaffen, oder gar einen Windmotor für eine Brunnenleitung aufzustellen. Sie haben mit dem reichlichen Viehbestand gewuchert, als schon

Tausende um sie herum Hungers starben. Sie haben's noch dazu, im Ausland zuzusehen, wie das Land über das Elend hinwegkommt – dann erst werden sie wiederkommen und wieder die andern um ein Stück Brot für sie arbeiten lassen. Der Ekel packt einen. Man sagt, daß die augenblickliche Verwaltung einen Vertreter ins Ausland geschickt hat, der diese Kulaken unter allerhand Versprechungen und Konzessionen zurückrufen soll. Das sollte nie geschehen. Wie ist etwas derartiges überhaupt möglich! Die Leute sind den Fußtritt nicht wert, mit dem man sie sich vom Leibe hält. Die Konterrevolution deutschen Stammes scheint mir die schlimmste der ganzen Welt. Sie ist nicht nur brutal und heuchlerisch, sondern auch kulturlos. Die deutschen Pastoren des Wolgagebiets stehen oft unter dem Vieh. Laßt sie um Gottes Willen in ihren Berliner Vereinen weiter stinken.

Ich suchte in Orlowskoi einen Menschen, auf dessen Mitarbeit in der Verwaltung die allergrößten Hoffnungen gesetzt wurden. Der Mann ist Lehrer und mehr noch Ökonom, und sein Einfluß unter den Bauern war ein ganz gewaltiger. Er hat sein Leben lang dafür gekämpft, die Kulturstufe der Wolgabauern zu heben. Er ist nicht müde geworden, immer neue Bilder von Musterwirtschaften und Siedlungen zu entwerfen. Die Russen der umliegenden Dörfer haben viel von ihm angenommen, seine deutschen Stammesgenossen nichts. Seine Predigten nach Kollektivwirtschaft gingen in die Luft. Der deutsche Kolonist wehrte sich dagegen mit der Verbissenheit seines Stammes, wenn er seinen Eigensinn nicht aufgeben will. Dieser Mann ist ein guter Freund der Sowjets, wenngleich kein offizieller Kommunist. Er hat nur den einen Fehler, die Kollektivbewirtschaftung als ein Vorbild des Deutschtums unter nationalistischer Flagge zu verkünden. Aber er wird alles tun, was die Regierung von ihm wünscht, er stellt sich ganz zur Verfügung. Es gibt noch mehr solcher Leute im Gebiet, viel mehr als man denken mag. Aber die Verwaltung, die von der Kulakenatmosphäre durchseucht ist, läßt diese Männer nicht hoch. Man nützt sie zwar aus, weil der Befehl von oben vorliegt, aber ihre Flugblätter und Broschüren, ihre sonstige Wirkungsmöglichkeit bleibt ungenützt liegen. Tausende von den wichtigsten Aufklärungsbroschüren kommen gar nicht ins Dorf. Man findet sie auf dem Basar zum Einwickeln der Wucherwaren. Nun – diesen Mann in Orlowskoi wollte ich sprechen, vielleicht hätte ich zur Aufklärung etwa möglicher Mißverständnisse beitragen können. Aber ich konnte nichts dazu tun. Ich wurde in das Zimmer geführt eines Sterbenden. Der Kranke lag auf einem Bündel auf der Erde. Er wollte sich immer aufrichten und mit mir sprechen. Schließlich sagte er: Sie kommen gerade in der schlimmsten Krise. Vielleicht werde ich diese Nacht sterben. Aber Sie kommen auf alle Fälle nach fünf Tagen noch einmal wieder. – Dann wurde der Kranke ohnmächtig. Es war eine der peinlichsten Stunden meines Lebens. Schon seit drei Tagen hat man jede Stunde auf den Arzt gewartet. Ich hätte ihn leicht mitnehmen können. Mit letzter Kraft hatte sich dieser Mann aus dem Krankenhaus geflüchtet. Der Typhus schien schon überwunden, dann kam ein schwerer Rückfall. Ich hörte leider nicht mehr, ob die Krise überstanden ist, oder ob das andere, das Naturnotwendige eingetreten ist. Ich glaube fast, das letztere. Denn diese Worte schließen das Verständnis für die Gesamtsituation aus. So ist es an der Wolga. Es ist diesen Winter die Krise. Die Menschen sterben diesen Winter – oder ein Wunder muß geschehen.

Panik

Noch einige Wochen bevor das Saatgetreide verteilt wurde, stand die Wolga von Kasan bis Astrachan unter dem Schreckenszeichen der Panik. Die Menschen, wo sie aufeinandersaßen, wenn man so sagen darf, stoben förmlich auseinander. Heimat, Heimatliebe, alles dem Westeuropäer vertraute, war vergessen. Lange Züge von Auswanderern, wie sie sich zusammengefunden hatten, fuhren ins Blaue hinein, in die „glücklichen Gegenden", sagten die Leute – aber keiner wußte, welchen Weg und wohin. Und jeder strebte, sich auch noch von dem andern hinter ihm folgenden loszulösen, jeder für sich allein, wohin er hoffte sich sattzufressen. Furchtbare Erzählungen sind im Umlauf. Gerade den Flüchtlingen aus dem deutschen Wolgagebiet ist es schrecklich ergangen. Man hat in Simbirsk einzelne Wagen angetroffen, die glaubten, in Turkestan oder der Gegend von Odessa zu sein. In Simbirsk aber sterben sie nach einem qualvollen Marsch von zwei Monaten durch ein Land, das selbst vom Hunger bedroht war, und dessen Sprache die wenigsten verstanden.
Als die Saatverteilung kam, ging es wie eine Erlösung durch die Dörfer. Die Sowjetregierung wird helfen – im Ernst hatte

niemand mehr damit gerechnet. Die Stimmung schlug um. Im Durchschnitt ist wirklich Herrliches geleistet worden, schon dem Hungertode nahe Bauern haben mit aller Kraft an der Vorbereitung zur Saatkampagne gearbeitet. Alle Hoffnung ruht jetzt auf der Regierung. Man sieht zu den zentralen Gebietsorganen wie auf den leiblichen Vater. Wirklich unparteiisch, kann man das überall und in jedem einzelnen Dorfe hören. Und in jedem Dorfe gibt es jetzt eine regelrechte Partei der Ausharrenden, derjenigen, die sich hineinfinden wollen, die den Anordnungen Folge zu leisten entschlossen sind. Mancherorts ist es die überwiegende Mehrzahl im Dorf. Zwar sind auch überall Ungerechtigkeiten geschehen. Der reiche Bauer hat mehr und bessere Produktionsmittel als der arme, er wird bei der Saatzuteilung bevorzugt. Auf der einen Seite mag das richtig sein, aber es liegt auch eine bedenkliche Härte darin. Mancher gute Wille, schon geweckt, droht wieder verloren zu gehen. So schwankt die Stimmung.

Dann kamen die ersten Evakuierungs-Enqueten. Arbeiter für die staatlichen Arbeiten wurden verlangt, mit aller Energie eine Hausindustrie sozusagen aus dem Boden gestampft. Eine schwere Entscheidung war zu fällen. Kartoffeln und Mehl wird schon im kommenden Monat verteilt werden. Es war schwer, die Leute zuerst fortzubringen. Die Cholera ließ nach. Das Leben hob sich, neue Hoffnungen. Wer noch lebte, reckte sich ein bißchen. Dann kam der Rückschlag. Die Fuhren für die Bodenarbeiten an der Wolga konnten nicht bezahlt werden, wer Webarbeiten, Decken und Kopftücher, Filzplatten für die Stiefel, Holzarbeiten und ähnliches ablieferte, erhielt dafür nur Versprechungen, dafür aber den strengen Befehl, weiterzuarbeiten, die Angestellten erhielten keinen Lohn, das versprochene Mehl, die Kartoffeln blieben aus – da setzte die Panik wieder ein. Ich war gerade im Gebiet, als sie den Höhepunkt erreicht hatte. Nur fort, hieß es, wir müssen alle diesen Winter sterben. Auch die Regierung kann uns nicht helfen. Im allgemeinen kann man sagen, fiel kein böses Wort gegen die örtliche Verwaltung. Was wollen sie denn machen – und man zuckte die Achseln. Dabei schreit es geradezu aus dem Boden, was da geschehen muß. Aber niemand hört es, die Verwaltung zu allerletzt. Die Wolga fror schon zu. Die ersten Schneestürme erwürgten jeden Verkehr über die Steppe. Wer jetzt nicht ganz fest stand in seinem Vertrauen auf sich selbst und auf Hilfe und es gibt solche, Gott sei Dank, noch – oder wer schon zu schwach war die Mühsalen des Transportes zu versuchen, und das ist wohl trotz alledem jetzt die Mehrzahl – der suchte noch fortzukommen. Der Typhus hat seinen Einzug gehalten. Er treibt die Fliehenden vor sich her. An der Spitze ein Rudel Hunde. In Marxstadt muß man die Hunde erschießen, zu den vielen Seuchen ist noch die Tollwut dazugekommen, die auch schon unter den Menschen Opfer zu fordern beginnt. Und den ganzen Zug umkreisen die Wölfe. In Wirklichkeit und in Form der Ausbeutung und der Unterdrückung der Schwachen durch die Starken, der Einfältig-Glaubenden durch die Gerissenen. Wochenlang liegen solche Züge jetzt am Ufer der Wolga. Die Menschen scheinen trotz Schnee und Eis fröhlicher, die Lumpen scheinen ihnen leichter geworden. Bald, vielleicht schon am nächsten Tage, soll der Dampfer kommen und sie nach dem „warmen Lande" holen. Viele gehen nach der Krim, die meisten nach Turkestan. Um Taschkent entstehen die neuen Kolonien. Die Wartenden werden täglich mit einer Suppe verpflegt, sie bekommen überdies täglich 7000 Rubel, um sich Brot zu kaufen. Aber wenn man sie fragt, so wissen sie doch nicht, ob sie auf dem Platz, wohin sie um Transport gebeten haben, wirklich Unterkunft finden werden. Sie denken, sie haben mal früher gehört, daß dort leichteres Leben sei, mancher erinnert sich, daß in der Nähe Verwandte wohnen sollen – aber wie viel Jahre ist das wohl zurück. Sie gehen jetzt irgendwo hin, sie haben dort noch kein Dach über dem Kopf, sie selbst haben nichts mehr als ihre Lumpen auf dem Leibe. Keinen Hausrat, keine Werkzeuge, der Wagen, Pferd oder Kuh oder Ziege wird noch am Pristan verkauft. Und Tage und tagelang will der Dampfer nicht kommen – endlich: da gibt es kein Halten mehr; wie die Rasenden stürzen die Menschen auf den Laufsteg. Die Fluten der Wolga, die schon kleine Eisstücke tragen, schlagen oft darüber weg. Furchtbare Schreie – der Steg scheint zu brechen, die Menschen stehen im Wasser. Vom Ufer her weinen eine Anzahl Kinder, die man einfach stehen gelassen hat. Der Kapitän gibt Volldampf zur Abfahrt. Er muß sein Schiff retten. Viele bleiben zurück, manch einer springt noch hinüber auf das Schiff, das über alle Maßen gefüllt und beladen ist. Es ist eine regelrechte Flucht, wie das Schiff das Weite sucht. Die meisten wissen nicht, wohin es fährt. Nur fort, denken sie.

Es fährt vielleicht nach Wolsk und sie haben ihren Zettel nach Zarizyn. Aber sie fahren wenigstens – in neues unsägliches Unglück hinein. Bei den verlassenen schreienden Kindern stand ein alter Bauer. Er starrte kopfschüttelnd dem Dampfer nach. Ich mußte ihn mehrmals fragen, ehe er mir eine Antwort gab. Er wartet schon 6 Tage hier. Mit dem vorherigen Dampfer sind Frau und Kinder gefahren. Er denkt nach Taschkent. Er selbst mußte mit allen Habseligkeiten zurückbleiben. Er konnte die Stücke nicht so schnell an Bord bringen. Jetzt hat er das Gepäck auf dem Dampfboot, da hat man ihn, als er das letzte noch holen wollte, nicht mehr mitgenommen. Die Sachen fahren jetzt allein. Er weiß gar nicht, wohin – und er wird seine Habe nicht mehr wiedersehen. Ob er noch seine Familie trifft – denke ich zweifelnd. Ja Herr, sagt er plötzlich, seit die Armut an der Wolga ist, will es halt gar nicht mehr gehe –– Und er schüttelt wieder lange den Kopf. Früher war's schöne Zeit vor uns, murmelt er. Es ist ein schönes Stückche Land, Herr. Man muß es nor richtig mal sehe – – und er spricht weiter vor sich hin, wie im Fieber.

EINE MODERNE FABRIK IM HUNGERGEBIET

Marxstadt hat mehrere Fabriken im Gang, eine ziemlich bedeutsame Tabakfabrik, eine Sägemühle mit Holzbearbeitungsbetrieb, eine Anzahl Artels für Schuh und Tuchindustrie, die für die Maschinenfabrik. Dieser Betrieb ist der Stolz des ganzen Gebietes. Schon in Saratow erzählt man davon.
Welches mag wohl der Grund sein, daß die Maschinen nicht richtig in Gang kommen, die Armut? Die Arbeiterschaft kämpft verzweifelt darum, daß der Betrieb nicht ganz geschlossen wird. Die Belegschaft ist schon von 300 auf 200 Mann reduziert worden. Ohne weiteres hat die Gebietsverwaltung die 100 Mann auf die Straße gesetzt. Man kann 300 nicht ernähren, hat man gesagt. Unter Zugrundelegung der bisherigen Arbeitsleistung sollen die 200 dasselbe schaffen. Sie erhalten dafür Produkte und Barlohn wie bei der Belegschaft von 300. Sie waren zufrieden, die restlichen 200. Es wird jetzt Stücklohn bezahlt, auf Akkord gearbeitet. Es ist eine tadellose, moderne Fabrik, wie kaum eine zweite in ganz Rußland. Der Vorbesitzer, ein deutscher

Ingenieur, hat sie zielbewußt aus kleinsten Anfängen weiterentwickelt. Er hat jetzt, wenngleich als Angestellter, die Leitung der Fabrik wieder übernommen. Die Fabrik ist eingerichtet zur Zeit auf Wagenbau. Sie baut jetzt auch Motorpflüge. Auf den Höfen um die einzelnen Fabrikhallen reihen sich die Maschinen, man bekommt ordentlich zum ersten Mal etwas Luft, Hoffnung. Die Arbeiterkooperative wird ein Teil gegen Produkte umtauschen. Es soll versucht werden, ob die Fabrik wirtschaftlich arbeiten kann. Der Leiter und ehemalige Herr streicht monatlich Millionen ein, der kleinste Plan wird nach altem Kurs sozusagen mit Gold aufgewogen. Sabotage – wozu, das Papier ist geduldig, die Vorschläge vernünftig. Die Arbeiter sehen, wie der seine Millionen einsteckt. Sie haben den Antrag gestellt, für die bei ihnen arbeitenden Frauen ein Kinderheim auf dem Grundstück der Fabrik einzurichten. Das ist überall geschehen, in ganz Rußland. Um so mehr jetzt, wo sie auch hungernden Kindern helfen möchten. Sie bestimmen 20 Prozent des Lohnes für die Kinderhilfe. Aber der Vorschlag ist abgelehnt worden. Man hätte einen Teil der Villa, die der Fabrikant allein bewohnt, dafür einrichten müssen. Der hat sich statt dessen schnell ein Spezial-Zeichenbüro eingerichtet, neben dem im Verwaltungsgebäude, um neuen Plänen nachzugehen. Er schafft sich auf diese Weise kostenloses Brennholz für sein Privathaus. Über alles das spricht man aber keineswegs gehässig. Ich ging mit dem Vorsitzenden der kommunistischen Zelle durch die Anlagen. Er erzählte mir davon. So sind sie eben, sagte er, der arbeitet darauf hin, die Fabrik wieder in die Finger zu bekommen. Wenn nur die Unsrigen aufpassen möchten. Warum machen wir nicht das, was unsere Bauern jetzt brauchen – Werkzeuge, nützliche Kleinigkeiten – Sensen und Eggen, Materialien für den Straßenbau, die Meliorationsarbeiten. Wir sind zwar überhäuft mit Remontearbeiten, die man uns nicht anrechnet. Aber die großen Pläne, diese Versuchsbauten, die Motorpflüge, die jetzt hier auf dem Hof verrosten – und der erfahrene Arbeiter macht ein ernstes Gesicht. „Wir wollen selber eine straffe Arbeitsdisziplin einführen, das muß sein. Mag der Alte bleiben, er versteht was davon – aber ist es richtig, daß er verlangt, wir sollen die Mütze vom Kopf nehmen, wenn wir mit ihm sprechen. Er führt jetzt einen Ton ein ... wir schweigen eine Zeitlang. Seit zwei Monaten haben wir keinen Lohn bekommen, nichts von den versprochenen Produkten, wovon sollen wir eigentlich leben? Zwei Tage in der Woche müssen wir unten an der Wolga ausladen, aber wir selbst haben davon noch nicht einen Scheit bekommen. Wir müssen sparen. Früher konnten wir uns den Abfall aus der Tischlerei mit nach Haus nehmen, jetzt bekommt nur der Alte noch etwas." – Meine letzte Reserve an Optimismus drohte auf Null zu sinken. Der andere mußte das bemerkt haben. Er beobachtete mich aufmerksam und lächelte. „Es wird schon gehen. Wir sind jetzt in der Zelle mit 17 Mann. Die Partei hat sich bloß bisher nicht um uns gekümmert. Jetzt kommen wir schon selber vorwärts. Zu uns sind eben die Deutschländer noch nicht gekommen. (Er meinte die deutschen Emigranten, die als Agitatoren und Instruktoren ins Wolgagebiet kommandiert wurden.) Wir haben einen schweren Stand. Du kannst dir nicht vorstellen, wie genau wir den anderen von allem Rechenschaft ablegen müssen. Sie sehen eben alles klar vor Augen und doch dringen wir immer mehr durch. Wenn wir nur ein bißchen mehr zu essen kriegten. Mit dem Geld würden sie schon noch warten. Wir schaffen's schon noch, die Fabrik lassen wir uns nicht entreißen." Ich sah auch die anderen Arbeiter. Es waren wenig Russen darunter, alles einheimische Kolonisten und nicht ein einziger Emigrant. Die deutschen Arbeiter, die nach Rußland kommen, reißen doch sonst immer so das Maul auf – aber sie fahren lieber im Gebiet herum und instruieren, wo nichts mehr zu instruieren ist. Gerade die deutschen Emigranten sind in der Mehrzahl unfähig, praktische Arbeit zu leisten. Der russische Arbeiter und vor allem der Kommunist beginnt mit vollem Recht etwas verächtlich auf den westeuropäischen Großsprecher, der als Kamerad neben ihm arbeiten soll und sich lieber drückt, zu sehen. Dort in dieser Fabrik kann wertvolle Aufbauarbeit geleistet werden. Man darf nur nicht gleich als politischer Arbeiterführer und Maulheld anfangen wollen. Die Arbeiter dieser Fabrik sehen durchaus nicht mutlos aus. Sie waren neugierig, ob ich wohl wegen ihrer Kinderheim-Projekte gekommen sei. An und für sich kommen keine Kommissionen zu ihnen. Die Fabrik hat überhaupt kaum jemand besichtigt. Eine große Menge Rohmaterial ist vorhanden, Brennstoff genug für die nächsten Monate. Sollte es nicht möglich sein, die Aufbauarbeit, gestützt auf ein solches Fundament, vorwärts zu bringen? Die Zelle von 17 Mann ist trotz aller Schwierigkeiten voller Mut und Zukunftsglauben. Sie wird erst Partei und Verwaltung von Grund auf mit neuem Geiste durchdringen müssen.

Die Zelle ist die erste im Gebiet, die in Wahrheit den Hunger und die Armut überwunden hat. Sie hat zuerst die Initiative der Selbsthilfe ergriffen. Die andern schauen noch verdutzt drein. Es ist wahr, die Arbeiter haben seit Monaten keinen Lohn bekommen. Sie haben durch die Kooperative auf Verrechnung von der eigenen Fabrik altes Eisen gekauft. In Überstunden, Sonntags, arbeiten sie auf eigene Rechnung. Sie fertigen Messer, Feuerzeuge und anderes. Sie verkaufen es selbst oder durch die Kooperative, sie nennen es Notarbeit und siehe da – die Messer und alles das findet reißenden Absatz. Die Spekulanten, die städtischen Kulaken kaufen das auf. Wenn erst einmal wieder alles in Ordnung sein wird, machen wir eine neue Abteilung in der Fabrik auf. Heute können wir wenigstens Brot dafür kaufen, sagen die Arbeiter. Es ist natürlich kein großes Geschäft, aber es genügt gerade, um den einzelnen über Wasser zu halten. Wenn nun noch, wie tausendmal versprochen, die Verwaltung Kartoffeln liefert, so sind die Arbeiter gerettet. Sie werden mit Sicherheit überwintern. Sie werden zwar ohne Brennholz im Haus daheim frieren, aber die Arbeit und die Hoffnung auf weitere Entwicklung wird sie warm halten. Sie werden vielleicht in der Tat die Rettung des ganzen Gebietes einleiten können. Man soll nicht schamhaft seinen wiedergewonnenen Optimismus hinterm Berge halten. Von diesen Arbeitern geht wirklich eine neue Kraft aus. Sie haben auch mir dort unten neues Leben eingeflößt. Ich ging nach der Stadt zurück durch die „Arbeiterstraße". Der Schmutz auf der Straße schien mir nur noch halb so gefährlich. Die Absichten des Herrn Fabrikdirektors bedeutungslos. Mag er auch weiß Gott was einfädeln, mag er auch noch seine 10 Millionen monatlich sich einstecken, während alle ringsum verhungern, weil sie keine tausend Rubel mehr haben, alle – wie lange noch, schon neigt sich die Waagschale der Initiative auf die andere Seite. Die Arbeiter lernen. Die Bauern werden auch noch lernen. Woran soll's dann noch fehlen. Dann wird die Sabotage der Intelligenz zu einer lächerlichen Historie geworden sein. Nachlaufen werden sie wo wir heute noch bitten müssen und alle Wut hinunterschlucken. Hoffentlich vergißt man dann nicht denselben Herren ins Gesicht zu spucken. Wir werden dann dankbar sein, daß sie uns über die Krise hinweggeholfen haben."

DIE ARBEIT DER VERWALTUNG

Erinnern wir uns der Unmenge von Anekdoten, die im In- und Ausland über die Schwierigkeiten der russischen Aufbauwirtschaft verbreitet werden. Der Bürger erzählt sie mit Behagen, der internationale Menschewismus schwatzt sie befriedigt schmunzelnd nach. In der theoretischen Auseinandersetzung über politische Taktik der Arbeiterklasse ist die Verbindungslinie der Entwicklungsstufe wieder in den Mittelpunkt der Diskussion gerückt. Ich finde, man kann die Sache auch mal von der soziologischen und psychologischen Seite betrachten. Bleiben wir beim Wolgagebiet. Alle Kapitalisten und Menschewiken werden jetzt vor die Frage gestellt: Was soll dort geschehen, um die sterbenden Menschen zu retten. Bekanntlich verlangt der Sterbende keine Theorie, auch keine Verdrehung der Geschichtstatsachen – darüber werden die Lebenden schon noch übereinkommen. Es muß eine praktische Hilfe und zwar sofort, noch in dieser Minute, geleistet werden. Was soll die Verwaltung tun – noch keiner von allen Kritikern und Verleumdern des russischen Wirtschaftskommunismus hat bisher den Mut gehabt, darüber den Mund aufzumachen. Man schiebt das Schwergewicht des Problems auf die charitative Hilfe. Und auch darüber streitet man sich noch, obwohl jeder, der nur halbwegs die Entwicklung der russischen Wirtschaft und insbesondere der Landwirtschaft kennt, weiß, wie wenig die augenblickliche charitative Hilfe in Wirklichkeit helfen kann. Sie wollen sich scheint's ihr Gewissen loskaufen von der Schuld, wider besseres Wissen geschwiegen zu haben, welches die Ursache dieser Katastrophe ist, und daß ihr Eintreffen vorauszuberechnen war wie ein Naturereignis, dessen Gesetzmäßigkeit man kennt. Wann werden den Arbeitern in Europa endlich die Augen aufgehen?
Aber legen wir selbst den charitativen Hilfsversuch zugrunde. Die Kommissionen reisen im Lande herum. Es gibt keine irgendwie brauchbaren Transportmittel. Pferde und Kamele sind marode. Die wenigen Autos längst zum Teufel gefahren, oder es fehlt an Benzin. Jahrelang war ja Rußland von seinen Ölquellen

abgeschnitten. Der Transport ist vollkommen ruiniert, Eisenbahnen, Dampfschiffe gehen noch gerade so weit überhaupt möglich. Sieben Jahre Krieg haben Schienenstränge, Lokomotiven und Waggons arg mitgenommen. Wo wäre bisher die Möglichkeit gewesen, einen planvollen Wiederaufbau vorzunehmen. Und die Landwege – die Zarenregierung hat darauf nie ihr Augenmerk gerichtet. Die reichen Bauern brachten auch ohne Wege, die nur Kosten und Steuern verursacht hätten, ihr Getreide in die Speicher. Individualwirtschaft, den letzten fressen die Hunde. Allmählich beginnt sich das Chaos, immer zwar noch ängstlich verhüllt, zu entwirren; es wird offenbar. Es fehlt plötzlich an allem. Seit 150 Jahren wird die Wolgagegend abgeholzt. Jeder Baum und Strauch ist ausgerottet worden, selbst vor den Obstbäumen hat man nicht Halt gemacht. Jetzt ist alles kahl. Der Boden zeigt Risse und tiefe Gräben, die im Frühjahr zur Zeit der Schneeschmelze immer weiter um sich fressen. Das war schon vor 10 und 20 Jahren so. Seit 3 Jahren predigen die Kommunisten an der Wolga, man soll Dämme bauen, es soll Gemüse angepflanzt werden, es soll das Fruchtwechselsystem eingeführt werden. Seit drei Jahren aber flüstert der Abschaum der Menschheit, der euch in Westeuropa und Amerika noch auf dem Nacken sitzt, den Bauern ins Ohr: Ihr sollt bloß für die Kommunisten arbeiten, und dann nehmen sie euch alles weg. Wie eine Herde Schafe, über die ein Gewittersturm braust, ducken sich die verängstigten Bauern bald enger zusammen, bald laufen sie scheu auseinander. Die erwartete Katastrophe, die jetzt über sie hereingebrochen ist, eigentlich schon vergangenes Jahr, denn die damalige Mißernte unterschied sich durchaus nicht von der bisherigen – der endgültige Zusammenbruch, weil er sie diesmal wirklich auch körperlich packt, hat auch den letzten Rest von Energie und Initiative vernichtet. Wie wahnsinnig kommen einem die Menschen vor, daß sie sich selbst nicht helfen wollen. Alles schreit danach – und es ist eine furchtbare Arbeit, das anfangen wieder aufzurichten, was die Großmäuler, die Pastoren und kapitalistischen Schwätzer, die Kulaken in ihrer brutalen Gier nach Eigennutz haben versaut und verkommen lassen. Praktische Arbeit leisten in einem Gebiet, das samt seinem Volk von der kapitalistischen Gedankenwelt zerstört wurde, heißt so viel, wie die Welt anfangen, neu aufzubauen. Man muß Nerven haben, das Qualvolle dieser Arbeit ertragen zu können. Aber man möchte zehn Leben haben, um sie im Ausrottungskrieg gegen die faulenden Reste und Träger des Kapitalismus zu opfern, die tief unter dem Tier stehend, sich dennoch auch Mensch nennen. Geht in das Land, wo die anderen Menschen, die Schwachen und Unterdrückten, an deren Erbschaft sterben, begleitet von dem Hohngelächter derer, die sich noch rechtzeitig gerettet haben und ihr werdet einen anderen Begriff von Menschlichkeit bekommen.

Alles das muß man sich erst klar machen, wenn man von der Arbeit der Verwaltung sprechen will. Wie schon gesagt, es gibt keine Wege, keine Transportmittel, Menschen und Vieh sind marode, alles lebt noch gerade so wie an einem Faden. Da kommen die ausländischen Hilfskommissionen; mit einer unglaublichen Frechheit und Rohheit treten diese Leute auf. Die amerikanische Miß und die sonstigen Goldgebisse allen voran. Die Hälfte sind Agenten der politischen Polizei der einzelnen Länder und nicht wenige sind Spekulanten. Auch hierin zeichnen sich die Deutschen aus. Viele Mitglieder der deutschen Sanitätskommission in Samara beschäftigen sich vorwiegend mit Teppichhandel, im Auftrag des deutschen Generalkonsuls in Moskau. Einen Amerikaner traf ich in Saratow, der mich fragte, wo man denn hier die billigen Brillanten kaufen könne, er hätte schon in Riga davon gehört. Einig sind alle darin, auf die Verwaltung loszuziehen. Sie beschlagnahmen das letzte Auto, fahren die letzten Pferde kaputt, Hunderte von Leuten müssen für die Bequemlichkeit solcher Kommissionen auf den Beinen sein. Sie bezahlen selbstverständlich nichts. Sie richten den mühsam aufrecht erhaltenen Apparat vollends zugrunde. Von den Schwierigkeiten der Verwaltungsarbeit zwei typische Fälle: Zur Zeit tagte in Saratow ein Tribunal, das sich mit einem Prozeß gegen ca. 60 Personen, aus allen Bevölkerungsschichten, auch Sowjetbeamte darunter, auch 2 Kommunisten, beschäftigte. Im Sommer dieses Jahres in der Zeit der erstmaligen schlimmsten Krise haben diese Menschen für 4 Milliarden Rubel Getreide und Lebensmittel aus dem Wolgagebiet verschoben – Bestechung, Unterschlagung, Amtsmißbrauch und ähnliches. Im Juli, als das Vieh massenweise geschlachtet wurde, die erste Panikwelle, die erste Hilfsaktion, die Regierung kaufte das Vieh auf und zahlte in bar – hat die Verwaltung einer solchen Viehsammelstelle und zugleich Schlachthaus den Kopf verloren. Man stach das Vieh ab und warf es so wie es war in die Waggons. Hunderte von Waggons kamen in Saratow in einem unbeschreiblichen Zustand an. So wie die Waggons ankamen, wurden sie an die Wolga gefahren und dort ihre stinkende Ladung ins Wasser gekippt. Das Personal jenes Schlachthauses ist eingesteckt. Die Leute aus dem erwähnten Prozeß werden zum größten Teil erschossen werden. Der Leiter der Flußtransport-Abteilung, der im vorigen Jahr Pristane und Dampfer auf der Wolga einfrieren ließ, konnte er doch bei dem ungeheuren Verkehr nicht rechtzeitig die Schiffahrt radikal abbrechen, sitzt heute noch. Sein Nachfolger wird dasselbe Schicksal haben. Er sieht es schon selbst voraus, als er mir von den Schwierigkeiten der Evakuierung sprach. Sechs Millionen Menschen wollen auf einmal fortgeschafft sein. Sie wollen Geld und Brot und Arbeit. Weitere 20 Millionen schreien nach Brot. Sie warten sehnsüchtig und voll blinden Vertrauens auf die Maßnahmen der Regierung. Im Gebiet der deutschen Wolgakommune müssen 350 000 Seelen buchstäblich bis zur nächsten Ernte gefüttert werden. Man muß die Nahrung an das Krankenlager bringen. Die meisten können es sich nicht mehr selbst holen. Und verpflegt werden bisher, unter Zuhilfenahme der Nansen- und Hoover-Organisation dort 10 000 Kinder. Ihre Zahl soll auf 120 000 bis Januar erhöht werden. Daß aber dazu alle Transportmittel fehlen, davon spricht man nicht. Wie soll das durchgeführt werden und außerdem, was wird mit den anderen – darüber Schweigen.

Es gibt viele Pläne. Jeder Verwaltungszweig verfügt über Aufgaben, bei denen es eine Lust wäre, zu arbeiten. Aber da, wie eins ins andere greift, es an allem fehlt, und hauptsächlich an Geld, nicht nur für die Ausgaben irgend einem Plan entsprechend, sondern um überhaupt den Apparat aufrecht zu erhalten – daß überhaupt Menschen in den Büros sitzen und Papiere ausschreiben – so hängt die Verwaltung in der Luft. Sabotage? Ich bin überzeugt, daß das nicht der Fall ist. Es wird viel Unfug mit dem Wort Sabotage getrieben in Rußland. Die Beamten sehen sich mißtrauisch an, sie verfassen Protokolle gegeneinander. Jeder zweite Vorwurf endigt mit Sabotage, mit Drohungen mit der vorgesetzten Behörde. Die Verantwortlichen sind schnell eingesperrt; zu der Unmöglichkeit, das Riesenhafte der Aufgabe zu bewältigen, kommt die Angst vor der Verantwortung. Es regnet Befehle und Telegramme aus dem Zentrum. Die Erwährung Moskaus läßt alle Beamten von vornherein erbleichen. Bis ins kleinste Dorf hat jetzt der Regierungsapparat durchgegriffen. Das ist nicht nur an der Wolga. Das ist jetzt in ganz Rußland so. Die Menschen arbeiten nach ihren besten Kräften. Die Atmosphäre dieses sterbenden Landes vergiftet sie, dorrt sie aus und macht sie unkameradschaftlich. Nirgends ist der Existenzkampf brutaler als jetzt an der Wolga. Man hetzt die Hungernden mit den Hunden aus der Stadt. Ich lebte in einer Kommune, wo man Hund, Katze und Kaninchen durchfütterte, aber der armen Frau, die für ihre fünf Kinder um Brot bettelte und in derselben Kommune für einen Teller Suppe den ganzen Tag über schwere Hausarbeit machen mußte, nichts gab. Man schickte die Frau auf den Hof, wenn der Hund gefüttert wurde. Was braucht sie das sehen – hieß es. Und das waren nicht die schlechtesten Leute. Aber sie waren schon angesteckt von dieser Höllenatmosphäre. In den Vorzimmern der Verwaltungszentrale drängen sich die Leute und streiten und schreien und werfen sich gegenseitig hinaus. Alle wollen Geld, alle wollen Lohn, alle wollen Brot. Draußen vor der Tür ist der Basar. Man kann für Geld alles kaufen, alles billiger als sonst irgendwo. Massen von Brot und Fleisch sind dort, aber niemand hat Geld. Jetzt begriff ich erst den Grund dieses Massenangebots. Geld, Geld – wollen alle. Die Verwaltung hat kein Geld. Es dreht sich alles um das Papierzeichen, die Armut ist zu plötzlich und zu groß. Sie erstickt die Verwaltung.

DIE ARBEIT DER PARTEI

Das Gebiet der Wolgadeutschen verfügt über 1 200 000 Desjatinen fruchtbares Ackerland, die als Produktionsmittel behandelt werden sollen. Die Bevölkerungszahl am 1. August d. J. betrug noch 430 000 Seelen. Die Zahl der Parteimitglieder im Gebiet betrug jetzt noch vor der Reinigung 320. Davon vier Fünftel in den Bezirksstädten, Rowno, Golo-Karmanschyn und Baronsk. In Marxstadt allein sind 130 Mitglieder registriert. Die Zahl der Parteilosen, die bewußt mit den Kommunisten sympathisieren, ist rund 50 Prozent der erwachsenen Bevölkerung, der Rest ist teilnahmslos und in jedem Dorf sind nur einige wenige offene Konterrevolutionäre. Sie sind nicht so schlimm, wie man sie sich vorstellt. Es sind die Dorfspötter. Sie bezweifeln alles, spotten über alles und wissen alles vorher und besser. Sie erzählen die schrecklichsten Märchen. Unter dem Kampf gegen solche Elemente vollzieht sich die Arbeit der Partei. Die Menschen können von heute auf morgen nicht aus ihrer Haut. Auch die Mitglieder sind noch viel mehr sympathisierende als wirkliche Kommunisten. Sie ersterben vor Ehrfurcht der Parteiinstanz gegenüber. Sie geben sich Mühe, alles so gut wie möglich zu machen. Aber sie schießen dabei auch manchmal über das Ziel hinaus. Aber von Kommunismus verstehen sie deswegen doch noch sehr wenig. Die meisten von ihnen sind erst seit 1919 in der Partei, seit der Niederwerfung des Tschechoslowakenaufstandes, in dem noch sehr viele von ihnen gegen die Sowjetregierung gekämpft haben. Die Partei ist die Intelligenz des Gebietes, zahlreiche Lehrer und auch Pastoren darunter. Die kommunistische Lösung des Arbeiterproblems, das Prinzip der Initiative, der Arbeitserziehung, ist den meisten ein Buch mit sieben Siegeln. Aber sonst haben sie eine Anzahl bekannterer Agitationsschriften auswendig gelernt. Eine so zusammengesetzte Partei, die im entscheidend-kritischen Kampf um die Durchdringung der Wirtschaft mit kommunistischen und kollektivistischen Prinzipien steht, gibt natürlich vielerlei Angriffsflächen. Dem Kommunisten, der aufs Dorf kommt, oder schon manchmal im Vorzimmer der städtischen Büros, brummen oft die Ohren. Er bekommt viel zu hören, aber überall zeigt sich das Interesse an der Arbeit der Kommunisten, die Neugierde: Was werden sie zu dieser oder jener Frage tun. Leider ist die Arbeit der ausländischen Kommunisten, die als Emigranten in das Wolgagebiet zu politischer Arbeit kommandiert werden, eine wenig erfolgreiche. Man wirft ihnen vielfach kleinbürgerlichen Egoismus vor; sie kämpfen vielleicht dort unten noch etwas brutaler um Geld und Pajok als die Einheimischen. Abgesehen davon, versteht der europäische Kommunist das russische Aufbauproblem meistens nicht. Anstatt mit anzufassen, mitzuhelfen und mehr zu arbeiten als alle anderen, braucht er die nörgelnde Kritik, den Widerspruch, der bei ihm zu Hause, den politischen Verhältnissen entsprechend, schon so etwas wie revolutionär wirkt. Daß man da unten durch gutes Beispiel kämpfen muß, leuchtet ihm schwer ein. Er hängt wie alles, was da unten arbeiten will, ein wenig in der Luft. So werden dann Intrigen großgezüchtet,

Quertreibereien, Reibungen mit den Einheimischen und den einheimisch gewordenen ehemaligen Kriegsgefangenen. Auch in der Partei ist bis zu einem gewissen Grade der Kampf aller gegen alle. Ein getreues Spiegelbild der Lage an der Wolga. Man muß das erst vorausschicken, wenn man wirklich ein Bild von der Gesamtarbeit der Partei bekommen will. Die Autonomie macht viel zu schaffen. Sie mag aus irgendwelchen taktischen Erwägungen damals diskutabel gewesen sein. Heute erweist sie sich als schwerer Fehler. Sie hat künstliche Gegensätze hervorgerufen und einen beispiellosen und geradezu gefährlichen Nationalismus gezüchtet. Die Partei hat demgegenüber einen schweren Stand und jede wahre positive kommunistische Arbeit wird beinahe in gewissem Sinne russisch-nationalistisch. Es ist schwer, das Gleichgewicht zu halten. Um so schwerer für die Emigranten sich da hineinzufinden. Trotz der Verschiedenartigkeit der Zusammensetzung, trotz aller innerer und äußerer Schwierigkeit, rennt die Partei dennoch immer wieder von neuem darum an, sich durchzusetzen und sich arbeitsfähig zu machen. Jeder trägt auf seine Weise sein Teil dazu bei. Eine innere Zusammengehörigkeit bereitet sich vor, die auch die Kameradschaftlichkeit nach außen wieder herstellen wird.

Die Partei arbeitet mit den mit der Regierung sympathisierenden Elementen oft besser als die Verwaltung. Auf dem Gebiet der kulturellen Aufklärung wird eine enorme Arbeit geleistet. Zwar ist der Agitpunkt in Marxstadt beispielsweise noch unbesucht, trotzdem man freien Tee bekommt. Ebenso wie der Klub „Lenin". Aber in jedem Dorfsowjet hängen Merktafeln, die den Bauern über die Bodenbearbeitung, über die Notwendigkeit der Bewässerung, über den Einfluß des Windes, Verwertung des Schnees, über Gemüsebau und Viehzucht aufklären. Diese Merktafeln sind musterhaft, in einfachen klaren lapidaren Sätzen. Daneben werden über die gleichen Thematas Broschüren vertrieben, im Gebiet zudem zwei deutsche Zeitungen, eine rein politische und eine mehr wirtschaftliche, die Bauernzeitung. Wenn man den Eindruck hatte, daß die Zeitungen wirklich an die Bauern herankommen, so müssen sie mit der Zeit wirken. Sie sind durchdrungen von einem beispiellosen Opfergeist, immer wieder von neuem die gleiche Aufklärungsarbeit zu leisten. Einmal muß der Kommunismus bei den Bauern da unten durchdringen. Erst haben sie die Arbeiter, die auf den Sowjet-

gütern arbeiten wollten, boykottiert. Man höre, Verlobungen sind sogar wieder aufgelöst worden. Beinahe der Stoff zu Tragödien.*
Aber Spaß beiseite, Arbeitsbeispiele geschaffen, Musterbeispiele geschaffen, Musterwirtschaften, Sowjetgüter, Kollektivarbeit – nie war der Boden so gut bereitet wie jetzt. Und da tritt die neue Katastrophe: die Landabteilung versagt. Gerade dort bricht alles zusammen. Gerade dort beginnt man den Kopf zu verlieren. Gerade die Sowjetgüter sind im traurigsten Zustand. Da hat die Partei wieder einzugreifen. Man wird einige hinauswerfen aus dieser Behörde, einige einsperren. Die Säuberungsaktion war gerade im Gang. Zielbewußt wird man um den Schritt vorwärts auch in der Landwirtschaft kämpfen. Langsam und Schritt für Schritt. Es wirkt wirklich wie ein neues, noch schwereres Unglück, daß es gerade in dieser Abteilung jetzt nicht klappt. Aber man wird dennoch damit fertig werden. Diese Gewißheit hat man im Augenblick. Und dann diesen Kleinkrieg gegen Apathie und Korruption, Gleichgültigkeit und manchmal bösen Willen. Der Kampf der Partei setzt sich dennoch durch. Unter nicht schönen Formen, zunächst noch in einem Mißtrauen aller gegen alle, und einer Dosis Karrieresucht, manchmal brutal und wenig kameradschaftlich – aber lebt in dieser Atmosphäre, und dann soll einer wagen, den ersten Stein zu werfen. Gerade – es geht trotzdem vorwärts! Manche Einzelheit ist muffig, dumm und schrecklich, aber das ganze ist im Aufstieg. Der Kommunismus wird siegen. Man möchte sagen, es ist Zeit, die Division dort ist abgekämpft, sie muß nach einer andern Stelle in Ruhe. Nicht nur im Kampf haben unsere Kameraden gestanden, in der vordersten Feuerlinie – nein, die Feuerwalze der feindlichen Batterien hat sie mehrmals völlig zugedeckt und sie sind doch geblieben, die große Mehrzahl ist geblieben. Vor dieser Tatsache sinken alle Protokolle in Nichts

---

* Die Lehrer da unten sind nämlich flink bei der Hand, Epen zu dichten. Ich habe da eine Menge lokaler Literatur zu Gesicht bekommen, von dem Schauspiel der „Kirgisenmichel", das die Kämpfe der Kirgisen gegen die deutschen Ansiedler behandelt und heute wieder aktuell ist, bis zu einem dickleibigen Roman „Nor net lop gewar" – in Hochdeutsch: Nur nicht locker gelassen –, der den Kampf eines Lehrers um die Hebung der Kulturstufe wiedergibt, also heute sogar doppelt aktuell ist; ferner sehr reichhaltige Geschichten der Kolonisation von Bauer und Beratz; der letztere ist bei dem jüngsten Aufstand im Frühjahr erschossen worden.

zusammen. Sie haben ausgehalten und allein das hat sie zu Vorkämpfern des Kommunismus gemacht, zu ehrlichen Kommunisten, auf die Rußland stolz sein kann. Das ist der Eindruck, wenn man dem Gebiet den Rücken kehrt. Solange man unter ihnen ist, die Theorie noch im Kopf, eingelullt von einem Zukunftsbild, denkt man sehr oft anders über sie, und manchmal sehr bitter. Die Anekdoten verflüchtigen sich, und es bleibt die Arbeit, das Riesenhafte dieser Aufgabe und der beispiellose Mut, sozusagen gegen die ganze Welt, gegen geradezu märchenhafte Hindernisse, die Geschichte des Kapitalismus in seiner Feindstellung gegen den Einzelmenschen verdichtet sich zu einem Lebensbeispiel, das sich vor unseren Augen abrollt – dieser Mut, sich immer wieder zu behaupten, und hundertmal niedergeworfen, verleumdet und bespien, dennoch wieder aufzustehen und Zeugnis zu geben: Wir sind trotzdem Kommunisten! Alles für den Kommunismus!

DIE STAATLICHEN ARBEITEN

Von dieser Warte aus erst kann man auch diejenigen Arbeiten betrachten, die der Sowjetstaat für die hungernde Bevölkerung organisiert. Wer aufmerksam die vorhergehenden Abschnitte gelesen hat, wird die ganze Schwere der Aufgaben ermessen, unter solchen Verhältnissen staatliche Arbeiten ausführen zu lassen. Und doch sind die Vorarbeiten im Augenblick der schärfsten Krise begonnen worden, mit einer bewundernswürdigen Zähigkeit durchgeführt und die Organisation der Gesamtarbeit jetzt in Angriff genommen worden. Die Größe der Aufgabe erscheint so riesenhaft, daß man sie im Gebiet selbst kaum merkt. Man muß erst eine gewisse Distanz gewinnen, um sie ganz auf sich wirken zu lassen. Das was der Zar und die Kapitalistenklasse seit Jahrzehnten versäumt und verwirtschaftet haben, soll in einem Jahr nachgeholt und aufgebaut werden. Durch das Gebiet strömen eine Anzahl Flüsse der Wolga, infolge der radikalen Baumabholzungen drohen sie zu versiegen. Hydrotechnische Bodenuntersuchungen sind notwendig, um die Verschiebungen des Wasserspiegels festzustellen und aufzusuchen. Im Zusammenhang damit müssen alle Sünden des Bodenzerfalls des früheren Regimes wettgemacht werden. Dämme sind aufzuwerfen, Brücken zu bauen, und der gefräßigen Wolga Boden abzugewinnen. Besonders auch am Flusse Jeruslan sind die Meliorationsarbeiten im Gange, dort sollen 30 000 Desjatinen Boden noch in diesem Jahr gewonnen werden, die im Frühjahr mit Gemüse und Kartoffeln schon besät werden sollen. Sie sind imstande, das ganze Gebiet dann mit allernotwendigster Nahrung zu versehen. An diesen Arbeiten sind zur Zeit 1000 Fuhren und etwa 30 000 Arbeiter beschäftigt. Die staatlichen Arbeiten sind nur ein allererster Anfang, sie drücken gerade aus, das allernotwendigste, was getan werden muß, um das Land zu retten, und vielleicht auch die Menschen, die darauf wohnen. In 6 Monaten muß der Sowjetstaat eine Rechnung einlösen, um die sich die Banditen des Kulakentums und des zaristischen Kapitalismus jahrzehntelang gedrückt haben.

Im Zentrum des Gebiets merkt man es noch weniger, aber draußen in der Steppe und in der Nähe der Arbeitsstellen hat den Bauer ein ganz neuer Geist erfaßt. Man möchte weiß Gott was opfern, daß die Bauern überwintern, um das Glück der für die Allgemeinheit nutzbringenden Kollektivarbeit, das sie bereits zu ahnen beginnen, noch erleben, und agitatorisch weiter tragen zu können. Es ist wie das gelobte Land, das den Bauern in der Ferne winkt, und in das ach nur so viele von ihnen nicht mehr eingehen werden. Bis zu 30 Werst weit her kommen die Bauern aus den Dörfern, um an den Bodenarbeiten mitzuwirken. Es ist die wirklich einzige Hilfe, die die Sowjetregierung den Hungernden verschaffen kann: Arbeit. Im Frühjahr soll die Zahl der Arbeitenden auf 1 000 000 erhöht werden. Fast die gesamte männliche Bevölkerung des Gebietes wird dann mit diesen Arbeiten beschäftigt sein. Und das ist erst ein kleiner Anfang. Die Bewässerungsarbeiten und die Wegebauten werden im größeren Maßstabe erst im übernächsten Jahr beginnen können, dann hofft man, das Gebiet soweit gestellt zu sehen, daß der Überschuß der nächstjährigen Arbeit die Anlagekosten der nächstfolgenden Baujahre ohne weiteres decken wird.

Und auch die Frauen und Mädchen werden nicht müßig sein. Eine eigene Behörde ist organisiert, die sich die Schaffung einer Hausindustrie mit allen Mitteln angelegen sein läßt. Das Gebiet ist heute noch reich an Wolle, überreich sogar. Tausende von Pud Kamel- und Schafswolle liegen in den einzelnen Dörfern, und so seltsam das klingen mag, die örtlichen Sowjets wissen nichts damit anzufangen. Rechtzeitig verarbeitet und auf den

Markt gebracht, hätten sie als Austauschmittel monatelang das Gebiet aus den Nachbarorten mit Nahrung versorgt. Jetzt soll in großem Umfange die Herstellung von Strumpf- und anderen Wollwaren, von Filzen im Gebiet vorgenommen werden. Für später ist die Errichtung textilindustrieller Betriebe überhaupt vorgesehen worden. Vorläufig, von Etappe zu Etappe. Nach der praktischen auswirkbaren Möglichkeit wird man erst heimindustrielle Zentren schaffen. Die Bauern des Wolgagebiets sind das Arbeiten nicht gewöhnt. Die Ernte ist ihnen zugewachsen, ohne daß sie sich sonderlich zu mühen gehabt hätten. Den Frauen ist jede Gartenarbeit fremd. Das Vieh, stets draußen auf der Weide, im Sommer und auch im Winter, hat man sich wenig darum gekümmert. Am Rande des Abgrunds, den Tod vor Augen, beginnen die Schleier einer kapitalistischen Tradition zu fallen, die den Bauern an der Wolga oft den Blick getrübt haben. Ihr werdet den Kopf schütteln, die Bauern leben an einem Fluß, der Wolga, der einer der fischreichsten der ganzen Welt ist, aber sie haben nicht gefischt. Das Fischen war ein verachtetes Gewerbe, und man kann viele Werst wandern, von Dorf zu Dorf, ehe man auf ein Boot trifft. Ist daran vielleicht der Kommunismus schuld, ihr Herren Pastoren und Lehrer, die ihr ein Millionenvolk jahrzehntelang in einer schamlosen Ausbeutung, schamloser wie sie die Weltgeschichte oder die brutalste kapitalistische Kolonialgeschichte kennt, unterdrückt und in Verdummung gehalten habt. Mit aller List hat man die deutschen Kolonisten davon abgehalten, die russische Sprache zu erlernen, um die fetten Posten des Zwischenträgers und Zwischenhändlers zu erhalten. Die deutsche Intelligenz hat die eigenen Stammesbrüder unterdrückt, schlimmer als alle Zarenknechte zusammen. Es gehört schon eine Portion dicksträhniger Nerven dazu, die jetzt unausbleiblichen Folgen mit eigenen Augen angesehen zu haben und ruhig und sachlich weiter darüber zu schreiben.
Aber die Rettung naht. Der Arbeitsrhythmus wird wie ein Riesenschwungrad die hungernden Menschenmassen erfassen. Der Schrei nach Brot wird sich vermischen mit dem Drang nach kollektiver Bodenbewirtschaftung. Er wird die Psyche des Bauern von Grund auf umgestalten und zu einer freieren und glücklicheren Lebensauffassung entfalten. Aus dem Boden der Wolgasteppen wird allen Niederlagen zum Trotz dennoch der Kommunismus erblühen. Schon sind die Arbeiten in vollem Gange ...

ZU HILFE!

... mit diesen Arbeiten hat es nämlich noch seine besondere Bewandtnis. Im Frühherbst, als die erste Panikwelle gerade vorüber war, und die ersten Waggons mit Saatgetreide eingetroffen waren, haben sich die Gebietsinstanzen und die Parteikonferenz mit der Aufstellung dieses Planes der Meliorationsarbeiten und der allgemeinen staatlichen Arbeiten, um den Hungernden zu helfen, befaßt. Dem Zentrum wurde Bericht erstattet, die verantwortlichen Leiter trugen selbst ihre Sache in Moskau vor, und es traf sich, daß auch die Zentralstellen sich mit ähnlichen Plänen bereits befaßt hatten. Selten ist eine Übereinstimmung so schnell erzielt worden. So schnell, daß im Gebiet der Auftrag erteilt wurde, sofort mit den Arbeiten zu beginnen, obwohl der Kostenaufwand noch nicht aufgestellt und der technische Durchführungsplan noch garnicht vorhanden war. Alles was an hydrotechnischen Spezialisten in Rußland vorhanden war, wurde mobilisiert und in die Hungergebiete geschickt. In der Zeit der ersten schlimmen Krise reisten die Ingenieure im Lande herum, um wenigstens den ersten Überblick über die allernotwendigsten Arbeiten niederlegen zu können. Viele sind der Cholera und jetzt wieder dem Typhus zum Opfer gefallen. Die technische Intelligenz hat wirklich nicht gezögert, der Sowjetregierung ihre Kenntnisse und ihre Dienste anzubieten. So kam allmählich Licht in den Wirrwarr dunkler Pläne, der Kostenanschlag wuchs empor und planmäßig wurden die ersten größeren Arbeiten in Angriff genommen. Aber die Bestätigung vom Zentrum war noch nicht da, obwohl die Resolutionen aller zuständigen zentralen Instanzen sich voll inhaltlich mit den Arbeiten im Wolgagebiet deckten. Die Techniker und die Spezialisten verschlangen Geld, die ersten Untersuchungen waren kostspielig genug, und auch die 30 000 Mann Arbeitskräfte türmten gewaltige Lohnsummen auf. Hinzu kam der Transport von Holz und Maschinenmaterialien und alle die Arbeiten, die notwendig waren, den Fortgang des Werkes auch über die Wintermonate hinaus von vornherein zu sichern. So wuchs in wenigen Wochen eine Schuldenlast von 2½ Milliarden in das Budget des Komitees für staatliche Arbeiten. Zu gleicher Zeit erschien das Dekret, das den autonomen provinzialen Wirtschaftsstellen größere Selbständigkeit einräumte, d.h. sie in ihrer

Budgetierung mehr auf sich selbst stellte als bisher, mit andern Worten, daß man sie darauf verwies, sie sollten sich selbst helfen. Der ganze Plan, die ganze Arbeit schien gefährdet. Die Arbeiten müssen fortgeführt werden, oder es ist alles verloren. Das Schneewasser im Frühjahr reißt die begonnenen Dämme weg, wenn sie nicht vollendet werden. Die 30 000 Desjatinen schon gewonnenen Landes versinken wieder in Uferschlamm. Aber alles dieses wäre nur eine jener Katastrophen, an die die russischen Kommunisten schon gewöhnt sind. Man würde eben im Frühjahr vielleicht unter etwas besseren Bedingungen dann, wieder von neuem anfangen. Aber darum handelt es sich nicht. Weit katastrophaler wird sich die Lage der Bauernschaft gestalten, weit menschlich unausdenkbarer die Verzweiflung der Tausende, denen diese Arbeit die letzte Lebenshoffnung bedeutet, denen diese Arbeit einmal in ihrem unglücklichen mühseligen Leben, einmal Glück und Freude war. Zweieinhalb Milliarden sind bereits Schulden für das Gebiet aufgelaufen, d.h. die Zahlung ist geleistet, aber eine budgetmäßige Deckungsverrechnung gegenüber dem Zentrum nicht vorhanden. Der Kostenanschlag beläuft sich auf 16 Milliarden, das ist die Summe, die im Frühjahr verbraucht sein wird, wenn die Arbeiten im großen Maßstabe beginnen sollen. Dann ist allerdings aus eigenem Fortschreiten der Produktion eine gewisse Deckungsmöglichkeit eines Teils der neuen Kosten vorhanden. So sieht es der Arbeitsplan vor. Und ein Jahr später wird das Gebiet dann in der Lage sein, seine weiteren Aufbauarbeiten vollständig selbst zu finanzieren. Dürre und Überschwemmungen werden dann keine Rolle mehr spielen. Aber wie kann man an die Zukunft denken, so viele wohltätige Entschädigungen für die Verzweiflungen dieser Tage sie auch winkt, wenn die Gegenwart so unerbittlich und grausam auch die Möglichkeit jeder Augenblicksillusion zerstört. Das ist die letzte Katastrophe, vor der auch dem berufsmäßigen Optimisten schließlich schaudert: Es ist kein Geld da. Gerade als ich im Bezirk war, hatten die Arbeiten die höchste Stufenleiter der Krise erreicht. Die Bauern, die von 30 Werst hergekommen waren, um zu arbeiten und sich das Stück Brot zu verdienen, womit sie sich und die Familie noch am Leben halten konnten, wurden am Wochenende ohne Lohn, ohne Brot und ohne andere Produkte nach Hause geschickt. Am nächsten Montag waren sie doch alle wieder zur Stelle. Gegen Mitte der Woche wurde auf den einzelnen Plätzen bekannt gegeben, daß auch voraussichtlich für die laufende Woche noch kein Lohn gezahlt werden könne. Auch keinen Vorschuß fügte man hinzu. Wieder kein Brot, nicht das geringste, um den hungrigen Magen zu füllen. Wieder gingen die Bauern nach Hause, und wieder erschienen sie am nächsten Montag, aber es fehlten schon etliche. Sie sind zu schwach für den weiten Weg, sagten die andern. Sie haben sich niedergelegt. Und dann hörte ich auch, wie die ersten Lohnzahlungen zustande gekommen waren. Das ganze Geld, das im Gebiet aufzutreiben war, in allen Ämtern und an jeder behördlichen Stelle wurde zusammengekratzt und für die Lohnzahlungen verwendet. Alle anderen mußten zurückstehen, und wieviele werden auf Sabotage geschimpft haben. Der ganze Verwaltungsapparat im Gebiet drohte ganz zum Stillstand zu kommen, nur um die staatlichen Arbeiten weiter führen zu können. Einmal, sehr schnell, jede Stunde mußte das Zentrum ja eingreifen. Aber irgendwie bleibt etwas liegen, irgendwo muß eine kleine Anfrage, eine Rückfrage, eine Nachberechnung dazwischen gekommen sein, eine kleine Störung, und der ganze Apparat droht ineinander zu krachen. Ein paar hundert Arbeiter sind schon gestorben, bald werden es tausend sein. Gewiß würde das im ganzen nicht viel ausmachen, aber es steht mehr auf dem Spiel. Es ist gar nicht zu sagen, um wieviel mehr es notwendig ist, diese Arbeiten weiter zu führen, als alles bisher.

Als ich Marxstadt verließ, war weder Geld noch Bewilligung bisher eingetroffen. Ich ging über den Revolutionsplatz durch die tote Stadt der Ambare nach der Wolga hinunter. Dort wartete wieder trotz Eis und Schnee das Motorboot. Eine Barke lag noch im Fluß, beladen mit Kondensmilch und Kartoffeln. Das eine war von der Nansenhilfe, das andere hatte die Regierung geschickt. Es waren zu wenig Fuhrwerke da, die den Abtransport schnell hätten bewerkstelligen können. Hoffentlich werden die Kartoffeln schnell verteilt werden können. Es sind nicht genügend Kellereien vorhanden, und es besteht Gefahr, daß die Kartoffeln erfrieren. Aber an alles das dachte ich nicht, auch nicht daran, wie es wohl möglich sein wird, diese Produkte auch nur 20 Werst über den Umkreis der Stadt hinauszubringen. Ich dachte daran, in wie beschränktem Rahmen sich eigentlich die charitative Hilfe bewegt. Mit Kondensmilch und bestenfalls mit warmen Kleidungsstücken wird man die Kinder vielleicht am Leben halten, d. h. die wenigen, an die die Sendung gelangt, weil sie nach dem Zentralpunkt evakuiert sind. Ich dachte daran, wie die arbeitenden Menschen nur durch die Arbeit untereinander verbunden sind und stärker und dauernder, als durch alle Möglichkeiten der kapitalistischen Phrasenmaschine vom krassen Nationalismus bis zum Religionssektentum. Überall liegt in der Arbeit auch schon das Mittel zur Befreiung, auf der einen Seite von Unterdrückung und Ausbeutung, auf der andern Seite aus tiefster Not, die sich ergibt, wo man nicht schritthalten kann mit den Erfordernissen einer technisch-kollektivwirtschaftlichen Zeitepoche.

Es ist von hier aus schwer zu sagen, was die Arbeiter in Europa tun sollen, um zu helfen. Daß sie helfen müssen, und ob sie helfen sollen, daß für jeden einzelnen die Frage gestellt wird, – das mag sich jeder selbst beantworten. Der Hunger ist nur eine Auswirkung der Armut, und die Armut ist eine historische Erscheinung der Ausgebeuteten und des Proletariats. Sie ist vorhanden in gleicher Weise in Amerika wie in Deutschland, in England oder in Rußland, in China und Indien wie in Frankreich. Die Eroberung der politischen Staatsmaschine macht das Proletariat im Augenblick noch nicht reich, d. h. weniger arm. Die Armut ist das Erbe der kapitalistischen Herren, es ist die Armut an Produktionsmitteln, es ist die Belastung der Arbeit, und es ist die große Prüfung, die das Proletariat erst durcharbeiten muß, ehe es anfangen kann, zu wirtschaften. Das Proletariat in Westeuropa ist nicht weniger arm als das russische Proletariat und die Bauern an der Wolga. Aber es ist trotz allem reich, es ist reich an dem Gemeinsamkeitsgefühl zwischen den Unterdrückten und Hungernden aller Länder, es ist reich an einer neuen Solidaritätsmöglichkeit inmitten der eigenen Anspannung zur Eroberung der politischen Macht und der Produktionsmittel des eigenen Landes, einer Solidarität zur Ausbauhilfe mit allem, was der Arbeitende zu bieten hat, während er im eigenen Lande zugleich um die Zerstörung des ihn unterdrückenden Machtapparates seiner Ausbeuter kämpft. Die russische Regierung teilt das Land jetzt in Wirtschaftsrayons ein, in allen Rayons wird die Lage mehr oder weniger – was die Notwendigkeit kommunistischer Wirtschaftsarbeit anlangt – dieselbe sein. Die einzelnen Arbeitergruppen können die Paten sein für die Entwicklung eines beliebigen solcher Wirtschaftsgebilde. Sie können ihre eigene Kraft darbringen, ihre eigene Arbeit und ihren Glauben, und auf der andern Seite die Erträgnisse ihrer Arbeit. Sie können charitativ helfen, wo die Verhältnisse, der Grad der Unterdrückung eine direkte Mitarbeit nicht gestatten. Alles das mag Sache der eigenen Organisation der Arbeiterklasse sein, dem Klassenwillen der Arbeiterschaft in Bezug auf die Solidarität zu Sowjetrußland, und zu dem Ringen des russischen Proletariats um die kommunistische Wirtschaft Ausdruck und Organisierungsformen zu geben. Das sollte keine Sache mehr theoretischer Auseinandersetzungen und politischer Abspaltungen und der damit verbundenen gegenseitigen Gehässigkeiten sein.

Diese Schrift wendet sich an den einzelnen, an den Arbeiter in Stadt und Land, der das Gefühl dafür noch nicht verloren hat, daß er als Angehöriger einer Klasse noch mitten im Klassenkampf steht. Das Gefühl für gegenseitige Hilfe, für brüderliche Unterstützung, und ich hoffe, auch noch die Liebe zu Sowjetrußland wird diesem einzelnen den richtigen Weg der Hilfe weisen, und es wird sich zeigen, daß alle zusammen einen gemeinsamen, gleichen Weg finden werden.

Während die wenigen Fuhrwerke noch die Kartoffeln verluden, versank die Sonne ins Nebelgrau der Dämmerung. Die grünen Schleier der Ambare leuchteten noch einmal auf. Auf der Höhe wurde in das Strahlenbündel der sinkenden Sonne ein Wagen mit zwei Kamelen gezogen. Die Tiere flammten goldüberzogen auf, wie im Märchenland fuhr der Wagen vorüber und alles versank wieder ins Grau. Es war wie ein kurzer Blick in das Zukunftsland. Die steilen Ufer der Bergseite fingen noch eine zeitlang das Violett am Horizont, dann wurden auch sie grau und dunkel drohend, der Nebel wallte auf und es begann zu schneien, alle Farben verlöschten. Dann ist dem einzelnen doppelt die Aufgabe zugewiesen, wach zu bleiben und die Zügel nicht schleifen zu lassen. Mit doppelter Anspannung dem Lichte entgegen, dem Zukunftsland! Es darf uns nicht entrissen werden.

ANSTELLE EINES VORWORTS

Alle Jahre reisen aus Westeuropa eine Anzahl Leute in Rußland herum. Arbeiterparteien und Gruppen aller Länder senden Delegierte, Emissäre und Informations-Empfänger. Hochstapler und Abenteurer drängen sich mit allen möglichen Angeboten nach Moskau. In den letzten Wochen sind die Horden der kapitalistischen Journalisten hinzugekommen. Ich fürchte niemanden zu beleidigen, wenn ich sage, daß man alle zusammen, oder wenigstens einen guten Teil von den erstgenannten auf den Basaren trifft, Pelze, Brillanten, Silber einhandelnd. Es gibt auch Vertreter von irgend welchen Organisationen, die es für richtig finden, der Arbeiter- und Bauern-Regierung Schreibmaschinen zu stehlen. Kommen diese Menschen nach Hause, so verlangen die Leute, die sie gesandt haben, daß sie ihnen etwas erzählen. Wie sollen diese Menschen über die Arbeit in Rußland sprechen können, die außer der Jagd um den Pajok und den Spekulationsgewinn keine Arbeit, geschweige denn eine Mitarbeit geleistet haben, und die von Rußland nichts gesehen haben als die Wände ihres Quartiers und den Basar. Von der kommunistischen Arbeit in Rußland spricht niemand, es wirkt stilvoller, darüber Witze zu machen.
Die Geschichte der Wolgadeutschen spricht, sollte man meinen, eine eindringliche Sprache genug. Trotzdem ist der Journalismus darüber hinweggegangen. Die Londoner Times vom 24. Oktober bringt es sogar fertig, einen langen Artikel über die unerhörten Leiden gerade der Wolgakommune zu veröffentlichen, mit einer Spitze gegen Kommunismus und die Sowjetregierung. Der Artikel behandelt den Aufstand im letzten Frühjahr. Er spricht von der Gefolgschaft der Wolgabauern für die Tschechoslowaken, für Denikin und Koltschak, und niemandem fällt es dabei ein, die Bemerkung zu machen, daß ein derartig für konterrevolutionäre Machenschaften ausgenütztes Volk automatisch an den Rand des Abgrunds kommen muß. Die Geschichte der Wolgadeutschen zeigt aber, daß während 150 Jahren ein unerhörter Raubzug sowohl der Zarendiener wie der eigenen Intelligenz, der Lehrer und Pastoren, die Bauern kulturell niedrig hielt und sie bis aufs letzte Blut auspreßte. Das sind keine Vermutungen, sondern das ist die Geschichte, aufgeschrieben von den Gerichtsschreibern der Kolonie selbst.

Die Hungerjahre 1891 und 1892 brachten auch damals schon das Volk an den Rand des Abgrunds. Und als die Bauern selbst Geld sammelten um Meliorations- und Bewässerungsarbeiten durchzuführen, wurde es ihnen von ihrer eigenen deutschstämmigen Vertretung gestohlen. Es wäre ein leichtes, an Hand der Geschichte dieser Siedlung, auf Grund der Wirtschaftsbedingungen dieses Landes, im Verfolg der Wirtschaftsgeschichte besonders, die kollektivwirtschaftliche Theorie, das kommunistische Wirtschaftsprinzip in einer Studie auszubauen gerade jetzt bei diesem praktischen Falle, und damit eine Propagandaarbeit für den Kommunismus zu schaffen. Diese Schrift enthält aber keinerlei Tendenz. Sie hat gar nicht nötig, Propaganda zu machen, sie ruft im Grunde genommen nicht einmal in besonderem Maßstabe für die Hilfssammlung für Rußland auf. Sie will nichts, als die Verbindung gewinnen zum einzelnen Leser in Westeuropa, zum Proletarier, und ihm zeigen, wie weit die Zersetzungskatastrophe des Kapitalismus auch im Wirtschaftsleben vorgeschritten ist, welches Schicksal der einzelne selbst in seinem Lande zu erwarten hat, und sie läßt die Frage offen, ob der einzelne untätig zusehen muß, daß die gleiche Katastrophe über ihn hereinbricht.

Diese Schrift hat nichts zu verschweigen, die Arbeit der Kommunisten in Rußland und insbesondere im Hungergebiet ist eine ungeheuer schwere, man muß schon böswillig die Tatsachen verdrehen wollen, sollte nicht jeder zugeben, wie energisch und zielbewußt die russischen Kommunisten die notwendige Aufbauarbeit anfassen. Man muß ein Haus, dessen Grundpfeiler geborsten sind, eben völlig von neuem aufbauen, und vielleicht unter Verwendung völlig neuen Materials, soll es wirklich dauerhaft werden. Diese Arbeit wird geleistet. Viele Einzelheiten darüber mögen unverständlich erscheinen. Aber wenn man sie, ohne auch das Tüpfelchen zu verschweigen, mit voller Wahrheit ausspricht, so findet man auch rasch ihre Ursache. Alles wird dann selbstverständlich, und ich glaube, die Zusammengehörigkeit zu dem um den Aufbau kämpfenden russischen Proletariat, die Liebe zu Sowjetrußland wird doppelt wachsen, wenn man die Schwierigkeiten recht begreift, mit denen dieser Aufbau sich vollzieht. In *einer* Weise wird dann der deutsche, der westeuropäische und amerikanische Proletarier Rußland in jedem Falle helfen, ob mit Geld oder Kleidungsgegenständen, mit Nahrungsmitteln oder mit der eigenen Arbeit – *es wird alles zusammenströmen in das eine Ziel der Revolution,* der Abschüttlung des eigenen Joches und die Bahn frei machen für den Kommunismus in Rußland und in der ganzen Welt.

DIE AUFGABE DER INTERNATIONALEN ARBEITERHILFE IN SOWJETRUSSLAND

Die Arbeiterklasse wird es in die Hand nehmen müssen, das Hungergespenst von den russischen Arbeitern und Bauern zu bannen. Dies zu einem Punkt der Propaganda zu machen in den Ländern, wo die Arbeiterklasse noch mit dem Kapitalismus zu kämpfen hat, ist Aufgabe der politischen Aufklärung der Arbeiterparteien und der Gewerkschaften. Um eine wirklich feste Plattform zu schaffen, auf der die Einheitsfront der Arbeiterklasse sich entwickeln kann, gibt es nichts Besseres, nichts, das in höherem Grade alle Arbeiter einigt, als die Hilfe für die russische Arbeiterschaft.

Seht nach Sowjetrußland! Der Arbeiter, früher mit dem trunkenen Blick des Optimisten, später zwinkernd, voller Bosheit und Skeptizismus, jetzt aber klassenbewußt, nüchtern und arbeitsfroh. In Rußland können die Arbeiter jetzt arbeiten und doch den ganzen Stolz des Arbeiters, seine Überlegenheit über die bürgerliche Klasse zum Ausdruck bringen, – vergeßt das nicht und schließt Euch dem internationalen Komitee Arbeiterhilfe an, das, gestützt auf die Sammlungen des internationalen Proletariats zur Bekämpfung des Hungers in Sowjetrußland, die Arbeit aller Werktätigen in Sowjetrußland repräsentiert und nach Möglichkeit organisieren wird. Betrachten wir die Etappen, in denen der Aufmarsch der Arbeitsfront sich in Sowjetrußland vollzogen hat. Zuerst war es lediglich die Hungerfront. Das Elend war und ist noch so groß, daß eine stählerne Härte dazu gehört, überhaupt etwas anderes zu versuchen, als ausschließlich die hungernden Mäuler zu stopfen. Der Arbeiter müßte aber kein Arbeiter sein, wenn er nicht von vornherein die Grundlage der Wirtschaft, die Produktion, mit einbeziehen würde. Darin haben die Arbeiter an der Wolga sich mit den Arbeitern Amerikas, Englands, Frankreichs und Italiens auf das erste Wort verstanden. Man muß mehr tun, als die Kinder in Kinderhäusern verpflegen; oder einmal eine Zuteilung von Mehl und andern Lebensmitteln vornehmen. Von den russischen Arbeitern kam von vornherein der Druck auf die Arbeiterhilfe, gleich einen Schritt weiterzugehen. Gewiß, die Zusatznahrung sicherte uns, daß die Fabrik in Gang bleibt, aber es ist die Wirtschaftlichkeit der Produktion, die nicht in Ordnung ist. Man muß die Fabrik organisieren, man muß den Umtausch der Produktion in die Hand nehmen, und man muß die Zähigkeit aufbringen, die das ganze Wirtschaftsproblem Rußlands erfordert, das zugleich das Grundproblem des Weltimperialismus, des Weltkrieges war. Da der Weltkrieg trotz alledem sein wird, in seiner ganzen ungeheuren Bedeutung, müssen wir die kleinsten Details auf uns wirken lassen und dementsprechend auch schrittweise eine Etappe nach der andern dazu erkämpfen. So schreitet die internationale Arbeiterhilfe vorwärts.

Sie hat in Fabriken organisiert; in einzelnen hat sie nur geholfen, Ratschläge erteilt, eine gewisse Betriebsorganisation durchzuführen mitgeholfen. Es soll ja nicht davon gesprochen werden, welche Unmassen von Schwierigkeiten in diesen wenigen Worten ausgedrückt sind. Vieles ist an diesen Schwierigkeiten wieder zugrunde gegangen und wird noch zugrunde gehen. Ein Teil aber, vielleicht noch so winzig, bleibt und wird auch für die Zukunft bleiben, und dafür muß schon die Arbeiterklasse als wirkliche Internationale sorgen.

Sie hat auch, wo es die Verhältnisse erfordern, Fabriken und Güter in Pacht genommen. Auch die Arbeiterhilfe mußte sich der neuen ökonomischen Politik anpassen. Es sind dies Fabriken zur Verarbeitung von Rohstoffen für das Hungergebiet zur Wirtschaftlichkeit im ganzen. Der Umtausch gegen andere Produkte in andern Gouvernements wird von der Arbeiterhilfe organisiert. Nicht immer ist dieser Umtausch direkt, nicht immer tauscht die Arbeiterhilfe Leder oder Manufakturwaren gegen Lebensmittel, sondern sie führt beispielsweise Farbstoffe ein. Gestützt auf diese Farbstoffe, zwingt sie die örtlichen Behörden, einen Vertrag abzuschließen auf Organisierung und Instandsetzung der bisher im Gebiet gewesenen Webwaren- und Leinenindustrie und der Strumpfwirkerei. Ist nämlich die Arbeit im Gang, so wird sie sich später weiter entwickeln können. Das wichtigste ist, daß sie die zuständige Wirtschaftsbehörde gerade jetzt weiter ins Leben ruft, aber diese Instanz ist häufig noch sehr schwach. Sie wird mit der Produktion wiederum nichts anfangen können, und so übernimmt die Arbeiterhilfe auch die Produktion häufig bis zu 70 Prozent für die ins Leben gerufenen Kartells zu verwerten, bzw. umzutauschen. Die Arbeiterhilfe hält für die gesamte Arbeit Lebensmittel in Reserve, um für den Fall, daß die betreffenden Lebensmittelbehörden schwach würden, einzugreifen, um endlich die Kontinuität der Arbeit zu sichern. So tauscht die Arbeiterhilfe letzten Endes doch Farbstoffe gegen Fertigfabrikate, aber es ist nicht der glatte Umtausch, sondern es ist die Umsetzung der Produktion, was das wesentliche dabei bleibt, und das ist in seiner Auswirkung doch ganz was anderes als der reine kapitalistische Umtausch. Das ist ein Beispiel von vielen, und ob es sich auch heute um die Fischerei im Zarizingouvernement handelt, die vielleicht gegen Ende des Jahres die Arbeiterhilfe als Kaviarexporteur in Erscheinung treten lassen wird, eine Aufgabe, die keinerlei kapitalistische Ambitionen enthält, sondern nur eine sichere Organisation verlangt und vor allem Zähigkeit am Festhalten des Zieles, – oder ob es sich darum handelt, besondere Kolonnen zum Aufbau von Häusern zu organisieren oder in einzelnen Genossenschaften den Petrogiader Hafen aufzubauen, die Ein- und Ausladearbeiten zu organisieren sowie die Remonte der Kessel und alles andere, was zu Hafenarbeiten gehört, spielt keine Rolle. Die Produktionshilfe der Arbeiterklasse wird, auf welchem Gebiet sie sich auch einsetzen mag, durchgreifende Erfolge erringen, größere Erfolge, als man in Westeuropa und Amerika denkt. Die englischen und amerikanischen Kameraden, die Arbeiter der ganzen Welt müssen diese Arbeit unterstützen. – Und es soll ja gar nicht gebettelt werden, man braucht nicht immer unter neuen Vorwänden zum Arbeiter zu kommen, um ihm seinen Lohnpfennig aus der Tasche zu ziehen, obwohl Rußland Mehl und Maschinen und alles, was jeder einzelne entbehren kann, braucht. Darum handelt es sich nicht. Hier in Rußland bei diesen Arbeiten brauchen wir Euer Verständnis, Euer Zutrauen und Euern Zuruf. Spornt uns an, sagt uns, daß wir so weiter arbeiten sollen. Schickt uns von Euch einige zähe Organisatoren und gute Kameraden herüber, die den lebendigen Kontakt aufrecht erhalten und die besser sagen werden, was Sowjetrußland verlangt, als wir es vielleicht im Augenblick mit den beredtsten Ausdrücken können, – dann werden wir schon übereinkommen, dann werden wir schon den Kontakt herstellen, und dann wird man ganz anders an den Aufbau Sowjetrußlands herantreten können, als es jetzt möglich ist, wo Ihr den größten Teil

Eurer Weisheit aus den bürgerlichen Zeitungen schöpft. Vielleicht wird es notwendig sein, ein größeres bestimmtes Produktionszentrum für die internationale Arbeiterklasse zu schaffen, nicht für eine graue Zukunft, sondern anschließend an die Produktionshilfe der Gegenwart. Vielleicht ist es notwendig, dafür Konzessionen zu nehmen auf Erz und Kohle, damit Ihr eine internationale Genossenschaftsbank gründen könnt, um von der großen Masse der Uninteressierten Anteilscheine zu gewinnen, mit deren Geld wir unsere Arbeit fortsetzen können. Wir wissen, daß eine feste finanzielle Basis notwendig ist. Man wird hundertmal mehr tun können, als wir jetzt tun. Gewiß ist es notwendiger denn je, alle Kräfte anzuspannen, um weiter Sowjetrußland mit Mehl und andern Lebensmitteln zu versorgen, sowie mit verschiedenem Material, das die Industrie braucht; denn es ist jetzt der Produktionskampf der Klassen, der in Rußland ausgefochten wird, eine ganz neue Form des Klassenkampfes, die noch nicht in Euern Büchern steht; und die die Geschichte der Nachkriegszeit ins Leben gerufen hat. – Aber wichtiger als alles und unmittelbar für uns ist die gemeinsame Verbindung mit unserer Arbeit, der Zuruf von uns zu Euch hinüber und von Euch zurück zu uns. Dann werden wir auch schneller die größten Hindernisse beseitigen und den Produktionskampf der Klassen in Sowjetrußland für den Sieg des Proletariats ausschlachten können. Dieser Kampf und dieser Sieg ist fast ausschließlich für Euch, denn Euer Kapitalismus ist es, Euer Unternehmertum, dem wir jetzt in Sowjetrußland im wirtschaftlichen Ringkampf gegenüberstehen und das uns zweifellos nicht niederringen wird, wenn Ihr uns rechtzeitig und mit entsprechender Intensität unterstützt.

DIE SCHULKOMMUNEN DER
INTERNATIONALEN ARBEITERHILFE IM URAL

Die Organisation der internationalen Komitees für Arbeiterhilfe, insbesondere für Kinderhilfe hat sich laut Beschluß der Berliner Konferenz der verschiedenen Verbände und Arbeiterorganisationen der Welt, die sich an der IAH beteiligen, zum Ziel gesetzt, in Rußland ständig zwanzigtausend Kinder zu ernähren.

Gegenwärtig wird diese Hilfe beträchtlich erweitert, sie erstreckt sich nicht mehr nur auf die Gebiete, in denen die Internationale Arbeiterhilfe für die Hungernden sich bisher betätigte, sondern dringt in die großen Industriezentren vor und stellt auf diese Weise eine Verbindung der ausländischen Arbeiter mit dem russischen Proletariat her. Es muß darauf hingewiesen werden, daß der Beschluß der genannten Konferenz über die Kinderhilfe für Rußland keinesfalls aus *Gründen der Wohltätigkeit und Philanthropie* gefaßt wurde, sondern ganz *andere Ziele* verfolgt.

Der besondere Fond, der für diese Organsiation gegründet wurde, und an dem Gewerkschaften, Fabrikkomitees und Kommunistische Parteien der ganzen Welt beteiligt sind, wird nicht aus Sammlungen gespeist, sondern aus den ständigen, genau festgelegten Beiträgen. Die Organisation befindet sich noch im Aufbau und zeigt alle Mängel, die jeder Neugründung eigen sind. Die weitere praktische Arbeit wird aber diese Hemmnisse beseitigen, und die Arbeit der Organisation wird sich immer weiter ausbreiten. Anders kann es gar nicht sein.

Das Zentralkomitee der IAH hat weder über den Umfang der aufzubringenden Mittel, noch über ihren Charakter, noch über ihren günstigsten Einsatz eine genaue Vorstellung. All das muß in den nächsten Wochen und Monaten geregelt werden – erst dann wird man von einer lebendigen Verbindung des russischen Proletariats mit der internationalen Arbeiterklasse im Ernst sprechen können.

Die Arbeit der IAH im Uralgebiet erstreckte sich bisher auf die Gründung von 12 Schulkommunen und zwar in Jekaterinburg, Perm, Motowilicha, Lyswa, Kiselkoni, Tscheljabkoni, Nishni Tagil, Kyschtym, Nadeshdinsk, Sysert, Slatoust und Turgajak.

Die meisten beginnen ihre Arbeit am 5. Jahrestag der Oktoberrevolution. Dessen ungeachtet wird es noch Monate dauern, bis diese Schulen vollständig ausgerüstet sind. Dabei müssen vor allem die Gewerkschaften und die Parteiorganisationen behilflich sein. Ohne diese Hilfe – und es wird hier noch sehr intensive Arbeit zu leisten sein – muß befürchtet werden, daß diese Schulen ihrem Auftrag nicht gerecht werden können.

Worin besteht die politische Bedeutung dieser Schulkommunen? Sie sind vor allem der Ausdruck der internationalen Klassensolidarität des Proletariats. Die großen Arbeiterorganisationen der ganzen Welt bekräftigen durch ihre Hilfe für die russischen Genossen ihre Solidarität und lassen sie ganz real empfinden, daß sie bereit sind, sie zu unterstützen.

Die Schulkommune ist ein Haus für die russischen Arbeiterkinder, das im Zentrum eines Fabrikgebietes von der IAH errichtet wird und diese Solidarität mit Taten bekräftigt. Später soll diese Verbindung dadurch verstärkt werden, daß junge Arbeiter und Arbeiterinnen, die mit der jungen Arbeitergeneration der ganzen Welt durch ein einheitliches Klassenbewußtsein verbunden sind, herangezogen werden. Die Arbeiter der Welt kennen weder Nationalität noch Rassenunterschied. Sie kennen nur eins, das Verhältnis zur Arbeit, sie leben in dem Gedanken, ihre Lebensbedingungen zu verbessern im Kampf gegen die Ausbeutung durch das Kapital und in dem Gedanken, durch die Verbesserung ihrer Arbeitstechniken ihre Arbeitsbedingungen zu verbessern. Der russische Arbeiter ist auch jetzt noch, nach dem Sieg der Revolution, nicht davon ausgenommen, denn er kämpft in Sowjetrußland unter unglaublich schweren Bedingungen gegen das Weltkapital.

Der internationale Typ des jungen Arbeiters, der diszipliniert ist und körperlich gestählt, der sich die erforderlichen Kenntnisse und Fertigkeiten angeeignet hat, wird eine Arbeiterarmee schaffen, die die Weltrevolution unter vollkommen anderen Bedingungen durchführen wird, als das gegenwärtig der Fall ist – in der ersten Periode des sozialen Kampfes.

Immer noch zeigt sich die Schwäche der tatsächlichen Vereinigung der Arbeiter als Klasse, noch fühlt man den Einfluß der Unterdrückung des Arbeiters auf dem Gebiet der Wissenschaft, Kultur und Technik sowie nicht zuletzt an seiner Gesundheit, einer Unterdrückung, die die Zersplitterung der Arbeiterklasse begünstigt und ein Hindernis für den letzten Sieg darstellt.

All das ist natürlich für die Beurteilung der allgemeinen Lage nicht entscheidend, dennoch müssen diese Hindernisse, soweit sie uns bekannt sind, beseitigt werden.

Die Schulkommunen wird es nicht nur in Rußland geben, hier sind sie nur zuerst geschaffen worden. Künftig werden sie von der Arbeiterklasse für die Arbeiterklasse in allen Ländern der Welt errichtet werden, vor allen Dingen in England, Amerika und Deutschland und schon im kommenden Jahr vielleicht in Belgien und Italien. Diese Schulkommunen, die nach einheitlichen Gesichtspunkten aufgebaut sind, werden eine einheitliche Organisation darstellen und wir hoffen, daß die russischen Arbeiter mit ihren Schulkommunen denen der ganzen Welt die Richtung weisen werden.

Daher ist es sinnvoll, die Ziele dieser Schulkommunen vom politischen Standpunkt aus zu erörtern, leider hat man das noch nicht allgemein begriffen.

Die starke, gutgeschulte und in hohem Maße klassenbewußte Arbeiterschaft des Urals hat die Möglichkeit, im Rahmen dieser Gesamtorganisation Musterschulen zu schaffen. Man muß nicht glauben, daß die Idee allein alles bis zum letzten Nagel hervorbringt. Die Arbeiter müssen selber beim weiteren Ausbau dieser Schulen helfen. Die Gewerkschaftsorganisationen und die einzelnen Gebietskomitees müssen am Aufbau dieser Schulen ganz anders als bisher mitarbeiten. Die Gewerkschaftsverbände müssen bei den Trusts und Wirtschaftsorganen, zu denen sie gehören, erreichen, daß sie beim Aufbau und der Ausstattung dieser Schulkommunen behilflich sind. Die Überlegungen der wirtschaftlichen Rechnungsführung sind natürlich für jeden Trust unerläßlich, aber der Trust geht nicht gleich zugrunde, wenn er gelegentlich materielle Hilfe leistet, die sich an anderer Stelle auszahlt.

Alle diese Mängel, die mangelhafte Information und das mangelnde Interesse können leicht beseitigt werden. Das Gleichgewicht in diesen Dingen läßt sich leicht und schnell herstellen, wenn nur die Initiative nicht erlahmt.

Die Aufgabe, Schulkommunen zu schaffen, muß zum Arbeitsprogramm der Gewerkschaften gehören, sie müssen sich damit gründlich beschäftigen und das dürfte in einem Arbeitergebiet wie dem Ural nicht schwerfallen.

ÜBER DIE PROBLEME DER ARBEITERHILFE

Die Probleme der Solidaritätsaktion der Arbeiterklasse für Sowjet-Rußland wechseln ständig. Sie entwickeln sich mit dem Gang der ökonomischen Krise eines proletarischen Staates, der nach gewonnener Revolution sich anschickt, die zerstörte Wirtschaft aufzubauen. Sie rücken immer wechselnd dasjenige Problem in den Mittelpunkt, das gerade im Augenblick jeweils Lösung und Entscheidung verlangt, und wenn die ökonomische Krise Sowjet-Rußlands letzten Endes eng verknüpft ist mit der politischen Gesamtsituation und insbesondere dem Intensitätsgrad der Weltrevolution, so gewinnen die Solidaritätsaktionen der Arbeiterklasse je nachdem einen stärker oder minder betonten rein politischen und revolutionären Charakter. Es ist daher nicht zu leugnen, daß bei Auseinandersetzungen um die Taktik im Klassenkampf auch die Frage der Arbeiterhilfe in den Kreis der theoretischen Auseinandersetzungen über Wege und Ziele der Revolution hineingezogen wird. Doppelt notwendig scheint es daher, den Grundgedanken der Arbeiterhilfe und die politische Bedeutung internationaler Arbeitersolidarität als etwas grundsätzlich Zweckmäßiges anzuerkennen und festzuhalten und nur über die einzelnen Bedingungen seiner Auswirkung, und zwar der politischen, der revolutionären und revolutionsfördernden, zu diskutieren. Man muß hierbei zwei Dinge wohl auseinanderhalten: einerseits die direkten Auswirkungen der Arbeiterhilfe, und zwar die ökonomische Hilfe für die russische Arbeiterklasse, die eine von der ökonomischen Situation Sowjet-Rußlands vorgeschriebene Phase darstellt, an deren Überwindung zur kommunistischen Wirtschaft hin das internationale Proletariat mitwirken soll, und auf der anderen Seite das internationale Kapital, das die Lösung der Wirtschaftskrise Sowjet-Rußlands zur kapitalistischen Wirtschaft hin betreibt. Auf dieser Front rollt sich als eine neue Etappe des Klassenkampfes im internationalen Maßstab der Produktionskampf der Klassen auf.

Für den aus der Schule des Klassenkampfes gegen den europäischen kapitalistischen Imperialismus emporgewachsenen Proletarier enthält die politische und ökonomische Situation Sowjet-Rußlands teilweise unlösbare Widersprüche, die ihn zu verwirren drohen und die ein Übermaß von Anspannung zum revolutionären Klassenbewußtsein erfordern, will er die Forderung einer praktischen Betätigung der internationalen Arbeitersolidarität aufrecht erhalten. Es erweist sich heute als notwendig, nicht nur die direkte Linie einer solchen Solidarität des gemeinsamen Eintretens in einen Streik, die gemeinsame Front zur Revolution gegen Staat und Kapitalismus, die gemeinsame Front gegen kapitalistische Ausbeutung, sondern auch schon die noch nicht so offensichtlich vor alle Augen tretende, tatsächliche gemeinsame Front gegen die Ausbeutung des Kapitals in Europa und Amerika mit der Front der Arbeiterklasse Sowjet-Rußlands, die um Erhaltung der politischen Macht kämpft gegen den eindringenden Kapitalismus, der die Zerstörung der Produktion ausnutzt, um die Entwicklungsmöglichkeit sozialistischer Wirtschaft im Keime zu ersticken. Diese neue gemeinsame Front ist die organische Verknüpfung des politisch-revolutionären Kampfes in den Ländern, in denen die Arbeiterklasse zur Revolution drängt mit dem wirtschafts-revolutionären Kampf Sowjet-Rußlands. Um diese gemeinsame Front muß die Arbeiterklasse Sowjet-Rußlands jetzt ringen, die eigentlich nur eine Auswirkung ihrer gewonnenen politischen Revolution darstellt. Diese Nacheroberung der Wirtschaft ist zugleich für Sowjet-Rußland die Frage der Erhaltung der politischen Macht. Hält man das nicht streng auseinander, begreift man das nicht oder will man das nicht begreifen, so versinkt die Diskussion über die Zweckmäßigkeit der Arbeiterhilfe in ein Chaos von Einzelfragen, die den Klassenkampfcharakter verlieren und deren Lösung zur Gewinnung einer neuen praktischen Linie im internationalen Klassenkampf mit jedem Tag mehr zur Unmöglichkeit wird.

Die verhältnismäßig junge Hungerhilfsaktion des internationalen Proletariats drängt mit innerer Notwendigkeit von selbst zur produktiven Wirtschaftshilfe hin. Ihre so junge Geschichte ist reich an Beispielen wertvollster Aufklärung über die Probleme der Aufbauwirtschaft und der „Unkosten" der Revolution. Jede Phase dieser Revolution hat eine innere organische Entwicklung aufgezeigt, eine zwangsläufige Verschärfung oder Entspannung der Krise, gewissermaßen ein getreues Spiegelbild der ökonomischen und politischen Entwicklungskrise des proletarischen Staates überhaupt. Man wird sich erinnern, daß zeitweilig der Aufruf zur Wiederaufrichtung der sowjetrussischen Wirtschaft ausschließlich dahingehend verstanden wurde, mit Maschinen und Materialien und mit Arbeitskräften aus dem Auslande die russische Wirtschaft aufzurichten. Bald aber erwies sich gerade aus den ersten Versuchen heraus, daß diese einseitige Überschätzung der Aufbaukrise Gefahren in sich birgt. Es erwies sich beispielsweise, daß die russische Industrie, so schwach sie in der augenblicklichen Wirtschaftssituation Sowjet-Rußlands auch sein mag, kapitalistisch gesehen an Überproduktion leidet, daß Fabriken geschlossen werden müssen, weil kein Absatz ist und daß das Sinken des Papiergeldkurses Sowjet-Rußlands ein schnelleres Tempo als alle Balancierungsversuche und die Steigerung der Lebensmittelpreise und der Produktion hatte. Der Kern des Problems lag anders und die wichtigere Aufgabe lag für diesen Augenblick darin, einen einheitlichen Markt für ganz Rußland zu begründen, einen allgemeinen Ausgleichspreis zu stabilisieren, eine Aufgabe, die heute beispielsweise in Sowjet-Rußland restlos durchgeführt ist. Preis- und Produktionsprobleme sind im Laufe meiner Monate in Sowjet-Rußland weit gesünder geworden. Dieser Gesundungsprozeß deckt ganz neue Fragen auf und die Arbeiterhilfe sieht sich längst auf ein anderes Feld gedrängt. Es handelt sich – beispielsweise, es soll hier nur angedeutet werden – um die Hebung der Kaufkraft der Bevölkerung. Es ist nicht damit getan, den Bauern vielleicht eine Preisgarantie für die Lebensmittel und Bodenprodukte zu schaffen. Hat der Bauer vor sechs Monaten noch ausschließlich Geld für seine Produkte haben wollen, in einer Zeit, wo der Geldumlauf rasch und das Geld überhaupt knapp war, so weigert er sich heute schon wieder, Geld anzunehmen. Vor drei Monaten war noch der Naturalientausch so gut wie ausgeschlossen, nachdem er vor weiteren sechs Monaten voll im Schwunge war. Heute tauscht der Bauer schon wieder Lebensmittel gegen Industrieprodukte. Es verlangt eine ungeheure Elastizität der Produktion, eine Elastizität der Verkaufsvereinigungen und Kooperativen, sich im Augenblick wieder auf die Organisation des Warenaustausches einzustellen. Denn der Grundstock jedes Trustes und jeder Kooperative bleibt die Arbeiterschaft der Fabrik, die gestern zu 75 Prozent arbeitslos, heute vielleicht auf Waffenproduktion eingestellt werden soll und die davon abhängig ist, daß genügend Brot hereinkommt, das tägliche Leben zu fristen. Wird unter solchen ständigen Erschütterungen ein Warenmarkt sich stabilisieren lassen, der den Ausgleich der Produktion schafft und auf den gegründet der Wiederaufbau der sowjetrussischen Wirtschaft sich vollziehen kann? Alles das sind Fragen, die tief einschneidend die Entwicklung der Arbeiterhilfe berühren, Fragen, in denen die russische Arbeiterklasse unbedingt der Mithilfe des internationalen Proletariats bedarf. Vielleicht mag es leichter sein und für alle verständlich, das internationale Proletariat gegen eine Weiterbedrohung Sowjet-Rußlands durch neue Kriege aufzurufen, in gleicher Weise notwendig und dringend ist es aber auch, das internationale Proletariat teilnehmen zu lassen und zur solidaren Mitarbeit zu zwingen im Sinne des gemeinsamen Klassenkampfes, der bezweckt, den eindringenden Kapitalismus in Sowjet-Rußland unter die Kontrolle der russischen Arbeiterklasse zu stellen.

Vielfach vollzieht sich diese Entwicklung in aller Stille. Vielfach weiß das europäische Proletariat gar nicht, auf welcher Linie der Kampf der Arbeiterklasse gegen das Kapital in Rußland sich jetzt abspielt. So weiß das Proletariat augenblicklich wenig von dem Kampf der Fabriken um die Fesselung der Bauernschaft an die Fabrik, gewissermaßen eine Bindung des bäuerlichen Individualismus an den kommunistisch-kollektivistischen Charakter sowjet-russischer Wirtschaftsorganisation. So ist, mit einem kurzen Beispiel, an vielen Plätzen der örtliche Dorfsowjet übergegangen in Kollektivverwaltung der Fabrik. So war es der Initiative dieser Fabrikverwaltung allein vorbehalten, die Arbeit des Dorfes zu organisieren, die landwirtschaftliche Arbeit mit der Organisierung von industriellen Arbeiten zu binden, Hausarbeit, Hausgewerbe in Verbindung zu bringen mit wiederaufrichtender Fabriksindustrie. Wer heute in ein solches russisches Dorf kommt, wie es schon sehr viele gibt, der sieht ein Bild, das dem Zukunftsbild der europäischen Industriearbeiterschaft, wo der Industriearbeiter zugleich sein Land bebaut, nicht mehr so fern steht. Der Fabrik gehört das Land, das unter die Arbeiter, die noch vor kurzem Bauern waren, aufgeteilt wird. Der Fabrik sind angegliedert die Ackerbau- und Gärtnereischulen und Pflanzungen. Die Fabrik stellt jedem Arbeiter das notwendige Vieh, die Fabrik organisiert als ganzes die Kooperative, die die Versorgung der Bevölkerung über das Minimum des Eigenbaues hinaus mit Lebensmitteln durchführt, die alle Handelsgeschäfte betreibt und die nach der sich stabilisierenden Marktlage Heimindustrie organisiert, um das Arbeitskollektiv im ganzen zu kräftigen. Diese Entwicklung vollzieht sich in aller Stille, sie entspringt der Notwendigkeit, die autonomen Fabrikbetriebe vorm Eindringen fremden Kapitals zu schützen. Schon heute wieder, kaum daß zahlreiche Trusts infolge der Finanz- und Lebensmittelkrise zusammengebrochen sind, macht sich eine Zusammenfassung solcher Betriebe zu Syndikaten bemerkbar: Syndikaten, die nach Produktion und Bedarf vertikal gegliedert sind.

Auch in dieser Bewegung darf die Arbeiterhilfe nicht fehlen und das russische Proletariat erwartet gerade von der Arbeiterhilfe Initiative und Unterstützung. In dem Augenblick, wo man über die Gesamtfrage der Arbeiterhilfe diskutieren will, muß man das Problem in seiner ganzen Vielseitigkeit erfassen und behandeln.

EMIGRANT

Der Film gliedert sich in drei Teile eventuell in Form der Serie mit drei je einen Abend füllenden Scenenfolgen. Der *erste Teil* enthält die Geschichte des russischen Arbeiters und armen Bauern vor der Revolution, schildert das Leben auf dem Dorfe in Gestalt einer Familie eines Halbbauern und Proletariers, dessen Söhne der eine beim Gutsbesitzer als Arbeiter arbeitet, der andere, der in der Dorfschmiede gelernt hat, als Arbeiter in der nahegelegenen landwirtschaftlichen Maschinenfabrik. Die Fabrik ist halb verfallen und schmutzig und hat veraltete Arbeitsmethoden und minderwertige Fabrikate. Der Zusammenhang zwischen dem Gutsbesitzer und dem Fabrikdirektor wird klargelegt als drittes Bindeglied der Pope. Die andeutungsweise Hineinverflechtung eines Konfliktes in das Familienleben des alten Dorfschmiedes, wobei auch Schnaps und Geld eine entsprechende Rolle spielt, zeigt den Einfluß des Popen auf das Familienleben, besonders auf die weiblichen Mitglieder. Der Besuch sozialistischer Agitatoren, und ihr Einfluß auf die jüngeren Bauern und Arbeiter, die Agitation einer Studentin unter den Mädchen gegen den Einfluß der Kirche macht sich in folgendem bemerkbar, Zusammenrottungen gegen den Gutsbesitzer, Kundgebungen der Unzufriedenheit der Fabrikarbeiter veranlassen die Dorfbehörden, halb widerwillig, aber unter dem Druck der drei obenerwähnten kapitalistischen Kräfte, Kosaken herbeizuholen. Das Ende ist, daß der junge Bauer zwangsweise zu den Soldaten gesteckt wird, der junge Fabrikarbeiter flieht. Das junge Mädchen, das am meisten den Agitationsreden gefolgt hat, verdingt sich als Arbeiterin in die Großstadt. Der Teil endet in dem Aufzeigen der entsprechenden neuen Lebensschicksale, nicht mehr in Form der geschichtlich aufgebauten Detailmalerei des obigen, sondern skizzenhaft nur und in großen Zügen auslaufend. Man sieht den Soldaten exerzieren, in der Wachstube und in den Krieg ziehen; den Arbeiter im Auslande beim Straßenbau beschäftigt, als Arbeitslosen an den Hafenquais und das schnelle Wechseln einer gelegentlichen Fabrikarbeit, das Mädchen skizzenhaft im Dienste einer Herrschaft, das Betteln um Arbeit an den Fabriktoren und schließlich in einer Fabrik bei Löhnen, die für die Existenz nicht ausreichen.

Der *zweite Teil* zeigt den Emigranten in einer amerikanischen Fabrik. Das Leben der amerikanischen Fabrikarbeiter entrollt sich, in das die Kunde von der russischen Revolution dringt. Der Klassenkampf mit seinen Werkzeugen der Fabrikspolizei, der Spitzel und des Abfallens der schwachen Teile des Proletariats wird geschildert. Die Arbeiter werden geschlagen, die Gruppen zersprengt und unter Führung des aus Rußland eingewanderten Arbeiters wird eine Gruppe nach Rußland gehen. Der Soldat hat als Rotarmist gegen die Feinde der Revolution gekämpft und kehrt ins Dorf zurück, wo man ihm die Verwaltung der Fabrik als Kommunisten überträgt. Das Mädchen als Organisatorin der gewerkschaftlichen Frauenarbeit erstreckt ihre Tätigkeit gleichfalls über ihr Dorf, um auf dem Wege durch Hausindustrie und Agitationen bei den Bauern gegen die Kirche kommunistische Ideen zu verwirklichen. Die Behörden haben alle gewechselt, der Geist ist derselbe geblieben, die Wirtschaft geht zurück, der größte Teil der Bauern ist nicht lebensfähig, sich selbst zu erhalten, nachdem sie das Gut unter sich aufgeteilt haben. Der schon verjagte Pope kehrt wieder zurück, und der reiche Bauer und der Dorfhändler gewinnen wieder Boden. Alle Anstrengungen, die Fabrik in Gang zu halten, scheitern; es fehlt an Lebensmitteln, Geld und schließlich auch an Material. Auch der aus Amerika gekommene Arbeiter hatte in der Großstadt mit seiner Gruppe Enttäuschungen erlebt. An Disziplin gewöhnt, sinkt unter den Verhältnissen, die sie vorfinden, die Arbeitslust. Der größte Teil der Fabriken ist zerstört, Werkzeuge fehlen, er bringt nicht die Initatiative auf, durchzuhalten und er wendet sich enttäuscht von der Sowjetregierung ab. Er beschließt, in sein Heimatdorf zu fahren und sich von allem zurückzuziehen. Die Bilder werden durch knappe Inschriften über die ökonomische Lage miteinander verbunden. Der Teil endet mit der Ankunft des Arbeiters im Dorf, die Fahrt läßt Erinnerungsbilder hochkommen und der Arbeiter wird von dem Bruder, der in der Fabrik noch allein sitzt, überredet, neu anzufangen und seine Erfahrungen zu verwerten.

Der *dritte Teil* zeigt die Belebung der Fabrik und die Hebung der wirtschaftlichen Lage des Kreises. Detailliert werden alle Schwierigkeiten gezeigt, die sich entgegenstellen, erstens rein technischer Art, zweitens verwaltungstechnischer Art, Umständlichkeiten der entsprechend höheren Organe, die Schwierigkeit, die Arbeitsdisziplin zu haben und den Arbeitern Vertrauen in die Verwaltung zu geben. Sozialrevolutionäre Agitatoren im Dorf werden entlarvt, als bezahlte Agenten des ehemaligen Gutsbesitzers und Fabrikbesitzers, die wieder zu ihrem alten Besitz gelangen wollen. Die Schwierigkeit liegt in der Versorgung mit Lebensmitteln. Dem ehemaligen Bauern, jetzigen Kommissar der Fabrik, gelingt es, die Bauern zu veranlassen, das Gut wieder als Kommune herzustellen und zu bewirtschaften, er übernimmt die Leitung des Gutes, während die Fabrik seinem Bruder, der wieder Mut gefaßt hat, übertragen wird. Auch die Arbeit der Frauengruppe geht vorwärts. Nach Fehlschlägen in der Organisation von Kinderheimen und Gruppen, Volks- und Arbeitsschulen bessert sich die ökonomische Lage durch Organisierung der Hausarbeit und die erst fehlgeschlagenen Experimente werden mit einer besseren Anpassung an die Verhältnisse so der einzelnen Familien und einem gewissen Eingehen auf die Geistesverfassung der noch immer verärgerten Alten im Dorfe wieder aufgenommen. Die kommunistische Agitation faßt Boden, sie gewinnt den Anschluß an die größere Stadt, und ein besserer Austausch von Stadt und Land beginnt. Die Bauern beschließen, zur besseren Bewirtschaftung des Gutes bessere Maschinen zu besorgen und das Fehlen an geeigneten Arbeitskräften türmt noch einmal Schwierigkeiten auf. Die zentralökonomische Verwaltung ergibt einen Überblick, in welcher Weise planmäßig an den Ausbau der Fabrik gedacht werden kann. Eine Fabriksschule wird eingerichtet. Man beginnt Teile der Maschinen herzustellen, während andere Teile in den dafür besser geeigneten großen Fabriken hergestellt werden, die durch diese Bestellungen dann erst wieder in Gang kommen. Der Teil schließt mit der Montage des ersten Traktors, der dem Gut dann übergeben wird und in Tätigkeit gesetzt wird. Der Film schließt mit Zahlen und Statistik.

Der neue Mensch im neuen Rußland
Rückblick über die erste Etappe
proletarischer Erzählkunst

UM DIE NEUEN PROBLEME
PROLETARISCHER KUNST

Mit dem schärfer werdenden Instinkt des Proletariats für Klassenbewußtsein, mit dem Bewußtwerden der Klassengegensätze in den Kämpfen des Bürgerkrieges wandelt sich der kulturelle Inhalt des Proletariats unaufhörlich. Der Streit um die Probleme proletarischer Kultur und Kunst wirkt deswegen gelegentlich bisher so unfruchtbar, weil seine Grundinhalte ständig wechseln und verschieden sind. Die Ansätze einer Kunst und Literatur aus dem Proletariat heraus zeigen daher auch in allen Ländern und zu den verschiedenen Phasen der Entwicklungsgeschichte proletarischen Klassenbewußtseins ein grundsätzlich verschiedenes Gepräge. Der Beurteiler ist gewohnt, zunächst von seinem Land, seiner engsten Umgebung, dem Standort seiner Entwicklungskämpfe derartige Problemstellungen zu werten. Und wie verschieden sind die Kämpfe der Arbeiterklasse im Verhältnis zum Inhalt einer werdenden proletarischen Kultur in den einzelnen Ländern. Gemeinsam ist das Ringen um den künstlerischen Ausdruck und die kulturellen Zusammenhänge dieser Kämpfe, Hoffnungen, Niederlagen und Siege. Dieser gemeinsame Grundzug ist ein wesentlicher Bestandteil proletarischer Klassenkunst, ist Kulturausdruck oder besser Vorbedingung, aber noch nicht selbst erschöpfender und wertbarer Inhalt dieser Kultur. Dieses gemeinsame Ringen nach Ausdrucksmöglichkeit ist in der Hauptsache noch Propaganda, Erziehung und Auffor; rung, Trost und Trotz den Zusammenbrüchen. Es ist Kunst und Literatur, wenn man so sagen darf, *für* das Proletariat, Wegweiser, Hilfe und Wegerleichterung – aber es spiegelt das Proletariat noch nicht als aus sich selbst heraus befreite Klasse im Inhalt der neuen Klassenkultur. Die Leiden des Klassenkämpfers sind umgebogen in Warnungen und flammende Aufrufe, die Freuden in Hymnen und Gemeinschaftshoffnungen, die Kämpfe selbst in besonders stark betontes Heldentum. Das muß und mußte so sein. Der amerikanische und deutsche, der französische und italienische Arbeiter wünscht Sehnsucht und Erkenntnis seiner Zeit zu seinem persönlichen Erleben verdichtet. Solche zwangsweise Anpassung an den soziologischen Entwicklungsgrad der Klassenkämpfe schafft erst die Vorarbeit proletarischer Kunst. Zu ihrer vollen inhaltlichen Entfaltung gehört die Machtentfaltung der Klasse, die schon vollzogene Eroberung der politischen Macht, die dem Proletariat Möglichkeit und Aufgabe stellt, sein Klassenbewußtsein zu erweitern und zu vertiefen und vor allem sich kulturell zu festigen und alle Hoffnungen und Versprechungen des Kampfes und der Kämpfer in Wirklichkeit umzusetzen.

DIE NEUE RUSSISCHE PROLETARISCHE KULTUR

Dies ist in genügendem Ausmaße bisher in der Geschichte der proletarischen Klassenkämpfe nur beim russischen Proletariat der Fall. Und von diesem ist auch nur die erste wirklich proletarische Kultur, die erste echte proletarische Literatur und Kunst, als Gegensatz zur überlebten, das ist gestürzten und niedergekämpften bürgerlichen zu erwarten. Historisch notwendig, entwicklungsgeschichtlich selbstverständlich ist auch Sowjetrußland vom ersten Tage an darangegangen, die neuen kulturellen Gemeinschaftsinhalte freizulegen und sich entwickeln zu lassen, die neue Kunst und Literatur zu schaffen und dem neuen Menschen im neuen Rußland zum Ausdruck zu verhelfen. Die erste Sammlung dieser Arbeit liegt jetzt vor, die literarische Seite dieser Kultur, die Erzählungen dieser neuen Lebens- und Gemeinschaftsinhalte sind davon ein nicht unwesentlicher Teil. Es wäre verfehlt, diese Arbeiten als Muster hinzustellen, als ein Muster für die literarischen Versuche der noch im ersten Stadium kämpfenden Arbeiter der anderen Länder. Obwohl sie, wie weiter unten auseinandergesetzt werden wird, oder vielleicht auch gerade, weil sie literarisch hochqualifiziert und den besten literarischen Erzeugnissen des internationalen Bürgertums gleichzustellen sind. Es ist eben, um ein heute so beliebt gewordenes Wort zu gebrauchen, wirkliches Tatsachenmaterial, nicht nur dem formalen Inhalt nach, sondern Tatsachenmaterial dieser freigelegten proletarischen neuen Kultur, in einer Tiefe und in einem Ausmaß, wie sie die bürgerliche Kultur bisher nicht bieten konnte. Keine Propaganda mehr, keine flammenden Ausrufe, keine Sentimentalitäten mehr, keine Betonung mehr von Aufopferung und Heroismus, einfache Erzählungen, das tägliche Leben, Selbstverständlichkeiten von dem, wie der neue Mensch geboren wurde, wie er lebt und die andern mit ihm. Aber dennoch und gerade ohne alle die sonst notwendigen Erhitzungsmittel der Klassenkämpferliteratur ist die Wirkung solcher Erzählungen auf die noch am Festungsgürtel der Bourgeoisie Kämpfenden erschütternd und gewaltig. Es ist wie ein tiefer Atemzug einer ganz neuen, einer reineren Luft. Geschenk und Belohnung für denjenigen, der in den Klassenkämpfen des Bürgerkrieges die Befreiung der proletarischen Klasse als neue Kultur vorausfühlt und daraus Mut und Ausdauer, den Endsieg zu erzwingen, zu ziehen weiß.

DIE HISTORISCHE SEITE

Den Beginn dieser Sammlung macht die Auslese einiger der in Rußland sehr zahlreichen Werke, bei denen die tatsachenmäßige Darstellung den literarischen Erzählungscharakter überwiegt. Es ist der Anfang einer werdenden Erzählungsliteratur. Denn obwohl aktenmäßige Aneinanderreihungen von Geschehnissen, wirkt solch ein Werk wie von einer verfeinerten Kunst raffiniert abgeschliffene Belletristik. Nirgends eine literarische Pose, nirgends Absicht auf Wirkung. *Sosnowskis Rußland 1917–1923* ist darin vorbildlich. Der Untertitel: Kein Märchen, keine Legende, sondern Wirklichkeit, drückt das Wesen dieser Gattung erschöpfend aus. Es ist die Geschichte des Dorfes „Geschwür", jetzt „Rosa Luxemburg" neu genannt, im Gouvernement Kaluga. Aufgezeigt werden die Stimmungen der Dörfler zur alten Kreisverwaltung, zur Revolution, zu den neuen Machthabern. Die Bauern, obwohl unzufrieden, glauben noch den alten Gutsbesitzern. Sie lassen sich zu Aufständen verleiten, bis sie unter den Roten auch einen von den ihrigen erkennen. Sie gewinnen Vertrauen. Die Arbeit hebt sich. Das Gouvernement Kaluga, unter dem Zaren dem vollständigen Bankrott nahe, entwickelt eine Wirtschaft unter ganz neuen Perspektiven, besonders deswegen bemerkenswert, weil der Kleinbauer und der Dorfhandwerker vorherrscht. Alles das wird in schmucklosem Aneinanderreihen der Geschehnisse wiedergegeben und spiegelt sich doch in einer tiefen epischen Dichtung. Von *Sonowski* liegt ein diesem verwandtes Bändchen vor: *Das Werk Bogatir.* In vielem dem späteren größeren Werk verwandt, ist es ein Versuch, das Verständnis für die Fabrik als ein einheitlich soziologisches Ganzes, das wie ein lebendiges Volk seine eigenen Leiden, Hoffnungen und Kämpfe hat, dem Arbeiter näherzubringen. Das Werk Bogatir ist eine Gummifabrik vor den Toren Moskaus. Die Kämpfe der Arbeiterschaft um die Erhaltung der Produktion, die Auseinandersetzungen zwischen dem Fabrikskomitee und der Verwaltung und darüber hinaus der Verwaltung mit der zuständigen Wirtschaftsbehörde, die Beseitigung der Diebstähle in der Fabrik, alle diese Fragen, typisch für die russische Fabrik in den ersten Revolutionsjahren, wurden Gegenstand einer öffentlichen Diskussion, die Sosnowski zusammengefaßt vorlegt.

Unter diese Gruppe fallend, wenngleich stärker die literarische Note betonend, erscheint in dieser Sammlung *Unteroffizier Poskakuchin* von Sergejew. Der Unteroffizier Poskakuchin ist sozusagen das proletarische Gegenstück zu der ungeheuerlich angeschwollenen bürgerlichen Kriegsliteratur. Die Geschichte des Unteroffiziers Poskakuchin ist einfach genug, es ist die Geschichte des jungen Bauern Poskakuchin, der bei der Mobilisation im Jahre 1914 als Reserveartillerist eingezogen wurde. Der sehr schnell zum Unteroffizier beförderte Artillerist geht durch dieselben Kriegserlebnisse, durch die alle Soldaten der verbündeten wie der deutschen Armee gegangen sind. Die Kerenski-Zeit trifft die Soldaten an der Front in dem Zustande des beginnenden Protestes. Die Division, der Poskakuchin angehört, empfängt den Besuch eines bolschewistischen Agitatoren aus Petrograd. So wird Poskakuchin für die proletarische Revolution gewonnen. Er gehört zu den ersten, die den Verbrüderungsversuch mit den deutschen Soldaten unternehmen, und dies macht seinen Namen an der ganzen Front bekannt. Für den russischen Soldaten, den Arbeiter und Bauern wird der Name Poskakuchin zum Symbol, zum Träger der Revolutionshoffnung, die sich in den Oktobertagen dann gewaltsam entlädt. Für die Offiziersclique der russischen Intelligenz und Gutsbesitzer zum Symbol des Klassenfeindes, für das Poskakuchin leiden soll und zum Tode verurteilt wird. Die Revolution gibt ihm die Freiheit, aber sie stellt den einfachen Bauern und Artillerieunteroffizier Poskakuchin jetzt vor ganz andere Aufgaben, als dieser je sich hat träumen lassen. In sein Heimatdorf zurückgekehrt, gerät er in den Strudel der Bauernaufstände. Überall wird er hinzugerufen, wo es gilt, die Autorität der Arbeiter- und Bauernregierung gegenüber den Aufständen der ansässigen Gutsbesitzer zu stützen. Sozusagen von selbst und ohne offizielle Bestallung wächst er in das Amt des militärischen Oberbefehlshabers seines Bezirks hinein. Aber die Revolution fordert nach Beruhigung der Gegend seine Arbeitskraft weiterhin. Lücken in der Armee der proletarischen Kämpfer müssen ersetzt werden. Aus dem Tulaer Gouvernement seiner Heimat wird er berufen zum Militärkommissar nach Archangelsk. Ein guter Teil der Schrift enthält jetzt die Aufzählung der für die Entwicklung des revolutionären Rußlands typischen Geschehnisse an der Nordfront. Kampf mit der Korruption der neuen Beamten, der Lässigkeit und des Verrates der alten Offiziere, die zwar pro forma in der Roten Armee dienen, Szenen aus dem Kampf mit den Weißen, der bestialischen Gefangenschaftsmethoden der Weißen, Bilder der Flucht durch die Urwälder des Nordens, die von unvergleichlichem Heldentum sprechen. So schmucklos alle diese Geschehnisse erzählt werden, so glühen sie doch innerlich wieder von dem Glauben des Proletariats an seine Befreiung, seiner Zähigkeit, Opfermut und Heldentum. Genosse Poskakuchin ist heute, wie Frida Rubiner, die vortreffliche Übersetzerin dieser Schrift, in einem Nachwort sagt, Wirtschaftsleiter der „Prawda" in Moskau, und seine Erlebnisse sind von einem Mitarbeiter der Zeitung festgehalten worden, ein Beweis, wie die Nachdichtung des Lebens zugleich zur Wirkung einer Kunstdichtung von großen Qualitäten gelangt.

Typisch für diese Art Literatur, die das Geschichtliche episch auswirken läßt, ist das Buch von *Dybenko „Die Rebellen"*. Die Rebellen, das sind die Matrosen, die Besatzung der russischen Kriegsschiffe während des Krieges und während der Revolution. Die politischen Kämpfe der ersten Matrosenräte gegen Ausgang des Krieges, ihre Unterdrückung unter Kerenski, die Hilfe der Matrosen in den ersten Monaten der proletarischen Revolution gegen die weißen Garden – diese Tatsachenerzählungen wirken besonders deswegen unmittelbar frisch, weil sie geradezu die Parallele zu den Kämpfen der deutschen Matrosen im Ausgang des Weltkrieges aufdrängen.

Erwähnt werden in diesem Zusammenhang muß auch *John Reeds* Erinnerungsbuch: *Zehn Tage, die die Welt erschütterten.*

Obwohl nicht eigentlich russische Literatur, weist es doch eine wunderbare Anpassungsfähigkeit des amerikanischen Journalisten auf, der die Tage der Oktoberrevolution in ihren Einzelheiten aufzeichnet, so daß man das russische Proletariat sozusagen in größter Nähe handeln, kämpfen und siegen sieht.

ANKNÜPFEND AN DIE VOLKSSCHRIFTSTELLER

Neben der gewissermaßen ausschließlich historischen Seite der oben erwähnten neuen russischen Literatur hat sich eine literarische Bewegung entwickelt, die zielbewußt auf die Gruppe der sogenannten Volksschriftsteller zurückgreift. Die russischen Volksschriftsteller, etwa um die Mitte des vorigen Jahrhunderts schaffend, waren Vorläufer des viel später erst in Westeuropa aufgekommenen Naturalismus. Ihr Ziel war eine wahrheitsgetreue Darstellung des Lebens des russischen Volkes. Sie gingen auf das Dorf, in die Fabrik, und gaben das wieder, was ihnen selbst dort begegnete. Es war nur zu natürlich, daß der Zarismus eine solche Literatur mit allen Kräften unterdrückte, die russischen Volksschriftsteller einkerkerte oder verbannte und im übrigen alles daransetzte, diese Seite der russischen Kunst zugunsten der mehr in Mode gekommenen Kunstschriftstellerei eines Turgenjew und der psychologisch-mystischen Schule der Dostojewski und Tolstoi im Westen in Vergessenheit zu bringen. Denn alle diese in Mode gekommene russische Literatur, so revolutionierend sie auch auf manchen Literaten im übrigen Europa wirken mochte, war für den Bestand des russischen Zarenreiches weniger gefährlich, als die Verbreitung der russischen Volksschriftsteller unter dem Volk selbst. *Rjeschetnikow* und *Uspenski*, hervorragende Namen unter der Gruppe der Volksschriftsteller, haben den Versuch, die Leiden des russischen Volkes wahrheitsgetreu darzustellen, unter dem Drucke der von obenher gewollten Verdummung und Verbildung der russischen Intelligenz mit ihrem Leben und der Verächtlichmachung ihrer Arbeit bezahlen müssen.

Es ist daher nicht so rein zufällig, daß die literarische Bewegung des neuen, befreiten Rußlands an diese Volksschriftsteller anknüpft. Der bedeutendste ihrer heutigen Jünger, in Schreibart und lyrischem Schwung Uspenki nahe verwandt und gleich diesem seine Stoffe aus dem Leben des sibirischen Bauern holend, ist *Wsewolod Iwanow*. Von ihm liegen bisher drei Erzählungen in deutscher Übersetzung und in der oben genannten Sammlung erschienen vor. Seine Erzählung *Farbige Winde* hat im gewissen Sinne sogar innerhalb der internationalen Bourgeoisie Aufmerksamkeit erregt und ist dort bereits als Typ einer neuen russichen Literatur gekennzeichnet. Es ist die Geschichte der Vorgänge in einem *sibirischen Dorf,* das ringsum von der Taiga, dem sibirischen Urwald, eingeschlossen, zunächst so gut wie unberührt bleibt von der Revolution und den Kämpfen der Weißen und Roten in Sibirien. Das Leben in diesem Dorf, das Leben der Bauern, die naturwahren Familienbilder wechseln erdgebunden mit der Jahreszeit, und der primitive Zustand des sibirischen Bauern gestattet ihm nicht, für die eine Partei offen Stellung zu nehmen. Der sibirische Bauer fühlt nur, daß er vom neuen Zaren, von *Koltschak,* der sich in Omsk niedergelassen hat, weiter wie früher ausgebeutet wird. Eine Kosakenabteilung, die sich im Dorf niederläßt, bringt das recht deutlich zum Ausdruck. Der Pope kann nicht helfen, und der Verdienst des Kopfgeldes bei der Jagd auf Rotarmisten, die den Bauern bisher eine willkommene Einnahme gebracht hat, wird geringer oder überhaupt nicht mehr ausgezahlt. Danach mißt der Bauer die Kraft des neuen Zaren ab, und als die Kosaken in immer größeren Scharen kommen und das Land brandschatzen, beschließen die Bauern, einen Aufstand zu beginnen, und das Glück ist ihnen günstig. Sie finden unter den Flüchtlingen, die sie bisher gejagt haben, einen richtiggehenden „Bolschewisten" aus Petrograd. Dieser, noch eben bereit, die todbringende Kugel zu empfangen von den Bauern, die er als seine Feinde hassen gelernt hat, wird von den Bauern zu ihrem Führer gemacht. Ein wundervoller Einblick in die noch geheimnisvolle Psyche der russischen Bauern. Ein alter Bauer, der im Gerücht steht, einen „neuen Glauben" zu haben, wird in den Aufstand hineingezogen. Er wird, ohne es im Grunde selbst zu wissen, schließlich zum eigentlichen Träger des Aufstandes. Er bildet das Bindeglied zwischen den fremden Rotarmisten und den Bauern, und er spricht schließlich das aus, was allen diesen aufständischen Bauern gemeinsam war, als er nach der Befreiung des Distriktes von den Koltschakbanden die Axt ergreift und den Platz freirodet, um ein neues

Haus zu bauen, um die „Erde nicht zu vergessen". Die Arbeit, das ist das, was die Bauern als Ziel hatten und sich erkämpfen wollten. Die Arbeit, erdgebundene und erdgewohnte Arbeit. Das Buch hat für europäische Leser seinen besonderen Reiz in dem wohl erstmalig in der Literatur wiedergegebenen Stimmungsinhalt der sibirischen Taiga. Die Leiden und Hoffnungen dieser Bauern sind menschlich dem Leser auf eine bisher fast unerreichbare Schärfe nähergebracht. Diese sibirischen Bauern des Wsewolod Iwanow sind uns heute nicht mehr so fremd, wie die etwas mystisch gehaltenen Bauern eines Tolstoi. Es sind Menschen von unserm Fleisch und Blut, Menschen, die in ihrer Weise den Kommunismus begriffen haben und sich ihm unterordnen, weil sie an die Zukunft der proletarischen Klasse glauben. Es sind Bauern, die die wesensverwandten Züge tragen der Kleinbauern in Deutschland, Frankreich und Amerika, der Beginn einer neuen Klasse des armen Bauerntums, das zugleich Teil des Proletariats ist. Weitab von jeder politischen Propaganda hat Wsewolod Iwanow der Literatur einen Typ des Bauerntums erschlossen, der bisher vernachlässigt war.

Dieser Erzählung reiht Wsewolod Iwanow zwei andere Erzählungen an. Die eine, *Partisanen,* variiert mehr oder weniger dasselbe Thema, *den Bauernaufstand eines Distriktes nördlich vom Altai-Gebiet.* Derselbe Bauerntyp tritt auf, soziologisch schon etwas differenzierter, in der Schreibweise des Werkes weniger lyrisch betont. Dafür geschlossener als Kunstwerk. Der Mensch tritt stärker aus der Natur hervor. Das Ende der Kämpfer ist darum auch tragisch gestaltet. Sie gehen zugrunde, Mutterboden für eine künftige Generation, die, bewußter die Ziele der Revolution erkennend, die Früchte dieses Kampfes sich zu sichern wissen wird. Die andere Erzählung, *„Panzerzug Nr. 14–69",* bringt eine Episode aus den Kämpfen mit den Weißen im Amurgebiet. Es spricht für die große Kunst dieses Dichters, daß er nicht nur die proletarischen Kampfprobleme, sondern auch die soziologischen Gegensätze der Bauern, der kommunistischen Arbeiter, der weißen Offiziere und der Fischer bedeutend vertieft hat. Dieses Werk ist mehr als die anderen ein Kunstwerk, das die proletarische Literatur der bisher allein herrschenden bürgerlichen gegenüberstellen kann. Es ist bereits in einem gewissen Sinne von klassischer Geschlossenheit. Der

Heldentod des Chinesen, der sich als Hindernis vor den Panzerzug wirft, hat kaum seinesgleichen in der belletristischen Literatur.

Zu dieser Gruppe lassen sich auch zählen einige kleinere Erzählungen, die in zwei Bändchen unter dem Titel *„Russische Erzählungen"* vereinigt sind. Zwar nicht so sehr im eigentlichen Sinne Volkserzählungen, wirken sie in ihrer realistischen Darstellung tragischer Episoden aus dem Bürgerkrieg den Volksschriftstellern verwandt. So *N. Nikitins „Im Schleppkahn"*, das tragische Geschick gefangener Rotarmisten, die unter unsäglichen Martern als Gefangene die Wolga abwärts geschleppt werden, um, als sie sich schon gerettet glaubten, niedergeschossen zu werden. *Al. Malyschkins* Erzählung *„Eine Nacht am Schiefen Horn"*, gleichfalls ein Stück Geschichte der unsäglichen Schwierigkeiten, mit denen die neue Proletariermacht um ihre Existenz zu kämpfen hatte. Eine Gruppe Rotarmisten ist in ihrem Waggon an einer verlassenen Steppenstation dem Schneesturm preisgegeben. Sie sprechen nicht von Propaganda, von ihren Gefühlen zur Revolution, sie sind nichts als Revolutionssoldaten, deren Aufgabe es ist, die Befehle zur Zeit zu übermitteln, und sie halten durch, weil sie menschlich stark sind, und weil sie sich zugehörig fühlen zu der großen Masse der Arbeiter und Bauern, die für ihre Befreiung kämpft. Von demselben Verfasser gibt es noch eine zweite Erzählung, *„Der Fall von Dair"* (in demselben Bande vereinigt), die zu dem technisch Vollkommensten der ganzen Sammlung gehört. Es ist die Schilderung des Angriffs der Roten Armee auf die Perikop-Landenge, die den Zugang zur Krim und damit die Vernichtung der Wrangel-Armee im Gefolge hatte. Es ist im Grunde genommen eigentlich nur die Beschreibung des Angriffs selbst, und doch entsteht daraus ein Bild voll Heldentum, künstlerisch von so außerordentlicher Spannung, derart vom Massencharakter getragen, daß es an die Heldengesänge des Altertums erinnert. Weniger intensiv, aber doch ungemein menschlich nahe wirkt die Erzählung *L. Ssejfulins: „Der Invalide"* sowie die Beschreibung eines Flüchtlingszuges durch die Wüste von *F. Tamarin*.

EINE NEUE LITERATUR VOM ARBEITERSTAAT

Als dritte Gruppe bilden sich, völlig für sich abgeschlossen, einige Erzählungen heraus, die vom Wesen des neuen Staates getragen werden, und die schon nicht mehr so sehr von den Menschen, ihren Leiden und Schicksalen, sondern von der Volksgemeinschaft und ihrer soziologischen Zusammensetzung sprechen. Die kommunistische Gruppe, die Verwaltung der Stadt und des Bezirkes, die Masse der Arbeiter und Bauern ist selbst Träger der Handlung. Diese leidet, diese entwickelt sich, diese kämpft, geht unter und ersteht wieder von neuem, und die einzelnen, deren Schicksale sozusagen nur mitgeschildert werden, wirken nicht anders als nur zufällige Teile des Ganzen. Die Wirkung dieser ganz neuartigen Darstellungsart ist eine erschütternde. Man kann von hier aus schon von der Plattform der neuen proletarischen Kunst sprechen. Vorbildlich hierfür ist das Buch von *Jurij Libedinski: „Eine Woche"*. Man lernt kennen die Parteiorganisation und den Verwaltungsapparat einer Stadt. Leise angedeutet sind die menschlichen Verschiedenheiten der verantwortlichen Arbeiter. Aber diese Verschiedenheiten bedeuten nichts, alle diese menschlichen Schwächen werden als selbstverständlich hingenommen. Als ganzes wirken sie völlig wie aus einem Guß. Aber die Anzeichen zum Aufstande werden nicht rechtzeitig erkannt. Der Aufstand bricht aus, und die Mehrzahl der hohen Verwaltungsbeamten wird erschlagen. Man ist versucht zu sagen, sie büßen irgendwelche Fehler. Aber je tiefer man sich in das Problem versenkt, um so heroischer kommen alle diese Typen der Arbeiter und Bauern, die die Revolution an die Spitze der Stadt gestellt hat, heraus. Sie werden immer enger mit der Sympathie des Lesers verbunden, und darin liegt die wundervolle Wirkung dieses Buches. Geschweige davon zu sprechen, daß unter den einzeln herausgestellten Typen auch der Versuch gemacht wird, ihre Entwicklung psychologisch festzulegen. Daraus erwachsen dem Buch Perspektiven, die in die Entwicklung der Zeitepoche greifen und weit über dem Niveau der Alltagsgeschichte stehen. Ein Buch, das sozusagen in der proletarischen Literatur eine Schule darstellt.

Ein Gegenstück hierzu, sowohl in der Atmosphäre des Kampfes, der Zusammensetzung der Widerstände, dem Heroismus der einfachen Menschen im Aufstand gegen die Koltschak-Weißen, der Eisenbahner und Arbeiter, der Lehrer, der kleinen Beamten und nicht zuletzt der Bauern bietet *Pawel Dorochows* Erzählung „*Golgatha*". In manchem verwandt mit den sibirischen Erzählungen Wsewolod Iwanows, gibt sie doch weit mehr als nur eine Episode des sibirischen Befreiungskampfes. Die stupide Gleichgültigkeit, mit der die eben ausgehobenen Koltschak-Rekruten ihre Brüder, Bauern wie sie, auf Befehl quälen, prügeln, totschlagen, der Sadismus der tschechischen und polnischen Söldner, der Kosakenoffiziere, die grauenvollen Marterszenen, die Folterkammer in Irkutsk – ein Golgatha für das kämpfende Proletariat von erschütterndem Realismus, mehr als die übrigen Bücher dieser Reihe trotz des Fehlens jeder agitatorischen Note aufpeitschend für den Leser. Und inmitten dieses Golgatha heben sich einzelne Gestalten heraus, der schüchterne und allem Kampf abgeneigte Lehrer, der seine Sympathie für das arbeitende und gequälte Volk mit einer grauenvollen Marter bezahlen muß, der Eisenbahnschmied, der mithilft, die Fäden der Organisation wieder zu knüpfen, die Leiter der wieder aufflammenden Bewegung und zuletzt der einfache Bauer aus dem Dorf, der sich an die Spitze des Aufstandes stellt, grandios geschildert als Volkstypen des neuen Rußlands in so selbstverständlicher Kraft und doch so einfach, so menschlich, so verknüpft mit dem Alltagsleben, den kleinen Freuden und Leiden, so heldenhaft und so gar nicht vom Dichter beschickt mit den typischen Requisiten des Buch- und bürgerlichen Volkshelden. Ein Buch, wie es die revolutionäre und proletarische Literatur bisher nicht aufzuweisen hat.

Weniger konzentriert, doch unbedingt zur gleichen Klasse gehörig, ist die im zweiten Band „Russische Erzählungen" aufgenommene Novelle von *A. Jakowlew: „Freizügler"*. Es ist die Geschichte des Matrosen Bokow, der, Vorkämpfer der Revolution, sein Leben in die Schanze geschlagen hat und zum Dank dafür mit den Verwaltungsgeschäften seines Distrikts betraut wird. Bokow ist den Versuchungen der Macht nicht gewachsen. Er fällt. Obwohl selbst nicht verantwortlich, wächst um ihn die Korruption. Seine Freunde, die gern mit ihm getrunken haben, fallen schließlich von ihm ab. Eine Kommission erscheint auf der Bildfläche und verurteilt ihn zum Tode. Eben noch fast allmächtiger Herrscher des Bezirkes, wird er zusammen mit seiner Geliebten erschossen. Die Tragik dieser Geschichte wirkt um so erschütternder, als es von Anfang bis zu Ende im Grunde nicht die Geschichte des armseligen Bokow ist, der nur seinen Namen und schließlich auch sein Leben dafür hergeben muß, sondern eine Geschichte der Bewohner dieses Kreises und des werktätigen Volkes, seiner Schwächen, seiner soziologischen Differenzierungen und seines Regierungsapparates, der, tastend auf das Volksganze gestützt, sich erst allmählich konstituiert. Der einzelne wird daran zugrunde gehen. Erst einer späteren Zeit wird es vorbehalten sein, auch dem einzelnen zu helfen, ihm Stütze zu geben, wenn er, noch unwissend, strauchelt.

Als Letzter dieser Gruppe ist *A. Sserafimowitsch* zu erwähnen. Die im ersten Band der „Russischen Erzählungen" von ihm enthaltene Probe: *„Rückzug"* ist allerdings für das Schaffen dieses Schriftstellers nicht gerade typisch. Sserafimowitsch gehört zu den großen Hoffnungen der neuen proletarischen Literatur, und seine Schriften werden im neuen Rußland sehr hoch geschätzt. Die von ihm in dieser Sammlung wiedergegebene Erzählung „Rückzug" zeigt sein hohes technisches Können. Gleichfalls Ausdruck der Masse. Rückzug einer roten Armeegruppe, die zwischen dem Feuer der Kosaken und den Kanonen eines deutschen Panzerkreuzers die Schluchten des Kaukasus zu gewinnen trachtet. Die Handlung ist gering, wenig geschichtlich bedeutsame Vorfälle ereignen sich da; aber wie die Soldaten, die flüchtenden Bauern mit ihren Weibern und Kindern als Masse wirken, noch in all ihrer Undiszipliniertheit, in ihren Ängsten, in ihren Alltagserlebnissen, die sich trotzdem durch das große Massenschicksal vordrängen, – das zeugt von der Beobachtungsgabe eines großen Künstlers, der dem proletarischen Rußland erwachsen ist.

An die Arbeitsfront nach Sowjetrußland

Zum Produktionskampf der Klassen

Der Kampf mit dem Hunger

Über den Hunger sind sehr verschiedene Vorstellungen im Umlauf. Der Satte stellt sich darunter etwas wesentlich anderes vor als der Hungrige, der Kapitalist etwas anderes als der Lohnarbeiter, und der Bourgeois wiederum etwas anderes als der Proletarier. Es genügt nicht, einmal in der Kette eines satten befriedigten Lebens für eine Stunde unbefriedigt und hungrig gewesen zu sein. Mit dieser Erfahrung ausgerüstet ist man noch nicht kompetent, über den Hunger zu sprechen.
Es mag zugegeben sein, daß auch der Kapitalist Verständnis zeigt für die Gefühlsseite des Hungers. Er schiebt Organisationen vor, die aus Gründen des Gemüts den Hunger bekämpfen sollen, soweit nämlich, als die unangenehme Seite dieses Hungerzustandes, das sichtbare Elend, das den Stand der von der Kapitalistenklasse errichteten Kultur nach ihrer ästhetischen Seite hin zu bedrohen beginnt, in Erscheinung tritt. Armut und Seuchen mischen oft einen bitteren Tropfen in den Kelch der Freuden schrankenlosen Besitzes.
Vom ersten Tage der russischen Revolution an war der Kampf mit dem Hunger in den Mittelpunkt der Aufgaben gerückt, die die russischen Klassengenossen zu bewältigen hatten. Die Aufrichtung der kommunistischen Wirtschaft war zugleich verbunden mit dem Kampf um die Eindämmung der anschwellenden Hungerkatastrophe. Man kann in der Tat nur von einer Eindämmung sprechen, weil die Bekämpfung und restlose Ausmerzung dieser Katastrophe das Gesamtziel der revolutionären Erhebung der Arbeiterklasse ist, die, national begrenzt, selbst unter den Verhältnissen des russischen Riesenreiches betrachtet, nur einen Teil dieser Aufgaben wird lösen können. Im fünften Jahre kämpfen die russischen Klassengenossen noch auf derselben Stelle der Front. Infolge der Interventionen der weißen Garde und ihrer europäischen und amerikanischen Helfershelfer konnte dieser Vernichtungskrieg gegen den Hunger nicht immer mit der gleichen Energie betrieben werden. Kaum war ein Erfolg errungen, so mußte die Front auf ein anderes Gebiet verlegt und die kaum belebte Wirtschaft wiederum sich selbst überlassen werden. Es kann uns gleichgültig sein, daß die bürgerlichen Banditen hämisch solche Unterbrechungen und die daraus erwachsenden Folgen, den neuen und sich vertiefenden Zusammenbruch

der Wirtschaft auf ihr Konto buchen und Kapital gegen das kommunistische Wirtschaftsprinzip daraus schlagen. Der klassenbewußte Proletarier weiß, wie er das Geschrei solcher Leute einzuschätzen hat; bedauerlich bleibt es nur, daß die kleinbürgerlichen Elemente der Arbeiterbewegung sich gewöhnlich zum Wortführer der kapitalistischen Beweisführung machen. Nach dem Zusammenbruch des Denikinschen Abenteuers wurden die roten Truppen mobilisiert zu Arbeitsarmeen, um die Initiative, mit der der militärische Kampf gegen die Interventionspolitiker betrieben wurde, auch auf das wirtschaftliche Gebiet zu übertragen. Der Rotarmist ging in die Fabrik, er führte den Bauern den Pflug und brachte die Wirtschaft in den Sowjet-Gütern in Gang, er ging in die Verwaltung, um administrativ die so geschaffenen Produktionszellen in die Gesamtwirtschaft einzugliedern. Aber die staatlichen Aufgaben der russischen Arbeiter- und Bauernrepublik verlangten eine größere Sicherung. Die Auseinandersetzung mit den kapitalistischen Staaten bereitete sich vor und steht ständig zur Entscheidung. Waren die Koltschaks und Denikins, die Wrangel und die sibirischen und kaukasischen Atamane nur die Sendlinge und Vorboten des Weltkapitals, so erwächst heute Sowjet-Rußland, nachdem diese zum Teufel gejagt worden sind, der eigentliche Urfeind, der Großkapitalismus. Es ist zu vergleichen mit dem sterbenden Riesen, der den Giftkeim des kapitalistischen Krieges in der Brust trägt und dessen Glieder die großkapitalistischen Staatengebilde, sich in Krämpfen schütteln und bereit sind, Sowjet-Rußland zu erwürgen.

So wurden die Arbeitsarmeen wieder aufgelöst. Die Einstellung der Roten Armee auf rein militärische Aufgaben wurde notwendig und die Anpassung des gesamten Staatsapparates an denjenigen seiner Gegner zwang Sowjet-Rußland eine Politik auf, die einen großen Teil seiner Arbeitsinitiative in anderen Aufgaben bindet.

Die Schleier, mit denen große Teile der Wirtschaft bisher verhüllt waren, weil ihre Bedeutung im Weltmaßstabe der revolutionären Aufgaben der russischen Arbeiter- und Bauernrepublik geringer war, fallen, ein unsägliches Bild von Zerrüttung und Elend tut sich auf. Die Naturgewalten, die der bürgerliche Ökonom seinem Zweck entsprechend zu überschätzen geneigt ist, treten zurück. Nicht die Dürre allein hat den Hunger, und nicht nur der Mangel an sanitären Maßnahmen hat die Seuchen erzeugt, sondern der Mangel an Transportmitteln und Maschinen, der Mangel an Kleidung und der Mangel an lebendiger Hoffnung zum Weiterleben treibt diese Millionen Menschen der Katastrophe zu.

Warum hat Rußland keine Transportmittel? Warum fehlt es seit drei Jahren an Lokomotiven und seit dem vergangenen Jahr an Waggons und wer ist verantwortlich dafür, daß im Laufe dieses Jahres das Transportwesen noch furchtbarer zusammenbrechen wird als in allen Jahren vorher, da die Eisenbahnschienen nicht ausgewechselt werden können und die Schwellen nicht mehr fähig sind, die Belastung eines Transportes zu tragen, so daß schon jetzt kein Tag ohne zahlreiche Eisenbahnunglücke vergeht? Es muß schon ein ausgemachter Dummkopf sein, der noch den traurigen Mut aufbringt, die Sowjet-Regierung für diesen Zusammenbruch verantwortlich zu machen. Lag wohl im Laufe der 5 Jahre jemals die Möglichkeit an die Wiederaufrichtung des Transportwesens zu denken vor? Und wann war für den russischen Klassengenossen die technische Möglichkeit auch nur an der Ausbesserung des Transportwesens zu arbeiten? Oder stellen wir die Frage anders: Warum hat die russische Zarenregierung, die während des Weltkrieges gespensterhaft riesige Verkehrsstränge hervorzauberte und zur Not gerade im Gange hielt, nicht Sorge getragen, die betriebstechnische und wirtschaftliche Sicherung dieses Transportwesens aufrechtzuerhalten? Die deutschen und österreichischen Kriegsgefangenen beispielsweise, die an der Murmanbahn gearbeitet haben, werden sich erinnern, daß während des Krieges in unaufhörlichen Reihenfolgen zwar die Transportzüge von Sibirien nach Westen rollten, trotzdem aber die Bevölkerung Nordrußlands, die auf den Getreideimport von Sibirien angewiesen ist, vor Hunger umkam. Die gleichen Hungerbilder, die man heute von der Wolga erzählt, konnte man 1916 und 1917 im nördlichen Rußland, in Karelien und in Nordfinnland bereits beobachten. Die Einfuhr von Kanonenfutter aus Sibirien war dem Zaren und der Kerenskiregierung so wichtig, daß an 60 Millionen Pud Getreide bei Übernahme der Regierung durch die Bolschewiki in Sibirien lagerten, einige 1000 Werst weit entfernt von dem Ort, wo die Menschen sich von Baumrinde ernähren mußten. Es ist die eherne Gesetzmäßigkeit der politischen Ökonomie, die Staatsgebilde schafft und zerstört, daß es auch heute, wo die russische Arbeiter- und Bauernrepublik die Erbschaft jener Zarenregierung, die ein Werkzeug und Opfer des Großkapitalismus war, angetreten hat, nicht möglich ist, dieses Getreide an die Wolga zu schaffen.

Aber betrachten wir noch eine andere Seite. Der Bauer, der planmäßig in Unkenntnis über eine wirtschaftliche Betriebsführung der Landwirtschaft gehalten worden ist, hat von Jahr zu Jahr den Verfall seiner Wirtschaft mitansehen müssen. Die wenigen Geräte, die er an und für sich hatte, sind zerfallen. In einem Lande, das die ganze Welt mit Eisen versorgen könnte, fehlt es an den notwendigsten Eisenmaterialien, die der Bauer braucht, um überhaupt seine Wirtschaft im Gange zu halten. In den ersten Jahren der Revolution hat der Bauer noch häufig zu leicht dem sein Ohr geschenkt, der ihn an die alten Zeiten erinnerte, wo der Ortswucherer wenigstens die notwendigsten Materialien zur Verfügung stellen konnte. Heute weiß er, daß diese Leute ihn nicht retten können. Er fühlt, und das ist keine Phrase, sondern eine Tatsache, mit der gerade die interventionslustigen Kapitalisten noch rechnen, daß sein Schicksal mit dem der Sowjet-Regierung verknüpft ist. Daß wenn es gelingt die kommunistische Wirtschaft in Gang zu bringen, die Produktionszentren zu beleben, auch für ihn die Möglichkeit einer wirtschaftstechnisch besseren Betriebsführung und damit auch die Aufrichtung der Landwirtschaft gegeben ist. Er hofft, noch während er schon hungert und verhungert. Die Schwachen sterben. Die Flüchtlinge, die im ersten panischen Schrecken ihre Ortschaften verlassen haben, haben kaum die ersten Wintermonate überdauert. Den Rest wird die Seuche, die an Furchtbarkeit alles bisherige noch übertreffen wird, hinwegraffen. Es ist ein grausiges Bild in der notwendigen Auseinandersetzung im revolutionären Kampf um die Befreiung der Arbeit.

Die bürgerlichen Hilfsorganisationen, die unter dem Druck der zur Phrase gewordenen Moral eines allgemeinen menschlichen Begriffes stehen, haben es sich leicht gemacht. Sie kommen nach Rußland, um die Kinder zu verpflegen, sie stellen an die russische Regierung ungeheuere Ansprüche und schon heute kann man zahlenmäßig ausrechnen, daß die Hilfe, die diese Organisationen bringen, der russischen Regierung an Goldrubeln mehr kosten, als die Hilfe im Weltmarktpreis gerechnet, materiell wert ist. Wir wollen davon gar nicht sprechen, daß unter diesen Hilfsorganisationen Elemente sind, die auch direkt konterrevolutionäre Zwecke verfolgen, die Hilfsorganisationen ausnutzen zu dem Versuch, die Sowjet-Regierung zu diskreditieren, um sie ihrer staatlichen Autorität zu entkleiden. Wir sprechen darüber nicht, weil es ein Versuch mit untauglichen Mitteln ist und weil er auf Menschen fällt, die ihn mit Verachtung zurückweisen. Die guten Zeiten für die Konterrevolutionäre in Rußland sind vorbei. Vielmehr wächst eine ungeheure Verachtung gegen diese europäische Kapitalistenklasse hoch, auch unter den Millionen Bauern, die sich nicht offen zu der Fahne des Kommunismus bekennen. Jeder Mensch, der heute in Rußland lebt und arbeitet, ist davon überzeugt, tiefer als der Glaubensfanatiker einer Religionssekte, daß nur Arbeit Rußland retten kann, daß nur durch in-Gang-bringen der Wirtschaft der Hunger bekämpft werden wird, und daß ein unendlich mühevoller Weg vor uns liegt, die Intensivierung, die Wiederbelebung der Wirtschaft herbeizuführen.

Und alle schauen auf die Arbeiterklasse. Der russische Bauer sieht im Arbeiter und insbesondere im internationalen Proletariat, von dem er in den Jahren der Revolution im propagandistischen Sinne so viel gehört hat, seine einzige Hilfe. Er ist sich noch nicht im klaren darüber, daß dies Solidarität des internationalen Proletariats, das den Klassenkampf führt, ist. Er weiß wenig von der notwendigen Vergesellschaftung der Produktion, aber er weiß, daß wenn heute der Gutsbesitzer ins Land kommt oder überhaupt der große Herr, der früher mit seinen Geldern das Land beherrschte, in der heutigen Phase der Wirtschaft er nichts mehr ausrichten kann. Er weiß genau, warum der Konzessionär heute nicht nach Rußland kommt, ganz abgesehen davon, daß er ihn zum Teufel jagen würde. Derjenige, der den Hungertod vor Augen fühlt, blickt schärfer in die inneren Zusammenhänge der Wirtschaft als mancher, der jahrelang die politische Ökonomie studiert hat. Fangt wieder an zu arbeiten, sagen die Bauern zu den Industriearbeitern ihres Bezirks, aber die Arbeiter hungern selbst, sie wollen arbeiten; sie stehen in den leergewordenen Fabrikhallen herum und warten, daß man ihnen zeigt, wie der Betrieb wieder in Gang zu bringen ist. Zwar fehlen die Rohstoffe, die Betriebsmittel, es fehlt so gut wie alles, ein Zauberer soll kommen, der alles dies mit einem Schlage heranschafft, und ein solcher Zauberer aber ist die Arbeit, ist die Arbeitsinitiative, ist das Opfer an Zähigkeit und Energie, mit der das internationale

Proletariat die Arbeit der russischen Wirtschaft wiederbeleben kann; denn obwohl alles fehlt ist doch alles zugleich auch vorhanden. In den Lagerräumen stehen die noch nicht ausgepackten Kisten mit nagelneuen Maschinen, die der ungetreue Verwalter bisher der Bestandsaufnahme verheimlichte, in den Fabrikhöfen türmt sich das alte Eisen. Mit geringen Mitteln ist die Organisation, die Heranschaffung der Heizmaterialien möglich. Es muß nur ein Arbeitszentrum an Initiative vorhanden sein. Es müssen die Fachleute vorhanden sein, die sich nicht nur auf ihr Fach allein verstehen, sondern die auch gewillt sind, ihr bestes an Arbeitskraft hinzugeben, die Schwierigkeiten, die sich ihnen entgegenstellen, zu überwinden. Sie müssen bereit sein, mit dem russischen Volk zu leiden und mit zusammengebissenen Zähnen sich durchzusetzen, um die besseren Zeiten zu erkämpfen. Aber vielleicht spielt nicht einmal die Zahl solcher Fachleute, solcher Organisatoren an sich eine Rolle, sie warten in Rußland, daß das internationale Proletariat spricht, daß es als Klasse zum Ausdruck bringt, der russischen Wirtschaft helfen zu wollen. Daß es selbst in Rußland die Organisatoren und Fachleute aufruft, solidarisch mit ihnen zusammenzuarbeiten, sich einzuordnen in die internationale Klassenkampffront, daß endlich wieder und vielleicht endlich einmal der Hammer geschwungen wird unter dem Losungswort: für den Kommunismus und für die kommunistische Wirtschaft.

Man hat so oft davon gesprochen von dem Unterschied Rußlands als Bauernland gegenüber den europäischen Staaten mit ihrer hochentwickelten zahlreichen Industriearbeiterschaft. Jetzt soll diese Arbeiterschaft als Klasse die Verbindung im wirtschaftlichen Maßstabe, die zugleich ein Teil ihres proletarischen Kampfes im eigenen Lande sein wird, aufnehmen. Soll die Industriearbeiterschaft Westeuropas und Amerikas die Verbindung herstellen mit dem russischen Bauern: das russische Volk, die russischen Arbeiter und Bauern warten darauf. Heute sterben noch Tausende, ihre Zahl wird in den nächsten Monaten auf Millionen anwachsen. Sprecht zu den Überlebenden, sprecht zu denen, die noch die Kraft und den Mut in sich tragen, überleben zu wollen.

Über die neue ökonomische Politik

Über die Notwendigkeit des neuen Wirtschaftskurses in Sowjet-Rußland ist bereits genügend in der Arbeiter-Presse geschrieben worden. Auch die bürgerlichen Journalisten und die menschewistischen Theoretiker haben sich weidlich darüber lustig gemacht. Die letzteren haben es sich nicht verkneifen können, ihre Schadenfreude zum Ausdruck zu bringen. Viele Arbeiter machen sich infolgedessen darüber ein falsches Bild. Zu Schadenfreude ist gar kein Anlaß, wohl aber stellt der neue Wirtschaftskurs einen ziemlichen gewaltsamen Stoß dar, einen Puff in den Rücken der Arbeiterklasse, sich aufzuraffen und den russischen Klassengenossen zu Hilfe zu kommen. Vergeßt das nicht!

Was geht in der neuen ökonomischen Politik in Sowjet-Rußland vor? Die Annäherung der Arbeiterklasse an die Produktionsbedingungen der Bauern wird auch dem Vernageltsten verständlich, wenn er Sowjet-Rußland als wirtschaftliches Ganzes begreift, als den notwendigen Block, auf dem sich die Befreiung der Arbeiterklasse in ihrer Auswirkung nach den kapitalistischen Ländern hin vollziehen wird. Wäre ein anderes Land mit den gleichen ungeheuren Rohstoffquellen für Ausnutzung der produktiven Arbeit zu einem kollektiven Wirtschaftsganzen gegeben, so sollten die hämischen bürgerlichen und menschewistischen Kritiker ihren Blick dahin wenden, um dort die notwendigen Vorbedingungen für die revolutionsreife Situation zu analysieren. Die Geschichte aber und die Tatsache der historischen Entwicklung des Klassenkampfes fußen auf der Revolution in Rußland. Dort sind die Bedingungen jetzt gegeben, unter denen die revolutionäre Entwicklung der Arbeiterklasse zu der von ihr beanspruchten Machtposition sich vollziehen muß, soll der Gedanke der Zusammenfassung des Proletariats als Klasse innerhalb der ihr zustehenden Politik und ökonomischen Macht nicht eine leere Phrase sein. Die Arbeiter der Welt, zwar noch in Parteirichtungen gespalten, geführt zum Teil von kleinbürgerlichen Theoretikern, wissen das und glauben daran, daß der Weg der Arbeiterklasse zur Macht ein geschichtlich bedingter und unaufhaltsamer ist. Die Politik Sowjet-Rußlands mit ihrer Anpassung an den freien Handel, ihre Erweiterung der Rechte des privaten Unternehmers, setzt voraus, daß das Klassenbewußtsein der proletarischen Arbeiter und Bauern stark genug ist, die

Belastungsprobe eines Staatskapitalismus zu ertragen. Zu ertragen deswegen, weil der Rückzug zum Staatskapitalismus und selbst in gewissen Formen zum Privatkapitalismus alle psychologischen Erscheinungen des kapitalistischen Systems wieder aufruft, wenngleich die praktischen Auswirkungen eingedämmt sind in den Rahmen der proletarischen Staatsmacht, die trotzdem auf dem Wege zur Verwirklichung des Kommunismus weiterschreitet. Soll diese Belastungsprobe nicht zu einer Erschütterung des Staatsapparates führen, so ist die höchste Anspannung aller proletarisch Klassenbewußten erforderlich.
Der Straßenpassant in Petrograd oder Moskau geht wieder vorbei an den Auslagen protzenhaft beleuchteter Schaufenster, die alle die Waren und Delikatessen enthalten, die dem Gesichtskreis des Proletariats seit der Oktoberrevolution entschwunden waren. Dem Proletarier waren zwar auch früher solche Sachen unerreichbar. Er hat im Grunde genommen gar keinen Blick für die Leckerbissen der Bourgeoisie und die westeuropäischen Kameraden, die nach Sowjet-Rußland kommen, wundern sich, daß das Proletariat in Petrograd oder Moskau nicht auf die Straße geht, wie es in London oder Paris der Fall sein würde und ist, um diese Auslagen zu plündern. Der Grund liegt nicht in der Dummheit oder apathischen Gutmütigkeit des russischen Proletariats, sondern an dem kommunistischen Klassenbewußtsein, an der Sicherheit, mit der das russische Proletariat am Kommunismus festhält — mögen solche Auswirkungserscheinungen der neuen ökonomischen Politik noch so grell sein; der russische Proletarier ist dank seiner Revolution in dem kommunistischen Grundprinzip stärker, ist besser vorgebildet und er ist fähig, ganz zweifellos, diese Belastungsprobe zu ertragen. Er kennt seinen Staatsapparat jetzt gut genug, um zu wissen, daß allein durch die Tatsache einer freien Bewegung des Schieber- und Spekulantentums, daß nur dadurch, daß die wiedererwachende Bourgeoisie ihren den Genüssen schon abgewöhnten Gaumen mit neuen Genüssen kitzelt, der Grundgedanke der befreiten Arbeit und der Gemeinschaftsarbeit bis zum Ziele des kommunistischen Staatswesens nichts von dem proletarisch-moralischen Impuls verliert. Der russische Arbeiter lebt dafür, durch Organisierung der befreiten Arbeit die Widerstände niederzukämpfen und das kommunistische Wirtschaftsprinzip verwirklichen zu helfen. Er hat es auf sich genommen, mehr zu arbeiten, unberührt durch das

Treiben der Spekulanten, weil er weiß, daß dieses Aufleben der Bourgeoisie nur ein scheinbares ist. Es ist die Inbewegungsetzung einer wirtschaftlich noch wirksamen Kraft, von der das Proletariat lernen, wie Lenin sagt, und Nutzen ziehen soll. Es ist zu vergleichen mit der Maus, die die Katze laufen läßt, um ihre Geschicklichkeit im Wiedereinfangen spielen zu lassen.

Viele Seiten lassen sich mit den Berichten und Anekdoten füllen, die ein grausiges Bild von diesem wieder laufen gelassenen Spekulantentum enthüllen. Die Belebung der Industrie durch Konzessionen an den ehemaligen Eigentümer und an die neuen Reichen, die es versuchen wollen, ihren Papierreichtum um ein vielfaches zu vermehren mit Produktion, wirken sich an tatsächlicher Hebung von Produktionskraft nur zu einem geringen Teile aus. Der übergroße Rest ist Papierspekulation und meistens sogar direkter Diebstahl und Betrug, der nach dem Bürgerlichen Gesetzbuch Eurer kapitalistischen Staaten zu ahnden wäre. Die bürgerliche Klasse begreift naturgemäß nicht, daß sie die ihr gewährten Freiheiten nur benutzt, sich ins eigene Fleisch zu schneiden und sich schlimmer als bisher ihre eigene Existenz abzuschnüren. Denn jede Maschine, die von den neuen Arendatoren (Pächtern) auf den freien Markt wandert, um dort verschoben und verkauft zu werden, läßt Hunderte von Menschen Hungers sterben. Die Katastrophe der Zertrümmerung einer vom Kapitalismus übernommenen Wirtschaft greift damit nur tiefer und sie trifft schließlich gerade diejenigen, von denen der Giftkeim jener Wirtschaft ausgegangen ist. Sie trifft den Kapitalismus, die Reste der kapitalistischen Klasse in Rußland und in noch größerem Maße den internationalen Großkapitalismus. Das sogenannte kapitalistische Gleichgewicht im Weltmarkt ist mit dem Zustand der russischen Wirtschaft auf Leben und Tod verknüpft. Nicht etwa der durch Anleihe garantierten, in Wechseln und Bankdepots ausdrückbaren Wirtschaft, sondern der produktiven Wirtschaft, d.h. der zur produktiven Verwendung gebrauchten Rohstoffe, sei es durch den Austausch von Rohstoffen gegen fertige Fabrikate und Maschinen, sei es durch die Wanderung der zu verarbeitenden Produktion zur Rohstoffquelle direkt. Der Zusammenstoß mit den kapitalistischen Beherrschern des Weltmarktes ist unvermeidlich. Schärfer wie je zuvor zeigen sich bereits die Bedingungen dieses Endkampfes, Bedingungen, die getragen sind zu gleichen Teilen vom Druck des internationalen Proletariats gegen die Unterdrückerkaste des eigenen Landes und der Stärke des russischen Proletariats in der Defensive gegen das zum Verzweiflungskampf anrennende Weltkapital.

Die klassenbewußten Arbeiter sind, mag ihre Zahl im Vergleich zur Masse der Parteilosen eine geringe sein, in die Wirtschaftszellen mobilisiert. Sie arbeiten dort zäh und unbeeinflußt von den sich ihnen gegenüberstellenden Widerständen an der Durchdringung der Wirtschaft von Industrie und Landwirtschaft. Sie erobern unaufhörlich trotz aller bisherigen Rückschläge die Plattform, von der aus sie den Veitstanz des neuen Spekulantentums zügeln, beherrschen und wenn die Zeit gekommen sein wird, ersticken können. Aber eins ist notwendig. Vielleicht nicht so sehr für den tatsächlichen Existenzkampf, sondern um zur Anfeuerung auszuhalten, die Angriffe des Kapitalismus zurückzuschlagen und seine Zersetzung zu beschleunigen, eine Zersetzung, die Euch in Westeuropa und Amerika zugute kommt — eins ist notwendig, Euer Zutrauen, Eure Mitwirkung, Eure Solidarität. Die Fronten, auf denen das internationale klassenbewußte Proletariat kämpft, müssen mehr als bisher verbunden sein. Die direkte Frontlinie ist nicht die lokal bedingte, es ist die geistige des Klassenbewußtseins, der gleichzeitigen solidarischen Initiative und der Hilfe mit allen Mitteln.

Den Vorhang weg!

Es ist an der Zeit, sich in die Einzelheiten des russischen Wiederaufbaues zu versetzen. Man soll nicht später einmal sagen, daß die europäische Arbeiterklasse zu denkfaul gewesen ist, die Probleme des russischen Wiederaufbaues zu verstehen und damit zugleich ihre Einordnung in die Frage des Klassenkampfes im eigenen Lande vorzubereiten. Die Berichterstattung der bürgerlichen Presse folgt doch der großen Linie, die in allen Fragen des öffentlichen Lebens die kapitalistische Beeinflussung aufweist: Die Ausnutzung der schwachen Position des Proletariats innerhalb der Wirtschaft und die Ausnutzung des daraus hervorgegangenen Mangels an kultureller und technischer Entwicklungsmöglichkeit. Die kapitalistische Presse kann, wie man sagt, noch immer den Arbeiter dumm machen. Als es für den Unternehmer und für den kapitalistischen Staat noch an der Zeit war, die bolschewistische Hölle vorzumalen, wurde mit den Greuelnachrichten nicht gespart. Naturgemäß entstand gleichzeitig damit auch der politisch bedingte Gegendruck der proletarischen Klasse, der sich in der Ausmalung des Sowjetparadieses nicht genug tun konnte. Heute ist darin ein Wechsel eingetreten. Das Kapital malt die Reichtümer Sowjet-Rußlands an die Wand, weil sie sich zu einem politischen Intrigenspiel der Hauptmacht des internationalen Großkapitalismus wunderbar benutzen lassen. Soll ein sich entwickelnder Gegendruck des Proletariats wieder in dieselben Fehler hineingezwungen werden wie vorher, und auf die Katastrophentatsachen gestützt die Sache pessimistischer machen als sie ist? Oder gelingt es dem Proletariat, dem vorgeschrittensten klassenbewußtesten Teile desselben diejenige Linie zu finden, die die Verknüpfung der eigentlichen Existenzbedingungen Sowjet-Rußlands mit dem Grade des Klassenkampfes in Westeuropa aufweist. Zwingende Notwendigkeit, Vorbedingung jeder proletarischen Politik ist es, die Augen vor der sich vor uns abwickelnden Wirtschaftskatastrophe nicht zu verschließen, weil man anders die die Gesamtleistung des Proletariats umfassende Grundursache eines solchen Leidensweges nicht erfassen kann, und weil man anders auch nicht an die Möglichkeit herangehen kann, dieser Katastrophe entgegenzuwirken und praktisch an dem Wiederaufbau Sowjet-Rußlands mitzuwirken, mögen die sich entgegenstellenden Schwierigkeiten auch noch so riesengroß sich auftürmen. Der Proletarier, der die Nüchternheit und die realen Bedingungen seiner Existenz ganz anders gewöhnt ist als der bürgerliche Planschmieder, der mit Hilfe des Proletariats seine Kapitalien umsetzen will, sieht solche Schwierigkeiten mit ganz anderen Augen an als dieser. Ihn schreckt nichts und die Frage steht so, wenn es sich darum handelt, im Augenblick 20 Millionen Menschen vom Hungertod zu retten, welche Möglichkeit besteht und für welche Zahl und wie ist der um sich greifenden Hungersnot wirksam vorzubeugen. Seit 6 Monaten tagt der Völkerbund über diese Frage. An die Hilfstätigkeit aller Völker ist mit den glattesten Worten appelliert worden und die Zahl der Menschen, die von Monat zu Monat starben, hat sich bedeutend vergrößert. Trotzdem ist die Sensation einer solchen Hungerkatastrophe, die kapitalistisch in wirtschaftlichen Konzessionen auswertbar ist, bedeutend gesunken. Bis auf die Amerikaner, die darin die ersten Schritte zur Anknüpfung für den Plan ihrer wirtschaftlichen Vormachtstellung in Rußland erblicken, ist die bürgerliche Hungerhilfe trotz aller Bemühungen Nansens abgeflaut. Noch nicht an der Zahl der verpflegten Personen, aber an Initiative und an planmäßiger Eindämmung der Seuche. Denn nicht nur die Choleraepidemie und der Flecktyphus, auch der Hunger wirkt wie eine Seuche. Er frißt weiter um sich, und aus 13 Gouvernements sind heute schon 28 Gouvernements geworden. Im Laufe des Sommers wird sich ihre Zahl noch bedeutend erweitern. Die Hilfe ist abgeflaut, weil sie eben in Wirklichkeit keine wirksame Hilfe ist, sie greift nicht die Ursachen des Krebsgeschwüres an und sie vermag nicht die Menschen mit einem anderen Geiste zu erfüllen, der sie instand setzen würde, ihre Existenz gegen die vordringende Seuche, die sie verschlingen will, zu verteidigen. Betrachten wir die Hilfsaktionen der Ara. Mit Hunderten von amerikanischen Organisationsexperten überschwemmt die Ara das Hungergebiet. Man erkennt den Ara-Amerikaner an seiner Unverschämtheit den russischen Behörden gegenüber, seiner Rücksichtslosigkeit für die Schwierigkeiten des Transportes und der katastrophalen Lage der russischen Wirtschaft, und daran, daß er meistens besoffen ist. So ein Experte wird im Zentrum des Hungergebietes die Forderung aufstellen, ein Dutzend Transportpferde für seine persönliche Bedürfnisse zu reservieren. Er wird sich die Sicherheit damit ausbedingen, zu jeder Zeit in der Lage zu sein, an einen beliebigen Ort des Gebietes zu fahren. In diesem Gebiet und überall im Hungergebiet ist die Katastrophe zum größten Teil zusammenbedingt mit dem Mangel an Transportmitteln. Die Bauern in der Steppe sterben, weil es nicht möglich ist, die im Zentrum aufgestapelten Lebensmittel in die Steppe hineinzubringen. Der Bedarf an Transportmitteln ist zur Zeit größer als an Lebensmitteln. Der Amerikaner, als Vertreter der Ara, die Milch und Mehl bringt, wird sich darum nicht kümmern. Er hat ein gewisses Schema von Organisation im Kopf, zu dem eine Reserve an verfügbaren Transportmitteln gehört, und er wird keinen Schritt weitertun, bevor er diese Reserve nicht zur Verfügung hat. Gestützt auf diese Reserve beginnt er Befehle an die örtliche Behörde zu erlassen, für die Transporte nach den umliegenden Dörfern Sorge zu tragen, Befehle, die auf dem Papier bleiben, die unausführbar sind, um die aber unser Ara-Vertreter sich auch sonst weiter nicht mehr kümmert, im mollig geheizten Wohnwagen, die Whiskibuddel vor sich, womit er sich nach einem Ausspruch eines Generalbevollmächtigten gegen die Ansteckungsgefahr des ihn umdringenden Gesindels schützt. Die Korruption des Whiski greift über einen kleineren Kreis von Behörden, die mit der Organisation der Ara zu tun haben, um sich. Der Verteilungsplan beginnt sich zu lockern auf der Basis des Mangels an Transportmitteln und die Verteilung, die auf Küchen und warme Zugspeisungen in den einzelnen Orten gestellt war, wird bequemer gemacht. Man erläßt ein Dekret, daß sich die im bestimmten Kreis Ansässigen an dem bestimmten Punkt die Verpflegung abholen sollen. Sie erhalten für eine gewisse Zeit, auf 8—14 Tage, ihre Produkte im voraus und der Ara-Vertreter kann in Ruhe seinen Rausch ausschlafen, denn was geschieht? Kommen die hungernden Bauern aus den Dörfern, um sich die Produkte abzuholen? Es kann vielleicht sein, daß der eine oder andere, der noch über Vorräte verfügt, über Pferde, der ehemalige Kulak oder Dorfwucherer, vielleicht heute unter der Hülle des örtlichen Sowjet, nach dem Zentrum kommt, um für seinen Verpflegungsbezirk Produkte in Empfang zu nehmen. Es wäre beinahe noch das Beste. Denn wenngleich er gut die Hälfte für den Transport für sich verwenden wird und den Hungernden abziehen, so wird doch der Rest den Ärmsten in der Tat gebracht. In den anderen Fällen erhalten sie gar nichts und in sehr vielen Verpflegungszentren muß man die Tatsache feststellen, daß die Hungernden nicht zu bewegen sind, die für sie ausgesetzten Produkte abzuholen. Sie sind unfähig, sich zu bewegen, nicht nur im buchstäblichen Sinne rein körperlich, so auch, was Initiative anbelangt, eine gewisse Bereitwilligkeit sich einer bestimmten Organisation der Verteilung unterzuordnen. Die Verpflegungszentren der Ara sind gekennzeichnet durch die Größe der Basare, die sich in ihnen entwickeln. Ein großer Teil der Ara-Ware wandert aus dem Basar. Man erhält dort Kondensmilch, Kakao und Mehl um ein Vielfaches billiger als sonst irgendwo in Rußland. Ich glaube, daß bald von Moskau die Hamsterer nach dem Hungergebiet fahren werden, um dort Milch und Kakao billig aufzukaufen. Schuld ist die Unfähigkeit der Ara-Organisation, sich den wirklichen Bedürfnissen des russischen Volkes anzupassen, eine Hilfe zu leisten, die es heben will, die es heranziehen will zu produktiven Aufgaben, die also eine prosowjetische sein müßte. Mit Verachtung gegen das Volk, verschanzt hinter die Whiskiflaschen, umwogt von dem Havanaqualm amerikanischer Gottähnlichkeit kann man keine Hilfe bringen. Daraus wird nur Korruption und eine Atmosphäre, überladen von menschlicher Verzweiflung und Konterrevolution. Die übrigen bürgerlichen Hilfsorganisationen mögen solche Fehler nicht so scharf ausgeprägt enthalten. Das Nansenkomitee versuchte im Gegenteil schon bei Beginn dieser Aktion diese Fehler zu vermeiden. Es paßt sich mehr den Bedürfnissen des Volkes an, und wenn es gelingt, die verschiedenen Wünsche der einzelnen Roten Kreuze, die dem Nansen-Komitee angeschlossen sind, in Einklang zu bringen, so wird es vielleicht vom Frühjahr dieses Jahres ab produktive Hilfe leisten können. Aber seine Zusammensetzung ist zu ungewiß und das ganze kann an der internationalen Politik zu leicht zerschellen. Zudem sind seine Kräfte gebunden zum großen Teil an der Kinderspeisung. Darin leisten auch die Quäker beispielsweise Außerordentliches und der Mut, mit der die Organisation sich gegen die Schwierigkeiten des Transportwesens und der Verhältnisse an Ort und Stelle durchsetzt, nötigt auch dem proletarischen Kritiker Bewunderung ab. Das sind Leute, die wirklich Hilfe bringen wollen, wenigstens soweit das Elend der Kinder ihr menschliches Gewissen rührt.

Aber betrachten wir die Frage jetzt von einer anderen Seite. Nansen erklärt, daß selbst bei einer sofortigen Ausdehnung der Hilfsaktion an 15 Millionen Menschen rettungslos verloren sind. Das Auge des Lesers gleitet über eine solche Zahl meistens leicht hinweg. 15 Millionen Menschen ist nicht schwerer zu lesen als 15 Menschen, die in einem Schacht verschüttet durch Klopfzeichen sich noch bemerkbar machen, aber für den Zeitungsleser als verloren gelten. Der Rentner, der eine solche Nachricht bei seinem Morgenkaffee liest, kommt dabei gelegentlich in Wallung und ist bereit, sich die Haare zu raufen, wenn er sich den Untergang dieser Menschen vorstellt. Die Zeitungen pflegen darüber dann Spalten zu berichten. Hier handelt es sich jetzt um 15 Millionen und diese Zahl ist gering, sie ist sogar lächerlich gering, denn das sind die Menschen, die in den heute bereits abgegrenzten Hungergebieten als verloren gelten. Denkt niemand an die Seuchen, die sich über ganz Rußland verbreiten werden, an den Hunger, der sich nach Westen und nach Osten weiterfrißt, denkt niemand an das heute noch so ruhige Westeuropa, das in die um sich greifende Wirtschaftskatastrophe mithineingezogen werden wird? Seid Ihr nicht Arbeiter und wißt Ihr nicht gerade als Arbeiter, daß das Kapital und der Kapitalismus in einer noch so organisierten Entwicklungsstellung des industrialistischen und imperialistischen Großkapitalismus und in seiner jetzigen Form des Reparationskapitalismus nie in der Lage sein kann, die von ihm veranlaßte Wirtschaftskatastrophe einzudämmen, die Wirtschaft aufzurichten, weil dies eine Wirtschaft sein wird mit lebendigen Kräften gegen ihn selbst. Weil diese Wirtschaft die Waffe sein wird, diesem Großkapitalismus selbst den Rest zu geben. Was aber bleibt dann? Nichts anderes bleibt der Arbeiterschaft übrig, als zur Selbsthilfe zu greifen. Mag die Selbsthilfe noch so verschiedene Formen haben, man muß sie begreifen, man muß sie in ihren einzelnen Phasen durchleben, als Politik analysieren und als Taktik der Revolution erfassen. Wir werden später darüber noch sprechen. Dann wird das folgende vielleicht anders auf das Gemüt wirken als es der bürgerliche Pressekorrespondent Euch vortragen kann. Der Transport der Lebensmittelsendungen nach Rußland ist auf eine bestimmte Maximale begrenzt. Eins Transportstatistiker braucht nicht aus seinem Büro herauszugehen, um ziffernmäßig erklären zu können, um wieviel der Bedarf der Frühjahrssaat die Zufuhrsmöglichkeit übersteigt. Die Zahl der Waggons, die eine Strecke beispielsweise von Reval oder Riga nach Moskau durchlaufen können und von Moskau in die einzelnen Hungergebiete andrerseits, ist als Maximale fixiert festgelegt. Ihre Zahl erreicht kaum ein Drittel des augenblicklich notwendigen Bedarfs. Davon ganz abgesehen, daß es unmöglich ist, die nach dem Zentrum kommenden Waggons in das Gebiet auf das Land hinaus abzubefördern. Aber wann wird jemals diese Maximale erreicht werden können? Man schätzt sich glücklich, wenn 50 Prozent glatt durchgehen, denn die Transportstrecken sind ruiniert. Es fehlt an Schienen- und Schwellenmaterial. Die Schwellen sind derartig schlecht, daß Eisenbahnunglücke an der Tagesordnung sind. Dabei soll nicht davon gesprochen werden, daß die Eisenbahner hungern, daß die Transportzüge durch Hungergebiete fahren, die nicht nur *einmal* den Versuch gemacht haben, diesen Zug anzuhalten und denselben für sich zu beschlagnahmen. Mit übermenschlicher Kraft wird das, was überhaupt möglich ist, von

dem Transportwesen aufrechterhalten. Die Zähigkeit, mit der die paar Hunderte von verantwortlichen Arbeitern, die schon nicht einmal alle Kommunisten sind, aus dem Transportwesen herausholen, was andern vielleicht wie ein phantastisches Wunder erscheinen würde, ist andererseits auch ein psychologisches Wunder für sich. Man findet keine Worte, der westeuropäischen Arbeiterschaft überhaupt den richtigen Begriff davon zu übermitteln. Denkt Euch dazwischen die besoffenen Amerikaner und die hysterischen Engländerinnen, von der „Rettet-die-Kinder-Gesellschaft" und die noch von der Etappen-Atmosphäre des kaiserlichen Heeres durchseuchten deutschen Roten-Kreuz-Ärzte, mit Geheimaufträgen des Herrn Weißmann versehen.
Oder ein anderes Bild. Im Herbst vorigen Jahres unter der zweiten Panikwelle vor dem hereinbrechenden Winter wurden Hungerflüchtlinge nach Turkestan evakuiert. Statt der 80 000 Menschen, die Turkestan aufzunehmen und zu verpflegen bereit war, belief sich die Zahl der nach Turkestan eingedrungenen hungernden Massen auf 1 100 000. Zwei Monate hat sich der turkestanische Hilfsapparat gehalten, dann ist er unter der Belastung zuammengebrochen. Die Lage dort nähert sich einer furchtbaren Katastrophe, die an Schrecknissen den Hunger an der Wolga weit übertrifft. Der Mangel an Kleidung, Wohnungen und an Arbeitsorganisation gestaltet die Gesellschafts-Atmosphäre einzelner Gebiete in Turkestan zu einem Sumpf, aus dem sich die Fieberepidemie entwickelt, die Europa in diesem Jahre überziehen wird. Den Anfang der Flecktyphusepidemie in Turkestan charakterisiert folgende Nachricht. Von den in dem Laufe einer Woche fahrplanmäßig nach Taschkent einlaufenden Zügen sind nur zwei eingetroffen. Die übrigen sind auf der Strecke liegengeblieben. In einigen davon sind die Insassen buchstäblich verhungert und erfroren, weil sie auf 50—60 Werst im Umkreis keine lebendige Seele antreffen konnten und bei der herrschenden Kälte selbst in ihrer Bewegungsmöglichkeit aufs äußerste beschränkt waren. Die übrigen Züge sind wenigstens bis zu den nächsten menschlichen Behausungen durchgeschleppt worden, indem man auf Strecken von 100 Werst alle Einwohner mobilisierte, die fähig waren, den Zug weiterzufahren. Unterwegs war das technische Personal des Zuges erkrankt und gestorben und obwohl man schon aus den Zuginsassen Leute hierfür angeworben hatte, so waren auch diese der Epidemie erlegen. Die

Flüchtlinge in Turkestan wohnen in Erdhöhlen, sehr viele Menschen laufen buchstäblich nackt herum. Der Versuch, mit hygienischen Mitteln die Seuche zu bekämpfen oder auch nur einzudämmen, ist zu vergleichen als ob man mit einem Zweig Holz einen gewaltigen Strom eindämmen wollte. Dort aber liegen noch riesige Mengen Getreide. Die Frühjahrssaat, auf die die russische Regierung rechnet, war zum großen Teil in Turkestan aufgestapelt. Es war schon der Notbehelf, denn das Getreide, auf das das russische Volk wartet und mit dem die Sowjetregierung gerechnet hat, ist im Grunde genommen nicht in Amerika oder Afrika oder Australien, sondern in Sibirien. Dort liegen noch 20 Millionen Pud, die die Regierung bereits angekauft hat und die sie nicht an die Wolga, einige 100 Werst weit, transportieren kann.

Das muß der Proletarier wissen, wenn er daran geht, seinen Plan für die Hilfe an der Wolga zu durchdenken, wenn er sich entschließt, dem Drucke nach Solidarität in seinem eigenen Innern und dem Hilferuf der russischen Brüder nachzugeben. Er muß die Bedingungen kennen, unter denen er anfangen muß, zu arbeiten. Wir sind uns klar, daß wir Hilfe bringen müssen. Die meisten von Euch werden auch schon überzeugt sein, daß nur die Arbeiterklasse wirksame Hilfe bringen kann. Wir werden eher die Tatsache erwägen können, daß während unserer Hilfsaktionen, während der ersten Schritte unserer Hilfsorgane und um uns herum noch Tausende und Millionen Menschen zugrunde gehen werden. Dies wird uns eher stärken darin, mit neuer Initiative und mit noch gespannterer Zähigkeit die Hilfsaktion fortzusetzen. Es ist eine Frage der Elastizität im Endkampf der Klassenauseinandersetzungen.

Zwischenbemerkung zur Kritik der Konzessionspolitik

Werden die Konzessionäre kommen, werden die Exploitationsbedingungen der Arbeit in Sowjet-Rußland sich den großkapitalistischen Arbeitsbedingungen in Westeuropa und Amerika anpassen? Das ist die Frage, die in den Kreisen der Arbeiterschaft diskutiert wird. Seltsamerweise nicht etwa unter den russischen Proletariern, sondern unter dem westeuropäischen Proletariat, das die Bedingungen seiner eigenen Sklaverei an

seinem eigenen Leibe spürt. Die Behandlung dieser Frage hat noch wenig Positives gezeigt. Die Leute, die bisher die revolutionäre Situation nach Kräften zurückgehalten haben, neigen zu einer besonders scharfen Kritik; von der anderen Seite kritisieren diejenigen Elemente, die nicht fest genug im Klassenbewußtsein verwurzelt sind, um den Revolutionsprozeß zur Befreiung vom Kapitalismus als einen historisch umgrenzten Weg zu erkennen, der ein Höchstmaß von Energie und Ausdauer erfordert und dessen Zielgebung und Formen ständig wechseln, je nach dem Stand der Entscheidungsschlacht.
Der russische Proletarier denkt anders, er kämpft um den Aufbau seiner Wirtschaft. Es mag zugegeben sein, daß teilweise bereits die lebendige Rückerinnerung an den Leidensweg den Proletariats vor der Revolution im Schwinden begriffen ist; der russische Proletarier versteht manchmal nicht, warum das westeuropäische Proletariat nicht automatisch seinem Ruf nach Hilfe folgt. Der deutsche oder französische, englische oder amerikanische Arbeiter kann es wett machen, wenn er zu begreifen beginnt, daß die solidare Hilfsaktion für den russischen Wiederaufbau zugleich eine Etappe seiner revolutionären Entwicklung ist. Es ist, wie schon oben angedeutet, eine Sache der Elastizität, im Zweifrontenkrieg zu stehen und den revolutionären Druck gegen das Unternehmertum dort zum Vorstoß zu bringen, wo das Großkapital, das sich den würgenden Fäusten der internationalen Arbeiterklasse in Westeuropa oder Amerika zu entziehen sucht, sich vom Weltkrieg erholen will. Der Gedanke, daß die Konzessionspolitik der Sowjet-Regierung zur Schaffung einer neuen Arbeiterklasse in Sowjet-Rußland führen soll, die in der neuen Form ihrer Ausbeutung vor neue, revolutionäre Aufgaben gestellt sein wird, ist langweilig und dumm. Er ist aus von langem Archivstudium literarisch verseuchtem Gehirne einiger sonst gutmütiger Theoretiker entsprungen. Er schließt nämlich die Vorbedingung ein, daß die Festigung der Arbeiterklasse automatisch die Revolutionierung bedeutet, wobei die produktive Aufgabe der Arbeiterklasse, die Beschleunigung und Intensivierung der Produktion, die Erweiterung der Güterverteilung und die breitere Erfassung aller Werte für Alle, nicht in Betracht gezogen wird. Eine solche Festigung der Arbeiterklasse in Sowjet-Rußland wird revolutionierend wirken nach Westeuropa und Amerika, aber nicht im Rahmen des russischen Sowjetstaa-

tes selbst. Die Leute, die sich bereits heute den Kopf zerbrechen über das Streikrecht der russischen Arbeiter- und Bauernrepublik, können einpacken, sie haben die produktiven Ziele des Marxismus und die Glückszielsetzung des Klassenkampfes nicht begriffen. Für sie war, selbst wenn sie noch Mitglieder der RKP sind, die russische Revolution nichts weiter als ein der Registrierung würdiges Zeitungsereignis.

Die Konzessions-Politik der Sowjet-Regierung hat nicht die Festigung der Arbeiterklasse im Sinne dieser Oppositionstheoretiker zum Ziel, sondern die Hebung der Wirtschaft, die Wiederbelebung der Produktion und die Schaffung einer Produktionsplattform, auf der die Auseinandersetzung der Klassen in einem größeren Maßstabe als die erste Etappe des revolutionären Angriffs gegen die Macht der Bourgeoisie sich vollziehen wird. Die Grundlage für diese Auseinandersetzung ist die straffere Zusammenfassung der produktiv arbeitenden Kräfte und der Werktätigen insgesamt. Es ist nicht die revolutionsbedingende Zusammenfassung, sondern die aufbaufördernde. Solche Zusammenfassung gründet sich auf den Satz, daß die Produktion an sich, daß Werte schaffen aus der Klasse der Werktätigen für die Gemeinschaft das prokuktive Moment für die Gesellschaftsbildung ist. Solange der Staat der Arbeiter und Bauern die Grundlage jener Produktionsführung bildet und die Produktion in einen Verwertungsprozeß lenkt, der diesen Staat wiederum stützt und fester in seiner Stellung gegenüber dem angreifenden Weltkapital verankert, spielen die Hilfsmittel für diese Produktion eine untergeordnete Rolle. Die Form des Aufbaukapitals in Sowjet-Rußland unterscheidet sich von der Mehrwert bildenden Struktur des Kapitalismus, allgemein gesprochen, wesentlich. Ein in seinen letzten Wirkungen begrenzter Mehrwert frißt sich selbst und wird zu einem Giftkeim, der den Koloß des Großkapitalismus allmählich unterhöhlt. Für den einzelnen Arbeitenden mögen die Bedingungen von der vorrevolutionären Zeit nicht allzusehr verschieden erscheinen für den Fall, daß er die Augen geschlossen hält und sich gegen die psychologischen Eigenwirkungen *seiner* Revolution hermetisch abschließt. Der Kampf gegen die Dummheit, das Nichtwissen und Nichtbegreifen, ist letzten Endes die ursprünglichste Auseinandersetzungsform, innerhalb der der Aufmarsch der Proletarier zur Macht sich vollzieht. Man braucht deswegen nicht den Kopf hängen zu

lassen und schnell zu den Büchern zu greifen. Stellt Euch in die Produktion ein, bleibt unter den Arbeitenden als Gleichwerktätige, und Ihr werdet fühlen, daß die Arbeitsatmosphäre in Sowjet-Rußland eine grundsätzlich andere ist, als an irgend einem Platze in Westeuropa.
Überlassen wir theoretische Auseinandersetzungen den dafür zuständigen Auserwählten. Der lebendige Inhalt der Produktion, der die Werktätigen zusammenschweißt, der in der Entwicklung der Klassenbildung die Macht der Werktätigen frei legt und sich auf die Produktionserweiterung und Vertiefung konzentriert, ist als Lebenselement der kommenden Gesellschaft noch nicht bewiesen. Man sagt, es ist unnötig, vom Glück der Arbeit zu sprechen, solange das Gutachten der Professoren noch aussteht. Herrschend bleibt die Frage, wird die in der Wiederbelebung der Produktion ermöglichte Zusammenfassung der Werktätigen auf produktiver Grundlage die Macht der Sowjets stärken oder schwächen. Das ist die Linie, auf der die Auseinandersetzung sich vollziehen wird.

Der Produktionskampf der Klassen

Warum sollte das eine Utopie sein, daß die Produktionskraft des Proletariats auf gleichem Boden mit der der Unternehmerklasse oder eines kapitalistischen Staates sich messen kann. Es ist sogar leider keine Utopie, denn sicher hätten dann die Theoretiker Zeit genug, sich näher mit diesem Problem zu befassen, sondern Wirklichkeit, rauhe Wirklichkeit, die dem Lebenszuschnitt des Proletariats und der Werktätigen entspricht. Es ist eine bittere Wirklichkeit, wenn das westeuropäische Proletariat in der Entwicklungslinie des Klassenkampfes in Rußland im internationalen Maßstabe diese Entwicklung nicht begreift, denn dann wird diesen Kampf das russische Proletariat allein durchführen müssen, zwar mit der Auswirkungsmöglichkeit für die Klassengenossen der anderen Länder, aber ohne Wirkung und mit dem alleinigen nächsten Ziel sich selbst zu retten und sich selbst mit der Anspannung aller Kräfte an der Macht zu halten. Es ist eine verheißungsvolle Wirklichkeit, die schon den halben Endsieg des Proletariats in einer glühenden Zuversicht umfaßt, wenn die

internationale Arbeiterklasse an diesem sich in Rußland entspinnenden Kampf teilnimmt. Dann vollendet sich der Auswertungsprozeß dieses Klassenkampfes in gleicher Stärke sowohl für die produktive, aufbauende Tendenz der sozialistischen Gesellschaftsbildung, sowie für die niederreißende, das kapitalistische Unternehmertum beseitigende Tendenz der vorrevolutionären und revolutionären Aufgaben.
Der klassenbewußte Lohnarbeiter weiß heute, daß die technischen Mittel, die organisatorischen Grundlagen sowohl wie die Betriebsführung nicht nur dem Gesetz von Angebot und Nachfrage unterliegen und sich trotz etwaiger Klassengegensätze dorthin wenden werden, wo die größere produktive Entwicklungsmöglichkeit gegeben ist, — das ist nur eine Frage des zäheren Durchhaltens im Klassenkampf, — sondern daß das gesellschaftsschöpferische Moment der kommunistischen Gemeinwirtschaft die schwankenden Produktivelemente der nicht zum Proletariat gehörenden Gesellschaftsschichten an das zur Macht gelangende Proletariat stärker bindet als die kapitalistische Ideologie. Verdienst und Existenzgrundlage sind nicht notwendigerweise mit revolutionären Phrasen vom Klassenkampf verknüpft. Die Kristallisation der Klassenkampfideologie zu einer produktionserweiternden Weltanschauung des Kollektivismus wird bald das Überwiegen negativer Revolutionsphraseologie überwinden.
Das, was in den alten kapitalistischen Ländern ein Ausweichen vom Klassenkampf bedeutet, bildet sich im Aufbauprogramm der russischen Wirtschaft für diese Länder zu einem Revolutionsfördernden und Klassenkämpferischen um. Es sollte nicht zu schwer sein, eine praktische Verbindungslinie durchzuführen, welche die in Rußland gewonnene Steigerung des revolutionären Klassenbewußtseins in seiner Auswirkung für das Proletariat der kapitalistischen Länder zum Inhalt der Klassenkampftaktik des vorgeschrittensten Teiles des Proletariats dieser Länder macht.
Längst handelt es sich nicht mehr um den Streit über die Form der Verwaltung, ob die Werkkomitees die Leitung der Fabrik übernehmen, das Fabrikkollegium, der Beauftragte der Gewerkschaft oder die ökonomische Zentralverwaltung. Die Form der Verwaltung als Streitobjekt an die Spitze gestellt, entscheidet nicht das Ziel der Produktion, die Wirtschaftlichkeit für das

Staatsganze. Da man gerade dieses zu lange vergessen hat, so rückte das Hauptmoment, die Wirtschaftlichkeit, in den Mittelpunkt der zu lösenden Aufgaben, und zwar mit einer derart zwingenden Notwendigkeit, daß es vielen westeuropäischen Arbeitern nicht mehr möglich gewesen ist, die im Grunde trotzdem aufklärende und der Lösung zustrebende Grundtendenz dieser Diskussionen zu Ende zu denken. Die Revolution fördert nicht nur die Idee, sie baut nicht nur die Gedanken aus, sondern sie gründet sich auf der wirtschaftlichen Entwicklung und der Produktionserweiterung für die Gemeinschaft. Es ist ein Beweis für die innere Unversehrtheit der Revolution zum Kommunismus in Sowjet-Rußland, daß sie die Krise, das Wirtschaftsproblem, zugunsten einer problematischen Ideenentwicklung zurückzulassen, mit einer so starken Geste überwunden hat. Sie fühlt sich stark genug, die für das Proletariat aus dieser Umstellung erwachsende Belastungsprobe zu bestehen, es mindestens auf viele Jahre zu versuchen.

In Westeuropa wären die Beauftragten der proletarischen Diktatur in solchen Situationen auseinander gelaufen, oder hätten versucht, sich selbst in der Jagd nach theoretischer Rechthaberei zu unterminieren. Dadurch, daß die Hebung der Wirtschaft in den Mittelpunkt aller Aufgaben eindeutig gerückt ist, vom Proletariat, das den Staatsapparat in der Hand hat, und das die Diktatur über die übrigen Klasse beliebig ausweiten und einschränken kann, spielen die Mittel zur Hebung der Wirtschaft eine untergeordnete Rolle. Es ist schon fast unwichtig, wie die Begründung dieser Mittel, wie die Wiedereinführung des freien Handels, Widersprüche aufweist und neue politische Faktoren einführen will, über die man sich streiten könnte. Der Druck nach der Wichtigkeit der nächsten Revolutionsaufgabe für Sowjet-Rußland ist derart stark durchgeführt, daß auch die widersprechenden Kreise des Proletariats an eine Änderung nicht denken, am allerwenigsten an eine gewaltsame. Es hängt ab von der durchdringenden Kraft der proletarischen Diktatur, ob die Initiative zum neuen Kurs lebendig erhalten werden könne, und das ist vollkommen gelungen. Der Druck nach Wirtschaftlichkeit, nach Hebung der Produktion, nach besserer Ausnutzung der Produktion mündet konzentrisch in das Ziel der Stärkung des Staatsapparates und der stärkeren Verankerung der Diktatur des Proletariats als gesellschaftsbildenden Faktor.

Damit wird der Weg zur Selbsthilfe des Proletariats frei, einer Selbsthilfe, die über die Produktion führt. Die oft beengenden Schranken einer Revolutionsphraseologie sind niedergerissen, Auswüchse unverstandener Verknüpfungen von Besitz- und Wertproduktion beseitigt. Die Selbsthilfe des russischen Proletariats hat sich sehr konkrete Aufgaben gesetzt, sie hat sich, könnte man sagen: wirtschaftlich diszipliniert, sie ist zur Grundlage des produktiven Wiederaufbaus geworden.

Die Zeiten, wo die Arbeiter von den „kleinen Fehlern des Mechanismus" getrieben, zur Verschleuderung der Rohstoffe schritten, zur Auflösung der Arbeitsdisziplin und zur Loslösung des Produktionsprozesses einer Zelle, einer Fabrik oder eines Wirtschaftszweiges aus der Gesamtwirtschaft, sind vorüber. Der Arbeiter, der heute von der staatlichen Fabrik, vom Betrieb der 2. Kategorie oder dem direkten Privatbetrieb seinen Lohn empfängt, sieht darin, in der Tatsache der Entlohnung seiner Arbeit, keinen klassenbildenden Unterschied. Die oft gestellte Frage, die man auf jeder Fabrikversammlung in Sowjet-Rußland hören kann, ob die Arbeiter in der Regierung der Arbeiter und Bauern noch etwas zu sagen haben, ist zwar in dem oft sehr engen Sinn der Fragestellung nicht sehr leicht zu beantworten, ihre Beantwortung liegt in der Erweiterung des Begriffsinhalts und es muß schon seltsam zugehen, wenn nicht letzten Endes von den Versammlungsteilnehmern diese Frage sehr eindeutig entschieden wird. Nur eine Unsumme von den Fragestellern nicht beabsichtigten Folgerungen ergeben sich meist daraus, nämlich eine Belebung der Arbeitsinitiative in der Fabrik im politischen Sinne als Aufklärung über die Grundlagen der Arbeiter-Diktatur und der Staatsmacht, über die Einordnung der Wirtschaftszelle in das Wirtschaftsganze, über die Bedeutung des Einzelarbeitenden für das arbeitende Ganze, den Staat. Eine neue Disziplin wächst auch hoch, unter der sich die nächste Etappe der proletarischen Diktatur zur Beherrschung der Wirtschaftsführung entwickeln wird. Diese Selbsthilfe der russischen Arbeiter wird zur Beseitigung der von der augenblicklichen Not der Gesamtsituation aufgezwungenen wirtschaftlichen Hilfsmittel, wie sie die Konzessionspolitik darstellt, soweit die Konzessionspolitik den kapitalistischen Methoden auch den gesellschaftszersetzenden Inhalt der Gesellschaft nachfolgen lassen würde. Man braucht kein Prolet zu sein, um voraussagen zu können, daß das Eindringen des ausländischen Kapitals allein die Diktatur des Proletariats in ihren letzten Einwirkungen auf die wirtschaftliche Grundlage der Staatsmacht wird erschüttern können. Aber die menschlichen Hilfskräfte sind begrenzt. Der Verbrauch an Energie in diesem Kampf und buchstäblich an Menschenmaterial ist derart erheblich, daß der Zuwachs von Kämpfern in dieser Front eine Vorbedingung ist, die man an Zahl vorausberechnen kann und die der automatisch produktionssteigernden Wirkung jeder Wirtschaftsführung entsprechend einmal zu Ungunsten des heute noch kämpfenden Proletariats auslaufen müssen, wenn dieser Kampf nicht seine Ausdehnung über die gesamte internationale Arbeiterklasse gewinnt.

Die Form der Selbsthilfe

Die russischen Arbeiter haben nicht lange gezögert, an die praktische Verwirklichung der Selbsthilfe heranzugehen. Auch in Westeuropa sollte man nicht länger dabei stehen bleiben, den Produktionskampf des russischen Proletariats von der Seite des Anekdotischen zu beurteilen. Natürlich haben in der ersten Zeit, als den Arbeitern die Fabriken in völlige Autonomie gegeben worden sind, die Arbeiter, für die der Sowjetstaat nicht ausreichend genug sorgen konnte, die Rohstoffe und Produktionsmittel verschleudert, zunächst, um ihre Existenz sicherzustellen. In anderen Fällen, wo den Arbeitern ein Teil in Produktion bezahlt wird, nicht nur im Umtausch der Produktion durch die Kooperative, sondern zum Teil auch direkt — wie gelegentlich die Arbeiter einiger Zuckerfabriken — die auch heute noch manche Belegschaften in der wiederauflebenden Textilindustrie haben, wird solche Zahlung der Produktion aufgefaßt als Antrieb zur Spekulation. Vielfach ist auch die Spekulation erst dadurch richtig in Gang gebracht worden. Was heißt das weiter als der krampfhafte Versuch, einen Ausweg zu finden aus der wirtschaftlichen Not, die durch die Produktionskrise, durch die kapitalistische Ausnutzung der Produktion hervorgegangen ist. Auch der Sowjetstaat saugt sein Leben und seine Kraft aus der Produktion. Das ist alles nicht so etwas außerordentliches. In gewissem Sinne außerordentlich aber ist, daß die Arbeiter selbst schneller aus solchen mißlungenen Versuchen gelernt haben, die innere Wesenheit der Produktion, daß sie eine ganz andere Einschätzung ihrer Arbeitskraft kennen gelernt haben, die ihnen bereits heute tiefe Einblicke in den Gang der Produktion verschafft. So häufen sich die Fälle, wo die Arbeiter der noch staatlichen Betriebe protestieren gegen die Übernahme des Betriebes durch Privatunternehmungen. Die Fälle sind gar nicht so selten, wo, trotzdem ihnen die Zugehörigkeit zur staatlichen Wirtschaftsverwaltung schlechte und unregelmäßige Lohnzahlung und mangelhafte Verpflegung verheißt, die Arbeiter aus sich selbst heraus und unter Zuhilfenahme des betreffenden Gewerkschaftsverbandes und der Arbeiter- und Bauern-Inspektionen, die Weitergabe des Betriebes in Privatarenda zu verhindern versuchen. Ihre Beweisführung dafür ist ganz richtig, sie zeugt von einem hohen Verständnis der Grundbedingungen der Produktionskrise und des Produktionskampfes der Klassen. Sie sagen nämlich, daß auch die Privatarenda, der Wiedereinzug des ausländischen Kapitals, die Fabrik wirtschaftlicher nicht gestalten wird und vor allem ihre wirtschaftliche Lage nur vorübergehend erhöhen kann. Sehr oft findet sich in solchen Eingaben der Gedanke wiedergegeben, daß zur Inbetriebnahme der Fabrik der Privatunternehmer große Kapitalien investieren muß, die nur dann sich rentieren können, wenn die Arbeiterdiktatur und die Arbeiterregierung verschwindet. Nicht etwa nur äußerliche Gewaltmaßnahmen sind darunter gemeint, sondern der Grundzug der Arbeiterregierung, die Entwicklung und der Druck zum Kommunismus hin. Sie sagen, der Privatkapitalismus wird doch nicht zulassen, daß die Produktion entwickelt wird zugunsten der Arbeiterregierung und sie fragen in solchen Denkschriften die verantwortlichen Stellen, ob sie sich diese Zurückgabe der Betriebe an die alten Unternehmer auch gründlich überlegt haben. Häufig ist auch die Frage zu finden, man solle bei den Privatunternehmungsbedingungen auch nur darauf achten, wann der Betrieb zur vollen Ausnutzung gebracht werden wird. Das ist vielleicht das wichtigste und es trifft sozusagen auch den Kern des Problems, denn die Mehrzahl dieser Arendaverträge stehen auf dem Papier. Das Kapital, das solche Betriebe übernommen hat und vertraglich heute bereits gebunden scheint, ist in Wirklichkeit doch noch nicht angelegt. Es ist von der Hebung der Industrie durch ausländisches Kapital noch nicht das geringste zu spüren. Die ganze Frage ist mehr ein außenpolitischer Faktor, um die Rolle Sowjet-Rußlands innerhalb des Ringens um die Vormachtstellung im Weltmarkt der kapitalistischen Mächte zu fixieren und die kleinen Anleiheposten sind im Weltmaßstab nicht anders zu werten als Propaganda- und Geschäfts-Unkosten. Das hat der russische Arbeiter sehr wohl begriffen.

Interessant ist auch der Fall, daß die Arbeiter gegen die Verwertung der Rohstoffe durch das Außenhandelskommissariat, das natürlich mit den Rohstoffen einen Fond von Auslandsguthaben sich schaffen will, protestieren. In einer Jutefabrik im Novgorodschen Gouvernement haben die Arbeiter sich sogar geweigert, die vom Auslandskommissariat zum Abtransport bestimmten Rohstoffe herauszugeben. Mehrere Regierungskommissionen, die die Sache untersuchen sollten, sind ergebnislos zurückgekehrt. Die Arbeiter beharren auf ihrer Weigerung. Da waren Arbeiter dort, die die Ausnutzungsmöglichkeit ihrer Fabrik sehr gut kannten, in Resolutionen die vorgesetzten Instanzen bestürmten, die Fabrik auf die volle Höhe der wirtschaftlichen Ausnützung zu bringen und die sogar auf den dringenden Bedarf einzelner Behörden für die dort verfertigten Produkte hinwiesen, um die Geneigtheit der vorgesetzten Instanzen für ihre Wünsche zu erlangen. Es werden dort Säcke hergestellt, und die russische Hungerhilfsbehörde leidet an einem großen Mangel an Säcken, da die Amerikaner verlangen, daß Rußland für das von ihnen mitgebrachte Getreide selbst die Säcke liefert. Auf den Einspruch des Gewerkschaftsverbandes der Textilarbeiter wurden schließlich die Verhältnisse in der Fabrik einer näheren Prüfung unterzogen und die Arbeiter wiesen darauf hin, daß sie an sich nicht einmal so sehr den Einspruch aufrechterhielten gegen den Abtransport eines Teils der Rohstoffe. Sie wollten nur wissen, was das Außenhandelskommissariat für diese Rohstoffe aus dem Ausland einzutauschen beabsichtige, und da sie gehört hatten, daß man Bürsten dafür kaufen wollte, so könnten sie sich damit nicht einverstanden erklären, denn in der augenblicklichen Wirtschaftslage Rußlands standen die Bürsten gewiß nicht an erster Stelle.

Was sollte geschehen? Der örtliche Wirtschaftsrat war der Lage nicht gewachsen. Die Gewerkschaftsverbände sind zum Teil noch nicht stark genug auf praktische produktive Eingaben eingestellt. Der Verwalter der Fabrik beherrschte die Situation insofern, als er durch Wirtschaftssabotage die Produktion der

Fabrik von Tag zu Tag herunterbrachte und durch unregelmäßige Lohnzahlung und Einstellung der staatlichen Verpflegung schließlich einen großen Teil der Arbeiter aus dem Betrieb herausdrängte. Die Fabrik schien der Arbeiterschaft verloren und der Tag näherte sich, an dem der Vorbesitzer, eine englische Aktiengesellschaft, die Fabrik zurückbekommen würde, nur damit wenigstens ein Teil des notwendigen Produktionsprogrammes erfüllt werden würde. In einem solchen Fall erwies sich, daß die Arbeiterschaft doch schon stark genug ist, den Weg der Selbsthilfe zu beschreiten. Sie verlangte eine Autonomie, sie entsandte Delegationen, um mit den größeren Abnahmeinstanzen zu verhandeln, dem Zentralhilfskomitee, dem sie Säcke liefern sollte, und der Roten Armee, für die die Fabrik Rucksäcke und Zeltleinwand arbeiten kann. So standen die Dinge, als der Ruf an die Internationale Arbeiterhilfe von der Belegschaft erging. Irgendwie hatten die Arbeiter in der Zeitung etwas von der Solidarität der Internationalen Arbeiterklasse und der im Ausland eingeleiteten Arbeiterhilfsaktion gehört, und sie haben es ganz richtig verstanden, daß die Internationale Arbeiterhilfe zugleich und in der Hauptsache Produktionshilfe sein muß und eigentlich auch nur sein kann. Was sollte die Arbeiterhilfe tun? Die russischen Kameraden konnten im Augenblick nicht sehr bestimmt darauf antworten. Sie sollte ihnen helfen, ihre Autonomieforderung durchzusetzen, sie sollte als ganzes gewissermaßen eine Garantie übernehmen als die Vertretung der Internationalen Arbeiterschaft, daß die Arbeiter dieser Jutefabrik auch die Bedingungen der Behörden einhalten würden, und schließlich kristallisierte sich ihr Vorschlag dahin, daß die Internationale Arbeiterhilfe ihnen den Betrieb übernehmen helfen und wirtschaftlich ausgestalten soll. Schrittweise traten ihre Pläne schärfer hervor: Sie hatten vielfach noch nicht Zutrauen genug zu dem mitunter sehr bürokratischen Sowjetapparat, und sie haben auch vielfach nicht ein volles Zutrauen zu sich selbst, wirklich den Betrieb wirtschaftlich voll ausnutzen zu können. Die Kameraden und Kollegen im Ausland sollen dabei helfen, und sie denken, daß beide Teile, wie sie sich ausdrückten, dabei gut fahren werden.
Ich glaube, daß die Arbeiter der Kulotnischen Manufaktur, so heißt die Fabrik, die Aufgaben des Tages richtig erfaßt haben. Sie sind über die Fehler der ersten Revolutionsjahre, in denen oft die

Besitzfragen über die Produktionsfragen gestellt worden sind, hinausgewachsen. Sie denken gar nicht mehr daran, ihre Maschinen und Rohstoffe auf dem freien Markt zu verschleudern. Im Gegenteil, sie halten sie fest, sie wollen sie ausnutzen, sie möchten sie besser ausnutzen, als ihnen die Sowjet-Regierung heute die Mittel und Möglichkeit geben kann. Sie rufen das ausländische Proletariat zu Hilfe zur Produktionsführung und zur Produktionssteigerung, zum Besten und zum Schutze ihrer Sowjetrepublik.

Es ist nur ein Beispiel, aber eins von vielen und es zeigt den Kurs, den die Selbsthilfe der russischen Arbeiterschaft zu nehmen gewillt ist.

Was ist mit der Arbeiteranleihe?

Wenn sich jemand hinstellt und von der Anleihe spricht, so verfällt er leicht in den Fehler, die kapitalistische Bedeutung der Anleihe und des Anleihegedankens mit seinen Plänen, der russischen Wirtschaft zu Hilfe zu kommen, zu verquicken. Die ersten Theoretiker des Gedankens einer Arbeiteranleihe für Rußland sind alle ziemlich diesem Fehler verfallen. Denn schließlich verfügt die russische Sowjetrepublik auch über nüchterne Statistiker, die das Maximum der aus Arbeitergroschen zu erzielenden Summe errechnen können, um es dem Finanzplan einer großkapitalistischen Gruppe gegenüberzustellen. Die Differenz ist naturgemäß gewaltig und geht so ein Statistiker an diese Aufgabe heran, so wird er achselzuckend das Projekt einer Arbeiteranleihe beiseitelegen. Auch unter den Kommunisten gibt es Statistiker und Leute, die mit kaufmännischen Bedingungen rechnen müssen. Das Vorstehende könnte als selbstverständlich und überflüssig erscheinen, wenn nicht tatsächlich die Diskussionen über die Arbeiteranleihe in dieselben Fehler verfallen würden.

Mit Geld und mit Kapital und mit kaufmännischer Initiative, wenn auch das schon nicht so sicher sein soll, kann die Arbeiterschaft Sowjet-Rußland nicht aufbauen. Das Kapital muß man dort suchen, wenn man schon kapitalistisch zu denken beginnt, wo das Kapital herrscht und wo es der Träger des kapitalistischen Systems ist. Die Arbeiterschaft kann die Anleihe geben, aber eine bessere Anleihe als die größte Kapitalsanleihe eines internationalen Trusts ist ihre Arbeitskraft, denn die Arbeitskraft ist noch immer das vornehmste Produktionsmittel, ist die Grundlage der Produktion. Das Kapital kommt nach Rußland, weil die russische Regierung gezwungen ist, mit Hilfe des Kapitals Arbeitskraft zu mobilisieren. Kommt die Arbeitskraft aber nach Rußland, gleichgültig, ob sie aus dem eigenen russischen Reservoir mobilisiert und nur der bewegende Anstoß zu dieser Mobilisation aus dem Kreise der internationalen Arbeiter aus dem Auslande gegeben wird, sozusagen die technische Inbewegungsetzung, so ist das Kapital überflüssig. Es ist im kommunistischen Sinne eine bessere und stärkere Garantie für die stärkere Produktion als das Mittel des Kapitals und es fragt sich, ob diese Mobilisation der Arbeitskraft für Rußland möglich ist.

Für das Kapital ist sie nicht möglich und solange die Arbeiterschaft am Klassengedanken festhält und festhalten muß, kann sie nicht möglich sein. Die Arbeiterschaft der Welt und noch mehr die Arbeiterschaft Sowjet-Rußlands wird sich nicht mit, sondern gegen dieses Kapital mobilisieren. Sie wird mobilisiert werden höchstens unter dem Druck ihrer bedrohten Existenz. Aber es ist auf jeden Fall eine unerhörte Belastung der Produktionsbedingungen ganz neutral gesehen. Warum soll die notwendig sein? Und jeder Arbeiter wird darauf antworten, daß sie nicht notwendig ist, und daß das Interesse der Arbeiterschaft automatisch einen Kampf gegen diese Mobilisation beginnt.

Erkennt aber der Arbeiter die Bedingungen des Wiederaufbaus Sowjet-Rußlands, so wird er auch selbst für die Mobilisation dieser Arbeitskraft Sowjet-Rußlands eintreten ohne Zwischenstufe des Kapitals unter seinen eigenen Bedingungen und seiner eigenen Initiative. Ist diese Mobilisation der internationalen Arbeiterschaft für Arbeitskraft nach Sowjet-Rußland so schwer durchzuführen? Wenn wir so die Frage stellen, so können wir glatt antworten: Wir wissen nicht. Es ist das Leichteste, was man sich im Grunde genommen denken kann und das Selbstverständlichste. Wir müssen nur nicht mit kapitalistischen Spekulationen infiziert sein, wir müssen nicht wie Sklaven an dem im Rahmen des weltkapitalistischen Systems sich aufbauenden Weltmarkt verharren, sondern an die Produktionsbedingungen befreiter Arbeit und an die Produktionsgrundlage eines darauf sich aufbauenden Sowjetstaates denken.

Dann wird man auch zu der klaren Auffassung sich durchringen können, daß dies nur im kleinen Maßstabe von Etappe zu Etappe durch Bildung von Produktionszellen geschehen kann und daß es im Grunde genommen unwesentlich ist, mit einem Schlage und mit einem Tage Sowjet-Rußland aufzubauen, denn man wird dann auch begreifen, daß dies dem Kapital trotz seiner großen Zahl und seiner Bilanzen und der Ausbeutungsprojekte erst recht nicht möglich ist. Der Weg des Kapitals ist ein mathematisch berechenbarer und um vielfaches länger und selbst kapitalistisch gesehen kostspieliger auf Kosten der Lebensbedingungen der Arbeiterklasse, als die Produktionshilfe der Arbeiterklasse.

Betrachten wir also die Sache nicht von oben her, nicht schemamäßig, sondern von den kleinsten Möglichkeiten aus, von der Frage: Kann die internationale Arbeiterklasse, gestützt auf ihre eigenen Existenzbedingungen, eine wirksame Produktionshilfe Sowjet-Rußlands materiell durchhalten, ist sie in der Lage, moralisch und politisch für die Durchführung des eigenen Klassenkampfes diese Produktionshilfe in Gang zu bringen und erwächst aus der Notwendigkeit dieser Klassensolidarität rückwirkend jene geistige Verbindungslinie der vorerwähnten zwei Klassenfronten des Klassenkampfes.

Produktionshilfe des Internationalen Proletariats

Geben wir dem Gedanken der Arbeiteranleihe einen neuen Inhalt, mehr gerichtet auf den Produktionswert an Arbeitskraft, technischer Qualifikation und Opfermut auf der Plattform des kommunistischen Endzieles. Betrachten wir die Arbeiteranleihe als das Ganze an Hilfsaktion, das sich aus den örtlichen Bedingungen des Proletariats eines einzelnen Landes als Teilaktionen zusammensetzt. Damit erreichen wir innerhalb der internationalen Arbeiterklasse einen lebendigen inneren Zusammenschluß, den Zusammenschluß nach den revolutionären Produktionsaufgaben des Proletariats, den beliebigen, je nach der Situation verschiebbaren Ausgleich von Offensiv- und Defensivaufgaben, den geradezu militärisch-ökonomisch zu bewertenden Sicherungscharakter der gewonnenen Etappe im Gang der Eroberung der Macht und eine tatsächliche und gefestigte Einheitsfront.

Jeder Arbeiter kennt die Bewegung nach genossenschaftlichen Siedlungen, den Drang nach besseren Wohnbedingungen, den wertvollen und erzieherischen Gedanken solcher Siedlungen zur Gemeinschaftskultur. Es wird niemandem einfallen, daß es eine Vorbedingung zur Revolutionierung der Arbeiterschaft wäre, solche Tendenz nach Arbeitersiedlungen draußen in freier Luft vor den Mietskasernen der Stadt zu unterbinden. Je bessere Existenzbedingungen der ausgebeutete Proletarier sich schafft, je stärker wird das Klassenbewußtsein, und desto zwingender die Notwendigkeit, auf der Plattform dieses Klassenbewußtseins auch den Endkampf um die politische Macht zu führen. Das Klassenbewußtsein des Proletariats ist nicht nur das Bewußtsein gemeinsamer Unterdrückung und gemeinsamer Ohnmacht, sondern auch ein produktiv-technisches, das gemeinsame Zielbewußtsein nach größerer und zweckmäßigerer Ausnutzung der Produktivkräfte. Und einmal wird sich der Klassenkampf auswirken, allein in dem Kampf gegen Dummheit und wirtschaftlichen Unfug des kapitalistischen Systems und der daraus sich folgernden Moral und Gesellschaftsordnung. Wenn der Arbeiter draußen vor der Stadt sich seinen Garten anlegt, weitet sich daraus, neben vielen anderen psychischen Begleiterscheinungen, sein Blick zur Wirtschaftlichkeit, er lernt wirtschaften, und sich als ein Teil des wirtschaftlichen Ganzen erkennen. Es ist nur eine Frage der Aufklärung, Begleiterscheinungen, die zur Kleinbürgerlichkeit neigen, auszuschalten, und zu einer positiven Kraft zur Revolution umzubiegen. Nicht notwendigerweise bringt der Charakter einer Arbeitersiedlung eine kleinbürgerliche Atmosphäre hoch. Diese Erfahrung kann jeder an sich selbst machen. In je größerem Maßstabe dieser Drang nach Entfaltung der wirtschaftlichen Produktivkräfte verbunden wird mit dem revolutionären Drang nach Erweiterung der Existenzbedingungen, um so größer erhebt sich daraus der gerade Weg zur Eroberung der politischen Macht und zur Zertrümmerung des Kapitalismus, um so geringfügiger wird die Gefahr des Zurückgleitens in kleinbürgerliche Atmosphäre. Die Besitz- und Existenzsicherungsfrage, vielfach hineingedrungen in die Siedlungspolitik, scheidet in dem vergrößerten Maßstabe der Produktionshilfe vollständig aus. Von dem Beispiel des Arbeitergartens und der Arbeitersiedlung vor der Stadt ausgehend, lassen sich die den Kampf fördernden Grundzüge einer Produktionshilfe im inter-

nationalen Maßstabe ermessen. Sie sind nicht nur die allein noch mögliche Rettung Sowjet-Rußlands, sondern die wesentlichste Stärkung der Klassenkampfbedingungen des Proletariats im eigenen Lande. Es ist der Zusammenschluß zweier heute noch getrennt kämpfenden Fronten im Klassenkampfe.
Die Bedingungen dieser Produktionshilfe sind naturgemäß für jedes Land verschieden, verschieden nach dem Stand der Arbeitslosigkeit, nach dem Stand der Klassenfront im Ganzen, nach der revolutionären Situation und nach dem Grad des Klassenbewußtseins des an dieser Teilfront kämpfenden Proletariats, und sie sind insbesondere verschieden nach dem Grade der Initiative dieses Proletariats für den Wiederaufbau Sowjet-Rußlands, sowohl allgemein, wie rückwirkend auf die wirtschaftliche Lage des eigenen Landes. Und erst in letzter Reihe sind sie bedingt, wenn man überhaupt davon sprechen will, von der wirtschaftlichen Stellung des Proletariats selbst. Nur wenn das klar begriffen wird, können bisherige Fehler vermieden werden. Nicht die Frage der Emigration steht zur Diskussion, nicht die Frage der fortgesetzten charitativen Hilfsaktionen für die Hungernden im allgemeinen, sondern zusammenfassend die nach dem Stand des Klassenkampfes jeweilig wechselnden Grundzüge einer proletarischen Produktionshilfe der Arbeiterklasse. Die Stellung der Kommunistischen Partei, die Stellung der Gewerkschaften, die Stellung der unter kommunistischem Einfluß stehenden Arbeiterorganisationen wird dabei eine entscheidende Rolle spielen. Die Linie der kommunistischen Politik darf vor diesem Problem nicht ausweichen, oder sie wird mehr noch als bisher manchmal sich als ein Schlag in die Luft erweisen. Es ist nicht nötig, die taktischen Aufgaben einer Produktionshilfe in den Mittelpunkt der Politik zu setzen, es genügt, wenn sie eingeordnet sind, und ihre Bedeutung wird sich von selbst durchsetzen.
Es ist überflüssig, diese Ausführungen mit bestimmten Vorschlägen zu schließen, die Bedingungen sind aus dem Zentrum des Wiederaufbaues nicht zu übersehen, oder zumindest nur sehr einseitig. Man kann von hier nur Vorschläge unterbreiten, die im Grunde genommen nichts weiter sind als Beispiele; ihre Durchführbarkeit hängt von dem Verständnis des westeuropäischen und amerikanischen Proletariats, von dem revolutionären Klassenbewußtsein und dem Opferwillen und in ihrer Durchführbar-

keit von dem Grad einer kommunistischen Politik in dem betreffenden Lande ab. Ich weiß nicht, ob sich der Plan verwirklichen läßt, daß die amerikanischen Arbeiter einen Bund schließen mit den amerikanischen Farmern zur Produktionshilfe für Sowjet-Rußland. Die amerikanischen Arbeiter können die Initiative der Propaganda und Agitation übernehmen, sie werden technische Arbeitskräfte und Organisatoren für ein bestimmtes Arbeitsgebiet nach Sowjet-Rußland senden, sie werden zum Ausbau der von ihnen in Sowjet-Rußland ins Leben gerufenen Produktionszelle für die nötigen Maschinen und Materialien sorgen, und zugleich werden für diese Produktionszelle auch die amerikanischen Farmer Arbeitskräfte hindirigieren und sie werden vor allem zur Sicherung dieser Produktionszelle für den Anfang auch die nötige Nahrung liefern müssen. Weiter kann man von hier nicht übersehen, ob die deutschen Arbeiter imstande sein werden, einen von vornherein begrenzten Produktionsplan im Rahmen des Gesamtwiederaufbaus mit durchführen zu helfen; etwa die Remontage der Flußschiffahrt und insbesondere der Wolgaflottille. An einer großen Anzahl kleiner Plätze längs der Flüsse könnte diese Remontage im kleinsten Maßstabe durchgeführt werden, gestützt auf eine größere Produktionsbasis etwa durch Übernahme einer der größeren Motorenfabriken. Die Schweizer Arbeiter und Gewerkschaften verhandeln um die Übernahme einiger holzindustrieller Betriebe, die von der Gesamtarbeiterschaft der Schweiz mit Materialien, Arbeitskräften und Lebensmitteln für eine gewisse Zeitspanne bis zu ihrer vollen Wirtschaftlichkeit unterstützt werden müssen ...
Wo bleiben die in der ganzen Welt bekannten italienischen Bauarbeiter? Wenige Kolonnen zielbewußt auf Produktionshilfe eingesetzt, können Wunder wirken, wenn die Gesamtheit des italienischen Proletariats als Unterstützungskraft hinter ihnen steht, und werden die französischen und englischen Arbeiter und die Arbeiter in Australien und Südafrika nichts unternehmen? Wird es nicht möglich sein, eine Propaganda für die Hungerhilfe als Bindeglied innerhalb des Proletariats auch in Japan oder China durchzuführen? Alles das sind Fragen, die in der Theorie entschieden sind, aber in der Praxis eine schnelle Beantwortung erfordern. Ihre Durchführbarkeit muß entschieden und ein zentraler Gesamtplan aufgestellt sein, auch wenn es sich in der ersten Periode der Durchführung nur um ein Hilfswerk in ganz

kleinem Maßstabe handelt. Seine Auswirkung wird sehr bald einen Riesenumfang annehmen. Einmal soll die internationale Arbeiterklasse, so wie sie sich zum Teil noch lippenmäßig zur sozialistischen und kommunistischen Revolution bekennt, auch auf diese Frage ein unzweideutiges Ja geben müssen. Dieses Ja nicht zu erzwingen, sondern zur Ausführung zu bringen, soll die Aufgabe des internationalen Arbeiter-Hilfskomitees sein.

Die Geschichte einer Fabrik

I.
DIE VORGESCHICHTE DER GRÜNDUNG

Land und Leute im Gouvernement Nowgorod — Unternehmermethoden der Lapschins — Die Konkurrenzgründung

Der Gedanke zur Gründung der Fabrik, von der in der vorliegenden Schrift die Rede sein soll, entsprang einer Beobachtung der Geschäftsmethoden eines Herrn Lapschin. Über die Unternehmungen dieses Lapschin soll daher einiges gewissermaßen als Einleitung gesagt sein: Die Lapschin waren eine seit Jahrzehnten ansässige Gutsbesitzersfamilie im Gouvernement Nowgorod. Sozusagen vor den Toren Petersburgs, gehört dieses Gouvernement nicht nur zu den landschaftlich schönsten, sondern auch wirtschaftlich interessantesten von Nordrußland. Überaus dicht bewaldet, von zahlreichen Seen und Torfmooren durchzogen, hat Nowgorod, unterstützt von Bodenschätzen wie Torf, Braunkohle und Kaolin, sehr früh eine intensive Holzbearbeitungs-, Ziegelei-, Zement-, Porzellan-, Glas-, Papier- und chemische Holzindustrie entwickelt. Die Hauptverkehrsader bildet der Wolchow, der in ziemlich starkem Gefälle als breiter, natürlicher, kanalähnlicher Abfluß den Ilmensee, einen großen Binnensee im Herzen Nowgorods, mit dem bereits außerhalb des Gouvernements nördlicher gelegenen Ladogasee verbindet, so auch Anschluß an die Newa gewinnt, so daß man, da die meisten Zuflüsse des Wolchow wenigstens für Barschen schiffbar sind, von zahlreichen Plätzen Nowgorods direkt auf dem Wasserwege nach Petersburg und damit auch in die offene See gelangen kann. Das Land ist teilweise hügelig, zwei parallele Ausläufer des baltischen Höhenrückens ziehen sich zum Ilmensee, und in den Tälern braust es von Gebirgsflüssen, die Turbinen von Papierfabriken und Sägemühlen betreiben. Jedes Jahr überschwemmt der Wolchow mit seinen Zuflüssen weite Strecken Land zur Zeit der Schneeschmelze. Es ist Wiesen- und Weideland, und die Aussichten für eine Viehwirtschaft im großen Stil in Verbindung mit Lebensmittel- und Konservenindustrie sind die denkbar günstigsten. Ansätze sind auch vorhanden. Trotzdem ist alles in den Anfängen stecken geblieben. Die Bauern, intelligentes Kolonistenvolk mit estnischem und finnischem Einschlag, sind zu arm. Sie sind, wenngleich unter ganz anderen Bedingungen lebend, verwandt mit den Bewohnern des sächsischen Erzgebirges. Sie sind völlig abhängig von den Herren des Waldes, die Forstverwaltung verpachtet ihnen Weide und Land, und da der Ertrag bei weitem nicht reicht, die Lebensbedürfnisse einer Familie zu decken, so arbeiten sie, Männer, Frauen und Kinder, in der Fabrik. Die Dörfer sind entstanden, wo die Fabriken sind, und später auch umgekehrt. Hier beginnt die Methode der Lapschins. Sie sind die Vertreter des russischen Verlagssystems. Sie trugen ihre Fabrik ins Dorf, dorthin, wo die billigen Arbeitshände zu bekommen waren. Anfangs dachten die Lapschins nicht so sehr an die Zündholzindustrie, mit der sie sich später einen internationalen Ruf gründen sollten. Sie stellten Ofen und Kessel auf für die Holzteergewinnung, wobei sie den Bauern, die für sie das Holz schlugen oder ihnen die Halbfabrikate brachten, einen ganz minimalen Prozentsatz ihrer beträchtlichen Gewinne in Form eines Arbeitslohnes auszahlten. Später, als sie sahen, daß einige Bauern mit selbstgefertigten Zündhölzern auf den Märkten guten Absatz fanden, warfen sie sich auf die Zündholzindustrie. Sie bauten in den Dörfern primitive Werkstätten, wo sie den Bauern entweder für einen Spottpreis die Halbfabrikate abkauften oder denjenigen Bauern, die einen eigenen Betrieb entwickelt hatten, für Wucherpreise die Zündmasse, die sie allein herstellten und für die sie sich das Monopol und staatlichen Schutz gesichert hatten, verkauften. Es ist nur natürlich, daß sie in wenigen Jahren den Markt beherrschen und die gesamte Hausindustrie mit über 20 000 Arbeitern sich unterworfen hatten. Lapschin baute schließlich im Zentrum des Bezirkes, in Grusino am Wolchow, eine moderne Fabrikanlage, aber er baute diese Fabrik, die heute vielleicht eine der größten Zündholzfabriken der Welt ist, nicht so, daß sie organisch dem Fabrikationsprozeß angepaßt ist, sondern eher wirkt wie ein zufällig aufgestelltes Fabrikungeheuer, das die Arbeit des ganzen Bezirkes ringsum in sich verschluckt. Nur Teilanlagen, selbst gegeneinander nicht ausgeglichen, wie beispielsweise die Trockenanlage, die für das Zehnfache der höchstmöglichen Produktion der vorhandenen Schäl- und Hackmaschinen eingerichtet ist, verwirren sie zunächst den an die Übersichtlichkeit europäischer Fabriken gewöhnten Beschauer. Bald aber wird es klar, daß ein raffiniertes Konkurrenzsystem dieser scheinbar grotesken Willkür zugrunde gelegt ist. Herr Lapschin hatte noch mit anderen Zündholzfabriken in Rußland zu rechnen, größeren und besser organisierten als seine Nowgoroder Schuppen und Bauernwerkstätten.Und es galt, diese Konkurrenten sich vom Halse zu bringen. Nichts einfacher als das, er setzte die Preise auf die Hälfte. Er konnte das leicht tun. Es ging ja nicht aus seiner Tasche. Seine Bauern, die ja von ihrer Hausindustrie leben mußten und die ihm inzwischen völlig versklavt waren, mußten die Kosten tragen. Sie verdienten eben nur noch die Hälfte. Dazu stand jetzt die neue Lapschinsche Fabrik in Reserve. Sie konnte für die Bauernbetriebe in die Produktion einspringen. Sie konnte ohne diese Bauernfabriken selbst Ware auf den Markt werfen. Überdies hatte sie sich im Syndikat eine einflußreiche Quote erkauft. Lapschin hielt den Konkurrenzkampf aus. Er begann dem Markt zu diktieren. Anderwärts wurden Fabriken geschlossen. Der Herbsteinkauf des Aspenholzes (man muß für die Prokuktion eines ganzen Jahres das Holz im Herbst einkaufen, da die Aspe ausschließlich in den Wintermonaten geschlagen und mit dem Schmelzwasser der Flüsse geflößt werden kann) fiel auf die Hälfte. Die Produktion des Jahres war errechenbar. In diesem Augenblick setzte Lapschin die Verkaufspreise herauf, und er verdoppelte zugleich seine Produktion. Er konnte zugleich, wenn er wollte, mit 20 000 Heimarbeitern antreten. Sie waren ja immer zu seiner Verfügung, ohne daß er sie zu bezahlen brauchte. Er brauchte nur die Tore seiner Fabrik, seiner örtlichen Werkstätten aufzuschließen, und hinein strömte die halbverhungerte Masse, Bauern, Frauen und Kinder, zufrieden mit jedem Lohn, den er ihnen anbot. Allmählich schlug Lapschin alle Konkurrenz aus dem Felde. Er beherrschte nicht nur den Markt, auch die Steuerpolitik. Drohte eine neue Steuer, so drohte Lapschin mit Export, der steuerfrei war. Er kaufte sich die modernsten Maschinen — aber er ließ nicht arbeiten. An einer ständigen, kontinuierlichen Produktion lag ihm nichts. Er beherrschte ja eben den Markt nur deswegen, weil er über Nacht alles einstellen und wieder sofort mit Höchstproduktion einsetzen konnte. Darin konnte ihm keine andere Fabrik folgen. Wer hätte das Risiko tragen wollen, einem solchen Konkurrenten gegenüber, dem die Hände gewissermaßen nichts kosteten, Tausende von Arbeitern zu beschäftigen? Lapschin brauchte keine Kalkulation. In Wirklichkeit kosteten seine Zündhölzer kaum mehr als das Holz und die Chemikalien. Für Arbeitslohn zahlte er nach seinen eigenen Angaben noch nicht mal 4 % vom Herstellungspreis. Und wenn man heute alle Bilanzen der Lapschin-Gesellschaft nachblättert, findet man ein erschreckendes Bild jener ungeheuren Ausbeutung, einer Ausbeutung nicht nur der Arbeiter, sondern auch des Staates. Die Bilanzen sind auf Rückstellungen und Abschreibungen so frisiert, daß sie fast ohne Gewinn bleiben. Da er keinen kontinuierlichen Betrieb unterhielt, so schrieb er auf die jeweils stillstehenden Werkstätten seine nicht mehr zu verbergenden Gewinne ab, so dem Steuerzugriff sie entziehend. Schon gar nicht zu sprechen davon, daß er damit die Arbeiter um ihr letztes Stück Brot betrog. Aber Lapschin selbst steckte Millionen jährlich in die Tasche. Die Lapschin-Aktien, obwohl sie nur eine kleine Dividende abwarfen, wurden behandelt wie Gold. Noch immer arbeiteten die Hände, feierten, hungerten und arbeiteten dann wieder, noch immer standen die Maschinen, schon in Kisten verpackt, in den riesigen Schuppen. Das war keine moderne Produktion, das war überhaupt keine Industrie. Das war Sklavenhaltertum, Raubrittertum im wahren Sinne des Wortes.

Das mochten wohl auch die paar Ingenieure und Kaufleute empfunden haben, die sich 1907 zusammensetzten, um, wenn nicht gerade Lapschin Konkurrenz zu bieten, so doch wenigstens am Zündholzgeschäft mit Anteil zu nehmen und die Riesengewinne des einen Lapschin etwas zu teilen. Sie gründeten eine Konkurrenzgesellschaft, und zwar im ureigensten Lapschinschen Industriebezirk. Fünf Werst von Grusino, in Schudowa, baute das Konsortium die Fabrik „Sonne", die Fabrik, deren Geschichte hier beschrieben werden soll. Die Gründer, nicht weniger auf Arbeitsraub und Ausbeutung ausgehend als Lapschin, aber man mochte beinahe sagen, etwas europäischer, wenigstens für die damaligen Verhältnisse, denn heute knüpft Stinnes wieder an Lapschinsche Methoden an — diese paar Petersburger Kaufleute, die sich eine Anzahl technische und kaufmännische Angestellte von Lapschin gekauft hatten, kalkulierten ganz richtig, als sie mit dem Plan der Schudowaer Fabrik herauskamen. Einmal lag Schudowa transportlich günstiger. Es lag am Einlaufpunkt der Nowgoroder Zweigbahn in die Magistrale Petersburg-Moskau, während die Lapschinschen Betriebe im Sommer zwar Wassertransport, sonst aber sieben, ja bis zu zwölf Werst im Winter Schlittentransport zur Bahn hatten. Dann aber, und darin lag die Hauptstärke, wollte sich die Fabrik auf den Absatz in den großen Städten, auf Qualitäts- und Markenware spezialisieren und ihre Ausdehnung im Export finden. Lapschin hatte zwar von Export geschrieben und gedroht, niemals aber ernstlich und in bedeutenden Mengen exportiert. Zur Durchführung dieses Programms war ein moderner, das volle Jahr arbeitender maschineller Betrieb notwendig. Die nötigen Facharbeiter waren in Überzahl im Bezirk vorhanden. Es galt nur, sie nach Schudowa zu ziehen, dort ansässig zu machen. Das Unternehmen fand in Kapitalistenkreisen Anklang. Die Gesellschaft wurde mit hohem Kapital ausgestattet, die Fabrik modern eingerichtet und mit den neuesten schwedischen Maschinen beliefert. Sie hatte, was die Maschineneinrichtung betrifft, noch den Vorteil, daß sie nach einem einheitlichen Produktionsprogramm mit Maschinen desselben Typs voll ausgerüstet wurde, während in anderen Fabriken die stückweise Zusammensetzung aus Maschinen verschiedener Fabrikate meistens eine richtige Produktionskalkulation hindert.

II.
DIE ERSTEN JAHRE

Ein schlechter Anfang — Verschmelzungsobjekt für Lapschin — Kriegsumstellung — Beginnende Auflehnung der Heimarbeiter

Die Fabrik „Sonne" hätte nun eigentlich zu arbeiten beginnen können. Alle Vorbedingungen waren gegeben. Aber bei einer typischen Eigentümlichkeit des russischen Kaufmanns, der einen geheimen Widerwillen gegen Industrie im allgemeinen und technischen Fortschritt im besonderen hat, blieb zunächst alles im alten Gleise. Die Fabrik war zwar gebaut, die Maschinen eingetroffen, die schwedischen Ingenieure warteten auf die Montage, aber energische Schritte dazu wurden nicht unternommen. Der größte und wichtigste Teil der Maschinen wurde überhaupt nicht aufgestellt. Was aufmontiert wurde, waren diejenigen Maschinen der Holzbearbeitungs- und Fabrikatsabteilung, die gewissermaßen selbstverständlich aufgestellt werden mußten und die selbst in den entferntesten Dorfwerkstätten

Lapschins arbeiteten. Es sollte also alles beim alten bleiben — statt sich um die Produktion zu kümmern, fochten die Gründer Interessenkämpfe untereinander aus. Aufsichtsrat und Verwaltung wechselten ständig. Die Fabrik trieb schon kurze Zeit nach ihrer ersten Produktion dem Bankerott zu. Sie unterschied sich durch nichts mehr von einem Lapschinschen Betrieb. Die Handarbeit herrschte vor, nur lag der Betrieb insofern ungünstiger, als die Fabrik ihrer örtlichen Lage und ihrer isolierten Stellung wegen mit einem großen Stamm ständiger Arbeiter und Arbeiterinnen rechnen mußte, was bei Lapschin ja so gut wie ganz in Fortfall kam. Wenn man die Bilanzen der Fabrik „Sonne" in den ersten Jahren mit jenen der Lapschin-Gesellschaft vergleicht, so finden wir, daß die großen Abschreibungen auf Anlagen bei der Fabrik „Sonne" überhaupt nicht richtig verdient wurden, während bei Lapschin umgekehrt der Eindruck erweckt wird, als ob es sich um künstliche, für die Bilanz frisierte Anlagen handelt. So schleppte sich die Fabrik „Sonne" in den ersten Jahren ziemlich kümmerlich durch. Ihre Fabrikmarke soll zwar auf den Petersburger Boulevards sehr beliebt gewesen sein, das Ganze machte aber mehr den Eindruck eines Sportunternehmens eines Sonderlings. Es ist nur zu natürlich, daß inzwischen auch die Firma Lapschin — der alte Lapschin hatte sich vom Geschäft zurückgezogen — Einfluß auf die Fabrik bekam. Im Grunde bestand eine wirtschaftliche Existenzberechtigung der Fabrik nur darin, über kurz oder lang mit Lapschin sich zu vereinigen. Dieses Fusionsobjekt aufzupäppeln, wurde schließlich der alleinige wirtschaftliche Zweck der Gründung.

Der Krieg trat sodann störend in diese Entwicklung ein. Es würde zu weit führen, die an und für sich für die Gesamtentwicklung der Fabrik uninteressante Geschichte der ersten Kriegsjahre hier ausführlich zu erörtern. Die Hauptwirkung war jedenfalls, daß die Fabrik in ihrem eigenen immerhin noch kümmerlichen Fahrwasser blieb. Sie stellte Zündhölzer her, ohne daß sie sich hätte die Mühe gegeben, die Produktion zu erhöhen und die Kriegskonjunktur auszunutzen. Die Wirkung des Krieges war nur die, daß sie vor der bevorstehenden Aufsaugung durch die Lapschin-Gesellschaft bewahrt blieb. Denn die Firma Lapschin nutzte den Krieg in ganz anderer Weise aus, sie beschränkte die Zündholzfabrikation auf ihre Fabrikanlagen in Grusino, während sie die Dorfwerkstätten, die inzwischen mit den Kriegsgewinnen zu großen Fabriken ausgebaut wurden, für alle nur erreichbaren Bedarfsgegenstände ausnutzte, wie sie der Krieg und die Heeresversorgung gebrauchte. In raffinierterer Weise ist vielleicht bei keinem der kriegführenden hochkapitalistischen Länder der Bauer und Heimarbeiter ausgenutzt worden als im Lapschinschen Industriebezirk. Alle möglichen Chemikalien, von der Schuhwichse bis zum Hilfsstoff für die Sprengstofffabrikation, wurden in den Lapschinschen Werkstätten oder für diese in der Dorfhütte gearbeitet und alle Zweige der Holzbearbeitung und der Weidenflechterei, soweit sie für den Kriegsbedarf in Betracht kommt. Die Wirkung dieser Ausbeutung blieb auf den russischen Bauern nicht ohne Spur. Der proletarische Charakter trat stärker hervor, und schon im zweiten Jahr mußten gelegentlich Kosaken aus Petersburg nach dem Bezirk verlegt werden, um die Ruhe zu sichern. Kriegsgefangene Deutsche und Österreicher, die anfangs in das Revier zur Arbeit geschickt wurden, auch einige Facharbeiter in der Fabrik „Sonne", wurden bald wegen der unruhigen Lage des Bezirkes in Kompagnien zusammengefaßt für den Wegebau und für Waldarbeiten verwendet, nach einigen Monaten aber ganz aus dem Bezirk weggebracht. Die Fabrik „Sonne" war nicht in der Lage, ihren Betrieb irgendwie auf die Kriegsindustrie umzustellen. Die Gärung im ganzen Bezirk griff auch auf die Arbeiterschaft der Fabrik über, obwohl sie kaum Heimarbeiter beschäftigte. Aber die Ausbeutung der Heimarbeit im Lapschinschen Bezirk war eine zu gewaltsame, als daß sie die Bauernarbeiter in den übrigen Nowgoroder Industrien, die ja alle im Winter auf den Bauern als Arbeiter angewiesen waren, ganz unberührt gelassen hätte. Obwohl nichts bei diesen Arbeitern vom Bauern geblieben war, denn man kann schließlich den Arbeiter, der in den drei Sommermonaten seine zwei bis drei Morgen Land bestellt, nicht mehr als typischen Bauern ansprechen, waren diese Arbeiter der für die Bauern berechneten Agitation zugänglich. Die Nowgoroder Arbeiter und Bauern, und insbesondere die des Lapschinschen Industriedistriktes, bildeten während der ersten Kriegsjahre eine starke sozialrevolutionäre Organisation heraus. Sie wurden ein nicht unwesentlicher Nährboden für die Partei in Petersburg. In solcher Lage traf die Arbeiterschaft und die Fabrik „Sonne" der Februarumsturz.

III.
DIE FABRIK UNTER DER FEBRUARREVOLUTION

Die sozialrevolutionäre Partei — Schudowa als Industrieort — Widerstand der Arbeiter gegen Kerenski — Stillstand infolge neuer Mobilisationen — Verwaltungswiderstände — Vorwehen der Oktoberrevolution

Der Kerenski-Umsturz hatte für das Nowgoroder Wirtschaftsgebiet schwere Erschütterungen zur Folge, die auch in der Fabrik „Sonne" merkliche Spuren hinterließen. Um die Gründe richtig verstehen zu können, muß man wissen, daß im Laufe des Krieges die Sozialrevolutionäre Partei ihren Charakter als revolutionäre Partei völlig verloren hatte. Sie lebte, wohl um den Kontakt mit den Arbeitern und Bauern nicht zu verlieren, noch in der Tradition von 1905, in Wirklichkeit aber schickte sie sich bereits an, in der Person Kerenskis regierungsfähig geworden, für das Zarentum eine bürgerliche Demokratie aufzurichten, die von den Kriegsgewinnlern in der Industrie und den Handelswucherern, kurz den neuen Reichen ausgehalten wurde. Die Partei trat damit offen gegen die Arbeiterklasse auf. Sie mußte mit Gewaltmitteln gegen die Arbeiter, die gegen den Krieg und vor allem für menschlichere Arbeitsbedingungen aufsässig geworden waren, einschreiten. Im Grunde genommen ist es eine Parallele des gleichen Vorganges jetzt in Deutschland. Der „Verrat" von August Müller und der anderen, die sich offen von Stinnes haben kaufen lassen, ist kein Zufall, noch weniger eine Einzelerscheinung. Die historische Grundlinie einer Partei wie der S.P.D., in Rußland der Sozialrevolutionären Partei, vereint mit den Menschewiki, führt im Betonen des kleinbürgerlichen Elements im Gegensatz zu dem stärker werdenden dorthin, wo das Brot des Unternehmers winkt, führt zu Stinnes, dessen Vorspann und Werkzeug sie wird. Dies nur nebenbei.

In der Schudowaer Fabrik begannen sich schnell chaotische Zustände zu entwickeln. Einige Worte vorher noch über den Ort Schudowa selbst. Der Ort ist ein Dorf an der Station gleichen Namens von nicht mehr als vielleicht hundert Häusern. Die Umgebung ist allerdings dichter besiedelt. Im Umkreise von drei bis fünf Werst sind zahlreiche Dörfer, die die Arbeiter für die Schudowaer Fabriken liefern. Neben der Zündholzfabrik befindet sich dort eine große, modern eingerichtete Zementfabrik, eine ältere, halbverfallene Glasfabrik, von der noch später mehr zu sprechen sein wird, und eine Schwefelsäurefabrik, eine belgische Kriegsgründung. Alle diese Fabriken, besonders die letzte, beschäftigten Soldaten und sonstwie Abkommandierte. Die Kerenski-Revolution befreite die schon früher gekennzeichnete Gärung von ihrem dumpfen, unausgesprochenen Druck. Vergegenwärtigt man sich nun, daß die Mehrzahl der Werksbeamten, Kontor- und technisches Personal Menschewiki oder Sozialrevolutionäre waren oder besser gesagt wurden, so kann man sich leicht denken, daß das kleine Industriezentrum Schudowa zum Tummelplatz politischer Agitation für die Sozialrevolutionäre Partei wurde. Mochte die Kerenski-Duma die Ordnung in Moskau und Petrograd und an der Front notdürftig zusammenhalten, in Schudowa ging sie aus den Fugen. Die Kriegsjahre hatten für die Zündholzfabrik „Sonne" wenigstens das eine Gute im Gefolge gehabt, sie hatten ihr einen Stamm guter Facharbeiter beschert. Diese Facharbeiter, einerseits Maschinisten, Heizer, Mechaniker und Werkzeugschlosser, von draußen aus aller Welt zusammenreklamiert, andererseits besondere Zündholzfacharbeiter wie Einschütter und Tunker aus dem Lapschinschen Bezirk, fühlten sich mehr als Proletarier. Sie begannen gegen den sozialrevolutionären Einfluß zu kämpfen. Sie waren zugänglicher den Friedenslosungen, und ohne in Verbindung mit der bolschewistischen Partei zu stehen, vertraten sie bereits dort die Forderungen der proletarischen Revolution. Es kam zu Streiks, zunächst in der Chemischen Fabrik, später in der Glasfabrik. Der Streik in der letzten nahm den Charakter eines Aufruhrs an. Die Arbeiter verjagten die Verwaltung. In der Zündholzfabrik kriselte es auch. Militär traute sich die Kerenski-Regierung nicht zu schicken. Es war so nahe vor den Toren Petrograds, etwas über hundert Werst weit, man mußte mit den Petrograder Arbeitern rechnen. Da entschloß man sich zu einem drastischen Mittel. Die Kreisverwaltung erließ eine neue Mobilisation. Sie hob alle Reklamationen auf. Die Folge war für die Zündholzfabrik, daß sie ihre Facharbeiter verlor. Es blieben fast nur noch die Frauen und Mädchen zur Arbeit, damals etwa zweihundert. Der Betrieb kam völlig ins Stocken. Im Land wuchs die Unruhe. Die Eingezogenen desertierten. Meistens gingen sie einfach in die Wälder und empfingen Gendarmen und

Kosaken, die ihnen nachsetzten, mit Gewehrsalven. Es waren gerade die Sommermonate, wo der Betrieb normalerweise die üblichen Remonten hätte durchführen müssen. So blieb alles liegen. Aber auch die Frauen begannen eine drohende Haltung einzunehmen. Die Verwaltung hatte einen Fabrikladen eingerichtet, wo die Arbeiter Mehl, Zucker, Kleiderstoffe und verschiedene Waren, die von der Fabrikverwaltung eingekauft waren, zu billigen Preisen erhalten sollten. Die Preise begannen aber rapid zu steigen. Im Vergleich dazu sank der Lohn bis auf die Hälfte. Die Arbeiter verdienten den Tag nicht mehr als ein Pfund Brot. Es kam zu Zusammenrottungen. Der Laden wurde mehrere Male geplündert. Trotzdem wagte die Verwaltung nicht, die Fabrik zu schließen, was sonst immer für Juni und Juli geschehen war und obwohl kaum mehr produktive Arbeit geleistet wurde. Anscheinend lagen bestimmte Befehle aus Petersburg vor. Es mag insofern ein seltsames Bild gewesen sein: Geschrei und Gesang in den Fabrikräumen, die Maschine aber stand still. Gegen Winter zu wurde die Lage noch drohender. Die Verwaltung begann gewissermaßen passiven Widerstand zu leisten. Die Holzzufuhren hörten auf. Die Fabrik blieb ohne Brennholz. Das konnte die jüngste Arbeiterin sehen. Die Materialschuppen wurden plombiert. Kontorpersonal wurde nach Petersburg überführt. Die Verwaltung schickte sich an, dorthin zu übersiedeln. Der Winter stand vor der Tür, und die Arbeiter waren ohne Brot. In diesem unruhigen Sommer waren die Äcker kaum bestellt worden, die Kartoffelernte war verdorben. Das Gefüge des Staats löste sich auf. Da kam die Oktoberrevolution.

Sie brachte, was nur natürlich war, Schudowa zunächst keine Befreiung. Die Arbeiter der Glasfabrik marschierten an der Spitze. Sie hatten Agitatoren aus Petrograd sich verschrieben. Sie plünderten die Fabrik, in der sie unsägliche Leiden zu erdulden hatten. Die sanitären Verhältnisse der Glasfabrik waren wirklich schreckenerregend, und Arbeiter, Frauen und Kinder, die dort an den Schmelzöfen Frondienste zu leisten hatten, glichen mehr ausgemergelten Schreckgespenstern als lebenden Menschen. Diese Ärmsten der armen ausgebeuteten Arbeiterschaft von Schudowa standen an der Spitze. Es kam zu Kämpfen an der Station, die eine Kavallerie-Abteilung besetzt hielt. Man schoß auf beiden Seiten mit Maschinengewehren, und auch die

Zündholzfabrik, die unmittelbar neben dem Stationsgebäude liegt, bekam zahlreiche Treffer ab. Auf beiden Seiten blieben Tote. Die Truppen zerstreuten sich später, und die Arbeiter blieben Herren der Lage. Dorfsowjets wurden gewählt, neue Fabrikkomitees entstanden. In der Zündholzindustrie brachte der Umsturz im gewissen Sinne eine entgegengesetzte Wirkung hervor, als man hätte erwarten sollen. Die Lage wurde noch verzweifelter. Die Verwaltung war ausgerückt, das fachmännische Personal blieb verschwunden. Alle Verbindungen zu den Abnehmern wurden unterbrochen, Aufträge wurden nicht mehr anerkannt. Die dreihundert Frauen und Mädchen, die bis dahin noch gearbeitet hatten, sahen sich auf die Straße gesetzt. Und so stemmte die Zündholzfabrik „Sonne" in Schudowa sich als einzige gegen die Petrograder, wie man die bolschewistische Regierung damals nannte. Ihre Agitatoren wurden niedergeschrieen. Der Organisation der örtlichen Verbände hielt sich die Fabrik fern, die Fabrik stand still, obwohl sie nicht geschlossen war. Die Lager und die Gebäude wurden von der revolutionären Ortsmiliz in jenen Tagen bewacht. Die Fabriktore waren aber offen. Dort standen die Arbeiter und Arbeiterinnen und diskutierten und drohten wohl auch und verlangten Arbeit. Der Dorfsowjet konnte ihnen nicht helfen. Das neue Regime mußte erst durchgreifen bis zu den letzten wirtschaftlichen Wurzeln. Bis dahin hing die Fabrik in der Luft, durch die Kerenski-Periode in ihrer innersten Lebensbasis erschüttert und nicht fähig, die neue Zeit mit neuen Kräften einzuleiten.

IV.
DIE FABRIK UNTER DEM KRIEGSKOMMUNISMUS

Die Schwierigkeiten einer neuen Verwaltung — Freundliche Aufnahme von den Arbeitern — Verordnungen und Enquêten überstürzen sich — Allmählicher Einfluß der Sowjetorganisationen — Schlimme Lage der Arbeiter — Mißglückte Versuche mit Warentausch — Der Mangel an verantwortlichen Arbeitern

Wenige Wochen später gründete sich im Gouvernement Nowgorod eine Rayonverwaltung der Zündholzindustrie. Dies geschah

in dem Augenblick, als die Gewerkschaft der chemischen Arbeiter, die auch die Zündholzindustrie umfaßt, vom Zentrum bestimmte Aufgaben zugewiesen erhalten hatte. Leider waren diese Aufgaben in der ersten Zeit nicht präzisiert genug, sie ließen sich gewissermaßen zusammenfassen in die Aufforderung: Kümmert euch um die Wirtschaft, sorgt für die Produktion. Allenthalben, und nicht nur in Nowgorod, wurde diese Aufforderung so verstanden: Laßt euch die Fabriken nicht wegstehlen. Diese Rayonverwaltung verlegte das Schwergewicht ihres Arbeitsgebietes natürlicherweise nach Grusino, in das Kontor der Fabrik „Iraida" (benannt nach der Tochter Lapschins). Sie setzte sich zusammen aus dem dazu bestimmten Vertreter aus der Gewerkschaft und — wo in der Not plötzlich die geeigneten Leute hernehmen — aus technischen und kaufmännischen Unterbeamten der Lapschin-Gesellschaft. Auch die später so berühmt gewordene Tscheka entsandte einen Vertreter in die Verwaltung. Irgendwelches statistische Material, überhaupt irgend eine Grundlage, auf der die Industrie wirtschaftlich hätte organisiert werden sollen, war nicht vorhanden. Die Verwaltungsmitglieder kannten sich zur Not in den sechs Fabriken, die zur Lapschin-Gesellschaft gehörten, aus, von den übrigen Fabriken im Gouvernement, zu denen auch die Fabrik „Sonne" in Schudowa gehörte, hatten sie wenig Ahnung. Ihren Instruktionen gemäß war aber keine Zeit mehr zu verlieren. Sie bestimmten also aus ihrer Mitte, das heißt, aus dem weiteren Mitarbeiterkreis, eine Verwaltung für die Schudowaer Fabrik aus drei Mitgliedern, die mit den erforderlichen Mandaten versehen nach Schudowa reiste, um die Fabrik zu übernehmen und im allgemeinen nach dem Rechten zu sehen. Mit dieser ersten Revolutionsverwaltung beginnt eigentlich erst die wirkliche Geschichte der Fabrik „Sonne" als ein wirtschaftliches Eigenwesen.
Wir haben im vorigen Kapitel gesehen, welche Verhältnisse die neue Dreierverwaltung in Schudowa antraf. Ein weniges hatte sich allerdings die Lage gebessert. Der neue Dorfsowjet, bestehend aus Arbeitern der Glasfabrik, begann durchzugreifen. Er wurde unterstützt von einem Agitationskomitee, das sich bei den Eisenbahnern gebildet hatte. Die neue Fabrikverwaltung wurde freundlich aufgenommen und ihr alle Unterstützung versprochen. Als Vorsitzender in dieser Dreierverwaltung fungierte ein Angestellter aus der Lapschinschen Transportabteilung. Er stell-

te zugleich den Fachmann und Sachverständigen dar. Ihm zur Seite stand ein Mitglied des Fabrikkomitees von „Iraida", Surin. Sein Vorzug bestand darin, daß er als Kriegsgefangener in Deutschland gelebt hatte. Er hatte, wie man so sagt, was weg. Von der Zündholzindustrie verstand er nichts, hatte auch nie in diesem Berufe gearbeitet. In Deutschland war er beim Bauern gewesen. Von ihm wird noch später zu sprechen sein. Der dritte war ein Grobschmied, den weiß Gott welcher Wind gerade in den Tagen des Umsturzes in diese Gegend geweht hatte. Er war eigentlich landfremd. Aber in Grusino hatte er sich in den ersten Agitationsversammlungen irgendwie hervorgetan. Wurde auch als Mitglied der Partei gezählt, und dies war auch der Grund, daß man ihn mit in die Verwaltung hineingesetzt hatte. Er war darin das einzige Parteimitglied.

Heute, wo diese Zeilen geschrieben werden, sechs Jahre später, kann man schwer noch ein klares Bild bekommen von der Arbeit dieser Verwaltung. Wirklich zuverlässige Zeugen, wie der Glasarbeitersowjet, sind längst durch die fortwährenden Mobilisationen und durch anderwärtige Parteiberufungen in alle Winde zerstreut. Eins scheint sie aber durchgeführt zu haben, und darin charakterisiert sie sich wohl am besten, sie verschwand ganz in der Masse der Arbeiter. Sie löste sich sogar gewissermaßen darin auf. Ihre Hauptarbeit bestand darin, Statistiken auszufüllen, Erhebungen anzustellen und Fragebogen zu beantworten. Da gab es unzählige Stellen, die etwas wissen wollten, und mit jedem Tage kamen neue hinzu, für jede gerade aufgelöste immer zwei neue — so wirkten die ersten Tastversuche des proletarischen Staates auf die Arbeiter in der Provinz. Außerdem hagelte es geradezu Dekrete und Verordnungen, nicht etwa nur aus dem Zentrum, sondern erstens in der entsprechenden Stufenleiter der behördlichen Hierarchie häuften sich die Bekanntmachungen im umgekehrten Verhältnis zu der Bedeutung des betreffenden Zentrums, dann aber griffen auch die verschiedensten Verwaltungszweige, die früher nichts mit der Industrie zu tun hatten, ins Wirtschaftsleben ein, bemüht, die soziale Seite zu betonen und auch der soziologischen Bedeutung gerecht zu werden. Die Verwaltung tat, was viele Verwaltungen in dem gleichen Falle auch getan haben würden, nämlich: sie tat nichts. Die Verordnungen kamen, wurden angeklebt oder vorgelesen, aufbewahrt und beiseite gelegt. Die Leute hatten mit der Ausfüllung ihrer

Fragebogen, scheint es, genug zu tun. Um aber auch die ernste Seite zu berühren, im Grunde und unter Berücksichtigung des Fähigkeitsgrades der Schudowaer Arbeiterschaft konnte die Verwaltung nicht viel anders handeln. Man verlangte von ihr vielfach Unmögliches. Die erste Zeit schien Schudowa ganz vergessen. Erst viel später kamen dann gelegentlich Instruktoren, Agitatoren, Genossen, die mithalfen, die politische und wirtschaftliche Organisation auf die Beine zu stellen. Dann hatte der proletarische Staats- und Wirtschaftsapparat sich inzwischen so weit gefestigt und auch erprobt, daß er durchgreifen konnte — nicht nur befehlsmäßig, sondern organisch —, selbst bis zu einem Nest wie Schudowa.

Die Lage der Arbeiter in diesen Monaten war eine ziemlich traurige. Brot und andere Lebensmittel waren nicht vorhanden. Die städtische Arbeiterschaft konnte in dieser Zeit etwas Nutzen ziehen von der Differenz des verschiedenen alten Umlaufgeldes zu den neuen Wertscheinen. Dies brachte zunächst Ware auf den Markt. Die Schudowaer hatten aber gar kein landwirtschaftliches Hinterland. Es wurde eine bittere Zeit. Das ganze Jahr 1918 standen die Zementfabriken, die Glasfabrik und die Chemischen Werke still. Die Zündholzfabrik arbeitete. Aber sie arbeitete mehr dem Namen und dem Buchstaben der entsprechenden Verordnung nach. Die gesamte Arbeiterschaft des Ortes zog sich in die Zündholzfabrik zusammen. Es wimmelte von Köpfen, aber die Hände faßten nicht an. Man stritt, man unterhielt sich, man schaute in die Zukunft, man wartete und wartete — auf was, auf andere Zeiten, auf etwas Neues — wer weiß es. Im Grunde solchen Wartens lag das Warten auf Arbeit. Auf richtige, organisierte Arbeit warteten die Menschen. Denn die oben gekennzeichnete Verwaltung war nicht in der Lage, das Chaos zu meistern. Die ersten Versuche kamen damals heraus mit Warentausch. Du lieber Gott — in Schudowa hat man damit wenig anfangen können. Eine glückliche Fügung war es, daß kurz vor und auch noch während der Kerenski-Zeit auf Lager gearbeitet wurde. Es waren also eine ganz erkleckliche Zahl, einige tausend Kisten Zündhölzer auf Lager. Diese begann man zu tauschen. Weiterhin waren sehr erhebliche Vorräte an Rohmaterialien, namentlich Chemikalien und hauptsächlich Paraffin, vorhanden. Das aber, was im Dekret beabsichtigt war, die laufende Produktion auf Warentausch zu stellen, mißlang. Man tauschte beispielsweise Paraffin mit einer Bauerngenossenschaft auf Mehl und Honig. Die Bauern machten sich aus dem Paraffin Lichte. Später machten die Schudowaer das nach, und man begann in der Fabrik Lichte zu drehen. Die fertigen Kerzen wurden dann gewissermaßen als Lohn unter die Arbeiter verteilt und von diesen später wieder in den Dörfern der Umgebung gegen Lebensmittel umgetauscht. Auch die Produktion der Zündhölzer verteilte sich auf die Arbeiter. Mehrmals griff der Dorfsowjet ein. Gegen Ende 1918 war namentlich das Fabrikkomitee bemüht, Ordnung in die Fabrik zu bringen. Aber die energischen Parteigenossen, die sich durchzusetzen begannen, wurden meistens schon nach wenigen Wochen, manchmal Tagen, wieder abberufen. Der proletarische Staat brauchte Kämpfer. Er brauchte auch seine Leute zunächst an wichtigeren Stellen, als Schudowa war.

Es ist zu verwundern, daß im großen ganzen überhaupt die Fabrik in Betrieb blieb. Die Diebstähle häuften sich. An irgendeine Arbeitsdisziplin war nicht zu denken. Zwei Meister, die sich bei den Frauen besonders verhaßt gemacht hatten, wurden in den neben der Fabrik vorbeiströmenden Fluß geworfen. Es war ein Akt der Rache, dem verschiedene nicht nur soziale Motive zu Grunde lagen. Auch scheint eine direkte Schuld dieser Meister, die übrigens auch die Revolution erst zu Meistern gemacht hatte, nicht gerade erwiesen. Die Sitten in Schudowa waren sehr lockere. Dank verschiedener schon erwähnter Umstände war ein unverhältnismäßig hoher Überschuß an ledigen Frauen und Mädchen vorhanden. Auf dem Bahnhof standen die halbwüchsigen Mädchen, meist noch Kinder, und boten sich an gegen ein Stück Brot. Es gehörte eine ungeheure, heute kaum mehr sicher abzuschätzende Anstrengung dazu, Ordnung in dieses Chaos, das statt Befreiung Wahnsinn und Verzweiflung im Gefolge zu haben schien, zu bringen.

V.
DIE ERSTEN SCHRITTE ZUR WIRTSCHAFTLICHEN ORDNUNG

Parallele zur Lapschinschen Fabrik — Die Lapschinschen Arbeiter helfen der Organisation — Naturallieferung und Pajoksystem — Der Einfluß der Arbeiterinnen — Das wachsende Interesse der Arbeiter

Die chaotischen Zustände in Schudowa blieben in Nowgorod, wo sich inzwischen die Gouvernementsverwaltung gebildet hatte, nicht ganz unbekannt. Wirksame Abhilfe konnte zwar nicht geschaffen werden, da die wirtschaftlichen Verhältnisse im Grunde jeder Organisation widerstrebten. Aber die politischen Behörden griffen ein. Die gelegentlichen Revisionen der Sowjetbehörden warfen auch auf die Verwaltung der Fabrik nicht gerade das günstigste Licht. Zwar war sicherlich die Verwaltung weniger schuld als der Allgemeinzustand im Dorf. Es kam zu Verhaftungen, und zeitweilig war auch die gesamte Fabrikverwaltung in Nowgorod in Haft. Für den Vorsitzenden wurde bald ein anderer, nicht eben viel fachmännischerer Verwalter gefunden. Surin übernahm die Funktion des Vorsitzenden des Fabrikkomitees und blieb als solcher in der Verwaltung. Der Grobschmied wurde durch einen Zündholzarbeiter aus Grusino ersetzt.

Es war für die kommunistische Partei wirklich ungeheuer schwer, in Schudowa geordnete Zustände herbeizuführen. Man muß sich daran erinnern, daß wirkliche Parteimitglieder in der Gegend nicht vorhanden waren. Zwar lagen die Verhältnisse im Lapschinschen Bezirk etwas besser. Obwohl die Arbeiter sozialrevolutionären Tendenzen zugänglicher waren als den bolschewistischen, fügten sie sich besser in die neue Ordnung. Sie begriffen wenigstens, was die Bolschewisten wollten. Sie zweifelten zwar, blieben mißtrauisch, aber versagten der neuen Regierung nicht ihre Unterstützung. Die Organisation der Arbeit ging schneller vor sich, und die Produktion in Iraida, der einzigen Fabrik Lapschins, die aufrechterhalten blieb, während die Dorfwerkstätten geschlossen waren, wurde, wenn zwar nicht normal, so doch an 30 % der Friedensproduktion. Allerdings war die Qualität schlecht, da es an einer geeigneten Behandlung der Chemikalien mangelte. Die Rayonverwaltung änderte sich gleichfalls fortwährend. Immerhin führte die Bearbeitung der Statistiken dazu, daß so etwas wie ein Produktionsbudget für die Zündholzindustrie des Gouvernements aufgestellt werden konnte. Um diese Zeit machte sich auch schon der Einfluß des Zentrums auf wirtschaftlichem Gebiete geltend. Es gab schon Richtlinien für die Weiterführung der Betriebe, und sogar die ersten Ansätze waren vorhanden zur Produktionsführung.

Unterstützt durch ein scharfes Eingreifen der politischen Organe und namentlich der Tscheka, leitete das Fabrikkomitee in Grusino die Wiederherstellung der Ordnung in der Schudowa-Fabrik ein. Fachleute aus Grusino wurden nach Schudowa kommandiert, in der Hauptsache Frauen, die als Vorarbeiterinnen in den einzelnen Werkstätten tätig sein sollten. In Schudowa begann jetzt sozusagen das politische Leben in der Fabrik. Waren es früher nur zufällige Zusammenrottungen der Unzufriedenen und Hungernden, so wurden es jetzt politische Meetings. Die Grusinoer Arbeiter und Arbeiterinnen trugen viel dazu bei, das Selbstbewußtsein der Schudowaer Arbeiter zu stärken und sie empfänglich für die Reden der bolschewistischen Agitatoren zu machen. Das äußere Bild der Fabrik änderte sich. Nach dem Dekret waren die Arbeiter auch schon früher auf die Naturalversorgung gestellt. Das sogenannte Pajok-System war aber in der Schudowa-Fabrik nie richtig zur Geltung gekommen. Der Warenaustausch ging ja bekanntlich nicht von der Fabrik, sondern von den einzelnen Arbeitern aus. Man begann jetzt regulär einen gewissen Pajok zu erteilen. Die absolute Unfähigkeit aber der leitenden Personen, den Warenaustausch auf eine normale wirtschaftliche Grundlage zu stellen, ließ natürlich in dieser Verteilung vieles zu wünschen übrig. Es kam leider so, daß den Arbeitern Lebensmittel und Waren als Pajok gegeben wurden, die sie gar nicht verwenden konnten. Die Fabrik „Sonne" machte darin von dem übrigen Rußland keine Ausnahme. So wurden für einen Monatslohn gelegentlich den Arbeitern zwanzig Pfund Nüsse geliefert, die zudem schon länger als ein Jahr gelagert haben mochten. Für Nüsse hätte man in Petrograd möglicherweise andere Lebensmittel eintauschen können. In Schudowa aber, und nachdem allen Arbeitern diese Nüsse gegeben worden waren, erhielten sie dafür nichts. Dazu erhielten sie Stoffe, die zwar ziemlichen Wert repräsentierten, aber im Augenblick nicht tauschfähig waren. Mit diesem Stoff-Pajok gab es übrigens noch ein besonderes Mißgeschick. Die Arbeiter hatten durchgesetzt, daß ihnen von der Eisenbahn ein Waggon zur Verfügung gestellt wurde, da sie hofften, in Petrograd die Stoffe loszuwerden. Der Waggon wurde bewilligt, die Stoffe kamen auch in Petrograd an. Dort wurden sie aber von der Tscheka, die darin eine Schiebung witterte, beschlagnahmt, und es dauerte ein paar Monate, ehe die Stoffe freigegeben wurden. Das waren so, wie man in Rußland sagt, die kleinen Fehler der Revolution. Für die Arbeiter war es zugleich ein bitterer, aber ziemlich wirksamer Lehrgang, daß der Staat der Arbeiter und Bauern für die Arbeiter nicht nur ein Befreiungsgeschenk sein kann, sondern daß er unter höchster Anspannung aller Proletarier erlitten und mit erkämpft werden mußte. Nicht gerade nur durch die Unzulänglichkeit des neuen proletarischen Staatsapparates, sondern hauptsächlich durch eine zielbewußte und energische Kleinarbeit der auf zeitweilige Arbeit nach Schudowa kommandierten Parteigenossen hob sich das politische und soziale Niveau der Schudowaer Arbeiter. Hierbei spielten im Grunde genommen die Frauen die entscheidende Rolle. In der Schudowaer Fabrik arbeiteten selbst zu normalen Zeiten vier Fünftel der Gesamtbelegschaft Frauen. Die übrigen Fabriken in Schudowa waren noch geschlossen, und nur zu natürlich drängten sich die Arbeitslosen in die Zündholzfabrik. Es begann also im Arbeitsamt ein heftiger Konkurrenzkampf zwischen den männlichen und weiblichen Arbeitskräften, der wieder zum Gefolge hatte, daß die Frauen sich mit dem Arbeitsgesetz der Bolschewiki, mit der Organisation der Arbeitsbörse und ihren Rechten und Pflichten vertraut machten. Man muß sagen, daß die Arbeiterinnen den Zweck der Neuordnung besser begriffen als die Männer, die überdies in den ersten beiden Jahren der Revolution Chaos und Freiheit dazu ausnutzten, den während der Kriegszeit so sehr entbehrten Schnaps zu brauen. Die soziale Lage in Schudowa während der ersten Revolutionsjahre, die schon oben genügend geschildert ist, hatte zur selbsverständlichen Folge, daß Schudowa ein Zentrum der illegalen Schnapsbrauerei und gewissermaßen des Schnapshandels wurde. Die Leute, die damals von Petrograd nach Moskau fuhren, erhielten schon auf der Bahn einen entsprechenden Wink und stiegen gern in Schudowa aus, um sich dort mit Schnaps für die Reise zu versehen. Gegen das Umsichgreifen der Schnapsbrauerei halfen selbst rücksichtslose Erschießungen nichts. Was der Tscheka, die selbst nur zu häufig mit hineingezogen wurde, nicht gelang, brachten schließlich die Frauen fertig. Nachdem die Frauen als Arbeiterinnen der Zündholzfabrik organisierte Mitglieder des neugegründeten Arbeiterklubs und schließlich auch Mitglieder des Fabrikkomitees und des Dorfsowjets geworden waren — eine ganz natürliche Erscheinung, daß die kommunistischen Agitatoren und Instruktoren, die nach Schudowa kamen, das meiste Verständnis bei den Arbeiterinnen der allein noch im Betrieb befindlichen Zündholzfabrik fanden und dementsprechend auch diesen die Weiterwirkung ihrer Ideen übertrugen —, trugen sie auch zur Wiederherstellung der Ordnung in Schudowa bei. Hinter ihnen drohte immer die Frage, ohne Ordnung keine Arbeit. Das war das erste, was sie als Proletarierinnen klar begriffen hatten. Zwar gab die Arbeit, selbst noch unorganisiert und wirr in der Zündholzfabrik und vor allem unproduktiv, noch keine genügende Sicherheit für die Existenz. Die Arbeit versprach zwar, und das sagten immer wieder alle Agitatoren, von Monat zu Monat bessere Wirkungen zu erzielen, mehr Lebensmittel als Pajok herauszuwirtschaften und die Lage der Arbeiter in der Fabrik selbst zu verbessern. Dazu mußte sie aber selbst erst organisiert und produktiver gemacht sein. Von diesem Gedankengang, der sich in politischen Diskussionen über die Lage im Dorf und über die Wirtschaftslage des Bezirks im allgemeinen ausbreitete, bis zum Interesse an der Wirtschaftsführung und der Produktionsleitung in der Fabrik war nur ein Schritt. Es begann schon um Mitte 1919 die Frage in der Fabrik aufgeworfen zu werden, taugt die Fabrikleitung eigentlich was, oder nimmt sie nur ihren Platz ein als überflüssiger Pajok-Empfänger? Dazu kamen die sich immer häufiger wiederholenden Vorstöße gegen Leitung und Mitglieder des Fabrikkommitees, die ja der Frage der Arbeiter und Arbeiterinnen hätten Antwort geben sollen, aber dazu natürlich gar nicht imstande waren. Diese Frage blieb aber nicht lange mehr die einzige. Man begann weiter zu fragen, was geschieht mit den Vorräten, was geschieht mit dem Material? Ist es nicht vielleicht besser, mit dem Material mehr zu sparen, da man ja nicht weiß, ob schon für Nachschub gesorgt ist. Hinter all diesen Fragen stand ja immer die Angst, daß die Fabrik geschlossen werden würde. Weiterhin begann man sich dafür zu interessieren, wer steht über der Fabrikleitung? Was ist das für eine Verwaltung in Grusino, und was spricht man im Zentrum über Industrie und Wirtschaft, über die Arbeiter und Arbeiterinnen und über Schudowa im besonderen? Das politische Interesse, das die bolschewistische Revolution zur Mithilfe hatte aufrufen wollen, war erwacht.

In diese Zeit fielen die fortwährenden Mobilisationen. Die Kämpfe gegen die bewaffnete Konterrevolution. In diese Zeit fiel auch der Vormarsch der Judenitsch-Truppen auf Petrograd, und man konnte in Schudowa die letzten Wellen der Panik, die die Landbevölkerung um Petrograd erfaßt hatte, spüren. Man kann heute ruhig feststellen, die Arbeiter und Bauern dieser Landbezirke liebten die Bolschewiki nicht. Sie haßten aber die weißen Generale. Sie haßten den Zaren und die alten Unternehmer und Gutsbesitzer, und sie wären, hätte man sie gerufen, unter der Roten Fahne gegen diese zu Felde gezogen.

Mit der allmählichen Liquidation der Trunksucht erwachte auch das politische Leben im ganzen Bezirk. Man begann die Vorbereitungen zu treffen, die Zementfabrik und später auch die Glasfabrik wieder in Betrieb zu setzen. Die Zündholzfabrik konnte Ende 1919 bereits den Erfolg verzeichnen, einige Waggon Zündhölzer zur Verfügung der Roten Armee nach Petrograd geliefert zu haben. In der Fabrik selbst war zwar gerade die Arbeitsdisziplin noch nicht voll hergestellt, aber die Diebstähle hörten auf. Die Arbeiter arbeiteten auch nicht mehr für sich selbst und in die eigene Tasche, sondern für die Fabrik und zur Verfügung der Fabrikverwaltung. Das war ungefähr das Bild, das sich gegen Ende 1919 in der Zündholzfabrik in Schudowa zeigte. Zwar noch weit entfernt von einer normalen Produktion, aber die Arbeitsorganisation begann sich durchzusetzen. Mit solchen Voraussetzungen, die in anderen Zentren der Zündholzindustrie sich eher noch besser entwickelt hatten, rechnete der oberste Wirtschaftsrat, als er die Trusts zu organisieren begann.

VI.
DER TRUST

Zusammensetzung und Charakter des Trusts — Zunehmender Einfluß der Arbeiter auf die Verwaltung — Partei und Trust in der Provinz — Die fehlende Initiative — Das Schicksal der Arbeiter — Kampf um die Versorgung mit Rohmaterialien — Die gesunden Nachwirkungen

Natürlich kommen Trusts nicht als fertige Gebilde auf die Welt, und der Nowgoroder Trust, so dekretmäßig er auch ins Leben gerufen werden mochte, braucht auch erst eine gewisse Zeit, um sich organisch in das Wirtschaftsleben zu verankern. Der Nowgoroder Zündholztrust war in seiner ersten Form nicht viel anders als eine kontrollmäßige Zusammenfassung der Zündholzindustrie des Gebietes organisiert. Ihm lag die Aufgabe ob, Anlage und Produktionswerte der Zündholzindustrie dem Staate zu erhalten und darüber dem inzwischen organisierten Wirtschaftszentrum Rechenschaft zu erstatten. Darüber hinaus ergab es sich von selbst, daß er anfangen sollte, wirtschaftlich zu produzieren, ein mit den gegebenen Tatsachen übereinstimmendes vernunftgemäßes Budget aufzustellen und entsprechend auch zu versuchen, es durchzuführen. Solche Richtlinien brauchten nicht mehr gegeben zu werden, sie verstanden sich von selbst, und die Parteigenossen, die in die Leitung eines solchen Trusts kommandiert wurden, arbeiteten nach solcher Auffassung. Der Nowgoroder Trust mag gewiß nicht typisch sein für die Entwicklung der russischen Industrietrusts. Typisch aber ist er für die Entwicklung von Wirtschaftsorganisationen in der Provinz, die Spezialindustrien, wie beispielsweise die Zündholzindustrie, vertreten, die im Vergleich zu den Anforderungen, die damals in den ersten Jahren an Sowjetrußland herantraten, zu unbedeutend sind, als daß sich das Zentrum besonders um sie gekümmert hätte. Das erklärt, daß auch dieser Trust noch nicht gerade von Fachleuten beschwert war und daß die Tatsache der Organisation allein die Verhältnisse in der Industrie nicht besonders geändert hätte. Im vorigen Kapitel war schon erwähnt, daß der Anstoß und die Initiative zu einer Reorganisation der Industrie auf gesunder wirtschaftlicher Basis aus den Arbeitern selbst gekommen war. Diese Initiative wurde jetzt nur durch die

Tatsache des Bestehens eines solchen Trusts unterstützt. Was die neue Trustverwaltung anlangt, so waren zwar neue Parteigenossen drin, die im übrigen ebenfalls sehr schnell wechselten, der Grundstock der Verwaltung aber war derselbe wie die Rayonverwaltung. Man muß übrigens zugestehen, daß diese kleinen Werksbeamten, so skeptisch sie auch der bolschewistischen Regierung gegenüberstehen mochten, sich im Grunde genommen Mühe genug gegeben haben, ihren Pflichten nachzukommen. Wenigstens, soweit sie sie verstanden. Das ist zugleich ein Wink für die Vertreter jener Theorie von Massenpsychologie, die in der Gemeinsamkeit des Handelns und in der gleichen Atmosphäre der Umwelt den Anstoß für das entwicklungsfähigere Individuum sehen, sich von der Masse abzusondern. Ob intelligenter oder nicht, diese Beamten waren doch jedenfalls gebildeter, sie hatten die Schulen besucht, sie pflegten Zeitungen zu lesen, sie verstanden sogar sicher etwas von den ökonomischen Gesetzen der Wirtschaft und der Industrie. Im Verhältnis zu den Arbeitern und Bauern und nicht zuletzt zu den Arbeiterinnen, von denen die meisten Analphabeten waren, ist das jedenfalls eine zweifelsfreie Tatsache. Aber trotzdem war ihrer Verwaltungsarbeit der Stempel des Massenempfindens aufgedrückt. Und ihre Verwaltung änderte sich und konzentrierte sich in dem gleichen Maße, wie Verständnis und Selbstbewußtsein der Arbeiter sich hob. So seltsam es klingen mag, aber es ist eine Tatsache, daß diese so wie früher geschilderten Arbeiter und Arbeiterinnen allmählich, deswegen aber nicht weniger bestimmt, die Verwaltung beeinflußten, ja gewissermaßen lenkten, eine sehr interessante Parallele zu der nach außen vertretenen politischen Diktatur des Proletariats.

Die Verhältnisse in der Zündholzfabrik „Sonne" in Schudowa vermochte die Trustverwaltung nicht wesentlich zu beeinflussen. Zwar schaffte der Trust die Dreierverwaltung allmählich ab, und auch für Schudowa wurde nur e i n Verwalter jetzt bestimmt. Das hinderte aber nicht, daß diese Verwalter gleichfalls sehr oft wechselten. In dieser Zeitperiode hielt sich am längsten ein Verwandter des ehemaligen Inhabers einer anderen Nowgoroder Zündholzfabrik, der vom Trust mit der Wiederinbetriebsetzung seiner Fabrik beauftragt war und dabei die Gelegenheit wahrgenommen hatte, auch einen Verwandten unterzubringen. Bei dem Mangel an geeigneten Leuten, die Nowgorod für die

Verwaltung eines Trusts zur Verfügung stellen konnte, man muß sich vergegenwärtigen, daß zu gleicher Zeit solche Trusts organisiert wurden für die Sägemühlen, für die Furnier-, für die Porzellan-, Papier-, Ziegelei-, Glas- und Holzdestillationsindustrie, wobei noch zu organisieren blieb die Gewinnung von Braunkohle und Torf, die Industrie von Drainageröhren, worin Nowgorod ein natürliches Monopol in Rußland hat, und die Zementindustrie. Man macht sich erst eine Vorstellung von dem Mangel an geeigneten Leuten, wenn man hört, daß diese letztgenannten Industriezweige in Nowgorod noch bis heute auf einen Organisator warten. Was die Parteigenossen anlangt, die 1919—20 in die Verwaltung solcher Trusts kommandiert wurden, so darf man deren Wirkungskreis nicht überschätzen. Der proletarische Staat war zu jener Zeit noch nicht gefestigt genug, um wirklich brauchbare Kräfte freizumachen für den wirtschaftlichen Aufbau. Besonders in der Provinz verstand man nicht gleich die politische Bedeutung dieses wirtschaftlichen Aufbaus. Man sandte daher Leute hinein, die man im allgemeinen für entbehrlich hielt und die sozusagen die Begeisterung für die proletarische Sache einsetzen sollten, um damit zu ersetzen die nur zu häufig fehlende Verwaltungsfähigkeit. Die Folge war, daß in der Trustverwaltung der Einfluß der Parteimitglieder immer geringer wurde. Für das absolute Bestimmungs- und Vetorecht sorgte zwar schon die Parteiorganisation an sich, sorgten die politischen und gewerkschaftlichen Behörden, sorgte schließlich sogar die Tscheka. Die aber gar nicht so unwichtige Detailarbeit in der Verwaltung, die erst eigentlich in Verbindung mit den Fabriken und den Fabrikverwaltungen kam, lag ganz in den Händen von im besten Falle politisch Uninteressierten. Dies führte zu dem Mangel an Initiative, über den zu klagen die russische Parteipresse nicht müde wurde und der nicht zuletzt auch eine der Ursachen der späteren Einführung der neuen ökonomischen Politik geworden ist.

Dieser Mangel an Initiative seitens der Trustverwaltung äußerte sich selbstverständlich in sehr ungünstiger Weise in der Fabrik selbst. Es war sozusagen eine Prämie auf die gleiche Untätigkeit der Fabrikverwaltung. Was konnte schließlich eine Fabrikverwaltung auch tun, sie war in aller und jeder Frage von der Zustimmung des Trusts abhängig. Die Trusts waren so organisiert, weil es an geeigneten Leuten zur Verwaltung von Fabriken gefehlt hatte, an Leuten, denen die proletarische Regierung das Zutrauen entgegenbringen konnte, einen wirtschaftlichen Betrieb in ihrem Sinne, und obendrein etwas entfernt von den Augen der Staatskontrolle, weiterzuführen. Solche Leute waren damals für den Aufbau der Industrie in Sowjetrußland noch nicht frei. Deswegen vereinigte man den Verwaltungsapparat im Trust, der sozusagen zusammengefaßt besser zu kontrollieren war, und der von sich aus die schematische Kontrolle der Fabrikverwaltung leichter durchführen konnte als die politischen Organe. Wo nun obendrein die Trustverwaltungen nichts taugten, da taugten die Fabrikverwaltungen selbstverständlich erst recht nichts. Davor schützte auch der größte Kontrollapparat nicht, im Gegenteil. Die drei- und vierfache Kontrolle, der jede Maßnahme ausgesetzt war, durch die Gewerkschaften in Form des Fabrikkomitees, durch das Arbeitskommissariat in Form des Arbeitsinspektors, durch das Finanzkommissariat in Form der Arbeiter- und Bauerninspektion, durch das Wirtschaftskommissariat in Form der Trustverwaltung und schließlich noch durch die politischen Behörden in Form der Tscheka — durch diese Unsicherheit in der Kontrolle, die meistens durcheinander und nicht selten gegeneinander lief, wurde die Initiative der Verwaltung aufs äußerste gelähmt. Nur ein Gegengewicht war vorhanden, der Druck der Arbeiterschaft selbst. Und dieser Druck war nicht gering, und er bediente sich der verschiedenen Kontrollinstanzen unaufhörlich, denn schließlich waren an der Spitze dieser Organisation selbst Arbeiter, ja diese Arbeiter arbeiteten selbst mit in der Fabrik, sie vertraten ihre eigene Angelegenheit. Vom Standpunkt der Hebung des Niveaus der Arbeiterklasse war dies sehr heilsam und hatte ganz außerordentliche Erfolge zu verzeichnen. Vom rein wirtschaftlichen Standpunkt der Hebung der Produktion war es weniger vorteilhaft. Und zwar war das nicht gerade mathematisch bedingt, aber in der praktischen Auswirkung führte es dazu. Es führte nämlich sehr bald auch zu Korruptionserscheinungen. Die Zündholzfabrik „Sonne" arbeitete jetzt sozusagen in vollem Betrieb, zum mindesten was die Zahl der beschäftigten Arbeiter und Arbeiterinnen anlangt. Die Arbeiterzahl war auf 500 angewachsen, aber die Produktion haperte an allen Ecken und Enden. Bald fehlte es an den notwendigsten Materialien, bald fehlte es an Brennholz, bald erwiesen sich Remonten als notwendig, bald verlangte die

Arbeitsinspektion eine Änderung der Arbeitszeit, eine Umstellung des Betriebes, hygienische Maßnahmen, die große Umbauten erforderten, das Fabrikkomitee kämpfte für den Klub, für die Organisation des Pajoks, für die Gründung einer Kooperative. Die Gewerkschaften, unterstützt von der Arbeitsbörse, stritten gegen die Verwaltung um die Einstellung derjenigen, die früher in der Fabrik gearbeitet hatten. Sie sprachen der Verwaltung das Recht ab, Arbeiter zu entlassen. Diese Organe waren aufnahmefähig für Nachrichten aus anderen Bezirken, und vor allem aus dem Lapschinschen Bezirk, wo Lebens- und Arbeitsverhältnisse besser organisiert waren, wo die Produktion als im Zentrum der Trustverwaltung an und für sich schon besser stand. So wurden die Forderungen gegen die Verwaltung immer häufiger. Sie hatten vor allem die eine gute Seite, daß die Arbeiter selbst sich mehr für den Betrieb interessierten, daß sie noch bewußter als bisher die Ordnung in der Fabrik als eine Angelegenheit der Arbeiter ansahen. Die Verwaltung tat allerdings nicht viel mehr, als diese Forderungen nach dem Zentrum des Trusts weiterzuleiten, und der Trust, der gewissermaßen an der Seite der politischen Verwaltung saß, konnte den größten Teil solcher Forderungen einfach verschwinden lassen, wenn es ihm gelang, diese Stellen zu überzeugen, daß solche Forderungen zu erfüllen gar nicht in seiner Macht lag. Dazu hatte er leider nur zu oft Gelegenheit, und diese Gelegenheit nützte er wiederum nur zu oft und zu gründlich aus. Denn es war selbstverständlich, für solche ehemaligen Kaufleute, die sich in der Zwischenzeit in die Trusts hineingeschoben hatten und die doch im Grunde genommen an einer Blüte oder einem Niedergange der Industrie ganz unbeteiligt waren, weil für sie damals doch sowieso daran nichts zu verdienen war, viel bequemer, an Beratungstischen zu sitzen und stundenlang die Unmöglichkeit einer Bewilligung solcher Forderungen nachzuweisen, als sich auch nur ein Viertelstündchen die Mühe zu geben, durch eigene Initiative vielleicht Mittel und Wege zu suchen, Krisen und Stockungen zu überwinden. So wurde um diese Zeit die Initiative der Arbeiterschaft gehemmt, sie lief schließlich leer. Was sie wenigstens erreichte, war, daß die Fabrik sich trotz allem noch weiter schleppte. Unter anderem zwang sie schließlich den Trust, für das folgende Jahr für Aspenholz zu sorgen. Das war etwas, was nicht umgangen werden konnte, darüber gab es nichts zu diskutieren, und schließlich wurde dann dem Trust von den politischen Organen der Befehl gegeben, für das Aspenholz zu sorgen, denn davon hing der Weiterbestand der Fabrik ab. Der Trust versuchte trotzdem, sich davor zu drücken, er behauptete, ohne Geldmittel zu sein. Er war zwar darin im Recht, aber er hatte gar keine Versuche gemacht, diese Geldmittel zu bekommen. Dafür war er ja eben hingestellt, um die Produktion so zu organisieren, daß sie austauschfähig wird. Vielmehr wäre ihm damals auch diese, schon an Sabotage grenzende Nachlässigkeit auch durchgegangen, wenn nicht zufällig ein aufmerksamer Beamter im Zentrum festgestellt hätte, daß der Trust nicht die genügenden statistischen Unterlagen dem Obersten Wirtschaftsrat geliefert hätte, an Hand der ihm ein Kredit hätte überwiesen werden können. Die Nowgoroder Gouvernementsverwaltung hatte bereits schon stillschweigend die Unmöglichkeit, im Winter 1920 Aspenholz zu besorgen, anerkannt, als von ganz anderer, mit dieser Frage nicht beteiligter Seite die Lässigkeit des Zündholztrusts bemerkt wurde. Es war nichts mehr zu vertuschen und das Bild änderte sich sehr schnell. Die Verwaltung wurde auseinandergejagt, die Mehrzahl der Mitglieder eingesperrt. Diesmal aber nicht nur für ein paar Tage, wie das früher schon mehrere Male geschehen war, sondern die hauptverantwortlichen Mitglieder der Verwaltung wurden nach Moskau transportiert und sollten dort vor das Revolutionstribunal gestellt werden. Ihnen drohte Strafe der Erschießung. Übrigens hatten sie leider, muß man sagen, Glück, denn ob schuldig oder nicht, allein verantwortlich, ob lässig oder böswillig, was unter Berücksichtigung aller Umstände vielleicht nicht anzunehmen ist, hätte sozusagen dieses starke Beispiel die Lage der Industrie in Nowgorod verbessert und das politische Ansehen der Partei in Nowgorod auch für die Gesamtpartei gehoben. Leider also kam der Prozeß ein bißchen ins Hintertreffen gegenüber ähnlichen, aber drängenderen, und vielleicht auch anderen, wichtigeren Prozessen. Zum Schluß kam die Sache überhaupt nicht zur Verhandlung, politische Rücksichten und eine Amnestie ließen es angebracht erscheinen, Verfehlungen dieser Art im ganzen zu liquidieren und solche Leute mit einem blauen Auge laufen zu lassen. Interressant war die Nachwirkung der Verhaftung auf Nowgorod und die dortigen Behörden. Denn eine Untersuchungskommission vom Zentrum anläßlich des Falles des Zündholztrusts deckte eine Unmasse Unzu-

länglichkeiten, Übertretungen und Korruptionserscheinungen im allgemeinen auf, und da Nowgorod von Moskau immerhin ziemlich weit ist, so machte man gleich reinen Tisch. Die Partei wurde reorganisiert, das heißt, die verantwortlichen Parteiarbeiter in die verschiedensten Himmelsrichtungen auseinander ab- und strafkommandiert. Fast sämtliche wichtigen Verwaltungsposten mit neuen Leuten besetzt und ihnen allen der Parteibefehl, der in Rußland der höchste Befehl ist, gegeben, alle Trusts und alle Fabrikverwaltungen neu zu organisieren, die Funktionen der Gewerkschaften in den Fabriken zu erweitern und die Richtlinien für die Kontrolle zu vertiefen. Selbstverständlich wurde diese Arbeit auch in Angriff genommen, aber ebenso selbstverständlich konnte eine durchgreifende Änderung nicht erzielt werden, denn woher die Leute nehmen.
Natürlich erhielten die Zündholzfabriken die Zusage für das Aspenholz. Auf einem wirtschaftlich normalen Wege war es der neuen Verwaltung ebenso unmöglich wie der alten, denn Geld war nicht vorhanden. Und auch die neue Gouvernementsverwaltung, oder etwa die Gouvernementsvertretung des Landwirtschaftskommissariats, das zugleich die Forsten unter sich hat, verfügte in diesem Stadium über die augenblicklich freien Mittel, ja sogar über die Erlaubnis der entsprechenden vorgesetzten Behörden, über Aspenholz frei zu verfügen. Auch diesen Behörden war ja ein bestimmter Weg für Bewilligungen vorgeschrieben. Im Grunde genommen, und das wäre nur zu natürlich gewesen, wäre sogar trotz Verhaftung und Absetzung und Strafverschickung alles beim alten geblieben. Es ist nur, wie noch heute erzählt wird, der schon an Eigensinn grenzenden Initiative einiger Mitglieder des Jugendverbandes zu danken, daß die Fabrik trotzdem noch ihr Aspenholz erhielt. Die jungen Leute, die zur Organisierung der Jugendbewegung in die Fabrik kommandiert worden waren, hatten es sich in den Kopf gesetzt, die Sache durchzufechten. Es gibt in Rußland, oder vielmehr es gab zur damaligen Zeit nicht allzuviel Leute, die sich einen solchen Endkampf in den Kopf setzen. Es liegt schon dem Charakter des Russen nicht, und erst ganz allmählich wird die Parteierziehung die Genossen verselbständigen, um so mehr, je tiefer sie in den Wirtschaftsapparat eingreift. Diese Jugendgenossen also setzten es durch, daß eine Kommission der Zündholzarbeiter gewählt wurde und nach Moskau fuhr und daß zufällig auch ein redege-

wandter Arbeiter gefunden wurde, der an die Spitze dieser Kommission gestellt werden konnte. Zufällig, denn die Nowgoroder Zündholzarbeiter sind nicht sehr redegewandt. Und Glück muß diese Kommission auch noch gehabt haben. Denn sie erwischte wirklich die Stelle, die Zeit fand, sich mit ihrer Sache zu befassen, und sie erwirkte einen Befehl an das Gouvernement, das Aspenholz zur Verfügung zu stellen. Die Sache hätte auch ebenso gut ein halbes Jahr dauern können. Es dauerte aber nur fünf Tage, und die Schudowaer Arbeiter erzählen heute noch mit Stolz davon. In erster Reihe nämlich kam das Holz der Fabrik „Sonne" zugute, deren Vorräte völlig aufgebraucht waren und die in erster Reihe beliefert wurde. Zudem ist der Antransport des Aspenholzes nach Schudowa nicht so leicht. Die anderen Fabriken können sich durch private Abmachungen mit den Bauern eher darin etwas behelfen. „Iraida" kann sich sogar mit seinen eigenen Arbeitern das Holz schlagen und antransportieren. Was aber die Gouvernementsverwaltung anlangt, und wie diese es fertig gebracht hat, doch noch das Aspenholz zu beschaffen, das ist selbst heute noch nicht klar.

Schließlich ist Befehl Befehl, und vielleicht hat das Gouvernement, unterstützt mit Militär und Gendarmerie, den gleichen Befehl an die Bauern weitergegeben. Ein Hexenkessel von Unruhe war entstanden. Ein großer Verwaltungsstreit, der das ganze Gouvernement erschütterte, wo ein Kontorstift, rechtzeitig an die Arbeit gesetzt, die ganze Sache hätte erledigen können.

Das Beispiel zeigt jedenfalls, welchen Schwierigkeiten die Initiative der Arbeiterschaft entgegenstand. Es ist daher nur zu natürlich, daß die Möglichkeit zu Rückschlägen gegeben war. Nicht immer sehen die Arbeiter ihren Erfolg so greifbar, man kann sogar ruhig offen sagen, in den meisten Fällen sahen sie gar keinen Erfolg. Und schließlich war die Lage der Industrie noch immer so, daß jeden Tag mit der Schließung der Fabrik zu rechnen war. Es war eine sehr bittere Schule, die die Arbeiter durchzumachen hatten, und der Heroismus der Parteiarbeit in dieser Zeit, die fast nichts zu bieten hatte, als nur den Glauben an die Zukunft und ihren eigenen Opfermut, mit dem sie den Opfermut dieser Arbeiter und Bauern aufrufen sollten, ist mehr als Worte in diesem Zusammenhange sagen können, bewundernswert.

VII.
KRISENJAHRE

*Menschewistische Gegenpropaganda — Gruppenbildung
und Forderungen — Korruptionserscheinungen
und Cliquenwirtschaft*

Um diese Zeit von Mitte 1920 an machte sich in der Provinz und auf dem Dorf ein gewisser Gegendruck der Menschewiki bemerkbar. Wenn hier von Menschewiki gesprochen wird, so sind damit nicht so sehr die Reste der alten menschewistischen Partei gemeint. Solche feinen Unterschiede versteht man auf dem Dorf nicht zu machen. Der Industriebezirk selbst war zwar altes Einflußgebiet der Sozialrevolutionäre, aber zur damaligen Zeit war unter der Masse die Verbindung mit der Sozialrevolutionären Partei längst verloren. Was noch geblieben war, diente als Intellektueller dem Sowjet und befand sich zumeist in nicht unwichtigen Stellen der Gouvernementsbehörden. Bis zu dieser Zeit hatte die Tscheka eigentlich keine Veranlassung gehabt, der Loyalität dieser alten Sozialrevolutionäre zu mißtrauen. Jedenfalls lagen keine Anzeichen dafür vor, daß sie versucht hätten, die Masse in einer besonderen Weise für die Sozialrevolutionäre gegen die Bolschewiki zu beeinflussen. In Schudowa war schon erst recht keine Rede davon, kannten doch die dortigen Arbeiterinnen wahrscheinlich weder die Menschewiki noch die Sozialrevolutionäre.

Die Schwierigkeiten der Überwindung der Wirtschaftskrise erzogen zugleich die Arbeiter zu einem größeren Selbstbewußtsein, andererseits machten sie sie aber auch aufnahmefähig für die Agitation der Konterrevolutionäre im Gewande des Menschewismus. Der Krieg gegen Polen, der in den russischen Städten Begeisterung und Unterstützung für die Bolschewiki hervorrief, hinterließ in so entlegenen Winkeln wie den Industriedörfern Nowgorods entgegengesetzte Wirkung. Es gab wieder Krieg, und der Frieden war versprochen worden. Dabei war die Lage der Arbeiter noch lange nicht, wie sie hätte sein sollen. Wenig Brot, unfähige Verwaltung, Korruptionserscheinungen, auf das Wort der Arbeiter wurde nichts gegeben, der Einfluß der Fabrikkomitees schien gleich Null, das konnte man an hundert Beispielen in der Fabrik nachweisen. — Unter solchen Erwägungen bildeten sich Gruppen von Unzufriedenen. Es ist gerade in diesem Bezirk nicht gelungen, nachzuweisen, daß diese Gruppenbildung von einer bestimmten Parteiseite aus organisiert wurde. Die Fäden, die man schon in der Hand zu haben glaubte, gingen verloren, wiesen aber sämtlich in die Zündholzfabrik „Sonne". Dort hatte die Gruppe der Unzufriedenen ihren gesamten Anhang, ja man kann sogar sagen, die gesamte Arbeiterschaft stand hinter ihr. Es war ja an und für sich ein merkwürdiges Bild. Die gleichen Arbeiter und Arbeiterinnen, die kaum zwei Jahre zurück überhaupt weder Interesse noch Verständnis für politische Agitation gezeigt hatten, jetzt als Träger der menschewistischen Agitation, die mit allen illegalen Mitteln arbeiteten, zu sehen, nachdem sie noch wenige Monate vorher durch ihr entschlossenes Auftreten eine Ordnung in die chaotischen Verhältnisse in Schudowa hineingebracht hatten. Die Zusammensetzung der Arbeiterschaft in der Zündholzfabrik hatte sich nicht wesentlich geändert, die Trustverwaltung hatte nur dafür gesorgt, daß in die Fabrik eine genügende Zahl von Fach- und Spezialarbeitern kommandiert wurde, woran es ja bisher gemangelt hatte. Dazu hatten im Laufe der Zeit verschiedene Elemente dort Unterschlupf gefunden, deren Herkunft zweifelhaft war und die man mehr als Wanderarbeiter hätte bezeichnen können. Dieser Zustand hing damit zusammen, daß die Schudowaer Zündholzfabrik einmal an der Magistrale gelegen war, dann aber auch in ziemlichem Umkreis das einzige Fabrikunternehmen war, das arbeitete. Es würde aber ein Irrtum sein, anzunehmen, daß ausschließlich die fremden Elemente die Unzufriedenheit unter die Arbeiter getragen hätten. Zweifellos ging der Anstoß von der ansässigen Arbeiterschaft aus und nicht zuletzt vom Fabrikkomitee. Man hielt sich nicht etwa dabei auf, spezielle Forderungen für die Verbesserung der Lage der Schudowaer Arbeiter zu stellen oder lokale Angelegenheiten in den Mittelpunkt zu setzen, sondern das Typische war, daß politische Forderungen von allgemeiner Bedeutung aufgestellt wurden, darunter auch die beliebte Forderung nach der freien Wahl der Sowjets, und vom Fabrikkomitee aus gingen Boten und Berichte nach dem Lapschinschen Revier, um die Arbeiter dort zu veranlassen, sich den Schudowaer Forderungen anzuschließen. Von dort aus wurde man auch auf das menschewistische Treiben in der Schudowaer Fabrik aufmerksam, und man leitete auch entsprechende Gegenmaßnahmen ein, als da sind Neubesetzung des Fabrikkomitees, Abberufung einiger lokaler Sowjetbehörden und stärkere Berücksichtigung von Schudowa durch das gouvernementale Komitee für politische Aufklärung. Leider hatte auch zu diesem Zeitpunkt die kommunistische Partei noch nicht festen Fuß gefaßt.

Die Bekämpfung der menschewistischen Agitation erwies sich als weit schwerer, als man angenommen hatte, denn der Menschewismus im Dorf war mit den immer schärfer hervortretenden Korruptionserscheinungen sehr eng verbunden. Diese Korruption aber auszurotten, reichte das vorhandene Menschenmaterial noch nicht aus. Bei dem rein formalen und schematischen Abhängigkeitsverhältnis der Fabrikverwaltung vom Trust hing die Wirtschaftsführung ganz von dem Vertrauen ab, das die Trustverwaltung in den jeweiligen Fabrikverwalter setzte. Eine wirksame andere Kontrolle war nur Papier. Der Fabrikverwalter brauchte nur mit den entsprechenden Vertretern der Kontrollorgane in der Fabrik gute Freundschaft zu halten, und das war auf einem solchen Dorf wie Schudowa nicht allzu schwer, um jede weitere Kontrolle des Trusts illusorisch zu machen. So zeigte sich nur zu oft das Bild, daß Fabrikkomitee, Arbeitsinspektion, Arbeiter- und Bauerninspektion, Dorfsowjet und Tscheka, alle die verantwortlichen Behörden im Dorf, eine Clique wurden, gegen die man von draußen nicht so leicht angehen konnte. Leider zeigte sich auch hier wieder ein schwacher Charakterzug des Russen in verhängnisvoller Wirkung, nämlich die Arbeiter gingen nicht gegen die Clique vor, sondern gegen die Zentralverwaltung, und letzten Endes gegen die Regierung, die, wie sie annahmen, solche Cliquenbildungen begünstigte. Ihre Unzufriedenheit stieß nicht gegen die jeweils herrschende Clique. Es gehörte auch zu den typischen Provinzialerscheinungen von Sowjetrußland zu jener Zeit, daß, war durch Eingreifen von dritter Seite eine solche Clique zerstört, die neuen Leute schon nach wenigen Wochen die gleiche Clique wieder bildeten. Da half es auch nicht, daß die alte eingesperrt war und ihrer Verurteilung entgegensah. Es war also, als ob alle erzieherischen Momente versagen sollten. Vielleicht mußte die Zeit erziehen. In der Fabrik äußerte sich diese gewissermaßen soziale Krise in gleicher Weise ungünstig. Die Arbeiterschaft paßte sich dem Cliquenwesen an, sie versuchte auf ihre Weise, ihren Vorteil davon herauszuschlagen. Die Folge war, daß der Fremde, der von draußen hineingesetzte Beamte, der vielleicht das Cliquenwesen hätte durchbrechen können, gerade bei der Arbeiterschaft auf den schärfsten Gegensatz stieß. Gelegentlich hatten solche zu dem besonderen Zweck der Bekämpfung der Korruption in die Fabrik kommandierten Parteigenossen einen schweren Stand, und ihren heroischen Bemühungen blieb nicht selten der Erfolg versagt. Wenn man sich vorstellt, daß die entsprechend höhere Instanz eines Kommissariatsvertreters, der mit der Verwaltung in der Clique sitzt, zunächst auf die Berichte dieses Vertreters hört, der alle Gegenbeweise schon von vornherein ersticken und diskreditieren kann, so kann man den Golgathaweg solcher Reinigungskämpfe erkennen. Einmal führten sie schließlich zum Ziel, aber erst Monate später, so daß es ohne breitere Wirkung blieb. In nicht seltenen Fällen gaben aber solche Außenstehenden ihren Kampf auf und ließen sich sozusagen kaufen. Wenn man nun nach dem Zweck solcher Korruption fragt, so ist er eigentlich damit beantwortet: man bestahl den Staat. Es war so leicht, diesen noch so jungen und vielfach noch so unerfahrenen Staat zu bestehlen, und es waren alles Leute, die zum mindesten davon gehört hatten, wie schön es war, früher den Zar zu bestehlen. Selbstverständlich bestahlen sie schließlich auch und hauptsächlich die Arbeiter, aber das war diesen, meist selbst Arbeitern, nicht so ohne weiteres klar. Dazu waren sie zu lange unterdrückt gewesen, um die kristallklare Beweglichkeit des Denkens auf ihr eigenes Handeln anwenden zu können. Und unter dem Druck dieser Hungerjahre auch zu träge geworden. In diese Zeit fiel es auch, daß das Kontorhaus niederbrannte, zweifellos lag beabsichtigte Brandstiftung vor. Sämtliche Bücher, alle Kassenbelege und Materialverzeichnisse wurden vernichtet. Das war schon ganz wieder die alte Zeit vor dem Kriege, wo man sich auf diese Weise den Revisionen entzog.

VIII.
DIE NEUE ÖKONOMISCHE POLITIK

Umbildung von Trusts und Syndikaten — Die Lage der Zündholzindustrie — Produktionskredit — Ein Angebot des schwedischen Syndikats

Der Entwicklungsweg der Revolution war ein unaufhörliches Ineinandergreifen von Erfüllungen früher gegebener Versprechungen, die im Moment ihres Eintreffens manchmal im seltsamen Widerspruch zur augenblicklichen Situation standen. Nirgends zeigte sich dies deutlicher als beim wirtschaftlichen Wiederaufbau. Mit zäher Energie alle Schwierigkeiten überwindend, erreichte die kommunistische Partei darin eine Etappe nach der anderen. Sie pflügte sich gewissermaßen durch den noch im Winterschlaf gebannten Boden des neuen proletarischen Staatswesens hindurch. Wirkungen, Saat und Ernte waren erst nach Monaten zu erkennen, wie dies ja auch nur natürlich ist. Die noch ganz zusammenhanglose Organisation der Trusts, die aus der ersten groben Notwendigkeit, für den proletarischen Staat die Industrie zu erhalten und zusammenzufassen, entstanden war, erwies sich als überflüssig und schädlich. Die in diesen Revolutionsjahren gesammelten Erfahrungen wurden verwertet. Eine Umbildung der Trusts wurde vorgenommen, die so neu organisierten Trusts zu Syndikaten vereinigt. Diese Umstellung ging schon nach modernen wirtschaftlichen Gesichtspunkten vor sich. Es war nicht mehr reine Registratur, auch nicht mehr nur Kontrolle für den Staat, sondern in Wirtschaftsbudgets niedergelegte Produktionsmethode, die bereits Absatz und Nachfrage im Inland regelte, durch Preispolitik und Einbeziehung der Zoll- und Ein- und Ausfuhrfrage. Eine wichtige Etappe im wirtschaftlichen Wiederaufbau war erreicht. Zunächst noch auf dem Dekretwege, allerdings auf dem Papier. Es mußte sich jetzt zeigen, ob die Industrie selbst, die einzelnen Fabriken dafür aufnahmefähig waren. Und das hing im wesentlichen wieder davon ab, ob die Partei stark genug war, die im Zentralkomitee beschlossenen Richtlinien für den Wiederaufbau in Praxis umzusetzen. Der Widerhall kam nicht mehr allein nur von den verantwortlichen Stellen, für die war wiederum die Partei verantwortlich, sondern mindestens in dem gleichbedeutenden Maße aus der Arbeiterschaft selbst. War die Masse der Arbeiter jetzt fähig geworden, die Bedeutung und sozialen Interessen ihrer Industrie im Staatsganzen zu verstehen oder nicht, waren die Arbeiter bereit, dafür mitzuwirken, verstanden sie, daß die organisierte Hebung der Produktion, die Reinigung der Betriebe von Korruption, Faulheit und selbstgezüchtetem Ausbeutertum die Vorbedingung einer Stärkung der proletarischen Macht war — das waren die Fragen, die die Arbeiterschaft einer Fabrik zu beantworten hatte. Die Antwort kam schleppend und schwer, der Prozeß dauerte in der Schudowaer Zündholzfabrik mehr als ein Jahr. Das Fabrikkomitee gab mehr die Antwort, nicht mehr so sehr im Mittelpunkt die Gewerkschaften, sondern die kommunistische Zelle im Betrieb. Diese war zugleich das Sprachrohr und das Agitationszentrum. Sie hatte zur Aufgabe, den neuen Sauerteig zu bilden zur Erziehung der proletarischen Masse zu ihren wirtschaftlichen Aufgaben. Die Schwierigkeiten dieses Weges sind heute in allen Industrien und nicht zuletzt in der Zündholzindustrie überwunden, in manchen Industrien ist der Entwicklungsprozeß aber selbst heute noch nicht abgeschlossen. Die Zündholzindustrie macht hiervon eine rühmliche Ausnahme, was die Bereitwilligkeit der Arbeiter zum wirtschaftlichen Wiederaufbau anlangt, und die Schudowaer Zündholzfabrik hat hierin, allerdings durch von außen hereingetragene besondere Umstände, eine auf die gesamte Industrie sich erstreckende Bedeutung erlangt. Davon später.

Zum Verständnis des Folgenden ist es notwendig, einen kurzen Überblick an dieser Stelle über die Lage der Industrie 1920—21, in welcher Zeit die erwähnte Umstellung der Industrie vorgenommen wurde, zu geben. Die russische Zündholzindustrie wies schon vor dem Kriege im Vergleich zu den übrigen europäischen Zündholzindustrien recht hohe Produktionsziffern auf. Der Krieg hatte in dem Verhältnis der Zündholzindustrien der einzelnen Länder zueinander eine große Verschiebung mit sich gebracht. Die deutsche und österreichische Zündholzindustrie, früher eine den Weltmarkt beherrschende Konvention, war zertrümmert. Zertrümmert insofern, als ihre Exportmöglichkeiten auf ein Minimum herabgesetzt wurden. Dadurch gelang es der früher an dritter Stelle stehenden schwedischen Zündholzindustrie, die jetzt freien Märkte, besonders Schweden, den Balkan und die Türkei, zu erobern und damit eine den Weltmarkt beherrschende

Stellung für Zündhölzer zu gewinnen. Gelegentliche Konkurrenzversuche der Japaner scheiterten, nicht nur in Europa, sondern auch in Asien, wo die Schweden den ehemals deutschen Markt eroberten. Dort entwickelt sich der Konkurrenzkampf mit der amerikanisch-kanadischen Industrie, den zu entscheiden einmal die russische Zündholzindustrie berufen sein wird. Vorläufig steht die Vormachtstellung des schwedischen Syndikats noch unbestritten. Um es aber gleich vorneweg zu nehmen, alle Zündholzindustrien sind, wenn nicht direkt, so doch indirekt wie die japanische und amerikanische, von dem russischen Aspenholz abhängig. Rußland besitzt in der Aspe als Rohstoff für den Zündholzspan ein natürliches Monopol. Die in Kanada und Japan gebrauchten Ersatzhölzer reichen an die Qualität des Aspenholzes nicht heran, geschweige denn die auf dem europäischen Festland hierfür benutzten Holzarten, ganz abgesehen davon, daß sie durch eine chemische Behandlung viel teurer werden. Zwar kommt die Aspe auch in den baltischen Provinzen, in Litauen und Polen vor, doch nicht in dem Maße, daß man von einer direkten Durchbrechung des Monopols sprechen könnte. Die Aspe ist in Rußland das billigste Holz. Sie wächst sozusagen als das Unkraut der Wälder. Man kann sich also vorstellen, welchen Vorteil die russische Zündholzindustrie gegenüber der anderer Länder hat. Was nun den Bedarf an Zündhölzern anlangt, so war die russische Industrie nicht in der Lage, diesen Bedarf zu decken. Es herrschte sogar in den ersten Revolutionsjahren ein sehr empfindlicher Mangel an Zündhölzern, und die sich wiederbelebende Industrie änderte daran wenig. Die Gründung eines russischen Zündholzsyndikats verfolgte also den Zweck, die einzelnen regionalen Trusts auf eine gesündere wirtschaftliche Basis zu stellen. Das Syndikat regelte die Preise, regelte sozusagen Angebot und Nachfrage, organisierte den Absatz, insofern den Trusts bestimmte Absatzgebiete zugesprochen wurden, und sollte schließlich die oberste Stelle sein für Produktionskredite. Solche Produktionskredite, das war das erlösende Wort für die Industrie. Die Produktion schuf den Trust und nicht mehr die zufällige Zahl der Fabriken eines Bezirks. Die Arbeitsfähigkeit einer Trustverwaltung zeigte sich in der Produktionsstatistik, was zugleich für Syndikat und Staat die beste Kontrolle war. Die Verteilung der Einfuhr der für die Fabrikation benötigten Chemikalien, später des Paraffins, als man anfing, wieder bessere Qualitätsware herzustellen, sollte gleichfalls dem Syndikat obliegen. Man muß sagen: sollte, denn wie später noch gezeigt werden wird, war das Syndikat leider nicht fähig, alle diese Aufgaben zu erfüllen. Es war ja auch vorerst eine Richtlinie, nach der das Syndikat arbeiten sollte, nicht viel mehr als ein Versuch.

Immerhin gab diese Richtlinie dem allmählich mächtig gewordenen schwedischen Syndikat zu denken. Das schwedische Syndikat, in der Person seines Vorsitzenden, eines Herrn Krüger aus Jönköping, eines naturalisierten Deutschen, der die Geschäftsmethoden des Herrn Lapschin in internationalem Maßstabe betrieb, machte schon im Jahre 1920 der russischen Regierung das Angebot, sämtliche Zündholzfabriken Rußlands zu pachten und in Betrieb zu setzen. Die Pachtsumme war eine sehr bedeutende, und was noch wichtiger war, ein solcher Vertrag hätte für Sowjetrußland eine große internationale Bedeutung für die Wiederanknüpfung der Wirtschaftsbeziehungen mit anderen Ländern gehabt. Herr Krüger bezeichnete in seinem Projekt sehr genau den zu wählenden Weg. Er gab die notwendigen Umbauten an, er errechnete die zu erwartende Produktion der nächsten zehn Jahre und gab damit dem russischen Syndikat einen wirklich fachmännischen Überblick über die einzelnen Trusts und Fabriken. Die Offerte des Herrn Krüger ist für die Entwicklung der russischen Industrie von entscheidender Bedeutung geworden. Alle Verhandlungen in Rußland dauern lange, die Verhandlungen aber mit dem schwedischen Syndikat dauerten beinahe zwei Jahre. Gelegentlich wurde das Thema mit Erfolg gewechselt. Die Anerkennung Sowjetrußlands durch Schweden kam so herein, die Gründung einer schwedisch-russischen Bank, über die damals der für Sowjetrußland gesperrte, aber lebensnotwendige Devisenverkehr geleitet werden konnte, kam so zustande. Der Plan des schwedischen Syndikats ging dahin, durch diesen Pachtvertrag eine künftige Konkurrenz sich vom Halse zu schaffen. Mit der russischen Zündholzindustrie in der Tasche hätte Krüger wirklich den Weltzündholzmarkt beherrscht. Es stellte sich nämlich im Laufe der Verhandlung heraus, daß das schwedische Syndikat nicht beabsichtigt hatte, alle Zündholzfabriken in Gang zu setzen. Krüger wollte sogar lieber die im Vertragsentwurf festgesetzte Strafe für Nichtinbetriebsetzung zahlen, um sich sein Produktionsmonopol zu sichern, denn dieses Monopol hätte ihm zugleich das Aspenmonopol eingebracht. In die Enge getrieben, verpflichtete er sich schließlich, sofort die Schudowaer Fabrik mit den vorhandenen Maschinen einzurichten und zum Beweis seines guten Willens die Friedensproduktion der Schudowaer Fabrik auf das Fünffache zu erhöhen. Das hätte ungefähr das Hundertfache der damaligen Produktion der Fabrik ausgemacht. Das Imponierende in diesem Vorschlage war, daß Krüger dies ohne Erweiterungsbauten und Umbauten und mit den dort vorhandenen Arbeitskräften erreichen wollte. Das russische Syndikat führte einen heftigen Feldzug gegen die Verhandlungen mit den Schweden, und zeitweilig sah es so aus, als ob die russischen Finanzkreise bereit gewesen wären, ihre Zündholzindustrie für größere und allgemeinere wirtschaftliche Vorteile zu opfern. Später, als das Syndikat im Obersten Wirtschaftsrat die Mehrzahl auf seiner Seite hatte, kämpfte nur noch der Nowgoroder Trust für den Verbleib der Schudowaer Fabrik in russischen Händen. Dieser Kampf schien aussichtslos, denn die Vorteile für die russische Wirtschaft und nicht zuletzt für die Arbeit der Schudowaer Fabrik selbst lagen zu sehr auf der Hand. Herr Krüger war auch seiner Sache schon ziemlich sicher. Schwedische Ingenieure gingen in der Fabrik ein und aus, und ein Agent des schwedischen Syndikats hatte bereits sein Büro in Schudowa aufgeschlagen.

IX.
PRODUKTIONSKREDIT FÜR DEN WIEDERAUFBAU

Der Streit um die Pachtung der Fabrik — Neues Produktionsprogramm — Über den Produktionsprozeß

Der Kampf gegen die Pachtvorschläge des schwedischen Syndikats wurde in der Hauptsache geführt von einer Handelsgesellschaft, die aus dem Nowgoroder Wirtschaftsrat hervorgegangen, die Nowgoroder Trusts zu einer Gegenseitigkeitsgesellschaft zusammenzufassen, gegründet war. Mit dem ausgesprochenen Zweck, die Produktion der Trusts zu finanzieren und ihr die notwendigen Kredite zuzuführen, diese Produktion zu verkaufen, im großen ganzen als die aus den Trusts selbst geborene

Bank- und Handelsgesellschaft, gegründet auf private Initiative und so die staatliche Organisation ergänzend. Diese Gründung, in der russischen Abkürzung genannt Nowtrustorg, war eine in Form der Selbsthilfe entstandene Fortführung jener Wirtschaftspolitik, die mit der Umorganisation der Trusts und der Bildung von Produktions-, Verteilungs- und Verkaufssyndikaten ihren Abschluß gefunden zu haben schien. Die unter dem Druck der Arbeiterschaft und der Gewerkschaften allenthalben zu Tage getretene Notwendigkeit eines über den organischen Entwicklungsprozeß hinaus beschleunigten Aufbau der industriellen und großlandwirtschaftlichen Produktion erschöpfte den staatlichen Produktionskredit in kurzer Zeit. Die neu gebildeten Syndikate waren im Wirtschaftsleben noch nicht verankert genug, in diese Bresche zu springen. Der Verkaufsapparat organisierte sich zudem viel zu langsam, um entscheidend und organisch verteilend auf den Markt einwirken zu können. So entstanden diese gouvernementalen Handelsgesellschaften, die sich auf die Trusts stützten und die, obwohl im letzten Sinne auch noch staatlich, diesen ihren Wirtschaftscharakter weit weniger an begrenzte Vorschriften banden, eher wie Privatinstitutionen wirkten und als solche sich auch mehr mit dem zum Teil vom Ausland hereinströmenden Privatkapital verbinden konnten. Die Form dieser Gesellschaften war verschieden. Der Nowtrustorg beispielsweise gründete sich als Aktiengesellschaft mit 50 000 Pfund Sterling Kapital, das von den Trusts gezeichnet wurde, wobei ein erheblicher Teil, vorläufig zur Verfügung des Nowgoroder Wirtschaftsamtes, frei blieb, um dann später an ausländische Firmen für gewährte Kredite abgetreten zu werden. Inzwischen wurde das Aktienkapital erhöht, und die Gesellschaft erhielt von der Regierung die Erlaubnis, im Rahmen der auswärtigen Handelsvertretungen Sowjetrußlands selbständige Niederlassungen und Agenturen im Auslande zu errichten.
Der Nowtrustorg setzte dem Produktionsvorschlag des schwedischen Zündholzsyndikats für die Nowgoroder Zündholzindustrie ein eigenes Programm entgegen und erklärte sich darin bereit, die dafür notwendigen Kredite an barem Geld und an Materialien und Rohstoffen zur Verfügung zu stellen. Die Entscheidung darüber lag schließlich beim russischen Syndikat, das insofern in eine seltsame Lage gesetzt war, als es am liebsten gegen beide Konkurrenten Stellung genommen hätte, selbst aber

gar nicht daran denken konnte, praktisch mit eigenen Vorschlägen herauszukommen. Obwohl definitive Beschlüsse nicht gefaßt wurden, gestattete man doch dem Nowtrustorg, gewissermaßen als Probeleistung, zunächst die Fabrik „Sonne" in Schudowa aufzubauen und einen entsprechenden Sondervertrag mit dem Zündholztrust des Nordwestrayons abzuschließen. Die für diese Entwicklungsperiode in Sowjetrußland typische Unentschlossenheit, dieses Pendeln nach allen Seiten und diese Angst, sich irgendwie fest und einwandfrei zu binden, sollte später noch für alle an diesem Experiment beteiligten Organe bittere Folgen zeitigen.

Im Winter 1922 ging man also an die Vorarbeiten zum Ausbau der Schudowaer Fabrik. Der Verfasser dieser Schrift, dem diese Aufgabe übertragen worden war, reiste zu diesem Zweck in den Nowgoroder Bezirk, besichtigte dort sämtliche in Betrieb befindlichen und auch stillstehenden Zündholzfabriken mit dem Ergebnis, daß für die Hebung der Zündholzfabrikation zunächst mit der Umstellung in Schudowa auf maschinellen Betrieb begonnen werden sollte und davon ausgehend auch die Grusinoer und Wolchower Fabrik dann reorganisiert und in das Produktionsprogramm organisch eingreifen sollten. Zur Montage der Maschinen wurde ein deutscher Emigrant, ein in langjähriger Praxis erfahrener Berufsmonteur genommen, später noch ein weiterer Mitarbeiter, ein in der Jugendbewegung bekannter junger deutscher Arbeiter, der uns als Kontrolleur wertvolle Dienste leistete.

Zum besseren Verständnis mag es notwendig sein, an dieser Stelle einiges über den Produktionsprozeß der Zündhölzer hier einzufügen. In einer russischen Zündholzfabrik sind im Produktionsprozeß zwei Abteilungen streng voneinander getrennt, in Anpassung an die entsprechenden russischen Ausdrücke könnte man sagen die Fabrik- und die Fabrikatsabteilung. Es dürfte besser sein, diese Bezeichnungen zu lassen, weil das für deutsche Begriffe faßliche Wort „Rohstoffverarbeitung" sich mit der russischen Fabrikabteilung nicht ganz deckt. Die Operationen in der Fabrikabteilung sind kurz die folgenden: Die Aspenholzstämme werden vom Lager an die Säge herangefahren, sie werden in Stücke gesägt, die gesägten Stücke kommen in einen Dampfraum und werden aufgeweicht; von dort herausgenommen, werden sie entrindet, die entrindeten nach der Schälmaschine gebracht; die Schälmaschine schält sie. Der geschälte Span, nach verschiedenen Maßen geschält, entweder für die Hölzer oder die Innen- und Außenschachtelfabrikation, kommt in die Hackmaschine oder für die Schachtelfabrikation in die Abschneidemaschine. Der Holzdraht geht von der Hackmaschine in Bottiche mit Kalilauge, wo er imprägniert wird, und von dort in die Trockentrommel. Der Schachtelspan geht in die Schachtelmaschinen, und zwar sind verschiedene Maschinen für Außenschachteln und für Innenschachteln: Die fertigen Schachteln, die bis auf das Etikett bereits beklebt sind, gehen gleichfalls in Trockenapparate. Sind die Schachteln unetikettiert, so müssen sie nach der Trocknung noch etikettiert werden; arbeiten Füllmaschinen, so werden sie jetzt, d. h. die Innen- und Außenschachteln, ineinandergestopft. Es gibt hierfür Stopfmaschinen. Bis auf Etikettier- und Stopfmaschinen ist der Produktionsvorgang in allen Fabriken der gleiche. Auch Schudowa arbeitete selbstverständlich mit den für die Rohstoff- und Spanverarbeitung notwendigen Maschinen, den Schäl-, Hack- und Abschneide- und den Schachtelmaschinen. Ebenso waren Trockentrommeln und Trockenapparate in Gang.

Was nun die Fabrikatsabteilung anlangt, so arbeitet die Fabrik auf Handbetrieb. Der getrocknete Holzdraht kommt, falls er nicht voher noch poliert wird, in die Gleichschüttelungsapparate, er wird von den auf Brettern gleichgelegten Häufchen in Füllkästen gleichgelegt und kommt dann in diesen Kästen zu den Einlegemaschinen, wo er auf Rahmen eingelegt und gespannt wird. Diese Arbeit ist sozusagen das Zentrum der Produktion, die von hier aus reguliert und im Tempo bestimmt werden kann. Die Einleger sind der Facharbeiterstamm, von dem die Fabrik abhängig ist. Aus der Einlage kommen die Rahmen in die Tunkerei, wo sie angewärmt, paraffiniert und in Zündmasse getaucht werden. Die Rahmen gehen wieder in eine Trocknung und von dort in die Stopferei. Dort sind inzwischen auch die Innen- und Außenschachteln angelangt. Dreiviertel der Arbeiter einer Zündholzfabrik mit Handbetrieb sind in der Füllabteilung oder Stopferei beschäftigt. Über dem Raum, in dem Hunderte von Mädchen dicht gedrängt aneinander sitzen, vor sich ihr Fach mit Schachteln, an den Schemel gelehnt die Rahmen mit den betunkten Hölzchen, schwebt ein dichter Dunst von Holzstaub, Schwefel und der Qualm der explodierten Zündmasse. In dem Bestreben, eine mittlere Tagesleistung zu erreichen, etwa drei bis vier Kisten zu tausend Schachteln pro Tag, eilen sie beim Abstreifen des Rahmens, und der Rahmen explodiert. Das geschieht in der Stunde viele Male. Eine Stichflamme schießt hoch, ein Aufschrei, dicker Qualm wälzt sich nach der Ventilation hin, dann Lachen, ein paar Schimpfworte der Aufsicht, nach fünf Minuten wieder dasselbe. Dazwischen drängen sich die Mädchen mit den Körben voll Schachteln, um die Plätze aufzufüllen, die Transporteurstände für die Rahmen mit Hölzchen. Ein Bild, wie man es sich unorganisierter, gefährlicher für die Gesundheit der Arbeitenden, schädlicher für Produktion und Qualität, nicht gut mehr denken kann. Die gefüllten Schachteln werden jetzt an der Außenseite mit Reibmasse bestrichen und werden dann, genügend getrocknet, gepackt. Anschließend daran findet sich eine Banderolierabteilung, je nach den Steuerbestimmungen für die Einzelschachtel oder das Paket. Zum Betrieb gehört dann eine Kistenfabrikation und zuletzt, aber sozusagen die Hauptsache, die Kraftanlage, die Maschine, das Kesselhaus mit der Heizung, die verschiedenen Wasserpumpen und die Werkzeugschlosserei. Automaten, sogenannte Komplettmaschinen, werden in der russischen Zündholzindustrie wenig verwandt. Sie sollen sich nicht bewährt haben.

Wo also anfangen? — Als wir zuerst in unserer neuen Eigenschaft als Verantwortliche für den Betrieb durch die Fabrikräume gingen, kam uns erst das Schwere unserer Aufgabe recht zum Bewußtsein. Zwar wurden wir freundlich aufgenommen, die Arbeiter schauten zwar ein bißchen verwundert hinter uns drein, aber zweifellos nicht ohne Sympathie. Überall saßen und standen die Arbeiter herum. Draußen, es war im Februar, war es bitter kalt. Überall hing und stand der Teekessel an den Feuern. Alle Arbeiter, auch die Frauen und Mädchen, in dicken Schafspelzen. Kann man darin überhaupt sich bewegen — dachten wir. Eine Ausnahme machte nur, wie schon oben angedeutet, die Füllabteilung. Das mit einem Schlage zu ändern — uns kamen ernste Zweifel. Und wohin vor allem mit den Leuten? — Die Umstellung auf Maschinen mußte für Tage und Wochen Kräfte unbeschäftigt lassen. Hier lag die erste Schwierigkeit. Die Fabrik beschäftigte noch annähernd 400 Arbeiter. Die Produktion war kaum hundert Kisten täglich, auf eine Kiste kamen demnach vier Arbeiter. Demgegenüber hatten wir uns verpflichtet, nicht mehr als einen Arbeiter pro Kiste zu beschäftigen, ja sogar noch etwas darunter zu gehen. Außerdem noch wollten wir, von Ausnahmen und fortgesetzten Sabotagefällen abgesehen, alle Arbeiter behalten, einige Fachleute einstellen und im ganzen in einer Schicht pro Tag 500 Kisten herstellen.

X.
DIE AUSSICHTEN EINER UMORGANISATION DER PRODUKTION

Die russische Bürokratie — Dorfsowjet — Gewerkschaft — Mangel an Facharbeitern — Der Verwalter und sein Einfluß — Die Vorbereitungen

Von solchen äußerlichen Schwierigkeiten abgesehen, lag das Schwergewicht aller von uns zu treffenden Maßnahmen begründet in dem Mißtrauen der russischen Bürokratie. Dieses Mißtrauen, solange ein wesentlicher Teil im Charakter des russischen Volkes und auch heute als Nachwirkung aus der bürgerlichen Zeit noch stark vorhanden, ist gewissermaßen eine Weltanschauung für sich. Sie kämpft nicht nur gegen das Neue und den technischen und sozialen Fortschritt, sie kämpft auch gegen den Nichtrussen und nicht zuletzt auch gegen sich selbst. Diese Bürokratie sympathisiert heute mit den Kommunisten, sie ist selbst zum Teil Mitglied der Partei geworden, sie leidet zweifellos ehrlich und schwer darunter, sich unter dem Druck der Partei umzumodeln und in Bewegung zu setzen. Alles zusammen genommen, füllt der Kampf gegen diese Bürokratie ein Menschenleben voll aus, und etwas durchsetzen in Rußland heißt heutzutage noch immer bereit sein, sich zu opfern. Das vorausgeschickt.

Erstens, der Dorfsowjet würde Schwierigkeiten machen. Denn, falls in der Hitze der Arbeit Ungerechtigkeiten gegen die Arbeiter vorkämen oder nur Klagen, die vielleicht unberechtigt sind, so könnte der Dorfsowjet die Kreisbehörde alarmieren und auf dem Verwaltungswege Eingriffe in die Fabrik erzwingen, die im Augenblick der Wirtschaftsverwaltung, dem Syndikat und dem Trust besonders unangenehm werden können. Hinter dem Dorf-

sowjet stände der ehemalige Direktor der Fabrik, der sich zugleich um eine Pachtung der Fabrik beworben hat.
Zweitens, die Gewerkschaften würden Schwierigkeiten machen. Die neuen Tarifverhandlungen mit den Zündholzarbeitern kämen nicht vom Fleck. Im Lapschinschen Rayon wäre sogar schon eine Krise ausgebrochen. Bei den Arbeitern der Grusinoer Fabrik wollte man sogar von einer Streikgefahr sprechen. Differenzen zwischen Arbeitern und Bauern, die nur die Wintermonate über arbeiten. Dazu war gerade eine Umorganisation in der Gewerkschaft der chemischen Arbeiter im Gange. Für den Schudowaer Bezirk war gerade ein Sektionsvertreter der Sektion der Zündholzarbeiter bestimmt worden. Sollte diesem Vertreter nicht erst Zeit gegeben werden, sich einzuarbeiten? Würde das Experiment ihm nicht über den Kopf wachsen und damit die Autorität der Gewerkschaften schwächen?
Die Arbeiter selbst würden Schwierigkeiten machen. Die Schudowaer Arbeiter seien als unruhiges Element in der Revolution bekannt. Sie unterstünden menschewistischen Einflüssen. Zudem seien fast gar keine Fachleute vorhanden, für Maschinenmontage überhaupt nicht, nicht ein einziger brauchbarer Schlosser. Diese Schwierigkeiten würde sicher das Fabrikkomitee noch vermehren. Man hätte in Nowgorod von ihnen den Eindruck als von bösartigen Querulanten. Zweifellos seien sie nach irgendeiner Seite bereits auch korrumpiert. Überdies gäbe es in der Fabrik noch kein kommunistisches Kollektiv. Es gäbe überhaupt nicht einen einzigen Kommunisten in der Fabrik.
Die größte Schwierigkeit aber würde der augenblickliche Verwalter der Fabrik machen. Man könne ihm noch von keiner Seite beikommen, er täte alles, um die Fabrik zu ruinieren. Die Berichte, die er über die Fabrik einreichte, seien zweifellos gefälscht. Man könne es ihm nur nicht nachweisen. Es sei noch nicht die Zeit da, sich dafür zu interessieren, zudem hätte er Arbeiter und Fabrikkomitee in der Hand. Und noch vieles andere. Es war ein langes Klagelied.
Das waren die Hoffnungen, die uns im Trust, der ja letzten Endes unsere einzige Stütze sein mußte, mit auf den Weg gegeben wurden. Wir wurden angesehen wie Leute, die offenen Auges in ihr Unglück rennen. Vereinbart wurde, daß vor zwei Monaten Resultate irgendwelcher Art nicht zu erwarten seien. Vereinbart wurde weiterhin, daß die augenblickliche Verwaltung suspen-

diert und uns die Befehlsgewalt über die Fabrik gegeben wurde. Vereinbart wurde die Sicherheit einer regelmäßigen und wöchentlichen Lohnzahlung. Besprochen wurden in der Petrograder Gewerkschaftszentrale unsere Aufgaben und unser Ziel und für gut befunden. Besprochen wurde im Nowgoroder Parteikomitee das Gleiche und ein Parteibeschluß herbeigeführt, uns mit allen Mitteln zu unterstützen. Von Nowgorod wurden auch Parteiarbeiter zu unserer Unterstützung kommandiert. Ein entsprechender Bericht erschien auch in der Nowgoroder Parteizeitung. Von der Partei aus wurde den in Frage kommenden Aufsichtsbehörden in Schudowa, der Arbeitsinspektion und der Arbeiter- und Bauerninspektion, sogar der Steuerbehörde auf unser Experiment und auf die zu erteilende Unterstützung bezügliche Informationen gegeben. Alles schien vorgesehen. Die Forderung an die Kreditgeberin, den Nowtrustorg, auf Bereitstellung des Aspenholzes, des Paraffins, Bertholletsalzes und anderer Chemikalien war schon erfüllt, ehe mit der Arbeit begonnen wurde. Wir hatten nur noch die Frage zu beantworten: Können wir die Kiste Exportzündhölzer nach England cif London zu drei Dollar verkaufen und können wir nach zwei Monaten auf eine Tagesproduktion von mindestens dreihundert Kisten rechnen? Wir hatten darauf nur zu antworten, daß trotz Berücksichtigung aller Schwierigkeiten das zweifelsfrei möglich ist. Daraufhin wurde ein Liefervertrag mit einer englischen Firma abgeschlossen, und wir fuhren nach Schudowa, um die Probesendungen fertigzustellen und die Umstellung der Fabrik zu beginnen. Für die russische Zündholzindustrie schien eine neue Etappe angebrochen. Die ersten russischen Zündhölzer nach der Revolution auf dem Weltmarkt, das mußte ein beredtes Beispiel für die Stärke der Sowjetregierung im Wiederaufbau der Industrie sein.

XI.
DIE DURCHFÜHRUNG DER ARBEITSUMSTELLUNG AUF MASCHINEN

Schwierigkeiten der Montage — Unsauberkeit der Maschinenbehandlung — Prozentsatz des Ausschusses — Abwartende Stimmung der Arbeiter — Unzulänglichkeit der Lagerlisten — Die Arbeit des Kontors — Eine Arbeiterversammlung — Die Haltung des Fabrikkomitees — Der Widerstand der Arbeiterinnen — Eingreifen der Facharbeiter — Verwaltungsintriguen — Kommissionen — Einspruch der örtlichen Gewerkschaften — Betriebsstillegung

Unter Berücksichtigung der oben erwähnten Schwierigkeiten mußte für die Umstellung auf Maschinenarbeit ein Programm durchgeführt werden, das an sich den Etappen des Produktionsprogramms in der Zündholzindustrie nicht entspricht. Es handelte sich eben darum, die überwiegende Anzahl der Handarbeiterinnen vom ersten Tage an schon an den Maschinen zu beschäftigen. Deswegen wurde mit der Aufstellung der Etikettiermaschinen, die sehr wenig Montage bedürfen und eigentlich schon nach einigen Stunden arbeitsfähig sind, begonnen. Die Aufstellung dieser Etikettiermaschinen, zunächst fünfzehn an der Zahl, beschäftigte schon am ersten Tage 60 Arbeiterinnen an den Maschinen, 12 Transporteure und auf jede Schicht je 2 Vorarbeiterinnen. Rechnet man hinzu das Kochen des Kleisters, das Verteilen der aus den Schachtelmaschinen kommenden Schachteln auf den Transportbändern zur besseren Durchtrocknung dieser Schachteln, ferner die doppelte Besetzung der Außen- und Innenschachtelmaschinen, so erreicht man die Zahl von 100 Arbeiterinnen, die sofort an den Maschinen beschäftigt wurden. Der Plan ging dahin, allmählich die Besetzung einer Etikettiermaschine mit vier Arbeiterinnen auf drei und später normalerweise auf zwei herunterzudrücken. Es war also für die Erlernung der Handgriffe an der Maschine Möglichkeit und Zeit vorhanden. Besonders gut eigneten sich die Etikettiermaschinen als Anfang ihrem Wesen nach deswegen, weil diese Maschinen sich in der Hauptsache auf Sauberkeit und Exaktheit der Handgriffe beschränkten. Von den Etikettiermaschinen ausgehend wurden sodann die Einstopfmaschinen, Maschinen, die die Innenschachtel in die Außenschachtel maschinell einführen, montiert. Hier ergaben sich schon bereits größere Schwierigkeiten. Die Montage der nicht unkomplizierten Maschinen erforderte gewisse technische Vorkenntnisse. In der Fabrik waren zwar bei Beginn des Experiments nicht weniger als zehn Schlosser vorhanden, die als qualifizierte Facharbeiter betrachtet wurden. (Bei Beendigung des ersten Versuches, zirka sechs Wochen, stieg diese Zahl weit über das Doppelte.) Leider erwiesen sich diese Schlosser als alles andere als Facharbeiter. Die Montage dieser Einstopfmaschinen, die wir glaubten den einheimischen Schlossern überlassen zu können, kam nicht vorwärts. Teile des Balancierkörpers waren zerbrochen, und im Grunde genommen während der ganzen Versuchszeit war es nicht möglich, die Federbalancen dieser Maschinen zu halten, ganz abgesehen davon, daß durch die grobe Behandlung der Maschinen durch die Arbeiterinnen fast täglich die Hälfte der Federn durchbrachen.

Beide Maschinen waren in einem Raume aufgestellt, an dessen Seite zugleich die Trockentrommeln für die Schachteln ihren Inhalt in Körbe ausschütteten. Normalerweise würden die getrockneten Schachteln in die Stopfmaschine und von dort in die Etikettiermaschine gebracht worden sein. Bei uns war es noch umgekehrt. Es wurde etikettiert und dann die etikettierte Außenschachtel mit den Innenschachteln in die Stopfmaschine gebracht. Es erwies sich dies aus Sparsamkeitsgründen für notwendig. Die Behandlung der Etikettiermaschine war derart unsauber, daß 50 % der Schachteln durch überfließenden Leim verschmiert waren, so daß eine weitere produktionelle Behandlung ausgeschlossen wurde. Außer diesem Prozentsatz wurde von den unbeschmierten Schachteln noch über die Hälfte schief etikettiert, so daß man nicht zu niedrig greift, wenn man den Ausschuß an dieser ersten Maschinenart, die wir aufstellten, in der ersten Woche auf 80 % berechnen kann. Man kann sich denken, daß mit den restlichen 20 % nicht mehr gewagt werden konnte, in gleichem Umfange an den Stopfmaschinen zu produzieren. Der Ausschuß an den Stopfmaschinen betrug in der ersten Zeit mindestens gleichfalls 80 %, doppelt schwerwiegend ins Gewicht fallend, weil sozusagen ein doppelter Ausschuß entstand, sowohl von Außen- wie von Innenschachteln. Was die Arbeitslust der Arbeiterinnen anlangt, so übernimmt die Stopfmaschine eine Anzahl Handgriffe, die beim Füllen mit der Hand angewendet werden und insofern den Arbeiterinnen näher lagen. Es zeigte sich daher auch bald, daß die Arbeiterinnen sich danach drängten, von der Etikettiermaschine an die Stopfmaschine zu kommen. Und da wir in den ersten Wochen von den Schachtelmaschinen Mädchen in dem unteren Saal der Etikettier- und Stopfmaschinen brauchten, so bekam die Etikettierabteilung bald den Ruf einer Strafabteilung. Es erwies sich als notwendig, in einem speziellen Aushang darauf aufmerksam zu machen, daß die Arbeit an der Etikettiermaschine die Vorbedingung für alle weiteren Machinenarbeiten bedeutet, da sie im wesentlichen, wie schon gesagt, auf Sauberkeit der Maschinenarbeit beruht, und daß sie zugleich die leichteste aller Maschinenarbeiten ist. Wir erklärten zudem, daß nur diejenigen Arbeiterinnen weiter an anderen Maschinen beschäftigt würden, die vorher an den Etikettiermaschinen zufriedenstellende Arbeit geleistet hätten. Dieser Aushang machte viel böses Blut, so selbstverständlich im Grunde genommen und auch notwendig er war, und rief einen Sturm von Klagen beim Fabrikkomitee gegen die Umstellung hervor.

Die unangenehmen Erfahrungen bei der Montage der Stopfmaschinen veranlaßten uns, um nicht noch mehr Zeit zu verlieren, zugleich mit der Montage der Einfüllmaschinen zu beginnen. Bei diesen Maschinen lag von vornherein für uns die Hauptschwierigkeit. Diese Maschinen, die nicht nur Sauberkeit und Aufpassen verlangen, sondern zu einem gewissen Grade schon Kenntnis der Maschine und Arbeitstempo fordern, sollten unsere Arbeit eigentlich krönen. Die parallele Montage und Inbetriebsetzung dieser Maschinen mit den vorgenannten Maschinenarten brachte eine nicht vorauszusehende Beunruhigung in die Produktion. Denn die Füllmaschinen konnten nur arbeiten, wenn sie aus der Etikettier- und Stopfabteilung einwandfreie Halbfabrikate bekamen. Die Anpassung der Produktion der Halbfabrikatsabteilung an den Bedarf der Füllmaschine war das am schwersten zu bewältigende Problem. Trotzdem es klar war, daß dies zu einem Verhängnis für die Weiterführung des Versuchs führen würde, blieb doch nichts anderes möglich, als diesen Weg zu gehen. Sonst hätte die Montage des gesamten Maschinenapparates von vornherein auf mehrere Monate berechnet werden müssen. Was die Montage dieser Maschinen anbelangt, so zeigte sich hier der Mangel an gelernten Schlossern und Mechanikern am stärksten. Gedacht war, diese Maschinen, ebenso wie die Stopfmaschinen, späterhin von den einheimischen Arbeitern sozusagen grob montieren zu lassen, wobei wir selbst die Endmontage und die Ausprobierung vornehmen sollten. Im allgemeinen ist es auch so gekommen, aber die anderen Aufgaben der Produktion, die Anpassung der Rohstoff- und Halbfabrikatsabteilung verlangten solche Aufmerksamkeit, daß unser Interesse ein vielfach geteiltes wurde und daß wir schon nach der ersten Woche nicht mehr in der Lage waren, allen Anforderungen gerecht zu werden. Es kam so, daß wir beide Schichten (es waren, um die Unbeschäftigten möglichst alle auf die Maschinenarbeit zu verteilen, zwei Schichten eingeteilt worden) voll durcharbeiten mußten und daß es gewissermaßen unmöglich war, während der Arbeitszeit auch nur eine Minute die Fabrikräume zu verlassen.

Was den Mangel an Schlossern anlangt, so ist das so zu verstehen, daß gelegentlich vom Trust, von anderen Fabriken oder sogar von der Partei für den Versuch kommandierte Facharbeiter bei uns durchkamen, ein oder zwei Tage arbeiteten, durch die Unruhe im Betriebe abgestoßen wurden oder sich direkt feindlich gegen uns stellten, so daß wir gezwungen waren, ihnen von selbst den Laufpaß zu geben. Im großen und ganzen blieb der Stamm von zehn bis zwanzig Schlossern, der immer schon in der Fabrik war, in der Fabrik erhalten. Es war rührend, zu sehen, wie die Leute, die in einer europäischen Fabrik kaum als Hilfsarbeiter durchgekommen wären, sich bemühten, die fehlenden Kenntnisse nachzuholen. Unser Monteur, auf dem ja die Hauptarbeit lag, nämlich die Montage der Maschinen, hatte immer einen Schwanz von Arbeitern hinter sich, die auf jeden seiner Handgriffe aufpaßten. Zuerst wollte er die Leute an ihre Arbeit zurückschicken, dann aber erwies es sich als vorteilhafter, daß sie ihre Arbeit stehen ließen und hinter ihm herkamen, denn praktisch wurde die Sache so, daß zum Schluß die Leute überhaupt eine Arbeit nicht mehr machen konnten, ohne daß die betreffende Arbeit ihnen vorgemacht wurde. Dann war es doch von Anfang an besser, die Leute erst in die Arbeit selbst durch Beispiele einzuführen. Und um die Wahrheit zu sagen, die Leute haben überraschend schnell gelernt. Dort, wo, wie bei den Etikettiermaschinen, ein Widerstand der Arbeiterinnen zu bemerken war, haben sie auch später nichts ausrichten können.

Dort aber, wo die Arbeiterinnen ihnen entgegenkamen, war es bald möglich, sie selbständig arbeiten zu lassen, und sie haben auch dort Erfolge erzielt. Selbstverständlich gingen zwei bis drei Wochen darüber hin. Es traf aber doch ein, daß die von den Maschinenarten am schwersten zu behandelnden Füllmaschinen als erste eine reibungslose Produktion aufweisen konnten. Es sollten im ganzen zwölf Füllmaschinen aufgestellt werden, von denen sechs in den ersten vierzehn Tagen montiert wurden. Alle diese sechs Maschinen arbeiteten nach weiteren vierzehn Tagen vollständig normal. Der Ausschuß sank von 60 % auf 20 % und war fast ausschließlich auf die gelieferten Halbfabrikate zurückzuführen. Die Produktion der Maschine war zwischen 30 und 40 Kisten pro Tag, vorausgesetzt, daß sie die ganze Schicht über in vollem Betrieb war. Dies hing von den anderen Maschinen ab und im übrigen von der Hölzchenbearbeitung, auf die wir im anderen Zusammenhang zurückkommen.

So war ungefähr das Bild der Arbeit in den ersten Wochen, ziemlich chaotisch und unruhig, unter dem heftigsten Widerstand der Arbeiterinnen und der schweigenden und etwas höhnischen Zuwartung der übrigen Arbeiterkategorien. Es ließ sich nämlich nicht vermeiden, daß die Hölzchenfabrikation, das Einlegen, Einspannen und Tunken einige Tage ganz zum Stillstand gekommen waren und dann allmählich sich den Anforderungen der Füllmaschine anpassen mußten. Denn es ließen sich Vorräte anlegen in Schachteln, aber nicht in getunkten Hölzchen. Nun bestand die Hölzchenfabrikation aus der Aristokratie der Arbeiterschaft, von dieser Arbeitsgruppe hängt die Produktion ab, und die Stellung dieser Arbeitergruppe zu unserem Versuch mußte von entscheidender Bedeutung sein. Sicher war es peinlich, den kritischen Beobachtungen dieser Arbeitsgruppe in der ersten Zeit ausgesetzt zu sein, ohne irgendwelche Erfolge aufweisen zu können. Ein Gang durch den Einlegeraum und die Tunkerei gehörte zu dieser Zeit für die Leiter des Unternehmens nicht zu den angenehmsten. Denn die Arbeiter standen um die Öfen herum, rauchten und warteten auf die Arbeit. Mehrmals machten wir den Versuch, ihnen zu erklären, warum sie noch warten mußten, bis die einzelnen Maschinengruppen in die für sie bestimmte Produktion eingerückt werden. Die Stimmung der ersten Wochen gerade dieser Gruppe war zwar abwartend, aber ziemlich kritisch.

Dem ganzen Charakter des ganzen Experiments angepaßt waren nicht nur Schwierigkeiten von Seiten der Arbeiterschaft, die wir wohl vorausgesehen hatten, sondern die Hauptschwierigkeiten von Seiten des Kontors, das aus der praktischen Arbeit heraus gleichfalls in unseren Betrachtungskreis rückte. In der Fabrik waren im Laufe der Revolution sicher schon ein Dutzend von früheren Bestandsaufnahmen gemacht worden, trotzdem konnte uns niemand ein klares Bild geben, welche Maschinenarten im Vorratsschuppen in Kisten vorhanden waren und vor allen Dingen in welchem Zustande sich diese Maschinen befanden. Auf den Listen war einfach verzeichnet Kiste mit Maschinenteilen. Dabei arbeitete im Kontor ein Ingenieur und ein Hilfsverwalter, der Mechaniker gewesen war. Dabei war der Hauptverwalter erster Mechaniker einer anderen Zündholzfabrik gewesen. Dabei waren drei Zechenmeister in der Fabrik, die von Anfang an, seit Bestehen, in der Fabrik gearbeitet hatten und vom Arbeiter zum Zechenmeister aufgerückt waren. Nachdem mehrere Male anläßlich der Montage sich die Angaben des Lagerverwalters und des Hauptverwalters als unwahr erwiesen hatten, blieb uns schließlich nichts anderes übrig, als diese Kisten vor unserer Ausgabe selbst auf ihren Inhalt zu untersuchen. Aus dem sechzehnstündigen wurde darauf ein zwanzigstündiger Arbeitstag für uns, der Erfolg war dafür auch um so überraschender. Bei Beginn des Versuchs war von einer Maschinenbesetzung für 300 bis 500 Kisten Tagesproduktion gesprochen worden. Maschinen waren aber in der Fabrik vorhanden für gut das Doppelte. Keine Bestandsliste hatte diese Maschine spezialisiert und überhaupt aufgenommen. In der Bestandsliste stand einfach soundsoviel Kisten mit Maschinenteilen. Waren das alte oder neue, oder zu einer Maschine zusammenpassende Teile, oder nur Ersatzteile, das wußte kein Mensch. Das hatte auch anscheinend niemand interessiert. Jetzt ergab sich aber, daß es sich größtenteils um Maschinen handelte, die direkt noch neu aus der Fabrik bezogen waren und die irgendwann einmal, vielleicht vor der Revolution oder noch vor dem Kriege, hätten aufgestellt werden sollen. Wären Zündholzmaschinen so leicht zu verkaufen gewesen wie Motoren, so hätten sie in den Jahren vorher ungestraft verschoben werden können. Wir fanden nicht nur sechs Füllmaschinen mehr, als angenommen wurde, sondern eine Anzahl nagelneuer Packmaschinen, Etikettier- und Stopfmaschinen und Schachtelmaschinen genug, um eine ganz neue Fabrik einrichten zu können. Unser Mißtrauen gegen das Kontor wurde dadurch nicht gerade behoben. Leider gaben die Schwierigkeiten in der Produktion von Anfang an nicht die notwendige Möglichkeit, sich ausschließlich mit dem Kontor und der Produktionskontrolle zu beschäftigen, was eigentlich zu den besonderen Aufgaben des Verfassers dieser Schrift gehört hätte. Geplant war vom ersten Tage des Versuchs an, die Arbeit einzustellen auf Arbeitskarten, die Produktion zu kontrollieren durch Materialkarten; aus dem so niedergelegten Produktionsgang die Kalkulation der Wirtschaftlichkeit der Produktion zu errechnen und von dieser ausgehend Akkorde und Arbeitsnormen festzustellen. Es war nicht daran zu denken, diesen Plan durchzuführen. Buchführung, Produktions- und Materialkontrolle, Arbeiterkartothek, wenn man überhaupt davon sprechen will, alles war so undurchsichtig gehalten, so durcheinandergemischt und wirkte gewissermaßen als überflüssiges Anhängsel, daß man den Eindruck hatte, es ist vielleicht zunächst das Beste, das ganze Kontor zum Teufel zu jagen. So bestand in der Fabrik auch eine Transportabteilung, die aus zwölf Mann bestand, von denen man nicht wußte, womit sie sich eigentlich beschäftigten. Da waren Transporte, zwar auch für die anderen Fabriken, Materialverrechnungen, die durch die günstige Lage von Schudowa, diesem Bahnknotenpunkt, aus für die anderen Zündholzfabriken des Bezirks ausgeführt wurden. Aber der Transport von Materialien für die Zündholzindustrie, es kamen sowieso nur Papier und Chemikalien in Betracht, selbst für die ganze russische Zündholzindustrie, wird sich mit einem Drittel dieser Leute durchführen lassen. Hier arbeiteten zwölf Mann zur Abfertigung von vier bis fünf Waggons im Monat, und weiter beschäftigte sich das Kontor mit der Belieferung von Lebensmitteln und anderen Gebrauchsgegenständen an die Arbeiter. Diese Belieferung wurde nicht etwa planmäßig durchgeführt. Es war da auch keine Ausnutzung der Konjunktur gegeben, etwa der Versuch eines kaufmännischen Einkaufs zu Gunsten der Arbeiter, sondern im Grunde genommen war es nichts als eine nackte Ausplünderung. Der Trust gab ein Angebot von Lebensmitteln oder irgendwelchen Waren an die Fabrik weiter, und das Kontor, in dem ja auch das Fabrikkomitee seinen Platz hatte, d. h. es wurde zum Kontor gerechnet, beschloß dann, dieses Angebot anzunehmen oder nicht, legte einen Aufschlag für die Durchführung der Arbeit darauf, bestellte und zog einfach vom Arbeitslohn, ohne den Arbeiter zu fragen, den Verkaufspreis ab. Trotz verschiedener gelegentlicher Fragen, warum die Arbeiter der Fabrik nicht selbst eine Kooperative gegründet haben, oder sich selbst wenigstens geschlossen einer Kooperative einer anderen Fabrik angeschlossen hätten, wurde nie geantwortet; die Arbeiter haben dafür kein Interesse, heißt es. Als aber später durch unser Drängen von der Partei ein Genosse beauftragt wurde mit der Organisierung einer Kooperative in der Fabrik, wurden in der Arbeiterschaft heftige Klagen erhoben gegen das Fabrikkomitee, das so lange die Gründung einer Kooperative verhindert hätte. Dann war es auf einmal klar, Fabrikkomitee und Verwaltung steckten zusammen, und selbst wenn der Gedanke an Korruption nicht zutreffend wäre, so würde sich die Faulheit dieser Organe ergeben, die lieber im alten Trott weiter arbeiten als die Schwierigkeit auf sich nehmen, die Arbeiterschaft über die Bedeutung einer Kooperative aufzuklären, mit der Arbeiterschaft in dieser Kooperative zu arbeiten und den Kollektivsinn zu wecken und in die Praxis umzusetzen. Daß dies mit der Hauptgrund ist, das Sichdrücken vor diesen Schwierigkeiten, die gar nicht unterschätzt werden sollen, ist auch später von einem Gewerkschaftsvertreter, der darin sehr viel Erfahrung hat, zugegeben worden.

Abschließend ist über die ersten Wochen des Versuchs zu sagen, daß viel Arbeit nutzlos geleistet wurde. Die Aussichten des Gelingens schienen gering, die inneren Schwierigkeiten im Betriebe selbst waren größer, als erwartet wurde. Noch zeigten sich kaum Anzeichen, daß das Vertrauen der Arbeiterschaft gewonnen war. Verwaltung und Kontor waren so undurchsichtig, daß auf eine Hilfe nicht zu rechnen war. So weit die Schwierigkeiten von innen, von außen schien die Lage besser, der Dorfsowjet ließ uns in Ruhe. Daß im Bezirk selbst der Versuch nicht als feindlich angesehen wurde, das bewiesen die zahllosen Anfragen nach Arbeit. Mit dieser Bilanz gingen wir an eine Fortsetzung der Arbeit, allerdings mit wesentlicher Umstellung unserer Taktik. Ein Sonntag gab Gelegenheit, eine Versammlung der Arbeiterschaft einzuberufen. Verwaltung und Meister versuchten uns zwar von dieser Versammlung abzudrängen. Schon seit Jahr und Tag, hieß es, kommen die Schudowaer nicht mehr zur Versammlung. Ob Lüge oder nicht, in dem Falle hatten sie jedenfalls unrecht. Nicht ein Arbeiter oder Arbeiterin fehlte. Das Fabrikkomitee, gezwungen durch unsere Mandate von Partei und Gewerkschaft, legte in unserem Beisein den Zweck der Umstellung der Arbeit auf Maschinen in der Schudowaer Fabrik auseinander. Ein von der Partei zu unserer Unterstützung entsandter Genosse ergänzte den etwas trockenen Bericht des Fabrikkomitees. Er sprach von der Notwendigkeit der Mitwirkung und Unterstützung der Arbeiterschaft. Er wies nach, daß die Fabrik, falls die Arbeitsumstellung auf Maschinen gelingt, ganz andere Arbeitsmöglichkeit und Sicherheit für weitere Arbeit bieten wird als jetzt. Er stellte auch in Aussicht, daß eine so umgestellte Fabrik den übrigen sozialen Forderungen der Arbeiterschaft mehr gerecht werden kann als früher. Die Arbeiter saßen schweigend, viel gesprochen wurde da nicht. Einer erkundigte sich nach dem Zuzug von außerhalb. Aber da handelte es sich um die Mechaniker und Schlosser. Und als in dieser Versammlung darüber Aufklärung gegeben wurde, wurde sogar von den heimischen Zündholzarbeitern kräftig gelacht, daß sie am Ort keine vernünftigen Schlosser hätten. Das wußten sie wohl alle selbst. Es machte ihnen sogar scheinbar Spaß, daß die ortsansässigen Schlosser was zu hören bekamen, nachdem sie früher bisher wie die Pfauen in der Fabrik herumgestiegen waren — so wurde von ihnen gesprochen in dieser Versammlung. Es wurde in der Versammlung eine Resolution angenommen, uns nach Möglichkeit zu unterstützen und mitzuhelfen an der wirtschaftlichen Stärkung der Fabrik. Die Resolution hatte für uns in den nächsten Tagen in der Fabrik eine vielfache Wirkung. Das Seltsamste war, daß sie uns das Fabrikkomitee zu Feinden machte.

Dieses Fabrikkomitee hatte uns bisher gewissermaßen süß-sauer behandelt. Nach außen sehr entgegenkommend, sonst aber offen mißtrauisch und unserem Gefühl nach hinter unserem Rücken sogar feindlich. Die Feindschaft trat jetzt offen zu Tage. Die Arbeiter und speziell die ganz jungen, die sechzehn- und siebzehnjährigen Mädchen beschwerten sich ständig im Fabrikkomitee gegen uns. Da weigerte sich die eine, sich von der Schachtelmaschine, wo sie bisher gearbeitet hatte, an die Etikettiermaschine oder eine andere Maschine versetzen zu lassen. Das Fabrikkomitee sollte eingreifen und entschied gegen uns. Wir waren gezwungen, an Nowgorod zu telegraphieren, an die

Gewerkschaft, die wiederum gegen das Fabrikkomitee entschied. Da waren die ständigen Streitigkeiten mit diesen jungen Mädchen über die Morgen- oder Abendschicht. Es war ja eigentlich selbstverständlich, daß wir die Arbeiterinnen schon ihrem Alter und ihrer Befähigung zu den Maschinen nach auf die Schichten verteilen mußten. Irgendwelche häuslichen Fragen konnten ja vom Fabrikstandpunkt aus nicht berücksichtigt werden. Das Fabrikkomitee entschied aber in einem jeden solchen Fall von vornherein gegen uns. Eine Frau, die alle drei Stunden weggehen muß, um ihr Kind zu stillen, kann in einer aufeinander eingepaßten Produktion nicht tätig sein. Das Fabrikkomitee sah das nicht und schien der Meinung zu sein, daß in einem solchen Falle auch die Maschine eine halbe Stunde still stehen muß. Mit der Zeit wurde das Verhalten der Arbeiterinnen, die zunächst mehr passiven Widerstand gegenüber dem Anlernen an der Maschine entgegengesetzt hatten, immer aggressiver, je stärker unser Gegendruck wurde. Denn selbstverständlich zwangen wir dem Fabrikkomitee immer stärker dasjenige auf, was wir für notwendig hielten durchzuführen. Wollten wir mit dem ganzen Fabrikapparat nicht nach vierzehn Tagen leer laufen, so mußte etwas Energisches geschehen, um den Widerstand der Arbeiterinnen zu brechen. So ergab es sich, daß, obwohl weder die Maschinen schon alle aufgestellt waren noch die bereits im Gang befindlichen ordnungsmäßig produzierten noch die Mädchen an den Maschinen richtig angelernt waren, wir bereits um eine Einführung schärfster Arbeitsdisziplin kämpfen mußten. Wir hatten gehofft, das der Arbeiterschaft zu erleichtern. Denn erstens sorgt die Maschine selbst für die Disziplin, und zweitens hatten wir die Freude, unter anderen Bedingungen leichter und bequemer zu arbeiten, mit in Rechnung gesetzt, gewissermaßen auch ein Verständnis für die Arbeit angenommen, so daß die Einführung einer gewissen Arbeitsordnung bei aller Berücksichtigung russischer Eigentümlichkeiten vielleicht nicht so schwer sein würde. Das war eine Täuschung. Sollte überhaupt weiter an den Maschinen gearbeitet werden, so mußten drakonische Bestimmungen über die Behandlung dieser Maschinen erlassen werden. Zum Teil hingen unsere Bestimmungen etwas in der Luft, da wir ja die Sowjetgesetze über die Arbeit nicht durchbrechen konnten. So konnte über Entlassung in diesen Bestimmungen nicht klar gesprochen werden. Zudem ist es mit einem

Fabrikkomitee, das gegen uns ist, direkt schwer, Fälle von Sabotage oder Arbeitsverweigerung, die eine Entlassung nach sich ziehen kann, aufzufinden. Und selbst in solchen Fällen stellte sich dann das Fabrikkomitee auf den Standpunkt, zunächst die Schuldigen zu verwarnen; es blieb also nichts anderes übrig, da eine Einigung mit dem Fabrikkomitee sowieso nicht zu erzielen war, als unsererseits einen Aushang auszuhängen, der nicht die Unterschrift des Fabrikkomitees trug. Wir hofften, in der Zwischenzeit die Genehmigung der Gewerkschaft zu bekommen. Leider benutzte das Fabrikkomitee schon vorher diesen Aushang als Agitationsmittel gegen uns. An dem immer aggressiver auftretenden Benehmen einzelner Arbeiterinnen gegen uns konnte man merken, daß den Arbeiterinnen auch unsere Macht- und Rechtlosigkeit bewußt gemacht worden war. Sollte also unsere Arbeit nicht von jetzt durch Mangel an Autorität zum Scheitern verurteilt sein, mußte durchgegriffen werden. Wir entließen kurzerhand einige Arbeiterinnen, trotzdem wir dazu nicht im Recht waren. Zugleich führten wir die Torkontrolle ein. Bisher glich der Fabrikhof noch mehr einem Jahrmarkt, bei dem das ganze Dorf versammelt war. In den zweimal halbstündigen Pausen liefen die Mädchen ins Dorf und kamen mit Verspätungen, bis zu einer halben Stunde manchmal, zurück, ohne daß die Meister bisher etwas dagegen zu sagen gewagt hätten. Ich spreche hier von den Disziplinwidrigkeiten allgemeinster Art. Direkte Diebstähle in großem Umfange kamen zwar nicht vor, aber jeder Arbeiter und jede Arbeiterin fand es als selbstverständliches Recht, so viel Zündhölzer und vor allem so viel Paraffin mitzunehmen, als sie gerade brauchte. Und das ganze Dorf brannte Kerzen aus dem Paraffin der Zündholzfabrik. Die Ein- und Ausgangskontrolle, der ja das Fabrikkomitee sich nicht widersetzen konnte, begann schon Wunder zu wirken. Zwar standen bis zu einem Dutzend Arbeiterinnen manchmal draußen, jammernd und schimpfend, weil sie fünf Minuten nach dem festgesetzten Arbeitsbeginn das Tor nicht passiert hatten. Zwar konnte mancher Arbeiter durchaus nicht verstehen, warum er über den gefrorenen Fluß nicht schnell mal während einer Arbeitspause nach Hause gehen sollte, um in der Wirtschaft nach dem Rechten zu sehen. Aber alle Gesuche, die bittend oder drohend an uns gerichtet wurden, wurden schon aus Prinzip der Wiedereinführung einer Arbeitsdisziplin abgelehnt. Das Achselzucken der Vertreter des Fabrikkomitees, an die sich die Arbeiter wandten, bewies den Arbeiterinnen schon, daß in dieser Frage nichts zu machen war. Was nun die Fälle der Arbeitsverweigerung oder Sabotage anbelangte, so wurde das Fabrikkomitee schon vorher, ehe später dann die Kommissionen erschienen, von Partei, Gewerkschaften, Wirtschaftsinstitutionen und anderen mehr, von uns auch wider seinen Willen zum Eingreifen gezwungen. Das Schwergewicht der Gegenwirkung lag von Anfang an und von uns leider nicht gesehen, weil wir von allen Seiten gegenteilige Versicherungen erhalten hatten, auf Seiten der alten Verwaltung, die ja nicht entlassen, sondern zur vorläufigen Disposition gestellt war. Da waren Mädchen an der Maschine, die im Fabriksaal hin- und herspazierten und die Maschine ruhig ihren Gang gehen ließen. Die Maschine läuft ja so, auch ohne uns, wurde gesagt. Dabei verdarb das Material. Viele Minuten liefen die Maschinen mit einem Fehler und lieferten nur Bruch. Unsere Entlassungen wurden nicht anerkannt, aber eins mußte das Fabrikkomitee uns zusprechen, nämlich das Recht, die Arbeiter bzw. Arbeiterinnen unbeschäftigt am Eingang zum Saale, wo genügend Raum war, so daß sie die Arbeitenden nicht störten, stehen zu lassen. Wir hätten sie lieber im Hof spazieren gehen lassen oder überhaupt nach Hause geschickt, wenn das Fabrikkomitee nicht behauptet hätte, jeder Arbeiter gehörte während der Schicht in seinen Arbeitsraum. Gut, dachten wir, dann müssen diejenigen, die an der Maschine nicht arbeiten können oder wollen, stehen bleiben, sich dort aufhalten, wo sie die anderen nicht stören. In jeder Schicht, wo solche Fälle vorkamen, wurde ein Protokoll darüber aufgenommen, dem Fabrikkomitee zur Unterzeichnung vorgelegt und ob mit oder ohne Unterschrift an die betreffenden Instanzen weitergeleitet. Jetzt begann die alte Verwaltung sich einzumischen. Sie bekam nämlich Angst, daß dadurch unsere Berechnung für die Maschine und deren Bedienung anders ausfallen könnte, als sie sich vorgenommen hatten. Die alte Verwaltung wollte, das wurde jetzt immer offenbarer, die Unproduktivität der Maschinenarbeit gegenüber der früheren Handarbeit beweisen, und das Fabrikkomitee segelte ganz in deren Fahrwasser. Jetzt also sprang sozusagen die alte Verwaltung ein. Es sollte geregelt und geschlichtet werden und weiß Gott was alles. Aber nicht in der Weise, daß man versucht hätte, in richtiger Weise die verhetzte

Arbeiterschaft aufzuklären, nicht etwa, daß man ruhig mit jeder einzelnen Arbeiterin hätte sprechen können, sondern in Sitzungen und Besprechungen hinter verschlossenen Türen und Stößen von Protokollen unter Hinzuziehung aller möglichen Dorfinstanzen, wobei vor allem der Hauptzweck klar zum Ausdruck kam, nämlich uns ständig stundenlang von den Fabrikräumen fernzuhalten.

Man kann ruhig sagen, daß in der jetzt folgenden Woche ein Drittel und in der nächstfolgenden Woche noch ein zweites Drittel der Arbeiterinnen sich in die Arbeitsordnung fügten, daß sie mit Vergnügen dabei waren, die Handgriffe an der Maschine zu lernen. Es häuften sich immer mehr die Fälle, wo unseren Leuten direkt ein Dank ausgesprochen wurde, wenn es ihnen gerade gelungen war, recht plausibel und verständlich zu erklären und die Handgriffe vorzuführen. Trotzdem machte das restliche Drittel der ganzen Produktionsführung so zu schaffen, daß es schwer ist zu sagen, wie es weiter im ganzen gegangen wäre. Nicht die Partei, nicht die Gewerkschaften, die in dieser Zeit in Kommissionen die Arbeit besuchten und auf die Arbeiterschaft einzuwirken versuchten, erreichten schließlich diesen Zweck, wenigstens nicht direkt, sondern indirekt. Geholfen hat uns in dieser Krise der Stamm der Zündholzarbeiter selbst, die Einleger und Tunker. Mit diesen war eine Veränderung nach der Versammlung insofern vor sich gegangen, als sie uns baten, auch bei ihnen eine Umorganisation der Arbeitsweise vorzunehmen. Mit dieser Gruppe hatten wir uns verständlicherweise noch nicht befaßt, weil die Aufstellung der Maschinen für uns ja die Hauptaufgabe war. An der Arbeitsweise dieser Arbeitsgruppen konnten wir gerade nicht viel ändern, die war schon vorher maschinell. Es waren nur andere Normen festzusetzen, Akkord- oder Stücklohn einzuführen und im Zu- und Abtransport gewisser Materialien eine Erleichterung zu schaffen. Diese Arbeiter kamen nun täglich, um uns nach dem Stand der Versuche zu fragen und um Aufklärung über die Entwicklung der Arbeit zu verlangen. Je mehr nun allmählich, wenn auch langsam, die auf Maschinen umgestellten Abteilungen in Produktion traten, um so mehr wurde auch die Arbeitsleistung dieser bisher unberührten Gruppen angespannt. Das Interesse dieser Gruppen an unserer Arbeit war ein außergewöhnlich großes. Die Arbeiter hatten beispielsweise gesehen, daß wir zu Berechnung der einzelnen

Operationen gelegentlich die Uhr zur Hilfe genommen hatten. Sie baten uns jetzt selbst, auch ihre Operationen zu berechnen. Die Einleger holten geradezu einen von unseren Leuten und baten ihn, die Rahmen bzw. die Rahmenständer in einer Schicht als Arbeitsleistung von jedem einzelnen zu zählen und die Leistung der Transporteure dabei zu berechnen nach Aufenthalten und sonstigen Fehlerquellen. Die Tunker, angesteckt von dem Umstellungsfieber, stellten sich selbst mehrere Male die Mannschaft eines Ofens zusammen ohne unser Zutun. Es kommt bei den Tunkern darauf an, daß derjenige, der aus dem Rahmenständer den Rahmen herausnimmt und in die Masse tunkt, genau korrespondiert mit dem Einleger des Rahmens in die Tunkmaschine und demjenigen Arbeiter, der aus der Tunkmaschine herausnimmt und in den Ständer zum Trocknen schiebt. Geringste Stockung läßt einen Satz in der Maschine leer tunken, wodurch die Federung der Maschine gestört wird und die Maschine schwerfälliger läuft und obendrein der Herausnehmer mehr aufpassen muß. An diese Intensivierung der Arbeit hatten wir noch gar nicht gedacht, als selbst die Tunker aus eigener Initiative damit begannen.

Die Bilanz der zweiten Etappe dieser Arbeit ließ also hoffnungsvolle Schlüsse zu. Die Einleger und Tunker begannen auf die Arbeiterinnen zu wirken. Man sprach im Dorf von der Widersetzlichkeit gewisser Mädchen. Zwar hatten die Arbeiter noch die naive Vorstellung, die im übrigen in Schudowa nicht ganz unberechtigt war, als Eltern mit dem Recht des Vaters oder der Mutter auf die Töchter einzuwirken. Einige Einleger beispielsweise äußerten sich dahin, mit dem Knüppel die Weiber zur Raison bringen zu wollen. Jedenfalls war das und ohne unser Zutun und für uns ganz überraschend erreicht, daß die erfahrenen Facharbeiter, sozusagen der Arbeiterstamm, sich auf unsere Seite stellte und von sich aus die Durchführung der Arbeitsdisziplin unterstützte und sogar gewissermaßen selbst in die Hand nahm. Das Bild änderte sich so, daß die Arbeiter eine Stunde vor Schicht kamen oder nach der Schicht noch länger blieben, um in den neuen Maschinensälen nach der Arbeit zu sehen und sich sozusagen selbst ein Bild von der Arbeit dieser neuen Maschinen zu machen. Alles schien auf einen guten Ausgang zu deuten.

Die dritte und letzte Etappe unseres Versuchs begann mit der Häufung unvorhergesehener größerer Schwierigkeiten. Die alte

Verwaltung, allmählich im eigenen Betrieb zu Ohnmacht verurteilt, hatte begonnen, selbstverständlich ohne unser Wissen, Produktionsstatistik und willkürliche Errechnung der Selbstkosten der während der Zeit hergestellten Produktion an die Wirtschaftsinstanzen zu versenden. Es geschah dies in Form der in Rußland zur Zeit des ersten Aufbaues ziemlich üblichen Intrige. Man forderte Gutachten ein, bat um Ratschläge und ließ durchblicken, daß eine Kommission notwendig wäre, die wirtschaftliche Grundlage dieses Versuchs auf Umstellung auf Maschinenarbeit zu untersuchen. Dagegen konnte es selbstverständlich keine andere Sicherung geben als das Zutrauen der maßgeblichen Wirtschaftsstellen zu diesem Versuch bzw. zu unserer Arbeit. Wir glaubten dieses Vertrauens sicher zu sein, und das um so mehr, weil in einer Reihe schriftlicher Abmachungen und in einer Anzahl Resolutionen und Beschlüsse und sogar in direkten Mandaten der zuständigen Behörden ausdrücklich niedergelegt war, daß die Umstellung der Arbeit sich auf zwei Monate erstrecken sollte, weil uns ferner zugesichert war, daß das dafür notwendige Kapital sichergestellt war, sogar bereits in Materialien angelegt war, und schließlich weil wir immer darauf hingewiesen hatten, daß vor Ablauf dieser Zeit an irgendwelche Resultate nicht zu denken sei. Trotzdem erschien der Vorsitzende des Zündholzsyndikats mit zwei Moskauer höheren Wirtschaftsbeamten, besuchte die Fabrik, forderte statistische Unterlagen über die Wirtschaftlichkeit der Produktion, insbesondere über die erzielte Erhöhung derselben (an die in diesem Stadium überhaupt noch nicht zu denken war), bemängelte die Qualität der Zündhölzer und nahm trotz unseres Einspruches Proben der zum Ausschuß geworfenen Pakete mit. Die Denkschrift, die diese Kommission innerhalb 24 Stunden beim Wirtschaftsamt einreichte, ist uns leider nicht zu Gesicht gekommen, sie muß aber haarsträubende Dinge enthalten haben, denn wenige Tage später erschien eine bereits weniger höfliche Wirtschaftskommission vom Petrograder Wirtschaftsamt, die sozusagen mit der Schließung der Fabrik oder mit der sofortigen Einstellung der Maschinenarbeit drohte. Die Kommissionen waren insofern überraschend, als wir mit den Wirtschaftsämtern im Grunde genommen nichts zu tun hatten, da von einer Handelsgesellschaft mit halbprivatem Charakter auf Grund eines Vertrages bzw. Syndikat und auf Grund von Aufträgen und einer für den

Versuch aufgestellten Produktions- und Preiskalkulation Kredite festgelegt worden waren. Eine Schädigung des Staatsinteresses oder der Industrie kam also überhaupt nicht in Betracht. Und von einer Schädigung der Arbeiterschaft konnte schon aus dem Grunde nicht die Rede sein, weil erstens Entlassungen nicht vorgenommen oder in den einzelnen Sabotagefällen nicht anerkannt waren, die Tarifverhandlungen mit der Gewerkschaft noch nicht einmal begonnen hatten, geschweige denn zum Abschluß gebracht waren. Und drittens der Versuch der Umstellung auf Maschinenarbeit und die Einführung des Akkord- und Stücklohnes eine gerade in der Zeit stark betonte Forderung der Gewerkschaften und der zentralen Parteiinstanzen war. Wozu sich also um diese Kommissionen kümmern, die nur die Arbeit aufhielten — wir unternahmen keinerlei Gegenschritte, stand doch das Ende des Versuchs und damit der Beweis des Erfolges unmittelbar bevor. Dank der Einwirkung der Stammgruppe unter der Arbeiterschaft besserte sich das Verhältnis der Arbeiterinnen zu den Maschinen sichtbar mit jedem Tag. Die Produktion der Füllmaschinen stabilisierte sich auf durchschnittlich dreißig Kisten pro Schicht. Die gleiche Produktion an den Stopfmaschinen wurde zwar nicht erreicht, was mit Montageschwierigkeiten zusammenhing, die aber auch schrittweise überwunden wurden. Dagegen sank der Prozentsatz des Ausschusses auch bei diesen Maschinen auf 15 bis 20 %. Der Ausschuß an den Etikettiermaschinen ging herunter bis auf 8 %. Ein Vergleich mit schwedischen und deutschen Fabrikaten fällt sogar zugunsten unseres Versuches aus. Und das nach Verlauf von vier Wochen und unter den oben geschilderten Gegenwirkungen.

Die Entlohnung der Maschinenarbeiterinnen war nach der 4. und 5. Gehaltsstufe in Arbeitsdekreten festgelegt und im Tarif der Chemikergewerkschaft bestimmt. Einzelakkorde oder, was entsprechender gewesen wäre, Gruppenakkorde einzuführen, daran konnte erst gedacht werden, wenn der Akkordlohn der Einleger und Tunker festgelegt war. Differenzen in der Frage des Lohnes waren also nicht vorhanden. In den folgenden vierzehn Tagen arbeiteten die neu montierten Maschinen zur Zufriedenheit. Wir konnten während dieser Zeit daran gehen, die Arbeit an den Zähl- und Hackmaschinen sowie die Verpackung und die Kistenmacherei in diese Produktion entsprechend einzugliedern, so daß in diesen Tagen erstmalig die tägliche Produktion einer

Schicht auf 200 bis 230 (unsere Höchstleistung) Kisten stieg. In diesen Tagen hatten wir eine Besprechung mit den Einlegern und Tunkern über ihren Akkord, und in gemeinsamer Beratung stellten wir einen Lohn auf, der das Zweieinhalbfache des bisherigen Lohnes als Durchschnittslohn ergab und der die reinen Produktionskosten der Kiste Zündhölzer mit 2,40 Rubel pro Kiste errechenbar machte. Es war damit der Friedensproduktionspreis um 10 Kopeken gedrückt. Von diesem Augenblick an hielten wir den Erfolg für sicher. Eine äußere Störung, die sich leider mit jedem Tage stärker bemerkbar machte, schien zunächst von untergeordneter Bedeutung, auf einmal begann nämlich der Kessel zu streiken. Die Maschinen hatten nicht mehr genügend Druck, und obwohl im Hofe der Fabrik zirka 3000 Kubik-Arschin Brennholz aufgestapelt war, sollte plötzlich nicht mehr genügend trockenes Holz für eine ausreichende Kesselversorgung vorhanden sein. In diesen Tagen, nachdem das Gelingen des Experiments schon bewiesen war, blieben die Maschinen mehrere Male bald zehn Minuten, bald eine halbe Stunde lang ohne Dampf. Das schon niedergekämpfte Mißtrauen der Arbeiterinnen und Arbeiter, die schon geglättete Erregung belebte sich wieder von neuem. Es war uns unmöglich, im Augenblick die Schäden des Kessels, der im übrigen seit zwei Jahren nicht mehr gereinigt worden war, zu beheben. Wir konnten zugleich auch nicht das trockene Holz aus dem Stapel heraussuchen oder auch nur überwachen, daß das von uns angegebene auch wirklich verheizt wurde. Und als nach ein paar Tagen es uns wirklich gelang, einen ganzen Tag ohne Störung durchzuarbeiten, versagte plötzlich die Pumpe, die die Kessel mit dem Wasser aus dem Fluß speiste. Die Pumpe wurde dreimal repariert und versagte immer wieder. Es zeigte sich, daß die Pumpe überhaupt für einen normalen Betrieb nicht mehr geeignet war. Die Produktion sank auf 80 bis 100 Kisten pro Schicht. Und schließlich hätten wir das Experiment zu Ende geführt unter Berücksichtigung der gar nicht vorauszusehenden Umstände. Denn schließlich arbeitete sich der Betrieb auch mit den Unterbrechungen ein, und wir gewannen Zeit, die Montage der noch vorhandenen Stopf- und Etikettiermaschinen zu vollenden. Da traf das Unternehmen ein neuer Schlag. Es erschien eine Kommission der örtlichen Gewerkschaften, die gegen die Bedingungen des mit den Einlegern und Tunkern abgeschlossenen Akkordübereinkommens Einspruch erhoben. Es sollte eine Kommission bestimmt werden, die in Petrograd oder eventuell in Moskau noch einmal die Normen und Akkordlohnsätze überprüft, Bericht im Zentralkomitee der Gewerkschaften darüber hält und die Erfahrungen dieser für die Zündholzindustrie neuen Arbeitsweise vorträgt. Erfahrungen waren ja außer in einigen Tagen noch nicht gemacht worden, und es bestand nur das Vertrauen der Arbeiter als einziges Plus auf unserer Seite. Auf Verhandlungen oder irgendwelche Konzessionen ließ sich die Kommission nicht ein. Annullierte kurzerhand das Abkommen, befahl die Lohnzahlung nach alten Sätzen und ließ sogar einen Vertreter an Ort und Stelle, um die Weiterarbeit zu überwachen. Gleichzeitig mit diesem Besuch traf ein Telegramm vom Trust ein, der ebenfalls Lohn- und Akkordsystem verbot (das Lohnsystem war auf Grund der für jeden Arbeiter ausgestellten Wochenkarte nach deutschem Muster eingerichtet) und zugleich darauf hinwies, daß unsere Arbeit Erregung in den übrigen Zündholzfabriken hervorgerufen hätte, wo sich die Arbeiter geweigert hätten, die Tarifsätze der Gewerkschaften anzuerkennen, mit Hinblick auf die Sätze in der Schudowaer Fabrik. Es blieb nichts anderes übrig, als die Arbeiter zusammenzurufen und in einer Versammlung zu versuchen, die Frage mit dem Vertreter der Gewerkschaften noch einmal zu besprechen. Der Ausgang dieser Versammlung verlief sehr überraschend, zum mindesten für den Vertreter der Gewerkschaften, aber auch für uns insofern: die Einleger und Tunker verlangten die Aufrechterhaltung des mit uns getroffenen Abkommens, und als dies von dem Vertreter der Gewerkschaften noch einmal kategorisch abgelehnt wurde, legten die Einleger und Tunker die Arbeit nieder. Damit war zugleich auch der ganze Betrieb stillgelegt. An diesem Tage traf noch eine Kommission ein — vom Frauensekretariat, die die weiblichen Arbeiterinnen zu organisieren gedachten und die die Unterstützung der Partei mit sich brachten, einen Klub für die Arbeiterinnen in Schudowa zu errichten. Zugleich war für den folgenden Tag vorgesehen die Begründung einer Kooperative. An diesem Tage wurde auch von Sammlungen bzw. beschlossenen Abzügen vom Lohn eine Arbeitsschule gegründet mit einem beigefügten Kurse, der das Analphabetentum der Alten liquidieren sollte. Unsere Gruppe nahm an diesen Konferenzen schon nicht mehr teil. Wir hatten bereits ein Telegramm in der Tasche, das unsere sofortige

Abberufung aussprach und uns nach Petrograd zur Verantwortung rief. Als wir am nächsten Morgen zum Bahnhof gingen, standen die Arbeiter und Arbeiterinnen im Hofe der Fabrik, dem Marktplatz, dem Bahnhof herum und warteten dort, wie uns einer sagte, auf die Antwort aus Moskau. Anscheinend hatte der Vertreter der Gewerkschaften sich mit seinen Zentralinstanzen in Verbindung gesetzt. Der Abschied fiel uns ziemlich schwer, um so mehr, als er dadurch überaus peinlich für uns wurde, daß der alte Verwalter mit ein paar ihm treu gebliebenen Schlossern noch in unserem Beisein eine Transmission, die wir unter unsäglichen Mühen im Füllmaschinensaal neu angebracht hatten, niederlegte. Und damit, wie man ja annehmen mußte, die Umstellung auf Maschinenarbeit für gescheitert hinstellte. Man kann sich daher nicht wundern, daß wir die freundlichen Zurufe der Arbeiter als Hohn auffaßten und nicht sicher waren, ob sie auch ernst gemeint waren. Schien es doch, daß die alte Verwaltung bereits Instruktionen vom Trust zur Abmontage der Maschinen bekommen hatte. Eine mühevolle Arbeit war, scheint es, umsonst gemacht.

XII.
AUFLÖSUNG DER INTRIGEN

Auseinandersetzung im Trust — Einspruch des Petrograder Wirtschaftsamtes — Als Nachwirkung schwere Krise der Industrie — Neue Kredite für völlige Umorganisierung — Schwierigkeiten lösen sich - Schwedische Spionage — Wieder Maschinenarbeit — Produktionssteigerung

In Petrograd begannen heftige Auseinandersetzungen im Trust. Es zeigte sich, daß die kreditgewährende Handelsfirma, der Nowtrustorg, keinerlei Kenntnisse von den Vorgängen in Schudowa hatte. Seitens des Zündholztrusts war ohne Wissen der Firma und entgegen dem niedergelegten Vertrage Abberufung und Abbruch der Arbeit erfolgt. Im Trust lagen ganze Stapel von Berichten, die sich gegen die Arbeit in Schudowa aussprachen, Berichte, die zum Teil die unglaublichsten Behauptungen aufstellten und vor allen Dingen Statistiken, die sich gewissermaßen von selbst widerlegten. Die alte Verwaltung hatte nach der Beamtenmethode des zaristischen Rußlands die Intrige gesponnen nach dem Muster, mochte schließlich dann kommen, was da wolle, für den Augenblick war jedenfalls die Arbeit unterbrochen. Wenn man berücksichtigt, daß die gleiche Intrige bei allen für die Arbeit maßgebenden Instanzen, den örtlichen und Nowgoroder Partei- und Gewerkschaftsorganen, der Frauenabteilung, der Arbeitsinspektion und noch vielen anderen mehr betrieben worden war, so hätte es eines Nowgoroder Sowjetkongresses geradezu bedurft, um dieses ganze Netz widersinniger Behauptungen mit einem Mal zu entkräften.

Der Nowtrustorg, der als Handelsorganisation des Trusts auch den entscheidenden Einfluß auf die Trustverwaltung hatte, begann zunächst in diesem selbst eine Säuberungsaktion. Typisch für eine gewisse Klasse der russischen Beamten ist es, daß die Sabotage geleitet wurde, obwohl die betreffenden Beamten genau hätten wissen müssen, daß die ganze Sache über kurz oder lang ihnen doch Kopf und Kragen kosten würde. Eine nähere Nachkontrolle im Trust ergab denn auch chaotische Zustände. Die Banderolensteuer war denn auch seit Monaten nicht bezahlt. Die gesamte Produktion von sechs Fabriken war bereits für Monate voraus von der Steuerbehörde und von sonstigen Gläubigern beschlagnahmt. Eben noch war in der Presse zu lesen von der günstigen Konjunktur der Zündholzindustrie, von der überaus günstigen Perspektive für den nordwestlichen Zündholztrust, von großen Exportaufträgen nach England und Frankreich — da war am nächsten Tage sozusagen alles vorbei und gerade ins Gegenteil umgekehrt. Es wurde im Trust gleich ganze Arbeit gemacht! Alle fünf Mitglieder der Verwaltung, zum Teil aus alten Petrograder Kaufleuten bestehend, wurden ihres Postens enthoben und eine neue Verwaltung, besetzt aus dem Verwaltungsapparat des Nowtrustorg in Verbindung mit den Verwaltungen der einzelnen Zündholzfabriken, dem Petrograder Wirtschaftsamt zur Bestätigung präsentiert. Das Petrograder Wirtschaftsamt aber lehnte zum großen Erstaunen die neue Verwaltung ab. Die Nachricht von dem Mißlingen der Arbeit in Schudowa, für die man im Wirtschaftsamt merkwürdigerweise den Nowtrustorg verantwortlich machte, gab die Begründung. Die Auseinandersetzung konnte also wieder von neuem beginnen. Die Lage der Zündholzindustrie war dadurch in ein ent-

schieden kritisches Stadium getreten. Sollte das Chaos der ersten Revolutionsjahre wieder Platz greifen?
Die Auswirkung dieser Differenzen unter den Bürokratien der einzelnen Wirtschaftsapparate auf die Schudowaer Fabrik war eine katastrophale. Zunächst hatte die alte Verwaltung nach unserem Weggang die Arbeit nach dem alten Handarbeitssystem wieder aufnehmen wollen. Die Arbeiterinnen waren wohl in der Mehrzahl auch dafür. Die Aufnahme der Arbeit aber scheiterte an dem entschlossenen Widerstande der Einleger und Tunker. Es zeugt dies von einem ganz außergewöhnlichen Interesse an der Arbeit von dieser Arbeitsgruppe, denn diese war gerade von der Handarbeit gar nicht berührt. Sie hatten nur an dem Experiment gelernt und so viel fest davon sich angeeignet, daß nur ein moderner Maschinenbetrieb mit modernen Methoden und der dafür notwendigen Arbeitsdisziplin einen wirtschaftlichen Aufbau der Fabrik und eine gewisse Stabilisierung des Betriebes gewährleistet. Und da es ihnen schwer fiel, ihre Forderungen genügend verständlich zu formulieren, so erklärten sie ganz einfach, sie wollten mit der alten Verwaltung nicht mehr arbeiten. Nachdem über ein Woche mit Streitigkeiten über den Akkordlohn, der ja jetzt seiner Grundlage beraubt war, vergangen war, stritt man über die Verwaltung. Alle Einwirkung der Gewerkschaft oder örtlicher Organe blieben gegenüber der immer wieder aufgestellten Forderung der Arbeiter machtlos. Die Verwaltung kam gar nicht dazu, sich gegen die von uns erhobenen Beschuldigungen der Sabotage zu rechtfertigen. Schon vorher hatten die Schudowaer Arbeiter die Frage für sich erledigt. Ihre Haltung war so drohend geworden, daß der erste Verwalter, Kuritschkin, es vorzog, in Nacht und Nebel von der Fabrik zu verschwinden. Am nächsten Tage blieben auch eine Anzahl Kontorangestelle für immer der Fabrik fern, ohne daß es nötig gewesen wäre, ihnen eine besondere Kündigung zuzustellen. Die Fabrik war ohne Verwaltung, die Zechenmeister schickten einen Boten nach Petrograd an den Trust um Instruktionen. In der Fabrik blieben, wie schon Jahre vorher, nur die Frauen. An eine geregelte Arbeit war nicht zu denken. Die Einleger und Tunker blieben der Fabrik fern. Die Wirtschaftslage in Schudowa war diesem Vorgehen insofern günstig, als die dort befindliche Zementfabrik gerade in diesen Wochen Arbeiter einstellte, so daß nicht nur die während des Experiments nach Schudowa

zugezogenen Schlosser und Mechaniker, sondern auch die Einleger und Tunker Arbeit fanden. Der Trust stand vor der unmittelbar zu lösenden Frage der Schließung der Fabrik.
In dieser Lage war der Trust zudem ohne maßgebliche Verwaltung. Es waren sozusagen zwei Verwaltungen da, von denen beide nicht die nötige Autorität besaßen, um sich durchzusetzen; die eine Verwaltung, die zwar das Geld besaß, aber nicht bestätigt war, und die andere, alte, die zwar noch nicht zurückgetreten war und formell die Geschäfte weiterführte, der aber die Kredite gesperrt waren. Dies war der Zustand der Zündholzindustrie im Frühling 1923, als die Aussichten dieser Industrie für den Export die glänzendsten waren vielleicht seit Bestehen der Industrie überhaupt. Das begann schließlich auch das Petrograder Wirtschaftsamt einzusehen. Es bestand schließlich die Gefahr, daß die Krise nicht bloß auf die Schudowaer Fabrik beschränkt bliebe, sondern auch auf den Grusinoer Bezirk und die Fabriken an der estnischen Grenze übergriffe. Nun hat das Petrograder Wirtschaftsamt viel schlimmere Sorgen als die Zündholzindustrie. Da ist der Aufbau der Petrograder Metallindustrie, da sind die ersten Versuche einer großzügigen Torfgewinnung, da ist das Riesenwerk von Wolchowstroi, da ist das Problem des Ausbaus des Hafens und die Wiederinbetriebsetzung der Werften und Docks, da ist der erste Versuchsbau von russischen Traktoren in der Obuchowschen Stahlfabrik, jetzt Bolschewik genannt, da ist die Anlage von Flugzeugfabriken und eine völlige Umorganisierung und Erweiterung der Betriebe der Kriegsindustrie — eine riesenhafte Arbeit von phantastischen Ausmaßen. Mit dieser Arbeitslast kann man sich nicht besonders viel um die Zündholzindustrie kümmern. Mochte sie zunächst noch sehen, wie sie allein fertig wird. Und es kam schließlich zwischen den Vorschlägen des Syndikats und denen des Trusts und des Nowtrustorg ein Kompromiß zustande. Das Wirtschaftsamt gab nach, und eine neue Verwaltung wurde für den Trust berufen, die zum Teil aus ganz neuen Leuten bestand, die aus der Provinz und aus Moskau für dieses Amt berufen wurden. Immerhin waren vier Wochen verstrichen. Die neue Verwaltung beschloß, die Aufstellung der Maschinen in der Schudowaer Fabrik wieder aufzunehmen und die von uns begonnene Arbeit wieder fortzusetzen. Aber nicht genug damit, sie beschloß auch, das Arbeits- und Lohnkartensystem nicht nur auf Schudowa zu beschränken,

sondern auch in den anderen Rayons einzuführen. Im Wirtschaftsprogramm des Trusts war schließlich noch vorgesehen der Umbau der Grusinoer Fabrik, eine Zusammenfassung der in der Umgegend zustreuten Fabriken durch eine Fabrikbahn, um wirtschaftliche Teilfabrikation betreiben zu können. Nach dem von der neuen Verwaltung aufgestellten Produktionsprogramm wurde die Jahresproduktion auf Grund der in Schudowa erzielten Berechnungen und nach deren Maßstabe mit 500 000 Kisten festgesetzt, gegenüber 80 000 Kisten des Voranschlages des alten Trusts. Diese Zahlen, so phantastisch sie zunächst erscheinen mögen, stellen sie doch fast eine sechsfache Vermehrung der Produktion dar, enthalten auch die Inbetriebsetzung zweier Fabriken im Grusinoer Bezirk, die bisher noch nicht in Betrieb gesetzt waren. Für diese Produktionsziffer stellte die staatliche Handelsorganisation, der Gostorg, die Materialkredite zur Verfügung. Für die Produktionskredite wies das Syndikat einen Vorschuß an gegen die Zusicherung des Innenhandelsmonopols. Im Nu hatte sich das Bild der Zündholzindustrie wieder einmal umgedreht, die Anfragen aus dem Auslande häuften sich, die Weltmarktpreise zogen an, die russische Zündholzindustrie war und ist in der Lage, die schwedischen Syndikatspreise um gut 30 % in England zu unterbieten. In Petrograd beim Nowtrustorg lief ein Telegramm des Herrn Krüger aus Jönköping ein mit vorteilhaften Konventionsvorschlägen für den englischen Markt. Der Vorschlag wurde abgelehnt. Das schwedische Syndikat wird allmählich in eine gefährliche Lage gedrängt, die russische Industrie kann warten. Sie hält zudem die Schweden, die deutsche und tschechische Industrie mit Sperrung und Kontingentierung der Aspenholzlieferungen in Schach. Ihr öffnet sich der persische Markt, und die Kiste Exportzündhölzer, die für russische Ware nach Weltmarktpreis umgerechnet mit 6 bis 7 Goldrubel notiert wird, erzielt in Baku im Transit nach Persien genau den doppelten Preis. Unter solchen Umständen war es auch möglich, der Industrie die Kredite für den notwendigen Ausbau zu schaffen.

Das Eingreifen Krügers zeitigte aber noch ein anderes Ergebnis. Es stellte sich nämlich überraschenderweise heraus, daß Krüger und das schwedische Syndikat über jede einzelne Etappe der Arbeit in Schudowa und die dort erzielten Ergebnisse bis ins einzelne unterrichtet waren. Es war dann ein leichtes, gestützt

auf diese Mitteilung, auch die Wege aufzudecken, deren das schwedische Syndikat sich bediente. Es war ein weit verzweigtes Netz, das über die ganze Industrie ausgespannt war, mit Vertrauensleuten in jedem Betrieb, teils Buchhaltern, teils Ingenieuren, und im Falle der Schudowaer Fabrik war es der Verwalter Kuritschkin selbst, der dem schwedischen Syndikat Spionagedienste geleistet hatte. Die Hand Krügers reichte selbst bis zu Mitgliedern der alten Verwaltung des Trusts. Jetzt klärte sich auf einmal vieles auf.
Nach Schudowa aber wurde der Vorsitzende des Fabrikkomitees der Fabrik Wolchow, der sich besonders für die Arbeit in Schudowa schon früher interessiert hatte, als Verwalter geschickt. Die Fabrik arbeitet seit Juni 1923 mit steigender Produktionsziffer, und alles mit Maschinen. Längst ist dort ein neues Fabrikkomitee, und im August ist auch die Gründung eines kommunistischen Kollektivs in der Fabrik möglich geworden. Die kommunistische Zelle zählt etwa zwanzig Mitglieder. Sie hat das genügende Gewicht in der Fabrik, um die alten chaotischen Zustände nicht mehr wieder aufkommen zu lassen. Sie verfügt auch über die genügende Autorität, ist es doch der Stamm der Facharbeiter, die im kommunistischen Kollektiv vereinigt sind. Eine der ersten Aufgaben dieses Kollektivs war, die Fäden der menschewistischen Propaganda in Schudowa aufzudecken. Es stellte sich leider heraus, daß das Fabrikkomitee, das uns so viel zu schaffen gemacht hatte, willenloses Werkzeug dieser Propaganda gewesen war. Die menschewistische Propaganda in der Fabrik hatte kein anderes Ziel als nur zu stören und zu verwirren. Sie hatte nicht nötig, sich hinter politischen Parolen zu verstecken. Mit dem Menschewismus ist es in Schudowa für alle Zeiten vorbei. Schon meldet sich die Jugend zu Wort und verlangt die Gründung einer Jugendzelle und die Bildung eines Jugendklubs. Die Arbeiterinnen haben ihren eigenen Klub erhalten, und abwechselnd finden an den Sonntagen in der Zement- und in der Zündholzfabrik Theateraufführungen mit Konzert und Tanz statt. Da sind auch die Arbeiter der Glasfabrik eingeladen, die es noch nicht zu einem eigenen Klub gebracht haben. Das Leben der Arbeiter in Schudowa hat sich von Grund auf verändert. Aber Schudowa ist nur ein kleiner Punkt im Wiederaufbau Sowjetrußlands.

ANHANG
WAS DIE ARBEITER SAGEN

*Geschichte einer Uralfabrik — Parallele zur Schudowaer
Glasfabrik — Die Stellungnahme der Partei*

Unter den zur Montage in der Schudowaer Zündholzfabrik zugezogenen Schlossern befand sich auch ein Arbeiter Wolkow, dem wir damals manche gute Winke zu verdanken hatten und der oft mit uns sprach. Wolkow hatte lange Zeit in Riga gearbeitet und sprach gut deutsch, so daß er sich mit unserm deutschen Monteur verständigen konnte. Er stammte aus dem Ural und hatte auch in den dortigen Fabriken seine erste Ausbildung erhalten. Als es in Schudowa nicht recht vorwärts gehen wollte, erzählte uns Wolkow gelegentlich, um die trüben Gedanken zu zerstreuen, die Geschichte seines Heimatdorfes und der Fabrik Sissert, in der er aufgewachsen war. Er erzählte mit Tränen in den Augen und durchglüht von Begeisterung und Hoffnungen.

Sissert liegt etwa dreißig Werst von Jekaterinburg entfernt, es ist rings von den Uralhochmooren umgeben, und nach der Jekaterinburg entgegengesetzten Seite sind es fast fünfzig Werst oder mehr bis zum nächsten Dorf. Das Dorf Sissert liegt an einem See, dessen Ufer dicht bewaldet sind mit dazwischenliegenden grünen Matten, so daß man denkt, in der Schweiz zu sein. Am See ist in der Mitte des vorigen Jahrhunderts ein Hochofen und Gießereibetrieb errichtet worden und im Laufe der folgenden Jahrzehnte Anlagen für Maschinen- und Werkzeugbau, insbesondere für die gröberen landwirtschaftlichen Geräte. Die Dorfbewohner sind zugleich die Arbeiter der Fabrik. An Landwirtschaft ist in der moorigen Gegend nicht zu denken, Viehwirtschaft ist nicht entwickelt.

Die Sisserter Arbeiter sind im Ural wegen ihrer aufsässigen Gesinnung bekannt. Die Hüttenunternehmer, zuerst ein Belgier, später eine englische Gesellschaft, schließlich eine Gruppe Jekaterinburger Kaufleute, hatten harte Kämpfe zu bestehen. Den Russen hilft Väterchen Zar. 1905 wird Sissert von einer Kosakenabteilung umzingelt und über die Hälfte der Arbeiter erschossen oder in die Gefängnisse geschleppt, Frauen und Kinder werden mit Peitschen aus den Häusern getrieben. Das aufrührerische Nest soll mit Stumpf und Stiel ausgerottet werden. Schon im nächsten Jahr ist wieder ein Streik über vier Monate, und ein Teil der Gebäude wird dabei in Brand gesteckt. Wolkow, der damals noch Lehrling war, muß flüchten. Wieder werden Hunderte von Arbeitern deportiert, eingesperrt und niedergeschlagen. Dasselbe wiederholt sich im Winter 1913—14, und wenige Wochen vor Ausbruch des Weltkrieges hauste in Sissert eine neue Strafexpedition. Damals arbeiteten in Sissert schon dreitausend Arbeiter, und zwar war der Betrieb schon zum Teil auf Granatenfabrikation umgestellt, ein Zeichen übrigens, daß auch Väterchen Zar nicht ganz ahnungslos und unvorbereitet vom Kriege überfallen wurde. Dann kam der Krieg. Sissert glich einem Militärlager, und die Arbeiter waren grausamen Verfolgungen ausgesetzt. Sissert war während des Krieges die Zentrale der revolutionären Agitation im Ural. Trotz drakonischer Strafbestimmungen, trotz der Peitschen der Kosaken und zahlloser Erschießungen legten die Arbeiter das Werk im Frühjahr 1916 durch Streik still. Frauen und Kinder wurden verschleppt, die Arbeiter zu Hunderten wieder eingesperrt, das Werk kam richtig nicht mehr in Gang. Die Militärverwaltung begann zu evakuieren, und die russische Februarrevolution traf das Werk bereits in völliger Auflösung. Der Rest der revolutionären Arbeiter, der sich in Sissert hatte halten können, führte sodann im Ural die Oktoberrevolution durch. Im Ural war die Sozialrevolutionäre Partei sehr stark, und die Arbeiterschaft griff eigentlich erst aktiv zugunsten der Bolschewisten ein, als es die Verteidigung gegen Koltschak galt. Die plündernden Koltschak-Armisten haben die Uralarbeiter eigentlich erst zu Bolschewisten gemacht. In diesen Jahren hatten die Sisserter Arbeiter, die sozusagen die bolschewistische Zelle im Ural waren, mit Organisation und Agitation genug zu tun, um sich um die Fabrik selbst kümmern zu können. Sisserter Arbeiter haben den Zar Nikolaus in Jekaterinburg erschossen. Die Fabrik aber zerfiel. Den Rest gab ihr Koltschak, der auf seinem Rückzug durch den Ural es nicht unterlassen konnte, eine Strafabteilung über Sissert zu schicken, die das Kesselhaus in die Luft sprengte und den Dynamo einige Werst weit in das Moor verschleppte. Nach der Vernichtung Koltschaks hatten die Sisserter Arbeiter wieder genug zu tun, die neu errungene Macht der Sowjets in den Dörfern und Städten des Ural zu festigen, den wirtschaftlichen Aufbau zu beginnen. Man trifft die Sisserter Arbeiter in den

Kommandostellen der Roten Armee, als Leiter der Gewerkschaftsverbände, im städtischen Sowjet und in den zentralen Wirtschafts- und Trustverwaltungen der Uralindustrie. Das Moskauer Zentralkomitee der Partei schätzt die Sisserter Arbeiter hoch ein.

Das Stammhaus aber, die Fabrik Sissert, zerfällt. Es ist kein Geld da, die Fabrik zu modernisieren. Mit Mühe und Not ist zwar Turbine und Dynamo wieder in Gang gesetzt, in einigen Abteilungen wird auch gearbeitet. Das Blechwalzwerk arbeitet sogar ganz gut, aber die Perspektiven der Fabrik sind im Augenblick ungünstig. Woher sollen die Trusts das Geld nehmen, die Fabrik richtig in Gang zu setzen. Trotzdem sind alle wirtschaftlichen Vorbedingungen gegeben, wie vielleicht bei keiner zweiten Fabrik um Ural. Die Uralhochmoore enthalten fast sämtliche Mineralien, nicht ganz drei Werst von der Fabrik entfernt wird hochprozentiger Eisenspat gefunden, der dem spanischen nicht nachsteht. Man findet auch Nickel und Antimon, selbst Golderze sind festgestellt — eine spätere Zeit wird erst den Abbau beginnen können. Es fehlt an Geld und Krediten, notwendig ist es zunächst, das, was wieder in Betrieb ist, zu konsolidieren und wirtschaftlich zu gestalten, ehe man zu Neuanlagen schreiten kann. Möglicherweise werden da noch Jahre vergehen. So hatte der Trust, dem die Fabrik Sissert zugeteilt war, die völlige Stillegung des Betriebes verfügt. Es war zugleich das Todesurteil über das Dorf, denn wie können sich zwei- bis dreitausend Menschen ernähren ohne Arbeit. Zwar bemüht sich das Urallandwirtschaftsamt um Hebung der Viehzucht im Sisserter Gebiet, eine Meierei ist eingerichtet, aber das sind erst Anfänge. Da haben die Sisserter Arbeiter sich selbst geholfen. In den Gewerkschaften, in den Sowjets, in der Roten Armee, überall sitzen die Sisserter Arbeiter in Kommandostellen, und sie haben es jetzt durchgesetzt, trotzdem es dem Wortlaut der Wirtschaftsdekrete eigentlich widerspricht, daß die Arbeiter selbst auf eigene Rechnung die Sisserter Fabrik ausbeuten können und daß sie mit niemandem von den Wirtschaftsstellen mehr etwas zu tun haben. Und die Patenschaft des Betriebs und damit schließlich auch die oberste Kontrolle hat die Rote Armee übernommen. Irgendwoher hat sich ein Ingenieur gefunden, der das Werk leitet. Es arbeiten heute etwa achthundert Arbeiter in diesem Werk. Die Qualität der Fabrikate ist nicht besonders, und im Grunde genommen können sie mit den weit wirtschaftlicher arbeitenden Betrieben der Trusts nicht konkurrieren. Aber sie bringen ihre Produktion, hauptsächlich Pflüge und Eggen, grobe Messer und verschiedene Werkzeuge, schließlich doch an den Mann. Und vielleicht kann die Fabrik doch die Zeit überdauern, bis die Sowjetwirtschaft im Ural stark genug sein wird, auch Sissert auszubauen. Inzwischen hat der Uralwirtschaftsrat der Fabrik noch ein besonderes Geschenk gegeben, um sie über Wasser zu halten. In der Nähe der Fabrik hat man große Magnesitlager gefunden. Nun ernähren die Magnesitfunde im Südural bei Slatoust gewissermaßen den Südural-Trust; sie geben 40 000 Arbeitern in den Eisenwerken des Südural Brot, die sonst vielleicht infolge der Unwirtschaftlichkeit des Betriebes entlassen werden müßten. Man hütet also das Magnesitmonopol dieses Trusts sehr wachsam. Warum sollen aber die Sisserter Arbeiter von ihrer Fundstelle nicht auch einen kleinen Nutzen ziehen, und man gestattet ihnen daher auf Widerruf, einige Waggons Magnesit monatlich zu verarbeiten. Mit dem sehr einträglichen Gewinn aus dieser Produktion hält sich zur Zeit der Betrieb über Wasser. — Und Wolkow, der uns das alles erzählte, meinte damit etwa: die Hauptsache ist nur, aushalten können, einmal greift dann doch die Maschine des Sowjetapparates ein und pflügt um und bringt die Saat eines neuen Wirtschaftsaufstiegs.

Eine Parallele hierzu erzählte uns der Genosse Antjuchin, der Vorsitzende des Nowgoroder Wirtschaftsrates, mit dem wir über die Beendigung unserer Arbeit in Schudowa zu verhandeln hatten. Auch der Genosse Antjuchin ist Arbeiter, Petersburger Metallarbeiter, der in der Revolution von der Partei zur Arbeit nach Nowgorod kommandiert wurde und dort zum Leiter des Wirtschaftsamtes aufstieg. Er sah eigentlich während der ganzen Zeit der Maschinenmontage die Sache optimistischer an als der Trust, und er gehörte zu den Leuten, die von dem Gelingen des Experimentes überzeugt waren. Sein Sorgenkind in Schudowa war die Glasfabrik. Dort war während des Krieges und in den ersten Revolutionsjahren die revolutionäre Arbeiterschaft versammelt. Die Revolution und deren Anforderungen trieb sie auseinander. Die Fabrik ohne moderne Einrichtung, mit den ältesten Systemen von Öfen ausgestattet, wurde mehrmals geschlossen und mehrmals wieder aufgemacht. Das neue Rußland hatte schon 1920 großen Mangel an Glas. Aber eine Organisation für die Glasindustrie, die in die Produktion hätte eingreifen können, fehlte. Später, wie bei anderen Industrien, bildeten sich die Trusts. Die Arbeiter der Schudowaer Glasfabrik waren besonders anhänglich an ihren Betrieb. Aus der Roten Armee, aus den Gewerkschaften, aus sonstigen Sowjetstellungen strebten die Arbeiter immer wieder zurück zu ihrer Fabrik. Gerade im Gegensatz zu der Zündholzfabrik und auch zur Schudowaer Zementfabrik war in der Glasfabrik ein klassenbewußtes Proletariat, das in harten Kämpfen mit der Gegenrevolution gestählt war, das organisatorisch befähigt war und das für den ganzen Distrikt unzählige Dienste der Sowjetmacht geleistet hatte. In der Glasfabrik war auch schon seit 1921 eine kommunistische Zelle vorhanden. Trotzdem gelang es nicht, wirtschaftlich die Fabrik auf die Beine zu bringen. Es fehlte nicht nur an Geld und den notwendigen Materialien, sondern vor allem an Leuten, die die produktionstechnische und kaufmännische Leitung der Fabrik hätten führen können, um sozusagen eine Grundlage für Verhandlungen über Kredite und Materiallieferungen beim Obersten Wirtschaftsrat und sonstigen Wirtschaftsstellen zu führen. So lebte die Fabrik ein Leben im Dunkeln. Auf Grund von technischen Mängeln wurde die Qualität der Produktion immer geringer, und der Absatz bestand fast nur darin, daß die Arbeiter ihre Kinder an die Bahn schickten, die den Reisenden Flaschen und Gläser verkauften. Dafür war aber das Holz zum Inbrandhalten der Öfen zu teuer. Und der Genosse Antjuchin erzählte, wie er als Leiter des Wirtschaftsamtes nach Schudowa fahren mußte, um die Fabrik zu schließen. Er erzählte von der Versammlung der Arbeiter, die der Versiegelung der Fabrikräume vorangegangen war. Die Arbeiter, altbewährte, revolutionäre Kämpfer, standen schweigend und hatten den Ausführungen Antjuchins nichts hinzuzufügen. Nicht einmal eine Frage wurde laut. Ein jeder sah selbst ein, daß die Fabrik in dieser Weise wie bisher nicht länger aufrechterhalten bleiben konnte. Die meisten der älteren Arbeiter hatten Tränen in den Augen. Und der Genosse Antjuchin, erschüttert von dieser stummen Anklage, gelobte sich selbst, alle Mittel anzuwenden, einen geeigneten Verwalter und den nötigen Kredit für die Schudowaer Glasfabrik zu bekommen. Wo ein Wille ist, ist auch ein Weg. Es gelang schon nach einem Monat, und die Fabrik wurde wieder eröffnet. Der Verwalter, der sich gefunden hatte, war ein ehemaliger Betriebsführer der Fabrik, der 1912—13 in der Fabrik gedient hatte. Die Mehrzahl der Arbeiter kannte ihn noch, und jetzt ereignete sich das Seltsame, die Arbeiter wollten unter diesem Pantilejew nicht arbeiten, dieselben Arbeiter, die geweint hatten, als die Fabrik geschlossen wurde. Pantilejew war nicht etwa ein Feind der Sowjetmacht, er sympathisierte aufrichtig mit den Kommunisten und war vielleicht wirklich der geeignete Mann, die Glasfabrik wieder in Gang zu bringen. Es begann ein hartnäckiger Kampf über mehrere Monate. Die Nowgoroder Presse, ja selbst die Petrograder Presse, füllte sich mit Zuschriften aus Schudowa gegen Pantilejew. Unzählige Kommissionen haben festgestellt, daß Pantilejew in der Fabrik so weit als möglich nach besten Kräften arbeitete, er versuchte die Arbeiter auf jede nur denkbare Weise zu gewinnen, er zahlte regelmäßig Löhne, er verbesserte mit den bescheidenen Mitteln, die ihm zur Verfügung standen, die hygienischen Einrichtungen, die ganz auf dem Hund waren, es gelang ihm sogar trotz der Feindseligkeit der Arbeiter gegen ihn, halbwegs brauchbare Fabrikate herauszubringen, aber der Zustand konnte nicht mehr lange dauern. Das Mißtrauen der Arbeiter gegen Pantilejew war nicht zu überwinden. Der Pantilejew von 1922—23 war für die Arbeiter derselbe Pantilejew von zehn Jahren vorher, der die Arbeiter mit dem Stock zur Arbeit angetrieben hatte und von dem das Gerücht gegangen war, daß er die Arbeiterinnen und Kontormädchen zu vergewaltigen pflegte. Die Nowgoroder Wirtschaftsverwaltung, insbesondere der Genosse Antjuchin, hatte immer wieder zu vermitteln gesucht, unter dem Hinweis, daß dieser Pantilejew ja jetzt unter dem Einfluß der Arbeiter stünde und daß er selbst sich öffentlich als ein anderer bekannt hätte. Es half alles nichts. Auch die Möglichkeit, wenigstens so lange den Betrieb im Gange zu halten, bis ein anderer Verwalter gefunden wäre, war nicht gegeben. Die Leidenschaften und das Mißtrauen gegen Pantilejew waren so stark, daß schließlich die Partei die sofortige Entfernung von Pantilejew veranlassen mußte. Das Ende war wiederum eine Schließung der Fabrik. Diesmal aber verlor der Trust, der für die Fabrik Kredite zur Verfügung gestellt hatte, eine erhebliche Menge Geld und Material, und zwar derart, daß zeitweilig dadurch die gesamte Glasindustrie Nowgorods, darunter vier große andere Glasfabriken, in Frage gestellt war. Augenblicklich ist die Fabrik wieder im Gange, selbstverständ-

lich mit einem anderen Verwalter. Und sogar der Genosse Antjuchin hat daran glauben müssen, er wurde von der Partei von seiner Stellung abkommandiert, und nicht zuletzt dürfte die Feindschaft der Schudowaer Glasarbeiter, die er sich im Falle Pantilejew zugezogen hatte, der Grund hierzu sein.
Schließlich sei noch das Urteil eines erfahrenen Parteimitgliedes, des Genossen Afdejew erwähnt. Genosse Afdejew ist in hoher Parteistellung in Petrograd, zugleich ist er Vorsitzender des Trusts der Kriegsindustrie, zu dem die größten Metallwerke Petrograds gehören. Schließlich ist er noch Verwaltungsvorsitzender der Ochtaer Pulverfabrik, die nach ihm den Namen trägt. Er ist von Beruf Metallarbeiter und Mechaniker und hat während der Zeit der Emigration der Bolschewiki in der Schweiz als Dreher in verschiedenen Fabriken der Schweiz gearbeitet. Zeitweilig hat er sich auch für die russischen Emigranten als Koch betätigt. Der Genosse Afdejew ist in Petrograd sehr beliebt, und die Arbeiter, Kommunisten oder Parteilose, hängen an ihm. Wir kamen gelegentlich auch einmal über die Schudowaer Fabrik ins Gespräch. Der Genosse Afdejew lächelte: „Sie haben nur den Fehler gemacht, den alle einmal in Rußland gemacht haben und dem jeder Ausländer heute noch zum Opfer fällt. Sie wollten alles auf einmal machen. Nirgendwo findet sich dieser Wunsch, alles auf einmal, so stark als in Rußland, und im früheren bürgerlichen Rußland war dem noch der Gegenpol zugesetzt einer grenzenlosen Enttäuschung, wenn eine Arbeit nicht gleich den gewünschten Erfolg hatte. Diese Seite, diese uferlose Hysterie der Enttäuschung, haben wir ja überwunden mit der Bourgeoisie zusammen, aber die stufenweise Arbeit zu organisieren, die Erziehung nach den Entwicklungsmöglichkeiten hin und darauf die ganze Arbeit einzustellen, daran sind wir noch dabei. Das geht aus dem Grunde nicht so einfach, weil unsere Wirtschaftsapparate durchsetzt sind noch mit der alten bürgerlichen Ideologie, so gern sie auch für uns arbeiten wollen. Schließlich geht das eine oder andere auch noch zugrunde, das Vertrauen aber der Arbeiterschaft und sogar jedes einzelnen Arbeiters darauf, daß wir, das heißt, wir Kommunisten, die Wirtschaft aufbauen werden, das ist unerschütterbar. Und davon hängt ja auch schließlich alles ab. Sie sehen ja selbst, daß am Ende jede gute Arbeit doch durchdringt, man muß nur die Kraft haben, auszuhalten. Und diese Kraft ist es ja auch, die zugleich die

Grundlage der Kommunistischen Partei ausmacht, oder besser gesagt, diese Kraft wird ihnen in der Kommunistischen Partei täglich und stündlich beigebracht." So sprach der Genosse Afdejew. Und nicht bloß, weil Afdejew einer der besten und bekanntesten Genossen Petrograds ist, nicht bloß, weil er sich in einer solchen Parteistellung befindet, die ihm die Autorität gibt, in solcher Weise zu sprechen, nicht bloß, weil obendrein der Genosse Afdejew fast sämtliche Tatsachenbeweise dafür in seiner Hand hat, sondern weil aus diesen Worten die Seele des russischen Arbeiters spricht, deswegen wirken sie so überzeugend und abschließend.

Das geistige Rußland
von heute

DAS FUNDAMENT DES NEUEN RUSSLAND

Die materialistische Geschichtsauffassung

Man kann über das neue Rußland nicht in Form von Reisebriefen schreiben. Der Reisende, der heute Sowjetrußland besucht, verfällt nur allzu leicht der Gefahr, bei der Fülle interessierender Einzelheiten, die im Gegensatz zu Gewohnheiten und Begebenheiten seines eigenen Landes stehen, auf der Beschreibung solcher Einzelheiten selbstgefällig zu verweilen und schließlich als Mosaik all dieser Besonderheiten ein Bild zu entwerfen, das verwirrend und abstoßend, enthusiastisch bejahend oder kritisch verneinend wirken muß. Es genügt nicht, Land und Leute im neuen Rußland zu studieren, die Sowjetinstitutionen kritisch abzutasten, das Funktionieren des Regierungsapparates, die Entwicklung der Armee und die Trümmerreste der zaristischen Wirtschaft. Jeder Reisende wird je nach seiner individuellen Stellung ein individuell verschiedenes Bild entwerfen. Vielleicht ist dieses Bild interessant. Aber es ist in keinem Falle wissenschaftlich richtig. Denn um Sowjetrußland kennenzulernen, braucht man nichts weiter zu studieren als — den historischen Materialismus. Der historische Materialismus oder die materialistische Geschichtsauffassung ist das Fundament, auf dem dieses Rußland steht. Sie ist nicht nur das Fundament, sie ist gewissermaßen der Gesamtinhalt dieses neuen Rußland, und aus ihr heraus entwickeln sich alle äußeren Formen des sowjetistischen Lebens, des sowjetistischen Regierungsapparates und alle psychologischen Inhalte der neuen Gesellschaftsschichten und ihrer regierenden Klasse.
Der historische Materialismus ist eine Philosophie, und wenn es, um die Begriffswirkung deutlicher zu machen, erlaubt ist zu sagen, eine Religion. Marx und Engels sind ihre großen Propheten; sie haben die ökonomischen Schlußfolgerungen in der Bildung des Kapitals und der Entwicklung der Soziologie behandelt und sie haben in der Übernahme der Hegelschen Dialektik in dieses System den historischen Materialismus gewissermaßen zur wissenschaftlichen Theorie erhoben. Es ist jetzt die Zeit gekommen, den historischen Materialismus als Lebensform und als Lebensinhalt in die Praxis des menschlichen Lebens umzusetzen, eine neue Religion breitet sich aus — das ist der

Grundcharakter der Umwälzung in Rußland und ihrer zukünftigen Bedeutung für die Gleichgewichtsentwicklung der Völker.

Die materialistische Geschichtsauffassung stellt die Materie über den Geist. Sie läßt den Geist aus dem jeweiligen Zustand der Materie sich erst entwickeln, und sie bricht mit der Unsicherheit des täglichen Lebens. Sie bringt dem Einzelmenschen, der bisher zwischen Gott und dem Zufall hin und her geschwankt ist, die Sicherheit der Erkenntnis seiner Lebensbedingungen, seines Milieus und, wenn es erlaubt ist zu sagen, die Kenntnis sogar seiner zukünftigen Entwicklung. Insofern ist der historische Materialismus die notwendige Glückslehre unserer Zeit. Er vollendet jene Übergangsperiode der Entwicklung der kritischen Geisteswissenschaften, welcher die gegenwärtige europäische Kultur ihre Blüte verdankt. Aber wie jene Entwicklung sich weiter vollendet, gleich einem Gesetz der Natur, verlangen die kritischen Geisteswissenschaften nach einer Plattform, die in einer höheren Sphäre gewissermaßen die jahrhundertelange Plattform des übersinnlichen Glaubens ersetzt. Dieser Glaube wird zum Glauben des Menschen an sich, zum Glauben des Menschen an die Gemeinschaft, zur Überwindung der Einsamkeit des Einzelnen, wird zu der marxistischen Form der Gesellschaftswissenschaft, zum Kollektivismus. Der historische Materialismus ist dessen Theorie.

Eine sozialistische Theorie, die den Trennungsstrich zwischen Natur und Mensch aufhebt, die die Gesellschaft als einen Teil der Natur erkennt, die darauf ausgeht, die Gesetze der Gesellschaftsentwicklung im Sinne der Naturentwicklung festzulegen, die die Kette der Kausalität nach der Vergangenheit wie nach der Zukunft hin von der Erkenntnis der gegebenen Materie bedingt sein läßt — dieser Glaube muß auch notwendigerweise das Leben des Menschen entscheidend verändern. Der Träger dieses Glaubens wird, gelinde gesagt, ein anderer Mensch. Er rechnet mit anderen Bedingungen, mit anderen Voraussetzungen und anderen Schlußfolgerungen. Und wo eine Gesellschaft daran geht, auch die Formen des äußerlichen Lebens nach diesem Glauben einzurichten, denkt und handelt sie nach Direktiven, die zwangsläufig einer fundamentalen Theorie entspringen, die man vorausberechnen kann und die immer und in jedem Falle der von der Grundeinstellung gesetzmäßig ablaufenden Linie folgen werden. Das muß man vorausschicken, wenn über das geistige Gesicht des heutigen Rußlands etwas Zusammenfassendes gesagt werden soll. Alle Einzelheiten, sei es in der Kultur, in der Literatur oder selbst in politischen Perspektiven, sind ganz gleichgültig, sie sind nebensächlich, sie können sich so oder so ändern, wenn sie nicht in Kontakt zur Grundtheorie des gesellschaftlichen Aufbaus dieses neuen Rußland erfaßt werden.

Der Beurteiler und der Leser mag zu der materialistischen Geschichtsauffassung stehen, wie er will. Er kann seinen Gesellschaftsaufbau herleiten von dem Glauben an den persönlichen Gott, der das Weltganze lenkt, der die Menschen zur Gesellschaft zusammenschweißt, und der die Handlungen der Einzelmenschen belohnt oder bestraft. Oder ein anderer mag dem Zweifel und dem Zufall die Rolle Gottes zusprechen und dem Kampf aller gegen alle um die nackte Existenz die regulierende Kraft einer Gesellschaftsbildung zumuten und davon alle Ethik zweckmäßig und gut oder unvollkommen und schlecht herleiten — wie dem auch immer sei, er soll, um Rußland beurteilen zu können, darauf aufmerksam gemacht werden, daß das Fundament Sowjetrußlands auf der oben im Rahmen dieses Buches nur andeutungsweise gekennzeichneten Theorie des historischen Materialismus erwächst. Alles geschieht in Rußland aus dieser Grundeinstellung heraus. Alle Macht wird angewendet, diesen Glauben zu verbreiten, in die Masse dringen zu lassen, aus der Masse heraus neu zu entwickeln. Die politischen Folgerungen der Gesellschaftsbildung, die Verteidigungsmomente sind, entstehen daraus. Alle Ansätze einer neuen Kultur müssen sich davon abhängig entwickeln. Die Intensität des auf der Bildung dieser Gesellschaft fußenden Entwicklungsprozesses ist von deren Homogenität im Sinne dieser Geschichtsauffassung abhängig. Ihr Gleichgewicht hängt von der Machtentfaltung solcher Homogenität ab. Alle Versuche zur Herausbildung einer Kultur — unabhängig von einer Kritik, etwa: einer neuen Kultur oder einer gegensätzlichen alten oder, vom rein ablehnenden Standpunkt gesehen, der Unkultur — sind beeinflußt von diesem Prozeß der Gesellschaftsbildung; sie sind der Gradmesser dieses Prozesses. Man kann — und das soll hier schließlich auch geschehen — solche Versuche aufzeigen. Man kann registrieren und erwähnen, was im Augenblick geistig kompromißmäßig und allgemein verständlich beurteilt an neuen Werten oder alten

Werten in Rußland vorhanden ist. Trotzdem bleibt diese Aufzählung und sogar eine Kritik für das geistige Gesicht Sowjetrußlands unerheblich. Eine geistige Welt bildet sich dort, die sich für die kritische Analyse noch erst herauskristallisieren soll. Wir erleben alle Dinge im Fluß und im mitschöpferischen Rhythmus.
Inwieweit die Auswirkungen der materialistischen Geschichtsauffassung im geistigen Leben in der äußeren Form der Gesellschaftsschichtung, ihrer Verwaltung, Verteidigung und Verbreiterung bereits feste Formen angenommen haben oder noch um Formgebung sich mühen, soll im zweiten Teil dieser Ausführungen dargelegt werden. Vorerst aber sollen die Träger des neuen Glaubens, ihre Theoretiker und Agitatoren und der Apparat, der die Theorie des historischen Materialismus zum lebendigen Fundament macht, die Partei, die Parteizellen und ihre Mittel einer Analyse unterzogen werden.

Die Leiter der Sowjetmacht

In keinem anderen Lande der Welt ist der Inhaber der politischen Macht zugleich und automatisch die stärkste geistige Kapazität des Landes. Den besonderen Grundbedingungen Sowjetrußlands entsprechend vereint sich stärkste geistige Wirkung mit der politischen in den drei über einen gewissen Durchschnitt hervorragenden politischen und geistigen Führern, die zugleich als Führer der Revolution bekannt sind: Lenin[1], Trotzki und Sinowjew. Wenn hier im Führertum von einem Durchschnitt gesprochen werden soll, so liegt die Wertbetonung auf dem Wirkungsradius.
Über den kürzlich verstorbenen Lenin zu sprechen, soweit die allgemeine Bedeutung seiner Persönlichkeit für Rußland und die Weltgeschichte in Betracht kommt, erübrigt sich in diesem Rahmen. Zu seinen Lebzeiten und besonders nach dem Tode ist

---

[1] von einer besonderen Kommission wird eine Gesamtausgabe von Lenins Schriften vorbereitet, die zugleich in allen hauptsächlichsten Weltsprachen erscheinen soll und die nicht nur den Politiker und Klassenkämpfer, den Diplomaten und Arbeiterführer, sondern den analytischen Philosophen Lenin, der bisher für weitere Kreise noch unbekannt geblieben ist, mehr in den Mittelpunkt für alle Welt rückt.

von allen Seiten und von den größten Persönlichkeiten der Welt so Vieles und so Eingehendes über Lenin gesagt worden, über seine Entwicklung und seine Bedeutung als Politiker, als Staatsmann, als Soziologe und als Mensch und Führer einer Klasse, daß hier nur unzulängliche Wiederholungen gegeben werden könnten. Am kennzeichnendsten für seine Wirkung auf Rußland und auf die Taktik der Arbeiterpolitik über die Grenzen Rußlands hinaus ist die Tatsache, daß man immer mehr und immer bewußter von einem Leninismus zu sprechen beginnt. Schon sind die Parteihistoriker an der Arbeit, die Grundlagen der Theorie des Leninismus zu entwickeln und für eine Propagierung Sorge zu tragen. Im allgemeinen wird man jedoch sagen können, daß unter Leninismus in Rußland schlechtweg das verstanden wird, sich in dieser oder jener Frage und zwar in allen Fragen des äußeren wie des inneren Lebens, des politischen wie des kulturellen, zu verhalten, wie Lenin sich in dem betreffenden Falle verhalten hätte. Und die Historiker sind an der Arbeit, gerade dieses für den Fall typische Verhalten in die Gesetzmäßigkeit einer Theorie, und zwar des Leninismus, zu gießen. Wie weit dieses gelingen wird und wie weit daraus eine neue dialektische Anwendungsform des Marxismus und der materialistischen Geschichtsauffassung sich herauskristallisiert und wirklich zu einem neuen wissenschaftlichen Inhalt wird, das läßt sich heute noch schwer bestimmen, besonders schon deshalb, weil an praktischen Anforderungen in den unzähligen Tagesfragen dieser Leninismus, und zwar ein Leninismus jetzt ohne Lenin, erprobt werden muß. Immerhin macht sich ein Nichtrusse von der Autorität Lenins auf seine engeren und weiterstehenden Anhänger und schließlich auf das russische Volk im ganzen keine Vorstellung. Dieser Glaube an die Autorität ist nicht etwa gedankenlose Schwäche oder Erfolgnachbeterei, sondern es ist eine geistige Form, die zur wissenschaftlichen Disziplin wird. Es ist so sehr Selbstverständlichkeit, daß jeder Zweifel verstummt.
Lenin war in der Hauptsache der geniale Analytiker. Er umriß in seinen Aufsätzen die Möglichkeiten der Entwicklung, und er verteidigte den Weg, für den er sich selbst nach reiflichem Überlegen entschieden hatte, mit der Wucht seiner Argumente, die er als historische Gesetzmäßigkeiten darzulegen verstand. Solcher Wucht eben im Sinne dieser naturgesetzlichen Folgerungen konnte sich niemand widersetzen, und es ist insofern

interessant, von allen ihm Nahestehenden immer wieder das Urteil zu hören, daß in den verschiedensten Phasen der politischen Entwicklung, der Vorbereitung zur Revolution, den verschiedenen Niederlagen in der Entwicklung der bolschewistischen Partei vor Machtergreifung, es überhaupt keinen der heute hervorragenden Theoretiker und Politiker in Rußland gegeben hat, der von Anfang an mit Lenin immer den gleichen Weg gegangen wäre. Fast alle ihm Nahestehenden sind bei irgendeiner Gelegenheit gegen ihn aufgetreten und beinahe gegen ihre eigene Überzeugung von Lenin zu seinem Weg und vor allem zu seiner Analyse bekehrt worden. Darin liegt der Grund jener autoritären Überlegenheit Lenins. Und alle so Bekehrten wünschen gewissermaßen die Erinnerung an ihre Opposition in Vergessenheit geraten zu lassen. Nicht etwa nur, daß sie sich durch Erfolg beispielsweise von einer besseren Einsicht hätten überzeugen lassen, sie haben vielmehr den Eindruck, in einem lebendigen Strom, im Leninismus geblieben zu sein. Wer, zum Teil von ihm verstoßen, zum Teil als auf der anderen Seite stehend von ihm selbst charakterisiert, zum Teil aus verschiedenen Gründen, weiterhin gegen Lenin opponierend geblieben ist — alle diese wirken, von Rußland aus gesehen, wie abgestorben, wie zu einer anderen Nation und Rasse gehörend, mit denen eine Verständigung weder gewünscht wird noch möglich ist. Niemals früher in der Geschichte und in einer geistigen Bewegung hat sich die Zusammengehörigkeit zu gleichen Grundsätzen und Folgerungen mit einem schärferen Automatismus dokumentiert. Dies ist dieser ungeheure Einfluß von Lenin, der auf die Gestaltung des geistigen Lebens in Rußland wirkt. Es gewinnt im Augenblick den Eindruck, als ob die Nachwirkung Lenins noch größer zu werden beginnt als seine persönliche Wirkung. Ohne Berufung auf Lenin geschieht in Rußland überhaupt nichts.
Über Leo Trotzki zu sprechen, dessen Einfluß gleichfalls heute den äußeren Zuschnitt Rußlands mitbestimmt, fällt ein gut Teil leichter als über Lenin. Obgleich es im materialistischen Sinne psychologisch nicht tragbar ist, könnte man sagen: Trotzki wirkt jedem Beurteiler von vornherein näher, gewissermaßen menschlicher. Trotzki ist im Auslande bekannt als Organisator der Roten Armee, und sicherlich ist die ungeheure Schwierigkeit, inmitten des Bürgerkrieges und aus den Trümmern der auseinandergelau-

fenen zaristischen Armee zunächst eine Verteidigungswaffe der Sowjets zu schaffen, nur von der Zähigkeit eines großen Organisators zu überwinden gewesen. Indessen steht heute die Rote Armee da, organisiert und geschult, nicht ohne westeuropäischen und insbesondere deutschen Einfluß, und die Wirkung Trotzkis in und auf Rußland würde ihren Intensitätshöhepunkt bereits überschritten haben. Aber der Einfluß Trotzkis liegt eben auf einem anderen Gebiet, und konsequenterweise kann man sagen: er ist heute der stärkste Träger des Leninismus. Die Linie dieser Entwicklung greift schon auf früher zurück. Trotzki war nicht immer Mitglied der bolschewistischen Partei, und er stand sogar in der Emigrationszeit dieser bis zu einem gewissen Grade fern. Trotzki ist in einer besonderen Betonung Kollektivist, und die bolschewistischen Marxheiligen haben wahrscheinlich häufig Gelegenheit gefunden, ihn einen Utopisten zu nennen. Ohne den zusammenfassenden Druck des Leninismus wäre Trotzki vielleicht auch in utopisch-kollektivistische Gedankengänge ausgeartet. Im Rahmen dieses Leninismus wird er gerade mit dieser Veranlagung seine stärkste Kraft. Alles, was in Rußland nach neuem Leben drängt, die Künste und Wissenschaften, die Intelligenz, die alte wie die neue, und vor allem die Jugend, sehen in Trotzki die Verkörperung ihrer Kraft.

Während der Organisation der Roten Armee vertrat Trotzki das fourieristische Prinzip der Arbeitsarmee. Der Arbeitsarmee gelang es nicht, die staatsnotwendigen Härten des Kriegskommunismus aufzulösen und in einen mehr friedlichen Kollektivwillen überzuführen. Damals stoppte Lenin und führte die neue ökonomische Politik ein. Damit war gewissermaßen auch sang- und klanglos die Arbeitsarmee verschwunden. Die Rote Armee bekam ihr Budget, das aus den Staatseinkünften in Steuern gedeckt wurde, und so gewaltig der Gedanke einer Einführung der Arbeitsarmee in der neuen Gesellschaft auch sein mochte, er verschwand im Nu ohne Diskussion.

Wieder dringt Trotzki nach derselben Richtung vor. Er möchte die Großbetriebe straffer organisieren, sprich: militarisieren. Er ist wieder dabei, die Pläne zu vertreten zur Organisierung der Gemeinschaftsarbeit, jetzt in höherem Maße als der Arbeitsarmee auf dem Boden bereits wirtschaftlich organisierter Trusts und Syndikate. Der Gedanke ist derselbe geblieben, die Form hat sich nur geändert und ist jetzt der augenblicklichen Lage angepaßt. Diesmal treten die Gewerkschaften als Arbeitsarmeen auf den Plan, und die Führer der Syndikate und Truste, die Betriebsleiter sind der Generalstab und die Offiziere. Wieder schwebt im Hintergrunde empor das Bildnis Fouriers. Um diesen Vorstoß Trotzkis tobte die letzten Monate der Streit in der kommunistischen Partei.

Zwischen den beiden Pfeilern des Kollektivismus entfaltete Trotzki seine fruchtbarste Tätigkeit, die im Grunde auch seinen Einfluß bedingt. Er führte die Parole Lenins, ausgedrückt in seiner Propagandaschrift „Die große Initiative" und „Heran an die Massen" praktisch durch. Jedenfalls leistete er die einzige und wirklich praktische Vorarbeit dazu. Wie Lenin die Völker und die Geschichte analysiert, so beginnt Trotzki den Menschen zu analysieren, die Familie und die Berufsgruppe. Er beschäftigt sich mit den „Fragen des Alltagslebens". Er legt dar die Bedingungen des täglichen Lebens. Der Utopien zugängliche Trotzki räumt in dieser Arbeit auf mit der Utopie, das Mitgliedsbuch der kommunistischen Partei verändere ohne weiteres den menschlichen Durchschnitt. In einer Serie von Zeitungsartikeln weist er nach, daß der russische Arbeiter in seinen Vergnügungen und in seinen Interessen sich in nichts von dem Arbeiter irgendeines anderen Landes unterscheidet. Die Stellung des Arbeiters zur Arbeit kann nicht durch Gesetze noch durch gute Ratschläge verändert werden, sondern ist ein vorbestimmter Teil der Gesellschaftsentwicklung, die sich nach historischen Gesetzen vollzieht. Und Trotzki wünscht diese Entwicklung zu beschleunigen, aber auf dem Boden nüchternster Analyse der heutigen Gesellschaft. Trotzki greift an in allen Fragen des künstlerischen Lebens, er geißelt alle Übertreibungen, und der heute bereits eingetretene Ausgleich der äußeren russischen Kultur mit der Kultur des Westens ist in der Hauptsache Trotzkis Verdienst. Was das für den Durchschnitt des russischen Volkes bedeutet, kann nur derjenige ermessen, der noch zu den alten Zarenzeiten die dünne kulturelle Oberschicht im Gegensatz zu der dumpfen Masse der russischen Arbeiter und Bauern erlebt hat.

Eine unvoreingenommene Aufweisung der geistigen Kräfte des neuen Rußlands muß an dieser Stelle Sinowjew nennen. Sinowjews Persönlichkeit ist viel mehr umstritten als Lenin und Trotzki, und nicht nur etwa im Auslande, wo dies vielleicht bei der besonderen Tätigkeit Sinowjews selbstverständlich sein würde, sondern auch in Rußland selbst. Und doch ist Sinowjew durchaus in gleicher Linie mit Lenin und Trotzki zu nennen. Zurzeit steht Sinowjew an der Spitze derjenigen Gruppe, die gegen die gewisse utopische Atmosphäre Trotzkis kämpft. Dieser Kampf wird mit aller Schärfe geführt und mit einer Heftigkeit, die im Auslande häufig falsche Vorstellungen von den Wirkungen dieser Auseinandersetzung hervorruft. Das Streitobjekt ist für beide ein formales, das den Grundinhalt eher versteckt als in den Mittelpunkt rückt. Aber die Gegensätze beider sind so logisch bedingt, daß sie in jeder Form der Entwicklung und bei jeder politischen oder wirtschaftlichen Krise Sowjetrußlands erst ausgetragen werden müssen, ehe das Staatsruder weiter funktionieren kann. Es wirkt wie ein Reinigungsprozeß, und niemals ist der Sieg des einen Prinzips über das andere auch nur zweifelhaft. Dieser Sieg ist in jedem Falle von vornherein bestimmt und entwicklungsbedingt.

Die Bedeutung Sinowjews ist für den Außenstehenden nicht so ohne weiteres sichtbar. An der Spitze der Kommunistischen Internationale kämpft er für die Organisierung der Weltrevolution. Seine Aufgabe ist es, den russischen Kommunismus und die russische Partei über die Grenzen Rußlands hinauswachsen zu lassen. Diese Aufgabe allein würde die Beurteiler scheiden in Freunde und Feinde und führt zwangsweise dazu, Sinowjew zum Führeridol zu erheben oder zum verhaßten Feind, der an erster Stelle getroffen und vernichtet werden muß. Insofern ist Sinowjews Führerrolle eine tragische, als sie nicht so unmittelbar wie Lenin und Trotzki sich auf Erfolge der neuen Gesellschaftsbildung stützt, als ihr nicht direkt die Liebe der Massen zuwächst. In der Vorbereitung und Entwicklung der Revolution vertrat Sinowjew den Außendienst. Er war das Bindeglied der wissenschaftlichen Analyse zur Entwicklung draußen, zum „revolutionären Sprung". Er steht dem großen Aufbauer Trotzki gegenüber wie das Gewissen der Masse, die noch auf dem Wege zur Gesellschaftsbildung ist, mit all den Schwierigkeiten und Unvollkommenheiten des noch in Entwicklung befindlichen Ausgleichsprozesses. Mit Sinowjew erst rundet sich das Wirkungsbild der materialistischen Geschichtsauffassung auf die russischen Massen, eine Wirkung, die sich am besten darin ausdrücken läßt: Nichts wird und kann in der Russischen Kommunistischen Partei geschehen ohne oder gegen Sinowjew.

Die Gruppe der reinen Theoretiker und Agitatoren

Die Leiter der Sowjetmacht verfügen über einen Generalstab. Ein solcher Generalstab würde in einem anderen europäischen Lande sich zusammensetzen aus den Leitern der Verwaltungsressorts, etwa den Ministern, den Leitern der großen Wirtschaftsverbände oder den Direktoren der Großkonzerne und Banken. In Rußland setzt sich dieser Generalstab zusammen aus den Professoren des historischen Materialismus. An ihrer Spitze steht N. Bucharin, der die „Theorie des historischen Materialismus" geschaffen hat. Es ist dies die erste wissenschaftliche Plattform, von der aus sich die Vertreter der materialistischen Geschichtsauffassung mit der Gotteswissenschaft, der Teleologie, dem Hegelianismus und der fatalistischen Sekte des Marxismus, der Sozialdemokratie, auseinandersetzen. Bucharin kann als der Lehrmeister Sowjetrußlands angesprochen werden, und sein Einfluß ist außerordentlich groß. Neben seiner grundlegenden „Theorie des historischen Materialismus" schrieb Bucharin eine Anzahl ökonomischer Schriften, Hilfsbücher zum Marxismus, Einführung in den Kommunismus, und auch seine früheren Schriften tragen dazu bei, die wissenschaftliche Grundlage für die neue Gesellschaftsbildung zu liefern. An Bedeutung steht ihm zur Seite Preobraschenski, dessen Untersuchungen über Klassennormen und Klassenethik noch an anderer Stelle erwähnt werden sollen. Preobraschenski ist außerordentlich angesehen, und in vielen Diskussionen, wobei es auf die Analyse der Gesellschaftsentwicklung und damit der Revolution ankommt, hat schon Preobraschenski entscheidend eingegriffen, so beispielsweise in der Frage einer deutschen Revolution, in der Preobraschenski noch im Vorjahre heftig gegen die Ansicht der Kommunistischen Internationale polemisiert hat. Die Verhältnisse in Deutschland haben ihm ja auch recht gegeben. Von Preobraschenski liegt bezeichnenderweise eine Monographie vor, die in etwas utopischer Hinsicht von der Entwicklung der neuen ökonomischen Politik spricht, ein Zukunftsbild, das bewußt sich an die vorrevolutionären sozialistischen Utopien anlehnt. Diese Schrift hat eine außerordentliche Verbreitung in Rußland gefunden, und die in der Wirtschaft leitenden Personen haben vielfach geglaubt, sich sklavisch an die Perspektiven Preobraschenskis halten zu müssen, so daß schließlich der Verfasser gezwungen war, lediglich die pädagogische Seite einer solchen Entwicklung zu betonen und das Buch von Grund aus umzuarbeiten. Dies Beispiel charakterisiert vielleicht den Einfluß Preobraschenskis.

Ein weiterer Theoretiker von Rang ist seit einiger Zeit etwas mehr in den Hintergrund getreten. Es ist dies Bogdanow (der ältere), der im Auslande durch seine allerdings schon früher geschriebene Utopie „Der rote Stern" bekannt ist. Von ihm sind verbreitet Untersuchungen über soziologische Themen, in der Hauptsache auch über Ethik, von denen allerdings einige nicht die Billigung der Partei gefunden haben. Überhaupt kann man in letzter Zeit den Eindruck gewinnen, daß den Spekulationen über die Entwicklung von Ethik und Moral, die ziemlich zahlreich hervorsprossen, Rjasanow, Lunatscharski, Kolontay, energisch zu Leibe gegangen wird, um die klare Entwicklungslinie nicht zu verwischen.

Die Zahl der Verfasser von Schriften, die die Analyse eines bestimmten Berufes oder Verwaltungszweiges, eines bestimmten Zustandes wirtschaftlicher oder politischer Herkunft schildern, wächst ständig an. Sie vervollständigen die Literatur des historischen Materialismus in Einzelfragen, und ihre Lektüre wird zum Studium der Gesellschaftsbildung in Rußland notwendig sein. Sie gehören mit zu den Theoretikern, doch sind sie mehr schon zu den Agitatoren zu rechnen. Ihr Streben geht darauf hin, die Entwicklung ihres Arbeitsgebietes anzuzeigen, zu analysieren und vorauszubestimmen. Das heißt, sie wirken auf den Leser propagandistisch. Der russische Kommunismus hat diese Seite seiner Wirkung außerordentlich gut ausgebaut. Ist es ihm doch in den verhältnismäßig wenigen Jahren der Revolution gelungen, alle Wissensgebiete mit der Ideologie der materialistischen Geschichtsauffassung zu durchdringen. Aus der großen Anzahl dieser Schriftsteller heben sich besonders zwei heraus: Karl Radek und L. S. Sosnowski. Der Name Radeks ist weit über die Grenzen Rußlands hinaus bekannt, und wenn man so sagen darf, gehaßt und gefürchtet. Er gilt für die rechte Hand Sinowjews in der Vorarbeit zur Weltrevolution. Seine Bedeutung für Rußland aber liegt auf einem anderen Gebiete. Radek schult sozusagen die Sowjetdiplomatie, und er vertritt dabei den internationalen Journalismus. Der russische Journalismus ist aber mit dem Europas, Amerikas nicht im entferntesten zu vergleichen. Es ist ein wissenschaftlicher Journalismus, es ist das Aufzeigen der Gesetzmäßigkeiten in der Entwicklung der Völker. Es ist ein analytischer Journalismus, der seine Kraft zur Analyse aus dem Aufzeigen der Schwächen des behandelten Objektes zieht. Insofern wirkt oder wirkte Radek für die Revolution. Er ist ein ungemein vielseitiger und fruchtbarer Schriftsteller, und es gibt fast keine Nummer der großen sowjetistischen Zeitungen, in der nicht irgendein instruierender, analysierender Artikel von Radek zu finden ist. Auch als Lehrer an dem Institut der roten Professoren ist Radek tätig.

Weniger im Auslande bekannt, doch von gleicher Bedeutung ist L. S. Sosnowski. Er analysiert den Entwicklungsprozeß der Gesellschaftsbildung. Er stellt gewissermaßen ständig das Horoskop für den russischen Bauern, den Rotarmisten und den Arbeiter im Betrieb, für die Entwicklung der Industrie. Er war lange Zeit Vorkämpfer des Amerikanismus in Rußland und bezeichnend für ihn ist, daß es nur mit starkem Druck der Partei überhaupt möglich war, Sosnowski zum Besuch der Genua-Konferenz zu veranlassen. Er wurzelt auf russischem Boden, und er ist mit der Revolution in den Phasen ihrer Entwicklung, allen ihren Krisen, ihren Erfolgen und ihren Niederlagen verwachsen. Das gleiche kann man zwar auch von Radek sagen; aber Radek wirkt trotzdem mehr außerhalb stehend. Radek seziert — in der Geschichtsauffassung wirkt er revolutionierend; Sosnowski analysiert — es wird zur Chronik der Gesellschaftsentwicklung. Beide sind unter dem Volke sehr beliebt, Radek auf dem Vortragspodium, Sosnowski dagegen am Familientisch. Von Sosnowski sind in letzter Zeit gesammelte Aufsätze und Artikel auch in Deutschland erschienen (Verlag für Literatur und Politik) unter dem Titel „Taten und Menschen". Kein Werk unterrichtet vielleicht besser über die „Seele" des neuen Rußlands als dieses Buch, das obendrein von einem Schriftsteller von Rang geschrieben ist.

Die Partei

Es gibt in Rußland keine verschiedenen Parteiorganisationen, es gibt nur eine Partei. Alles öffentliche politische Leben spielt sich ab nur zwischen der Partei und den Parteilosen. Unter Partei versteht man die Kommunistische Partei Rußlands, die frühere Sozialdemokratische Partei, und zwar jenen Flügel, der bei einer Abstimmung über die Taktik des proletarischen Klassenkampfes im Jahre 1903 gelegentlich eines Kongresses die Mehrheit erhalten hat und daher den Namen Bolschewiki führt.

Die Partei tritt in allen ihren Äußerungen als Vertreter der proletarischen Klasse auf, und sie übt als solche eine ausgesprochene Klassendiktatur. In dem augenblicklichen Entwicklungsprozeß ist diese Klassendiktatur identisch mit einer Parteidiktatur. Unter Berücksichtigung der Klassengegensätze und des Stärkenverhältnisses der Klassen zueinander in Westeuropa wird der Frage eine besondere Bedeutung zugemessen: sind diese Gruppen von prominenten Personen, jener Führer und Theoretiker, Agitatoren und Propagandisten aus dieser Partei und dieser Klasseneinheit entstanden oder haben sie umgekehrt die Partei erst um ihre Idee kristallisiert und eine solche Partei darauf erst geschaffen? Der Bürger des heutigen Rußlands wird über diese Problemstellung lächeln, so wichtig sie auch einem nicht russischen Beurteiler scheinen mag. Spätere Geschichtsschreiber werden vielleicht diese Frage eindeutig lösen, vielleicht sogar die Gesetzmäßigkeit aufzeigen, die aus einem verhältnismäßig kleinen Häuflein von Agitatoren diese große und schlagkräftige Partei werden ließ, die heute in Sowjetrußland herrscht. Das unterliegt jedenfalls keinem Zweifel, daß gerade in den ersten Jahren der Revolution ein starkes Zu- und Abströmen aus der Partei zu bemerken gewesen ist, und daß im Grunde genommen alle Revolutionsdekrete und alle Maßnahmen der Partei in den ersten Jahren der Revolution darauf berechnet gewesen sind, erst eine Partei gewissermaßen aus den sympathisierenden Elementen zu formieren und zugleich, wie eine Rote Armee auch eine Parteiarmee und überhaupt eine Partei zu schaffen. Wie sehr diese Partei sich im Laufe der sechs Jahre Revolution verändert hat, beweist z. B. der Prozentsatz der alten Parteiarbeiter, der Ende 1923 in der russischen Partei noch vorhanden war. Gemeint sind Parteiarbeiter mit dem Mitgliedsbuch von 1917, dem Beginn der Revolution. Die Zahl solcher Mitglieder belief sich beispielsweise in Leningrad nicht einmal mehr auf fünf Prozent. Berücksichtigt man die ungeheuren Verluste des Bürgerkrieges und eine gewisse Zerstreuung der alten Parteigenossen über das Reich in andere Funktionen, so zeigt immerhin noch dieser

Prozentsatz, welche ungeheuren Veränderungen durch Zuströmen neuer Elemente und auch durch Abwanderung alter im Laufe der Revolution die Partei durchzumachen hat.
Von der Macht dieser Partei kann sich ein Rußland Fremder und noch mehr ein der Idee des historischen Materialismus Fremder überhaupt nur schwer eine Vorstellung machen. Man kann sagen, die Partei ist alles. Es gibt nichts, was in Rußland geschieht, zu dem nicht die Partei irgendwie in Verbindung steht. Es ist gar nicht möglich, das irgendwie zu überschätzen.
So sehr die Partei für die erstgenannten Gruppen Instrument geworden ist, den Glauben an den Erlösungscharakter der materialistischen Geschichtsauffassung zu verbreiten, in eine lebendige Organisation der Gläubigen umzusetzen, so sehr lebt die Partei im Laufe der Jahre doch ihr Eigenleben. Dieses Eigenleben setzt sich sogar im Staat zweifellos stärker durch. Es wäre aber falsch anzunehmen, daß eine Opposition der Partei bestünde, oder aus der Partei heraus gegen die Führer und Theoretiker. Wo solche Opposition gelegentlich wirklich zum Vorschein kommt, da ist sie völlig belanglos und ihre Vertreter fallen der nächsten Parteireinigung ganz ohne Zweifel zum Opfer. Das Eigenleben der Partei äußert sich darin, daß neue Formen der Parteidiktatur, neue Formen des Parteieinflusses, sogar neue Formen des Klassenkampfes und der Klassenauseinandersetzung im Schoße der Partei geboren werden. Man kann dies als Beweis eines festen organischen Zusammenhanges der Partei mit ihren Führern und Theoretikern halten.
Ein oberflächlicher Kritiker sowjetrussischer Verhältnisse übersieht leicht die feste und eiserne Fundamentierung dieser Parteidiktatur. Gelegentlich scheint es, als ginge der Charakter der Diktatur verloren, als glätte er sich ab, als suche er sich in einer harmonischeren Form aufzulösen. Und in der Tat, im letzten Jahre war das äußere Bild der Parteidiktatur in Rußland so gut wie verschwunden. Das kulturelle Leben ging seinen äußeren Gang und schien sich durch nichts von irgendeinem anderen Lande zu unterscheiden. In den staatlichen Verwaltungsorganen überwogen die Parteilosen, und die Verwaltung wurde nach den inzwischen erlassenen speziellen Gesetzen geführt. Das Gerichtswesen ließ den Charakter des Bürgerkrieges und des Klassengerichts fallen und entwickelte sich zum größten Teile unter dem Vorsitz früherer Richter mit der entsprechenden ehemaligen

richterlichen Vorbildung, mit Rechtsanwälten und Staatsanwälten. Der Wirtschaftsapparat wurde von den alten Wirtschaftlern übernommen. In den Betrieben arbeitete der Ingenieur, der Betriebsleiter und der alte Meister und in den Fabrikräumen hing die Fabrikordnung aus. Die Berichte russischer Reisender aus dem letzten Jahre erzählen ja immer davon, daß sich Rußland in nichts mehr von einem anderen europäischen Lande, sowohl was Staatsverwaltung als auch Arbeiter- und Klassenfragen berifft, zu unterscheiden beginnt. Und doch haben diese Beurteiler sich ganz gewaltig getäuscht. Die Partei war gerade zu jener Zeit in Rußland stärker als je. Sie machte einen Reinigungsprozeß durch, sie formierte sich innerlich zu neuem Aufbau. Sie war zurückgetreten von den Arbeiten des öffentlichen Lebens, von der Leitung der kulturellen und wirtschaftlichen Dinge, einfach aus dem Grunde, weil sie alle Kräfte darauf verwenden wollte, die innere Organisation, wenn es überhaupt notwendig war, zu reorganisieren und zu einem noch festeren Block zu gestalten, als es schon vorher war. Daher kam der sogenannte neue Kurs in Rußland für nicht russische Beurteiler so völlig unerwartet. Man spricht auf einmal wieder von einem linken kommunistischen Kurs, von einem Kampf gegen den „Nep", die „neue ökonomische Politik", dem Versuch, den Freihandel zu vernichten oder den Privathandel, der eine gewisse Entwicklung begonnen hat, auszuschalten. War die frühere Beurteilung falsch, so ist diese zweite nicht weniger falsch. Es hat sich gar nichts geändert, weder in dem alten Kurs noch in dem neuen. Es ist überhaupt gar kein alter und neuer Kurs vorhanden. Es ist nur das eine eingetreten, daß die Partei mit ihrer inneren Organisationsarbeit beschäftigt war, ihre Mitglieder von der Verwaltungsarbeit der Staats- und Wirtschaftsgeschäfte vorübergehend zurückgezogen hatte, um sie besser zu schulen, um sie anpassungsfähiger an die Aufgaben des Sowjetstaates zu machen, nachdem dieser Staat mit den übrigen europäischen und ihrer Existenz nach sowjetfeindlichen Staaten in Verbindung getreten ist und noch weiter in Verbindung treten soll. Für diese Arbeit braucht es geschulte Kräfte, die fest in ihrem Glauben sind, die die Fehler der ersten Revolutionsjahre vermeiden und die sich allen Bedingungen des Kontaktes von Sowjetrußland mit der übrigen Welt, die im Grunde genommen für jedes Land verschieden sein können, automatisch und, um noch einmal das Wort zu zitieren, im Sinne der materialistischen Geschichtsauffassung anpassen können.

Es ist wichtig für denjenigen, der sich ein Bild über das neue Rußland machen will, diese Grundgedanken sich besonders einzuprägen. Von diesen Gedanken aus lernt er Rußland besser verstehen als hundert Spezialberichte von Agenten und von Freunden oder Feinden Rußlands ihm vermitteln können. Es handelt sich hier darum, das Fundament dieses neuen Rußland zu verstehen und von diesem Fundament aus als einem gegebenen zu urteilen. Um einen recht allgemein verständlichen Vergleich mit westeuropäischen Verhältnissen aufzuzeigen, könnte man vielleicht sagen, die Partei spielt die Rolle des Freimaurertums oder eines kirchlichen Ordens im Mittelalter. Für denjenigen, der seiner Erziehung nach oder aus sonstigen psychologischen Voraussetzungen heraus von vornherein der materialistischen Geschichtsauffassung ablehnend gegenübersteht, für denjenigen wirkt die Rolle der Partei verwirrend und widerspruchsvoll, soweit sie nicht überhaupt für sich als drückend empfunden wird. Gegenüber der Kritik solcher Kreise, soweit sie mit logischen Gründen kommen, sollte man sich sehr skeptisch verhalten. Die Kritik ist im Grunde genommen nutzlos. Sie ändert die Dinge nicht, sie macht nur die Partei zu einem mystischen Gespenst, das im Grunde genommen so einfach wie möglich und so materialistisch als eben nur denkbar sich erklären läßt.

Will man das geistige Antlitz des neuen Rußlands kennenlernen, so stößt man auf die Partei. Das Gesicht Sowjetrußlands ist die russische Partei.

Die Parteizellen

Es ist notwendig, sich auch mit dem Parteiaufbau etwas zu befassen. Wie die Partei bereits ein Eigenleben gegenüber ihren Führern und Initiatoren entwickelt, so beginnen die einzelnen Organisationen der Partei und im letzten Falle die Parteizellen im Dorf, in der Fabrik, im Bezirk, im Handelskontor oder wo immer gleichfalls eine eigene innere Entwicklung zu nehmen. Auf der einen Seite führt dieses Eigenleben der Partei als Ganzes Kräfte zu und formiert mit diesem Zustrom neuer Kräfte gewissermaßen erst das Bild der Partei, auf der anderen Seite aber wird durch dieses Eigenleben trotzdem wieder ein besonderer Zug im geistigen Gesicht des neuen Rußland entwickelt. Alle Kräfte der Partei sind angespannt, dieses Eigenleben der Betriebszellen hervorzurufen, zu stützen und sich so frei wie möglich entwickeln zu lassen. Im historischen Materialismus findet man hierzu die Richtlinien. Die Partei gilt als das Instrument und als der Entwickler der Gesellschaft. Sie soll den Rahmen einer kommenden neuen Gesellschaft darstellen, den diese Gesellschaft später selbst sprengen soll, jedenfalls soll sie die Kräfte hierzu bereits auch in sich selbst entwickeln. Für den solchen Gedanken Fremden wird es interessant sein zu merken, daß gewissermaßen naturgesetzlich einem Druck von außen und einem Eingreifen von dritter Seite vorgebeugt, und daß solches Eingreifen von vornherein gewissermaßen unmöglich gemacht und ausgeschaltet werden soll. Wieweit das möglich sein wird, und wieweit wirklich die Bezwingung der Zukunft in der geschichtlichen Entwicklung automatisch sich durchführen läßt, das wird eine spätere Zeit lehren. Die Parteizellen entwickeln nicht so sehr die Gesellschaft als die Lebensformen der neuen Gesellschaft, den Kollektivismus, den Gemeinschaftsgedanken, den Gemeinschaftssinn und die Gemeinschaftsarbeit. Insoweit kann man auch diese Parteizellen als den Träger des Kommunismus in Rußland bezeichnen.

Der Einfluß dieser Parteizellen ist, wenn man überhaupt im Vergleich zur Partei noch in einem Komparativ davon sprechen kann, ein ganz außerordentlich hoher. Und die Arbeit, die im Grunde genommen eine solche Parteizelle leistet, wie alte Vorurteile der Mitglieder untereinander zerrieben werden, wie die Intrige, die sich von Mensch zu Mensch spinnt, gewissermaßen ausgebrannt wird, oder sagen wir, werden soll, wie alle die Eitelkeiten des täglichen Lebens, die Unzulänglichkeiten, die Verschiedenheiten sowohl der Veranlagung wie der Erziehung als der Leistung nach in solch harter Atmosphäre von Mitglied zu Mitglied, von Gemeinschaft gegen den einzelnen erörtert, geprüft, freigelegt, verboten und kritisiert werden sollen, das erscheint dem fremden Beurteiler wie ein Stück menschlichen Purgatoriums und trägt häufig genug den Charakter einer unmenschlichen und fanatischen Quälerei. Sehr viele Mitglieder solcher Parteizellen gehen zugrunde, teils daß sie allgemein zu schwach sind, teils daß ihre Widerstände gegen diese Arbeit zu groß sind, teils daß sie nicht die Kraft haben, Ungerechtigkeiten in sich selbst auszubalancieren durch einen stärkeren Glauben an die Erlösungsfähigkeit der materialistischen Geschichtsauffassung und durch Überschätzung des Einsatzes ihrer Einzelperson. Aus welchen Gründen immer, im Grunde genommen gibt die Partei den Menschen, der begonnen hat, Mitglied zu sein, nie wieder frei. Der aus der Partei Ausgestoßene lebt weiter in der Rolle eines Krüppels, der von der Partei Bestrafte schämt sich und traut sich kaum unter die Menschen, als hätte er ein großes Verbrechen begangen, und derjenige, von dem die Partei etwas verlangt, gehorcht, häufig zwar zitternd, aber ohne Widerrede. Das System ist derartig sicher funktionierend bereits ausgebaut, daß ein guter Zellensekretär den Abtrünnigen, d.h. den Menschen, der in den nächsten Monaten oder Jahren abtrünnig wird, bereits im voraus kennt, und daß häufig genug schon Maßnahmen getroffen werden, den Termin des Abtrünnigwerdens zu beschleunigen. Dies war beispielsweise der Fall, als im Jahre 1922 eine große Anzahl Parteiarbeiter in hohen Verwaltungs- und Wirtschaftsstellen plötzlich zwangsweise auf das Dorf mobilisiert wurden. Fast 70 Proz. der so Mobilisierten weigerte sich, die Stellung zu verlassen. Sämtliche dieser Leute waren auf Grund einer Nachfrage bei den Zellensekretären bei der Partei schon vorher sozusagen dafür angemerkt.

Es soll noch hinzugefügt werden, daß das System denkt, daß der Gedanke handelt, und daß die Gesellschaft als Ganzes in der Form ihrer Balance zur Natur über Erfolg oder Mißerfolg und über den Gang der Entwicklung urteilen wird und auch nur urteilen kann. Selbstverständlich sind die vorhergehenden Gesichtspunkte nur Richtlinien, sie sind der Rahmen, in dem sich das Leben abspielen soll. Das Leben selbst, aus anderen Verhältnissen noch herausgeboren, zeigt sich darin häufig wesentlich anders. Für den Menschen außerhalb des Systems erscheint vieles als grobe Ungerechtigkeit, als Vergewaltigung der Person, häufig genug in Verbindungserscheinungen als bösartige Korruption und in vielen Fällen unter Formen von Bureaukratie und Dummheit. Die Partei ruft zur Einschränkung solcher Auswüchse die Parteilosen auf. Die Parteizelle sitzt für die Parteilosen gewissermaßen auf dem Präsentierbrett da. Die Parteilosen sollen kommen und bei dem Sekretär der Zelle ihre Beschwerden gegen das betreffende Mitglied der Zelle vorbringen und erhärten. Das Urteil bzw. die Bestrafung wird für alle Parteilosen sichtbar durchgeführt, und es zeigt sich, daß häufig das Interesse der Parteilosen an dem inneren Leben der Zelle größer ist als das der eingeschriebenen Mitglieder. Man kann sich vorstellen, welchen Eindruck eine solche Wechselwirkung auf das geistige und kulturelle Niveau der an der äußeren und inneren Menschheitsentwicklung uninteressierten Masse, die heute in der Welt gut 90 Proz. aller Lebenden beträgt, ausüben muß, und man kann Schlüsse ziehen auf die zukünftige Härteentwicklung einer solchen Gesellschaftsschicht, die die Plattform der neuen Gesellschaft sich erst erobern muß. Eines aber kann man sicher sagen: die Erfahrung weniger Jahre hat bereits gezeigt, daß, wo immer die Dummheit regiert hat oder die Korruption, die Partei aus sich heraus, aus dem engsten inneren Kreise kommend, selbst die Keime entwickelt hat, die sie offenbar gemacht, gesprengt und auseinandergejagt haben. Sicher ist das nicht zu optimistisch gesehen, weil es im ganzen Rahmen des Systems, in einer gesetzmäßigen Kette der Entwicklung liegt. Die Partei selbst ist in Rußland die allerletzte, die Schäden zu verbergen sucht. Beinahe könnte man eher das Gegenteil sagen: sie übertreibt eigene Schäden — um ein Beispiel anzuführen, in dem Prozeß gegen den Direktor der Industriebank Krasnoschukow, der der Korruption in der Verwaltung beschuldigt war, und der einer der bekanntesten und beliebtesten Parteigenossen während der ganzen Revolution in höchster Stellung war —, und sie bauscht Vergehen - beispielsweise in der Kreditgewährung, die von Tausenden in ähnlichen Stellungen ähnlich begangen werden, weil es im Grunde genommen Vergehen sind, die überhaupt nach bürgerlichem Gesetz gar nicht geahndet werden würden, handelt es sich ja nicht um persönliche Bereicherung —, in einer Weise auf, daß man den Gedanken nicht los wird, hier soll jemand als ein Beispiel mit einem möglichst weitreichenden Radius für Anschauungszwecke einer besonderen Pädagogik geopfert werden. Interessant war in diesem Prozeß die Rolle der Parteizelle. Ihr Einfluß war in diesem Prozeß alles, und sie trat nicht nur als Ankläger, sondern zugleich auch als Gericht auf. Und der Gerichtshof des äußeren Rahmens mußte sich von dem Sekretär der Zelle, der für diesen Zweck die Partei hinter sich hatte, in mehr als einem Falle belehren lassen. Solche Fälle sind vereinzelt. Sie spielen sich einmal im Zentrum, einmal in der Provinz irgendwo ab, und sie sind, wenn nicht direkt ein System, doch der Ausfluß eines und des gleichen Grundgedankens: der einzelne ist nichts, ob gut, ob böse. Ob in alter Moral oder in neuer: die Gemeinschaft ist alles, und ohne diese Gemeinschaft keine neue Gesellschaft.

Presse- und Verlagswesen

Das wichtigste Mittel, um das Fundament der Partei im öffentlichen Leben Sowjetrußlands zu verbreitern, ist die Presse. Dem Ausbau derselben wird eine ganz besondere Aufmerksamkeit zugewandt. Im allgemeinen kann man sagen, daß heute ein System der Presse in Rußland besteht, das in alle Bevölkerungskreise, in alle Berufe und fast in alle Gesellschaftsschichten hineingreift und so auch unter den Gegnern des Sowjetregimes allmählich eine Atmosphäre schafft, mit der die örtliche oder die zentrale Verwaltung ihre Arbeit sich erleichtert.
An der Spitze steht selbstverständlich die direkt von der Partei beeinflußte politische Presse. Ihr dient als Zentralorgan die „Prawda" in Moskau. In allen Gouvernementsstädten und auch schon in den größeren Kreisstädten gibt die Partei gleichfalls täglich erscheinende Organe heraus. Der Zuschnitt dieser Blätter ist ziemlich gleichartig, eine starke Betonung der theoretischen und wissenschaftlichen Seite, sehr viel Diskussionen und Kritik und den Nachrichtenapparat eingestellt mehr auf die direkten Interessen der Partei als einer größeren Allgemeinheit. Neben diesen Tageszeitungen gibt es in jedem Gouvernement Wochenblätter für die Agitatoren und Propagandisten, Monatsblätter zur Pflege des wissenschaftlichen Marxismus, und ständig Serienpublikationen über innen- und außenpolitische Vorgänge, bestimmt in der Hauptsache für Parteimitglieder.
Dieser Presse steht zur Zeit zur Seite ein Nachrichtenblatt der Sowjetverwaltung in Moskau, die „Iswestija". Bezeichnend ist es, daß ihr Untertitel in Russisch, Ukrainisch, Weißrussisch, Tatarisch, Georgisch und Armenisch, in den Hauptsprachen der Sowjetunion, wiedergegeben wird. Diese Stadtzeitungen, übrigens auch die Moskauer und Leningrader „Prawda", sind durchaus Zeitungen von europäischem Rang. Die „Iswestija" kann an

Nachrichteninhalt mit einer der größten europäischen Zeitungen konkurrieren, und in Nachrichten über Innerasien und aus den mohammedanischen Ländern hält sie zur Zeit eine gewisse Monopolstellung. Über diese Nachrichtenblätter, die in der Provinz meistens auch verschiedene Sondertitel tragen, übt die zentrale bzw. örtliche Parteiinstanz zwar eine Kontrolle aus, doch sind sie sonst an sich selbständig. Die Tageszeitungen erscheinen mit einer größeren Anzahl von Beilagen, die dem Interesse der Leserschaft besonders angepaßt sind, meistens landwirtschaftlichen oder technischen Beilagen, sehr verschiedenen Literaturbeilagen, dann aber auch Beilagen für Frauen, Kinder und Jugend, allgemeine Populärwissenschaft, und einer Beilage, die in feuilletonistischer Form Begebenheiten aus aller Welt enthält. Der Verband der Journalisten, ein Teil des allrussischen Verbandes der Aufklärungsarbeiter, stellt die zentrale Zusammenfassung aller an der Herstellung dieser Zeitung beschäftigten Geistesarbeiter dar. Ihrer weiteren Entwicklung und insbesondere ihrem Nachwuchs widmet die Regierung eine besondere Aufmerksamkeit. In Moskau ist ein Institut für Journalisten gegründet worden, das sich auch praktisch betätigt. Das Institut gibt ein „Montag-Mittagsblatt" heraus „Letzte Neuigkeiten", das in der typischen Aufmachung der europäischen Boulevardblätter herauskommt. Aus Amerika hat man die Riesenlettern in den Kopfzeilen herangeholt, aus Paris und wohl auch aus Berlin die Kunst, haltlose Gerüchte zu Tatsachen aufzublasen. Im übrigen wird das Blatt, das häufig ziemlich faustdicke Lügen herausbringt, so beim Einmarsch der Franzosen ins Ruhrgebiet die Kopfzeile der Wiederaufnahme des deutsch-französischen Krieges, nicht gerade ernst genommen und mit staunenswerter Geduld belächelt. Trotzdem verfügt es über eine Riesenauflage, die den Institutsbetrieb mit vielen hundert Schülern und unzähligen Exkursionen des ganzen Apparates nach der Provinz deckt.
Fast alle diese Blätter enthalten wöchentliche Witzbeilagen, die im übrigen im Straßenhandel auch als selbständige Blätter verkauft werden. Die bekanntesten davon sind: „Der Rote Pfeffer" und „Krokodil". Diese Blätter kämpfen sehr energisch gegen Auswüchse der Sowjetbureaukratie und das „Krokodil" beispielsweise, das mit einer dreizinkigen Gabel als Lindwurm dargestellt wird, beschäftigt sich ausschließlich damit, in den Staatsbureaus, in den Industriestellen und im Handel Ungerech-

tigkeiten, Dummheiten und Unzulänglichkeiten allgemeiner Art „aufzugabeln" und auszumisten. Das Blatt ist unter den Sowjetbeamten mehr gefürchtet als manchmal ein Parteidekret. Moskau, Leningrad und noch einige andere größere Städte besitzen überdies noch eine Anzahl anderer Zeitungen, die sogar einen ausgesprochen parteilosen Charakter tragen, so in Leningrad die „Rote Zeitung", die eine außerordentlich große Verbreitung hat und über einen guten lokalen Teil, Gerichtschronik usw. verfügt. In Moskau erscheinen die Zeitungen „Das arbeitende Moskau", die „Arbeiterzeitung" und ein ausschließlich für Bauernleser berechnetes Blatt „Armut". Ein speziell in der Provinz sehr verbreitetes Blatt ist die in Nischnij Nowgorod erscheinende „Morgenröte". Eine besondere Bedeutung haben eine Anzahl täglich erscheinender Gewerkschaftsblätter. Diese Gewerkschaftsblätter rechnen sich nicht zur Fachpresse. Es sind Groß-Tageszeitungen, die das Interesse der Arbeiter im Rahmen einer mehr international gehaltenen politischen Berichterstattung vertreten. Die bekannteste hiervon ist „Gudok" (die Signalpfeife), die von dem Eisenbahnerverband herausgegeben und gleichmäßig über das ganze Gebiet des Sowjet-Territoriums in einer Auflage von Hunderttausenden verbreitet wird. Ein ähnliches Blatt, wenngleich von weit geringerer Verbreitung, ist der „Metallist", eine Tageszeitung des Metallarbeiterverbandes. Als Zentralorgan der Gewerkschaftsverbände erscheint als politische Tageszeitung „Trud" (die „Arbeit", im Sinne des englischen „Labour"). Die Gewerkschaften geben sodann, aus eigenen Sammlungen heraus entstanden, noch ein täglich erscheinendes Spezialblatt heraus „Der Betriebsrat", das schon mehr zu der Reihe der Fachblätter gehört. Die illustrierte Beilage dieser Zeitungen „Das Leben des Betriebes" ist außerordentlich interessant gehalten und belehrend. In seinen Spalten wird hauptsächlich der Kampf um die Verbesserung der Arbeitsorganisationen, Taylorsystem usw. an praktischen Beispielen geführt. Auch das Zentralblatt der Volkswirtschaft „Ökonomisches Leben", eine Fortsetzung der früheren „Industrie- und Handelszeitung", erscheint als politische Tageszeitung und enthält eine Fülle nicht nur wirtschaftlicher, sondern auch politischer Artikel, soweit sie sich mit wirtschaftlichen Bedingungen befassen. Das „Ökonomische Leben" ist die Hauptquelle, aus der die die europäische Presse bedienenden Korrespondenzbureaus schöpfen.

Für die Arbeiterschaft ist im übrigen eine besondere illustrierte Zeitung geschaffen „An der Maschine". Diese Zeitung ist im gewissen Sinne vorbildlich für europäische Betriebszeitungen. Sie enthält ein reiches Bildermaterial und versucht, den Arbeiter die Maschine kennen zu lehren und ihn im allgemeinen mit der Maschinenarbeit mehr vertraut zu machen. Auf der anderen Seite existieren fast unzählige Arbeiter-Witzblätter, die häufig in der Fabrik selbst hergestellt werden und als Betriebszeitungen in den Klubs und Fabrikräumen angeklebt werden. Die Vorliebe der Arbeiter für diese Zeitungen hat sie bisher vor dem Eingriff aus dem politischen und künstlerischen Zentrum bewahrt, das häufig aus den verschiedensten Gründen heraus, nicht bloß rein künstlerischen, nicht sehr gut auf diese Blätter zu sprechen ist.

Auf dem Gebiete der Fachpresse stehen die wirtschaftlichen Blätter an erster Stelle. Es gibt wohl kaum eine Industrie- und Handelsbranche, die nicht über ein eigenes Fachblatt, das teils wöchentlich, teils vierzehntägig erscheint, verfügt. Eine besondere Bedeutung nehmen die offiziellen Mitteilungsblätter der Trusts und Syndikate sowie der Handelskammern ein. Für den Ausländer, der sich über die Wirtschaftslage in Rußland informieren will, wirkt die Fülle dieser Veröffentlichungen zunächst verwirrend, und leider beschränkt sich der Verbreitungskreis dieser Zeitschriften zu sehr auf die engeren Berufs- und Branchenmitglieder, um sie als Informationsquelle für das Ausland dienen zu lassen. Man kann aber sagen, daß diese Blätter, von Fachleuten redigiert, ein ziemlich hohes Maß von Wirtschaftsverständnis und Wirtschaftsanalyse darstellen. Unter ihnen nehmen die landwirtschaftlichen Fachblätter eine besondere Bedeutung ein. Sie enthalten meist Aufsätze von Fachleuten aus aller Welt, ebenso wie insbesondere die technischen Zeitschriften sich zum großen Teil auf Mitarbeit deutscher, französischer und amerikanischer Fachleute stützen. Unter den wissenschaftlichen Fachblättern sind die medizinischen auch im Auslande bekannt. Seit einiger Zeit erscheint in Anlehnung an die Wiener Zeitschrift „Imago" auch eine psychoanalytische Zeitschrift, die sich besonders der Kindererziehung und der therapeutischen Behandlung zurückgebliebener Kinder widmet.

Unter der übrigen Fachpresse nehmen noch einen größeren Raum die militärischen Zeitschriften ein. Es gibt nicht nur reine

Soldatenblätter, wie etwa den „Rotarmist" mit einem für Rotarmisten besonders zugeschnittenen Unterhaltungsteil, sondern auch eine große Anzahl fachwissenschaftlicher Zeitschriften, so das „Bulletin der Kriegsakademie", das sich in der Hauptsache mit Besprechungen ausländischer kriegswissenschaftlicher Veröffentlichungen befaßt, dann aber auch Fachzeitschriften für Offiziere und Unteroffiziere, ferner ein spezielles Blatt, das die Bedeutung der Roten Armee in ihrer politischen Stellung zur Partei, den Staatsbehörden und dem Zivil sozusagen allgemein behandelt.

Es versteht sich von selbst, daß die Berufe ihre eigene Fachpresse haben, die ziemlich reichhaltig ausgestattet ist.

Illustrierte Zeitschriften gibt es eine ganze Anzahl, doch kann manche sich nicht behaupten, und im Laufe des Jahres 1923 sind an 10 Illustrationsblätter neu entstanden, ebenso viele sind aber auch von älteren eingegangen. Der Zentrojosus, die zentrale Konsumgenossenschaft, gibt ein großes illustriertes Blatt heraus, „Das Zwanzigste Jahrhundert", das, mit gutem Bildermaterial versehen, eine sehr große Verbreitung hat. Es ist dies kein mit den Interessen der Konsumvereine zusammenhängendes Blatt, solche Fachblätter gibt es eine ganze Menge, sondern ein dem reinen Schau- und Unterhaltungsbedürfnis dienendes Blatt. Von bekannten illustrierten Blättern seien noch genannt: „Kunst und Leben", das häufig sogar mit eingefügten Stoffmustern erscheint, die „Rote Niva", eine Fortsetzung des früheren großen Familienblattes „Niva" (Flur), das „Echo" und „Ogonok", „Das Feuerchen", das etwa dem Typ der deutschen „Gartenlaube" entspricht. Nebenher gibt es, wie an anderer Stelle schon erwähnt, besondere Literaturblätter, dann vier Frauenzeitschriften, darunter zwei mehr politische und agitatorische, ferner eine ziemlich große Zahl von Sportblättern, Kino- und Modezeitschriften. Der Ausländer, der, von ziemlich falschen Vorstellungen eingenommen, einen Leningrader oder Moskauer Zeitungskiosk betrachtet, würde sich wundern über die französischen Modeblättern nachgebildeten Zeitschriften, die im übrigen meistens auch im Titel schon die Pariser Nachahmung andeuten, wie: „Chic Parisien", „Mode du Monde" und ähnliches.

Es gibt eine große Anzahl Jugend- und Kinderblätter.

Erwähnt mag noch sein, daß die in Berlin erscheinende Tageszeitung „Nakanune" selbst auf den Bahnhöfen in der Provinz, häufig sogar an den kleinsten Haltestellen zu bekommen ist und daß sie für viele Leser die oft sehr ersehnte Brücke nach Westeuropa ist.

Im Zusammenhang mit der Presse mag darauf hingewiesen werden, daß das staatliche Telegraphenbureau „Rosta" mit seinen verschiedenen Abteilungen ausschließlich das Korrespondenzwesen in Rußland vertritt.

Dagegen hat die Tagespresse einen für Rußland eigentümlichen und typischen Kontrollapparat sich selbst geschaffen, den der Arbeiterkorrespondenten. Diese Arbeiterkorrespondenten stellen so etwas wie eine erweiterte Redaktion dar und sind eines der besten Propagandamittel der Presse selbst, um in die Betriebe und Bureaus hineinzukommen und weite Kreise als Leser zu erfassen. Solche Arbeiterkorrespondenten werden nicht etwa von der Redaktion an den Ort ihrer Berichterstattung geschickt, sondern jeder Betrieb, jedes größere Bureau wählt selbst einen Korrespondenten, der dann verpflichtet ist, ständig über alle Vorgänge im Betrieb oder im entsprechenden Institut an die örtliche Tageszeitungsredaktion zu berichten. Das gilt auch im Dorfe, wo der Dorfkorrespondent von den Bauern selbst gewählt wird. Was auf dem Dorfe noch schwer durchdringt, hat sich in der Fabrik ungeheuer schnell eingeführt, und die Regierung hat alles getan, um diese Bewegung zu unterstützen. In der Presse liest man ständig von Prozessen, in denen gegen die Beeinflussung solcher Arbeiterkorrespondenten oder gar die Behinderung ihrer Tätigkeit von Amts wegen eingeschritten wird.

Was nunmehr das Verlagswesen anlangt, so interessiert an dieser Stelle ja insbesondere die technische Seite. Die Zahl der Privatverleger ist schnell gewachsen. Überhaupt ist der Buchvertrieb im Augenblick ungemein entwicklungsfähig. Vielleicht in keinem Lande der Welt besteht geradezu ein solcher Bildungshunger wie in Rußland. Anders wäre es gar nicht denkbar, daß die staatlichen Verlagsanstalten beispielsweise unabhängig von der Konkurrenz der privaten Verleger wichtige Werke der neuen europäischen Literatur in Riesenauflagen herausbringen, die meistens sofort vergriffen sind. Man kann wohl sagen, daß alles, was in den letzten Jahren in Deutschland von irgendwelcher Bedeutung erschienen ist, in mehreren Übersetzungen privat und staatlich in Rußland erschienen ist. Dasselbe gilt für französische und englische Literatur. Hierbei ist die Zensur im Grunde genommen sehr weitherzig, nicht etwa nur in politischer Hinsicht, sondern auch in künstlerischer. Die Notwendigkeit mancher Übersetzungen, etwa der typischer Boulevardliteratur, erscheint nicht immer einleuchtend. Bei dem Eifer, mit dem sich die Verleger allzusehr Neuigkeiten abjagen, leidet die Übersetzung und häufig genug auch die Ausstattung.

Zum Teil hängt die überraschend hohe Bücherproduktion auch damit zusammen, daß sich in der Provinz und im Dorfe ein stürmisches Verlangen nach Einrichtung von Bibliotheken geltend macht. Nicht nur jede Fabrik wünscht heute ihre Bibliothek, sondern bereits auch das Dorf. Das Volksbildungskommissariat, das heute bei weitem nicht allen Anforderungen der Bibliotheken und nach Einrichtung solcher Bibliotheken nachkommen kann, versucht darin übrigens erzieherisch vorzugehen, daß es einen Kampf für bessere Behandlung der Bücher durch die Lesenden führt. So mag als ein gewisses Kuriosum erwähnt werden, daß der Volksbildungsausschuß in Odessa unlängst eine „Ausstellung des zerrissenen Buches" veranstaltet hat. Er versuchte damit dem Bibliotheksbesucher und Entleiher gewissermaßen am Schauobjekt vor Augen zu führen, wie häßlich ein zerlesenes und schlecht behandeltes Buch auf den neuen Leser wirken muß.

DER UMBILDUNGSPROZESS DER GESELLSCHAFT

Erziehung und Schule

Die marxistische Geschichtsphilosophie rechnet mit dem Verfall der Familie. Man muß sich dies vergegenwärtigen, wenn man den Grundgedanken der Erziehungs- und Schulpolitik verstehen will. Es ist viel über all die Schulneuerungen und Schulexperimente im neuen Rußland geschrieben worden. Nicht immer war zudem die Haltung der Regierung zu der so vielfältigen Schulfrage einheitlich, wenigstens was die materielle Unterstützung anlangt. Ein mit dem Wesen des Sowjetstaates nicht vertrauter Beurteiler hätte sogar oft Gelegenheit gehabt, geradezu von einer Interesselosigkeit des Staates für die Schule zu sprechen. Einer Interesselosigkeit, die durch die wirtschaftlichen Verhältnisse, durch den unerhörten Verfall des russischen Schulwesens im Kriege und zum Teil durch andere, dringendere Arbeiten der herrschenden Geistesrichtung begründet schien. So sehr diese Ansicht auch eine Berechtigung hätte, so trifft sie im Grunde doch nicht den Kern.

Im Augenblick der Machtübernahme hatten die Bolschewiki ihr Erziehungs- und Schulprogramm bereits fertig, fertiger als das verwaltungstechnische und wirtschaftliche. Zu den ersten Dekreten, die gewissermaßen einen Verwaltungskomplex völlig abschließend behandeln, gehören die Schuldekrete. Diese Schuldekrete sind mehr als alle anderen Dekrete in Rußland Richtungsdekrete, d. h. nach der in diesen Dekreten niedergelegten Richtung sollen die Schulen sich entwickeln. Der Teil der bürgerlichen Intelligenz, der schon zu Beginn der Revolution gutwillig dem Sowjetregime zu folgen bereit war, nahm sich mit besonderem Eifer der Durchführung dieser Schuldekrete an. Es geschah im Verhältnis der Kräfte, was dem russischen Charakter nicht etwas so Seltenes ist, gleich im Anfang zuviel. Eine Organisationswut riß ein, die über Nacht das gesamte Erziehungs- und Schulwesen auf eine utopische Höhe stellen wollte. Zu diesen Bestrebungen traten dann Erwägungen sehr praktischen Inhaltes, die Entfernung der Kinder aus der Atmosphäre des Bürgerkreises, die Versorgung der Kinder mit Nahrungsmitteln im Chaos des schärfsten wirtschaftlichen Zusammenbruches, des Kampfes der Bauern gegen den Staat und in der Stadt selbst der Verwaltungsintelligenz gegen die verwaltungstechnisch nicht geschulte Arbeiterschaft. In dieser Zeit wurden über ganz Rußland Kinderheime, Kinderkolonien und Kinderstädtchen gegründet. In dieser Zeit wurden die Reformen in den Bildungsschulen durchgeführt, die Arbeitsklassen in den unteren und höheren Klassen eingerichtet, Arbeiterfachschulen gegründet und die industrietechnischen Schulen im Betrieb mit größerer Liebe ausgebaut als die Instandsetzungsarbeiten an der Fabrik selbst. Versuchs- und Musterschulen wurden überall gegründet, häufig ausgestattet mit großen Liegenschaften wie einer Meierei, einem größeren Landbesitz, zum Teil selbst verbunden mit kleineren Industrieanlagen. Ein Blick in die Vielfältigkeit all dieser Schulneuerungsversuche wirkt verwirrend. Ein Buch von doppeltem Umfang des vorliegenden würde notwendig sein, all diese Versuche, die an bekannten Ideen europäischer Schulreformer anknüpfen, auch nur aufzuzählen. Es ist darüber eine sehr umfangreiche Literatur erschienen, die noch ständig im Wachsen ist und die bei einer ruhigeren Auffassung der Verhältnisse Sowjetrußlands vom übrigen Europa aus einer großen Rückwirkung auf die westeuropäischen Erziehungs- und Schulverhältnisse sicher ist. Schon heute nimmt die Entwicklung des russischen Schulwesens in der amerikanischen und englischen pädagogischen Literatur die Hauptstelle ein. Man darf allerdings auch sagen, daß es in der ersten Stufe seiner Entwicklung gerade von diesen amerikanischen und englischen Pädagogen in der Hauptsache beeinflußt ist.

In letzter Zeit sind die Anstrengungen, diese Entwicklung durchzuhalten, stärker geworden. Es wurde nämlich immer offenbarer, daß das Schulwesen im ganzen in eine Krise hineingeriet. Es kann möglich sein, durch Richtungsdekrete einen Entwicklungsweg vorzuschreiben. Aber es ließ sich nicht vorschreiben, besonders nach Einführung der ökonomischen Politik und damit auch des Schulbudgets, dieses Budget in jedem Falle einzubehalten bzw. die materiellen Unterlagen dafür einzutreiben. Es hing dies schon weniger von der örtlichen Verwaltung ab, sogar der Schulbehörde, sondern von der Leitung der Schule selbst und in den meisten Fällen geradezu vom Lehr- bzw. dem Wirtschaftspersonal der Schule. In den Zentren der Verwaltung mag es noch immer besser gewesen sein. Je weiter aber vom Zentrum entfernt, um so mehr blieben die Schulen auf Gnade oder Ungnade dem guten Willen des Leiters und seiner Fähigkeit zu wirtschaften, überlassen. In diese an und für sich kritische Entwicklung platzte zudem noch der Hunger hinein, eine auflebende Vagabondage unter der Bauernschaft, die die Kinder massenweise auf die Straße setzte, und der materiellen Unmöglichkeit für die Stadtverwaltungen, Räume, Lebensmittel und Kleidung für die zuströmenden Kinder aufzubringen. Viele Schulen gingen an innerer Unfähigkeit der Leitung zugrunde und selbst die auch über die Grenzen Rußlands hinaus bekanntgewordenen Leningrader Musterschulen liefen Gefahr, auseinanderzufallen. Das Staatsbudget für Schulen mußte auf ein im Verhältnis zur Gesamtwirtschaft erträgliches Maß gebracht werden, und das war ein ziemlich starker Prozentsatz an Unterstützung, der in Wegfall kam. In den seltensten Fällen waren die Leiter der Schulen Wirtschaftler genug, um das Vermögen der Schule an

Industrie- und Landbesitz zu verwalten und, was die Hauptsache war, wirklich ertragfähig zu machen. Der Hauptgrund für so viele Unfähigkeit in Sowjetrußland in wirtschaftlicher Hinsicht war die falsche Auffassung von der Ertragfähigkeit. Man verstand nicht den Grundwert in Kapital zu verwandeln und dieses Kapital umzusetzen, und man verstand nicht, industriell so zu wirtschaften, daß das umgesetzte Kapital gewissermaßen die Zinsen für das investierte Kapital, in dem Fall für die Erhaltung und Instandsetzung des Grundbesitzes, aufbrachte. So gingen viele Werte und noch mehr Arbeit verloren und zugrunde.
Es gehört nicht hierher, diese Entwicklung in ihren einzelnen Phasen aufzuzeigen. Wichtig dagegen ist, daß eine Wirkung sich besonders schon aus dem Übermaß der Schulreform in dem ersten Revolutionsjahr äußerte: die Richtung nämlich dieser Entwicklung, eine gewisse Zweckmäßigkeit des Unterrichts, die Verbindung der Arbeitsschule mit der Bildungsschule, die Loslösung der Schule in Erziehungsfragen von der Familie, die Verselbständigung der Lernenden. Alle diese Grundgedanken erhielten sich lebendig, gerade in der Provinz. Von der Provinz aus, von den kleinen Städten, die kaum von der Eisenbahn berührt werden, kam in die ganze Schulfrage ein neuer Impuls. In den Zeitungen der Provinz wird keine Frage so viel behandelt wie die Schulfrage, und sie wird spezialisiert durchgedacht. An Stelle der alten Schulpädagogen, die zum Teil von der Bildfläche verschwunden sind, zum Teil aber heute kräftig an der Entwicklung der Schulreform mitarbeiten, traten neue und frische Elemente. Das wenigstens ließ der Übereifer der ersten Jahre noch nachwirken, daß das Interesse an Erziehung und Schule weit über die eigentlichen pädagogischen Kreise hinausging, und daß alle Berufe vom einfachen Arbeiter bis zum Kunstprofessor sich um die Schule zu kümmern begannen und von sich aus ihren Teil an der Schule beizutragen bereit waren. Deswegen bildet das Interesse für Schul- und Erziehungsfragen mit den markantesten Zug im geistigen Gesicht des neuen Rußland.
Mit allen Mitteln versucht man heute in Rußland den ökonomischen Unterbau des Erziehungs- und Schulwesens nachzuholen bzw. über das auf ein Minimum beschränkte Budget des Staates hinauszutragen. Von Lotterien, von besonderen Schulsammlungstagen, von den Abgaben der Handels- und Industrieunternehmen für die Schulen, von den Verpflichtungen der Industrie-

unternehmungen schon gar nicht zu sprechen. Interessanter ist, daß die Regierung überall dort, wo es im Augenblick ihr nicht zweckmäßig erscheint scharf einzugreifen, oder wo sie scheinbar ein Kompromiß schließt mit der überkommenen Gewohnheit, daß sie dieses Kompromiß finanziell für die Stärkung der Schulentwicklung auszunutzen versteht. So ist beispielsweise in Rußland der Schnaps bekanntlich verboten und Schnapsherstellung und -verkauf wird streng bestraft, unter besonderen Umständen sogar gelegentlich mit dem Tode. Trotzdem gelingt es der Regierung nicht, Schnapsherstellung und -verkauf ganz auszurotten. Sie weiß, daß sie mit unerhört drakonischen Mitteln möglicherweise den Schnapsgenuß bei den Bauern einschränken könnte. Sie kämpft auch darum, aber eben nur im Rahmen des voraus berechenbar Möglichen. Anders dagegen in den höheren Schichten der Bourgeoisie und besonders bei den neuen Reichen. Hier weiß die Regierung, daß dieser Schicht noch viele Schleichwege möglich sind und daß der Kampf um ihre Autorität noch schwerer durchzuführen ist als unter den Arbeitern und Bauern, mit denen sich schließlich die Regierungsautorität doch irgendwie verständigen kann. So duldet die Regierung den Schnapsvertrieb halboffiziell. Sie konzentriert ihn auf einige große Hotels, angeblich für den Verkehr mit Ausländern bestimmt und erhebt fast das Doppelte des normalen Wertes an Steuern, die die Besitzer dieser Schankstätten abführen müssen an den örtlichen Schulfonds. Dasselbe geschah und geschieht bei den Spielklubs, den Bierschankkonzessionen und den jetzt in Leningrad und Moskau so verbreiteten elektrischen Lottos. Die Einnahmen solcher Steuern sind sehr groß, und in Leningrad wurden beispielsweise im letzten halben Jahr 1923 nicht weniger als 50 000 Kinder im nichtschulpflichtigen Alter aus diesen Einnahmen erhalten, einschließlich der Kosten für die Heime und Anstalten und das entsprechende Schul- und Verpflegungspersonal.
Die alten Schulen, sowohl die Mittelschulen wie die höheren, sind zum Teil im letzten Jahr, zur Zeit eines gewissen Höhepunktes in der Krise, wieder aufgenommen worden mit dem alten Schulpersonal, und beinahe möchte man sagen, mit demselben Gesellschaftscharakter der Schüler. Es scheint sich hier aber wirklich mehr um eine besondere momentane Notlage gehandelt zu haben, die die Regierung veranlaßt hat, bei der Inbetriebnah-

me solcher alten Mittelschulen mit beinahe dem früheren Schulprogramm gewisse Konzessionen zu machen. Die Partei beginnt der Schulfrage wieder größeres Interesse als bisher zu widmen, und wie sie in letzter Zeit wieder in die Wirtschaft eingedrungen ist, so wird sie zweifellos auch in allernächster Zeit die Schulfrage entscheidend lösen. Wahrscheinlich werden dann viele experimentelle Seiten, die zwar außerordentlich für Westeuropa wirken, aber doch über das wirtschaftliche Kräfteverhältnis Sowjetrußlands gehen, verschwinden. Vielleicht wird die Schulfrage überhaupt etwas mehr in den Hintergrund treten und der Frage des täglichen Lebens der Erwachsenen Platz machen, für das sie zunächst eine Vorbereitung sein soll. Für viele in Rußland und nicht zuletzt für die Lehrerschaft wird manche schmerzliche Enttäuschung in solcher Entwicklung liegen. Aus der allgemeinen Entwicklung des Schulwesens heben sich heute nur die Arbeiterfakultäten und kommunistischen Universitäten heraus, die eine große Bedeutung gewonnen haben und in der kurzen Zeit ihres Bestehens bereits Außerordentliches leisten. Es ist schwer, in das innere psychologische Wesen dieser Fakultäten einzudringen und daraus die Analyse für ihre Entwicklung zu ziehen. Denn diese Entwicklung hängt mit der Entwicklung der Kommunistischen Partei, hängt mit ihrer soziologischen Schulung und der Kraft ihrer weiteren Machtentfaltung ab. Wollte man einen Vergleich mit den bürgerlichen Schulen im übrigen Europa ziehen, so könnte man vielleicht sagen, daß, was den Schulgang des höheren Schülers und Universitätsstudenten in kapitalistischen Ländern so schwer macht, ist, daß er ganz auf sich gestellt ist, daß er eine Plattform sich erobern muß, die zugleich sein Selbst ist, seinen Charakter ausmacht und ähnliches mehr. Der Schüler der Arbeiterfakultät weiß, daß die Sowjetregierung, die Partei und die sozialistische Gesellschaft im weiteren Umfange seine Plattform ist. Er denkt und lernt für sie, er wird sich bestätigen in ihrem Rahmen, und es besteht gar keine Frage, daß er sich in ihr und von ihr aus weiterentwickeln und zu einer Verbreiterung seiner eigenen Existenz kommen wird. Von dieser Seite muß man das Schulprogramm dieser Arbeiterfakultäten und auch der kommunistischen Universitäten ansehen. Die alten Universitätsprofessoren haben sich im Anfang sehr gegen diese Arbeiterstudenten gewehrt, um aber schließlich doch versöhnt an die Arbeit zu gehen. Sehr zahlreich sind die Äußerungen und auch die pädagogische Literatur der früheren Universitätsprofessoren, die jetzt mithelfen, diese Arbeiterfakultäten zu entwickeln und die interessantes Material aus der Praxis ihrer Lehrtätigkeit an den kommunistischen Universitäten veröffentlichen. Der Verkehr nebenher mit den Universitäten alten Stils verläuft völlig reibungslos. Die exakten Wissenschaften, insbesondere Naturwissenschaft, Technik und Medizin sind von der Sowjetregierung überhaupt nicht angetastet worden, sie werden im Gegenteil mit allen Mitteln unterstützt. Aber auch die Philosophie wird ziemlich frei gelehrt, wobei natürlich den Hauptteil des Lehrprogramms die marxistische Geschichtsphilosophie bildet.

Sehr eingehend beschäftigt man sich mit den pädagogischen Wissenschaften. Hauptsammelpunkt ist das zentrale humanistisch-pädagogische Institut. Es besteht aus drei Abteilungen: Sozialwissenschaften, Sprache und Literatur, künstlerische Erziehung der Kinder. Seine Aufgabe ist die Ausarbeitung von Musterlehrplänen und Unterrichtsmethoden der humanistischen Wissenschaften für die Elementar- und Mittelschulen, ferner die Schaffung geeigneter Literatur und Lehrbücher. Ein anderes Lehr- und Forschungsinstitut, das jünger ist, aber auf dem Gebiete der Pädagogik neue Wege sucht und viele junge ihrer Sache bis zum Fanatismus ergebene Lehrer heranbildet, darunter in der Mehrzahl Frauen, ist die Akademie für soziale Erziehung. Die Hauptbedeutung der Akademie liegt in ihrer höheren pädagogischen Schule, aus der im Grunde die Akademie selbst entstanden ist. Sie enthält noch ein techno-pädagogisches Institut und ein psychologisch-pädagogisches Laboratorium. Die Studierenden sind verpflichtet, in speziell eingerichteten technischen Hochschulen eine ganze Reihe von Industrien praktisch zu erlernen und auszuüben, erst dann erhalten sie die notwendigen theoretischen Kenntnisse. Ein weiteres pädagogisches Zentralinstitut ist die sozialistische Akademie für Sozialwissenschaften, zu der eine ganze Reihe wissenschaftlicher Abteilungen für die verschiedenen Disziplinen der Sozialwissenschaft und der Philosophie gehört.

„Die schlimmste Zeit ist jetzt vorüber", sagt Goref, Dozent an einer Reihe von Moskauer Hochschulen. „Die materielle Lage der Hochschullehrer hat sich gebessert. Eine Reihe wichtiger Institute ist ins Leben gerufen, und die Zahl der Studierenden, die die Lücken im Lehrkörper ausfüllen sollen, wächst ständig. Aus allen Berufen drängen sich zudem Leute, die sich als Lehrer in ihrem Berufe ausbilden wollen. Davon werden die Arbeitsschulen in erster Reihe ihren Nutzen haben. Der Verfall der Philosophie schreitet unabänderlich fort. Die sozialistische Gesellschaft muß sich schon jetzt, vor ihrem Bestehen und in ihrer Entwicklung darauf vorbereiten, die Erziehung des Kindes zu übernehmen. Dafür darf kein Opfer zu groß sein."

Das kennzeichnet die Lage, aber es werden nicht nur Opfer materieller Natur gebracht werden müssen, sondern auch ideeller. Und welche Methode der Erziehung angewandt wird, die Methode der Laut- und Bewegungsrhythmik, der Kinderstadt, Pestalozzi oder Montessori, irgendwie wird sie praktisch der Intensität der Entwicklung zur neuen Gesellschaft angepaßt sein und sich dieser eingliedern müssen.

Sozialhygiene

Noch darf man die praktische Wirkung nicht überschätzen. Vielleicht wäre es sogar ungerecht, von der gegebenen Leistung aus zu urteilen, im Vergleich zur gewollten. Der Kampf um die Sozialhygiene rückt im neuen Rußland in den Rang einer Fundamentalstellung im geistigen Leben. Er gehört mit zu den Mitteln, eine bisher bewegungslose Masse in Bewegung zu setzen. Dazu genügt nicht allein mehr die Erziehung. So ausgedehnt und gewissermaßen allgegenwärtig auch die Progaganda eingreifen mag, bis zu einem gewissen Grade würde auch sie versagen. Neue und ins äußere Leben scharf eingreifende Gesetze sind notwendig, Gesetze, die oft als an der Grenze des Ertragbaren stehend von der dumpfen Masse empfunden werden. Solche Gesetze haben im Laufe der Revolution mehr zu Aufständen beigetragen, als irgendwelche rein politischen und wirtschaftlichen Inhalts. Man darf auch sagen, daß das Tempo des Aufbaus in sozialhygienischer Hinsicht häufig überstürzt genommen worden ist. Die Aufklärungsarbeit und die Propaganda für die Zweckmäßigkeit all dieser Bestimmungen kam selten nach. Gerade für diese sozialhygienischen Bestimmungen hätte die Sowjetregierung die Unterstützung einer aufgeklärten Mittelschicht, insbesondere der städtischen Intelligenz bedurft, die ihr in den ersten Jahren versagt war. So hingen diese Gesetze in der Luft, und ihre Durchführung stieß auf fast unüberwindliche Schwierigkeiten.

Es ist in letzter Zeit darin besser geworden, und wie alles im ungeheuer ausgedehnten Machtbereich der Sowjets, beginnen auch die Bestimmungen der Sozialhygiene sich einzuwurzeln, auf Verständnis zu stoßen und gewissermaßen im lebendigen und mitwirkenden Sinne der großen Masse durchgeführt zu werden.

Im Grunde genommen knüpft die Sozialhygiene an gleiche Bestimmungen in den Ländern europäischer Hochkultur an. Man baut in Rußland den Grundgedanken solcher Sozialhygiene von vornherein weiter aus, entwickelt ihn zum besonderen Schutz der Klasse und versucht überall den Begriff „Mensch" zu neutralisieren, loszulösen von den Besonderheiten seiner sozialen Bindungen, wie in Westeuropa, und im Rahmen der Auseinandersetzung der Klassen auch agitatorisch für die Arbeiterklasse und die Klasse der armen Bauern auszuwerten. Dieser Grundgedanke zeigt bisher vorerst nur geringe Früchte, denn, wo nichts ist und vor allem das Objekt des Einwirkens der Sozialhygiene die große Masse ist, die beinahe den Unterschied zwischen Bürgern und Proletariern gar nicht kennt, weil sie im ganzen homogen proletarisiert wirkte — unter solchen Verhältnissen wirkt die Sozialhygiene als eine Fortsetzung der reinen Erziehungspolitik.

An eine systematische Auswirkung und Durchdringung der sozialhygienischen Beziehungen auf den Gesamtverwaltungsapparat und auf die breite Masse war bisher wenig zu denken. So nahm beispielsweise die Seuchenbekämpfung den Charakter eines regulären Feldzuges an, bei dem die Kampfbedingungen von der Gegenseite der Regierung aufgedrängt wurden. Der beinahe militärische Charakter der Seuchenbekämpfung ist auch heute noch beibehalten worden. Es wird noch einige Zeit dauern, bis die Verwaltungsorgane den „Ausnahmezustand" der Seuchenbekämpfung in eine automatisch verlaufende Verwaltungsarbeit umgewandelt haben. Die zur Verfügung stehenden Mittel stehen in gar keinem Verhältnis zur notwendigen Ausdehnung, Verteilung und Spezialisierung der Seuchenbekämpfung. Immerhin hat schon die Energie, mit der wenigstens die äußeren Richtlinien durchgehalten werden, die Härte der Strafen gegen

Säumige und vor allem gegen Leute, die aus Böswilligkeit gegen die Verordnungen sozialhygienischer Natur sündigen, Wunder gewirkt. Man könnte sagen, das Arbeitsgebiet ist abgesteckt. Interessant sind die Schwankungen der Gesetzmaschine gewesen hinsichtlich der Bekämpfung der Prostitution. Für spätere Sozialforscher und insbesondere für die Gesellschaftswissenschaft wird das Kapitel der Prostitutionsbekämpfung in Sowjetrußland ein wichtiges Quellenmaterial sein. Die Revolution glaubte die Prostitution mit einem Strich auslöschen zu sollen, denn theoretisch paßte sie auch nicht in ihr Programm hinein. Theoretisch war die Prostitution aufgehoben und tot. In der Überzahl sofort und dringend zu lösender Aufgaben, unter denen sich die neue Gesellschaft bilden sollte, war eine Frage wie die Prostitutionsbekämpfung besonders unbequem, um so unbequemer, als man gerade davon her auf den Charakter dieser Gesellschaft schließen wollte. Gesetzlich war die Prostitution tot, und man verfuhr mit der öffentlichen Prostitution, sofern man noch Prostituierte aufgriff, sehr kurz. Hatte man die Prostitution vernichtet, so blieb schließlich nichts anderes übrig, als auch die Prostituierten zu vernichten, die in der neuen Gesellschaft keinen Platz finden konnten oder wollten, was im Grunde genommen nur zu sehr dasselbe ist. Zwar blieb der Satz bestehen: Hilfe für die Prostituierten und Kampf gegen die Prostitution. Aber die Schuldgrenze zwischen der Gesellschaft und ihrem Opfer, das nach dem Trägheitsgesetz des Alltagslebens an der Gesellschaft, deren Opfer sie geworden ist, wie an ihrem Lebensquell festhält, bleibt nicht unveränderlich klar umrissen. So endete der Versuch, das Bestehen der Prostitution zu negieren, mit einem Mißerfolg, denn die Zertrümmerung der alten Gesellschaft bedeutete noch nicht das Bestehen einer neuen, im Höchstfall erst die Entwicklung der neuen, und heute bereits klar sichtbar bedeutete es sogar nicht mehr als die Möglichkeit, eine Plattform zu schaffen, eine Gesellschaftsatmosphäre, aus der sich erst im Laufe der Zukunft eine neue Gesellschaft entwickeln kann. Auf diese Übergangszeit solche Fragen wie die Prostitutionsbekämpfung einzustellen, war die Aufgabe, die man erst später erkannt hat bzw. zu der man erst später in praktischer Arbeit herantreten konnte. So bestand die ungesetzliche Prostitution weiter und nicht nur das, es entwickelten sich Formen der Prostitution, die geradezu ernste Gefahren heraufbeschworen, so die Prostitution (im Verwaltungszentrum) der Frauen und Mädchen der alten bürgerlichen Klasse um Stellung und Versorgung, eine Prostitution, die den Sowjetapparat zu erschüttern drohte und der Partei unzählige Verluste gekostet hat, die fast den Verlusten des Bürgerkrieges gleichkommen. Auf dem Dorfe bemerkte man das Auftreten der Kinderprostitution in schlimmster Form im Hungerjahre 1922. Mit der Prostitution nahmen auch die Geschlechtskrankheiten überhand, waren doch schon aus dem großen Kriege fast 60 Prozent der Truppen geschlechtskrank zurückgekehrt, dazu kam der Mangel an Medikamenten, der Mangel an Ambulatorien und geeigneter Behandlung und mehr noch der Mangel an einer Aufklärung über die Geschlechtskrankheiten überhaupt.

Die Regierung hat in allen diesen Fragen erst ziemlich spät durchgreifen können. Eine großzügige Bewegung ist eingeleitet, aber bei weitem noch nicht abgeschlossen. Unter den Propagandamitteln ist als neuartig zu erwähnen das des öffentlichen Vortrages in Form einer Gerichtsverhandlung. Angeklagt ist die Prostituierte, die den Rotarmisten angesteckt hat. Eine Reihe Rahmenfiguren, die alte Gesellschaft zum Teil repräsentierend, zum Teil aus der neuen Gesellschaft, gleichfalls mit der Prostitution im Verkehr stehend, sind um die Handlung herumgesponnen. Verurteilt werden alle bzw. die direkt Handelnden. Aber die Strafe wird ihnen erlassen, nachdem sie über Ursache und Wirkung aufgeklärt sind und versprochen haben, daraus die entsprechenden Schlüsse für die neue Gesellschaft zu ziehen. Das ist im Grunde genommen die Linie, in der sich die Behandlung der Prostitutionsfrage bewegt. Natürlich sind Bordelle verboten und Bordellwirte und Kupplerinnen und alle solche Existenzen, die aus der Prostitution Vorteile ziehen, werden streng bestraft. Trotzdem merkt man die Prostitution heute mehr als früher, nicht nur auf den Straßen Moskaus und Leningrads, sondern mehr noch vielleicht in der Provinz, sogar auf dem Dorfe. In den Großstädten hilft man sich mit Razzien und versucht auf die Prostituierten durch Arbeitsüberweisung einzuwirken. Bei der wirtschaftlichen Krise des Wiederaufbaus aber ist darin an einen nennenswerten Erfolg vorläufig nicht zu denken.

In Parteikreisen ist man sich darüber einig, die gesamte Frage der Prostitution im Rahmen der Gesamtentwicklung der neuen

Gesellschaft absterben zu lassen. Die Frage der Klassenmoral und, wenn man will, der Klassenhygiene spielen hierbei eine Rolle. Man darf nicht vergessen, daß diese Kreise den Standpunkt vertreten, einen neuen Typ des Menschen zu schaffen, und man steht eigentlich unsentimental der Tatsache gegenüber, den alten Typ des Menschen nach seiner Fasson absterben zu lassen, wenn er nur nicht den Neuaufbau stört. In dem Sinne rechnet diese Gesellschaftsschicht in der Hygiene überhaupt. Die Hygiene wird zur Sozialhygiene, und zweifellos liegt darin auch ein anderwärts erkanntes Mittel, Mängelerscheinungen der Sozialhygiene erfolgverheißend zu bekämpfen. Um ein Beispiel anzuführen, das für die Verhältnisse in Rußland besonders typisch ist: seit einiger Zeit kämpft man energisch gegen die Sonnenblumenkerne. Wer Rußland von früheren Zeiten her kennt, weiß, daß die Bauern, die niederen Stände der Städte die Sonnenblumenkerne kauen und ausspucken. Im Kino, auf den öffentlichen Straßen und Plätzen, in den Anlagen, in den Restaurants und Theatern fand man und findet man den Boden mit diesen Sonnenblumenschalen bedeckt. Man kämpft jetzt dagegen an, auf den Bahnhöfen, in den Eisenbahnzügen, in den Trambahnen wird der Semitschki-Kauende bestraft. Auf einer Reihe von Plätzen und Straßen ist es ebenfalls verboten, selbstverständlich auch in den Schulen. Die Verwaltungsorgane tun alles, darin hart durchzugreifen. Man scheut sich nicht davor, es in der Propaganda als eine wichtige Angelegenheit des Staates hinzustellen. Von dem Kampf gegen die Semitschkis geht es weiter zum Kampf gegen Läuse und Wanzen. Eine Zeitlang kämpfte man im Sinne der Propaganda mit Plakaten, Broschüren usw. Später gewinnt der Kampf schon festere Formen, so in der Roten Armee, wo der Soldat, bei dem man Läuse findet, bestraft wird. Das gleiche gilt für das Ungeziefer in den Häusern. Heute arbeitet die Verwaltung noch mit Ermahnungen, morgen treten Strafen in Kraft. So in den öffentlichen Unterkunftsstätten, den Hotels, den Schank- und Speiseräumen usw. Naturgemäß greift die Bestimmung der Verwaltung auf die Durchführung dieser Verwaltung über, auf die Beamten, auf die Sowjetorgane und nicht zuletzt auf die im politischen Leben Stehenden, auf die Parteifunktionäre und Parteimitglieder. Systematisch wird diese Bewegung aus der Gesellschaft heraus auf den einzelnen konzentriert. Es mag noch ein langer Weg dahin sein, aber die Richtung ist klar zu erkennen. Es hat etwas von der Zeit Peters des Großen an sich, als dieser seinen Bauern die Bärte scheren ließ.

Damit zusammenhängend beginnt eine Aufklärungsarbeit über Wohnungshygiene. Der Siedlungsgedanke bricht sich in Rußland Bahn, und die Gewerkschaften gehen jetzt daran, Siedlungsheime, Arbeitersiedlungen anzulegen. Schon während der ersten Revolutionsjahre hat man den Schrebergarten propagiert. Den Fabriken sind überall große Gelände zur Einrichtung von Schrebergärten zur Verfügung gestellt. Und wie gleichsam alles in Rußland mit großem Zwang erst durchgeführt werden muß, war es auch für die Bestellung dieser Schrebergärten notwendig, besondere Verordnungen zu erlassen und einen Teil der Widerspenstigen zu zwingen, dieses ihnen zugeteilte Gartenland auch wirklich zu bearbeiten.

An dieser Stelle mag auch der Sport erwähnt werden. Auch der Sport wirkt im Gesellschaftssinne. Er gehört im neuen Rußland zur Sozialhygiene. Der Entwicklung des Sports wird große Aufmerksamkeit zugewendet und die Erfolge einer Sportbewegung mit Massencharakter sind nicht nur in den großen Zentren zu spüren, sondern gerade in der Provinz, wo die Bewegung einen merkwürdig guten Entwicklungsboden gefunden hat.

Sozialpolitische Neuerungen

Auf dem Wege der Sozialpolitik hatte die russische Regierung viel nachzuholen. Im allgemeinen wurde das Beispiel Westeuropas und vor allem Deutschlands in der Sozialpolitik nachgeahmt. Abschnittweise wurden die deutschen sozialpolitischen Bestimmungen von der Sowjetregierung übernommen. Die Errichtung von Krankenkassen und Krankenversicherungen wurde nach deutschem Muster vollzogen. Man kann sich leicht denken, daß dem Aufbau dieser Sozialversicherung große Schwierigkeiten entgegenstanden. Die Hauptschwierigkeit lag wohl daran, die Wirtschaft in Gang zu bringen und diesen Wiederaufbauprozeß wieder auszubalancieren, einmal mit den Forderungen, oder besser gesagt, den Erwartungen der Arbeiterschaft, andererseits mit den Mitteln des Staates und den Mitteln der betreffenden Industrien. Und hier beginnt eigentlich erst das Kapitel der Sozialpolitik, das im Rahmen dieses Buches interessiert.

Über alle Fragen des Arbeiterschutzes und der Sozialpolitik im weiteren Sinne ist in Rußland sehr viel geschrieben worden. Bei der verschiedenen Rolle, die die Gewerkschaftsverbände während der Entwicklung der Revolution gespielt haben, insbesondere bei der Überführung der Zeit der allgemeinen Arbeitspflicht der ersten Revolutionsjahre in die neue ökonomische Politik bilden die sozialpolitischen Fragen den Mittelpunkt gewerkschaftlicher Betätigung und der gesamten sowjetistischen Gewerkschaftspolitik. Aus diesem Fragenkomplex heraus entwickelte sich auch immer die gewerkschaftliche Opposition gegen die Sowjetregierung, die mehr als einmal ziemlich drohend war, bis sie vom Parteiapparat aufgesogen und in Moleküle verteilt in eine neue Welle kommunistischer Initiative umgewandelt wurde. Für den rein theoretischen Beurteiler der Revolutionsvorgänge in Rußland, der den inneren Mechanismus des Sowjetregimes aus eigener Anschauung nicht kennt, deuten solche Vorgänge auf eine Schwächung des Regierungsapparates und insgesamt auch eine Schwächung der Partei. Man könnte mit gutem Recht aber auch den Spieß umdrehen und davon sprechen, daß die Auffindung der Unzufriedenheitsquelle, ihre organische Weiterentwicklung bis zu dem Punkte, wo sie sozusagen ihre Existenz im Kampfe beweisen soll, ein System darstellt, das Überraschungen ausschaltet.

Die Arbeiterschutzbestimmungen sind sehr weitgehend, und man kann ruhig sagen, daß derjenige Fabrikant oder Handelsunternehmer, der alle diese Bestimmungen buchstäblich erfüllen soll, kaum in der Lage wäre, den Betrieb nach wirtschaftlichen Voraussetzungen aufrechtzuerhalten, schon allein deswegen nicht, weil vielleicht der staatliche Betrieb nebenan diese Bestimmungen nicht genau befolgt und daher ohne weiteres in der Lage wäre, seinen Konkurrenten im Preise der Ware um ein Bedeutendes zu schlagen. In der russischen Presse findet man auch über die Einhaltung aller Bestimmungen der Sozialpolitik verhältnismäßig wenig. Soweit die Bedingungen des allgemeinen Arbeiterschutzes, die Frage von Urlaub und Entlassung, die Regelung von Lohnstreitigkeiten, von Arbeitskonflikten im Betrieb und Ähnliches mehr in Betracht kommen, werden sie jetzt durchgeführt, ebenso wie in den letzten Monaten auch Krankenkasse und Krankenversicherung, die Arbeitererholungsheime und ähnliche Anstalten besser zu funktionieren beginnen. Was aber darüber hinausgeht und eigentlich als eine besondere Errungenschaft des Sowjetstaates hingestellt wird, das ist noch weit auf dem Wege. Dekretmäßig liegt es zwar vor, aber es handelt sich hier um Richtungsdekrete. Es kommt in der Praxis darauf an, wie das betreffende Unternehmen von den zur Durchführung dieser Bestimmungen eingesetzten Instanzen betrachtet wird, und diese Betrachtungsweise ist jedesmal verschieden. Von seiten der Wirtschaftsbehörden, von seiten der örtlichen Parteiorganisationen, von seiten der Gewerkschaftsorganisationen, der Arbeiter- und Bauerninspektionen, der städtischen Verwaltungen und nicht zuletzt der Arbeiterkollektivs in der Fabrik oder in Handelsunternehmen — von jeder dieser Seiten aus kann der Bestand des Unternehmens verschieden beurteilt werden, so daß das Damoklesschwert einer straffen Einhaltung aller sozialpolitischen Gesetze ständig über dem Unternehmen schwebt. Handelt es sich um einen Betrieb, an dem die Partei oder die Wirtschaftsorgane großes Interesse haben, so wird ihm die Durchführung gewisser Bestimmungen erlassen, d. h. ihre Vollzugsetzung wird aufgeschoben; dazu gehören in erster Reihe beispielsweise Fragen der baulichen Umgestaltung der Fabrik. Man kann sagen für die Fabrik und die Arbeiter in der Fabrik ist ein Muster aufgestellt, das vielleicht nach einigen Jahrzehnten allgemein erreicht werden wird. Für die heutige Zeit, wo ein halb zerstörter Betrieb in Arbeit gesetzt wird, zum Teil um die Arbeitslosigkeit zu bekämpfen, zum Teil um die russische Wirtschaft vom Auslande unabhängiger zu machen, erforderte ein solcher Betrieb für diese Umwandlung, sogar für gewisse Arbeiterschutzbestimmungen, die heute außerhalb Rußlands allgemein durchgeführt sind, Kapitalien, die von vornherein nicht vorhanden sind. Es ist meist kaum das Kapital vorhanden, um den Betrieb überhaupt in Gang zu bringen. Hier droht also schon eine Klippe. Ein energisches Auftreten einer dieser Kontrollgruppen gegen das Unternehmen vermag es im Nu zum Stillstand zu bringen. Und innerhalb dieser Balance pendeln nicht nur etwa die privaten, sondern auch der größte Teil der staatlichen Unternehmungen.

Es ist dieser Einzelfall hier etwas breiter ausgeführt, um verständlich zu machen, woher die Opposition in Rußland gegen die Parteidiktatur kommt. Es ist dies eine im voraus berechnete zweckmäßig umgeleitete Opposition. Sie schafft einen Gegenpol zur Parteidiktatur, der nach außen in den Gewerkschafsver-

bänden überall sichtbar, innerlich aber vom Parteiapparat bereits aufgenommen und dessen Stärke voraus berechenbar ist.
Der Druck der Gewerkschaftsverbände auf restlose Einhaltung der sozialpolitischen Bestimmungen ist trotz alledem außerordentlich stark. Es ist eine weitere Probe für die Entwicklung der neuen Gesellschaft, diesmal auf der Plattform des Wiederaufbaus der Wirtschaft, gleich welcher der privatkapitalistischen oder der sozialistischen, und dieses Regulativ prägt sich im geistigen Leben des neuen Rußland außerordentlich scharf aus. Es ist ein ständiger und fast automatischer Druck auf die Regierung, das Endziel, die Errichtung der sozialistischen Gesellschaft nicht aus dem Auge zu lassen, und die Regierung muß in aller Offenheit jeden Schritt nach rückwärts oder nach vorwärts gegen diese Kontrolle sich sozusagen erkämpfen.
Ein genaues Studium der Gewerkschaftsblätter und der Gewerkschaftsliteratur, die sehr umfangreich ist, würde einen ausländischen Beurteiler sehr interessieren. Niemals ist das Bild einheitlich. Mehren sich beispielsweise einige Monate vorher die Stimmen, die den Privatbetrieb loben, mehren sich die Zuschriften von Arbeitern in der Gewerkschaftspresse, die dafür eintreten, den Privatbetrieb in Ruhe zu lassen, weil der Privatunternehmer die Zahlungen einhält, weil der Privatunternehmer dafür sorgt, die Fabrik sauber zu halten und die Arbeiterschutzbestimmungen durchzuführen, weil das Arbeiterkollektiv im Privatbetrieb eine größere Macht als im staatlichen Betriebe, an dessen Stelle vielleicht ein kommunistischer Direktor steht, entwickeln kann, so werden sie Monate später wiederum abgelöst durch denselben Zustrom von Zuschriften, von Resolutionen gegen den Privatunternehmer, mit dem Grundgedanken erst aufzubauen, alle Kräfte anzusetzen für die Entwicklung der staatlichen Industrie, erst die staatliche Industrie in Gang kommen zu lassen, damit sie alle Bedingungen der Sozialpolitik erfüllen kann, damit sie in die Lage versetzt wird, Siedlungen für die Arbeiter zu bauen, damit die Fabrik ausgebaut werden kann, wie das beispielsweise in den letzten Monaten der Fall war, den Arbeitern im Nebenbetrieb billige Möbel zu liefern, in der Lage ist, den Arbeitern Kredite zu geben, um Einkäufe an Kleidung usw. zu machen. Alles Dinge, die man gesetzlich vom Privatunternehmer nicht verlangen kann.
Dieses Beispiel wird hier angeführt, um den Charakter der

Gewerkschaftsarbeit zu kennzeichnen. Dieser Gewerkschaftseinfluß ist stärker als man sich gemeinhin denkt. Er beeinflußt nicht nur das äußere Leben, neuerdings z. B. durch einen starken Vorstoß auf Verbilligung der Theater- und Kunstaufführungen bzw. Befreiung der Arbeiter von den Abgaben für kulturelle Dinge, sondern auch im politischen und geistigen Leben. Im Augenblick ist ein solcher Vorstoß der Gewerkschaften im Gange. Die Partei hat ihn notwendig, um die nach Lenins Tode aufgenommenen 200 000 neuen Mitglieder politisch, wie man sagen könnte, in Marsch zu setzen. Die Welle geht durch den Parteiapparat hindurch, die reinigt ihn, sie schafft neues Blut, verbreitert den Aktionsradius der Partei auf die breiten und politisch noch uninteressierten Massen und sie schafft damit die Gelegenheiten, von neuem in einem möglichst breiten Aktionsradius die Bedingungen des weiteren wirtschaftlichen Aufbaus zu analysieren und festzulegen und gewissermaßen vor aller Welt kundzutun, wo, an welchem Punkte die Entwicklungsarbeit steht. Diese politische Technik wirkt mehr als der praktische Erfolg. Man kann nur immer wieder sagen: vielleicht ändert sich gar nichts in der Verbesserung der augenblicklichen Lebensbedingungen der Arbeiter, und doch hat jeder einzelne Arbeiter mit Befriedigung feststellen können, daß man sich um ihn kümmert, daß er ein Teil eines Ganzen ist, in einer Entwicklung, zu der er mit beitragen kann, zu der er mithelfen soll und der er, wenn es sein muß, seine momentanen Bedürfnisse nach Verbesserung zum Opfer bringt. In einem solchen Augenblick verschwindet dann die Diskussion über die Sozialpolitik, über ihre Erfolge und ihre Unzulänglichkeiten aus der Presse, sogar aus den Gesprächen der Arbeiter selbst. Vielleicht ist es nur der Ausfluß der Regierungskunst der leitenden Kräfte, aber man wird nicht umhin können, im Auslande diese Regierungskunst zu bewundern.

Produktionspolitik und Produktionspropaganda

Die Fragen der Produktionspolitik, die an sich in diesem Rahmen nicht besonders behandelt zu werden brauchen, weil sie in der Wirtschaft *jedes* Landes von entscheidender Bedeutung sind und beinahe gleichlaufend behandelt werden, gewinnen in Rußland ein besonderes Interesse, da sie die Anwendung einer alten Methode zu einem neuen Zweck enthalten sollen. Es ist von Interesse, zu beobachten, wie weit dies erreicht wird, und wie sich die wissenschaftliche Kritik zu diesem Thema stellt, interessant schon an und für sich, wie sich dieses Thema entwickelt.

Aus einer nicht gerade sehr zahlreichen Literatur darüber geht als Grundgedanke hervor, daß als die Hauptaufgabe der Produktionspropaganda betrachtet werden muß, den fehlenden psychischen Berührungspunkt zwischen Arbeit und Leistung zu schaffen. Das Arbeitsproblem wird damit in einem weit umfassenderen Rahmen aufgerollt, als es in kapitalistischen Ländern noch möglich ist. Steht hier, wenn auch in der Wissenschaft nicht ganz unbestritten, die materielle Existenzfrage, individualistisch angesehen, im Mittelpunkt, so soll in der sozialistischen Gesellschaft die Arbeit als eine menschliche Funktion in gesellschaftlichem Sinne, allgemein gesprochen als lebenssteigernd und als Vergnügen betrachtet werden. Es ist von vornherein klar, daß zwischen beiden Auffassungen ein ungeheurer Widerspruch liegt, der sich automatisch bei Beginn der ersten praktischen Ansätze seiner Durchführung erweitern muß. Die alte Wissenschaft, und nicht selten auch eine wissenschaftliche Kritik, drückt sich um eine Auseinandersetzung in der Frage des Arbeitsproblems meistens herum. Es genügt aber nicht, sie oberflächlich agitatorisch und propagandistisch zu behandeln, sondern man muß versuchen, sie im Kern zu erfassen.

Man kann nicht gerade sagen, daß der russische Kommunismus solchen Auseinandersetzungen ausgewichen ist. Er hat sie im Gegenteil mit aller Schärfe und Brutalität herausgestellt und damit gerade seinen Gegnern, für viele allzu leichtfertig, Waffen in die Hand gegeben, gegen die sich mit Erfolg nur im Gang der Entwicklung streiten läßt. Der unaufgeklärten russischen Masse wird in der gesetzlichen Verordnung, im System der Verwaltung der Sozialismus versprochen. Und es ist schwer, ihr begreiflich zu machen, daß dies kein Sozialismus, sondern erst der Weg zum Sozialismus ist. Der russische Arbeiter hat denselben Klassentyp des Arbeiters wie in allen anderen Ländern der Welt, und er trägt den Klassencharakter, die Bedingungen seiner Klasse in der bisherigen Gesellschaftsordnung in sich, allen Befürwortern des Klassenfriedens aus dem bürgerlichen Lager zum Trotz, das kann wohl niemand bestreiten. Er ist mit der Ideologie einer Gesellschaftsordnung belastet, die seinem Zukunfstbild, dem er zustrebt, noch entgegengesetzt ist. Das Fundament, auf dem er leben soll, ist das einer Entwicklung; es ist nichts, was fest gegeben ist, außer der Richtung der Entwicklung. Selbstverständlich, daß im Moment einer äußerlich befreienden Atmosphäre alle Schwächen seiner Klasse, alle Fehler eines unentwickelt gebliebenen Nationalcharakters in ihm nach außen drängen. Mit diesem Zustand und mit dieser Stimmung hat die Sowjetregierung zu kämpfen. In der Reihe der Aufgaben, die der Kommunismus in Rußland zu bewältigen hatte, in den ersten Jahren der Revolution, schob sich diese Aufgabe, den Arbeiter mit dem Produktionsprozeß zu verbinden, das Produktionsinteresse des Arbeiters zu wecken, das sozialistische Utopisten meistens als von vornherein gegeben hinstellen, allmählich an erste Stelle. Der Kampf, der darüber in den Reihen der Partei selbst, unter den kommunistischen Theoretikern, zwischen diesen und ihren Kritikern aus anderen Lagern, insbesondere der Menschewiki und der Sozialdemokratie geführt werden mußte und der in aller Offenheit und mit aller Schärfe geführt wurde, drückt den theoretischen Gegnern der Sowjetmacht täglich neue Waffen in die Hand.

Es zeigt sich bereits, daß diese Waffen an Schärfe verlieren und daß sie vielleicht von Anfang an nur scheinbare gewesen sind. Denn es ist im Augenblick nicht zu verkennen, daß in dem Kampf um die Produktionspolitik, um das Interesse des Arbeiters an der Produktion, der Kommunismus im sechsten Jahre der Revolution den Sieg davonzutragen beginnt. Aus diesem Kampf, aus diesen Bemühungen, wie ihren Erfolgen, ihren Wirkungen, gelegentlichen Zusammenbrüchen und der Zähigkeit jeweils zur Wiederaufnahme, unterstützt allerdings durch den Druck der Partei, wird die Wissenschaft der Zukunft wertvolles Material zur Frage des Arbeiterproblems, in den Grenzfragen des psychischen Interesses des Arbeiters an der Arbeit schöpfen. In Rußland ist daraus eine eigene Wissenschaft geworden. Diese Wissenschaft fußt auf den Untersuchungen Taylors und den Popularisierungsmethoden Professors Münsterberg. In einem eigenen Institut für Arbeitsforschung, das in Leningrad der bekannte Hirnforscher Professor Bechterew im Nebenamt leitet und das sich Spezialisten auf dem Gebiete der Arbeitsforschung aus aller

Herren Ländern verschrieben hat, werden die Arbeitsuntersuchungen eingehend betrieben. Diesem Institut ist eine besondere Abteilung auch für Arbeitseignung und Psychotechnik angegliedert, eine eigene Zeitschrift für psychotechnische Fragen stellt sich ihren deutschen und amerikanischen Vorbildern würdig zur Seite.

Diese wissenschaftliche Arbeit beginnt erst allmählich Früchte zu tragen und durchzudringen. Man darf nur das eine nicht vergessen: in diesem Lande, das um den Sozialismus ringt, und das eine neue Gesellschaft bilden will, bedeutet es einen über alle Erwartungen großen Erfolg, fast reibungslos die große Arbeitskrise überwunden zu haben. Das Prinzip der gleichen Entlohnung mußte fallen gelassen werden, das Prinzip der kollektiven Verwaltung der Fabriken ebenso; Betriebsführer und Vorarbeiter traten an ihre Stelle. Für die gleichmäßige Entlohnung wurde eingeführt die Entlohnung nach siebzehn verschiedenen Kategorien, und selbst innerhalb dieser Kategorien existieren Normen für Qualität und Quantität. Überall drängen die Gewerkschaften darauf, die Akkordarbeit wieder einzuführen, und gemischte Kommissionen aus den Vertretern der Industrieverwaltung und der Gewerkschaften setzen die Normen des Akkordes fest. Mit schärfsten Mitteln und nur dadurch, daß die Partei sich an die Spitze dieses Kampfes stellte, wurde die Arbeitsdisziplin in den Fabriken durchgesetzt. Und wenn solche Umstellungen ohne größere Reibungen durchgeführt werden konnten, so kann man sich vielleicht ein Bild machen von der Entschlossenheit und der Machtfülle der Partei, die Produktionspropaganda der jeweiligen Etappe der sozialistischen Entwicklung und ihren entsprechenden technischen Bedürfnissen anzupassen.

Vielen außenstehenden Beurteilern mag dieses als ein vollkommener Bankrott der kommunistischen Produktionspolitik erschienen sein. Wer die Dinge in Rußland selbst im Produktionsprozeß stehend miterlebt hat, kann dieser Ansicht nicht recht geben. Die Frage einer kommunistischen Produktionspolitik ist überhaupt dabei nicht entschieden worden. In den ersten Jahren der Revolution hat man sie nicht behandelt; sie hat sich selbständig entwickelt. Erst als die Aufgabe an die Partei herantrat, sich mit der Frage der Produktion zu beschäftigen, hat sie dazu Stellung genommen, und alles das, was über das momentan

Durchführbare im Rahmen der Gesamtpolitik hinausging, verstand sie mit einem Schlage abzustellen. Sehr zu Hilfe gekommen ist ihr dabei der seit vielen Jahren arbeitende Apparat für eine spezielle Produktionspropaganda. In den ersten Jahren arbeitete dieser Apparat häufig ohne Boden und noch mehr ohne praktischen Erfolg. Die Hauptstärke dieses allrussischen Bureaus für Produktionspropaganda lag darin, die russischen Arbeiter dem Produktionsprozeß näher zu bringen, sie die Maschinen kennen zu lehren, ihnen Anweisungen zu geben, wie die Werkzeuge und die Maschinen zu behandeln sind. Diese Propaganda wurde jetzt umgestellt auf die Notwendigkeit, dem Arbeiter im gesellschaftlichen Rahmen die Gesellschaftlichkeit der Produktion verständlich zu machen, ihn darauf hinzuweisen, daß er ein Glied dieses Produktionsprozesses und für den Gesamtprozeß mitverantwortlich ist. So entwickelte sich die das Ausland überraschende Stellung der Gewerkschaften, die heute an die erste Stelle gesetzt haben die Forderung nach Steigerung der Produktion. Vor wenigen Jahren noch kämpften sie um die Übernahme und die Verwaltung der Produktion. In dieser Änderung ihrer Stellung drückt sich gleichfalls für die Entwicklung des neuen Rußland ein schärferes Einstellen auf das Endziel hin aus.

Materialistische Psychologie

Zu dem im vorigen Abschnitt behandelten Fragenkomplex geben zwei in letzter Zeit gegründete Organisationen ein vervollständigendes Bild besonderer Anschaulichkeit. Es sind dies „Not", das ist in der Abkürzung die „Organisation zur Verbesserung der Arbeitsbedingungen, und die „Liga der Zeit". „Not" ist im Augenblick in Rußland zum Schlagwort geworden. Es drückt nicht das aus, was man in Deutschland etwa wissenschaftliche Betriebsführung nennen würde, obgleich es von solchen Bestrebungen herkommt. Das „Not" ist nicht ein Institut, sondern es ist eine Mitgliedschaft von Ingenieuren, Verwaltungsbeamten und Arbeitern, die sich im Betrieb oder im Verwaltungskörper zusammenschließen, um die Verbesserungen der Arbeitsbedingungen zu studieren. Die Mitglieder des „Not" tragen ein eigenes Abzeichen. Die wichtigste Wirkung dieses Verbandes ist, aus eigener Initiative einen Druck auszuüben auf den Verwaltungsapparat und auf die Betriebsführung und zuletzt auf die Arbeiterschaft, ständig die Fragen der Betriebsverbesserung vor Augen zu haben. Aber „Not" will mehr. Es will Musterbetriebe schaffen, nicht mehr, wie das früher der Fall war, dekretmäßig, rein auf dem Papier, sondern in der praktischen Wirkung. So gibt es in Moskau, im Donezbassin, in Leningrad und im Jaroslawer Textilrayon Fabriken, in denen vom Trustdirektor bis zum Schwarzarbeiter alle der Organisation „Not" angehören. Sie führen über die Wirtschaftlichkeit ihres Betriebes eine ständige Statistik. In Leningrad beispielsweise stellt die Musterfabrik des „Not" Zigarettenmaschinen her. Der Zeitungsleser wird Woche für Woche über den Stand der Fabrik unterrichtet, über die Steigerung der Produktion, über die Verbilligung der Betriebsunkosten, den Prozentsatz von Verwaltungskosten und Produktionskosten, die Aufnahme der Produktion auf dem russischen Territorium, die Bedingungen der Konkurrenz gegenüber den anderen Fabriken der gleichen Branche und schließlich über die Auslandsmärkte, die Bedingungen eines Exportes, die Berechnungen der Exportmöglichkeit und die Steigerung des beginnenden Auslandsexportes. Der Leser lernt den Betrieb dieser Fabrik bis ins einzelne kennen. Darin liegt die Bedeutung der Arbeit von „Not". In ähnlicher Weise wird die Arbeit einer Moskauer Werkzeugfabrik in die Öffentlichkeit gebracht, einer Zündholzfabrik im Homelschen Gouvernement und einer der größten Textilfabriken Rußlands in Jaroslaw. Die Leningrader Fabrik wird von amerikanischen Ingenieuren geleitet, und sie steht gewissermaßen an der Spitze der „Not"-Bewegung. In der Fabrik, die den Namen Max Hölz führt, arbeiten ein gut Teil ausländischer Emigranten, Amerikaner, Italiener, Finnen und Polen. Die Fabrik, die heute etwa dreihundert Arbeiter beschäftigt, hat sich gegen bureaukratische Methoden der Sowjetverwaltung durchzusetzen verstanden. Die Begründung der Organisation „Not" war ihre Antwort und ihr Erfolg. Heute beginnt „Not" in Rußland zu herrschen. Nach demselben Muster beginnen die ehemaligen Siemens-Betriebe in Leningrad zu arbeiten, und die Provinz nimmt „Not" in verstärktem Maße auf. Die Methode dieser Organisation ist doppelt interessant für die ausländische Industrie, die mit Rußland wirtschaftlich in Verbindung kommen will, wichtig besonders, da heute „Not" an der Spitze steht der immer stärker anwachsenden Bewegung eines Schutzzolls für die russische Industrie. „Not" propagiert den Gedanken, ein Übergangsstadium in Rußland einzurichten, in dem die russische Industrie Halbfabrikate aus dem Auslande beziehen soll. Dieser Gedanke wird im englisch-russischen Handelsvertrage eine besondere Rolle spielen. Die durch „Not" organisierte Industrie wünscht mit der Auslandsindustrie die Plattform einer Beteiligung.

Eine andere Organisation ist nicht weniger bedeutungsvoll geworden: die „Liga der Zeit". Diese Liga ist vielleicht für die Entwicklung des neuen Rußland noch typischer. Sie kämpft an gegen gewisse Charakterschwächen in der russischen Nation, so wie sie die Liga selbst darstellt: gegen Bummelei, Faulheit, Unpünktlichkeit und Geschwätzigkeit. Die „Liga der Zeit" ist ein interessantes soziologisches Experiment. Sie will die Bildung der neuen Gesellschaft unterstützen. Zu den Propagandisten dieser Liga gehören Trotzki und Sosnowski. Auch die Mitglieder der „Liga der Zeit" sind durch ein besonderes im Knopfloch zu tragendes Abzeichen gekennzeichnet. Die Pflichten der Mitglieder sind außerordentlich groß. Sie haben täglich Buch zu führen über ihre Zeiteinteilung, über das Verhältnis ihrer Arbeitsstunden zu den Ruhestunden, den Charakter ihrer Zerstreuungen; dies greift auch ein in das Familienleben. Das Ligamitglied hat sogar Bericht zu erstatten, was es aus den Gesprächen mit Freunden, Bekannten oder Fernerstehenden an Einsichten oder Beurteilungen neu gewonnen hat. Die Liga bildet sich als Zelle in der Fabrik, in dem Verwaltungskörper, im Handelsunternehmen oder in dem Berufsverband. Selbst in den rein lokalen Verwaltungsbezirken lassen sich solche Ligen organisieren. Das Mitglied der Liga braucht nicht Parteimitglied zu sein, und tatsächlich ist der Prozentsatz der parteilosen Mitglieder sehr stark. Jede Zelle wählt sich einen Sekretär. Der Sekretär wird von der entsprechenden höheren Ligaorganisation bestätigt, und er muß gewisse Prüfungen ablegen, ob er Verständnis genug hat für die Aufgaben und den Zweck der Liga. Denn seine Aufgaben sind ganz außerordentlicher Natur. Vergleicht man die tägliche Eintragung in das Ligabuch etwa mit einer Gewissensforschung, so spielt der Ligasekretär die Rolle des Beichtvaters. Der Sekretär überprüft alle Wochen die Ligabücher, und er greift Fälle, die sich zur Diskussion eignen, heraus, die dann vor einem erweiterten Bureau der Liga diskutiert werden, das etwa beschließen kann, das Ligamitglied zur Verantwortung zu ziehen, zu ermahnen und ihm zu helfen. Die Liga hat überraschend an Umfang gewonnen, und ihr Einfluß von der Zelle aus auf ihre Umgebung ist ständig im Wachsen. Über Erfolge zu sprechen, dürfte noch zu früh sein, nachdem die Liga erst Ende 1923 ihre Tätigkeit begonnen hat. Beide Organisationen lassen auf den kommenden Weg schließen; sie sind Vorbereitungen für künftige Maßnahmen der Partei.

Schließlich soll noch die zentrale Kontrollkommission bei der Partei erwähnt werden, denn ihre Rolle greift gleichfalls stark in das Privatleben und in die individuellen Tendenzen des Einzelmenschen ein. In dieser Kontrollkommission zeigt sich vielleicht am stärksten der Einfluß Fouriers, von dem noch zu sprechen sein wird. In Fällen, wo gegen ein Parteimitglied eine besonders fundierte Anklage erhoben werden soll — in früheren Jahren waren Parteimitglieder von Anklagen der öffentlichen Gerichte überhaupt befreit —, prüft vorher die Kontrollkommission den Fall. Sie prüft ihn nicht nach den Bestimmungen des neuen Sowjetgesetzbuches, sie prüft ihn nach der Persönlichkeit des Beschuldigten, nach der Wirkung dieser Persönlichkeit entweder in der Geschichte der Revolution oder seiner Hauptstellung nach auf die Parteimitglieder, auf die Parteiinstanzen, auf die Sowjetverwaltung und auf die parteilose Masse, prüft ihn betreffend der Wirkung des Deliktes auf Arbeiter und Bauern, mit Rückwirkung auf die Partei und auf die Parteilosen, sie stellt also, kurz gesagt, die Rolle dieses Einzelwesens in der Gesellschaft und mit Wirkung für die Gesellschaft fest. Sie urteilt nach diesem Gesellschaftsrecht. Solche Urteile bringen große Überraschungen zuwege. So entgeht häufig ein offensichtlich Schuldiger seiner offiziellen Bestrafung; von dem Charakter seiner Strafe erfährt die Öffentlichkeit nichts, er wird versetzt, verschickt, und man läßt ihn, wie ein russisches Sprichwort sagt, „langsam absterben". Solche Fälle sind in der Sowjetbureaukratie außerordentlich zahlreich. In anderen Fällen hingegen wird ein Delikt, das in anderen Ländern kaum bestraft würde, außerordentlich aufgebauscht und der Betreffende durch die Kommission vor ein Sowjetgericht gestellt und mit dem allerbreitesten Apparat zu einer Strafe verurteilt, die gar nicht im Verhältnis zu seinem Delikt steht. So werden auch die Intrigen der Parteimitglieder untereinander behandelt, manchmal Intrigen der Parteiorganisation gegen den leitenden Sekretär beispielsweise, wo sozusagen die Beurteilung auf den ersten Blick das Recht auf Seite dieses Sekretärs zeigt. Trotzdem wird er der örtlichen Parteiorganisation häufig geopfert und in ebenso vielen Fällen umgekehrt die Parteiorganisation, die vielleicht im ganzen recht zu haben scheint, einer Person geopfert. Daraus erwachsen für den nicht damit Vertrauten Vorstellungen von außerordentlicher Ungerechtigkeit. Diese Vorstellungen können eben sehr leicht entstehen, wenn man aus dem Individuellen heraus urteilt und das Gesellschaftliche außer acht läßt. Die Arbeit der zentralen Kontrollkommission in dieser Hinsicht wird erst einer späteren Zeit in ihrer theoretischen Linie einheitlich vorliegen. Heute scheint die Distanz zu nahe und der individualistische Einfluß aus dem Leben dieser Zeit, die ja keinen außen läßt, noch zu groß und zu eng, zu nachwirkend, um ein klares Bild daraus zu gewinnen. Der davon Betroffene beißt die Zähne zusammen und schweigt. Es ist im übrigen merkwürdig, daß so wenig von der Tätigkeit dieser Kontrollkommission und ihrer überragenden Bedeutung auch für die Bestimmung der Taktik der Partei im Ausland bekannt ist. In ihr sind die Parteiveteranen vertreten, Namen, die jedem russischen Kommunisten geläufig sind und die er mit Ehrfurcht ausspricht, während sie im Auslande und manchmal sogar in der parteilosen Masse Rußlands selbst völlig unbekannt geblieben sind.

Kirchliche Fragen und Religionskämpfe

Zwei Monate nach dem Umsturz und dem Siege der Bolschewiki hatte der Patriarch der griechisch-orthodoxen Kirche über die Sieger den Bannfluch ausgesprochen. Die Bolschewiki kümmerten sich anfangs wenig darum. Auf den Dörfern kam es wohl anläßlich vereinzelter Plünderungen der Kirchen zu Exzessen, die blutig unterdrückt wurden, und im ersten Jahre des Bürgerkrieges stand der Klerus im allgemeinen geschlossen auf Seite der Weißen. Trotzdem war die Unterdrückung der Kirche nicht einheitlich. Zwar wurden zahlreiche Kirchen weggenommen und für Schulen und Lazarette, sogar für Klubs der Fabrikkomitees verlangt. Der Gottesdienst hörte im ganzen auf. In anderen

Gegenden aber wiederum erhielt er sich, und besonders in dem nördlichen Rußland, in den großen Waldgebieten, zeigte der niedere Klerus eine ausgesprochen bolschewikifreundliche Tendenz. Der Zustand einer latenten Kirchenkrise währte mehrere Jahre, bis er 1922 zum Ausbruch kam. Die Sowjetregierung, die der Kirche bereits wieder ziemliche Freiheiten eingeräumt hatte, verlangte die Herausgabe der Kirchenschätze als Fonds für Getreideankäufe zugunsten der Hungernden. Der damalige Patriarch Tichon wandte sich in einer geharnischten Epistel dagegen und verbot, diese Kirchenschätze an die Regierung herauszugeben. Dies gab den äußeren Anlaß zu der im Inneren schon lange vorbereiteten Spaltung. Die Oberpriester Wedensky, Krasnitzky, Kalinowsky, Belkoff und der Psalmsänger Stadnik wandten sich an Tichon, verlangten Einberufung eines Konzils und erklärten Tichon bis zu dieser Zeit für abgesetzt. Im Verlaufe der darauffolgenden Auseinandersetzungen wurde Tichon und sein Anhang im Patriarchat verhaftet und vor Gericht gezogen. Damit war eine Spaltung eingetreten, und die Opposition im Klerus konstituierte sich als eine zeitweilige Kirchenverwaltung, aus der später als Reformation der griechisch-orthodoxen Kirche die „Lebendige Kirche" hervorging.

Die Lebendige Kirche erkennt die soziale Revolution an. Unter ihren weiteren Punkten vertritt sie die Auflösung der klösterlichen Gewalt, eine Reformation der Eherechtsfrage der Bischöfe, die Anerkennung der Propsteien als selbständige Eparchien, in denen jeder Propst Bischof werden kann, eine Nachprüfung des Katechismus und der Schuldogmatik. Auf dem später folgenden Kirchenkongreß werden auch die besonderen Fragen des Hirtenamtes bei den gegenwärtigen sozialen Verhältnissen behandelt, die Frage der Kirchenwohlfahrt sowie Richtlinien für Predigt, Mission und Schule.

Die Kirchenspaltung und die daran sich anschließenden religiösen Verfolgungen und religiösen Kämpfe sind vielfach außerhalb Rußlands irrig beurteilt worden. Die Sowjetregierung verhielt sich anfänglich den Bestrebungen gegenüber ziemlich passiv, so gelegen sie ihr auch kommen mochten. Man darf nicht verkennen, daß der Reformationsgedanke in der griechisch-orthodoxen Kirche auch schon vor der Revolution lebendig war. Der niedere Klerus kämpfte schon früher für die Erweiterung seiner Rechte und insbesondere gegen die Ehelosigkeit der

Bischöfe. Die völlige Trennung von Kirche und Staat war dem niederen Klerus gar nicht unangenehm, und die Lage der Popen und Psalmsänger unter dem Zaren war nicht überall eine gesegnete, so große Bedeutung auch das Popentum für den russischen Bauern gehabt haben mag. Immerhin ist der russische Bauer an sich, was wohl von keiner Seite heute mehr bestritten wird, areligiös. Er betrachtet Popen- und Kirchentum als ein Symbol, das er sich zum Glück oder zum Unglück wenden kann. In Verbindung mit diesem Symbol war der Einfluß der Popen und der Kirche mächtig. In den Fragen des täglichen Lebens, bei denen die materialistische Einstellung überwog, bedeutete die Kirche nichts. Der Einfluß der Kirche im Dorfe hing daher ausschließlich von der Person des Popen ab.

Die Spaltung der Kirche kam der Regierung deshalb besonders gelegen, weil auf die breiten Massen nach den schweren Jahren des Bürgerkrieges eine gewisse Reaktion zur Rückkehr zum Kirchenglauben wirkte. Diese Reaktion wurde gewissermaßen gleich im Beginn mitgespalten. Die Lebendige Kirche hatte es verhältnismäßig leicht, sich gegen die orthodoxe durchzusetzen. Das Dorf kam ihr in den meisten Fällen selbst entgegen. Es ist nicht zu leugnen, daß in einzelnen Fällen die örtlichen Sowjetbehörden und nicht zuletzt die politische Polizei bei diesem Kampfe praktisch mitgewirkt haben. Zum Teil sind solche Popen als Anhänger der Lebendigen Kirche geradezu von den Sowjetorganen einfach eingesetzt worden. Es wäre aber falsch, dies im Sinne etwa einer besonderen Regierungsmaßnahme zu deuten. Vielmehr zeigte sich bei diesen niederen Regierungsbeamten, die von der kommunistischen Welle nicht oder nur oberflächlich erfaßt waren, selbst das Bedürfnis, sich mit der Kirche auszusöhnen. Die Lebendige Kirche stand der sozialen Revolution freundlich gegenüber. Sie erkannte sie an, sie wies der Kirche im Namen der Revolution besondere Aufgaben zu, die von der Sowjetregierung nicht nur geduldet, häufig sogar unterstützt wurden. Das noch unaufgeklärte Volk glaubte damit am besten seinen Frieden mit Gott zu machen, wenn es die Lebendige Kirche unterstützte. Infolgedessen sammelten sich alle gegenrevolutionären Elemente in der alten Kirche, und der Kampf der Lebendigen Kirche gegen die orthodoxe Kirche war im Grunde genommen nichts als eine Wiederholung des Bürgerkrieges in anderer Form, etwa wie er sich später auf wirt-

schaftlichem Gebiete im Kampf der menschewistischen Genossenschaften gegenüber den proletarischen Trusts abspielen sollte.
Zur gleichen Zeit ließ die Regierung den Atheisten und dem Kampf gegen den Kirchenglauben überhaupt, der sich ja im Grunde genommen in der kommunistischen Bewegung konzentrierte, aber besonders in der Jugend geführt wurde, freies Spiel. Für den Anhänger des historischen Materialismus ist aber der intellektuelle Atheismus nichts als eine Nachwirkung der Verfallserscheinungen der bürgerlichen Klasse. Diesem Atheismus, dem eine eigene Zeitschrift „Der Gottlose" gewidmet war und der mehr die Tendenz hatte, das noch im Gottglauben zurückgebliebene Volk vor den Kopf zu stoßen, war aber nur ein geringer Erfolg beschieden. Es mag ein weiteres Zeichen für die Feinnervigkeit des Sowjetapparates sein, daß dieser atheistischen Angriffsbewegung schnell die Flügel gestutzt wurden. Lenins Grundsatz: „An die Massen heran" verlangte nach anderen Mitteln. Der Gottesglaube soll sich von innen heraus auflösen, und diese Hoffnung ist nicht so sehr unwahrscheinlich, wenn es gelingt, das Bewußtsein der breiten Masse von innerer Lebensbefriedigung und von der materialistischen Erlösung von Jenseitsspekulationen auf Gegenwartsglück zu wecken und zu festigen. Darauf ist die Behandlung der Kirchenfragen durch die Sowjetregierung eingestellt.
Die Lebendige Kirche als ein Instrument der Sowjetregierung zu betrachten, ist ganz verkehrt. Heute steht die Regierung der Kirche weit fremder gegenüber, als man zur Zeit der Gründung noch hätte denken können. Die Lebendige Kirche erstrebt ein Monopol der Regierung. Sie möchte so etwas abschließen wie ein Konkordat, und sie betont immer wieder, daß sie diese Stützung der Autorität im Kampfe gegen die alte Kirche braucht, aber die Sowjetregierung behandelt die Lebendige Kirche nicht anders als die alte Kirche, der sie gleichfalls völlige Wirkungsfreiheit gewährt hat. Es ist sogar nicht ausgeschlossen, daß sich in absehbarer Zeit die Spaltung der Kirche überbrückt und daß ein Kompromiß auf gewisser reformistischer Basis geschlossen wird. Jedenfalls scheint eine Erklärung Tichons, der heute wieder aus dem Gefängnis entlassen ist und Verbindungen und Anknüpfungspunkte mit der Lebendigen Kirche sucht, darauf hinzudeuten. Auf der anderen Seite hat die Sowjetregierung aber

den Konkordatwünschen der Lebendigen Kirche ziemlich deutlich abgewinkt.
Es soll im übrigen noch darauf hingewiesen werden, daß der Katholizismus zurzeit eine rege Tätigkeit entfaltet. Seit langem wird über ein Abkommen der Regierung mit dem Vatikan in der Presse gesprochen. Aber schon vorher waren die Jesuitenmissionen im Süden zugelassen. Es arbeiten auch in Rußland Vertreter anderer katholischer Orden. Auch den mohammedanischen und buddhistischen Religionsübungen legt die Regierung keinerlei Schwierigkeiten in den Weg.

Die akademischen Wissenschaften

Die Wissenschaft im allgemeinen liegt, wenn man so sagen darf, in einer Umstellungskrise. Nach Ansicht der marxistischen Geschichtsauffassung, wonach nur sittlich ist, was nützlich ist, und in der Berücksichtigung der Klassengesellschaft und einer sich erst bildenden Wissenschaft der Arbeiterklasse war im Anfang der Revolution einem großen Teil der wissenschaftlichen Forschung der Boden zunächst entzogen. Unter dieser Unsicherheit litt der Gelehrtenkörper der russischen Akademien, soweit er sich nicht politisch überhaupt in der Revolution betätigte, für oder gegen die Revolution, außerordentlich. Vielfach konnte auch die Sowjetregierung, so sehr sie im Prinzip sich für die Weiterführung der bestehenden wissenschaftlichen Forschung aussprach, weder die materiellen, noch die geistigen Mittel zusammenbringen, die eine Fortführung der wissenschaftlichen Forschungsarbeit ungestört hätten ermöglichen können. So kam die wissenschaftliche Forschung erst wieder allmählich in Gang, und bei dem Charakter des heutigen Klassenstaates in Rußland blieben alle entgegenstehenden Forschungen der Gesellschaftswissenschaften, insbesondere der Nationalökonomie, völlig ausgeschaltet. An der Spitze ihrer Bedeutung für Sowjetrußland steht naturgemäß die Sozialistische Akademie in Rußland. Die Sowjetregierung hat diese Akademie mit großen Mitteln ausgestattet, und sie ist wohl in rein wissenschaftlicher Beziehung auch in der Tat das größte sozialistische Institut der Welt geworden. Angegliedert ist ihr das Marx- und Engelsinstitut, das die erste vollständige Marxausgabe unter der Leitung Rjasanows zurzeit herausgibt. Unter der Leitung der Akademie arbeitet auch das „Institut der roten Professoren". Dieses Institut arbeitet systematisch daran, „rote Professoren", sozialistische Lehrer aus dem Nachwuchs der russischen Studentenschaft heranzubilden.

Die Sozialistische Akademie vertritt die von den Universitäten verschwundenen bürgerlichen Gesellschaftswissenschaften und die bürgerliche Ökonomie. Professoren und Werke dieser Nationalökonomie sind von den russischen Lehrstühlen verschwunden. Aber das Fehlen einer auch für das marxistische System anwendbaren „praktischen Volkswirtschaftslehre" macht sich doch in der neuen wissenschaftlichen Literatur sehr bemerkbar. Bis auf Bucharins „Ökonomie der Transformationsperiode" und eine Streitschrift „Politische Ökonomie des Rentiers" ist die neue Theorie der marxistischen Volkswirtschaft, soweit sie an praktische Erfahrungen der Sowjetwirtschaft anknüpft, noch sehr spärlich vertreten. Was an Schriften davon vorliegt, sind heute erst Ergebnisse der Praxis, und ihre theoretische Verarbeitung scheint einer späteren Zeit vorbehalten.

Die übrigen wissenschaftlichen Disziplinen unterlagen in einem besonderen Grade der Zweckmäßigkeit ihrer Verwendung für den Wiederaufbau Sowjetrußlands und der Wiedergutmachung der Schäden der Revolution. Fast die gesamte medizinische Forschung trat in den Dienst der praktischen medizinischen Arbeit, der Seuchenbekämpfung und der Verbesserung der hygienischen Lebensbedingungen. In dieser Hinsicht ist von den russischen Medizinern ganz Außerordentliches geleistet worden. In allerletzter Zeit liegen erst wieder Forschungsresultate vor, und zwar besonders über Hirnanatomie. Die hirnanatomischen Untersuchungen Professor Pawlows sind in der wissenschaftlichen Welt bekannt und seine Experimente, das Hirn eines lebenden Hundes zu transplantieren, haben erst unlängst die Aufmerksamkeit der wissenschaftlichen Welt erregt. Auch Professor Bechterew hat seine hirnanatomischen Studien in letzter Zeit fortgesetzt und in einigen ausländischen Fachzeitschriften darüber interessantes Material veröffentlicht. Im übrigen hat sich Bechterew der praktischen Psychologie zugewendet. Er leitet ein Institut in Leningrad, das die wissenschaftliche Grundlage für Berufseignungsprüfungen, Psychotechnik, schafft und ein den besonderen Bedingungen der russischen Gesellschaft angepaßtes Taylorisierungssystem vertritt. In Moskau arbeitet ein psychoanalytisches Institut unter der Leitung von Professor Jefremow.

Die Rechtswissenschaft ist mit Untersuchungen über die Wirkung des neuen Sowjetrechts beschäftigt. Das Institut des Sowjetrechts, das eine gewisse Art zentraler Rechtsakademie darstellt, steht ja schon mit europäischen Instituten in Deutschland, beispielsweise Kiel und Breslau, in Verbindung. Es bearbeitet praktisches Material und hat jetzt den Entwurf eines sowjetrechtlichen Zivilrechts vorgelegt. Das Strafrecht ist schon vor Jahresfrist einheitlich geschaffen worden. Im allgemeinen ist das neue Sowjetrecht noch ständig in einer Kristallisationsperiode. Man darf erst von späterer Zeit grundlegende Arbeiten über dieses Recht erwarten.

Einen starken Ausbau hat die Statistik erfahren. Der ehemalige Professor an der Moskauer Universität für Statistik Propow ist heute der Leiter des zentralen statistischen Amtes. Zweifellos kann man heute mit besserem statistischem Urmaterial rechnen als zur Zarenzeit, und man findet heute in Sowjetrußland eine Vielseitigkeit gerade in der Statistik, die manchem europäischen Staate fehlt. Die Regierung hat es sich besonders angelegen sein lassen, die Bevölkerung an den statistischen Erhebungen zu interessieren und eine eigene Propaganda für solche statistischen Untersuchungen zu unternehmen. Es existieren verschiedene neue Lehrbücher für die gesamtstatistische Erfassung der Verwaltungszelle, die als vorbildlich geschildert werden.

Geographie und Geologie sind nach Einstellung des Bürgerkrieges und der Interventionen in schneller Entwicklung begriffen. Zahlreiche wissenschaftliche Expeditionen sind unterwegs, die die Grenzgebiete, den Norden und Innerasien erforschen. An diesen Expeditionen nehmen meistens auch Gelehrte anderer europäischer Staaten teil.

Eine besondere Aufmerksamkeit schenkt die Regierung den orientalischen Sprachen und überhaupt den kulturellen und wirtschaftlichen Fragen des nahen und weiteren Orients. Ein eigenes Institut für Orientwissenschaft ist gegründet worden, das in Korrespondenz mit namhaften Gelehrten der mohammedanischen und buddhistischen Welt steht und das sich seit einiger Zeit bemüht, Professorenaustausch mit China und Japan einzuleiten. Es liegen bereits eine Reihe Veröffentlichungen dieses Institutes vor, die in der letzten Zeit in die französische wissenschaftliche Fachpresse gelangt sind.

Das Interesse für Archäologie ist merkwürdigerweise auch während des Bürgerkrieges niemals erloschen gewesen. So wurden die Ausgrabungen auf der Tarnamhalbinsel bei Odessa und in der näheren Umgebung von Odessa selbst während des heftigsten Bürgerkrieges fortgesetzt. Das Einstellen der wissenschaftlichen Arbeit hatte zur Folge, daß diese Ausgrabungen auf eigene Faust von Bauern fortgesetzt wurden, wobei häufig sehr wertvolles Material verloren ging. Im vergangenen Jahre hat man die Ausgrabungen zwischen Saratow und Zaritzin an der Wolga, die schon zur Zarenzeit begonnen waren, in großem Stile fortgesetzt. Es wurde dort ein tatarisches Pompeji freigelegt, Überreste tatarischer Kultur aus dem 13. und 14. Jahrhundert. Es wurden bei diesen Ausgrabungen ganz bemerkenswerte Resultate erzielt, die jetzt von dem Archäologischen Institut in einer mit zahlreichem Bildermaterial versehenen Veröffentlichung einer breiteren Öffentlichkeit zugänglich gemacht werden. Das Märchen von den wilden Nomadenvölkern, die früher Rußland bewohnten, darf endgültig als zerstört angesehen werden. Es wurden unter den Trümmern große Bewässerungsanlagen gefunden, in einem Gebiet, das heute aus Mangel an Wasser längst zur Wüste geworden ist. Aber nicht nur das, diese hochentwickelten Tatarenstämme verfügten bereits über ein eigenes System von Zentralheizung.

Die Leitung dieser Ausgrabungsarbeiten und ihre Veröffentlichung hat die neugegründete Akademie der Geschichte der materiellen Kultur.

Eine größere wissenschaftliche Leistung liegt auch auf dem Gebiete der Sprachforschung vor. Hier sind die Arbeiten von den Professoren Marr und Schachmatow führend. Marr hat die sog. Jafetidischen Sprachen der vorarischen Völker des Mittelmeers untersucht und eine kulturelle Verwandtschaft der Basken mit Stämmen Transkaukasiens und des westlichen Kaukasus festgestellt.

In letzter Zeit ist auch auf dem geschichtswissenschaftlichen Gebiete die Forschung vorwärts gekommen. Regierung und Partei haben die bedeutendsten Vertreter der russischen Geschichtswissenschaft gewonnen für Erledigung von Spezialaufgaben, die nicht nur für Rußland von Bedeutung sind. So

arbeiten die Historiker Platonow eine Monographie über Boris Godunow, Ottokar über französische Städte, Ssergjew über Kapitalismus im Altertum, Didjakin über die lombardischen Städte des Mittelalters, Kljutschewsky über die Entstehung der Leibeigenschaft. Professor Jakowlew sichtet das Material der Moskauer Palastarchive und verarbeitet es in periodischen Veröffentlichungen. Eine besondere Kommission für das Studium des Weltkrieges ist gegründet, die ein eigenes Organ zur Verfügung hat, das „Russische historische Journal". Diese Kommission veröffentlichte unlängst Briefe Iswolskis an Sasonow sowie Berichte dieses an den Zaren. Unabhängig davon, aber für die Geschichte des neuen Rußland von großer Bedeutung ist eine aus hohen Parteimitgliedern zusammengesetzte Kommission, die die Parteigeschichte bearbeitet. Dieser Arbeit entstammen bisher eine Bakunin-Biographie Steklows und eine Geschichte der Dekabristen.
In den übrigen Wissenschaftszweigen, insbesondere Technik und Landwirtschaft, arbeitet die russische wissenschaftliche Welt mit Eifer daran, die Resultate der europäischen Wissenschaft nutzbar zu machen.

DIE NEUE LITERATURBEWEGUNG

I
Wladimir Majakowski und seine Schule

Wladimir Majakowski ist der Vertreter des Futurismus in Rußland. Seine literarische Bedeutung, seine Entwicklung und sein zukünftiges literarisches Schicksal ist mit der futuristischen Bewegung in Europa eng verknüpft. Zwar hat sich der Futurismus in Rußland länger im Mittelpunkt der Kulturbewegungen erhalten als in anderen Ländern. Es hängt dies nicht allein zusammen mit den besonderen Kulturbedingungen, auf die der Futurismus in Rußland stieß, oder der völligen kulturellen Abgeschlossenheit Rußlands während des Krieges vom Westen, trotz der Bundesgenossenschaft des Zaren mit Frankreich und Italien, sondern in der Hauptsache wohl mit der Persönlichkeit Majakowskis selbst, seiner eminenten dichterischen Begabung und seiner Fähigkeit, mit sich selbst Schule zu machen. In diesem Sinne hat Majakowski wie kein anderer Futurist in Europa das Vorbild Marinettis erreicht.

Majakowski ist 1894 im Kaukasus in Bogdadi Kotuisk geboren. Sein Vater war Forstbeamter. Mit zwölf Jahren kam Majakowski nach Moskau. Er wächst dort in die Bohème hinein, eine Bohème, die, mehrere Jahrzehnte hinter der Pariser und Berliner Bohème zurück, einen starken Einfluß auf das russische literarische Leben gewinnen sollte. Die russischen Bohémiens und die Jahrhundertwende kämpfen gegen die überlieferte Literatur, und nicht nur, wie das in Paris und Berlin geschah, gegen die Literatur, sondern gegen die Kultur überhaupt. Sie sind Revolutionäre aus Kulturinstinkt, und die besondere politische Luft unter dem Zarentum bringt es mit sich, daß die russischen Bohémiens auch sofort Anschluß an die Arbeiterklasse gewinnen und in Reih und Glied mit dem revolutionären Studententum Vorkämpfer des russischen Sozialismus werden. Aus dem künstlerischen Niveau einer solchen Bohème erhebt sich Majakowski gleich mit seinem ersten Buch 1909, einem Gedichtband mit dem Titel „Ich" in bemerkenswerter Weise. „Ich" ist in Form der Individualisierung des Einzelmenschen die Verbindung dieses Einzelnen zur Welt und, schon betont im Sinne Majakowskis umgebogen, die Heranziehung der Welt zu dem Ich des Majakowski.

Bis zu diesem Zeitpunkt, dem Beginn seiner literarischen Produktion, hat Majakowski schon allerlei Schulversuche hinter sich. Sein unbändiger Charakter, der sich gegen jede Autorität auflehnt, duldet ihn nicht in einem disziplinierten Schulbetrieb. Er wird aus dem Gymnasium hinausgejagt. Er beginnt in der Kunstgewerbeschule zu studieren, muß dort aber gleichfalls bald wegen seines aufsässigen Verhaltens gegen die Lehrer entfernt werden. Dasselbe Geschick zeitigt ein neuer Versuch in der technischen Schule. Er versucht sich dann noch als Bildhauer und Maler, immer im Konflikt mit seinen Lehrern. Marinetti, der im Winter 1908—09 in Moskau weilt, stellt ihn auf die Beine. Um diese Zeit erscheint Majakowskis erstes Buch, und an dem Tage, als Marinetti von Moskau abfährt, erscheint auf der Moskauer Schmiedebrücke ein Jüngling in einer gelbseidenen Damenbluse, gefolgt von einer Schar Gymnasiasten, der dem vorübergehenden Publikum, das sich nach ihm umsieht, Gedichtworte an den Kopf wirft, um schließlich mit seiner Rotte in einem Café zu verschwinden. Der russische Futurismus hat damit begonnen. Vor dem Kriege schreibt Majakowski noch einige Gedichtwerke, besonders bekannt „Die Flöte Rückgrat" und „Mensch" und eine Tragödie „Wladimir Majakowski", die in Petrograd aufgeführt wurde und zu dem üblichen Skandal führte, der damals futuristische Vorführungen zu begleiten pflegte. Der Krieg trifft Majakowski in heftigster antimilitaristischer Propaganda. Die russischen Militär- und Zivilbehörden lassen ihn zwar unbehelligt, doch werden dem Vortrag seiner Gedichte und der Verbreitung seiner Bücher Schwierigkeiten in den Weg gelegt. In der Zeit der Februarrevolution schreibt Majakowski eine fortlaufende „Chronik der Februarrevolution". In dieser Zeit wird auch sein antimilitaristisches Buch „Krieg und Welt", schon in den ersten Jahren des Krieges geschrieben, gedruckt. Beim Sturz der Februarrevolution steht Majakowski mit beiden Füßen auf dem Boden des kommunistischen Sowjetstaates. In rascher Aufeinanderfolge erscheinen seine Hauptwerke „Die Wolke in Hosen", eine Liebesdichtung, ein Sammelband seiner bisher erschienenen Dichtungen „Alles", „Das Mysterium Buffo", zum dritten Kongreß der Kommunistischen Internationale aufgeführt, „Politische Satiren" („Portraits von Menschen, die ich nie gesehen"), das Satirenbuch „Majakowski lacht, Majakowski lächelt, Majakowski macht sich lustig", eine Sammlung Hymnen unter dem Titel „Ich liebe", eine Utopie „Die fünfte Internationale", ein Gedichtbuch „Von diesen" und das Buch, das in besonderer Weise mit der russischen Revolution verknüpft ist und den kommunistischen Gedanken über die Welt tragen soll: „150 000 000".

Die Titel von Majakowskis Werken vermögen nur eine unvollständige Vorstellung von dem Inhalt zu geben. Majakowski als schulgerechter Futurist hat überhaupt an dem Inhalt nur ein sekundäres Interesse und noch weniger am Titel. So hat er zwei Anthologien veröffentlicht, bei denen der Titel sich allein schon in Gegensatz zur althergebrachten Meinung stellt; er nahm einfach in russischen Literaturkreisen bekannte Titel für diese seine Gedichtbände. Der eine heißt: „Die Ballade vom Zuchthaus zu Reading" (Oscar Wilde) und der zweite: „Die Nacht vor Weihnachten" (nach Gogol). Der Kampf gegen das Althergebrachte, das Auflehnen gegen die Tradition, das ist im Grunde der Inhalt von Majakowskis Schaffen. Er verwendet für diesen

Kampf Bilder von unerhörter Kraft. Er gewinnt der russischen Sprache, die so weich und gleitend in ihrer klassischen Literatur wirkt, harte, knapp begrenzte Töne ab. Er schafft einen neuen Rhythmus, und er verwendet diesen Rhythmus zur Satire und zur Karikatur. Er karikiert all das, was dem russischen Kulturmenschen und mehr noch dem Durchschnittsrussen heilig und von den Vätern her eingeboren ist.

Alles dies aber würde die besondere Stellung Majakowskis in der russischen Literatur der Jetztzeit nicht erklären. Wäre nicht dieser immense Wille zur Gemeinschaft dahinter, enthielten seine Verse nicht die Sehnsucht zur Menschheit schlechthin, beinahe in Walt Whitmanschem Sinne, so blieben sie kalte Experimente voll boshaften Witzes, so aber, mit dieser vehementen Liebe zu den Menschen, die alle Majakowskis sein sollen, und mit der Verzweiflung gegenüber den anderen, die keine Majakowskis sind, werden solche Verse zum Ausdruck einer tiefen dichterischen Kraft, die für das Wesenhaft-Menschliche eine neue dichterische Form findet.

In der Einleitung zu der „Wolke in Hosen" wendet sich Majakowski an die Frauen. Er verspricht so sanft zu schreiben wie — eine Wolke in Hosen. Er spricht darin von der Liebe und von der Erwartung auf die Frau, die schließlich erscheint, um die Forderung nach der Heirat zu erheben. Von da aus löst sich dann die Wut des Dichters, der bittere Spott, eine beherrschte Verzweiflung, die niemals jämmerlich wird, und die Kristallisation eines individualistischen Dichters Majakowski, der den Kampf gegen Unkultur und Tradition auch in der Erotik aufnehmen wird. Beispielsweise ist dieser Inhalt einer seiner besten Dichtungen trotzdem nur kombinatorisch zu erfassen. Viele tausend Leser können dieses lesen, ohne gerade einen so gestellten Inhalt herauszufinden. Denn das Schwergewicht dieser Dichtung liegt in der Zusammenballung der Worte gegen den vorherstehenden Satz oder den nachfolgenden, liegt in einer gewissen Instrumentation, wenn man so sagen darf, des Gefühls, das sich an beliebige bekannte Wortvorstellungen jeweils bindet. Majakowski schreibt sozusagen synkopisch, mit Rhythmus und Gegenrhythmus, er kennt die Bedeutung der Pause, und in der orchestralen Behandlung seiner Wortdynamik arbeitet er nach bestimmten Gesetzen, die für ihn Mechanismen sind. Regeln sind diese Mechanismen für seine eigenen Werke zwar, unauffällig zwingen sie seine Leser und Zuhörer, ohne als Mechanismen bewußt zu werden, in ihren Bann, doch wirken sie um so langweiliger und professorenhafter bei seinen Nachbetern. Und der Einfluß, den Majakowski auf die neue russische Literatur ausgeübt hat, ist sehr groß, übertrifft den Marinettis auf den italienischen oder französischen Futurismus vergleichsweise bei weitem. Fast alle jüngeren Dichter, auch wenn sie sich heute nicht mehr zur besonderen Schule Majakowskis bekennen, sind doch irgendwie von Majakowski beeinflußt. Das zeigt vielleicht am besten den Charakter der Stellung Majakowskis in der russischen Literatur und erklärt nicht zuletzt auch die Wurzel seines unvermindert stark gebliebenen Individualismus, auch noch als Propagandist der kollektiven Grundanschauung des Sowjetsystems.

Im „Mysterium Buffo" versucht er die Eingliederung des Menschen Majakowski auch in das Kollektiv. Aber so packende Bilder er auch entwirft und so scharf er den Weg der Revolution aufweist in der am Nordpol versammelten Menge der Schiffbrüchigen, so prägnant er den Unterschied zwischen Offizier und Kaufmann, zwischen Beamtem und Arbeiter auch herausarbeiten mag, irgendwie bleibt alles eisige Satire, das Beschwingende fehlt. Und das Beschwingende, das ist eben der Dichtermensch Majakowski, der die Menschen und die Welt zu sich heranzieht, und der in diesem Rhythmus das Geräusch vorzieht der Melodie und die Übertreibung, das Maßlose der Nüchternheit und dem Durchschnitt.

Die Stellung Majakowskis zur Revolution ist aber doch nicht so zufällig, wie es nach dem oben Gesagten scheinen möchte. Majakowski selbst würde zwar Wert darauf legen, sich selbst und seine Schule als eine Parallele der russischen Revolution zu bezeichnen, die zwar denselben Weg mit der Arbeiter- und Bauernarmee geht, aber doch nicht automatisch und blutgemäß mit ihr verbunden ist. Sicherlich ist der Kampf um die Einsicht dieser Stellung zur Revolution die Krise, von der Trotzki in seinen Aufsätzen „Literatur und Revolution" spricht, jene Krise, in die Majakowskis dichterisches Schaffen geraten ist. Trotzki, der der schöpferischen Persönlichkeit Majakowskis volle Gerechtigkeit widerfahren läßt, wendet sich gegen das Poem „150 000 000". „In dem großangelegten Werk", sagt Trotzki, „sind die schwachen Seiten des Futurismus und seine Lücken so groß, daß sie das Ganze verschlingen. Der Verfasser wollte ein Epos der Massenleiden geben, des Massenheroismus, der unpersönlichen Revolution der 150 000 000 Iwans. Der Verfasser hat signiert: Niemand ist Verfasser dieses Poems von mir. Aber diese konventionelle Unpersönlichkeit ändert nichts an der Sache, das Poem ist persönlich, individualistisch, und zwar hauptsächlich im bösen Sinne des Wortes: es hat allzuviel künstlerische Willkür. Es mangelt an einer mit dem Hirn und den Nerven arbeitenden Darstellung der Revolution, die sich den Methoden der Wortmeisterschaft unterordnet. Der Verfasser tut wie ein Athlet, schleudert Worte auf: bald dieses Bild, bald jenes. Aber wenn Majakowski den 150 000 000 Iwans vertraulich auch auf die Schultern klopft und diese Vulgarität gebraucht, um mit dem Sozialismus und der Revolution auf Du und Du zu sein, so ist die Folge davon, daß nicht der Dichter titanenhaft wächst, sondern daß der Iwan zu einem achtel Bogen zusammenschrumpft. Familiarität ist keineswegs ein Ausdruck für innere Nähe. Eine innerlich verarbeitete Verbindung mit der Revolution hätte den familiären Ton nicht ausgeschlossen, weil sie das, was die Deutschen ‚Pathos der Distanz' nennen, ergeben hätte." Dieses ziemlich harte Urteil Trotzkis ist nicht ganz unberechtigt, und Majakowski fühlt das selbst. Er ist inmitten der Krise seines künstlerischen Schaffens. Der Weg der Revolution, so lange parallel mit der politischen Revolution gewissermaßen um ihn herum, führt schließlich doch auf einer dritten Ebene zu einem gemeinsamen Schnittpunkt. Der eine Weg löst den anderen irgendwie in sich selbst auf. Und der Dichter Majakowski, der so fest auf dem Boden seines eigenen Ichs gestanden hat, sieht sich dem Problem gegenüber, dieses Ich in die Masse aufzulösen oder die Masse selbst als das Ich wirklich zu gestalten. Nicht mehr genügt es, die Masse zu sich heranzurufen, sondern die Masse selbst Ich werden zu lassen. Diese Forderung hat Majakowski wohl begriffen. Er beginnt jetzt Prosa zu schreiben. Und als ehemaliger schulmäßiger Futurist unternimmt er zunächst die praktischen Vorbereitungen.

Das klärt vielleicht am besten die augenblickliche Stellung Majakowskis zur Revolution, daß er sich ihren äußeren Anforderungen unterordnet. Er dient ihr. Zwar war seine Stellung in den ersten Jahren der Revolution im Grunde genommen verwandt mit der Schaljapins oder irgendeiner berühmten Ballettdiva.

Man schmeichelte ihm, man trug ihn auf den Händen, man duldete seine Extravaganzen und war bereit, ihm in jeder Weise entgegenzukommen. Die Notwendigkeit der nüchternen Behandlung der praktischen Aufgaben, die Umwandlung von Begeisterung und Rausch zu Initiative und Zähigkeit in praktischer Betätigung hat auch die Stellung der Sowjets Majakowski gegenüber etwas verändert. Besser gesagt, es hätte sie verändert, wenn Majakowski nicht selbst sich auch geändert hätte. Majakowski hat sich den praktischen Bedürfnissen angepaßt. Mehr angepaßt als seine Schule, die längst die innere Beweglichkeit Majakowskis nicht besitzt und deren zahllose Mitläufer, häufig nur literarische Eintagsfliegen, längst ins Nichts und in die Vergangenheit wieder versunken sind. Majakowski hat damit begonnen, seine Satire in den Dienst der Sowjetpropaganda zu stellen. Er arbeitet mit seiner Gruppe Plakate für die Kommissariate oder für staatliche Industrieunternehmungen. Er schrieb eine Broschüre gegen die privaten Schnapsbrennereien, in der er die ganze Schärfe seines Witzes auf die Stupidität und die Dummheit des nicht aufgeklärten Volkes, das zum Schnaps als zum „Seelentröster" seine Zuflucht nimmt, wendet. Er dichtet und schreibt gegen Gott und die bürgerliche Versklavung der Liebe, aber in dem Falle nicht als der unabhängige, selbstgefällige Dichter, sondern nach den besonderen Anweisungen des entsprechenden Sowjetkommissariats, deren Agitation er in den ihm dafür zugewiesenen Grenzen sehr unterstützt. Alles in allem: er bereitet sich vor, den Rhythmus seiner Verse und Reime in Prosa umzusetzen. Er macht im Augenblick in dieser Propagandatätigkeit die handwerkliche Schule durch.

In dieser Hinsicht gewinnt auch seine Schule und die Gruppe „Lef" wieder an Bedeutung. Von Majakowski zu sprechen bedeutet zugleich, seiner Schule zu gedenken. Von dieser Schule kann man sagen, daß ihre Vertreter nicht etwa eines oder das andere von Majakowski gelernt haben, sondern sie gehen geradezu völlig in Majakowski auf. Sie werden Teile des Dichters, des Menschen und Agitators Majakowski. In den ersten Jahren der Revolution hatte diese Gruppe in Moskau eine überragende Bedeutung. Die Maler der Gruppe pinselten die Moskauer Fassaden an. Die Bildhauer entwarfen jene häufig kindlichen und unförmigen Denkmäler, von denen heute noch einige in den Moskauer und Leningrader Parks zu sehen sind. Viele sind aber auch schon wieder einer nüchterneren Kunstauffassung zum Opfer gefallen. Das war die Zeit der Experimente auf allen Gebieten der Kunst und im Grunde genommen sogar der Kultur. Im Fortschreiten der Revolution ist vieles davon beseitigt worden. Je sicherer der Kommunismus in der Beherrschung der Staatsmacht wurde, desto stärker griff er auch in das äußere und innere Leben des Menschen ein und desto nüchterner beurteilte er auch die Grundlage der soziologischen Gesellschaftsbildungen. Ein Teil der offiziellen Kulturkritik, insbesondere vertreten durch L. Sosnowski, wendete sich sogar als Gegengewicht sehr scharf gegen die „Lef"-Leute, und nicht zuletzt Sosnowskis Einfluß ist es zu verdanken, daß 1921 und 1922 die „Lef"-Gruppe immer mehr an Einfluß verlor. Sie wurde aus dem öffentlichen Leben in die Vortragssäle der Akademie und zeitweilig sogar auf das Vortragspodium im Kaffeehaus zurückgedrängt. Trotzdem ist es ihr gelungen, sich innerlich zu erneuern und sich nach den ziemlich schweren Jahren für die russische neue Kunst wiederum eine steigende Bedeutung zu erzwingen. Sie ist mit ihren Arbeiten heute ins Leben gegangen, und die theoretische Begründung der linken Front stellt heute Forderungen auf, wie Verarbeitung des praktischen Lebens, Kunst für die Massen und für die Werktätigen, Verschönerung des grauen Alltags und ähnliches mehr. Als Theoretiker dieser Gruppe sind vor allem Brick und Kuschmer zu nennen. Unter den Dichtern ragen hervor: Assejew und Tretiakow. Interessant sind die Maler Rodschenko, Stepanowa und Lawinski. Sie sind nicht nur Maler, als die sie nicht unbedeutende Werke ausgestellt haben und ausstellen, sondern auch Photographen und Architekten, die in der Tagespraxis ihres Berufes arbeiten oder direkt im Fabrikraume sich damit beschäftigen, Muster für die einzelnen Industriezweige, insbesondere die Textilindustrie, zu entwerfen. Rodschenko zeichnete das Modell eines neuen Automobiltyps. Er erfindet ein photographisches Verfahren für technische Aufnahmen. Lewinski entwirft den Zeitungskiosk, der auf der vergangenen landwirtschaftlichen Ausstellung in Moskau Aufsehen erregt hat, ein Zeitungskiosk, der auf einem Raume von 3 qm Platz für 2000 Bücher schafft. Genannt in dieser Gruppe mag noch sein: Eisenstein, der sich damit befaßt, die „Kunst unter die Leute" zu bringen, der Versuche unternimmt, mit Hilfe der Kunst Kindern und Analphabeten das Lernen zu erleichtern.

II
Die Serapionsbrüder

Den Gedanken, die Kunst den Erfordernissen des praktischen Lebens anzupassen, hat, unabhängig von Majakowski und seiner Gruppe, eine andere, nicht weniger starke literarische Gruppe auf ihr Programm geschrieben. Nicht daß die eine die andere Gruppe beeinflußt hätte; auf verschiedenen Wegen und mit ganz verschiedenen Voraussetzungen ist diese zweite Gruppe, obwohl im Grunde früher an der Arbeit als Majakowski, zu solchen Resultaten gelangt.

Die „Serapionsbrüder" sind ursprünglichstes Produkt der russischen Revolution. Es handelt sich bei ihnen fast ausschließlich um Schriftsteller, die der Krieg und die Revolution erst geboren hat. Die Bedeutung der Serapionsbrüder geht aus von einer Gruppe junger Schriftsteller und Schriftstellerinnnen, die bei dem Zusammenbruch der Kerenskirevolution ohne Kontakt mit den Bolschewiki ein literarisches Eigenleben zu führen begannen und denen weise vorausschauend der Leningrader Sowjet den Filipowschen Palast in Leningrad an der Ecke Newski Morskaja als „Haus der Künste und des Proletkults" zur Verfügung gestellt hat. Fast alle Serapionsbrüder sind erst im Laufe der Entwicklung der Revolution zu Anhängern des russischen Kommunismus geworden. Die Serapionsbrüder sind vielleicht für das übrige Europa die interessanteste Gruppe der neuen russischen Literatur. Will man sie irgendwie nur vergleichen — etwa mit der literarischen Entwicklung Deutschlands —, so könnte man sagen, daß diese Serapionsbrüder die Zeit vom Naturalismus über den Neoklassizismus und die Neoromantik übersprungen haben, ohne daß diese nachnaturalistischen Tendenzen ganz spurlos an ihnen vorübergegangen wären. Trotzdem ist eine ganz eigenartige reinrussische Literatur entstanden, die ihren russischen Charakter aus den besonderen Anforderungen der Arbeiter- und Bauernrevolution und des erwachenden Bauernstandes schöpft.

Der Begründer dieser Gruppe ist *Viktor Schklowski*. Bezeichnend auch für diese Gruppe ist, daß Viktor Schklowski nicht nur im bildlichen Sinne Schule gemacht, sondern daß er geradezu diese Serapionsbrüder erst zu dieser Gruppe erzogen hat. Man kann wohl sagen, daß Schklowski diese jungen Schriftsteller erst

angelernt hat zu schreiben. Dabei ist Schklowski selbst literarisch erst in den letzten zwei Jahren hervorgetreten. Seine Hauptthesen fassen sich etwa dahin zusammen: die Form ist alles, der Inhalt nichts. Pflegt man die Form, so schafft man damit den Inhalt. Gegen die Form kann man objektiv vorgehen. In gewissem Sinne betont Schklowski in der Literatur eine marxistische Linie. Er betont das kollektive literarische Schaffen. Er verlangt, daß der Schriftsteller bewußt schreiben lernt. Bezeichnend für die Vorbilder der Serapionsbrüder ist, daß sie beispielsweise die amerikanischen Shortstoryschreiber O'Henry und Jack London in Rußland neu auf den Schild gehoben haben. Überdies geht der Ruf der Serapionsbrüder dahin, Technik zu lernen aus der Literatur des Auslandes.
Schklowski stammt aus einer Journalistenfamilie, und sein Bruder hat unter dem Pseudonym Dioneo lange Jahre Briefe aus England für die große russische Presse geliefert. Im Kriege diente er als Chauffeur bei der Armee, und unter Kerenski wurde er zum Kommissar ernannt, der mit außerordentlichen Vollmachten nach Turkestan reiste, wo er neue Aushebungen unter den asiatischen Grenzvölkern für die Junioffensive vornehmen sollte. Bei der Oktoberrevolution zieht er sich vom politischen Leben zurück. Er beginnt seine Lehrtätigkeit bei den Serapionsbrüdern. Später kommt er mit der kommunistischen Regierung in Konflikt. Er wird verraten, ein Panzerauto instand gesetzt zu haben, das gegen die Kommunisten in einem Aufstand verwendet werden sollte. Schklowski muß fliehen, und er hält sich mehrere Jahre in Deutschland auf. Vor hier schreibt er 1923 an das russische Zentralkomitee jenen Brief, der für die Stimmung in russischen Emigrantenkreisen kennzeichnend geworden ist und der die Rückkehr der Emigranten nach Rußland gewissermaßen einleitete. Dieser Brief ist veröffentlicht in einem schmalen Band „Zoo, Briefe nicht von der Liebe" oder „Die dritte Heloise", den Schklowski hier in Berlin veröffentlichte und der alle Thesen, die Schklowski in seiner Lehrtätigkeit bei den Serapionsbrüdern verkündete, in wundervoll gedrängter Form zusammenfaßt. Es sind tändelnde Liebesbriefe, darin eingeflochten Bemerkungen über Autos, Revolution, in einer scharf herausgemeißelten Steigerung bis zu dem Schlußbrief, der hier wiedergegeben werden soll:
„Ich kann nicht in Berlin leben. Mit meinem ganzen Wesen und

mit allen meinen Gewohnheiten bin ich mit Rußland von heute verknüpft. Ich kann nur für dieses Rußland arbeiten.
Es stimmt nicht, daß ich in Berlin lebe.
Die Revolution hat mich neu geboren. Ohne sie habe ich keine Luft zum Atmen. Hier kann man nur ersticken.
Bitter wie der Staub von Karbid ist die Berliner Öde. Wundert Euch nicht, daß ich diesen Brief nach dem Brief an eine Frau schreibe. Ich will gar nicht eine Liebesgeschichte hineinflechten. Jene Frau, an die ich schrieb, hat niemals existiert. Vielleicht war eine andere da, ein guter Kamerad, mit dem ich mich nicht verständigen konnte. Ich habe die Frau und die Liebe ausgedacht, um dieses Buch des Nichtverstehens, das Buch des fremden Menschen und eines fremden Landes zu schreiben. Ich will nach Rußland.
Ich hebe die Hand und ergebe mich."
Dieser Brief ist der Brief der russischen Emigration und zugleich ein Brief einer jungen, nüchternen Nationalliteratur. Schklowski ist Ende 1923 wieder nach Rußland zurückgekehrt.
Unter den Serapionsbrüdern ist der technisch vollkommenste Dichter der Prosaiker *Pilnjak*. Sein Roman „Das nackte Jahr" hat weit über die Grenzen Rußlands Aufsehen erregt. Er ist ins Deutsche, Französische und Englische bereits übersetzt. Es ist eine Schilderung des russischen Lebens in der Provinz. Er schildert die Aristokratie, den Kaufmanns- und Mittelstand, die verängstigt sich zusammendrängen; um sie herum schließen die Bauern, die Kleinbürger mit den neuen Revolutionsmächten ihren Frieden. Der Hunger macht auch vor den Toren der Aristokratie und der früheren Reichen nicht halt. Es ist zu spät, eine Verbindung zu gewinnen, wie es den Kleinbürgern und den Bauern gelungen ist. Die Familien haben in der Revolution zu sehr gelitten, um für eine Umstellung und wenigstens neutrale Mitarbeit, die das nackte Leben fristen läßt, noch lebendig genug zu sein. So stirbt diese Gesellschaftsschicht aus.
Der Roman ist nicht ohne Koketterie, mit einer wohldurchdachten und gemacht nüchternen Form zu prunken.
Lebendiger, wenngleich nicht so beherrscht in der Form, ist *Wsjewolod Iwanoff*. Auch von diesem Dichter sind mehrere Werke bereits in deutscher Sprache erschienen. Seine Romane spielen in der sibirischen Taiga. Sie behandeln das Leben der sibirischen Bauern, ihre Schicksale in der Revolution usw.

Am bekanntesten geworden und auch ins Deutsche übersetzt ist sein Roman „Farbige Winde". Der Roman stellt, anknüpfend an die russischen Volksschriftsteller, einen zweifellos gelungenen Versuch dar, das Leben der russischen Bauern in den Kämpfen der Revolution und der Gegenrevolution in einem neuartigen Typ, der zugleich das Erwachen des russischen Bauern und seinen Anschluß an die Kultur des Westens bedeutet, darzustellen.

Der dritte große Prosaiker der Serapionsbrüder ist *Konstantin Fedin*. Von ihm wird die russische Literatur noch einen starken Impuls zu erwarten haben. Sein erster Band Erzählungen „Bauplatz" hat in der russischen Öffentlichkeit großes Aufsehen erregt. Fedin hat am konsequentesten die Forderung Schklowskis verwirklicht, alle Themen, über die er schreibt, vorher erst gründlich zu studieren. In diesen Novellen wird auch die Geschichte eines Glasmachers behandelt, und man erzählt, daß Fedin monatelang alle Werke über Glasmacherei im In- und Auslande, über die Aufstellung der Öfen und alle technischen Einzelheiten studiert hat, um sie in der Erzählung des Glasmachers als nebensächliche Milieuschilderung zu verwenden. Von ihm ist neuerdings ein Roman erschienen „Fjodor Lependin", fußend auf naturalistischer Tradition und äußerster Beherrschung der Formen. Zum Gegenstand hat der Roman das Leben des unbekannten und namenlosen Menschen, weder Arbeiters noch Bauern, den Typ des städtischen Russen.

Unter den Schriftstellern der Serapionsbrüder sind noch zu nennen: Jessenin, der Gatte Isadora Duncans, Pasternak, der Sohn des bekannten Malers Pasternak, den eine formvollendete Linie auszeichnet und der ein besonderer Liebling der offiziellen Sowjetkritik ist, Tichonow, bekannt durch sein Poem „Das Schachbrett", in dem die Figuren sich symbolisch über die Revolutionsbegebenheiten unterhalten, und Soschtschenko.

Auch einen Dramatiker haben die Serapionsbrüder aufzuweisen, *Leo Lunz*. Sein Drama „Außerhalb des Gesetzes" nimmt den Stoff aus dem spanischen Mittelalter und paßt sich dem Stil des Lope de Vega an.

Zur Gruppe der Serapionsbrüder gehört auch *Marietta Schagiani*, eine Armenierin, die in besonderer Weise die deutsche Kultur propagiert. Bezeichnend ist ihre „Reise nach Weimar", die 1923 im Leningrader Staatsverlag erscheinen konnte, und die eine große Sehnsucht nach deutscher Kultur enthält, für deren Übermittlung und Einführung in das sowjetistische Rußland Marietta Schagiani viele Wege aufzeigt.

III
Die Schmiede und verwandte Gruppen des Proletkults

Von den sehr zahlreichen Gruppen jugendlicher Theoretiker und Schriftsteller, die im Laufe der ersten stürmischen Revolutionsjahre ins Leben gerufen wurden und die häufig nur lokale Bedeutung hatten, hat am meisten noch Einfluß behalten die Gruppe der „Schmiede". Zum Teil hat die Schmiede die fähigsten Elemente der ungenannt bleibenden lokalen Gruppen in sich aufgesogen. Trotzdem ist die Gruppe der Schmiede heute nicht als der Typ kommunistischer Literatur kanonisiert. Man kann sogar eher vom Gegenteil reden; sie verliert sichtlich an Einfluß, und den stärksten Schlag gegen sie führte wohl Trotzki selbst in seiner Aufsatzreihe „Literatur und Revolution", in der er sehr heftig gegen die Kanonisierungswünsche dieser Gruppe polemisiert und ihre Überhebungen geißelt. Es kann bei dem chaotischen Anfangsstadium einer Gesellschaftsumwandlung nicht wundernehmen, daß über Analyse und Erkenntnis die Phrase siegt. Zu einer solchen Phrase entwickelte sich in Rußland der Ruf nach proletarischer Kunst, nach proletarischer Dichtung insbesondere, ausgehend von dem mehrere Jahre in mystischem Dunkel gebliebenen Schlagwort „Proletkult". Trotzki geht in der erwähnten Schrift diesem Dunkel scharf zu Leibe, und vielleicht kennzeichnet das am besten die Überspanntheit gewisser Kunstbestrebungen, daß es die Partei und Trotzki für notwendig fanden, in einer besonderen Schrift gegen solche Übertreibungen vorzugehen. In dieser Schrift gewinnt auch der Begriff „Proletkult" auf einmal eine ganz andere Bedeutung; er wird praktisch abgewandelt zu einer sehr nüchternen Zweckmäßigkeit, die jede mystische Atmosphäre aufgegeben hat. Trotzki definiert den Proletkult als proletarischen Kulturismus, d. h. den zähen Kampf um die Hebung des kulturellen Niveaus der Arbeiterklasse. In dieser Definition steckt schon etwas ganz anderes als gelegentlich die europäischen Arbeiterschriftsteller und Kunsttheoretiker uns glauben machen wollten. Mit einem

derartigen Proletkult hatten natürlich bis heute die Schmiede und ihre verwandten Gruppen wenig zu tun. Sie glaubten, als kommunistische Schriftsteller, Theoretiker und Dichter allein die wahre Staatskunst zu besitzen, und ihre gelegentlich veröffentlichten Deklarationen, die sich nicht nur an die Leser und Bezieher ihrer Zeitschriften wenden, sondern direkt an die Staatskommissare, an die Parteibehörden und sozusagen den gesamten Staatsapparat, lassen nicht selten die richtige Distanz in der Bedeutung einer selbst vielleicht nur experimentellen Literatur gegenüber einem kommunistischen Staatsgedanken vermissen. In der Tat hat denn auch der von Trotzki eingeleitete Angriff, dem sich eine Reihe bekannter Kritiker angeschlossen haben, in höchstem Maße ernüchternd gewirkt.
Eine der Deklarationen der Schmiede beginnt mit dem programmatischen Satz: „Der Stil ist die Klasse." Leider haben die Dichter dieser Gruppe dieses Programm nicht zu verwirklichen vermocht. Es findet sich sogar nirgends ein künstlerisch bewußter Versuch, wenigstens nicht in der Gruppe dieser rein proletarischen Schriftsteller, den Charakter der russischen Arbeiter- und Bauernklasse, geschweige denn sogar den Charakter des russischen Proletariats im Stil auszudrücken. Um so heftiger kämpft dagegen diese Gruppe gegen die übrigen Literaturgruppen, besonders gegen Majakowski und die Serapionsbrüder, denen sie eine Verwässerung des rein proletarischen Grundgedankens vorwerfen. Der Streit ist in der russischen literarischen Öffentlichkeit nicht zugunsten der Leute der Schmiede entschieden worden. Trotzdem ist die Bedeutung der Schmiede, die als Gruppe in einer straff geschlossenen Phalanx kämpft, für die Schichtung des neuen russischen Geisteslebens nicht zu unterschätzen, und sie muß bei aller Einschränkung ihres wirklichen Wertes für eine neue künstlerische Entwicklung trotzdem an erster Stelle genannt werden. Ihr Schwergewicht liegt in der theoretischen, literatur- und gesellschaftskritischen Seite und ruft Fragen auf, die häufig genug ganz neuartige Lösungen erzielen. Eine solche Frage ist beispielsweise die der unmittelbaren Kunstbetätigung. Solche Betätigung findet sich in den Betriebszeitungen der Arbeiter. Die Arbeiter im Betriebe schreiben ihre Zeitungen selbst. Sie schmücken die Fabrikhallen mit Zeichnungen aus, die von einem gewählten Arbeiterkomitee ausgesucht und begutachtet werden. Nicht immer verlaufen

solche Bestrebungen reibungslos, und die Schmiede, die von Anfang an schon den künstlerischen Klassizismus ihrer Klasse vertritt, hat häufig genug gegen ihre Anhänger in der „Kunst von unten" zu kämpfen. Auch hierin muß die Spitzengruppe der proletarischen Kunst erleben, daß Partei und öffentliche Organe ihr nicht recht geben. Sie schützen die sich neu entwickelnde Volkskunst der russischen Arbeiter und Bauern. Die Schmiede dagegen möchte sie als „kulturlos" häufig genug verdammen. In dem Durchsetzen eines gewissen klassischen Prinzips gegenüber den „Dirigenten mit der Wagendeichsel", wie die Leute der Schmiede Trotzki und die Gesellschaftskritiker nennen, wird sich möglicherweise noch eine tragbare Kunsttheorie herauskristallisieren, die dem stürmischen Drängen der russischen Massen nach einer neuen kulturellen Plattform entspricht.

Vorerst zeigt die Produktion der hervorragendsten Köpfe dieser Gruppe noch einen ziemlich tastenden Charakter, und das aus ihr hervorgegangene allgemein anerkannte literarische Werk von Bedeutung *Jurij Libedinskis* „Eine Woche", ist kunsttheoretisch gesehen nichts weiter als eine in den technischen Mitteln sehr beherrscht vorgetragene Chronik. Das Chronikartige überwiegt überhaupt zunächst. Die Erzählung „Eine Woche" gewinnt überdies deshalb ihre besondere Bedeutung, weil das gesellschaftliche Entstehen und Wachsen der neuen proletarischen Sowjetorganisationen in der Provinzstadt freigelegt wird ohne agitatorisches Pathos, lediglich technisch von dem Gedanken getragen, die politischen und gesellschaftsbildenden Kräfte in ihren Wechselbeziehungen zur gestürzten politischen Tradition sich frei entwickeln zu lassen. Der der Chronik entlehnten Technik gelingt es dabei, menschlich erschütternde Wirkungen zu erzielen und wirklich den Typ eines neuen Menschen im neuen Rußland aufzuzeigen. Immerhin ist Libedinskis Werk nicht Schule machend geworden. Es war wohl doch nur mehr ein einzelner glücklicher Wurf, der sich schwer in eine bestimmte Theorie einzwingen läßt. So wirkt ein zweites Werk desselben Dichters, das sich mit den deutschen Arbeiterkämpfen befaßt und das eine Revolution in Deutschland zum Mittelpunkt hat, schon viel schwächer.

In dieser Gruppe, die eine sehr geschickt geleitete Zeitschrift „Der Projektor" (Scheinwerfer) als Ausdrucksmittel hat, sind weiter zu erwähnen: Kasin, Aronew, Malachow, Obradowitsch

und der sehr schnell beliebt gewordene Besymenski, der bewußt bereits volkstümlich schreibt und gelegentlich über Arbeiter schreibt im Stil der alten Bauernlegenden.
Zu dieser Gruppe gehören, wenngleich von ihren Theoretikern nicht gerade in den Mittelpunkt gestellt, eine Reihe von Schriftstellern, die Erlebnisse aus der Revolutionszeit, Berichte von den Kämpfen der Roten Armee, fast dokumentarische Auslassungen über die Kämpfe mit den Gegenrevolutionären, Bauernaufstände zum Gegenstand ihrer Dichtungen gemacht haben. Diese Schriftsteller sind in Rußland schnell überaus verbreitet worden. Bei der schon nach den ersten Jahren des Umsturzes einsetzenden Kulturpropaganda und bei der Vorliebe des Russen überhaupt für Literatur ist eine solche Verbreitung nicht zu verwundern. Der veristische und nationalistische Charakter ihrer Berichte sichert diesen Schriftstellern auch eine Beachtung über Rußland hinaus. Einige davon, darunter Malyschkin, Jakowlew, Nikitin, Ssejfulina sind auch bereits ins Deutsche und Englische übersetzt. Ssejfulina ist davon zweifellos der bedeutendste. Seine Darstellung trägt den Charakter der alten russischen Legendenerzählung, und seine Bauernlegende über Lenin, die erst unlängst nach Lenins Tode erschienen ist, enthält alle Charakterzüge der alten, merkwürdigerweise auch heute noch in der russischen Öffentlichkeit vergessenen Volksschriftsteller, die eine eigene Literaturbewegung in Rußland einleiteten, lange vor Auftreten des europäischen Naturalismus.
In dieser Gruppe muß auch Dorochow erwähnt werden, dessen Erzählung aus Sibirien „Golgatha" den Kampf der Roten und Weißen in Sibirien zum Gegenstand hat. Diese Erzählung nimmt in der Entwicklung der neuen proletarischen Literatur in Rußland einen bedeutsamen Platz ein. Dorochow verhält sich der Gruppe gegenüber wie der Dichter zum Chronisten, aufs äußerste diszipliniert in den technischen Mitteln, zusammenfassend das Ganze der Revolution, ihren Rhythmus und ihre Wirkungsmöglichkeit auf die Zukunft. Kein Satz ist hingeschrieben, um eine Stimmung auszufüllen, aber alles zeugt von der Intensität der Kollektivität des zukünftigen Gemeinschaftsdaseins.
An dieser Stelle soll auch Demjan Bjedny genannt werden. Demjan Bjedny gehört zu keiner Gruppe und am allerwenigsten zur Gruppe der Schmiede. Wenn er hier erwähnt wird, so geschieht es deswegen, weil er doch als rein proletarischer

Dichter gezählt wird und weil er in mehr als einer Hinsicht stärker als die gesamte Gruppe der Schmiede zusammengenommen zur kommunistischen Partei und zu den russischen Staatsorganen in direkter Verbindung steht. Er hat den Typ der russischen Bauernreime neu entstehen lassen. Und mit diesen naiv wirkenden und doch so kunstvoll gebauten Sprüchen ist er einer der wirksamsten Propagandisten der Sowjetmacht geworden. Er ist heute einer der gelesensten Schriftsteller Rußlands, und seine Verse werden in jedem Klub und in allen Theatern deklamiert. Er gehört zum Rüstzeug der russischen Revolution und der Sowjetmacht. In den Kinos brechen minutenlange Beifallsstürme los, wenn sein Bild gezeigt wird. Der Versuch, Demjan Bjedny zu übersetzen, ist verschiedentlich gemacht worden. Eine Auswahl seiner Werke liegt in französischer und polnischer Sprache vor. Auch einige Gedichte sind ins Deutsche übertragen, doch ist es fast unmöglich, den eigentlichen Charakter der Bjednyschen Verse, die ihm zu dieser ganz ungewöhnlichen Beliebtheit in Rußland verholfen haben, in fremder Sprache wiederzugeben. Diese Mischung von Zynismus und Volkstümlichkeit, bitterer Satire und gemütvoller Kameradschaft entspricht zu sehr dem ureigensten russischen Volkscharakter, als daß sie sich ins Westeuropäische bringen ließe. Der Kunstwert der Demjan Bjednyschen Gedichte (Demjan Bjedny ist ein Pseudonym und bedeutet etwa soviel wie „der arme Dummkopf") ist natürlich bei den führenden Köpfen der neuen russischen Literatur stark umstritten. Der größte Teil möchte überhaupt jeden Kunstcharakter leugnen. Aber vielleicht entscheidet auch hierüber der Erfolg, und es mag späteren Beurteilern vorbehalten sein, die Analyse dieser ungeheuren Beliebtheit Demjan Bjednys aufzustellen.

IV
Die Emigranten und die vorrevolutionäre Literatur

Über die vorrevolutionären Schriftsteller und ihre Nachwirkungen auch für die gegenwärtige Zeit in Rußland ließe sich vieles, zum Teil sehr Widerspruchsvolles, sagen. Bei dem keineswegs einheitlichen Charakter der herrschenden Kultur- und Literaturströmungen wirkt jede Beurteilung allzu individuell. Die Provinz denkt darüber anders als Moskau oder Leningrad, und selbst was die Beurteilung der Großen in der Literatur anlangt, etwa eines Puschkin, Tolstoj und Dostojewski, so kann man darüber in Leningrad andere Ansichten hören als in Moskau oder in Odessa. Im allgemeinen kann man sagen, daß Tolstoj und Dostojewski und die nachfolgenden Novellisten Tschechow und Andrejew vom Büchermarkt verschwunden sind. Das gleiche läßt sich von den weiter zurückliegenden Klassikern allerdings nicht sagen. Merkwürdigerweise aber sind auch die der Revolution sehr nahestehenden Schriftsteller Rjeschetnikow und die Uspenskis aus ihrer jahrzehntelangen Vergessenheit nicht wieder an die Oberfläche gelangt. Auch Gorki, der von diesen ausging, ist aus dem Büchermarkt mit seinen Vagabondengeschichten verschwunden. Es ist sogar auffallend, daß Gorki, der in allgemeinen Kunstfragen wohl noch immer eine ziemliche Autorität besitzt, schon seit Jahren aufgehört hat, Belletristik zu produzieren. Die immer spärlicher werdenden neuen Veröffentlichungen von Gorki sind Erinnerungsliteratur und Schriften kunsttheoretischen und philosophischen Inhalts. Der Ethiker Gorki hat allerdings kaum Aussicht, in Sowjetrußland heute gehört zu werden. Seine Theorie entspricht nicht mehr der Dynamik dieser Zeit.

Ein anderer bis zur Revolution bedeutsamer Dichter zeigt sich hartnäckiger als Gorki: Alexej Tolstoj. Nachdem er die ersten Jahre im Ausland zugebracht hat, ist er 1923 nach Rußland zurückgekehrt und hat energisch versucht, sich im neuen Rußland an die Spitze des literarischen Lebens zu setzen.

Es existiert keine größere und mittlere Stadt in Rußland, in der nicht Alexej Tolstoj von der westlichen Kultur gesprochen und versucht hat, eine Brücke zu schlagen zwischen dem heutigen Rußland und dem Westen. Hierbei zeigt sich bei ihm ein stark betonter national-russischer, wenn nicht gar chauvinistischer Zug. Seine Propaganda hat auch eine größere Beachtung für seine Werke mit sich gebracht, und seine Produktion der letzten Jahre wird jetzt von den Staatsverlagen in großen Auflagen verbreitet. In gewissem Sinne ist diese Literatur, insbesondere Alexej Tolstoj, der die Technik beherrscht, der jungen russischen Literatur überlegen. Nichtsdestoweniger verhält sich die offizielle Kritik und besonders die Jugend einem Alexej Tolstoj gegenüber sehr kalt. Zuletzt ist von Alexej Tolstoj ein revolutionärer Roman erschienen, der die Revolution verherrlicht und auf dem Mars spielt: „Aelit". Weiter findet man jetzt auf dem russischen Theater eine romantische Komödie aus der Rokokozeit von ihm: „Der Liebe goldenes Buch", eine zweite Komödie: „Das Spiel der Colombine", die Tolstoj aus Paris mitgebracht hat und die dort mit großem Erfolg aufgeführt wurde, sowie eine Anzahl Bände Erzählungen, darunter „Der nasse Mond" und „Die Geschichte des einundzwanzigsten Hauses". Alexej Tolstoj ist im allgemeinen der Romantiker geblieben, der er auch vor dem Kriege war. Er nimmt das revolutionäre Geschehen, das er sieht, auf, überträgt es spielerisch auf historische Themen oder Zukunftsutopien und bemüht sich neuerdings, dem russischen Menschen so nahe wie möglich zu bleiben. Inwieweit er die sich entwickelnden neuen Schulen mit seiner vollendeten Technik beeinflussen wird, steht noch dahin. Am nächsten dürfte er der Gruppe der Serapionsbrüder stehen.

Die Pariser Gruppe russischer Schriftsteller ist im neuen Rußland unbekannt geblieben. Soweit es sich um ihre Hauptvertreter Kuprin, Bunin und Mereschkowski handelt, kämpfen sie ja auch noch heute einen erbitterten Kampf gegen Rußland, und es ist schon eine Frage des politischen Prestiges für die Regierung, von ihnen keine Notiz zu nehmen. Leider muß man auch sagen, daß ihre Produktion einen bedenklich dekadenten Eindruck macht. Abgesehen von der rein gegenrevolutionären propagandistischen Tendenz etwa in jener literarisch berühmt gewordenen „Flucht aus Rußland", bei der die Tendenz gegen die Sowjets schon jeden literarisch-künstlerischen Ansatz erstickt, hat diese Gruppe keine irgendwie bemerkbaren Leistungen aufzuweisen. Mereschkowski, seine Frau Sinaida Gippius und Fillossopow, die drei gemeinsamen Autoren jener „Flucht", werden zudem bald in dieser Gruppe allein sein. Die übrigen haben in letzter Zeit ihren Frieden mit der Sowjetregierung gemacht, und ihre Werke beginnen wieder in Rußland zu erscheinen, darunter selbst Bunins „Moskauer Geschichten", vergleichbar mit den „Chroniken des alten Wien". Schriftsteller wie Saizew und Ssergejew Zenski versuchen sich bereits dem neuen russischen Gesellschaftsmilieu anzupassen.

Eine interessante Erscheinung außerhalb des offiziellen Literaturbetriebes ist General Krasnow, der seit einiger Zeit in Deutschland lebt und jetzt zur Feder gegriffen hat. Seine Schriften, gleichfalls von einem unversöhnlichen Haß gegen die Sowjetregierung getragen, sind trotzdem lebendiger als die der Pariser

Gruppe. Krasnow ist bekanntlich jener General, der bei dem Umsturz gefangengenommen wurde, dann durch besondere Verwendung Lenins freigelassen, sich bald an die Spitze einer Truppe wieder gegen die Bolschewiki stellte. Von ihm sind auch in deutscher Sprache eine Reihe Novellen erschienen und zuletzt ein zweibändiger Roman „Verstehen heißt vergeben", worin aber von Vergeben in keiner Weise die Rede ist. Krasnow schreibt einen knappen, realistischen Stil und wirkt durch den Fanatismus seiner Schriften weit mehr als seine romantischen und in kosmischen Spekulationen befangenen Literaturkollegen. In letzter Zeit wird auch J. Ehrenburg, ein Vertreter der amerikanischen Detektivgeschichte, der über Krieg und Revolution ein sehr witziges und amüsantes Buch geschrieben hat: „Die ungewöhnlichen Abenteuer des Julio Jurenito und seiner Jünger", in Rußland selbst gelesen und beachtet.

Ein Sonderling in der russischen Literatur mag noch erwähnt werden, der, obwohl in Leningrad auch während der Revolution lebend, sich schwer irgendwelchen Gruppen einordnen läßt: Alexander Grinewski, der als „Grin" schreibt, ein verspäteter Nachfahre von Edgar Allan Poe, der dem Zug der Zeit nach Phantastik und Romantik Rechnung trägt und der in seinem letzten Roman „Die funkelnde Welt" das Problem des Schicksals behandelt in Gestalt des fliegenden Menschen, ein Roman, weniger Utopie als erfüllt von individueller Psychologie, dabei von konzentrierter Spannung und mit starker Wucht geschrieben. Der Roman hat in Rußland großes Aufsehen erregt und hat auch den früheren Schriften, mehreren Novellenbänden, eine nachträgliche Beachtung verschafft. Um Alexander Grin webt sich bereits die Legende. Es ist ein ehemaliger Matrose, der keine große kulturelle Vorbildung erhalten hat, und der, ein russischer Jack London, aus dem reichen Schatz seiner Fahrten und Abenteuer schöpft.

Die schönen Künste

Man beginnt erst jetzt das während der sechs Jahre Revolution Geschaffene zu sammeln. Im letzten Jahre fanden Ausstellungen von Gemälden und Bildhauerarbeiten in Moskau und Leningrad statt. Wie man auch schließlich zu den einzelnen Kunstrichtun-

gen stehen mag, man wird nicht umhin können, zu sagen, daß allzuviel und etwas besonders Typisches von der russischen Kunst nicht geschaffen worden ist. Die Kunst wurde — und das ist vielleicht das einzige Typische — nach der Zweckmäßigkeit abgedrängt, und sie enthält jetzt Möglichkeiten, die sie wirklich zu einer wahren Kunst für die neue Gesellschaft entwickeln können. In Rußland steht von jeher schon die historische Malerei an der Spitze. Man möchte sagen, eine gewisse psychologische Malerei, die den Volkscharakter zum Ausdruck bringen will. Solche revolutionären Weretschagin gibt es eine ganze Anzahl, ohne daß sie ihr Vorbild entfernt erreichen. Die Maler Simiakow, Wladimirow und Vakhramée bringen Genrebilder aus der Zeit des Kriegskommunismus. Ein Bild von Vakhramée stellt einen einen Haufen Holz bewachenden Rotgardisten dar, der in einem rosa Rokokosessel auf der Straße im Schnee vor einem Feuer eingeschlafen ist. Ein Kritiker, Viktor Serge, sagt über diese Aufstellung beispielsweise: „Die Gesamtheit unserer Künstler gehört dem alten Regime, der Atmosphäre der bürgerlichen Gesellschaft an. Sie haben ihrem Untergang beigewohnt, oft, ohne viel davon zu verstehen. Das neue Leben bahnt sich langsam den Weg. Um eine neue Kunst zu gestalten, sind eine neue Gesellschaft, neue Sitten, von einer neuen Ideologie erfüllt, erforderlich: noch zwanzig Jahre siegreicher revolutionärer Anstrengungen, und der Weg ist dafür geschaffen." Serge dürfte den Kern der Sache getroffen haben. Man könnte über die Futuristen, Dadaisten und unzählige Istengruppen vielerlei sagen. Auch der Konstruktivismus hat in Rußland seinen Einzug gehalten. Er unterscheidet sich nicht von den gleichen Bewegungen in Paris oder in Berlin.
Dagegen hat derjenige Teil russischer Künstler, der lebendig mit der Zeit gegangen ist, gleich aus welcher Künstlerschule er kommt, etwas geschaffen, worin er seinen westeuropäischen Kollegen überlegen ist: die Plakatkunst. Die russische Plakatkunst hat in den letzten Jahren Außerordentliches geleistet, und die gelegentlichen Ausstellungen russischer Plakate auch im Auslande haben verdientes Aufsehen erregt. Nicht der kleinste Teil des Bürgerkrieges war ein Krieg der Propaganda, und den russischen Künstlern, die für die Regierung Propaganda gemalt haben, war, vom schöpferischen Auftakt aus gesehen, ein sehr großes und dankbares Feld zugewiesen. Die russischen Plakate

zeichnen sich auch durch starke Einfachheit und zwingende lebendige Wirkung aus. Die Schule der Primitivität, bedingt oft durch den Mangel an technischen Mitteln, hat da Wunder gewirkt.

Heute arbeitet ein gut entwickelter künstlerischer Nachwuchs daran, das Kunstgewerbe in Rußland wieder zur alten Höhe zurückzuführen. Das russische Kunstgewerbe besitzt ja eine hochkünstlerische Tradition, und der Versuch der Regierung, russisches Kunstgewerbe nach dem Ausland zu bringen, hat schon Erfolge gezeitigt. Im übrigen arbeitete beispielsweise die ehemalige kaiserliche Porzellanmanufaktur in Leningrad während der ganzen Revolution ungestört mit ihrem alten Künstlerstamm. Dasselbe gilt für das Moskauer Kunstgewerbeinstitut, das heute neue Muster für Seidenwebwaren ausarbeitet, und das eine eigene Organisation über das ganze Reich unterhält.

Auf dem Gebiete der Museumspflege hat das Kommissariat für Volksbildung Außerordentliches geleistet. Nicht immer blieb es ohne Widerspruch, daß die alten Denkmäler aus der Zarenzeit gesammelt und weiter ausgestellt wurden, und Lunatscharski hat um manches goldene Kreuz oder um manchen goldenen Zarenadler mehr Kämpfe auszufechten gehabt als um irgendeinen Folgerungssatz des historischen Materialismus. Aber nicht nur die künstlerischen Museen sind unversehrt und erweitert, sondern in letzter Zeit sind auch historische Volksmuseen geschaffen worden, die erst ein richtiges Studium der russischen Volkskunde und der verschiedenen russischen Volksstämme ermöglichen. Das Bildungsbedürfnis des Dorfes und der Provinz äußerte sich bei Beginn der Revolution in dem drängenden Wunsch nach Einrichtung von Museen. Zahllose solcher kleiner Museen, die ja allerdings häufig ziemlich wertlose Bilder und Skulpturen enthalten, die sich aber in der Hauptsache auf Nachbildungen guter russischer Kunstwerke stützen, sind heute über das ungeheure Land verbreitet und tragen nicht zum wenigsten dazu bei, dem bisher der europäischen Kultur abgewandten russischen Bauern das Interesse an der Kunst und, wenn man so will, einen organisierten Kunstsinn anzuerziehen.

In der Musik gewinnt die russische Volksmusik, die die Betonung einer nationalrussischen Volksmusik behalten hat, stark an Boden. Die Entstehung dieser Musik liegt zwar schon längere Zeit zurück, aber es scheint, daß für sie die Zeit gekommen ist, sich gegenüber einem Debussy zu behaupten. Sehr beliebt ist augenblicklich Skrjabin. Das Institut für Musikwissenschaft gibt sich große Mühe, die Musikpflege zu organisieren. Die Philharmonischen Vereine, die Konzerte und Unterhaltungen der Kapelle aus eigenen Mitteln decken müssen, sind in den Großstädten wieder neu gegründet worden, und diese Philharmoniekonzerte stehen auf hohem künstlerischem Niveau. Seit dem letzten Jahre sind wieder die Gastspielreisen ausländischer Dirigenten in Aufnahme gekommen.

Die Architektur bemüht sich, den Anforderungen einer neuen Gesellschaftsschichtung zu entsprechen. Planierungsarbeiten, Fabriksiedelungen, Gartenstädte, Einrichtung von Musterhäusern sollen geschaffen und entworfen werden. In die praktische Tat sind sie aber noch nicht umgesetzt. Man findet darüber viel mehr Diskussionen in Fach- und Kunstblättern und in den Feuilletons der Zeitungen als die Ansätze der ersten praktischen Gestaltung. Trotzdem sind diese Diskussionen nicht uninteressant. Auch Trotzki greift gelegentlich in solche Diskussionen ein. Er unterzieht beispielsweise den Denkmalsentwurf Tatlins für das Denkmalsgebäude der III. Internationale mit Verwendung des rotierenden Kubus, der Pyramide und der Zylinder aus Glas einer scharfen Kritik. Er prüft diesen Entwurf vom Standpunkt der Zweckmäßigkeit und kommt zu einer Ablehnung. „An Stelle der ameisenartigen Anhäufung der Straßen und Stadtviertel, ein Stein auf dem anderen, unmerkbar von Geschlecht zu Geschlecht, wird der titanische Bau von Dorfstädten, nach der Karte, mit dem Zirkel in der Hand getätigt." Trotzki spricht in diesem Satz bereits von den Aufgaben der neuen Architektur im Sinne der materialistischen Geschichtswissenschaft. Sicherlich wird die Architektur bei fortschreitender Festigung der Klassenentwicklung eine überragende Bedeutung gewinnen. „Die Scheidewand zwischen Kunst und Industrie wird fallen. Der künftige große Stil wird nicht verzierend, sondern formierend sein." In diesem Satze liegt das Problem klar ausgesprochen.

Theater und Kino

Die Stellung des Theaters ist im Laufe der Revolutionsjahre manchen Schwankungen unterworfen worden. In den Jahren des

Kriegskommunismus war eine außerordentliche Entwicklung des Theaters zu bemerken. Das russische Volk liebt im besonderen Maße das Schauspiel und die Regierung tat alles, der Entwicklung eines proletarischen Schauspieles die Wege zu ebnen. In dieser Zeit schrieb P. R. Kerschenzew sein Buch „Das schöpferische Theater", das jetzt auch in deutscher Übersetzung vorliegt. Die Problemstellung dieser Schrift ist außerordentlich interessant. Kerschenzew, ein in der Vorkriegszeit sehr bekannter Auslandskorrespondent verschiedener Zeitungen, untersucht die Wirkung des Theaters auf die Massen. Er gibt zu diesem Zweck eine sehr eingehende Analyse des Neuyorker „Hippodrom". Er findet in der englischen „Music Hall" einen Schritt weiter, das Interesse der Massen zu fesseln. Kerschenzew spricht von Antoine und Max Reinhardt, und er möchte den Extrakt aller dieser Theaterreformversuche, verbunden mit den Erfahrungen der Music Hall in Rußland ins Leben rufen. Aber Kerschenzew ist nicht nur Theaterreformer, er will Theaterneuerer sein. Er legt dar die Uranfänge des kollektiven Theaters einerseits und des ursprünglichen Schauspielertheaters oder besser gesagt Stegreiftheaters andererseits. Im Kollektivtheater arbeitet eine ganze Gruppe, nicht etwa nur von Schriftstellern, sondern eine Schule, ein Fabrikklub, eine Parteiversammlung daran, aus einem gegebenen Thema ein lebendiges Schauspiel zu entwickeln. Das Theater wird zum Festspiel und bewußt zum Mittelpunkt des Volksfestes, es bleibt nicht mehr an eine Kulisse gebunden, es wird zum Bauern- und Rotarmistentheater, und wandernde Schauspielgesellschaften sollen entstehen, die auf öffentlichen Straßen und Plätzen Schauspiele im Kontakt mit den Zuhörern improvisieren. Auf der anderen Seite stellt die Rückkehr zum ursprünglichen Schauspielertheater eine konsequente Fortführung der Theaterreformbestrebungen dar, die Kerschenzew in Max Reinhardt und dem Moskauer Stanislawski bis zur Revolution gewissermaßen als abgeschlossen ansieht. Der Schauspieler wird zum Akrobaten, das Proszenium rückt in den Mittelpunkt, und die „Biomechanik" Meyerholts wird geboren. Kerschenzew hat auf die Entwicklung des Theaters mit diesem Buche einen ganz entscheidenden Einfluß ausgeübt. Es ist die Theorie eines neuen Theaters, die nur der Zeit etwas voranzulaufen scheint. Denn die spontane Entwicklung, die das Theaterwesen noch 1920 zu nehmen schien, ist mit Einführung der neuen ökonomischen Politik 1921 schnell zum Stillstand gekommen. Ein Blick in das Rußland von 1924 läßt heute alle diese Versuche und selbst das Kerschenzewsche Buch als vorstürmende Experimente erscheinen, die man beiseite gelegt hat.

Das russische Theater von 1924 hat alle diese Bestrebungen zurückgedrängt, man ist versucht, sogar zu sagen mumifiziert. Dem Fremden, der heute die Besonderheiten des roten Moskau sucht, werden die Moskauer Kammerspiele Tairows, die biomechanischen Aufführungen Meyerholts und die Studien des Moskauer Künstlertheaters, auf der Tradition Stanislawskis fußend, als neue Kunst gezeigt. Und doch wirken sie bereits heute klassifiziert. Sie sind im gewissen Sinne bereits in europäischem Maßstabe anerkannt und registriert. Es sind geistreiche Fortsetzungen der internationalen Neuerungsversuche des Theaters, und sie werden zurzeit in Gastspielen durch die ganze Welt getragen. Und doch wirken sie als mehr zufällig in Sowjetrußland entstanden und entwickelt.

Dagegen wird man die großen Festaufführungen, die Revolutionsmysterien, jene großen Aufführungen wie seinerzeit die 1920 in Leningrad veranstalteten, die die ganze Bevölkerung von Leningrad auf die Beine brachten zur Feier des Revolutionstages, nicht mehr finden. Auch die Stegreiftheater und die Kollektivstücke sind in einen kleinen Kreis von Experimentatoren zurückgedrängt. Der Sowjetgedanke in Rußland, Regierung und Partei haben die aufschäumende Entwicklung der ersten Jahre geduldet, aber sie haben sie nicht weiter unterstützt. Es scheint, daß andere Aufgaben, das Volk zu entwickeln und aus dem Volk heraus den Typ einer neuen Gesellschaft aufzustellen, dringlicher gewesen sind. Das Theater ist an eine hintere Stelle getreten.

Auf den Bühnen der großen Städte spielt man das, was man auch in den gleichen Städten des übrigen Europa spielen würde. Im letzten Jahre ist man mit großem Eifer dabei, aus dem Auslande zu importieren. Auch auf dem Theater ist der deutsche Import ziemlich wesentlich. Nicht nur, daß man die neueren deutschen Operetten spielt; von jüngeren Dramatikern findet man Georg Kaiser, Toller und Fritz von Unruh. Zur Zeit feiert der Amerikaner O'Neill Triumphe, d. h. Kassentriumphe.

Die Provinz richtet sich nach Moskau, und was in Moskau gespielt wird, wird einige Monate später in der gleichen Auf-

machung in der Provinz gespielt. Die Zeit für ein neues Theater war in Rußland noch nicht gekommen. In den Theaterreformbestrebungen ist eine Atempause eingetreten.
Vielleicht, daß aus den Kindertheatern, den Choraufführungen und den Betriebstheatern der Arbeiter der Fabrik eine neue Anregung hervorgeht. Doch wird die Bewegung nur langsam sich durchsetzen. Die neue Gesellschaft ist zwar, wie es so häufig heißt, in der Revolution geschmiedet worden, aber sie wächst erst heran und sie ist den Naturgesetzen des Heranwachsens ebenso unterworfen wie die heranwachsende Saat auf dem Felde.
In diesem Zusammenhange mag darauf hingewiesen werden, daß die Versuche der älteren Schriftstellergeneration, brauchbare Theaterstücke auf Massenwirkung hin zu schreiben, als ziemlich gescheitert anzusehen sind. Ein Schauspiel von Gorki, „Die Ameise", das den Arbeitern das Hohelied der Arbeit vorführen sollte, ist ziemlich schnell in die Vergessenheit versunken, ebenso die zwar hochklassisch aufgemachten, aber sehr langweiligen und unkünstlerischen Tendenzstücke Lunatscharskis. Die bekanntesten davon sind: „Kanzler und Eisendreher" und „Oliver Cromwell".
Das Ballett wurde während der ganzen Revolutionszeit künstlich erhalten und gepflegt, und für den einer großen Ballettkunst ungewohnten Westeuropäer mögen die großen Ausstattungsballetts der Moskauer und Leningrader Oper eine künstlerische Überraschung gewesen sein. Im Grunde genommen aber bleibt es ein dem neuen Rußland fremdes Museumsstück, und man darf wohl annehmen, daß das Ballett in der alten Form ausstirbt. Es wird eines Tages von der Bühne verschwunden sein, ohne daß man eine Lücke im Spielplan empfinden wird.
Dagegen bemüht man sich — und auch die offiziellen Kreise haben die Wichtigkeit davon erkannt — um ein sowjetistisches Lustspiel. Die Regierung würde gern ein Stück wie Gogols „Revisor", auf die heutigen Zeitverhältnisse zugeschnitten, auf den Bühnen sehen. Überhaupt liebt die Regierung alle Art von Kritik, die sich ausspricht. Ist sie ja doch auch das Sicherheitsventil gegen gewaltsame Explosionen. So erfreuen sich denn auch die Varietéspezialisten Bim und Bom nicht nur einer ungeheuren Beliebtheit beim Publikum, sondern auch der Unterstützung der Regierungsstellen. Bim und Bom persiflieren die

Regierung in Form der Schnaderhüpfel, witziger Dialoge, Pantomimen und allerhand mehr.
Eine russische Kinokunst steckt noch sehr in den Anfängen. In den Theatern sieht man nur zum geringsten Teile russische Produktion. Überwiegend werden amerikanische und auch deutsche Filme vorgeführt. Die russischen Kinostellen sind allerdings sehr rührig, und gelegentlich heißt es, daß gemeinsam mit amerikanischen Firmen Gesellschaften gegründet werden sollen zur Belebung einer eigenen russischen Industrie. Dieser Zustand war, ähnlich wie beim Theater, nicht immer so. In der Zeit des Bürgerkrieges war auch die russische Kinoindustrie auf sich selbst angewiesen. Damals entstanden, den Bedürfnissen des Bürgerkrieges entsprechend, eine große Anzahl Propagandafilme für die Bauern, für die Rotarmisten, für die Arbeiter in den Betrieben, die, so primitiv sie auch waren, doch die Ursprache und eigene Note des russischen Volkswesens enthielten und im gewissen Sinne wirklich national russisch waren. Solche Filme sind heute verschwunden.

ANALYSE DER NÄCHSTEN ENTWICKLUNG

Nationalismus und Rassenfrage

Es unterliegt gar keinem Zweifel, daß im neuen Rußland ein starkes Anwachsen der nationalistischen Strömungen zu verzeichnen ist. Die Sowjetregierung hat in der stärksten Krise des Bürgerkrieges den nationalistischen Gedanken mit Erfolg gegen die Interventionspolitik der Gegenrevolutionäre zu Felde geführt. Dabei hat die Regierung nicht auseinandergesetzt, um welche Nation es sich handelt, um jene russische Nation des vierten Standes, als dessen Vertreter die Regierung auftrat und stritt, oder um jenen mysteriösen nebulosen Begriff des Mütterchen Rußland, der aus den Zeiten der Zaren her überkommen war. Sie hat von dem Arbeiter- und Bauernlande Rußland gesprochen, mit derselben Stimme, mit der die Agenten des Zaren früher von dem heiligen Lande Rußland zu sprechen gewohnt waren, und die zaristische russische Expansionspolitik nach Westen wie nach Osten hat die russische Sowjetregierung, zwar unter anderen Einkleidungen, fortzusetzen verstanden. In der

Tat ist das Prestige Rußlands, besonders nach Süden und Osten hin, ganz bedeutend gestiegen, und es wäre sinnlos heute zu leugnen, daß Rußland mehr als zu Zarenzeiten die Vormacht auf dem asiatischen Kontinent darstellt. Man braucht kein Prophet zu sein, um vorauszusagen, daß Rußland diese Vormachtstellung mit allen Mitteln behaupten und noch erweitern wird. Der Westen wird dieser Lage sich anpassen und in der Rechnungtragung dieser Vormachtstellung Konzessionen in der Anerkennung und in der Behandlung der besonderen sowjetistischen Fragen machen müssen. Die deutschen Beziehungen zu Rußland und jetzt die englischen und späterhin die amerikanischen und französischen werden davon beeinflußt sein. Der Zeitungsleser liest vielleicht gelegentlich von Revolten und Aufständen an den asiatischen Grenzen, oder er wird ideologisch beeinflußt von den Begleiterscheinungen der Machtumwälzung und des Kampfes der Klassen, die seiner Kenntnis der Dinge im eigenen Lande diametral entgegengesetzt sind. Die Politik einer Regierung, sei es in Deutschland oder sei es in England, kann sich auf derartige ideologische Dinge nicht stützen. Sie kann sie für ihre Zwecke verwenden, entweder eine diplomatische Niederlage zu verbergen oder einen neuen Vorstoß nach einem Verhandlungsobjekt einzuleiten. Die Position der Kräfteverteilung und der Kampf um die politische und wirtschaftliche Machtposition wird davon aber nicht berührt.

Daraus zieht der Nationalismus in Rußland seine Kraft. Die Partei versteht ihn geschickt abzudrosseln, wenn er über die vorgewiesenen Bahnen herauszuwuchern beginnt. Trotzdem wirken noch Einzelerscheinungen ziemlich kraß. So ist die Vorliebe der Russen für Frankreich völlig geschwunden, und wie alles den augenblicklichen Bedürfnissen der Regierung angepaßt ist, so wechselt die Freundschaft zwischen Deutschland und England. Eine Zeitlang konnte man geradezu ein Fieber entdecken, sich englisch zu kleiden, die englische Sprache zu lernen und sich für englische Kolonien und die Kolonialpolitik und die Stellung der Dominions zu interessieren. Ein Gegenstoß Lord Curzons ließ die öffentliche Meinung sich wieder mehr auf Deutschland besinnen. Nun gibt es in den großen Städten starke deutsche Kolonien. Aber es wäre falsch zu sagen, daß sie irgendwelche Bedeutung hätten. Die Leningrader deutsche Kolonie beispielsweise wird allgemein und gerade unter den nichtsowjetistischen Kreisen ziemlich verachtet. Man spricht von ihr als von Kaufleuten, die nicht wechselfähig sind. Zweifellos ist die Geschäftsmoral der deutschen Kolonie auch stark gesunken, um so mehr, wenn man berücksichtigt, daß diese Deutschen sich im Weltkrieg, um Geschäfte zu machen, an Deutschfeindlichkeit besonders hervorgetan haben. Es liegt wohl darin ein bestimmtes Naturgesetz der Rassen, auf jeden Verrat folgt die Ächtung, obwohl die Vorgeschichte den Leitern der Sowjetregierung sicherlich ziemlich gleichgültig sein würde. Dagegen findet sich auf dem Dorfe eine ausgesprochene Vorliebe für Deutschland, die nicht zuletzt zurückgeführt wird auf russische Soldaten, die während des Krieges teils an der Front, teils als Gefangene mit Deutschen in Berührung gekommen sind. Noch heute sind solche Soldaten im Mittelpunkt des Interesses ihrer Dorfgenossen, und sie mögen wohl schon hunderte Male erzählt haben, wie man dies oder jenes in Deutschland macht, oder wie man sich in dieser oder jener Frage auf dem deutschen Dorfe zu verhalten pflegt. Dort wird der deutsche oder der russische Bauer, der in Deutschland gelebt hat, als die Hauptintelligenz geschätzt, und nicht selten befindet er sich als selbstverständlich in den wichtigsten Sowjetstellungen. Zieht man aber den Querschnitt, so bleibt bestehen, daß im Laufe der Revolution der Gedanke entwickelt worden ist: es ist Zeit für Rußland, sich auf eigne Füße zu stellen. Überall findet man den Ausspruch: wir müssen anfangen, alles selbst zu machen. Der deutsche Ingenieur hat oft genug mit Sabotage zu kämpfen, nicht nur von seinen russischen Kollegen aus, sondern auch von seiten der Arbeiterschaft. „Wir brauchen keine Ausländer mehr", darin liegt etwas von der augenblicklichen Volksstimmung.

Das ist die zweite Seite des russischen Nationalismus. Sie wird selbstverständlich von der Regierung nicht offiziell gutgeheißen, die Partei würde sich höchlichst verwahren, damit in Verbindung gebracht zu werden, aber sie wird geduldet, und man kann sogar sagen, sie entwickelt sich weiter und sie wird niemanden verwundern, der die Bedingungen eines neu sich entwickelnden Staatswesens studiert hat. Diese nationalistische Note ist für den neuen Staat notwendig als Kraftquelle auf seinem Entwicklungsweg. Die gelegentlichen Aufforderungen von Fachleuten, Ingenieuren und Technikern des Auslandes nach Rußland stehen dazu nicht in Widerspruch. Im Gegenteil:

solche Herbeigerufenen wirken doppelt auf eine Vertiefung dieses Nationalismus. In manchen Fabriken hat schon allein die Drohung, ausländische Vorarbeiter zu engagieren, eine dauernde Hebung des Arbeitsergebnisses hervorgerufen.
Eine weitere Kraftquelle für die Entwicklung des Nationalismus ist die Rote Armee. Sie wird nach deutschem Muster aufgebaut, nicht nur was den langsamen Schritt und den Parademarsch anbelangt, auch mit Instruktionsstunden über Rußland, seine Länder, seine Geschichte und seine zukünftige Entwicklung und Bedeutung in der Welt. Die jungen Bauern und Arbeiter in der Roten Armee nehmen solche Instruktionen begeistert auf. Sie tragen sie weiter auf das Dorf beinahe in Form der alten Legende. Diese Propaganda ist nicht zu unterschätzen. Man wird sich in Deutschland an die ersten Stadien der deutschen Heeresentwicklung erinnern. Hinzu kommt, daß der Charakter der Dislozierung der aufgerufenen Regimenter streng durchgeführt wird. So dienen ukrainische Regimenter in Karelien und umgekehrt Regimenter aus Nord- oder Mittelrußland ohne große Stadtbildung im Zentrum. Nebenher ist die Milizarmee organisiert, mit vierwöchigen und zweimonatigen Übungen, deren Verbände gleichfalls disloziert sind und aus möglichst vielen Gegenden durcheinander zusammengestellt werden. Daneben gibt es die patriotischen Gesellschaften für die Entwicklung der Flotte und des Flugzeugwesens. Besondere Bedeutung gewinnt auch das Patronatswesen. Städte und Dörfer, Berufsverbände, Industriezweige, große Fabriken und Handelsgesellschaften übernehmen das Patronat einer Rotte oder des entsprechenden Militärverbandes. Sie sorgen für kulturelle Dinge, für Belieferung mit Literatur und haben die Aufgabe, eine möglichst enge persönliche Beziehung mit den von ihnen Patronierten zu gewinnen. Die Wirkung dieser Arbeit ist ungeheuer groß und hat sich verhältnismäßig sehr schnell gezeigt. Die Rote Armee ist nicht nur ein absolut zuverlässiges Instrument der Regierung geworden, sondern stellt die gelegentlich noch fehlende Verbindung des Regierungsapparates zur großen Masse dar, und der entlassene Rotgardist wird nicht nur zum Propagandisten der Sowjetregierung im Dorf, sondern auch zur Keimzelle eines neuen aufgeklärten Nationalismus.
Demgegenüber wird die partikularistische Bewegung in Rußland vom Auslande zumeist überschätzt. Die Sowjetregierung

hat den Stämmen größtmögliche Autonomie gegeben. Dieser politische Zug, propagandistisch wichtig in Zeiten des Bürgerkrieges, hat sich auch darüber hinaus als sehr glücklich erwiesen. Selbstverständlich kommt aus der großen Zahl der autonomen Republiken, die über das ganze Territorium Sowjetrußlands verteilt sind, nur ein geringerer Teil für ein Eigenleben in Betracht. Diese Autonomiebewegung hat der Sowjetregierung vielfach die Erweckung des Landes und seiner wirtschaftlichen Kräfte erleichtert. In einzelnen Fällen ist diese Bewegung sicherlich über ihr Ziel hinausgeschlagen, etwa in den kleinen Waldrepubliken des Nordens und Nordostens, die sich gegen die umwohnende russische Bevölkerung gelegentlich sehr unduldsam gezeigt haben. Für die größeren Gebilde, wie etwa die tatarische Republik, war die Autonomie sehr segensreich. Sie führt der Regierung eine wesentliche Kraft zu, und der Parteiapparat, überhaupt die Grundform der Regierung sorgt schon dafür, daß diese Kraft zur Stärkung Gesamtrußlands verwendet wird. Ein anderer Gedanke ist gar nicht denkbar, auch wo es sich um gelegentlich spitze Diskussionen verantwortlicher Wirtschaftsorgane gegeneinander handelt. — Solche Eifersüchteleien und Kompetenzfragen zeigten sich hier und da in den kaukasischen Republiken, bis schließlich Moskau durch einen Federstrich alle diese Fragen entschied und die wirtschaftliche Ausbeutung der Konzessionen einer besonderen Zentralstelle übertrug. Damit war der Streit sang- und klanglos erledigt. Zweifellos hat die innere Stärkung des russischen Reiches durch die Autonomie der einzelnen Sprach- und Rassengebiete nur gewonnen.

Schließlich noch eine Bemerkung über den Antisemitismus, der häufig genug in Verbindung mit dem neuen Rußland genannt wird. Geht man von der Masse des unaufgeklärten Volkes aus, so war der Jude für dieses Volk in der Tat eine Landplage. Er war nämlich der Kapitalist des Dorfes. Er verlieh an die Bauern Geld und Betriebsmittel, war im Besitz verschiedener Monopole, in der Hauptsache des Branntweinmonopols, und die größte Zahl der Bauern war von den Juden abhängig, und wie überhaupt in dem ganzen Osten, hatte jedes Dorf seinen eigenen Juden. Die Bauern verstehen unter dem Juden ihren Ausbeuter. Nicht sehr viel anders war die Lage in der Stadt, und insbesondere für die Arbeiter in der Fabrik. Die russischen Fabriken und insbesondere die Großindustrie lag in den Händen von Handelsgesellschaften, deren Kapital zum größten Teil im Auslande war. An der Spitze der Fabrik stand nicht der Ingenieur oder der Chefingenieur, sondern der Agent, der die Fabrik für seinen Auftraggeber verwaltete. Auch dies waren meistens Juden, und sie unterschieden sich in nichts von den Juden aus dem Dorfe, deren Methoden sie übernommen hatten. Dieser Seite des Judentums stand die Zahl derer gegenüber, die als Studenten und Intellektuelle, besonders Ärzte, die Sache des Proletariats zu der ihren gemacht und in den revolutionären Kämpfen von 1901, 1905, 1911, 1914, und 1917 den Kampf der Arbeiterklasse geführt hatten. Das Volk, das noch in den Nachwirkungen der 1905er Revolution sich zu Pogromen gegen die Juden zusammenrottete, nachdem die Vorhut der Arbeiterklasse geschlagen und auseinandergetrieben war, dieses gleiche Volk rottete sich 1917 unter der Parole „gegen die Ausbeuter und Kapitalisten" zusammen. Ihr Instinkt war der gleiche, nur war diesmal die Spitze der Arbeiterklasse in der vordersten Front. Bis zur Einführung der ökonomischen Politik war von einem besonderen Antisemitismus nichts zu spüren. Als nach Einführung dieser Politik die Wirtschaftskrise so recht zur Geltung kam und der Wiederaufbau des Privatkapitals zum Teil vorgenommen wurde von dem früheren Händlerstand, der sich zum Teil aus Juden zusammensetzte, entstand in der breiten Masse eine gewisse Unterströmung mit antisemitischer Tendenz. Nicht zuletzt der eisernen Energie, mit der die Partei die Gesellschaftsentwicklung fortsetzte und die Reste der alten Gesellschaft und vor allem ihre Ideologie ständig angriff und zu zerstören begann. Der ständigen Umformung aller ideologischen und praktischen Gesellschaftsbindungen ist es schließlich zuzuschreiben, daß diese antisemitische Strömung nicht an die Oberfläche gekommen ist. Sie ist heute vollständig überwunden, und vielleicht ist eines noch stärker hervorgetreten und hat sich in den Aufgaben des gesellschaftsbildenden Proletariats völlig assimiliert: der proletarische Charakter der heimatlosen und besitzlosen Juden, der dem Charakter des russischen Volkes in vielen Fällen gerade heute besonders nahe verwandt ist. Niemand denkt heute in Rußland daran, die früheren Namen einiger Führer, die in der proletarischen Bewegung sich Decknamen beigelegt haben und mit diesen Decknamen an die Spitze der Revolution getreten sind, hervorzuziehen und in Verbindung mit ihrer jetzigen Tätigkeit zu nennen. Selbst der wütendste Gegner eines Sinowjew und eines Trotzki würde gar nicht verstehen, was das Hervorziehen dieser Namen bedeuten soll, ob eine Kritik oder eine Herabsetzung oder sonst irgend etwas, wie es besonders von gewisser Seite im Auslande geschieht. Er würde verständnislos lächeln, denn für ihn ist Sinowjew der als Sinowjew hervorgetretene Führer der Bolschewiki und Leiter der kommunistischen Bewegung, der für ihn eine Autorität ist oder ein blutrünstiges Scheusal, in jedem Falle aber dieser eine Sinowjew. Den Witz, der in der Aufdeckung zweiter und dritter Namen liegen soll, versteht niemand in Rußland, schon der Gedankengang wirkt fremd.

Klassenmoral und Klassennormen

Die russische Revolution ist nicht dabei stehen geblieben, die politische Macht zu erobern; sie hat von vornherein alles daran gesetzt, diese Macht zu halten und die Parteidiktatur und die durch sie geleitete Klassenherrschaft als motorische Kraft im Gesellschaftsbildungsprozeß zu verwenden. Dazu war es notwendig, auch eine Grundlage zu schaffen für alle aus diesem Prozeß heraus sich entwickelnden Fragen der Ethik und der Moral. Im Augenblick gerade wird dieses Bestreben besonders offenbar. Auf den Universitäten, in den Hochschulen der Arbeiterfakultäten, in den praktischen Fragen der Parteipolitik und nicht zuletzt der Politik überhaupt werden die Grundfragen der Moral erörtert und mit dem Klasseninteresse und den Klassenbedingungen in Verbindung gebracht. Damit unterscheidet sich die letzte Phase im russischen Wiederaufbau sehr erheblich von den ersten Jahren der russischen Revolution. Es ist ein Schritt weiter zur neuen Gesellschaftsbildung. In den ersten Jahren der Revolution wurden solche Fragen, wenn sie überhaupt auftauchten, ziemlich chaotisch behandelt. Die heutigen Soziologen und Kritiker der alten Gesellschaft, voran Preobraschenski, räumen ganz energisch mit den vagen, anarchischen und „von Sentimentalität beschwerten" Glücksvorstellungen der damaligen „revolutionären Ethik" auf. Die Klasse der Arbeiter und Bauern, die jetzt an der Macht ist, braucht eine handfeste Ethik, heißt es. Sie muß nüchtern sein, klar, bestimmt — bestimmt in einer ungebrochenen Entwicklung zum Grundgesetz: „Sittlich ist, was nützlich ist, unsittlich ist das Schädliche." Die Revolution der moralischen Normen wird nach Preobraschenski aufgehalten von dem Begriff der ewigen moralischen Wahrheiten. Diese dienen dazu, eine verhüllte Moral zu schaffen, dem die proletarische Klassenmoral die unverhüllte entgegensetzen soll. Über die Vorbedingungen dieser Moral, über die Klassennormen des Proletariats vor der Revolution und nach der Revolution wird zurzeit in Rußland ein heftiger Kampf geführt, und man kann sagen, daß die großen russischen Theoretiker des Kommunismus in vielen Einzelfragen noch untereinander uneinig sind. Einig aber sind sie, daß für die russische Arbeiterklasse eine Grundlage der Ethik und ihrer Moral so eindeutig wie möglich geschaffen werden muß, um für die Entwicklung zur neuen Gesellschaft die nötige Kraft daraus zu schöpfen.

Insofern ist es interessant für den Rahmen dieses Buches, daß die Fehler dieser Klassenmoral, das heißt der moralischen Grundeinstellung des Proletariats vor der Revolution, jetzt mit aller Schärfe aufgedeckt werden, und daß alle Gesetze, alle Verordnungen das soziologische und gesellschaftliche Leben betreffend von dem Grundgedanken getragen werden, die Schwächen und Unzulänglichkeiten der proletarischen Klasse vor der Revolution auszumerzen und das Proletariat frei und aufnahmefähig zu machen für die neue Klassenmoral nach der Revolution.

„Das Proletariat ist in seinem Kampfe um die Macht grausam und unerbittlich. Nicht nur, daß es seine Feinde nicht schont — es schont auch, wenn es die Sache erfordert, die besten Vertreter seiner Klasse nicht. Die höchste Weisheit des proletarischen Kampfes besteht nicht darin, daß jeder im Innern seiner Persönlichkeit herumstochert und über ihre Rechte deklamiert, sondern darin, daß jeder es fertig bringt, seine ganze Energie und seinen Enthusiasmus in den allgemeinen Strom zu werfen, um mit seiner Klasse zum Ziele zu gelangen, wenn er auch als Toter am Wege liegen bleibt." Ist in diesem Zitat erst einmal sozusagen das Fundament aufgebaut, so heißt es an einer anderen Stelle, wo von diesem Fundament aus um die neue Klassennorm gerungen wird: „Die Schaffung eines neuen Menschen für das neue Wirtschaftssystem in Rußland bedeutet zugleich die Wiedergeburt des nationalen Charakters des russischen Menschen. Das gilt

nicht nur für alle Arbeitsmethoden, sondern auch für alle Lebensgewohnheiten." Und weiter: „Die Umwandlung des Charakters muß zuerst unter der Zucht der ‚Königin Maschine' vor sich gehen. In dieser Hinsicht wird die Sowjetperiode automatisch die Arbeit des Kapitalismus fortsetzen. An die Stelle des früheren Druckes tritt jetzt der Druck der fortschrittlichen Avantgarde auf die ganze Arbeitermasse". Wie man sieht, wünscht die neue Sowjetmoral nichts zu verbergen. Preobraschenski fügt in seinem grundlegenden Buch über die neue Moral ein eigenes Kapitel ein über Betrug und Lüge. Er spricht darin über die Anwendung von Lüge und Betrug im Klassenkampf: „Aber die Lüge wird zur schädlichen Gewohnheit im gesellschaftlichen Leben und in der gesellschaftlichen Arbeit, wenn sie nicht für die Interessen des Klassenkampfes erforderlich ist. Sie trägt Zersetzung in die Arbeiterklasse. Die Lüge ist ein Produkt der Unterdrückung eines Menschen durch einen anderen, ein Produkt des Klassen- und Gruppenkampfes. Für den russischen leibeigenen Bauern war die Lüge eine Schutzwaffe gegen den Herrn und gegen die Zarenpolizei. Der Herr, der Zar und die Macht der Bourgeoisie sind begraben; aber die Gewohnheit zu lügen, die durch die ganze Vergangenheit anerzogen wurde, ist geblieben."
Und an anderer Stelle: „Es klingt vielleicht ungeheuerlich, aber es ist eine Tatsache: Wenn in Sowjetrußland ein Verein entstünde, dessen Mitglieder es sich zur Aufgabe machten, immer die Wahrheit zu sagen, ehrlich die übernommenen Verpflichtungen zu erfüllen und diese Prinzipien unter den breiten Massen zu verbreiten, so würde eine solche Gesellschaft einen überaus reichen Boden für ihre Arbeit finden und der Sache der Erziehung eines neuen Sowjetmenschen, nach dem jetzt bei dem neuen Wirtschaftssystem starke Nachfrage besteht, einen großen Dienst leisten."
Dieser neue Mensch wird jetzt in Rußland, wenn man so sagen darf, gemodelt. Er wird herangezogen, wird umgearbeitet, wieder von neuem entwickelt, und man kann sagen, er wird in eine neue Umgebung hineingesetzt, um dort laufen zu lernen. Trotzki schrieb unlängst ein eigenes Buch für diesen neuen Menschen, das den bezeichnenden Titel trägt: „Der Oktobermensch." Das ist der Mensch, der in der Oktoberrevolution geboren wurde. Dieser Mensch soll und wird kollektive Züge tragen. Er wird schon dafür vorbereitet sein, als Mitglied einer Gesellschaft, die

wechselwirkend seine Fähigkeiten entwickelt, wie er zur Glückssicherung dieser Gesellschaft selbst beitragen soll.

Auf dem Weg zum Puritanismus

Die Führer der russischen Massen zu einem neuen gesellschaftlichen Leben und zu einem neuen kollektivistischen Menschentyp fanden und finden heute noch ein chaotisches, gegeneinander gerichtetes und miteinander kämpfendes Material vor. Die Stabilisierung der politischen Macht, der Wiederaufbau und die Einbeziehung der wirtschaftlichen Kräfte ließen vorerst diese Umbildungsarbeit in den Hintergrund treten. Das neue Rußland befindet sich zurzeit im Stadium einer inneren Sammlung. Was die russische Revolution in den ersten Jahren an neuen Ideen, an neuen gesellschaftlichen Methoden hervorgebracht hat, sogar was sie geleistet hat an Literatur und Kunst, an Produktionsmethodik auf der Suche nach einer neuen Moral und nach neuen Lebensgewohnheiten, alles das wird heute neu geprüft. Man wählt sorgsam aus, und während die kommunistischen Soziologen und Gesellschaftswissenschaftler an der Plattform und an dem Rahmen der neuen Gesellschaft arbeiten, wird vieles mit einem Strich beiseite gelegt, was früher zu wesentlichen Erscheinungen der russischen Revolution zu gehören schien. Ein Beispiel soll das deutlich veranschaulichen. In den ersten Jahren der Revolution glaubte man auch die Formen des Geschlechtsverkehrs revolutionieren zu müssen. Da hagelte es von Schlagworten, wie die „kurzfristige Ehe", „Geschlechtskommunismus", „Protest durch die Tat", „Beseitigung der spießbürgerlichen Familienmoral" und ähnlichen. Der soziale Apparat in dieser sich entwickelnden Gesellschaft, der jetzt zu wirken beginnt, hat alle solche Schlagworte festgestellt als ausgehend von Menschen, die der kommunistischen Gesellschaft ihren persönlichen Geschmack empfehlen und ihre Sympathien als objektive Notwendigkeit ausgeben möchten. Heute wird die Frage des Geschlechtsverkehrs vom sozialen Standpunkt und auch vom Gesellschaftsinteresse aus betrachtet und behandelt. Und man stellt fest, daß in der Hauptetappe der Gesellschaftsentwicklung die Frage überhaupt nicht zu lösen ist. Ihre Normen werden künftig von den Aufgaben der physischen Erhaltung der

Rasse diktiert werden, und es gewinnt die Frage Bedeutung nach dem Recht der Gesellschaft, die Regulierung der geschlechtlichen Verbindungen vorzunehmen. Bis dahin ist bei dem individualistischen Charakter des Einzelmenschen, der ja zum Bau der neuen Gesellschaft verwendet werden soll, noch ein weiter Weg. Aber dieser Weg soll schon angedeutet werden, und in diesem Sinne greift heute bereits die „soziale Maschinerie" ein. Die Eheschließungs- und Scheidungsgesetze sind in Rußland sehr weitgehend, aber die Partei verlangt heute, und zwar seit letzter Zeit, von ihrem Mitgliede, daß es Verantwortung genug haben muß, seine individualistische Veranlagung zum Geschlechtsverkehr zu kennen und danach zu handeln, und man findet es als eine Lücke in der Persönlichkeit, die von Partei wegen bestraft werden muß, wenn er sich darin täuscht. Die Ehe soll derjenige schließen, der sich für die Ehe eignet, und in der Tat sind bei der letzten Parteireinigung eine große Anzahl Mitglieder, die mehrfach geschieden worden sind, als „fremdes Element" für die kommunistische Gesellschaft ausgestoßen worden. Der Parteiausschluß bedeutet in Rußland soviel wie die moralische Vernichtung, falls der Ausschluß für dauernd gilt.

Diesem Beispiel ließen sich auf allen Gebieten unzählige hinzufügen, die das neue Rußland auf dem Wege zum Puritanismus zeigen. Der Kampf gegen Schattenseiten des russischen Volkscharakters führt zu Folgerungen und Überwachung des Innenlebens und aller sogenannten privaten Beziehungen, die die höchsten Anforderungen an den Einzelnen stellen. Wird zunächst davon nur das Parteimitglied betroffen, so ist bei der heutigen Struktur der zwischengesellschaftlichen Schichtung dieser Einfluß auch auf die breite Masse wirksam. Er greift in alle Fragen des öffentlichen Lebens ein. So ist bekanntlich der Alkohol außer Schnaps gestattet, und doch, für den Beschauer fast unmerklich, setzt sich der Kampf gegen den Alkohol durch, ebenso gegen Genüsse anderer Art wie das Rauchen. Es existieren darüber keine Dekrete, es wird sogar darüber nicht übermäßig geschrieben, und trotzdem gehört es zum guten Ton und bildet den Beweis, mit der Zukunft mitzugehen, weder zu trinken noch zu rauchen. Normalisierung in jeder Form, Beherrschung und Unterdrückung alles Übermaßes, jeder psychischen Überbetonung in Form der Ekstase, der Leidenschaft und der Verzweiflung, äußere und innere Kälte, sprich: Beherrschtheit wird zur Regel, eine Lebensregel, die von unten herauf sich kristallisiert und die von den Sozialtheoretikern gepflegt wird, um sie zu „kanonisieren". In solcher Weise bereitet sich der Puritanismus im neuen Rußland vor. Er wird Wissenschaft und Kunst von Grund auf ummodeln. So lange hat man von einer proletarischen Kultur gesprochen, ohne sie im Grunde zu kennen und ohne daß davon im öffentlichen Leben eine Rede sein konnte. Jetzt aber beginnt die Masse sich selbst zu erziehen. Sie schafft in den nächsten Jahren, vielleicht noch Jahrzehnten, sicher diese proletarische Kultur, daran wird niemand, der das neue Rußland sozusagen inwendig kennt, zweifeln. Sie wird eine Kultur allergrößter Nüchternheit und Zweckmäßigkeit sein.

Nach der englischen Revolution hat die puritanische Bewegung den Grundstein gelegt zu dem englischen Weltreich. Sie hat die Energien der heranwachsenden Generation freigemacht, die Früchte der Revolution in weltpolitische Kräfte umzusetzen. Die Perspektive der russischen Revolution liegt nach der gleichen Richtung. Die puritanische Bewegung, die aus den Massen heraus jetzt in Rußland sich zeigt, verarbeitet alle die vielerlei Strömungen, alle diese tausendfältigen Individualismen, die plötzlich, so lange gehemmt, Partei geworden sind. Sie schweißt sie zusammen nach dem Zweckmäßigkeitsprinzip ihrer Entwicklung, und sie befreit sie von jeder Utopie.

*

Diese kleine Monographie des geistigen Lebens in Sowjetrußland spricht von einer Zeit, in der noch alles im Fluß ist. Sie muß sich damit begnügen, die Richtlinie aufzuweisen, nach der die Entwicklung sich vollziehen wird. Und sie trägt aus der Analyse der materialistischen Geschichtsauffassung alle die Gründe zusammen, welche diese Entwicklung bestimmen. Anhänger der idealistischen Geschichtsphilosophie mögen zu anderen Schlußfolgerungen kommen. Die Tatsache aber, daß alles, was in Rußland geschieht, zu einem einheitlichen, geschlossenen geschichtsphilosophischen Fragenkomplex gehört und als solches in allen Äußerungen des politischen, wirtschaftlichen und kulturellen Lebens sich erweist, wird niemand leugnen können. Es sei denn, daß er die Existenz Sowjetrußlands im ganzen zu leugnen bereit ist. Damit aber wirbt die Darstellung zugleich um den Charakter einer außerhalb des Parteienstreites stehenden Neutralität. Sie spricht von der inneren psychologischen Begründung aller Entwicklung in Sowjetrußland und überläßt ihre Wertung, insbesondere die Wertung des Erreichten oder eines Nichterreichbaren der Stellung des Lesers zur Geschichtsphilosophie.

Anhang

Porträtzeichnung zu einem Artikel über Jung in der Zeitung Rabotschi, *1921*

ROHBAU

Es macht wenig Sinn, einer schlechten Tradition zu folgen und dem Leser eines Buches wie diesem die vorhergehende Lektüre zurechtzurücken. Ihm einen Blindenhund an die Hand zu geben, gewissermaßen die Gedanken an die Leine zu legen, damit er vor den Gefahren falscher Auslegungen gefeit sei. Denn die Verwirrung und die Abwege und Rätsel sind es doch, die Erkenntnis bewirken. Deshalb also an dieser Stelle kein Nachwort, eher ein Rohbau – dies gesagt auch auf die Gefahr hin, der eine oder andere Leser sehe darin nur eine faule Ausrede.
Ich bin mir sicher, der aufgeschlossene Leser dieses Buches, der vorne begonnen hat, wird schon eine beflügelnde, phantastisch-anregende Reise hinter sich haben. Derjenige, der zuerst einmal hinten nachschaut, was vorne zu finden ist, dem sei gesagt, er hat sie noch vor sich. So oder so, je nach Geschmack und Temperament im Vorgehen, unwichtig ist auf alle Fälle der stumme Nachwortbefehl: dies hast du zwischendrin zu denken.
Nachfolgende Seiten sind eher als Begleitmusik zu sehen, die im Hintergrund mitklingt. Locker miteinander verknüpfte Schnüre von Motivfeldern, Hintergründen und Stimmungen; Drehpunkte zum Weiterdenken. Möglicherweise erleichtert das disparate Material die Zugänglichkeit. Gelegentlich stehen Schlußfolgerungen in den Übergängen, ohne aber daß nachfolgendes Zitat als Beleg dafür zu verstehen ist, vielmehr kann dieses selbst wieder Motive und Verweise enthalten. Zielpunkt der Materialien soll, in meinen Augen, eine produktive Auflockerung sein, die Aufspaltung eines fest vor unsere Augen tretenden geschichtlichen Kontinuums.
Dieser ganze hier angesammelte geistige Rohstoff kann auch für ein Mistbeet genommen werden, das in einem Garten aufgehäuft ist, dessen üppige Vegetation über die räumliche Eingrenzung hinauswuchert, im Hintergrund das angenehme Rauschen einer Kaskade.

STANDORT, DREHPUNKT, SICHTWEISE
Dieser Eingang ist eine wahre Passage, die gleichermaßen zum Mittelpunkt der Betrachtung und zur Methode hinführt, ins

Thema hinein und einen Schritt davon weg. Um dem schlängelnden Lauf der Geschichte zu folgen, um zu den darin eingelagerten Motiven vorzudringen, kommt der begrifflichen Selbstversicherung Priorität zu; zumal in einer Zeit, in der an jeder windigen Ecke der „Mantel der Geschichte" herumflattert. Bei näherem Hinsehen hängt dort aber nur ein verwaschener Fetzen im Windzug rhetorischer Geschwätzigkeit.
Sicheren Halt finden wir dagegen bei Walter Benjamin. Die letzte von ihm vollendete Arbeit trägt den Titel *Über den Begriff der Geschichte*. Dazu bemerkt er in einem Brief, mit dem er die Thesen 1940 an Adorno schickte: „Der Krieg und die Konstellation, die ihn mit sich brachte, hat mich dazu geführt, einige Gedanken niederzulegen, von denen ich sagen kann, daß ich sie an die zwanzig Jahre bei mir verwahrt, ja, verwahrt vor mir selber gehalten habe." Nehmen wir These 17, als Antrieb und Gegenstand unserer Betrachtungsweise:

„Der Historismus gipfelt von Rechts wegen in der Universalgeschichte. Von ihr hebt die materialistische Geschichtsschreibung sich methodisch vielleicht deutlicher als von jeder andern ab. Die erstere hat keine theoretische Armatur. Ihr Verfahren ist additiv: sie bietet die Masse der Fakten auf, um die homogene und leere Zeit auszufüllen. Der materialistischen Geschichtsschreibung ihrerseits liegt ein konstruktives Prinzip zugrunde. Zum Denken gehört nicht nur die Bewegung der Gedanken sondern ebenso ihre Stillstellung. Wo das Denken in einer von Spannungen gesättigten Konstellation plötzlich einhält, da erteilt es derselben einen Chock, durch den es sich als Monade kristallisiert. Der historische Materialist geht an einen geschichtlichen Gegenstand einzig und allein da heran, wo er ihm als Monade entgegentritt. In dieser Struktur erkennt er das Zeichen einer messianischen Stillstellung des Geschehens, anders gesagt, einer revolutionären Chance im Kampfe für die unterdrückte Vergangenheit. Er nimmt sie wahr, um eine bestimmte Epoche aus dem homogenen Verlauf der Geschichte herauszusprengen; so sprengt er ein bestimmtes Leben aus der Epoche, so ein bestimmtes Werk aus dem Lebenswerk. Der Ertrag seines Verfahrens besteht darin, daß *im* Werk das Lebenswerk, *im* Lebenswerk die Epoche und *in* der Epoche der gesamte Geschichtsverlauf aufbewahrt ist und aufgehoben. Die nahrhafte

Frucht des historisch Begriffenen hat die Zeit als den kostbaren, aber des Geschmacks entratenden Samen in ihrem *Innern.*"

Gegenwart ist kein bloßer Übergang, Geschichte kein träger Fluß von Ewigkeit zu Ewigkeit, an dem wir dann herumsitzen, melancholisch oder sieghaft gestimmt, lauschend dem Klang, der von ferne kommt und nach vorne an uns vorbeirauscht. „*Die* Gegenwart" ist für Benjamin ein notwendiges Stillstellen, ein Zusichkommen von Zeit, wie im kurzen Moment des Erwachens nach dem Traum, in der der „historische Materialist" für „seine Person Geschichte schreibt". Er macht mit der Vergangenheit „eine Erfahrung, ... die einzig dasteht".

In Benjamins Vorarbeiten zu den Thesen verdient die als 17a überschriebene Überlegung hier angeführt zu werden, erleichtert diese Sichtweise es uns, die vereinseitigende Enge zu vermeiden, in der das menschliche Handeln keine Entfaltung findet:

„Marx hat in der Vorstellung der klassenlosen Gesellschaft die Vorstellung der messianischen Zeit säkularisiert. Und das war gut so. Das Unheil setzt damit ein, daß die Sozialdemokratie diese Vorstellung zum 'Ideal' erhob. Das Ideal wurde in der neukantischen Lehre als eine 'unendliche Aufgabe' definiert. Und diese Lehre war die Schulphilosophie der sozialdemokratischen Partei – von Schmidt und Stadler bis zu Natorp und Vorländer. War die klassenlose Gesellschaft erst einmal als unendliche Aufgabe definiert, so verwandelte sich die leere und homogene Zeit sozusagen in ein Vorzimmer, in dem man mit mehr oder weniger Gelassenheit auf den Eintritt der revolutionären Situation warten konnte. In Wirklichkeit gibt es nicht einen Augenblick, der *seine* revolutionäre Chance nicht mit sich führte – sie will nur als eine spezifische definiert sein, nämlich als Chance einer ganz neuen Lösung im Angesicht einer ganz neuen Aufgabe. Dem revolutionären Denker bestätigt sich die eigentümliche revolutionäre Chance jedes geschichtlichen Augenblicks aus der politischen Situation heraus. Aber sie bestätigt sich ihm nicht minder durch die Schlüsselgewalt dieses Augenblicks über ein ganz bestimmtes, bis dahin verschlossenes Gemach der Vergangenheit. Der Eintritt in dieses Gemach fällt mit der politischen Aktion strikt zusammen; und er ist es, durch den sie sich, wie vernichtend immer, als eine messianische zu erkennen gibt.

(Die klassenlose Gesellschaft ist nicht das Endziel des Fortschritts in der Geschichte sondern dessen so oft mißglückte, endlich bewerkstelligte Unterbrechung.)"

Zwei weitere Haltepunkte, wenn wir uns in das historische Material versenken und uns selbst begegnen: Diane Paalen in *Die Aktion* 1916: „Junge Könige, die, schlecht beraten, Fehler begehen, alle Könige, die dafür büßen, exilierte Favoriten, weggeschickte und wieder zurückgerufene Minister, dynastische Allianzen, ist es wirklich wahr, daß, wie man in den Büchern liest, solche Gleichgültigkeiten die Geschichte eines Volkes sind? Wir sind Opfer einer Illusion. Vom Vergangenen bleibt nur ein Bild in den Büchern und dieses Bild ist von den Historikern hergestellt, die alle Geschichte zugunsten ihrer Vorurteile schreiben. Die Geschichte, das sind die Vorurteile der Historiker in Erzählung gebracht. Was sind die Elemente der Geschichte? Worte, immer Worte! Worte eines Monarchen, eines Ministers, Verteidigungen eines besiegten Generals, Pamphlete eines in Ungnade gefallenen Günstlings, Worte irgendeines Versammlungspräsidenten. – Worte, in Stein gemeißelt, an Wände gemalt, auf Papyrus, auf Pergament geschrieben, auf Papier gedruckt und dieses von Mäusen verwaltet, die, was sie nicht fressen, als Historie auf spätere Zeiten kommen lassen."
Und Theodor Lessing, der sich wie ein Zugochse ins Geschirr gelegt hat, um den von deutsch-professoralen Vorurteilen versteinerten Geist mit seiner voluminösen *Geschichte als Sinngebung des Sinnlosen* aufzubrechen: „Die Interpretation der Ereignisse ist fließendes Erleben, welches unter der Schau andersartigen Erlebens immer neu sich wandeln würde; wie denn keine geschichtliche Persönlichkeit und Begebenheit für zwei, drei aufeinanderfolgende Geschlechter oder für zwei, drei nebeneinander wohnende Völker dieselbe bleibt, sondern fortwährend neu gerichtet und umgedichtet werden muß." Und: „Jeder Geschichtsschreiber ist ein unbewußter Dichter (fairy-teller), wofern er nicht exakt, d.h. mechanisch fest-stellen kann."

PHÄNOTYPUS

Franz Jung, ein Typus der Übergänge, der Zwischenstufen; oder auch, wie er sein Tun selbst in den Vordergrund rückte, der Vorarbeit. Innerlich: Sprünge und Explosionen, mit einem

DER DICHTER
DER DEUTSCHEN REVOLUTION
FRANZ JUNG

PROLETARIER
EINE REVOLUTIONSERZÄHLUNG
Mit Umschlagzeichnung von George Grosz
Kartoniert 1.—
Geschenkband 2.—

DIE ROTE WOCHE
ROMAN
ILLUSTR. VON GEORGE GROSZ
Broschiert 0.50   Pappband 1.—
Halbleinen 1.50   Geschenkband vergriffen

ARBEITSFRIEDE
ROMAN
ILLUSTR. VON GEORGE GROSZ
Pappband 1.50
Geschenkband 2.50

DIE EROBERUNG DER MASCHINEN
ROMAN AUS DEM RUHRGEBIET
Broschiert 1.90   Halbleinen 3.90
Pappband 2.—   Geschenkband 5.—

DIE KANAKER / WIE LANGE NOCH?
ZWEI SCHAUSPIELE
Kartoniert 1.—

ANNEMARIE
EIN SCHAUSPIEL IN VIER AKTEN
Kartoniert 1.50

DIE TECHNIK DES GLÜCKS
ZWEI BÄNDE
Broschiert à Band 1.—
Halbleinen à Band 2.—

HUNGER AN DER WOLGA
EIN REISEBERICHT
Broschiert 0.60
Pappband 1.—

PAPIERMARK-PREIS = GRUNDPREIS × BUCHHÄNDLERSCHLÜSSEL
AUSLAND: 1 GRUNDMARK = 1,25 SCHWEIZER FRANC

DER MALIK-VERLAG BERLIN W 9

Verlagswerbung, 1923

ausgeprägten Spürsinn für Brüche und menschliche Verkettungen. Bereit, jederzeit persönlich für die Überzeugung einzustehen, dabei skeptisch gegenüber Heldenposen. Äußerlich: „Sanft, klein, kräftig. Keine Schwierigkeiten mit der Bettenlänge in Hotels und Gefängnissen", wie Fritz Mierau schreibt. Ein von Mensurnarben angekratztes Gesicht, ein guter Trinker und ideales Objekt für Legenden. Ein Fall für sich, wie Literaturwissenschaftler, sind sie wohlwollend, bereitwillig einräumen. Vom Funktionärstypus, wie ihn alle Parteien hervorbringen, nicht sonderlich geschätzt, eher mißtrauisch von der Seite her beäugt; weil eben zu komplex durch die ihm eigene Sichtweise auf die Dinge, nicht geeignet für den Gleichschritt.
Zwischen handlungsorientierter Ausrichtung als Aktivist in der revolutionären Linken, literarischer Rebellion, Experimentieren mit neuen stilistischen Methoden, gelegentliches Abtauchen in die Sphäre beruflicher Arbeit. Alles liegt nahe beieinander. Als Wirtschaftskorrespondent, Finanzberater, Seeversicherungsagent oder Zuträger für täuschungsanfällige Industriekreise; man kann ihn sehen mitten zwischen Börsenjobbern, die vom Ruin verfolgt werden. Sachlich in der analytischen Beobachtung, scharfsichtig in den Folgerungen. Ausgreifend im perspektivischen Entwurf, durch geistige Vertrustung von Theorie und Praxis. In Rußland dann Jungs Tätigkeit für die Internationale Arbeiterhilfe, er sieht die Hungergebiete an der Wolga, projektiert Pläne für eine wirtschaftliche Großraumerschließung Sibiriens (Lenin soll daran Gefallen gefunden haben). Leiter zweier Fabriken. Schließlich 1924 Rückkehr nach Deutschland – eine halbe Flucht. Lebt auch in Berlin weiterhin halblegal, wegen schwebender Haftbefehle aus den Revolutionsgeschehen, bis zur Amnestie von 1927.
Noch in den letzten Lebensjahren ein stoisch Suchender. Nach außen hin milder geworden, so die Schilderungen von Zeitgenossen, aber weiterhin mit einem unbestechlichen Sinn für die Ursachen der gesellschaftlichen Vergiftung. Einer ohne Illusionen über vordergründige Geschäfte. Ein Mensch der alles hinter sich gelassen hat, vor allem den nagenden Ehrgeiz dazuzugehören, der anscheinend noch einige Generationen ins Grab bringen wird.
Als Jung 1963 verstarb, raschelte es ein wenig im Blätterwald. Einer dieser Nachrufe läßt den Typus noch mal aufscheinen,

er stammt von Gerhart Pohl: „Nun also ist auch er tot (...) einer der letzten großen Schwarmgeister aus Schlesien (...) Gestalten wie Jung hat Schlesien randhaft immer wieder hervorgebracht. Man denke an den Barockdichter Quirinus Kuhlmann, der ob seiner chiliastischen Schwärmereien 1689 in Moskau öffentlich verbrannt wurde. Hauptmann hat sie alle, die großen wie die kleinen maßlosen Träumer durch viele Generationen fort, in der einen unsterblichen Figur des *Narren in Christo* zusammengeschaut. Ein solcher Emanuel Quint unserer Weltenwende ist Franz Jung gewesen. Darum wird er trotz brüchigen Lebenswerks als Gestalt wiedererstehen, sobald die Wende beendet, die Welt auf neuen tragfähigen Grund gestoßen ist."

Zwei Denkbilder zum Schriftstellertypus: Mit *Die Seele des Schriftstellers* betitelt Alexander Blok einen 1905 geschriebenen Aufsatz zum literarischen Schaffen. Dort heißt es: „Der Schriftsteller ist eine perennierende Pflanze (...) und seine Werke sind nur die äußeren Resultate des unterirdischen Wachstums seiner Seele. Deshalb kann sich der Entwicklungsweg nur in der Perspektive als gradlinig erweisen; verfolgt man jedoch den Schriftsteller in allen Etappen seines Weges, so wird man diese Gradlinigkeit und Stetigkeit infolge des ständigen Innehaltens und Abbiegens nicht erkennen können." Und etwas weiter: „Nur wenn solch ein Weg erkennbar ist, läßt sich der 'Takt' des Schriftstellers, sein Rhythmus bestimmen. Nichts ist gefährlicher als der Verlust dieses Rhythmus. Die fortwährende Anspannung des inneren Gehörs, das Lauschen auf eine wie aus der Ferne herüberklingende Musik ist eine unerläßliche Voraussetzung für das Dasein des Schriftstellers. Nur wer die Musik des fernen 'Orchesters' (und das ist eben das 'Weltorchester' der Volksseele) vernimmt, kann sich ein leichtes 'Spiel' erlauben."
Weniger pflanzlich Jewgenij Samiatin, mehr technisch auf eine Funktion hin zugespitzt, in seiner Kometenprosa *Über Literatur, Revolution, Entropie und anderes* – der Aufsatz ließ den Schneewind von Moskau nach Berlin herüberwehen. Samiatin über eine „wirklich lebendige Literatur": „Wie ein Matrose ist sie, der hinauf in den Mastkorb geschickt wurde, der sinkende Schiffe schaut, Eisberge, den Malstrom – was vom Verdeck aus noch nicht sichtbar ist. (...) Der Mann im Mastkorb ist im Sturm unentbehrlich. Jetzt tobt der Sturm – von vielen Seiten – SOS.

Gestern noch konnte der Dichter kodakknipsend auf Deck spazieren (Genrebild!) – aber wem wird es einfallen, sich auf Rollfilmen Landschaften und Genrebilder zu betrachten, wenn sich die Welt um 45 Grad zur Seite geneigt hat, wenn grüne Rachen gähnen und das Schiff in allen Fugen kracht? (...) Die Literatur braucht jetzt gewaltige, von Masten gesehene, aus Flugweiten geschaute, philosophische Horizonte, braucht allerletzte, allerfürchterlichste, ganz furchtbare 'Warums?' und 'Was weiter?' (...) Dumm – für den zivilisierten Menschen, der eine gut eingerichtete Wohnung mit einem wundervollen Klosett hat und ein gut zugerichtetes Dogma."
Selbstverständlich gehören zur Bestimmung noch die Stichworte Expressionismus, Montage, neue Sachlichkeit und operative Schreibweise. Aber es ist das Hören, das Erleben und Mitschwingen, welches Jungs Literatur dominiert. Gleichsam eine Einheit von Technik und Intuition. Keineswegs vermag die literaturwissenschaftliche Einsargung, die Periodisierung und Zerlegung, Schubladisierung und stilistische Katalogisierung etwas Aussagefähiges hervorzubringen – aber dieses Mißbehagen ist sicherlich mittlerweile fast selbstverständlich.

FASZINATION

Dieses Buch handelt von Faszination. Es berichtet von der Ausstrahlungskraft der russischen Revolution. Gibt Zeugnis über die Hoffnungen, spricht zum zeitgenössischen Leser vom Aufkeimen eines neuen Werdens, läßt keine Seitenblicke aus; Jung verkleinert, spitzt zu, träumt und läßt unsanft erwachen. Schrecken und Idylle können angeschaut werden. Dabei ist der Blick kritisch, gelegentlich nüchtern bis zur Trockenheit.
Der Wagemut des Ostens steht kraß zur Feigheit im Westen. Während dort der weitgespannte Versuch unternommen wird, eine neue Gesellschaft zu errichten, klammert sich Europa an die Reste von dorischer Säule und abendländischer Kathedrale. Darin, wie eine Intarsie eingelagert, der bürgerliche Wahn, genährt durch einen Kapitalismus, der erbarmungslos die ganze Erde umspannt, eine schale soziale Ordnung, die alles Lebendige in tote Werte verwandelt. Dies als Hintergrund. Im Vordergrund: Revolutionseuphorie. Februar 1917, der Paukenschlag in Leningrad, die Kriegswelt beginnt zu wanken. Das war der Schock, Oktober 1917 folgt die Panik nach. Keine Republik der Gehröcke

und Zylinder tragenden Eliten – Sowjetmacht, Wiederkehr der Kommune, alles in dicken ungeduldigen Lettern ... das Alte auf den Kehrichthaufen der Weltgeschichte: Rote Fahnen, Aufrufe, Telegramme ... Frieden und soziale Revolution! Keine Übergänge, nicht morgen, hier und heute ... sofort! die kommunistische Gemeinschaft begründen, damit das goldene Zeitalter wieder aufersteht.

In ihrer Autobiographie berichtet Cläre Jung vom Blitzschlag des Februars: „Eines Tages saßen wir, Jung und einige Freunde, in einem Café am Potsdamer Platz. Die Diskussion drehte sich wie immer um literarische Fragen. Es wurde heftig gestritten. Plötzlich stürzte Raphael Seligmann, ein Schriftsteller und Publizist der *Sozialistischen Monatshefte,* ein guter Bekannter von Jung herein. Sein Gesicht war bleich, seine Augen hinter der immer zerbrochenen Brille weit aufgerissen: 'In Rußland ist Revolution!' Jung machte einen Stuhl frei und zog Seligmann an seine Seite: 'Erzählen Sie. Alles was Sie wissen ...' Es war nicht viel, was Seligmann sagen konnte. Aber die Tatsache allein genügte. Jemand wollte die alte Diskussion wieder aufnehmen. Franz Jung winkte ungeduldig mit der Hand ab. Der andere beharrte auf seinem Vorhaben. 'Scheren Sie sich weg vom Tisch', schrie Jung aufgeregt. 'Die russische Revolution ist ausgebrochen. Und Sie reden von Literatur. Jetzt haben wir anderes zu tun!"

So oder ähnlich mag es gewesen sein. Die untergründige Welle der Unzufriedenheit durchbricht auch in Deutschland den „inneren Burgfrieden", überdrüssig, das Leid zu tragen, zerreißt die Massenrevolte die Marionettenfäden, an denen der wilhelminische Untertan geführt wird. Das imperialistische Regime wird vom aufgestauten Unwillen unterspült. Auch der Staat, in dem ein Gott wohnt, der Eisen und Granaten wachsen läßt, ist nur auf Sand gebaut. Bald will niemand mehr für Krupp, Ostelbien, den Kaiser, die durchhaltewillige Sozialdemokratie nebst Gewerkschaften sterben. Der Wunsch nach Befreiung ist stärker als die Großmannssucht aus Goethe und Eisbein mit Sauerkraut. Gegen die ganze erbärmliche Verlogenheit die Sturmfahne der Wut, Ludwig Rubiner (*Der Kampf mit dem Engel*) in *Die Aktion* 1917: „Droschkenkutscher her, Straßenreiniger her, Steinsetzer her, Dienstmädchen her, Waschweiber her; Mob, Unterproletariat, Verzweifelte, Unorganisierte her, die nichts zu verlieren haben; Besitzlose, ganz Besitzlose her! Menschen her! Her zu

uns, wir sind für euch da! Die Zeit geht dem Ende entgegen. Einmal wird der himmlische Horizont wieder an die Erde stoßen, und der Umkreis unserer Augen wird wieder den Glauben sehen, das Wissen von göttlichen Werten. Dann werden die, welche in Europa ihren Mund auch nur ein einziges Mal haben das Unrecht sprechen lassen, für immer in der Jauchegrube des Vergessens ersticken. Aber sie sind keine Gegner. Nur Mitläufer der vergangenen Zeit; Mitwürmer der Verwesung; Mitgerüche der Auflösung."
Es genügt ja nicht, ein wenig die Fassade zu ändern, Regierungspersonal auszutauschen und eine neue Fahne in Auftrag zu geben. Die Gefühlswucht reicht tiefer, in den schönen Tagen des Aufbegehrens erhebt sie alles Niedergedrückte. Noch einmal Rubiner, aus einer Einleitung zu Tolstoi: „Um die Zweifel des Abendländers zu besiegen, hieß es durch Jahrhunderte: Die Ewigkeit, der Himmel, die höchste Wirklichkeit ist in euch. Nun wird es wieder, wie in Urzeiten des Menschlichkeitswissens, heißen können: In euch, geradeso wie um euch. Aber das 'In euch' ist kein ruhender Zustand mehr, sondern die unablässig erneute Bereitschaft zum 'Um euch'. Zwischen dem Innen und dem Außen, zwischen dem Ich und der Welt, zwischen dem einzelnen und der Masse, zwischen dem Wissen und dem Tun – ist kein Unterschied mehr. Es ist kein Unterschied mehr zwischen der Tatsache: Leben, und der Tatsache: Wille. Kein Unterschied mehr zwischen der Tatsache: Güte, und der Tatsache: Sozialität. Das Reich der Liebe, der geistigen Gemeinschaft, das Gottesreich staatlos, grenzenlos, gewaltlos auf der wirklichen Erde aufgebaut: Eine neue Unsterblichkeit tut sich auf. Eine Unsterblichkeit, die nicht auf dem Ruhme des einzelnen ruht, sondern auf dem wissenden Einherschreiten des einzelnen im ungeheuern Zuge der Mitmenschen. Ein ewiges Leben öffnet sich auf Erden, das ist: sich wissend als Blutstropfen fühlen, der durch den Körper des Menschengeschlechtes rinnt."

Die Faszination, ein Glasperlenband aus funkelndem Sonnenlicht über Birkenwald und Bauernbluse, Schneeweite in klirrender Frostluft, heißt Rußland. Dies ist nicht eine bloße Ländermasse, ein Reich, eine vielzählige Völkermischung, es ist eine Schmelze: In ihr werden die Bilder vom Orient und Asien umgegossen.

Die Äußerungen zu Rußland sind wie Traumbilletts, auf ihnen ist das emphatische Drängen messianischer Sehnsucht niedergeschrieben.
In frühen Bruchstücken von Oswald Spengler zu seinem *Untergang des Abendlandes,* Jahre vor dem „Kreuzzug"-Aufruf, ist noch schwärmerische Ethik, es heißt dort zu Rußland: „Die Ebene: es ist der Blick geradeaus, nicht in die Höhe, nicht in eine unendlich brausende Tiefe; es ist der Blick von Mensch zu Mensch, zum brüderlichen Du und zu Tolstois Christentum ..."
Später ist der Kopf mit dem Stahlhelm verwachsen, dann wird dieser Blick der Verehrung sich ändern und die „Ebene" zur „Steppe", in die hinein die imperiale Rassenseele, der nach „oben" strebende Herrenmensch, als Panzerfahrer vorstößt, als Schildhalter Europas gegen den Ansturm „asiatischer Horden". Der Bürger sieht diese „Horden" wirklich, es sind nämlich die Armen, die ihn beunruhigen, das Chaos lauert und er hat Furcht zu verlieren, was ihn ausmacht: den Besitz. Für den Panzerfahrer der kapitalistischen Ordnung beginnt Asien heute beispielsweise in St. Pauli, mitten in Hamburg, genauer in den besetzten Häusern der Hafenstraße. Sicherlich gibt es andere Formen von Projektion von Furcht und Zittern, Arme gibt es schließlich überall, bald sind sie die ausschließliche Masse der Menschen, aber dort am Hafenrand tauchte auch das mythische Bild des Heils auf: Auf einem Transparent war zu lesen „Hafen bleibt oder wir holen die Russen!" Der weiße Stoff hing lustig flatternd im Wind, während am Hafenkai ein Kreuzer der Roten Marine, von der Baltischen Flotte aus Kronstadt, schwer im Wasser lag. Weiter durch die Ebene der Verheißung. Bei Rilke findet sich eine Fülle von denkwürdigen Beispielen der Verehrung, die an das eingangs Gesagte anknüpfen. Während die europäische Entwicklung in der Forcierung industrieller Vernutzung ihre Dimension erschöpft, bleiben Rußland „breitere Atemzüge, und in langsamen, immer wieder zögernden Schlägen geht seine Entwicklung vor sich ...", konträr zur mechanischen Verengung, die Unendlichkeit des Möglichen, „andere Länder grenzen an Berge, Flüsse, Meere, Rußland grenzt an Gott".
In einem Brief an Lou Andreas-Salomé heißt es 1903 über dieses Grenzgebiet zum Absoluten: „... vielleicht ist der Russe gemacht, die Menschengeschichte vorbeigehen zu lassen, um

Cläre und Franz Jung auf dem Roten Platz in Moskau, um 1921 (Foto: John Graudenz)

später in die Harmonie der Dinge einzufallen mit seinem singenden Herzen."
In einem Aufsatz über *Russische Kunst* (1901) wird Rußland zur Arche eines Neubeginns der gefühlsmäßig Verarmten: „Ein großes Vergeuden ist der Sinn unseres westlichen Lebens, während im flachen Nachbarlande alle Kräfte sich aufzusparen scheinen für irgendeinen Beginn, der noch ((nicht)) ist, gerade als sollten dort einmal die Kornkammern sein, wenn die anderen, in wachsender Verschwendung verarmten Völker mit hungernden Herzen ihre Heimat verlassen."
Anfang der 20er Jahre reflektiert Rilke die Revolution im Osten als österliche Wiedergeburt; hinter dieser Erlebensstärke verbleibt der Westen im kleinmütigen Kalkül. Rußland habe, schreibt er, „als einziges Land das ganze unendliche Leid auf sich genommen und sich in ihm verwandelt (...) Welches das Ergebnis seines Überstehens auf dem Grunde dieses Leids sein wird, ist unabsehlich, aber von diesem westlichen Sich-daran-vorbeidrücken wird es ganz und gar verschieden sein. Ja nun zeigt es sich heillos, wie dem Westen seine gedankliche Gewissenlosigkeit mehr und mehr zum Vorbehalt geworden ist, zur Ausflucht von den Wirklichkeiten des verhängten Leids und der ernsten endlichen Freude."
Die Wiedergeburt des vollständigen Menschen aus dem Geist selbstloser Hingabe. In seiner Autobiographie erinnert sich Jung an seine Ankunft in Murmansk 1920 mit der gekaperten *Senator Schröder*: „Wir – ich meine Appel, Knüfken und mich, verbrachten den Abend des 1. Mai in einem russischen Klub, Seeleute und Hafenarbeiter, Bauern, Holzfäller und Leute von der Straße, eine nach Hunderten zählende Menge, die in einem langen Schuppen dicht gedrängt stand, russische Menschen. (...) Diese Masse hat dann angefangen zu singen. Sie sangen die Internationale, das Lied von der roten Fahne und noch viele andere Lieder. Zwischendurch hielten die einzelnen Kommissare kurze Ansprachen, zum nächsten Lied überleitend. Stunden mögen so dahingegangen sein.
Es ist das große Erlebnis meines Lebens geworden. Das war es, was ich gesucht habe und wozu ich seit der Kindheit ausgezogen bin: die Heimat, die Menschenheimat. Immer, wenn ich in den Jahren nachher mich vor die Niedertracht der Menschen gestellt sah, die abgrundtiefe Bosheit, Treulosigkeit und Verrat

im Charakter des Menschen, auch der russischen Menschen, brauchte ich nur diesen 1. Mai in Murmansk ins Gedächtnis zurückzurufen, um mein inneres Gleichgewicht wiederzufinden."

KIRSCHGARTEN

Spätsommer, der Garten hat sich mit Wärme aufgetankt, faul liegt die Katze zwischen den Ginsterbüschen, Pflanzen und Bäume sind in die träge Stille eines Sonntagnachmittags gehüllt; die Luft ist wie aus Samt. In solch einem Moment spürt einer leicht die Verlockung, wie sie von biederzeitlichen Idyllenbildern ausgeht, und dem Betrachter kommt der Wunsch, für immer in solch ein Stillstehen der Zeit einzutauchen, mit einem Mal gar nicht mehr wie zuckerwässriger Kitsch vor. Für einen unendlichen Augenblick verlieren alle Realitäten, die unser Dasein so rauh und betriebsam machen, ihre zudringliche Macht und verschwinden, so als hätten wir nur schlecht geträumt. Man sitzt beieinander, der Tisch ist vollgestellt mit den ewigen Dingen, die das Leben vollständig und schön machen – Tee, Konfitüren, Brot, Gurken, Salat, kalter Braten, eingelegte Pilze, Kuchen und Obst; auch eine bunte Sammlung von Flaschen ist aufgereiht. Doch die Fülle spielt keine Rolle. Die Sonne scheint einem auf den Nacken. Langsam versinken die Sprechenden im Wechselspiel der Worte, bringen Gedanken vor, schweifen ab in sich verästelnde Ideen; reißt der Faden, kommt leicht eine neue Verknüpfung aus Grübelei und lächelnder Ironie in Umlauf (über Gorbatschow, vom Rhythmus in Bloks *Die Zwölf*, die Ticks des Nachbarn, über Bürokratie, unproduktive Arbeit, Schlangestehen, vom Geist Bakunins und der russischen Mission, von Schwermut im Winter, Struves Philosophie, Anna Achmatova ... die Birke in der Landschaft und das Glück beim Pilzesuchen usw.).

Und wenn dann der Mond wie eine helle Glühbirne am Nachthimmel steht, schließlich die allerletzte Flasche leer im Gras liegt und die gemischte Gesellschaft vom Reden wie Trinken gleichermaßen schwankend geworden ist, fühlt man vielleicht, wie fruchtbar mentale Differenzen zwischen Individuen sind. Auch, daß im Inneren des Menschen eine unverwüstliche Kraft geborgen ist und dort das Dritte Rom Heimstatt hat. Und natürlich, es gibt auch andere Russen als die in dieser

Erinnerung an einen sonnigen Nachmittag nebst lauer Nacht.
Alexander Herzen gibt in seinen *Erinnerungen* einen Hinweis auf die west-östliche Konstellation, dieser ist die russische Debatte, der Blick von Moskau nach Europa:

„Die urwüchsigen Grundlagen des Lebens sind noch nicht alles. In Indien existiert seit den ältesten Zeiten bis auf den heutigen Tag die ländliche Bauerngemeinde, die viel Ähnlichkeit mit der unsrigen hat und auf der Verteilung des Landes beruht; und doch haben die Inder mit ihr nicht allzuviel ausgerichtet. Nur die gewaltige Gedankenentwicklung des Abendlandes, an die die ganze europäische Geschichte anknüpft, kann die Keime befruchten, die in der patriarchalischen Lebensform der Slawen schlummern. Die Genossenschaft und die Bauerngemeinde, die Teilung des Gewinns und der Felder, der *Mir* und die Vereinigung von Dörfern zu Gemeinden, die sich selbst verwalten, das sind alles Ecksteine, auf denen das Heiligtum unserer freien genossenschaftlichen Zukunft ruht. Aber diese Ecksteine sind eben nur Steine, ... ohne das europäische Denken müßte unser Zukunftstempel ein bloßes Fundament ohne Mauern und Dach bleiben. Es gab eine Zeit, wo der halbfreie Westen stolz auf das arme, unter dem Drucke des Kaiserthrones zusammenbrechende Rußland herabsah, und wo das gebildete Rußland seufzend an das Glück seiner älteren Brüder dachte. Diese Zeit ist vorüber. Die gemeinsame Sklaverei hat die Gleichheit wiederhergestellt. Wir erleben heute ein seltsames Schauspiel. Selbst die Länder, in denen sich noch ein paar freie Institutionen erhalten haben, streben dem Despotismus zu. Die Menschheit hat seit den Zeiten Konstantins nichts Ähnliches erlebt, seit jenen Zeiten, wo sich die freien Römer in die Sklaverei verkauften, um bloß dem Steuerdruck des Staates zu entgehen. *Despotismus* oder *Sozialismus* – ein Drittes gibt es nicht.
Indessen Europa hat seine vollständige Unfähigkeit zu einer sozialen Umwälzung bewiesen.
Ich glaube, daß Rußland zu einer solchen Tat fähig ist, und dies ist der Punkt, wo ich mit den Slawen übereinstimme. Darauf beruht unser Glaube an Rußlands Zukunft. Ein Glaube, den ich seit dem Jahre 1848 predige.
Europa wählte den Despotismus und gab dem Imperialismus den Vorzug. Der Despotismus ist ein ewiges Kriegslager. Der

Organisationskomitee der IAH, Mai/Juni 1922. Vorne, zweiter von links: Arthur Holitscher, rechts außen: Willi Münzenberg; hinten links: Hugo Eberlein, rechts: Franz Jung.

Imperialismus ist der *Krieg,* der Imperator ist ein *Feldherr.* Eine ganze Welt starrt in Waffen und der Krieg muß kommen. Wer aber ist der wahre Feind? Nun – zu Hause, da sind es die unteren Klassen – und der äußere Feind, – das sind die, welche jenseits vom Njemen wohnen.
Der Krieg, der soeben begonnen hat, kann zu einem Waffenstillstand führen, aber er wird nicht früher zu Ende gehen, als bis eine allgemeine Umwälzung stattgefunden haben wird, bei der alle Karten aufs neue gemischt sind, damit ein neues Spiel beginnen kann. Es ist eine Unmöglichkeit, daß zwei große historische Persönlichkeiten, zwei alte und ergraute Führer und Helden der westeuropäischen Geschichte, die Vertreter zweier Welten, zweier Prinzipien, des Staatsprinzips und des Prinzips der persönlichen Freiheit, nicht auch die dritte Persönlichkeit in ihrem Gange aufhalten und in den Untergang reißen sollten, diese stumme Person ohne Namen und Feldzeichen, die so sehr zur Unzeit mit der Sklavenkette um den Hals auf der Bildfläche erscheint, plump mit ihrem frechen Anspruch auf Byzanz, an die Tür Europas und der Geschichte pocht, und deren einer Fuß in Deutschland steht, während der andere auf dem Stillen Ozean ruht.
Ob diese drei je wieder Frieden schließen werden, nachdem sie ihre Kräfte erprobt, ob Rußland sich in seine Teile auflösen oder das ohnmächtige Europa in greisenhaften Marasmus verfallen wird, ob sie sich, wiedergeboren zu neuem Leben und gemeinsamem Vorwärtsstreben, die Hände reichen oder sich in gegenseitigem Kampfe zerfleischen werden; – es gibt eine Wahrheit, die wir erkannt haben und die keine Gewalt mehr aus dem Bewußtsein der kommenden Geschlechter zu reißen vermag: Die vernünftige und freie Entwicklung des russischen Volkslebens fällt für immer mit den Bestrebungen des westeuropäischen Sozialismus zusammen."
Seinen *Erinnerungen* gab Herzen als Anhang *Briefe an einen alten Freund* bei, am Schluß des ersten findet sich folgende Denkwürdigkeit:
„Die neue, heraufkommende Ordnung soll nicht nur ein schneidendes Schwert, sondern auch eine erhaltende Kraft sein; in dem sie der alten Welt einen schweren Schlag versetzt, muß sie nicht nur alles *retten,* was ihr der Rettung wert ist, sondern auch alles, was kein Hindernis bildet: alles Mannigfaltige, Individuelle und

Eigenartige sich frei entfalten lassen. Wehe jener elenden, geistig armen und an künstlerischem Sinne dürftigen Revolution, welche aus allem Gewesenen und Erworbenen eine traurige Werkstätte machen wollte, deren einziger Vorzug in der Sicherheit des Erwerbs und der bloßen Versorgung bestände. Aber das wird nicht sein! Die Menschheit hat zu allen, selbst zu den schlechtesten Zeiten gezeigt, daß sie potentialiter mehr Bedürfnisse und mehr Kräfte besitzt als zum bloßen Kampf ums Dasein notwendig ist. Die Entwicklung kann diese Kräfte nicht ersticken, es gibt für die Menschen Werte, welche sie niemals opfern werden, und welche ihnen nur eine despotische Gewalt und auch diese nur im Momente des Fieberwahns oder einer Katastrophe entreißen kann. Und wer wollte leugnen, ohne sich einer himmelschreienden Ungerechtigkeit schuldig zu machen, daß es auch im Vergangenen und Verschwundenen viel Schönheit gab, und behaupten, daß es wert sei, mit dem alten Schiffe zugrunde zu gehen."

LINKE DEBATTE

Auf dem ersten ordentlichen Parteitag der KAPD, der vom 1.–4. April 1920 in Berlin stattfand, sollte über die weitere Orientierung (III. Internationale, Antiparlamentarismus, Organisationsform usw.) diskutiert werden. Die Partei hatte sich in Opposition zum Kurs der KPD konstituiert, in ihr fand sich der radikale Flügel der revolutionären Bewegung zusammen, der Teil der Arbeiterbewegung, der einen wirklichen Bruch suchte mit der bisherigen sozialistischen Praxis. („Ich sage nicht zu viel, wenn wir heute ca. 75 % des Spartakusbundes gewonnen haben", meinte ein Delegierter.)

Noch suchte die linksradikale* Strömung den Anschluß an die III. Internationale, zu deren zweitem Kongreß Jung und Appel, auf eine Einladung hin, delegiert worden waren. Zurückgekehrt aus Moskau sollten sie nun Bericht erstatten über den Verlauf ihrer Mission. Die Stimmung war schwankend und die russi-

---

* Obwohl der Begriff Linksradikalismus schwammig ist, teilweise sogar nur eine polemische Herabsetzung, wird er hier dennoch verwendet, als Bezeichnung für eine nicht organisationsmäßig begrenzte revolutionäre Strömung, die nach dem ersten Weltkrieg zum Vorschein kam. Es ist dies der Versuch einer vollständigen Abwendung von der traditionellen Entwicklung des Sozialismus, der Bruch mit den reformistischen Methoden der Sozialdemokratie und deren Modifikation durch Lenin. Mithin mehr ein historisches Bewußtsein, Ausdruck von Kampf-

sche Revolution besaß noch einen strahlenden Nimbus, auch in Moskau waren die Entscheidungen noch recht fließend, niemand wollte sich Möglichkeiten verbauen, und auch die Positionen waren noch beweglich, die Informationen spärlich, das mögliche Weitergehen der Revolution im Westen noch nicht aussichtslos.

Der Gegensatz der Linksradikalen zu den siegreichen Bolschewiki hatte noch nicht den Charakter unversöhnlicher Feindschaft angenommen. Noch dominierte nicht der besserwisserische Ton, wie ihn später ein mechanisch enger orthodoxer Marxismus hervorbringen wird, diese dogmatische Verbohrtheit hatte ihnen Lenin voraus, wogegen sich anfänglich der leidenschaftliche Unmut richtete.

Allerdings, und dies wird ein Drama der revolutionären Bewegung werden, die skeptische Haltung eines Gorter, Pannekoek oder Rühle, die auf massenhaftem Echo beruhte, vermochte es nicht, den Zuspruch zu erhalten, der nach der Trennung von der KPD vorhanden war. Im selben Maße wie die Kampferfahrungen zu ebenso festen Formeln wurden, wie sie es auf der Gegenseite in den wütend attackierten „Moskauer Methoden" schon waren, versandete die linksradikale Position zu einem sektiererischen Gruppenstandpunkt. Auf der anderen Seite entstehen die autoritären Kapellen der Moskauer Orthodoxie, die jede lebendige Klassenkampfbewegung ersticken werden.

In dem Parteitagsprotokoll sehen wir Jung auf einem ziemlich verlorenen Posten, der dem Erkenntnisprozeß ein wenig vorausgeeilt ist und ins Kreuzfeuer der Kritik gerät. Diese Kritik verwirft den Eigensinn seines Referats, was an sich nicht besonders tragisch wäre, aber die Angriffe zeigen die Kluft auf zwischen dem aufrührerisch-utopischen Geist und dem simplen Begriffshorizont des Politikanten. Der Riß, schließlich ein Fallbeil, das Wort „expressionistischer Schriftsteller", schwebt durch den Saal. Braver Marxismus gegen unordentliches Denken, der

erfahrungen, als eine abgeschlossene Theorie. Dabei spielen anarchistische und syndikalistische Vorstellungen, die zumindest methodisch im Linksradikalismus Einfluß haben, eine gewichtige Rolle, deren Positionen mitzudenken sind, auch wenn sie nicht ausdrücklich benannt werden. Die streng marxistisch orientierten Vertreter des Linksradikalismus bezeichneten sich als „Linke Kommunisten", später vornehmlich als Rätekommunisten.

mechanische Fortschrittskopf trennt sich vom messianischen Körper. Was zusammengehört, trennt sich in zwei Teile. Es ist ein denkwürdiges Dokument des inneren Scheiterns, das, in hitziger Atmosphäre, gegen die Intentionen ihrer Protagonisten sich vollzieht und deren Perspektiven verengt:

„Jung - Berlin: (Eine stenographische Wiedergabe der Ausführungen ist aus besonderen Gründen nicht möglich. Wir rekapitulieren sinngemäß):
Vielfach wird in Deutschland und in Kreisen unserer Partei eine falsche Auffassung von der Bedeutung der Internationale bemerkt. Wir können nicht klar und sachlich zu dieser Frage eine Stellung gewinnen, wenn wir nicht einheitlich in der Auffassung über diese Internationale sind. Dies vorweg genommen, möchte ich noch einmal darauf hinweisen, wie auf dem Gründungsparteitage schon geschehen, daß diese Internationale ja im Grunde genommen eine Notgründung der russischen Kommunisten gewesen ist. Was damals die russischen Genossen nur bis zu einem Teile wahr haben wollten, geben sie heute schon offen zu. Es ist bekannt, daß der Vertreter Deutschlands auf dem Gründungskongreß der Internationale sich gegen diese Organisation ausgesprochen hat, mit der Bemerkung, daß erst die Mitglieder seiner Organisation dazu Stellung nehmen müßten. Unter den deutschen Parteien hat erst die Bewegung für die 3. Internationale eingesetzt, als sie sahen, daß im Auslande eine Abwanderung aus der 2. Internationale zu bemerken war. Besonders die U.S.P., die nicht aus reinem Willen, sondern aus dem Zerfall der 2. Internationale die Frage aufgeworfen hat, sich gleichfalls einer Internationale anzuschließen. Die Vorbereitungen zu dem jetzt in Moskau stattfindenden Kongreß der Internationale beweisen klar und deutlich, daß dasselbe Moment, welches zur Gründung dieser Internationale geführt hat, auch maßgebend ist, um jetzt die Verbindung des Weltproletariats zu finden. Wer die Vorgeschichte des Kongresses verfolgt hat, wird gefunden haben, daß in allen Ländern Parteien ins Leben gerufen worden sind, die sich auf den Boden der 3. Internationale stellen und Vertreter entsandt haben. Es sind in Moskau Parteien vertreten, die kaum größer sind als die Kopfzahl der heutigen Versammlung. Überall werden kommunistische Organisationen ins Leben gerufen. Das Exekutiv-Komitee hat Reisende

in aller Herren Länder entsandt, von denen der eine allein 6 verschiedene Parteien gegründet hat, die sich der dritten Internationale angeschlossen haben. Wir müssen aber das Auftreten des Exekutiv-Komitees zurückweisen, das sich bereits eine Bedeutung zumißt, die ihm nicht innewohnt. Wir müssen besonders deswegen diesen Ton des Komitees zurückweisen, weil die Auslassungen des Komitees nicht identisch sind mit der Ansicht der 3. Internationale, wie sie tatsächlich ist. Ich habe gezeigt, daß die 3. Internationale, so wie sie vom Propagandachef Radek augenblicklich eingestellt wird, als Anhängsel der Sowjetrepublik eine andere Bedeutung hat als diejenige Internationale, die sich im Rahmen dieser Organisation vorbereitet und in Bildung begriffen ist. Diese Internationale, die auch in den Räumen dieser Propagandastelle untergebracht ist, ist erst dadurch in der Bildung begriffen, daß die Gegensätze zwischen den Parteien eines gleichen Landes untereinander zum Austrag kommen, daß unter dem Gesamtziel der Errichtung der proletarischen Diktatur taktische Richtlinien festgesetzt werden. Darin wiederum begegnen sich die beiden Strömungen. Aus diesem Grunde ist auch die Auseinandersetzung zwischen diesen beiden Strömungen noch nicht so klar zum Ausdruck gekommen, weil die Initiative der russischen Diplomatie noch zu sehr den Propagandacharakter trägt. Weil dieser Kampf noch erst ausgefochten wird, deshalb haben die Parteien – und zwar sind es die maßgebenden Parteien – noch eine sehr ungeklärte Stellung zu dieser Strömung der 3. Internationale. Sie sitzen in Moskau und nehmen an den Beratungen teil, haben aber nicht die Energie, innerhalb dieses Gemisches eine führende Rolle zu spielen. Ich erwähne hierbei insbesondere die deutschen Vertreter. Das deutsche Proletariat wird vertreten durch eine deutsche Sektion, die im Grunde genommen identisch war mit dem Westeuropäischen Sekretariat. Der Führung dieser Sektion war die Möglichkeit genommen, den Standpunkt des deutschen Proletariats überhaupt zu vertreten, weil die Schriften, die von dieser Sektion herausgegeben wurden, zugleich die Schriften der 3. Internationale selbst waren. Es hat dies im Verlaufe des letzten Jahres zu recht erregten Auseinandersetzungen mit den anderen Ländern geführt, insofern diese Beschwerde dagegen erhoben, daß die absolute Vormachtstellung der Vertreter des deutschen Proletariats in Moskau die revolutionäre Tätigkeit in den anderen

Ländern erschweren müßte, und daß bereits entsprechende Vorwürfe gegen Moskau ergangen sind. Es haben diese Verhältnisse schließlich dazu geführt, daß man einen Organisationsplan der 3. Internationale vorgelegt hat und daß dieser Organisationsplan gewissermaßen umrahmt werden sollte durch einen entsprechenden taktischen Operationsplan. Um allen Auseinandersetzungen dieser Frage der Organisation der 3. Internationale aus dem Weg zu gehen, schob man in den Mittelpunkt die Taktik. Deshalb wird man auf dem jetzt tagenden Kongreß das Schwergewicht der offiziellen Verhandlungen nach außen hin auf die Ablehnung oder Annahme der Thesen über Parlamentarismus und Gewerkschaften legen, um an der Hand der taktischen Einheit eine leichtere Arbeit in der Frage der Organisation zu haben. Bei der Internationale selbst sind verschiedene Strömungen vorhanden. Die eine Richtung legt ein geringes Gewicht auf das Organisationsstatut und will die 3. Internationale als den Generalstab des Proletariats betrachten, die andere will, sofern Rußland als Machtfaktor in die Erscheinung tritt, der Internationale die diplomatische Aufgabe abnehmen. Diese Strömungen sind naturgemäß mit dem Anwachsen der Sowjetmacht gestiegen, sie haben größeren Einfluß gewonnen. Ihr Vertreter ist Bucharin. Soweit mir bekannt, wird dieser Plan auch jetzt zur Beratung vorliegen. Es hat nun bei der Vorgeschichte des Kongresses einen unangenehmen Eindruck gemacht, daß seitens des deutschen Proletariats nicht ein Entwurf vorgelegt worden ist, wie sich die deutschen Parteien eine 3. Internationale denken. Es finden sich eine große Anzahl Vorschläge selbst der kleinsten Parteien. Es beweist so richtig die Stellung des Spartakusbundes, der alles tut, was ihm befohlen wird, daß er selbst überhaupt noch nicht zu der Frage der 3. Internationale gesprochen hat in Moskau. Bezeichnenderweise findet sich dasselbe Moment bei der U.S.P., die bisher nur von Verhandlungen berichtet hat, die stattgefunden haben, und die, wie der Spartakusbund, die 3. Internationale in Bausch und Bogen annehmen wollen. Deshalb wird und kann es nur unsere Aufgabe sein, von Anfang an zu erklären, wie wir uns diese 3. Internationale denken. Ich habe den Eindruck von Moskau mitgenommen, daß man das auch von uns erwartet. Tun wir das, befassen wir uns mit diesem Gedanken, dann werden wir uns der richtigen Einschätzung nähern.

Wie es mit den Diktaten des Exekutiv-Komitees bestellt ist, soll ausgesprochen werden, und mag das folgende Beispiel zeigen. Das Komitee hat geglaubt, einer Partei, die sich ohne die geringsten Klauseln der 3. Internationale angeschlossen hat, der Norwegischen Arbeiterpartei, die über einen gewissen Einfluß im Lande verfügt, eine Anzahl Thesen vorlegen zu können, und hat ihr auseinandergesetzt, nach welchen Richtlinien sie sich zu fügen hätte. Die norwegischen Genossen haben dem Herrn Posener, der zu diesen Zwecken in Norwegen war, rundweg erklärt, daß sie über diese Fragen überhaupt nicht diskutieren würden und noch an demselben Tage eine Nachricht an Moskau gehen lassen würden, daß sie jede weitere Verhandlung ablehnen. Posener war nach 24 Stunden aus Kristiania wieder verschwunden. Die Norwegische Arbeiterpartei ist nach wie vor in der 3. Internationale. Es war also der Versuch, einer unmaßgeblichen Stelle, revolutionäre Politik mit Propaganda und irgendwelchen Organisationsmätzchen zu verwechseln. Daran sollen wir denken, wenn wir uns mit der Frage der 3. Internationale beschäftigen. Wir haben nach unserer Rückkehr aus Moskau das Westeuropäische Sekretariat entsprechend unseren Aufgaben aufgefordert, sich mit uns über eine Reihe Fragen auseinander zu setzen. Wir haben bis heute noch nichts vom Spartakusbund gehört. Es wurde weiter festgestellt, daß in Moskau ein Bericht des Spartakusbundes vorlag, daß wir als Partei die gleiche Unterstützung an Zeitschriften bezögen wie der Spartakusbund. Wir stellten fest, daß das eine glatte Unwahrheit war. Ich erwähnte damals sofort, daß mir der Spartakusbund kaum in der Lage zu sein scheine, über diese Fragen zu verhandeln. Wir haben hier unsere Fragen an das W.S. ((Westeuropäisches Sekretariat, aufgelöst durch einen Telefonanruf aus Moskau)) gerichtet und keine Antwort bekommen. Es ist mir von dem Vertreter mitgeteilt worden, es würde darüber demnächst gesprochen werden; das ist nicht geschehen. Sie sehen also, daß die Arbeitsweise der 3. Internationale die gleiche wie die des W.S. ist. Es ist eine rein persönliche Ansicht dieser Leute, und wir können ohne weiteres der Gefahr ausgesetzt sein, aus der Internationale ausgeschlossen zu werden, nur weil Radek nicht gut gelaunt war. Dasselbe gilt für das W.S.. Ich will damit sagen, daß wir uns Personen gegenüber sehen, und daß es an uns ist, Personen zu trennen von dem, was die Internationale sein soll und muß, und was auch für uns in Deutschland eine Unterzentrale sein könnte. Ich habe absichtlich die unangenehmen Methoden dieser Internationale an die Spitze gestellt, insbesondere auch die Aussichtslosigkeit geschildert, mit diesen Personen in Verbindung kommen zu können. Ich muß aber nunmehr zum anderen Teile übergehen und zwar zu der Frage: Wie können wir dem abhelfen. Wir müßten die Frage zu lösen versuchen, ob es notwendig ist, daß diesen Übelständen abgeholfen wird. Es ist vielleicht die Meinung verbreitet gewesen und unsere Delegation hat auch eine Zeitlang mit dem Gedanken gespielt, der Internationale einen geschlossenen Bund der außerhalb der Internationale stehenden Organisationen entgegen zu setzen. Was würde das bedeuten? Das würde bedeuten, daß alle diejenigen Organisationen, die aus irgend einem Grunde, vielleicht der Verärgerung, oder daß sie mit dem Reisenden der Internationale in keinen guten Kontakt gekommen sind, und daraus sofort Schlüsse gezogen haben, außerhalb geblieben sind, ohne organisatorisch die innere Linie zu haben, nur äußerlich als Block eine Opposition bilden könnten. Es besteht die Absicht, sich mit den deutschen Syndikalisten zusammen zu schließen zu einem Organisationsblock gegen die 3. Internationale. Wer die Verhältnisse dieser einzelnen Organisationen kennt, den inneren Wert der Organisationen abzuschätzen versteht, der muß diesen Gedanken entweder als lächerliche Utopie bezeichnen, oder ihn als den Ausfluß eines Menschen, der niemals von einer proletarischen Organisation eine Ahnung gehabt hat, werten. Wir haben jetzt Gelegenheit gehabt, die Sobstmerts zu sprechen: Die I.W.W.-Bewegung steht bisher auf dem Boden der 3. Internationale. Sie denken gar nicht daran, sich einer Organisation gegen die 3. Internationale anzuschließen, weil sie eine solche Organisation überhaupt nicht als proletarische Organisation anerkennen, weil sie in engster Verbindung mit den russischen Genossen daran gehen, mit der Internationale Verbindungen zu schaffen. Der Gedanke, mit dem I.W.W. zusammen zu gehen, kann also nur von jemandem stammen, der die Glocken läuten hören hat und nicht weiß, wo sie hängen. Die Leute unserer Partei mit dieser Ansicht wären zur Zusammenarbeit mit den I.W.W. gezwungen.

Es war unser Ersuchen ein falsches, in die 3. Internationale aufgenommen zu werden. Es hätte genügt, zu erklären: wir

Titelabbildung der Erstausgabe

stehen auf dem Boden der 3. Internationale. (Sehr richtig!) Auch darin lag schon unsere falsche Ansicht, daß wir erst um einen Vertreter in einen Propagandaverein ersucht haben. Die Sobstmerts werden keinen lächerlichen Oppositionsblock bilden. Die anderen kleinen Gruppen, was sie machen werden, scheint mir doch eine bedeutende Unterschätzung des Proletariats an sich. Die revolutionäre Situation in Deutschland ist nach unserer Ansicht eben diejenige, daß die Last der nächsten Etappe der Weltrevolution auf Deutschland ruht und da dürfen wir uns nicht der Verantwortung entziehen, aus persönlichen Erwägungen und politischen Mätzchen heraus etwas aufrichten zu wollen, etwas nachzuäffen, wozu wir nicht imstande sind.

Die 3. Internationale, so wie sie werden soll, ist getragen von dem Gedanken, die ausländischen Bruderparteien zu Informationszentren zusammen zu fassen, zu erforschen, wie der Kampf in jedem einzelnen Lande zu führen ist auf Grund der Kenntnisse der Situation der anderen Länder. Die wichtigste Aufgabe ist also, die Situation richtig einschätzen zu können. Die Folgerung ist die, daß wir in Moskau unsere Einschätzung der revolutionären Situation in Deutschland zur Geltung bringen. Das ist es, womit auch wir in Moskau Erfolg gehabt haben, wir haben dort die russischen Genossen auf die falsche Politik des Spartakusbundes hingewiesen.

Der Prozeß der Selbstbewußtseinsentwicklung der Partei ist im günstigen Fortschreiten begriffen. Die Norwegische Arbeiterpartei ist das Beispiel dafür. Die Exekutive hat sich den Witz gemacht, und die kleinen Parteien in Moskau zu einem Organisationskomitee zusammen geschlossen. Es beginnt eine Ernüchterung einzutreten, die wir nicht nur unterstützen können, sondern die wir die Pflicht haben, zu unterstützen, weil wir die Träger der Opposition in der Internationale sein werden. Die Situation in Norwegen und Schweden ist nicht so zugespitzt, um die nächste Etappe der Weltrevolution zu sein, wie es Deutschland ist. Die Russen wissen das auch.

Wenn ich nun zu den Verhältnissen in Rußland selbst komme, so ist die Haupterfahrung, die wir in Rußland gemacht haben, die, daß alles wunderbar auf dem Papier theoretisch ausgeführt steht. Das ist die Stärke der Russen. Aber in Rußland ist nicht das Proletariat vorhanden, das aufnahmefähig wäre für diesen Apparat. Dieser Apparat ist nur dadurch zu halten, daß man alles beiseite stellt, daß man nichts mehr fürchtet, als wenn russische Schlote rauchen, daß also der Aufbau gar nicht im russischen Interesse gelegen sein kann. Auch eine Rote Armee läßt sich in der Form wie in Rußland auf die Dauer nicht halten. Die Armee ist nur durch Propaganda zusammengehalten, das ist das Wunderwerk, welches die russischen Kommunisten verrichten. – Die russische Oktoberrevolution war der typische Putsch. Die alten Truppen des Zaren haben die Revolution in Rußland gemacht. –

Wir benötigen eine Organisation des internationalen Proletariats, die nur den einen Gedanken kennt: das deutsche Proletariat in seiner Eigenschaft als die nächste Etappe der Weltrevolution zu unterstützen. Rußland ist bereits über die große Phase hinweg, daß es Hilfe gebraucht; jetzt benötigt Deutschland diese Hilfe. Die Parole: Hilfe für Sowjetrußland beginnt sich umzuformen in die Parole: Hilfe für Deutschland!

R. - Berlin: Mit der Entgegennahme des Referats wären wir am Schluß der heutigen Tagung angelangt. Zu einer kurzen Bemerkung wünscht das Wort der Genosse

Appel - Hamburg: Wir haben soeben den Vortrag des Genossen Jung gehört. Ich persönlich und auch andere Delegierte bitten die Genossen, mir heute abend noch das Wort zu geben zur Erläuterung und zu gegensätzlichen Ausführungen, wie sie Jung gemacht hat. Denn die Dinge sind nicht so, wie Jung sie geschildert hat.

R. - Berlin: Ich lasse über den Antrag Appel-Hamburg, heute abend noch einige kurze Ausführungen machen zu dürfen, abstimmen.

Der Antrag ist mit 19 gegen 13 Stimmen angenommen.

Appel - Hamburg: Ich muß zuerst auf die Ausführungen Jungs eingehen, die da besagten, daß die Oktoberrevolution in Rußland wie ein Putsch zu bewerten sei. Jeder Genosse, der die Geschichte von Rußland verfolgt hat, weiß, daß die Revolution in Rußland bereits seit dem Jahre 1905 im Gange ist. Dann von einem Putsch zu sprechen, ist etwas stark. Die Dinge sind zwar so gewesen, daß die Bolschewisten es verstanden haben, dem Willen der in Rußland arbeitenden Bevölkerung und auch der Bauern einen Ausdruck zu geben, die Parolen auszugeben. Sie waren nicht die übermäßig große Partei, aber sie trafen die Dinge richtig. Die Massen gewannen Vertrauen zu ihnen. Darauf folgte die

Revolution, aber kein Putsch. Denn die Arbeiterschaft hatte in Rußland die Macht. Sie hat sie heute noch. Sie hat die Rote Armee organisiert und sie ist nicht die zusammengelaufene Armee aus allen möglichen Armeen. Sie ist der Kerntrupp des Proletariats.

Als die Bolschewisten bedrängt waren von allen Seiten, wer ist es da gewesen, der zuletzt den entscheidenden Schlag getan hat? Das waren nur Kommunisten. Als Petersburg kurz vor der Einnahme stand, wer rettete die Regierung: alle Arbeiter aus Petersburg, die ihr Leben opferten. Wer etwas anderes behauptet, sagt etwas Unwahres. Jung ließ durchblicken, daß die Armee nicht mehr in den Händen der Russen wäre. Auch das ist eine Unwahrheit.

Wie sind die Dinge? Nicht ist die 3. Internationale abhängig von Personen. Das ist ein Irrtum. Sie hängt nicht von Radek ab, auch nicht die Richtung der 3. Internationale. Wir setzten uns in Gegensatz zum Spartakusbund in taktischen Fragen. Der rote Faden war dabei Führer oder Massenbewegung. Wir wissen, daß der Spartakusbund seine Direktiven aus Rußland bekommt. Wir wissen auch, daß in Rußland eine straffe Führerherrschaft vorhanden ist. In Rußland ist auch keine andere Politik möglich. Wenn wir das wissen, sollen wir die Dinge nicht auf die leichte Achsel nehmen. Nun sind die russischen Genossen fest davon überzeugt, daß diese Führerherrschaft der einzige Weg ist. Deshalb spinnen sie ihre Fäden über die ganze Welt. Auf dem augenblicklich tagenden Kongreß werden Richtlinien über Parlamentarismus und Gewerkschaften angenommen werden, über die Partei, über die Führerbewegung. Dann steht vor uns die Frage, ob wir diese Dinge anerkennen wollen. Wenn wir sie nicht anerkennen würden und hineinzuschleichen versuchten, würden wir dasselbe begehen, was Laufenberg und Wolffheim begehen, die nicht den Anstand besaßen, die Konsequenzen zu ziehen. Das gebietet die politische Reinheit.

Wir haben zu rechnen mit der Führerbewegung und wir wissen, daß wir dieser Führerbewegung entgegen zu treiben haben. Und zwar dadurch, daß wir in Deutschland selbst die Revolution vorwärts treiben, daß wir unsere ganze Arbeit darauf einrichten, diese Führerbewegung zu brechen. Wir müssen eine Macht schaffen, wir müssen der Internationale nicht mehr mit Worten entgegentreten, sondern – wir gehören zur kämpfenden 3. Internationale und schließt man uns aus, so drängen wir uns auf mit unseren Taten. Die revolutionäre Arbeiterschaft steht hinter uns. Deshalb brauchen wir nicht den Weg Laufenbergs und Wolffheims zu gehen, wir sollen Selbstbewußtsein haben. Wir brauchen keine Führer, nicht von der und nicht von jener Seite. Wir werden die Macht des klassenbewußten Proletariats schaffen. Wenn man glaubt in die 3. Internationale gehen zu können, wo Richtlinien angenommen werden, so gebietet unsere Anstandspflicht, nicht etwa zu erklären, wir erkennen die Richtlinien an und handeln dann anders, sondern wir haben den Anschluß an die anderen Länder zu suchen. Die Bewegung gegen die Führer geht durch die ganze Welt. Wenn wir diese Grundsätze aufgeben würden, um des Zuckerbrotes willen, dann könnten wir zum Spartakusbund gehen, dann hätten wir keine Berechtigung mehr, uns K.A.P.D. zu nennen. Ich erachte für notwendig, klar und deutlich diese Dinge zu zeigen, damit nicht die Rückschläge kommen. Die Befreiung der Arbeiterklasse kann immer nur das Werk der Arbeiterklasse selbst sein. Wenn die Dinge noch so schwer sind: durch! (Bravo!)

Jung - Berlin: Ich bin wohl insofern falsch verstanden worden, als ich von nationalistischen Tendenzen in der Roten Armee sprach. Ich habe damit sagen wollen, daß die Truppen heute diesem, morgen jenem folgen würden. Das russische Heer wird morgen gegen jemand anders kämpfen, weil das Vertrauen gegen die Führerschaft eben vorhanden ist.

R. - Berlin: Ich vertage damit den Parteitag bis morgen früh.
(...)

Schröder - Berlin: Der Genosse Jung hat uns ein langes Referat gehalten, das den Eindruck eines expressionistischen Gemäldes machte. Er hat gute Gedanken geäußert, aber ich habe den Eindruck gewonnen, daß er im wesentlichen das nicht gesagt hat, was uns am Herzen liegt und was über unser Verhältnis zur 3. Internationale gesagt werden muß. Ich verstehe die Empörung des Genossen Appel, der die Überzeugung gewonnen hat, daß man hier mit einem gewissen Leichtsinn an dieses Problem der Organisation des Proletariats als Klasse über die Welt gegangen ist. Ich muß allerdings demgegenüber Jung in Schutz nehmen, denn ich weiß, daß diese Absicht nicht bestanden hat und nur durch die äußere Form des Vortrages erweckt ist. Bei all der Heftigkeit, mit der wir den Kampf führen, habe ich mich doch

von einem großen Respekt leiten lassen vor den Taten des russischen Proletariats. In der Hitze des Kampfes kann ich diesen Respekt niemals aus den Augen verlieren. Es ist nicht richtig, zu sagen, daß unsere Delegation des 1. Gründungsparteitages als Bettlerin nach Moskau gegangen ist. Sie ist dort mit dem Programm aufgetreten. Sie hat um nichts gebettelt. Wir haben auf unserem Parteitage auch ausgesprochen, den Antrag auf Ausschluß des Spartakusbundes zu stellen.
(...)

Pfemfert - Gotha: Ich habe nach dem gestrigen Referat des Genossen Jung mehr als zwölf Stunden Zeit gehabt, um mich zu bemühen, klar zu werden darüber, was er gesagt hat. Ich muß persönlich vorausschicken, daß ich in Deutschland zu den Wenigen gehöre, die den Dichter Jung verstehen, die seine Sätze zu deuten verstehen. Nach dem gestrigen Referat muß ich erklären, daß ich von alle dem nichts verstehen konnte, und ich bedaure die Delegierten, die jetzt zum Punkte 3. Internationale auf Grund dieses Referats einen Bericht abgeben sollen. Ich glaube, daß es eine direkte Strafe wäre, auch nur in ganz kurzen Sätzen auszuführen, was uns Jung gesagt hat. So kann es dann kommen, daß die Delegierten zu Hause erzählen, daß die Rote Armee in Rußland ein national gestimmtes Instrument sei, das heute gegen die Polen kämpft, ohne zu wissen weshalb, und morgen gegen andere. Die Delegierten könnten nach dem Referat zur Ansicht gekommen sein, wir seien bisher im Irrtum über die Rote Armee gewesen, wie auch über die ganzen Verhältnisse in Rußland. Der Referent hat gegen die Politikanten gesprochen. Aber ich möchte mich doch dagegen wehren, daß Literaten so sehr die Dichtung mit der Politik vermengen, daß Literaten beginnen, anstelle der Führerbonzen die Köpfe zu verwirren. Jung hat sich sehr scharf dagegen gewandt, daß man mehr arbeite als man arbeiten müsse, da man sonst dem Kapitalismus in die Hände arbeitete. Auch das geschah wohl nur aus seiner dichterischen Inspiration heraus.
(...)

Appel - Hamburg: Schon verschiedentlich ist von Genossen darauf hingewiesen worden, daß wir es in Rußland in der Exekutive mit Leuten zu tun hätten, die ihre Vormachtstellung uns gegenüber durchsetzen wollten. Noch niemand aber ist darauf eingegangen, weshalb dort die Führerinteressen so in den

Vordergrund geschoben werden. Darum wird es notwendig sein, über die Verhältnisse drüben einen kurzen Überblick zu geben. Die Erklärungen des Referenten über die Rote Armee, die schon vom Genossen Pfemfert gegeißelt wurden, stimmen nicht. Die Rote Armee ist das Instrument der Kommunisten, und zwar voll und ganz, nicht, daß dieses Instrument beliebig hier- und dorthin umgeschaltet werden könnte. Wenn man rote Soldaten sieht, so hört man auch die Internationale singen. Gerade in der Armee wird die Aufklärungsarbeit auf das schärfste betrieben. Sie kämpft bewußt für die Weltrevolution. Es wäre undenkbar, daß diese Armee evtl. gegen deutsche Arbeiter kämpfen könnte. Es ist nicht der Fall, daß es ein nationales Heer ist, sondern es ist durchdrungen vom Geiste des Sozialismus.
Die Politik der 3. Internationale ist zugleich die Politik der russischen Kommunisten. Das ist zu erklären, wenn man die Verhältnisse Rußlands berücksichtigt. Wir wissen, daß nicht viele Proletarier in Rußland sind, und daß diese eben noch nicht lange Proletarier sind. So sind um Moskau herum die Arbeiter halb landwirtschaftliche, halb Industriearbeiter, also erst im Übergang zur Industrie begriffen. Anders in Petersburg und an der Ostküste. Dort ist schon ein klassenbewußtes Proletariat gewesen. Aber es ist nur noch nicht die Regung des Selbstbewußtseins durchgedrungen. Die russische Revolution stützt sich auf den Bauern, den man wiederum nur bekommen hat durch Befriedigung seiner Wünsche: mehr Land. Man hat das russische Volk begeistert für die Weltrevolution. Das liegt in den Verhältnissen des ganzen Landes. Denn das Land des Russen wird bedroht vom Ententekapital. So begreift der Bauer, daß er sein Land verteidigen muß, er sieht, daß er nur den Weltimperialismus trifft. Es ist dieser Gedanke noch nicht Allgemeingut, aber er liegt im Ideengang der Bauern und Proletarier. Insofern ist die russische Armee ein brauchbares Werkzeug der Weltrevolution. (...) So erklärte Bucharin, wir haben eben riesiges Glück gehabt. Das liegt aber wohl darin, daß wir die Verhältnisse richtig beurteilen konnten. Wir haben immer das Richtige getroffen. Wir haben gewisse Dinge vorausgeahnt. Es traf ein. Das Volk hat dem Bolschewismus eine höhere Macht zugetraut. Das Volk strömte ihnen zu. Und die Bolschewisten haben bewiesen, daß sie das Richtige trafen. Das hat ihnen Vertrauen eingebracht. Nicht so sehr sind die Russen Sozialisten, aber weil die Verhältnisse sie dazu

Titelbild von Der Gegner, *November/Dezember 1919*

bringen, und durch die Taten der Bolschewisten sagen sie sich, ihnen müssen wir das Vertrauen geben. Die Russen beherrschen die Lage, nicht, daß sie ihre Mitglieder beherrschen durch Zwang, sondern die Kommunisten vertrauen ihren Führern. Deshalb sind die Führer mächtig. Und nun können wir verstehen, daß die russischen Führer uns verurteilen. Sie haben gesehen, daß in ihrem Lande der Weg, den wir gehen, nicht möglich ist in ihrem Lande. Sie sagen, nur in Deutschland ist die Bewegung immer wieder niedergeschlagen, weil keine richtigen Führer vorhanden waren. Brillant ist zwar die Idee, daß man die Massen hierhin und dorthin schieben kann. Aber ist das für uns die Revolution, ist das möglich und liegt das in unserem Interesse? Das sind unsere Grundsätze, das trennt uns vom Spartakusbund. Es hängt nicht an Personen, sondern es ist das russische System von drüben. Wir kämpfen nicht dagegen an, indem wir schreien und schimpfen auf die Internationale, nein wir können nur dagegen ankämpfen, daß wir klar sagen, was wir wollen, indem wir eine Macht schaffen; ich zeigte schon, daß die Rote Armee ein Machtfaktor ist. Er wiegt schwer für Rußland. Die Macht ist da, wir haben damit zu rechnen. Stellen wir uns vor, daß wir es nicht fertig bringen, die Macht in Deutschland selbst zu erobern, daß wir warten müssen und wollen, daß die Rote Armee einrückt, dann ist eben diese Macht kein Faktor mehr in unserer Politik. Wenn ich irgendwo Hilfe nehme, so muß ich das wieder ausgleichen. Es geht nicht nach unseren Wünschen, sondern nach den Dingen, wie sie da sind. Wir müssen unsere Richtlinien klar zeigen, müssen einen Aufruf an das deutsche Proletariat gehen lassen, dadurch erkämpfen wir uns unseren Platz. – Es ist möglich, daß man uns in diesen Führerbund hineinzwingen wird, und daß man das Rätesystem in Rußland nicht mehr haben will. So, wie es sich allerdings in Rußland zuerst durchsetzte, konnte es sich nicht halten, wir hätten ihm wirtschaftlich helfen müssen und werden ihm später helfen müssen. Wir sind die vorgeschrittensten und so, wie sich der kommunistische Geist durchgesetzt hat, wie wir unsere Wirtschaft aufgezogen haben, so haben wir ein Übergewicht gegen Rußland. Rußland ist angewiesen darauf, daß Deutschland zur Revolution kommt, weil es keine Transport- und technischen Hilfsmittel hat. Sie sind auf diese Politik angewiesen, und nicht auf den anderen Weg durch Verhandeln mit der Entente. Rußland kann nicht als Sowjet-

macht mit der Entente Handelsbeziehungen eingehen, sondern müßte die Ausbeutung der russischen Wirtschaft der Entente überlassen. Das bedeutet das Hinwegfegen der Herrschaft der Bolschewisten. Ich habe die Überzeugung gewonnen, daß die Russen zielbewußt den Kampf gegen die Entente weiter fortsetzen und uns zu Hilfe kommen wollen. Ich sage das deshalb, weil eben schon der Glaube, die Russen könnten den anderen Weg gehen, sich bei uns durchzusetzen beginnt und auch von Hamburg propagiert wird. Die Russen haben Recht, wenn sie sagen, wir sind Starrköpfe. Sie sind unehrlich gegenüber dem Kapital. Dem täuschen sie den Frieden vor und rüsten in aller Sicherheit weiter, weil sie müssen. (Redner schildert dann Einzelheiten über die Entstehung der Broschüre 'Kinderkrankheiten' etc. und fährt dann fort:) Ich habe Lenin gesagt, daß er die deutsche Bewegung nicht kenne. Er kenne sie nur aus Broschüren und Zeitungen. Lenin gab das zu, sagte dann aber: so wie ihr euch entwickelt, müßt ihr euch auch Autorität verschaffen, ganz gleich, mit welchen Mitteln. In der Ecke stand ein Bildhauer, der Lenin modellierte. Das ist das Prinzip der russischen Genossen. Wir brauchen dieses, sagte Lenin, wenn ihr das auch nicht verstehen werdet, das Volk muß uns verehren. Entsprechend den russischen Verhältnissen ist die Arbeit der Bolschewisten nicht zu unterschätzen. Es ist eine ungeheure Arbeit, die die wenigen Bolschewiki leisten, weil sie das Volk als ein brauchbares Instrument der Weltrevolution zusammenschweißen. Darum sage ich, die heute drüben nicht verurteilen, sondern bewundern, wo es nötig ist. Ihre Taten sind begründet in den russischen Verhältnissen, die zwar andere sind als die unsrigen, aber sie stehen mit Begeisterung und Idealismus für ihre Sache. Deshalb war ich gestern so sehr empört, als die Dinge so falsch von dem Referenten beurteilt wurden. Wenn der Bericht vom Kongreß der Internationale an uns ergehen wird, müssen wir uns klar sein, was wir zu tun haben. Am höchsten steht das Interesse an der Weltrevolution, nicht so hoch die russischen Genossen. (Beifall!)
(...)
Referent Jung - Berlin (Schlußwort): Es ist das eingetreten, was ich vorausgesehen hatte, als ich über dieses Thema sprach. Ich hätte einfach alles das, was wir über die russischen Genossen denken und fühlen, bestätigen können, ich hätte erklären

können, daß wir alles genau dem Beispiel der russischen Genossen nachahmen müssen. Aber der Parteitag, der in dieser Situation zusammentritt, darf nicht wie eine Volksversammlung behandelt werden oder wie Funktionäre, denen man Einzelheiten erzählt zu ihrer Orientierung und warum die Kommunisten in ihrer Taktik Recht haben. Das setze ich von den Mitgliedern des Parteitages voraus. Wo Bestrebungen bemerkbar waren, die dies nicht wahrhaben wollten, ist es mein Bestreben gewesen, diese Gegensätze heraustreten und zum Ausdruck kommen zu lassen. Die Opposition gegen meine Ausführungen geht von diesen Bestrebungen aus, die das Schwergewicht der Differenzen auf die Autorität legen. Es ist notwendig, daß wir uns klar werden über das, was wirklich in Rußland unternommen wird im Vergleich zu unseren Aufgaben, die wir dem deutschen Proletariat gegenüber haben. Meine Stellung zur Roten Armee hat man mißverstanden. Die Armee ist durchdrungen von kommunistischen Parolen, denen die russische Armee Glauben schenkt. Das wird auch die Kernfrage der deutschen Roten Armee sein. (Sehr richtig!) Die Ansicht der einzelnen Genossen über das, was wir erkämpfen wollen, sind grundsätzlich von einander verschieden. Eine große kämpfende Masse wird zwar mit der Parole der Aufbesserung der materiellen Interessen auf die Straße zu bringen sein. Wenn wir das nicht aussprechen, begehen wir ein Verbrechen. Wir sind ja zusammengekommen, um die Möglichkeiten für die einheitlichen Parolen zu finden. Auch die deutsche Rote Armee wird getragen sein von den Parolen: für den Kommunismus zu kämpfen. (Redner geht dann auf Einzelheiten der Organisierung ein und fährt dann fort:) So muß ich an die Delegierten die Aufforderung richten, sich selbst aus diesen Schilderungen praktische Folgerungen zu ziehen, in meinen Ausführungen nicht nur eine Kritik der russischen Verhältnisse zu sehen, sondern zu lernen, was die bolschewistische Taktik bedeutet. Wir müssen die Initiative ergreifen, um eine für uns gebrauchsfähige Internationale in die Wirklichkeit umzusetzen und aufbauen zu helfen. Eine solche Internationale ist bereits in Bildung begriffen. Wir müssen die Fragen des Exekutivkomitees mit einer Handbewegung abtun. Wir antworten darauf mit einer Aktion. Wer heute noch meint, daß wir eine Aktionsgemeinschaft mit dem Proletariat der anderen revolutionären Parteien nicht brauchen, unterschätzt die Situation. Es heißt daher Initiative ergreifen und nicht warten, bis es zu spät ist. Zur Aktionsgemeinschaft aufrufen, bedeutet nachzuweisen, daß das Proletariat jetzt reif ist, sich unter unsere Parolen zu stellen. Der Parteitag hat sich schlüssig zu werden, ob er sich dazu kräftig genug fühlt."

Zwei Briefe von Curt Geyer an Ruth Fischer aus dem Jahre 1948 zu ihrem gerade erschienenen Buch *Stalin und der deutsche Kommunismus* beleuchten aufschlußreich die Problemstellung, in die sich die revolutionär gestimmte Linke nach der Novemberrevolution versetzt sah. Die Briefe vergegenwärtigen nicht bloß einige Aspekte von Vorgängen, die im Verborgenen sich abspielten, sie offenbaren auch das Dilemma, das nicht in den Abspaltungen und parteilichen Gegensätzen (KAPD–KPD–USPD) verschwand. Die zentrale Frage der radikalisierten Massen, wie ihre neuen Kampferfahrungen, ihre Sehnsucht und Hoffnung nach einer grundlegenden gesellschaftlichen Veränderung vollständig zur Entfaltung gebracht werden könnten, findet nur verschiedene dogmatisierende Liturgien, aber keine Vitalität erhaltende Lösung.

In gleicher Geschwindigkeit, mit der die lebendigen Erfahrungen sich in ideologische Münzen verwandelten, schwand die im Krieg angestaute, im November 1918 hervorgebrochene Kraft, die im Kommunismus eine Lösung sah und kein bloßes Parteiprogramm. Die Selbstvertrauen schaffende Radikalität erstickte in den Papierbergen der Polemiken, durch die die divergierenden Führungsgruppen der revolutionären Linken ihren Einfluß auszubauen gedachten. Je nach Orientierung wurden die ausgreifenden Probleme auf gebrauchsfähige Agitationsmuster zurechtgestutzt. In diesen Verengungen ist natürlicherweise nur Raum für eine oberflächliche Radikalität, reichlich Platz aber für disziplinierte Parteisoldaten und für die durch den aufrührerischen Ausbruch zeitweise außer Kurs geratenen sozialdemokratischen Vorstellungen, die, nach dem Niedergang der linksradikalen Strömung in einflußlose Sekten, bolschewisiert von der KPD erneut in Umlauf gebracht werden.

Bei dieser rückläufigen Orientierung helfen Moskau, die III. Internationale und das Prestige der russischen Revolution – wenn auch anders als es sich die Akteure dachten:

„Die Politik des 'Bündnisses mit Sowjetrußland' sollte etwas weiter zurückverfolgt werden. Das war alles andere als eine Erfindung von Levi nach Halle. ((12.–17. Oktober 1920, Außerordentlicher Parteitag der USPD. Beschluß, sich der III. Internationale anzuschließen.)) Es hat schon 1918 und 1919 eine Rolle in der USPD gespielt. Unmittelbar nach dem 9. Nov. 1918 ließ Lenin Hugo Haase sondieren, ob die deutsche Revolutionsregierung sich nicht besser zur Fortsetzung des Kampfes gegen den Westen entschließen würde, und versprach ihm für diesen Fall die Hilfe der Sowjetregierung. Das, was ich eben geschrieben habe, ist eine vorsichtige, unbedingt richtige, wenn auch wahrscheinlich untertriebene Formulierung von dem, was damals geschehen ist. Hilferding hat damals völlig eindeutig behauptet, es habe sich um ein formelles Bündnisangebot zum Zwecke eines gemeinsamen Krieges gegen den imperialistischen Westen gehandelt. Er hat diese Behauptung zeit seines Lebens immer wiederholt – bei verschiedenen Anlässen – und hat sie auch nach dem Abschluß des Hitler-Stalin-Paktes in Paris veröffentlicht.
Über das, was damals vorlag, und was ich damals nur in der Form kannte, wie ich es oben formuliert habe, haben rechte und linke USPD-Führer, und speziell Hilferding und ich, sich auf einer Parteiausschußsitzung im Dezember 1918 im Preußischen Abgeordnetenhaus wütend gestritten. Über eins waren wir alle einig: An Wiederaufnahme des Krieges war nicht zu denken. Aber die Linke hoffte durch ein wie immer geartetes Bündnis mit der Sowjetregierung der deutschen und der Weltrevolution neuen Elan geben zu können, während Hilferding wörtlich sagte: 'Wir dürfen das Schiff unserer Partei nicht an den sinkenden Kahn der Bolschewiki binden.' Was damals auf einzelne bestimmend gewirkt hat, ist mir heute noch nicht klar. Da war z.B. die Haltung von Oskar Cohn. Er war 1917 und 1918 sehr eng mit den Bolschewiki gewesen. Du wirst die Rolle kennen, die er bei der sogenannten Bewaffnung der Berliner Obleute gespielt hat. Er hat sich schon im Dezember 1918 völlig gewandelt und hat mich geradezu mit Haß bekämpft, weil ich für die Zusammenarbeit mit Rußland und den Bolschewiki eintrat. Ich habe den Tenor einer außenpolitischen Rede, die ich 1919 in der Nationalversammlung gehalten habe und in der ich für politische Zusammenarbeit mit Sowjetrußland Stimmung

machte, in der USPD-Fraktion nur gegen seine heftige Opposition durchsetzen können. Später – nach 1922 – hat er sich dann wieder mit Otto Braß und Benno ((Bernhard)) Düwell liiert, die er damals ebenso wütend anfeindete wie mich. Nun könnte man verallgemeinernd sagen: Er hat für den Westen gegen den Osten optiert, und das stimmt. Aber warum er es getan hat, ob es abstrakte politische Erwägungen waren oder ganz spezielle persönliche Erlebnisse und Erfahrungen, die sein Urteil bestimmt haben, das bleibt problematisch. Auch später wieder, vor Halle und in Halle, haben persönliche Entscheidungen eine Rolle gespielt, die sich nicht einfach sachlich politisch erklären lassen. Ich führe das an, weil ich glaube, daß selbst bei einer so eingehenden Analyse von Führungskämpfen, wie Du sie für später gegeben hast, immer Reste bleiben, die sich nicht auf sachliche Formeln bringen lassen.
Bei der nachträglichen Beurteilung der Diskussion, die von November 1918 an in der USPD um die Frage des Verhältnisses zu Sowjetrußland stattgefunden hat, darf man übrigens das besondere politische Klima und die Temperatur dieser Tage nicht aus dem Auge verlieren. Wir waren nur zu geneigt, alles zu glauben, was von irgendwoher über revolutionäre Erhebungen in Frankreich und England, über Militär- und Flottenmeutereien gemeldet wurde. Wenn Du Dir die Rede von Crispien auf dem Leipziger Parteitag der USPD vom Jahre 1919 ansiehst, mit seinen wortreichen Verdammungen des Völkerbundes und der westlichen Imperialisten, bekommst Du einen Begriff von der Atmosphäre. Diese erste Auseinandersetzung in der USPD war in gewissem Sinne bereits der Beginn des Kampfes um die (noch nicht gegründete) Komintern: Annahme oder Ablehnung einer Parteiallianz mit den Bolschewiki. Zur Beurteilung der Situation nach den 21 Bedingungen und in Halle ist es wesentlich festzustellen, daß auch eine einfache Parteiallianz auf der Rechten der USPD keine Gegenliebe fand. Der Vorschlag Lenins an Haase jedoch war über den Gedanken einer Parteiallianz weit hinausgegangen: Da handelte es sich auf jeden Fall um die Konzertierung der Politik von Regierungen. Darauf zielt Lenins Bemerkung in den Kinderkrankheiten, daß die Kautskys eine Allianz obstruiert, ja direkt ruiniert hätten.
Aber Ende 1920 und Anfang 1921, als Radek mit der Parole 'Bündnis mit Sowjetrußland' hervorkam und versuchte, die

Zentrale und die Partei darauf zu binden, gab es längst keine Regierung der Volksbeauftragten mehr; auf Fehrenbach-Simons war Wirth gefolgt; die neue Militärmacht war bereits konsolidiert, ihr ultrareaktionärer, gegenrevolutionärer Charakter stand fest, und sie war für die linke USPD der Hauptfeind. Bei den etwas verworrenen Debatten, die Ende 1919 und Anfang 1920 – besonders nach der Reichstagswahl von 1920, als die SPD uns fragte, ob wir zur Koalitionsbildung bereit seien – innerhalb der USPD um die Frage geführt worden sind, ob in Deutschland *noch* eine revolutionäre Situation bestehe oder eine konterrevolutionäre oder bereits wieder eine vorrevolutionäre Situation, hatte sich die Debatte schließlich auf die Alternative zugespitzt: Mit der Weimarer Republik gegen die Gegenrevolution – oder über die Leiche der Weimarer Republik zum revolutionären Siege über die Gegenrevolution und zur revolutionären Regierung. Für beide Richtungen war es klar, daß die militaristische Gegenrevolution der Hauptfeind war. Für die Linke war es ebenso klar, daß die Regierung unter dem Einfluß der militaristischen Gegenrevolution stand.
Nun vergegenwärtige Dir die Situation nach Halle, als Radek mit der Parole 'Bündnis mit Sowjetrußland' hervorkam. Die linke USPD war soeben in die Komintern eingetreten, weil sie hoffte, dem Kampfe gegen die Gegenrevolution neuen Elan und mächtige Bundesgenossen zu geben. Daß sie im Falle eines Sieges ein allumfassendes Bündnis mit Sowjetrußland schließen würde, von Regierung zu Regierung, war für sie selbstverständlich, denn sie hatte sich ja soeben öffentlich als Bundesgenosse der Sowjetunion bekannt. Wenn aber die Parole 'Bündnis mit Sowjetrußland' bedeuten sollte, 'Bündnis unabhängig vom Charakter der deutschen Regierung', und Bündnis als aktuelles Problem der deutschen und russischen Außenpolitik, dann hieß dies, daß die Sowjetregierung gewillt war, der von uns wütend bekämpften deutschen Regierung und deren militaristischen Hintermännern das Prestige zu geben, das mit dem Abschluß eines Bündnisses verbunden sein mußte, und daß obendrein unheilvolle Verwirrung in die Gefolgschaft der ehemaligen linken USPD getragen werden würde. Denn schließlich und endlich, mit echter revolutionärer Politik hatte ein solcher Gedanke nichts mehr zu tun. Das habe ich zusammen mit einigen anderen Radek sehr nachdrücklich zu Gemüte geführt – ich bin

Titelabbildung der Erstausgabe, Malik Verlag 1922 (Zeichnung: John Heartfield)

überhaupt seit Halle aus der Dauerauseinandersetzung mit Radek nicht mehr herausgekommen. Levi war wirklich nicht so dumm, daß er das alles nicht selbst gesehen hätte, und in seiner bekannten Manier hat er oft genug über diese Idee gewitzelt. Aber sein Fehler war natürlich, daß er es gehen ließ und die Propaganda für diese Parole in Gang setzen ließ. Mir hat dies Ding mit dem 'Bündnis mit Sowjetrußland' schreckliche intellektuelle Leibschmerzen verursacht, und es ist eine der Ursachen zum Ende meiner kommunistischen Karriere gewesen.

Notabene: Wenn bereits während der Auseinandersetzung in der USPD im Sommer 1920 diese Parole hervorgekommen wäre, das heißt, während des russisch-polnischen Krieges, hätten wir wahrscheinlich gesagt: Gut, mit der russischen Armee direkt an der Grenze können wir in Deutschland natürlich losschlagen. Im Sommer 1920 war mir wiederholt auf der russischen Botschaft erzählt worden, daß Außenminister Simons bereits einen Vertrag mit der Sowjetregierung paraphiert habe, nachdem die Sowjetunion nach dem Siege über Polen einem Rückfall des Korridors an Deutschland zustimmen werde. Aber zur Zeit von Halle war das alles vorbei.

Man konnte schlußfolgern: Haben wir den Preis der Parteispaltung bezahlt, um Reklame für die Stärkung einer deutschen gegenrevolutionären Regierung zu machen? Ähnlich war es mit dem 'offenen Brief' ((der KPD an alle Arbeiterparteien)). Natürlich standen den Leuten von der linken USPD die Leute von der rechten USPD viel näher als die rechten Sozialdemokraten, mit denen wir nun auf einmal nach der Spaltung von Halle Zusammenarbeit suchen sollten. Das war für uns alles ganz unlogisch und unsinnig. Es war damals schon eindeutig klar, daß die Bolschewiki unter dem Druck der russischen Gesamtlage jede Rücksicht auf autonome Entwicklungen bei der deutschen Linken beiseite schoben und alles ihren außenpolitischen Bedürfnissen unterordneten.

Natürlich ist die Frage berechtigt: Warum hat Levi die Dinge gehen lassen? Aber es war so: Der Konflikt kam sowieso, er war gänzlich unvermeidbar. Für ihn persönlich bestand die Frage, worüber er ihn platzen ((lassen)) sollte, und ob er ihn selbst zum Platzen bringen sollte, oder ob er diese Aufgabe den ehemaligen linken Unabhängigen überlassen sollte."

Das Politische ist ein weitläufiges Feld der Täuschungen. Auch „revolutionäre Politik" ist eine doppelbödige Abteilung im Spiegelkabinett der Täuschungen. Im zweiten Brief Curt Geyers knirscht es noch in der inneren Mechanik, dies ist die kalte Asche der Revolution, sie hemmt die geräuschlos machende Schmierung der Maschinerie des Apparates. Der Einzelne bleibt isoliert, eingebunden in Formationen, die ihn zurechtbiegen, die Massen bleiben Zuschauer ihrer eigenen Möglichkeiten.

„Ich habe mir überlegt, ob ich diesen Brief mit abstrakten und doktrinären Betrachtungen füllen sollte – z.B. über die Frage, wie sich damals in unseren Köpfen die Machtstruktur nach einer siegreichen Revolution gemalt hat. Aber ich will nur einige Andeutungen darüber machen und etwas mehr über Paul Levi sagen.
1. Auf Seite 365 heißt es bei Dir: 'Wir aber wünschten etwas, was er ((Stalin)) nicht geben konnte – den Erfolg der kommunistischen Sache in Deutschland.' Ja, aber was hieß konkret 'Erfolg der kommunistischen Sache in Deutschland', also der Revolution? Und das ist, glaube ich, der Punkt, an dem in dem Buche etwas über die Doktrin gesagt werden sollte.
2. Genau dasselbe hatte die linke USPD von der Komintern gewünscht und durch ihren Eintritt in die Komintern zu erreichen geglaubt. Erfolg der Revolution hieß für uns: Errichtung der Diktatur unserer Partei. Darüber war kein Zweifel, das hatte sogar die rechte USPD in Leipzig 1919 gebilligt. Wenn Du Dir das Aktionsprogramm der USPD von Leipzig, Dezember 1919, ansiehst, so wirst Du finden, daß es nicht nur eindeutig und in ausdrücklichen Worten auf die Diktatur zielte, sondern auch auf die Monopolpartei. Es ist darin ein Passus, daß der Wahlmodus zum Rätekongreß derart sein müsse, daß wirklich nur aktive Sozialrevolutionäre gewählt werden könnten, 'daß keine Klasse, keine Partei, keine Schicht, die gegen die Revolution der Arbeiter ist, auch nur eine einzige Stimme in diesem Rätekongreß bekommen kann'.
Ende 1919 wußten wir, daß uns keine Volksmehrheit folgen würde, wahrscheinlich auch nicht eine Mehrheit der Arbeiterklasse, und wir stritten uns darum, ob eine Minderheit der Arbeiterklasse die Diktatur errichten dürfe oder nicht. Ich habe damals, unter dem Beifall Lenins, eine Lehre von der Minder-

heitsdiktatur aufgestellt. Aber während wir Ende 1919 und Anfang 1920 noch an unsere revolutionäre Kraft glaubten, sahen wir uns im Sommer 1920 nach den Bajonetten der Roten Armee um. Das ist wörtlich zu verstehen – das war z.B. immer der Traum von Ernst Däumig. Macht von außen sollte das Kraftminus der revolutionären deutschen Arbeiter ausgleichen. Das war das eine. Das andere war der Glaube an den Organisationsfetisch und an den Fetisch 'Internationale'. Oder, mit anderen Worten gesagt: Die Suche nach der Erfolg garantierenden Organisationsform, der Glaube, daß es eine besondere Form der Organisation geben müsse, die es ermögliche, daß nicht-klassenbewußte Arbeiter zum Klassenbewußtsein gebracht werden können, und die geeignet sei, ein Kraftminus auszugleichen. Wir glaubten, daß die Organisation der bolschewistischen Partei, und danach die der Komintern, eine solche Form darstelle. Du mußt bis auf Lenins Schriften von 1904 zurückgehen, wenn Du die Wurzeln dieses so sonderbaren Glaubens untersuchen willst. In der Tat haben wir die 21 Bedingungen geschluckt als eine Garantie des Sieges, weil sie uns diese besondere Form zu sichern schienen.

(Hier füge ich eine persönliche Bemerkung an: Ich war ein orthodoxer Marxist und wohlbeschlagen in Marx-Scholastik. Ich glaubte also, daß Klassenlage das richtige Klassenbewußtsein erzeuge, zumal, wenn die von den Kapitalisten künstlich aufgerichteten Hemmungen fielen. Die Erwartung war also, daß nach dem November 1918 die Arbeiterklasse en masse zu uns kommen würde – was sie aber nicht tat. Da die Theorie stimmen mußte, fragte ich mich: Gehen wir mit den richtigen organisatorischen Mitteln vor? Daher solcher Fetischglaube. Aber nach Halle war es schlimmer als zuvor. Was stimmte also nicht? Mußte man sie mit Gewalt zum richtigen Bewußtsein bringen? Oder war unsere Methode, unsere Ideen an die Massen heranzubringen, nicht in Einklang mit massenpsychologischen Erkenntnissen? Mit solchen Fragen im Kopfe habe ich nach 1921 noch zwei Jahre Soziologie und Sozialpsychologie für mich studiert; erst mit der Absicht, politisch auswertbare Rezepte zu finden, dann um der Erkenntnis willen – bis zu dem Punkte, wo ich mich willensmäßig und intellektuell nicht mehr gegen die Erkenntnis sträubte, daß die Theorie nicht stimmt. Dies nur nebenbei. Aber Du kannst dabei erkennen: Irgendwo führt aus

dieser Reihe ein pervertierter Weg heraus: Wenn die Bande nur auf größte Effekte reagiert, muß man ihr etwas vormachen – und dann kommen die Provokationen und Hugo ((Eberlein)) mit der Zündschnur. Damit ist indessen der politische Boden verlassen. Wo die Verachtung für die Massen anfängt, hört sozialistische oder kommunistische Überzeugung auf.)
3. Heute, in der historischen Perspektive, klingt die Sache mit dem Organisationsfetisch natürlich blödsinnig. Aber Du findest in Rosas nachgelassenem Buche Warnungen vor solchem Fetischglauben, und im Anschluß daran hat sich Paul Levi bemüht, auseinanderzusetzen, daß keine Organisationsform nicht vorhandene Kraft hervorzaubern könne. Dabei ging es natürlich schon um die totalitäre, auf das Führerprinzip drängende Tendenz. (...)
4. Paul Levi hat in seiner Polemik gegen die Organisationsfetischisten und in allen seinen Schriften von sich selbst mehr erkennen lassen, als er wahrscheinlich wollte. Er war ein ausgezeichneter Analytiker, ein soziologischer Beobachter, aber kein Aktivist und Führer; die moralische gefühlsmäßige Empörung war bei ihm nicht begleitet von starkem Willen. In dem Nachruf, den ich nach seinem Tode im 'Vorwärts' veröffentlicht habe, habe ich von ihm gesagt, daß er ein typischer Vertreter des deutschen revolutionären Idealismus gewesen sei – was schon die unausgesprochene Schlußfolgerung einschloß: aber kein revolutionärer Praktiker. Das klingt etwas journalistisch, aber was ich meine, ist, daß Paul Levi als Parteiführer in einer großen oder auch nur mittleren Partei unmöglich gewesen wäre, weil er weder genügenden politischen Willen besaß (oder nenne es Ehrgeiz, oder Elan, oder Dämon, oder wie Du willst), noch die gewisse Robustheit, die dazu gehört. Ich frage mich, was aus Rosa geworden wäre? Im Spartakusbund und in der ursprünglichen Kommunistischen Partei nach Rosas Tode, in dieser kleinen, so mit Intellektuellen angefüllten und im Jahre 1919 politisch so losen und schwachen Gruppe war seine Führerrolle gerade noch möglich. Ich glaube, sein Hauptantrieb war, daß er sich als Vollstrecker des politischen Willens der Rosa ansah, die er intellektuell verehrt hat. Mit seinem ausgeprägten Individualismus, mit seinem Ästhetizismus, mit seiner süddeutschen Tradition und seiner bürgerlich-jüdischen Kultur, mit dem Sinn für die guten Dinge des Lebens und deswegen mit der Befangen-

heit im westlichen Zivilisationskreis paßte er zum Führer einer kommunistischen Partei, wie überhaupt einer revolutionären Partei, wie die Faust aufs Auge.

5. Bei der Komintern war er deshalb wirklich nur mit halbem Herzen. Es widerstrebte ihm von vornherein, gegängelt zu werden. Er war durchaus bereit, Lenin zu verehren – aber aus der Distanz. Solange ich in Leipzig war – bis Anfang 1920 –, bin ich bereits häufig mit ihm zusammengekommen. Manchmal war ich ganz verzweifelt, wenn er in der 'Roten Fahne' Artikel losließ, die bei genauer Analyse nur eine politische Konsequenz haben konnten: Daß wir alle zusammen wieder um Aufnahme in der Sozialdemokratie nachsuchten. Das 'Im Gleichschritt mit den Massen', so wie er es schon 1919 verstand und anwandte, beruhte bei ihm auf dem Gefühl der Niederlage sowohl der Revolution als auch seiner Partei und auf dem Verlangen, die Dinge wieder zurückzudrehen bis möglichst zur Zeit vor den Spaltungen, und da dies kaum möglich war, so etwas wie eine deutsche Labour Party anzustreben. Du kannst Dir danach sein Verhältnis zu Radek, aber auch zu Lenins Lieblingstheorien vorstellen.

6. Die Chefs der linken USP waren viel mehr zu revolutionären Aktionen geneigt als er und viel robuster. Aber was er von uns von vornherein erhoffte, war ein Gegengewicht gegen den Moskauer Einfluß. Das war eine berechtigte Hoffnung; denn wir waren selbst sehr selbstbewußt und in gewissem Sinne der Unantastbarkeit unserer Führerrolle sicher. Die 21 Bedingungen haben ihn entsetzt. Noch während des Parteitages von Halle hat er in Verhandlungen, die zwischen uns und ihm und Sinowjew stattfanden, sich bemüht, sie als nicht ernstgemeint hinzustellen.

7. Inzwischen aber hatte ich meine Erfahrungen mit Wilhelm Herzog und dem Versuch einer von Moskau aus dirigierten Fraktionsbildung gemacht, noch bevor Halle. Die Folge war, daß ich mit Levi ein Bündnis auf der Grundlage der Behauptung unserer Selbstständigkeit einging. (...) Das Datum war ungefähr Juli oder August 1920. Du siehst, wie die Dinge durcheinandergingen; denn man könnte natürlich sagen, ich habe seit 1919 mit Levi gegen meine Partei konspiriert, oder Levi habe mit mir gegen seine Partei konspiriert. Aber im Sommer 1920 war es völlig klar, daß wir gegen Moskau konspirierten, weil Moskau

gegen uns konspirierte. Wer in Moskau? Wir glaubten zu wissen, daß Sinowjew darüber mit Lenin einig sei. Um meine Erbitterung zu verstehen, mußt Du an den langen Kampf denken, den die Linke in der USPD geführt hatte für das Parteibündnis mit den Bolschewiki. Ich hatte dabei besonders in der Drecklinie gestanden und nicht nur den Haß unsrer Rechten, sondern auch den Haß der Gegenrevolution auf mich geladen – wegen meiner blanquistischen Neigungen, wegen meiner Herrschaft in Leipzig etc. In gewissem Sinne war ich der Prediger der Lehren von Lenins 'Staat und Revolution' gewesen, die Doktrin der linken USPD ist wesentlich von mir geprägt worden. Aus dem Fall Herzog wurde mir sofort klar, daß man in Moskau sofort Gegengewichte gegen den Einfluß der bisherigen linken Führung auf die Massen der erwarteten Parteimitglieder schaffen wollte. Nun, den Parteiführer, der in solcher Situation kuscht, haben die Moskauer bisher noch nicht gefunden. Ich war viel freier ihnen gegenüber als spätere Zentralemitglieder. Ich war zwar in gewissem Sinne der Gefangene meiner eigenen Politik – ich hätte viel schwerer als beispielsweise Rosenfeld sagen können: Ich nehme die 21 Bedingungen nicht an. (Wäre ich älter und erfahrener gewesen, wäre meine historische Bildung das gewesen, was sie heute ist, so hätte ich sie nicht annehmen können.) Ich habe sie aber eben nur mit der reservatio mentalis angenommen, daß ich den Moskauern keine Entscheidung über meine Führerposition zubilligte, sondern daß ich darum kämpfen würde. Das, was Levi und ich entschieden nicht wollten, war die Errichtung nicht nur der Hegemonie der russischen Partei, sondern auch die Errichtung einer direkten Befehlsgewalt der Komintern und damit des russischen Politbüro über die deutsche Zentrale. Daher die Forderung des autonomen westeuropäischen Sekretariats. Du kannst sagen, wir hätten damals das gefürchtet, was später Stalin verwirklicht hat.

8. Du hast in Deinem Buch über die Wirkungen des Bürgerkrieges geschrieben: '..., und die Bolschewiki wurden dadurch noch weiter auf der Bahn der Unterdrückungsmaßnahmen und der Zentralisierung getrieben. Aber die Vision des Jahres I' etc. (S. 45). Wir aber waren keineswegs harmlose Bürger, die davon nichts wußten. Das Problem des Terrors hat für die Spaltung der USPD große Bedeutung gehabt. Kautskys Schrift und Trotzkis Gegenschrift standen im Mittelpunkt der Auseinandersetzungen,

Titelabbildung und Illustration aus der russischen Ausgabe des Romans
Die Eroberung der Maschinen, *1924*

nicht minder das Schicksal der Menschewiki. In Halle hatten wir schon das Wachstum und die Aktivität der deutschen militaristischen Gegenrevolution vor Augen – und da wir schon schwach waren, bejahten und verteidigten wir den Terror. Du schreibst über Halle: 'Die innere Entwicklung der russischen Partei und ihre schon beginnende Umwandlung in eine monopolistische Staatspartei war vor ihren Bundesgenossen in Deutschland noch ebenso verschleiert wie vor ihren Organisatoren in Rußland' (S. 144). O nein. Wir gebrauchten nicht die Terminologie, mit der man heute totalitäre Systeme bezeichnet, aber die Machtstruktur, die wir wollten, wäre ein totalitäres System mit einer monopolistischen Staatspartei gewesen. Gewiß glaubten wir an den Übergangscharakter eines solchen Regimes – aber das ändert nichts an der Sache. Die Rede Martows in Halle war ganz ausgesprochen. Gab es etwas, was den monopolistischen Charakter der russischen Partei hätte stärker zum Ausdruck bringen können als die Unterdrückung der Menschewiki? Heute sage ich: Die Doktrin einer sozialistischen Partei, die eine Diktatur auch nur von Übergangscharakter bejaht, führt logisch zum totalitären System. (...) Aber das ist eine Formel von heute. Damals kannten wir vielleicht nicht alle implications, aber in gewissem Sinne wollten wir sie. Hingegen Paul Levi: Er hatte Rosas nachgelassenes Manuskript in Händen, in dem die feierlichen Warnungen stehen vor den entsetzlichen Folgen des von den Bolschewiki eingeschlagenen Weges, die Prophetie, die mich heute noch beeindruckt, wenn ich sie wieder lese, die glühende Verteidigung der Freiheit. Rosas Worte waren für Levi evidente Wahrheit, er glaubte an sie. Und nun bin ich geneigt, in den Stil eines Dienstmädchenromans zu verfallen: Mit zerrissenem Herzen und blutender Seele sah er zu, wie das Unheil seinen Lauf nahm. Im Ernst: Er muß schreckliche intellektuelle Krämpfe ausgestanden haben. Rückblickend sage ich: Er schreckte damals schon nicht nur vor den weiteren Entwicklungen zurück, die das System der Diktatur und des Terrors nach sich ziehen mußte, er war vielmehr im Prinzip ein Gegner der Lehre, auf der es stand. Er konnte einfach nicht weiter mit den Bolschewiki zusammengehen. Ich habe Dir erzählt, mit welcher Vorliebe er aus späteren Zentralesitzungen davonlief. Das war seine Lösung eines unlösbaren Problems: Er muß jedesmal gefühlt haben: Ich gehöre nicht mehr hierher. Während ich noch politisch und ideologisch auf einem Wege war, der zu den Bolschewiki hinführte, und den Höhe- und Wendepunkt etwa gerade zur Zeit des Hallenser Parteitages erreichte, war er schon vor Halle weit auf dem Wege zur Trennung von ihnen. Das ist als objektives Urteil sicher richtig. Wie weit es ihm damals voll zum Bewußtsein gekommen ist, ist eine andere Frage. Du hast mit Recht die merkwürdige Rede kritisiert, die er auf dem Gründungsparteitag von VKPD gehalten hat. Die Erklärung ist einfach: Er glaubte nicht mehr und versuchte, den Glauben durch Glanz der Formulierung zu ersetzen. Wenn Du Dir Deine eigene intellektuelle Biographie vor Augen führst, wirst Du wissen, daß eine solche Feststellung nicht eine herabsetzende Wertung in sich schließt. Intellektuelle Übergänge und Änderungen sind nicht blitzschnelle, voll bewußte Entschließungen, sondern Prozesse, die nicht unabhängig sind von Änderungen in der politisch-historischen Realität.

9. Unmittelbar nach der Gründung der VKPD begannen die Einwirkungen Radeks auf die neue Zentrale mit dem Ziel, sie zu bolschewisieren. Dasselbe geschah im Organisationsapparat. Die Methode war, den Apparat bei jeder Zentralesitzung neu durcheinanderzuschütteln – damit die Apparatur der linken USPD ihre Identität verlor. Da wir uns widersetzten, gab es Konflikte. Ich sollte zunächst unter Thalheimer in der 'Roten Fahne' arbeiten – was ich natürlich als eine unkeusche Zumutung abgelehnt habe. Dann erhielt ich den Auftrag, mit Radek zusammen eine Zeitschrift für Funktionäre zu machen. Wir haben eine unendliche Anzahl von Redaktionssitzungen über die erste Nummer gehabt, er und ich, jedesmal in einer anderen illegalen Wohnung. Folgendes wollte er in dieser Zeitschrift: a) die Fehler und Abweichungen der Rosa bekämpfen; b) eine Theorie der Klassentrennung innerhalb des Proletariats aufstellen, um die Politik der Spaltung theoretisch zu untermauern, ganz grob gesagt auf der Linie: Arbeiter mit einem Vertiko und Küchenschrank sind Sozialdemokraten, Arbeiter ohne sind Kommunisten. Als Schwurzeuge für die Theorie sollten nicht nur Lenins Lehren über die trade-unionistische Stufe dienen, sondern auch gewisse Lehren von Prof. Georg Adler in Kiel; c) das Problem des 'Sozialismus in einem Lande' erörtern, ausgehend von einer im Jahre 1890 erschienenen Schrift von Georg von Vollmar über die Verwirklichung des Sozialismus im Nationalstaat. (Das wird

Dich besonders interessieren, daß das Problem des 'Sozialismus in einem Lande' schon in der Debatte war.) Da ich zwar manchmal intellektuelle Verrenkungen mache, aber nur, wenn mein eigener Geist mich treibt, nicht auf Kommando, habe ich das ganze Ding erfolgreich sabotiert und nie eine Zeile geschrieben. Es ist niemals eine Nummer erschienen.

10. Im Januar 1921 kündigte Radek in mehreren aufeinanderfolgenden Zentralsitzungen eine neue weltrevolutionäre Welle an. Darüber kam es zwischen ihm und Levi zu heftigen Zusammenstößen, die darin gipfelten, daß Radek Levi drohte: 'Wenn Sie auf Ihrer jetzigen Bahn weitergehen, werden Sie uns nötigen, das Schwert gegen Sie zu ziehen.'

Levi hielt ihm entgegen, daß die Taktik, die bei der Behandlung der Frage der italienischen Partei angewandt werde, nicht eine Stärkung, sondern eine Zerschlagung echter revolutionärer Tendenzen bedeute, wovon er ganz natürlich zur Forderung der westeuropäischen Autonomie der Kominternparteien kam, zum westeuropäischen Sekretariat und dem Gedanken einer baldigen Verlegung des Sitzes der Komintern nach Deutschland. Alles das führte zu nichts. Aber Radek konnte einen taktischen Erfolg verbuchen – es gelang ihm, nach häufiger persönlicher Bearbeitung, vom Block der früheren USPD-Chefs Stoecker und Koenen abzuspalten.

11. Die Chefs der linken USPD standen nach Halle vor der Frage: Putschen oder nicht putschen? Ich formuliere es ausdrücklich so, weil einige von ihnen glaubten, daß ich Lust zum Putschen haben würde. Aber mir war gar nicht mehr nach blanquistischen Experimenten zumute. Folgende Ereignisse und Entwicklungen im Jahre 1920 beeinflußten mein Urteil: a) die Betriebsrätedemonstration vor dem Reichstag im Januar 1920 mit der Schießerei und dem nachfolgenden Partei- und Zeitungsverbot; b) der Kapp-Putsch und seine Folgen. Du hast die Stärke der Abwehr, die Rolle des Streiks und die Rolle von Legien viel zu optimistisch beurteilt. Beim Schachspielen zieht der Gegner auch. Wir sind nur zu geneigt, immer nur unsere Seite zu sehen und nicht das Wechselspiel. In der Endbilanz war der Kapp-Putsch ein entscheidender Durchbruch für die militaristische Gegenrevolution. Was wir an Kampforganisationen und Waffen besessen hatten – ich rede jetzt von der USPD –, war stärker gewesen, als wir angenommen hatten. Aber es war nun

verausgabt worden. Ich habe mich im Sommer etwas darum gekümmert, was noch bestand, und es war niederschlagend. Der Kampf hatte praktisch unsere Selbstentwaffnung bedeutet, weil er unsere noch vom Krieg her vorhandenen Waffen aufgebraucht hatte; c) Der Ausgang des russisch-polnischen Krieges; d) die Enthüllung der Stärke und des Charakters des rechten Flügels der USPD. Dem Parteitag von Halle ist eine regelrechte Wahlkampagne in der USPD vorangegangen über die Frage: Anschluß an die Komintern oder nicht. Es war ein wirkliches Stück innerer Parteidemokratie. Unser Sieg war knapp. Was bedenklich war, war, daß der alte Stamm fast ausschließlich auf der Rechten stand. Der traditionelle sozialdemokratische Radikalismus ging nicht mit uns. Die linken Gewerkschaftsführer wie Robert Dißmann auch nicht; e) die Konsolidierung der neuen Militärmacht und der preußischen Polizei; f) eine sichtbare Erholung der SPD in vielen Großstädten. Wir einigten uns zusammen mit Levi, daß an Massenaktionen zunächst nicht gedacht werden könne, daß vielmehr die Partei erst konsolidiert werden müsse – was natürlich einen Kampf um die Führung in sich schloß. Als die Zentrale beschloß, mich nach Moskau zu schicken, kamen wir überein, daß ich dort auseinandersetzen würde, daß die rechtssozialistisch-bürgerliche Herrschaft so konsolidiert sei, daß unmittelbare Massenaktionen nicht zu erwarten seien. Aus einer solchen Analyse ergab sich aber wieder die Forderung, daß wir selbst, den Wechselfällen des politischen Geschehens folgend, frei über unsere Taktik entscheiden müßten.
(...)
13. In Moskau berichtete ich sofort nach meiner Ankunft im Beisein Lenins in einer informellen Sitzung des russischen Politbüros über die Lage in Deutschland, wie oben angedeutet. Lenin fragte ausdrücklich wiederholt, ob Massenaktionen in Deutschland zu erwarten seien, und ob wir Massenaktionen beabsichtigten, und ich versicherte ihm ebenso ausdrücklich und wiederholt: In nächster Zukunft, nein. Ich weiß heute, eine wie tiefe Enttäuschung dies für die Führer der russischen Partei gewesen sein muß. Einige Tage später habe ich in einer Sitzung des EKKI berichtet, wobei Guralski (?) meiner Analyse heftig widersprach, Radek sich zurückhielt.
14. Die Konsequenz war die Märzaktion. Lenin hat offenbar der Absicht zugestimmt, die Lage in Deutschland experimentell

prüfen zu lassen. Eine eindrucksvolle Aktion in Deutschland, auch wenn nicht siegreich, hätte die Lage der russischen Partei erleichtert. Das war wenige Wochen vor dem Kronstädter Aufstand. Sinowjew wollte die Aktion, um die Führungsfrage in der deutschen Partei zu klären. Über Deutschland wurde in der Komintern zunächst nicht mehr geredet. Ich bin weder befragt noch informiert worden. Alles, was ich erfuhr, war, daß Béla Kun mich eines Tages besuchte, mir erklärte, er reise nach Deutschland, sei gekommen, sich zu verabschieden, und er hoffe, daß ich recht bald günstige Nachrichten aus Deutschland erhalten werde. Ich nahm an, er fahre als Ablösung für Radek. Das Schweigen um mich ist wohl gewahrt worden, obwohl eine ganze Reihe von Leuten im 'Hotel Lux' Bescheid wußten. Als die ersten Telegramme kamen, ging mir natürlich ein Licht auf. Ich erfuhr dann Stück für Stück mehr. (...) Mich hatte man etwas isolieren wollen, indem man mich einlud, eine Reise nach Taschkent zu unternehmen, was ich dankend ablehnte. Außerdem wurde mit mir ein Intelligenztest und ein Test über meine englischen Kenntnisse angestellt, indem mir Borodin die gedruckt vorliegenden Plattformen für und wider die Einführung der NEP erläuterte und sie mit mir ins Englische übersetzte. Es war eine hektische Zeit. Der Parteikongreß stand bevor. Ein offener Ausbruch der Arbeiteropposition in Moskau drohte. Eines Tages ging ich mit Radek über den Roten Platz und fragte ihn: 'Was macht ihr, wenn die paar Fabriken, die hier noch arbeiten, und die Arbeiter der Gelddruckerei streiken?' In seiner gewohnten Manier sagte er: 'Wir haben die Artillerie, die Tanks und die lettischen Regimenter.' Da war der georgische Krieg. Sinowjews Kommentar: 'Wir brauchen Petroleum.' Dann kam die Mobilisierung der Kommandeure und Soldaten auf dem Kongreß zur Bekämpfung des Kronstädter Aufstands und hinterher der feierliche Wiedereinzug der Sieger in den Kongreß nach der Schlächterei von Kronstadt unter dem Gesang von 'Brüder, zur Sonne, zur Freiheit'. Aus allem bleibt für Deine Chronologie ein wichtiges Datum: Lenins Plattform für die Einführung der NEP lag schon im Februar gedruckt vor – vor dem Kronstädter Aufstand.

15. Nach dem völligen Mißlingen der Märzaktion und dem Beginn des Krachs in der deutschen Zentrale kamen Braß und Koenen nach Moskau; Koenen, um die Aktion zu verteidigen,

Mitarbeiter der IAH 1922 im Ural, stehend die italienischen Genossen Roffredo, Cardamone, Simonelli, sitzend ein ungarischer, polnischer, russischer, deutscher Genosse und Cläre Jung mit ihrem Bären Mischa.

Braß, um die Levi-Opposition zu vertreten. Ich nahm natürlich sofort die Partei Levis.

16. Nun zur Chronologie über die Sequenz der Märzaktion. Es besteht nicht der mindeste Zweifel, daß Paul Levi von vornherein entschlossen gewesen ist, diesen Anlaß zum völligen Bruch mit den Bolschewiki zu benutzen. Lenins Bemühungen um einen Kompromiß waren deshalb völlig zwecklos. Bereits im Mai waren Levi, Düwell und ich uns einig darüber, daß unser Weg aus der Partei herausführe – aber noch mehr: Wir sahen voraus, daß die Konsequenz eine Wiedervereinigung mit der rechten USPD und mit dieser zusammen mit der SPD sein würde. Was Levi anbetrifft, so gestattete ihm die Opposition gegen die Märzaktion nun völlige intellektuelle Aufrichtigkeit. Erst seine erste Schrift, dann die Zeitschrift 'Unser Weg' und schließlich die Veröffentlichung des nachgelassenen Manuskripts von Rosa zeigen seine Entwicklung. Alles war nicht mehr vereinbar mit der Doktrin der Komintern. Was meine eigene Haltung anbetrifft, so bekam ich nun ein Gefühl der Nichtmehrzugehörigkeit. Das ist schon am Ende meines Moskauer Aufenthalts deutlich geworden, und nicht nur für mich. Als ich mich zusammen mit Braß von Radek verabschiedete – nebenbei bemerkt, war es nicht so einfach gewesen, meinen Paß wiederzubekommen –, sagte Radek, auf mich zeigend: 'Über den habe ich ein Kreuz gemacht. Das ist ein Liberaler.' Nach meiner Rückkehr nach Berlin habe ich im Zentralausschuß berichtet. Es war in einem der Fraktionssäle des Reichstages. Du hast mir, zusammen mit Maslow, an einem der langen Tische gegenübergesessen und mir häufige Zwischenrufe gemacht. Das Gefühl der Sinnlosigkeit bei mir war so stark, daß ich mir während des Redens vornahm: 'Wenn sie jetzt noch einen Zwischenruf macht, höre ich auf.' Prompt kam Dein Zwischenruf, ich legte mein Manuskript zusammen, steckte es langsam in meine Aktentasche, machte eine Bemerkung und verließ die Sitzung, während Maslow protestierte. Es war die Lösung eines unlösbaren Problems. Ich bin danach nach Düsseldorf gefahren und hatte dort am nächsten Tage in einer Parteiversammlung eine stürmische Auseinandersetzung mit Stoecker. Aber ich kam rasch zu der Überzeugung, daß es sinnlos sein würde, einen Kampf in der Organisation aufzunehmen. Schon bevor ich nach Moskau ging, hatte ich gesehen, daß nach Halle ein Teil des alten

Stammes der linken USPD-Mitgliedschaft einfach verschwunden war. Der Rest glitt uns aus der Hand. Ihn neun Monate nach Halle zu einer geschlossenen Oppositionsstellung gegen Moskau zu bewegen – gegen einen von Moskau aus kräftig gestützten Teil der Zentrale, das war ein unmögliches Beginnen. Die Bildung einer Fraktion etwa auf der von Clara Zetkin eingenommenen Basis mit der Absicht, Bundesgenossen in Moskau zu finden, wäre hingegen vielversprechend gewesen. Braß, Däumig, Malzahn und die übrigen Mitglieder der späteren 'Kommunistischen Arbeitsgemeinschaft' im Reichstag haben versucht, zunächst diesen Weg zu gehen. Aber was ich wollte, war die Unabhängigkeit von Moskau – als Konsequenz meiner Moskauer Erfahrungen. Ich war an einer Allianz mit den Bolschewiki nicht mehr interessiert. Als Levi die Zeitschrift 'Unser Weg' herausgab, waren Benno Düwell und ich seine Hauptmitarbeiter. Pieck und Stoecker haben uns im Auftrag der Zentrale wiederholt aufgefordert, unsere Mitarbeit einzustellen, sie haben uns beschworen, bedroht, uns mit korrupten Angeboten zu bewegen gesucht. Unsere Antwort war, daß wir auf dem Jenaer Parteitag vom August 1921 eine Sondernummer von 'Unser Weg' mit Beiträgen von uns beiden verteilen ließen. Die Folge war, daß Stoecker mit tränenerstickter Stimme den Ausschluß seiner lieben Freunde beantragte, und daß das Plenum des Parteitags uns aus der Partei ausschloß. Alles das ist nicht ohne pikante Erinnerungen. Als ich am Eröffnungstag des Parteitags in Jena zum oberen Bahnhof ging, begegnete mir Arthur Rosenberg. Er versicherte mir seinen unverbrüchlichen Glauben an den unmittelbar bevorstehenden Sieg der Partei und beschimpfte mich ob meiner Abtrünnigkeit. Der Ausschluß gab mir ein Gefühl der Befreiung.
17. Der Rest der Opposition bröckelte langsam nach. Ich habe immer versucht, intellektuelle wie politische Positionen bis in letzte Konsequenzen auszudenken, und ich war mir schon in Jena über die Konsequenzen so im klaren, daß Däumig mir sagte: 'Gehen Sie nur nicht zu weit nach rechts.'"

MESSIANISMUS

Mit der Oktoberrevolution verlagert sich der Schwerpunkt der sozialistischen Perspektiven nach Osten. Die Frage in Moskau: Wie verhindern wir unsere Isolierung; im Westen für die Revolutionäre: Wie finden wir Anschluß. Einerseits: Wie halten wir uns über Wasser, was ist notwendig, um die eroberte Macht zu verteidigen; andererseits: Wie können wir siegen, mit welcher Strategie? Daneben entwickelt sich in Deutschland eine zwielichtige Atmosphäre konzeptioneller Übergänge, als Antwort auf den Versailler Friedensvertrag ein Bündnis mit Sowjetrußland anzubahnen. Soziale Revolution, Nationalbolschewismus, schleichender Bürgerkrieg, alles nebeneinander und durcheinandergemischt mit vielerlei doppelbödigen Nebenschauplätzen. Messianismus und Bündnisse, Klassenkampf und utopische Emphase, Stehkragen-Marxismus und revolutionärer Syndikalismus, Noskisten gegen Spartakus, Räteorganisation statt Partei, von unten nach oben wider die Verbonzung und Führertum.

Der utopische Geist oder auch: von den Energiequellen revolutionären Wollens. Hierzu bietet Ernst Bloch anregendes Material; seine Ansichten sind selbst Erschütterung dieser Umbruchszeiten zwischen 1918 und 1924. In einem Aufsatz von 1920 (*Erhebung. Jahrbuch für neue Dichtung und Wertung*) schreibt er: „Es lebt eine unterirdische Geschichte der Revolution, bereits anhebend im aufrechten Gang; aber die Talbrüder, Katharer, Waldenser, Albigenser, Abt Joachim von Calabrese, Franziskus und seine Jünger, die Brüder vom guten Geiste, vom freien Geiste, Eckardt, die Hussiten, Münzer und die Täufer, Sebastian Franck, die Illuminaten, Rousseau und Kants humanistische Mystik, Weitling, Baader, Tolstoi – sie alle vereinigen sich, und das Gewissen dieser ungeheuren Tradition brennt wieder durch gegen Angst, Gewalt, Staat, Ungläubigkeit und alles Obere, in dem der Mensch nicht vorkommt."

Ist dieses unterirdisch, aufgespeicherte Vergangenheit, so bringt die Revolution das „Oberirdisch-Werden aller Ketzergeschichte". Und in *Thomas Münzer als Theologe der Revolution* heißt es: „Hoch scheint über die Trümmer und zerbrochenen Kultursphären dieser Welt der Geist unverstellter Utopie herein (...) Derart also vereinigen sich endlich Marxismus und Traum des Unbedingten im gleichen Gang und Feldzugsplan; als Kraft der Fahrt und Ende aller Umwelt, in der der Mensch ein gedrücktes, ein verächtliches, ein verschollenes Wesen war; als Umbau des Sterns Erde und Berufung, Schöpfung, Erzwingung des Reichs; Münzer mit allen Chiliasten bleibt Rufer auf dieser stürmischen Pilgerfahrt."

Darin liegt die sphärische Einbettung eines Max Hölz oder Karl Plättner, und auch Jungs Haltung steht vor diesem Hintergrund im vollsten Licht. Stürmische Pilgerfahrt: Die Kampfgruppen im Vogtland, im mitteldeutschen Revier oder die an der Ruhr aufgestellte Rote Armee nach dem Kapp-Putsch, die Kaperfahrt auf der *Senator Schröder* nach Rußland – hier schwindet die Propagandalimonade und Broschürenmentalität, zum Vorschein kommt die Selbstbewußtsein schaffende Tat, die vom Ende und Anfang kündet. Bloch bemerkt in *Atheismus im Christentum:* „Immerhin, Messianisches ist allerorten der letzte Halt des Lebens, zugleich aber auch das letzte, das aus der utopisch-einleuchtenden Wahrheit ist. Dem allzu Klugen ist das eine Narretei, die allzu Frommen machen daraus ein vorfabriziertes Haus, für den Weisen ist der utopische Sinn das solideste Realproblem der Welt selber, der ungelösten."
Ex oriente lux, Momentaufnahmen aus dem Berlin der Revolution. Zunächst Bloch: „Liebknecht am Schloßfenster – ein starkes, bis ins Innerste ergreifendes Symbol. Heil sei dem Tag, Heil sei der Stunde!" Nach einer Rede von Liebknecht, den die Zuhörer nicht sehen sondern nur hören konnten, notiert Harry Graf Kessler in sein Tagebuch: „Er war wie ein unsichtbarer Priester der Revolution, ein geheimnisvolles, tönendes Symbol, zu dem diese Leute aufblickten. Halb schien das Ganze eine Messe, halb ein riesiges Konventikel. Die Welle des Bolschewismus, die von Osten kommt, hat etwas von der Überflutung durch Mohamed im siebten Jahrhundert. Fanatismus und Waffen im Dienste einer neuen Hoffnung, der weithin nur Trümmer alter Weltanschauungen entgegenstehen. Die Fahne des Propheten weht auch vor Lenins Heeren."
Halb Furcht und Zittern, halb gespannte Erwartung, und Bloch schließt an, mit einer Formel wie ein Peitschenknall: „Ein Ende des Tunnels ist in Sicht, gewiß nicht von Palästina her, aber von Moskau; – ubi Lenin, ibi Jerusalem."

In der römisch-katholischen Heiratsliturgie lautet für das Brautpaar die Vereinigungsformel „ubi es gaius ibi sum gaia" (wo du bist Gaius da bin ich Gaia), so könnte auch das Verhältnis der westeuropäischen Linken zur russischen Revolution überschrieben sein. Hierzu Arthur Goldstein, eine Zeitlang Delegierter für die KAPD bei der III. Internationale, auf dem außerordentlichen Parteitag der KAPD 1921. Sein Referat ist im Protokoll mit *Die Entwicklung und Perspektiven der russischen Revolution* überschrieben:

„Die russische Revolution ist ein Komplex, ein so gewaltiger Komplex, der eine Fülle von Problemen in sich birgt, daß man schon sagen muß, hier sind Dinge in der russischen Revolution, die man mit dem klügelnden Verstande allein nicht begreifen kann. Wenn man Rußland gerecht werden will, muß man das Ganze begreifen, die inneren geistigen Triebkräfte, die russische Volksseele begreifen, um zu einem gerechten Urteil über Rußland und die russische Revolution zu gelangen. (...) Man hat uns vorgeworfen, daß wir marxistische Dogmatiker wären (sehr richtig) weil wir behaupten, daß es in der geschichtlichen Entwicklung keine Bocksprünge gibt, sondern daß in großen Linien die gesamte Geschichte etwa in drei Epochen verläuft, daß die ganze bisherige Geschichte nur drei große Epochen kennt; Feudalismus, kapitalistische Wirtschaftsordnung und Kommunismus. Es ist auch hier wieder 'sehr richtig' gerufen worden, ich möchte aber fragen, ob wir jemals gesagt haben, daß die russische Revolution oder daß in Rußland erst der Kapitalismus zur Entfaltung gebracht werden müßte, (Zwischenruf: selbstverständlich) um den Kommunismus verwirklichen zu können. Wir haben gesagt, in Rußland wäre es wahrscheinlich möglich gewesen, diesen Sprung der Geschichte zu machen unter einer bestimmten Voraussetzung, wenn in Deutschland, und wenn in Westeuropa das Proletariat rechtzeitig den Russen zu Hilfe kommt. (...)
Die Hilfe der deutschen und westeuropäischen Arbeiterklasse ist ausgeblieben. Das ist nun einmal eine Tatsache. Wie man darüber denkt, ist jetzt im Augenblick gleichgültig. Aber diese Tatsache besteht, und daraus ergibt sich der Umstand, daß Rußland heute zu der Politik gezwungen ist, die es jetzt führt. Es kann nicht den Sprung vom Feudalismus direkt zum Kommunismus machen, sondern die russische Produktion und die Klassenverhältnisse zwingen die Führer der russischen Partei heute, dem Kapitalismus im Lande und dem westeuropäischen Kapitalismus Konzessionen zu machen. (...)
Der Vormarsch der Roten Armee auf Warschau war der letzte Versuch von Sowjetrußland, eine große revolutionäre Politik

im internationalen Maßstabe zu betreiben. Der Vormarsch auf Warschau in den Augusttagen 20 bedeutete damals den Vormarsch der Revolution gegen das kapitalistische Westeuropa, und ich glaube, ziemlich genau informiert zu sein darüber, daß der Vormarsch in den polnischen Korridor nicht diktiert war von militärischen Erwägungen, sondern meines Wissens haben damals gerade die militärischen Fachleute von diesem Vormarsch abgeraten. Der Vormarsch in den polnischen Korridor ist in der Hauptsache aus politischen Rücksichten erfolgt, um den letzten großen Appell an die Solidarität der deutschen Arbeiterklasse zu richten. Die deutschen Proletarier haben den Ruf der russischen Revolution nicht verstanden dank des Verrats gerade der beiden Parteien, die heute in der V.K.P.D. vereinigt sind. Von dem Augenblick an kann man deutlich sehen, wohin der Kurs der russischen Staatspolitik gerichtet ist.
Ich will damit nicht etwa sagen, daß vorher bereits eine einheitliche Linie der russischen Politik bestand, aber von diesem Augenblick ab konnte man deutlich erkennen, daß nunmehr die Rücksichtnahme der Revolutionäre der KPR auf die deutsche Revolution für absehbare Zeit beseitigt war."

Auf demselben Parteitag sprach auch Herman Gorter. Wie bereits bei Arthur Goldstein wird bei ihm der Gegensatz zu den Bolschewiki offenbar. Die Natur dieses Gegensatzes, seitens der Linksradikalen, ist ein doppelter Erkenntnisprozeß über das Wesen einer proletarischen Revolution in Westeuropa. Sie kann nur eine soziale sein und muß vollkommen mit den sozialdemokratischen Methoden der Arbeiterbewegung brechen. Lenin dagegen vereinseitigt die spezifischen Erfahrungen der Machteroberung in Rußland. Den Zwang hinter dieser dogmatisierenden Verengung benennt Gorter, sie ist bereits zu diesem Zeitpunkt kein Geheimnis mehr. Zugleich verdeutlichen seine Ausführungen auf sympathische Weise den Prozeßcharakter, dem theoretische Vorstellungen unterliegen: Dies ist weit entfernt von den „ewigen Wahrheiten", mit denen später die in voller Blüte stehenden Moskauer Kapellen jeden lebendigen Gedanken ins Abseits drängen werden:

„Wenn ich jetzt nachdenke, wie das alles gegangen ist, seit der großen Niederlage im Anfang 1919, wie alles in der

Oben: Briefmarke zugunsten der Hungernden der Wolgagebiete. Unten: Solidaritätsappell für Jung in der von Alfons Goldschmidt herausgegebenen RäteZeitung.

internationalen Politik gegangen ist, wie sich alles geändert (hat) seit Februar 19 und März und April, dann wird mir das allmählich erst klar. Ich habe sehr lange nicht verstanden wie das kam, daß Moskau diese Losungen ausgab, daß Moskau die Erhaltung der Gewerkschaften und des Parlamentarismus wollte. Das konnte ich lange Zeit von den Bolschewiki und von Lenin nicht verstehen. Ich habe gestaunt und erst in dem letzten Jahre habe ich angefangen, es zu verstehen. Moskau hoffte erst, und das war ganz richtig, daß durch den Ansturm des deutschen Proletariats unter Anführung von Karl Liebknecht und Rosa Luxemburg der deutsche Kapitalismus so schwach werden würde, das er diesem Ansturm nicht standhalten könnte. Das hat das deutsche Proletariat versucht. Es ist mißlungen. Dann kam Moskau mit der neuen Internationale. Es versuchte auf dem Wege der Organisation, das revolutionäre Proletariat zu vereinigen. Das war auch richtig. Wenn der plötzliche Ansturm mißlingt, muß ein anderer Weg gesucht werden. Das Proletariat hatte sich dort überall entwaffnen lassen. Die Frage von Moskau von Anfang oder Mitte 1919 war, wie kann man das Kapital besiegen, wenn das Proletariat unbewaffnet ist und der Ansturm mißlang. Dann habt Ihr eine Antwort gegeben: Antiparlamentarismus und Vernichtung der Gewerkschaften und Errichtung von Unionen. Dieselbe Antwort haben wir gegeben, von Euch gelehrt. Ich erinnere mich daran so gut, ich habe selbst die Antwort von Holland an Radek nach Berlin gebracht und hatte das absolute Zutrauen, da ich die Bolschewiki seit Jahren kannte, daß sie das annehmen würden. Und als Radek am nächsten Morgen sagte: das ist alles Unsinn, das ist der falsche Weg, das gibt nur kleine Sekten, wir brauchen Massen; dachte ich: nun, das ist Radek. Wir kannten ihn schon lange, genau. Er ist ein sehr guter Kämpfer, der von Theorie nicht viel versteht. Als ich später die Meldung bekam, daß das in Moskau von Lenin nicht angenommen wurde, habe ich es nicht verstanden. Wie ist es möglich, in der Revolution einer Gruppe die Führung zu geben, die nicht aus reinen Kommunisten gebildet ist. Das ist noch nie so gewesen. Nicht in der Kommune und nie. Immer hat man die Führung einer Gruppe gegeben, die wirklich absolut fest war. Ich verstand das nicht. Aber jetzt verstehe ich es. Damals schon im Jahre 1919 verstanden es die Russen, daß, wenn nicht Massen sehr schnell zu Hilfe kämen, daß dann die

Revolution für Rußland sehr schnell verloren war. Die Lage im Jahre 1919 war schon so prekär in Rußland, so gefährlich, daß die Russen nur einen Weg sahen, um die russische Revolution zu retten; nämlich, so schnell wie möglich große Massen, die sich dem Ansturm des europäischen Kapitals gegen Rußland widersetzen würden. Diese Taktik ist in Rußland wahrscheinlich von wenigen gemacht worden. Lenin ist der einzige wirklich große Kopf. Ich glaube, wenn man einmal diese Geschichte lesen wird, historisch, daß Lenin selbst sagen wird, für mich war die russische Revolution die Hauptsache. Ich halte diese ganze Politik und nicht die Weltrevolution von Moskau von 1919 ab für den strategisch-politischen Rückzug Rußlands. Sie mußten schon retten, was zu retten ist, und dafür brauchten sie das Proletariat in Massen. Aber damit war die deutsche Revolution verloren. Was als Rettung Rußlands projektiert wurde, war zugleich der Verderb für die deutsche Revolution."

Nach diesem Blick auf die Hellsichtigkeit nun ein Seitenblick auf die Schäbigkeit, auf die erbärmliche Sozialdemokratie, um das Stillstehen zu begreifen, das als Weimarer Republik firmierte. Die Fortschreibung der alten Ordnung des Kapitalismus muß natürlich mit dem Aufruf zu den jämmerlichsten Tugenden beginnen. Siehe dazu nebenstehendes Flugblatt der Sozialdemokratischen Partei aus dem Jahre 1919.

Zurück zur „Bolschewistischen Welle", zum noch anziehenden Schauder der roten Heere des moskowiter Propheten („Die rosige Morgenröte wird die Pferde des Orients wecken / Die weißen Birken werden die Pferde des Orients grüßen / Die Sonnenstrahlen werden die Pferde des Orients grüßen ..." schreibt der Dichter Nogai). Die Revolution als Aufbruch des Ostens schwappt notwendigerweise die Perspektiven über den Tellerrand des Marxismus. Arbeiter, Bauern, Hirten, Moslems, Schamanen, Analphabeten und Intelligenzler ... Reiter und Fußgänger, ah, und die Wucht von Dichtern, welch eine Symbiose.
Hinwendung zum tiefen Raum, zur Steppe und den endlosen Wäldern, diese Weite, die später Hitlers Armee schluckte. Den Blick auf Leningrad gerichtet, Oktober 1919, die Weißen greifen an; alles scheint verloren. Victor Serge schildert in seinem Roman *Eroberte Stadt* ein Meeting, auf dem Trotzki spricht und Europa

Deutscher Arbeiter, denkst du daran?

Viereinhalb Jahre hat dich der grauenvolle Irrsinn der Welt, der Militarismus, gezwungen, in Erdhöhlen zu hausen, Hunger zu leiden, mit jämmerlichem Lohn dich zu begnügen, Mordwerkzeuge zu führen.

Und warum?

Um deinen Bruder zu ermorden, um Häuser zu zerstören, um Felder zu verwüsten. Heute bist du ein freier Mensch.

Der freieste Arbeiter der ganzen Welt.

Jeder Zwang hat aufgehört außer dem deiner eigenen Vernunft. Und in diesem Augenblick hörst du auf zu arbeiten? Ist deine Vernunft so schwach?

Geh in dich! Überlege!

Du weißt, daß auf dem Lande 1 Million und im Bergbau 600 000 Arbeiter fehlen.

Du weißt, daß das Feld nicht bestellt wird und daß keine Kohlen gefördert werden.

Du weißt, daß die Hälfte aller Gas- und Elektrizitätswerke, aller Fabriken, aller Verkehrsmittel in Deutschland still liegen aus Mangel an Kohle.

Du weißt, daß du arbeitslos bist, weil Kohlen fehlen, und daß du die Lebensmittel nicht bezahlen kannst, weil nicht genügend produziert werden.

Der Staat, deine Familie, du selbst willst leben!

Dazu mußt du arbeiten, hart arbeiten!

Geh aufs Land, geh in die Bergwerke! Du findest dort bessere Wohnung und Nahrung als im Schützengraben. Du erhältst so viel Lohn, daß du und deine Familie davon existieren können.

Du hast ein

Arbeitswerkzeug

in der Hand und kein

Mordwerkzeug!

Und doch, du legst die Hände in den Schoß?

Schäme dich, deutscher Arbeiter!

Du verdienst deine Freiheit nicht! Du hast lieber Schandtaten unter der Peitsche des Militarismus verrichtet als jetzt Arbeit zu leisten aus freien Stücken.

Deutscher Arbeiter, schäme dich!
Deutscher Arbeiter, arbeite!

Sozialdemokratisches Flugblatt, 1919

mit seinen Baskirischen Reitern droht: „'(...) Wir lassen vor Deinen Toren die erste Baskirische Division aufmarschieren ... Möge ein junges Steppenvolk seine Toten vom Ural und die Toten aller ermordeten Kommunen an diesen glattrasierten Händlern rächen, die seit Monaten mit nichts anderem handeln als mit unserem Untergang. Die gehetzte Revolution wendet sich um und zeigt Dir, Europa, neue Gesichter. Du hast die Proletarier, die Dir den Frieden anboten, zurückgestoßen. Du hast sie aus Deiner Zivilisation verbannt, weil sie es unternommen haben, gewappnet, mit Deiner Wissenschaft, die Welt, die sie auf ihren Schultern tragen, neu aufzubauen. Sei's! Wir sind noch mehr. Wie der Dichter so wahr gesagt hat, wir haben auch skythische Reiterei! Wir werden sie auf Deine säuberlichen Städte mit den hellen Fassaden werfen, auf Deine lutherischen Kirchen mit den Türmchen aus rotem Ziegelstein, auf Dein Parlament, Deine komfortablen Häuschen, Deine Banken und Deine staatstreuen Gazetten!'
In breiten, geraden Linien sieht man die graue oder schwarze Schafsfellmützen tragenden Reiter vorbeiziehen. Sie sitzen auf kleinen, roten Pferden mit langen Mähnen, die von Kehrtwendungen nichts verstehen. Kneifertragende Kommissare ritten den Schwadronen voran. Manche von ihnen hatten unter ihrem Waffenrock anstelle eines Abzeichens ein Medaillon von Karl Marx angeheftet. Die meisten waren gelbe Nomaden mit ziemlich ebenmäßigen, breiten und muskulösen Gesichtern und kleinen Augen. Sie schienen sich darüber zu freuen, in eine Stadt zu kommen, wo die Pferdehufe nie auf die bloße Erde stießen, wo alle Häuser aus Stein waren und öfter Autos vorbeiholperten. Ärgerlich war bloß, daß es zu wenig Tränken gab. Außerdem mußte es hier ziemlich erbärmlich sein zu leben, denn es gab weder Bienenhäuser, noch Herden, noch Horizonte von Ebenen und Bergen ... Ihre Säbel waren mit roten Bändern geschmückt. Ihren gutturalen Gesang unterbrachen sie mit gellenden Pfiffen, die die Mähnen der Pferde kurz erzittern ließen."

Etwas weiter skizziert Serge einen dieser „Söhne eines wiederauferstandenen Volkes", es riecht nach dem Stroh eines Soldatenquartiers: „Selbst unter der riesigen Schafsfellhaube trug Kirim stets ein grünes, mit goldgestickten, arabischen Schriftzeichen

bedecktes Käppchen. Dieser Mann kannte den Koran, kannte die tibetanische Medizin und die Zauberei der Schamanen, die Geister beschwören können, Liebe und Regen herbeizaubern und Viehseuchen entfesseln. Außerdem konnte er noch einige Passagen des Kommunistischen Manifestes auswendig ..."
Im Flammentanz der surrealistischen Revolte beschwört André Breton für das Pariser Straßenpflaster, gegen die Börsengauner und Chauvinisten, den Hufschlag der Reiter herauf, die „ihre Pferde im Wasser der Seine tränken". Nachklang des Aufschreis, den einige Jahrzehnte früher der libertäre Revolutionär Ernest Cœurderoy („... göttliche oder irdische, die Autorität ist der Tod für das Herz des Menschen") in seinem *Hurrah!!! Ou la Révolution par les cosaques* gegen Europa ausstößt („... der Occident hat keine Seele").
Und, Januar 1918, die zur Faust geballten Worte Alexander Bloks in dem *Skythen*-Gedicht: „Ihr seid Millionen. Wir – Legion, Legion, Legion! / Versucht nur, euch mit uns zu schlagen! / Ja, unsere schrägen Augen, gierig schon, / Verkünden: Wir sind Skythen, Asiaten!"
Zu dieser Richtung, Aufbruch des Ostens, als Sammlung der Kräfte für den Aufruhr gegen das eiserne Halsband europäischen Hochmuts mit seinem imperialen Dünkel und Kolonien, gehört der „Erste Kongreß der Völker des Ostens". Eine farbige Schilderung dieses wunderlichen Treffens findet sich in William Henry Chamberlins *Die russische Revolution 1917–1921*:

„Diese neue Betonung, die der potentiellen revolutionären Bedeutung des Orients verliehen wurde, fand ein malerisches Nachspiel, als sich in der alten Tatarenstadt Baku am Kaspischen Meer fast zweitausend Orientalen, darunter 235 Türken, 192 Perser, 157 Armenier, 14 Hindus, 8 Chinesen und Vertreter fast all der zahlreichen asiatischen Völkerschaften Sowjetrußlands, zum 'Ersten Kongreß der Völker des Ostens' versammelten, der in der ersten Septemberwoche des Jahres 1920 stattfand. Drei erfahrene revolutionäre Agitatoren, Sinowjew, Radek und Bela Kun, hatten die allgemeine Leitung des Kongresses in den Händen, und Sinowjew und Radek ergingen sich in flammendster Rhetorik. Nach der Ankündigung, daß 'in der Menschheitsgeschichte ein neues Blatt aufgeschlagen worden ist und die Sonne des Kommunismus nicht nur die Proletarier Europas,

sondern die arbeitende Bauernschaft der ganzen Welt bescheinen wird', beendete Sinowjew auf dem Gipfel leidenschaftlicher Rhetorik eine lange Rede mit folgendem Ausbruch:
'Die wahre Revolution wird erst dann entbrennen, wenn sich die 800 000 000 Menschen, die in Asien leben, mit uns vereinen, wenn sich der afrikanische Kontinent zusammenschließt, wenn wir sehen, daß Hunderte von Millionen in Bewegung geraten. Jetzt müssen wir einen wahrhaft heiligen Krieg gegen die britischen und französischen Kapitalisten entfachen ... Wir müssen sagen, daß die Stunde geschlagen hat, in der die Arbeiter der ganzen Welt imstande sind, Dutzende und Hunderte von Millionen von Bauern wach zu rütteln, eine Rote Armee im Orient zu schaffen, Aufstände im Rücken der Briten zu bewaffnen und zu organisieren, das Leben eines jeden überheblichen britischen Verwaltungsbeamten zu vergiften, der sich zum Herrscher über die Türkei, über Persien, Indien, China gemacht hat.'
In diesem Moment sprang die Zuhörerschaft, meist in bunte orientalische Gewänder gekleidet, von ihren Sitzen auf. Schwerter, Säbel und Revolver wurden in der Luft geschwungen, während ein Gelübde für den *Jihad,* oder den heiligen Krieg, abgelegt wurde. Radek bemühte sich, den Geist Tamerlans und Dschingis Khans heraufzubeschwören. Nachdem er gesagt hatte, daß der Orient unter der kapitalistischen Unterdrückung eine Philosophie der Geduld geschaffen hatte, fügte er hinzu:
'Genossen, wir appellieren an den Geist des Kampfes, der einst die Völker des Orients beseelte, als sie unter der Führung ihrer großen Eroberer gegen Europa marschierten. Und wenn die Kapitalisten Europas sagen, daß eine neue Welle der Barbarei, eine neue Welle des Hunnentums hereinzubrechen droht, dann antworten wir: Es lebe der Rote Orient, der zusammen mit den Arbeitern Europas eine neue Kultur unter dem Banner des Kommunismus schaffen wird.' (...)
Dieses Treffen orientalischer Revolutionäre an den Ufern des Kaspischen Meeres hatte seine romantischen und farbenprächtigen Aspekte und verursachte ohne Zweifel der britischen politischen Verwaltung in so explosiven Gegenden wie der indischen Nordwest-Frontprovinz Ärger und Unbehagen. Aber die praktischen Resultate des Kongresses und der ganzen Politik der 'Vereinigung der Arbeiter des Westens mit den Bauern des Ostens in einem Kampf gegen den Imperialismus' waren

geringfügig. Selbst auf dem Kongreß wurden einige Unstimmigkeiten laut. Ein türkischer Nationalist opponierte gegen die Idee, die aufständische Nationalbewegung der orientalischen Völker in sozialrevolutionäre Kanäle zu lenken. Ein Delegierter aus Russisch-Zentralasien protestierte heftig gegen die Grausamkeiten, Mißbräuche und Unterdrückungsmaßnahmen, die die ersten Stadien der Sowjetherrschaft in jenem Land charakterisierten.

Die ganze Idee, Hunderte Millionen Asiaten an die Taten Tamerlans und Dschingis Khans zu gemahnen und unter dem roten Banner der Kommunistischen Internationale marschieren zu lassen, war nichts anderes als Phantasie von Berufsrevolutionären. Es gab kein brauchbares Mittel, um diese zum größten Teil analphabetischen Massen zu erreichen; es gab um diese Zeit in den Ländern des Ostens keine kommunistischen Parteien von irgendwelcher Bedeutung, es gab nur eine Handvoll asiatischer Kommunisten. Außerdem hatte das Vorhaben, den Zündstoff des Aufstandes wahllos in alle orientalischen Länder zu tragen, vom Gesichtspunkt der sowjetischen Außenpolitik klare Nachteile. Es beschwor nicht nur die Gefahr herauf, den Bruch mit Großbritannien ständig und unheilbar zu machen, es mußte auch die Führer der nichtkommunistischen Nationalbewegungen in solchen Ländern wie der Türkei und Persien vor den Kopf stoßen."

BÜNDNISSE

Die russische Revolution erzeugte eine ausgefranste Ambivalenz auf seiten der angeschlagenen deutschen Rechten, im Bürgertum, bei jüngeren Offizieren und in konservativen Kreisen. Sowjetrußland als Hoffnungsträger im Kampf gegen den Versailler Frieden. Berlin–Moskau gegen den Westen, es gibt Augenblicke, in denen dem Ertrinkenden jeder Strohhalm recht ist. 1920 ist die Fieberkurve dieser vagen Absichten am Siedepunkt: Die Rote Armee rückt gegen Warschau vor und nähert sich den Reichsgrenzen – für aus dem Gleichgewicht geratene Nationalisten scheint die Stunde nah, sich dieser als „Preußischer Stoßtrupp" anzuschließen. Von links gesehen die letzte Möglichkeit, den schwelenden Revolutionswillen anzufachen, das Schüreisen, um die Reaktion zu schlagen. Im Hintergrund sondiert Radek, später wird daraus der Schlageter-Kurs und das Bündnis

Titelabbildung der Erstausgabe

mit Seeckt, die heimliche Ausbildung der Reichswehr in Rußland. Die innere Furcht aber, trotz allem Pathos und nach Temperament abgestufter Öffnung zur sozialen Frage, behält Gewicht, dazu noch stehen der deutschtümelnde Wahn und die antisemitische Verseuchung einer wirklichen Hinwendung zum Bündnis im Wege – und natürlich ist die dunkle Quelle der Furcht das Privateigentum, von diesem Ballast wollen die bürgerlichen Nationalisten nicht lassen. Im Innersten erwarteten sie eine Wiederauferstehung ihrer alten Ordnung, eine neue Welt bleibt außerhalb ihres Vorstellungsvermögens. Zur Furcht noch das Zittern, daß im Falle eines „Bündnisses" die sozialistischen Massen doch ein nicht kalkulierbares Eigengewicht bekämen. So führt die Angst, bei diesem „Nibelungenzug" letztendlich ausgehebelt zu werden (gewissermaßen vom Troß der Knechte), nur dazu, die „russische Karte" zwar dem Ausland gegenüber ständig ins politische Spiel einzumischen, sie aber nicht wirklich auszuspielen. Dieses Verhalten gehört natürlich ganz zur luftigen Bluff-Sphäre politischer Mechanik, es zeigt, daß das Wagnergemüt nur eine Bühnenfassung ist und der selbstlose Heroismus nur ein muffiges Kostüm.

Hitlers Aufstieg, am Ende der zwanziger Jahre, wird Elemente dieser Vermischung von sozialer Frage und nationalistischem Pathos enthalten, seinen Sieg ermöglichte die Niederlage von 1919/20. Die Quelle war offengelegt, sie hätte anders genutzt werden können, aber die Feigheit ist eine deutsche Konstante: Die Sehnsucht nach Befreiung von drückenden Verhältnissen bleibt eingesperrt und der große Sprung wird nur als kleinster Schritt getan, der hinführt zur großen Unterwerfung unter die Dreckfuchtel – auf den Kasernenhof und in die Flakhelfermentalität. Es bleibt der Dreck, in dem man liegt, auch der tote Blick, von unten nach oben, rührt hierher, das Stieren dorthin, wo die Führer stehen. Alles Matsch.

Im „National-Komitee Freies Deutschland", mit Antifa-Kitt und Volksfront-Mörtel, wird während des Krieges von der KP alles noch einmal aufgemischt und dann inklusive „ewiger Freundschaft zur Sowjetunion" die DDR begründen helfen. Aber dieses „Bündnis" wird das Kainsmal autoritärer Staatsdoktrin nicht mehr loswerden, trotz der Berufung auf die kämpferischen Traditionen, vom Bauernkrieg bis zur Novemberrevolution und weiter.

Zurück zur Ursprungszeit des „Bündnisses": Dämmerlicht des Untergangs, links rote Fahnen, färben ab nach rechts, als leichter Rotschimmer am Endzeithorizont. Zunächst zwei Eintragungen zur Grundstimmung, aus dem *Tagebuch* von Harry Graf Kessler, danach andere Vorstellungen:

„Nachher bei Herrmann Keyserling, der morgen auf mehrere Monate zu Bismarcks nach Friedrichsruh fährt. Er meinte, in der auswärtigen Politik könnten wir gar nicht links genug sein (unter Ausschluß von Spartakus); nur durch weitgehende Sozialisierung im Gegensatz zu den reaktionär bleibenden Westmächten könnten wir uns wieder an die Spitze der Völker stellen. Wir müßten der Musterstaat des Sozialismus werden, dann bekämen wir mit unseren siebzig Millionen notwendig die Führung in Europa. Ich sagte, die Crux sei, wie man weitgehende Sozialisierung ohne Einschränkung der Produktion durchführen könne. Wenn wir dieses Problem lösten, würden wir allerdings der Welt vorangehen."

Etwas weiter, datiert vom 14. Januar 1919:

„Unsere Umwälzung ist leider nicht von einer bis zur Übermacht gewachsenen Gesinnung hervorgerufen, sondern der alte Staat ist zusammengebröckelt, weil er etwas zu verlogen und ausgehöhlt war, um dem äußeren Ansturm zu widerstehen. Ohne Krieg hätte er noch lange fortgewurschtelt. Das Schrecklichste wäre, wenn diese ganzen Verwüstungen und Leiden nicht die Geburtswehen einer neuen Zeit wären, weil nichts da wäre, was geboren sein will, wenn man schließlich nur kitten müßte. Das Gefühl, daß es so kommen könnte, die Angst vor diesem Ende, ist, was die Besten der Spartakisten antreibt. Die alte Sozialdemokratie will rein materielle Veränderungen, gerechtere und bessere Verteilung und Organisation, nichts ideell Neues. Dieses dagegen schwebt den Schwärmern weiter links vor, und dieses lohnte in der Tat die ungeheuren Blutströme des Weltkrieges. Die Frage ist, ob bereits neue Gefühls- und Ideenwelten von solcher Potenz und Tiefe vorhanden sind, daß sie die Wirklichkeit umgestalten könnten, wenn sie freie Bahn bekämen, oder ob wir uns in Ermangelung materieller Kriegsgewinne ein falsches Paradies vorgaukeln. Recht oder Unrecht von Spartakus hängt an dieser Frage."

Wie ein Blitzschlag sollen die drei Artikel des „deutschnationalen" Realpolitikers Paul Eltzbacher (*Der Tag: Das letzte Mittel; Knechtschaft; Bolschewismus*) im April 1919 in die ratlos ernüchterte politische Landschaft eingeschlagen haben. Vorstellbar, zumal Eltzbacher den ihm geistig verwandten Adressaten seiner Artikel, die jammernd weiter vom Fett ihrer imperialen Überheblichkeit zehren wollten (sie stanken bereits ranzig), versicherte, seine Gedanken „wären nicht der Ausfluß einer düsteren Stimmung, sondern ruhigster Erwägung der Lage". Im Folgenden nun einige Schockspäne aus den damaligen Zeitungsspalten:

„Die kleinen Spießbürger, die heute die Geschicke des Deutschen Reiches lenken, sind ratlos. (...) Ihr beständiges Nachgeben in der Sache begleiten sie allerdings mit hohen und starken Worten, mit läppischen Protesten, gerichtet zum Beispiel an das Gewissen der Menschheit. (...) Es gibt nur ein Mittel, das uns helfen kann, freilich kein Mittel für kleine Geister, die unfähig sind, sich aus der Gewohnheit des Alltags heraus zu großen Entschlüssen aufzuraffen: das ist der Bolschewismus. Es genügt nicht, daß wir immer wieder erklären, wenn unsere Feinde es so weiter machten, würden sie das deutsche Volk dem Bolschewismus in die Arme treiben. (...) Sondern kühn müssen wir alle die Übel, mit denen der Bolschewismus uns bedroht, auf uns nehmen, um der Versklavung durch unsere Gegner zu entgehen, und einmütig selbst dafür sorgen, daß der Bolschewismus kommt. (...) Wir müssen uns bewußt werden, daß wir die Macht haben, der Entente unsere Friedensbedingungen zu stellen: keine Abtretung rein deutschen Gebiets, nicht die geringste Reparationszahlung, Ende der Blockade, Freilassung der Kriegsgefangenen. Wenn nicht (...), so erklärt Deutschland sich zur Räterepublik und bietet Rußland und Ungarn ein Bündnis an."

Im ungewissen Dunkel der Niederlage zündet Eltzbacher für den Imperialisten a.D. einen bemerkenswert lichten Fidibus kritischer Selbsterkenntnis an, wenn er schreibt:

„Mit Grauen sehen wir heute, in was für einer Welt wir bisher gelebt haben. Weil das englische Kapital sich von dem deutschen nicht auf dem Weltmarkt verdrängen lassen wollte, deshalb sind Millionen von jungen, frischen Menschen auf den Schlachtfeldern verblutet. (...) Weil das Kapital der Westmächte den deutschen Wettbewerb für immer los sein und sich mit dem deutschen Blut mästen möchte, deshalb soll jetzt ein braves und fleißiges Volk langsam verelenden und verkommen. Diese Welt, die beherrscht ist von dem rücksichtslosen und schamlosen Kampf um Geld und Gut, deren oberstes Ziel die Anhäufung von Kapital, deren Sinnbild der Geldsack ist, verdient nur noch, daß sie zugrunde geht. Die Sozialdemokraten möchten in Ruhe abwarten, bis sie eines natürlichen Todes stirbt, der Bolschewismus ist kühn entschlossen, sie zu zerschlagen."

Eingewoben in das Dickicht von Täuschung und Absicht, realer Drohung und fabulatorischem Nebel das benachbarte Ausland: Churchill meinte 1920 in der *Daily News,* auf die Folgen eines möglichen Zusammenbruchs Polens im Krieg gegen die Sowjetunion anspielend, es würde dann den Deutschen „freistehen, entweder ihre eigene Zivilisation in dem allgemeinen bolschewistischen Brei untergehen zu lassen und die Herrschaft des Chaos weit und breit durch den Kontinent zu verbreiten, oder (...) einen Damm gegen die Flut der roten Barbarei zu bilden". Vollendete Tatsachen bereits in Paris, dort heißt es in *Le Temps* unter der Überschrift *Der Pakt:* „Wir können nicht mehr sagen: Hindern wir die Reichsregierung daran, sich mit Sowjetrußland zu verbünden. Wir müssen sagen: Das Bündnis ist geschlossen." Weiter fort auf schwankendem Boden, Hans von Hentig und sein gepanzerter Sozialismus 1920:
„Ich bin kein Sozialist. Aber ich werde den Sozialismus segnen, der in den Händen eines großen Mannes wie eine Oriflamme, selbst wie das Haupt der Meduse, uns in dem Befreiungskampfe aus Schmach und Not vorausgetragen wird. Wir brauchen für die nächsten Monate aus militärischen und außenpolitischen Gründen den Sozialismus; wir müßten ihn erfinden, wenn er nicht da wäre, aber einen tiefen, hinreißenden, gepanzerten Sozialismus. (...) Nicht in seinem kümmerlichen Gedankeninhalt, in seiner wilden Energie hat der Erfolg des Bolschewismus gelegen; nur darin ist der Grund zu suchen, warum weitsichtige, uneigennützige Leute lieber mit einem domestizierten Bolschewismus als dem Sozialismus schlauer und machtwilder Kleinbürger auswärtige Politik machen wollten."
Mit *Arbeiter und Soldat* betitelt schickte Hentig 1923 einen Aufruf an die *Rote Fahne,* der dort abgedruckt wurde – der Aufstand lag noch in der Luft, noch wurde von einem „Deutschen Oktober" geträumt, inmitten der alle Bereiche der Gesellschaft auflösenden

Inflation. Hentig soll bereits zum militärischen Apparat im Umfeld der KPD gehört haben, er floh 1924 in die Sowjetunion, nachdem ein Haftbefehl gegen ihn erlassen wurde:
„Dagegen soll die Arbeiterschaft, soll die organisatorische Form seiner aktivsten Tendenzen, der Kommunismus, wissen, daß hunderte von alten Frontoffizieren, denen Deutschland wirklich über alles geht, über jede soziale Umwälzung, über jede politische Umformung, über die eigenen festgewurzelten Anschauungen, an seiner Seite im gleichen Schritt und Tritt marschieren werden, wenn einmal die Trommel zum Streite ruft. (...) Zur Nation zu stehen, die sich in der Arbeiterschaft verkörpert, zu ihrem ungestümen Lebenswillen und ihrer schaffenden, ungeheuren Lebenskraft wird für den deutschen Offizier, der seinem Staat die Treue hält, nichts Neues, Ungewohntes, nur Pflichterfüllung sein."

Um nicht gänzlich ins Uferlose zu geraten, verzichte ich auf eine ausführliche Zitierung der Positionen von Laufenberg und Wolffheim, auch wenn diese diejenigen waren, die den ganzen „Nationalbolschewismus" von links her bestimmten und wohl manchen im rechten Lager erst ein Licht aufsteckten. Nur soviel: Beide scheinen der Ansicht gewesen zu sein, mit ihrer Konzeption eines „revolutionären Burgfriedens mit der Bourgeoisie" Lenins Taktik zu folgen und dessen geschmeidige Methoden der Machteroberung und -erhaltung auf die deutschen Verhältnisse übertragen zu haben. Die heftige seitens der KPD und der III. Internationale dagegen betriebene Polemik war ein Mittel, die unliebsame KAPD zu diskreditieren. Denn schließlich war es der Cicero der III. Internationale, Karl Radek, der zur selben Zeit mit allen möglich-unmöglichen Vertretern der deutschen Bourgeoisie über ein „Bündnis" unterhandelte. Radek ist es denn auch, der ungeniert den polemischen Verdunkelungen gegenüber 1923 in seiner „Schlageter-Rede" eine Parteilinie propagiert, deren nationalistischer Populismus in den ursprünglichen Positionen der Obengenannten zwar so nicht vorkommt, ihrer Einschätzung aber, daß für einen Sieg der proletarischen Revolution in Deutschland zusätzliche Kräfte gewonnen werden müßten, gibt er nachträglich eine handfeste Rechtfertigung. Radek: „Die Geschichte dieses Märtyrers ((Schlageter)) des deutschen Nationalismus hat uns, hat dem deutschen Volk vieles zu sagen. (...) Gegen wen wollen die Deutschvölkischen kämpfen: gegen das Ententekapital oder gegen das russische Volk? Mit wem wollen sie sich verbinden? Mit den russischen Arbeitern und Bauern zur gemeinsamen Abschüttelung des Joches des Ententekapitals zur Versklavung des deutschen und russischen Volkes? (...) Die Mehrheit des deutschen Volkes besteht aus arbeitenden Menschen, die kämpfen müssen gegen die Not und das Elend, das die deutsche Bourgeoisie über sie bringt. Wenn sich die patriotischen Kreise Deutschlands nicht entscheiden, die Sache dieser Mehrheit der Nation zu der ihrigen zu machen und so eine Front herzustellen, gegen das ententische und das deutsche Kapital, dann war der Weg Schlageters ein Weg ins Nichts."

Laufenberg 1920 auf dem ersten Parteitag der KAPD: „Der Betrieb als Keimzelle des Produktionsprozesses ist die Zelle der kommunistischen Wirtschaft und des proletarischen Staates. (...) Deshalb beginnt die Organisation des Proletariats als Klasse mit der Organisation des Betriebes. (...) Alle politische Gewalt wurzelt in der Kontrolle über die im Lande vorhandenen Waffen. Der Aufbau des proletarischen Staates setzt die Bewaffnung des Proletariats als Klasse voraus. Die Klassenbewaffnung des Proletariats beginnt mit der Bewaffnung der Betriebe." Und auf dieser Grundlage, Rätemacht und allgemeine Bewaffnung des Proletariats, fußt ihre „nationalbolschewistische" Konzeption eines „revolutionären Burgfriedens mit der Bourgeoisie": „Die einzelnen Glieder der Bourgeoisie werden auf Grund der allgemeinen Arbeitspflicht der gesellschaftlichen Organisation der Arbeit eingegliedert, womit die Erweiterung des proletarischen Klassenrahmens zum allgemeinen Volksrahmen beginnt und der klassenlosen Gesellschaft der Weg bereitet wird."

Jenseits des rationalen Kalküls, auch weit entfernt von idealistischer Hingabe, wässerte die Bündnisoption den Sumpf. Eine lebendige Schilderung dieser Ressentiment-Niederungen der kleinbürgerlichen Fußtruppe jenes beschwärmten „preußischen Stoßtrupps" überliefert André Belyi, der zwischen 1921 und 1923 in Berlin lebte. Nach Moskau zurückgekehrt veröffentlichte er *Im Reich der Schatten,* eine klarsichtige Momentaufnahme des gesellschaftlichen Niedergangs:

Schachtelaufkleber der Streichholzfabrik Sonne, *aus den 50er Jahren*

„... lüstern auf Revanche und richtet die Augen hoffnungsvoll auf *Sovjetrußland,* auf die rote Armee; und gleichzeitig vermischen sich diese Hoffnungen mit Angst vor der bolschewistischen Gefahr.

Damit gelangen Sie in die Sphäre der Bündnisschlüsse zwischen Deutschland und Sovjetrußland; oh, welcher Russe hat in Berlin nicht diese 'Bündnisse' geschlossen – zehn, zwanzig Mal und mehr? Ob Sie wollen oder nicht, man zwingt Sie zum Abschluß dieser Bündnisse in jedem beliebigen Krämerladen, in den Sie gehen; Sie fragen nach einem Bleistift und man hält Sie bewußt hin, man knüpft mit Ihnen ein Gespräch an, Sie kennen es in- und auswendig: 'Ja, alles ist teurer geworden; früher hat der Bleistift soundsoviel gekostet, und jetzt ...' – 'Ja', pflichten Sie bei, 'ganz schön teuer ...' – 'Die Mark – sie ist schon wieder gefallen.' – 'Ja, sie ist gefallen', pflichten Sie bei. – 'Schlimmer als in Sovjetrußland.' – 'Ja.' – 'Wann wird das nur ein Ende nehmen?' – 'Ja, ich weiß nicht, wirklich ...' – 'In Sovjetrußland läßt es sich jetzt leichter leben ...' – 'Ja, leichter', pflichten Sie bei ... – 'Wir haben umsonst gekämpft ...' – 'Umsonst ...' – 'Wir sollten ein Bündnis schließen' ... Sie schweigen ... 'In Zukunft werden wir zusammenarbeiten.' – 'Ja, das wäre gut', wiegeln Sie ab; und wissen von vornherein, daß nun der Hauptpunkt des Bündnisses ans Tageslicht kommt: 'Wir zerschlagen Frankreich, holen uns das Elsaß zurück; die rote Armee ist ja stark.' Und weiter – werden Sie sich das bekannte Liedchen *Deutschland, Deutschland über alles* anhören müssen. Und Sie werden eine Utopie schauen: den Aufstand des 'preußischen' Stoßtrupps mit Hilfe der Bajonette der roten Armee; die rote Armee wird – so zeigt sich – mit Hilfe von deutschen Ausbildern reorganisiert; und der 'Bolschewismus', das ist doch nur so obenhin: Augenwischerei. Und versuchen Sie mal, einen Zweifel an diesem Unsinn anzumelden; dann werden Sie ein erzürntes, mißtrauisch äugendes Gesicht sehen: das Gesicht eines Faschisten, das in unbändiger Wut verzerrt ist gegenüber Trockij ebenso wie gegenüber Poincaré. Diese tieftraurigen 'Bündnisse' beim Kauf von Bleistiften, Papier, Streichhölzern und Zigaretten zerrütteten in Berlin meine Nerven; das Verbreitungsgebiet dieser Bündnisse ist das Verbreitungsgebiet des europäischen 'Negers' im kleinbürgerlichen Milieu. Das Interesse, das man Ihnen als Russe in jenem Milieu entgegenbringt, ist geradezu eine Beleidigung für Sie; wenn Sie die Maske von dieser süßlichen Liebenswürdigkeit herunterreißen, werden Sie das Knurren des Wilden zu hören bekommen. Ich ging einmal in ein Bierlokal, um Zigaretten zu kaufen; dort saß ein widerlicher, betrunkener Soldat; als er mich erblickte – fing er an zu knurren: 'Sie sind wohl ein hochwertiger Devisen-Ausländer'. – 'Da liegen Sie falsch', antwortete ich ihm, 'ich bin Russe'. 'Ah', freute er sich über die Gelegenheit, die Wut, die ihn plagte, an mir auszulassen, 'wir haben euch zerschlagen, euch verprügelt!' 'Es geht nicht darum, wer wen verprügelt', entgegnete ich ihm, 'sondern darum, daß Russen wie Deutsche Menschen sind.' Und da erhielt ich die wirklich prächtige Antwort: 'Wir sind keine Menschen, wir sind Deutsche.'"

LENINSKULPTUR

Lenin, die erste magische Form des Kommunismus? Das Mausoleum auf dem Roten Platz, seine Einbalsamierung und Zurschaustellung im Glassarg für andächtig Pilgernde weisen in diese Richtung. Daneben sind die Marmor- oder Bronzestandbilder geradezu eine weiche Spielerei. Ansichten zu Lenin als provisorische Wachsabdrücke für ein Porträt.
Zwei Schriftsteller dazu, die zu den intellektuellen Glücksfällen in der deutschen Literatur gehören, zu jener geistigen Reserve, von der wir Nachgeborenen noch einige Jahrzehnte zehren können. Zunächst Franz Blei („Es lebe der Kommunismus und die heilige katholische Kirche"), der in *Zeitgenössische Bildnisse* auch Lenin porträtierte, den er als sozialistischer Student bereits in Genf kennenlernte:

„Lenin sah und sprach ich in München 1901 öfter. Er ließ da die 'Iskra' drucken und wohnte in Schwabing. Mit einer mir nicht verständlichen Hartnäckigkeit kam er immer wieder auf eine 'Reine Theorie der Wirtschaft' zu sprechen, mit deren Ausarbeitung und Veröffentlichung in Avenarius' Zeitschrift und in Conrads Vierteljahrschrift ich meine wirtschaftswissenschaftliche Beschäftigung abgeschlossen hatte. Das lag fast ein Jahrzehnt zurück, und die etwas schwierigen Gedankengänge jener allgemeinen Theorie waren mir nicht mehr ganz geläufig. Nicht ihr kritischer Teil, der nachwies, daß jede bisherige nationalökonomische Theorie aus einer historischen Variante der Wirt-

schaft gewonnen, speziell und nicht allgemein sei und sich diesen allgemeinen Charakter nur durch eine metaphysische Introjektion arrogiere. Auch Marx. Was Lenin, mehr in das Wissenschaftliche verliebt als wissenschaftlich und darin ganz 19. Jahrhundert, bestritt. Ich war gern bereit, meine eigene Theorie preiszugeben mit der Bemerkung, daß die Wirtschaft überhaupt keine exakte wissenschaftliche Behandlung zulasse, aber Lenin war gar nicht damit einverstanden, die ihm teure Idolatrie des Wissenschaftlichen aufzugeben. Er war darin nicht anders als alle Sozialdemokraten seiner Zeit, die des etwas naiven Glaubens waren, ihre Politik bedürfe solcher wissenschaftlicher Grundlegung und hinge ohne sie wirkungslos in der Luft des Utopischen.
Erst Jahrzehnte später, als man Lenins Werke in deutscher Sprache zu veröffentlichen begann, wurde mir das Interesse Lenins an meiner von mir vergeßnen Arbeit verständlich. Ich las im 7. oder 17. Band dieser Gesammelten Schriften eine Arbeit, die sich marxistisch polemisierend mit jener meiner Jugendarbeit auseinandersetzte in Richtung auf russische Anhänger, die sie gefunden hatte. Es gab da eine Abspaltung der empiriokritischen Marxisten von den andern russischen Marxisten in der Emigration, also eine kleine Verwirrung in der Einheitlichkeit der Partei, die Lenin mit jener seiner Arbeit bekämpfte, vom orthodox marxistischen Standpunkt aus politisch sinnvoll, aber außerhalb dieses Zweckes ohne Wert."

Nebenbei: Der Titel von Bleis „Jugendarbeit" lautet *Metaphysik in der Nationalökonomie* und dürfte nicht allein seinerzeit Lenin bereits als vollendete Blasphemie erschienen sein, auch heute noch wird eine solche lichtmachende Begrifflichkeit jeden Marktwirtschaftler in endlosen Schrecken versetzen.
Eine andere Luftwurzel, zugleich eine Handvoll Erde des Sockels für eine imaginäre Lenin-Skulptur finden wir in Leo Matthias' *Genie und Wahnsinn in Rußland* aufgezeichnet, dieses phantastisch ausgreifende Buch eines vorurteilsfreien Erlebens der frühen Sowjetunion erschien 1921:

„Ich habe Lenin nicht gesprochen. Ich wollte ihn nicht sprechen. Aber ich habe durch meinen Moskauer Aufenthalt eine sehr konkrete Vorstellung von seiner Persönlichkeit bekommen. Er zeigt

nämlich, von Moskau aus gesehen, ein etwas anderes Gesicht als von Westeuropa. Man beurteilt ihn bei uns, letzten Endes, entweder als einen 'fanatischen Theoretiker', der im Grunde genommen zum Prozeß des Lebens überhaupt kein Verhältnis hat, oder als den 'Edelmann Uljanoff', der bereits während seiner Kindheit mit der Erdachse spielte und daher mit allen Nerven weiß, was *Balance* bedeutet. Beides ist falsch. Lenin ist kein Edelmann und auch kein Theoretiker, sondern er ist ein Bauer – ein Bauer von ungeheuren Dimensionen.
Er besitzt sämtliche Eigenschaften dieses Typus. Rein äußerlich: die Gedrungenheit seiner Gestalt, die schwer, aber nicht plump ist, ziemlich große Hände und einen Schädel, den die Franzosen 'tête carrée' nennen; das Gesicht, mit den tartarischen Backenknochen, ungeistig, d.h. nicht etwa frei vom Geist, sondern frei von jenen Spuren, die das rein geistige Leben der Ahnen dem Enkel aufprägt; die Augen: klar und gut; rein äußerlich also, in seiner europäischen Kleidung: ein Mensch, der aussieht wie ein Bauer und ein Generaldirektor, ohne aber die typisch unangenehmen Züge des einen oder anderen zu besitzen.
Sein geistiges Gesicht entspricht diesen körperlichen Zügen. Er besitzt die Klugheit, die odysseische Listigkeit, die enorme Arbeitskraft und vor allem die unerschütterbare Beharrlichkeit des Bauern. (...)
Ich glaube, daß Lenin im tiefsten Grunde auch Verachtung für die Wissenschaft hat, selbst für die marxistische; daß er sie nur benutzt, weil sie das, was er will, in einer Vorstellungswelt und mit Begriffen rechtfertigt, die augenblicklich Autorität haben. Er wird sich niemals über diese Dinge aussprechen, aber einige seiner Schriften lassen durchblicken, daß er auch die marxistische Wissenschaft für eine Hure hält. Denn obgleich in diesen Schriften niemals von Philosophie gesprochen wird, haben sie doch philosophische Voraussetzungen – und diese Voraussetzungen sind die der perspektivistischen Lehre. Ohne den Glauben, daß alles, was ist, doppeldeutig ist, bliebe seine Marxinterpretation unverständlich. Ob er sich dieses Glaubens bewußt ist oder nicht, bleibt sich gleich. Entscheidend ist nur, daß dieses Problem für ihn keinen Konflikt bedeutet."

Chagalls 1937 im Schatten der faschistischen Machtentfaltung entstandene Allegorie *Die Revolution* ist vielleicht *das* Bild der

Jung-Porträt auf einem Holzrelief, ein Geschenk russischer Arbeiter

russischen Revolution: Links stürmen bewaffnete Massen vor, rote Fahnen, eine weiße Fläche teilt den Bildraum; rechts oben Musikanten, feiernde Menschen, Tiere und ein Betrunkener, darunter sitzt ein Esel auf einem Stuhl. Rechts unten liegt ein Liebespaar auf einem bäuerlichen Hüttendach; am Gartenzaun geht ein Wanderer. Im Zentrum des Bildes, ins weiße Nichts gestellt, dessen Scharnier, ein Tisch, auf dem Lenin einarmig balanciert. Etwas versetzt ein Samowar und ein umgestürzter Stuhl, neben dem ein Mann sitzt, er hält die Hände vors Gesicht. Auf dem Tisch liegt ein aufgeschlagenes Buch, an dessen linker Kante sitzt ein sinnierender Rabbi, den Kopf auf seinen linken Arm gestützt, im rechten hält er die Thora-Rolle. Die Schwerkraft der Verhältnisse ist aufgehoben, Bedrohung und Glück sind in der Schwebe, die Triebkräfte der kommunistischen Bewegung treten hervor. Sie sind im Osten elementarer hervorgetreten als im Westen, aber auch hier haben sie die gleiche untergründige Ausstrahlung, der soziale Mythos kam nur vermittelter zum Vorschein (ein direkter Rückgriff auf die Thomas-Münzer-Legende, sie birgt die befreiende Kraft des Mythos zur Mobilisierung revolutionären Wollens).
Jung gehörte zu denen, die eine Ahnung von den tiefer gelagerten Kräften hatten, von denen, neben der Kritik der Ökonomie, die Revolution ihre Dynamik bezog, und die stärkere Reserven für den Befreiungswillen bereithalten als dies im „wissenschaftlichen Sozialismus" geborgen sein kann. So ist es denn auch nicht verwunderlich, wenn es am Schluß eines Artikels, den er in Moskau schrieb (*Fröhliche Weihnachten, vergnügte Feiertage, Rote Fahne* vom 25.12.1921), heißt: „Der Stern der Bourgeoisie, dem damals die drei Könige aus dem Morgenlande nachliefen, ist am Verblassen. Das neue Leben, Glück und Freiheit und den Frieden hat er nicht gewiesen. Ein anderer Stern dringt durch das Dunkel, durch die nebeldichte Hülle von Verzweiflung, Unwissenheit und Not. Ein Lichtstrahl, noch mehr Blitz, zuckend noch in den Kämpfen der Wiedergeburt wahrer Menschlichkeit und Menschenwürde: Dieser neue Stern, der rote, der Sowjetstern ist nicht an die Zeit gebunden, man braucht nicht Feste zu feiern, um seiner Erscheinung teilhaftig zu werden. Sein Licht umhüllt uns alle Zeit – wenn wir Kämpfer sind."
Für Jung könnte gleichfalls gelten, was Georges Sorel seinen *Betrachtungen über die Gewalt* voranstellte: „Es gibt wahrschein-

lich in der Seele jedes Menschen einen metaphysischen Herd, der unter der Asche verborgen ist und dem um so mehr die Gefahr zu erlöschen droht, als der Geist blindlings im großen Umfange fertig abgeschlossene Doktrinen aufgenommen hat. Wer die Asche schüttelt und die Flamme zum Lodern bringt, leistet das Werk der Befreiung."

STRAHLUNGEN DER ROTEN JAHRE

Es wird sie wohl in jeder Familie, der Verwandtschaft, dem weitläufigen Bekanntenkreis oder in der nachbarschaftlichen Umgebung gegeben haben, in Kindheit und früher Jugendzeit: Die alte Frau, die von den schweren Zeiten erzählte, davon, wie sie nicht bloß ihrem Mann Essen „auf Arbeit" brachte, sondern auch einem dieser „armen russischen Jungs", die als Kriegsgefangene zur Zwangsarbeit herangezogen wurden, ihn so „mit durchfütterte". Oder einen alten Mann, der vom „Trommelfeuer", vom Schlamm der Gräben und dem tagelangen Todesstöhnen erzählte, von denen, die irgendwo im „Vorfeld" nach Angriffen liegengeblieben waren, von Kundschaftergängen zu den „feindlichen Linien" für eine Extra-Ration Zigaretten und dann davon, wie sie es plötzlich satt hatten, dies Sterben, und wie sie dann „alle Mann" revoltierten. Später aber nicht weiterwußten, wie „Revolution" denn zu machen sei, auch, daß die Offiziere schnell wieder anmaßend wurden. Oder die Geschichten eines Onkels, dessen Mutter ihn stets mit den Worten „die Rote Armee wird uns befreien" über das magere Essen hinweggetröstet hatte. Dessen Vater gewartet hatte, mit den anderen zusammensaß in ihrer proletarischen Hundertschaft, Hamburg jedoch, als es losgehen sollte, „allein blieb", 1923 ... und dann ein Fiasko dem anderen folgte ... aber immer wieder: „Die in Rußland!" und „Hamburg bleibt rot!" und „Wir kämpfen weiter!" Eine gläubige Generation, die aus vollgestopften Mietskasernen kam, nie ganz den Küchengeruch verlor und leicht feuchte Augen bekam, wenn sie von „unserer Rosa" und „unserem Karl" sprach. Kommunismus, Rußland und rote Fahnen (sie riskierten nach 33 noch Kopf und Kragen, um das leuchtende Tuch auf Fabrikschlote zu stecken), das war ein kollektiver Traum, etwas, das zusammenhielt.

Überall in Deutschland hat es sie gegeben: Jene Sonderlinge, die bei genauerem Hinsehen schwer angeschlagen wirkten, am 1. Mai immer eine Nelke im Knopfloch trugen und uns junge Radikale, trafen wir auf sie, immer ein wenig belächelten und, wenn sie Vertrauen gefaßt hatten, geheimnisvoll von ihren versteckten Waffen erzählten: „Gut eingeölt, die Dinger, für den Fall, daß es wieder losgeht." So einer tauchte 1945 im gerade eröffneten Gewerkschaftshaus auf, sagte, er wäre aus Eimsbüttel, holte seine Pistole heraus und fragte: „Wann, wenn nicht jetzt, sollen wir mit den Nazis abrechnen?" Das war den meisten Funktionären zuviel. Sie wollten nach 12 Jahren nur ihre Akten zurück. Auch zwei vergrabene Druckmaschinen der Anarchisten soll es noch geben, im Thüringischen, gerettet vor dem Zugriff der Nazis, später dann vor dem der Stalinisten. Manche Kleinstadt zehrte über Dekaden von irgendeiner Mär aus den „Roten Jahren", von einem zweiten Maschinengewehr, das später von der Sipo nie gefunden wurde, oder ähnlichen Legenden. Darüber sind die feindlichen Parteien alt geworden. Allerdings saßen die einen weiterhin als Sieger in den Amtsstuben, während die anderen zäh vom Pech verfolgt blieben, aber daran festhielten, „damals" dem Sieg doch ziemlich nahe gewesen zu sein. Die Mythen der Besiegten sind ein Gegenbild zur grob verlogenen Geschichtsschreibung der Sieger. Es wäre ein Irrtum zu glauben, diese Bilder würden mit der Generation, die sie hervorgebracht hat, vergehen, irgendwann werden sie wieder auftauchen, als verlebendigende Kraft.

Lutz Schulenburg

Angaben zu den verwendeten Quellen:
Walter Benjamin, Über den Begriff der Geschichte, zitiert nach Adorno/Benjamin, Integration und Desintegration, S. 44ff und S. 57, Hannover 1976 (siehe auch Benjamin, Gesammelte Schriften, Bd. 1/3, Frankfurt/M 1974) / Diane Paalen, Die Aktion, Spalte 372ff, Berlin 1915 / Theodor Lessing, Geschichte als Sinngebung des Sinnlosen, S. 23 (Nachdruck der 4. Auflage, Hamburg 1962) / Gerhard Pohl, Schwarmgeist aus Schlesien, Der Literat Nr. 6, 1963 / Alexander Blok, Die Seele des Schriftstellers, Werke Bd. 2, S. 204ff, Berlin u. München 1978 / Jewgenij Samiatin, Über Literatur, Revolution, Entropie und anderes, Russische Rundschau 1, S. 59ff, Berlin 1925 / Cläre Jung, Paradiesvögel, Autobiographie, S. 59, Hamburg 1987 / Ludwig Rubiner, Der Kampf mit dem Engel, Die Aktion, Spalte 211ff, Berlin 1917 / Ludwig Rubiner, Einleitung zu Tolstois Tagebuch 1895–1899, Die Aktion, Spalte 29ff, Berlin 1918 / Rainer Maria

Rilke, zitiert nach Das Wort Nr. 7, Moskau 1938 / Franz Jung, Der Weg nach unten, Autobiographie, S. 142, Hamburg 1986 / Alexander Herzen, Erinnerungen, Bd. 1, S. 350ff und Bd. 2, S. 318ff, Berlin 1907 / Franz Jung, Appel, Schröder, Pfemfert in: Protokoll des 1. Ordentlichen Parteitages der KAPD vom 1.–4. August 1920 in Berlin, S. 123ff (Verlag für wissenschaftliche Publikationen), Darmstadt o.J. (1981) / Curt Geyer, zitiert nach Ruth Fischer–Arkadij Maslow, Abtrünnig wider Willen, S. 228ff, München 1990 / Ernst Bloch, Gesammelte Werke 1–16, Frankfurt/M 1977 / Harry Graf Kessler, Tagebücher 1918–1937, S. 92, Frankfurt/M 1982 / Arthur Goldstein, in: Protokoll des außerordentlichen Parteitages der KAPD vom 11.–14.9.1921 in Berlin, S. 53ff, Darmstadt 1986 / Herman Gorter, in: Protokoll des außerordentlichen Parteitages der KAPD vom 11.–14.9.1921 in Berlin, S. 12ff, Darmstadt 1986 / Deutscher Arbeiter, denkst du daran? Flugblatt der Sozialdemokraten 1919, in: Dieter Schneider (Hg.), Zur Theorie und Praxis des Streiks, S. 71, Frankfurt/M 1971 / Victor Serge, Eroberte Stadt (Roman), S. 154ff, Frankfurt/M 1977 / Alexander Block, Die Skythen, Ausgewählte Werke Bd. 1, S. 247, München u. Berlin 1978 / William Henry Chamberlin, Die russische Revolution 1917–1921, Bd. 2, S. 369ff, Frankfurt/M 1958 / Harry Graf Kessler, Tagebücher 1918–1937, S. 87 u. S. 104, Frankfurt/M 1982 / Eltzbacher, Hentig u.a. siehe: Louis Dupeux, Nationalbolschewismus in Deutschland 1919–1933, München 1985 / André Belyi, Im Reich der Schatten, Berlin 1921–1923, S. 68ff, Frankfurt/M 1987 / Franz Blei, Schriften in Auswahl, S. 218ff, München 1960 / Leo Matthias, Genie und Wahnsinn in Rußland, S. 140ff, Berlin 1921 / Franz Jung, Werke Bd. 1/1, S. 273, Hamburg 1981 / Georges Sorel, zitiert nach Hans Barth, Masse und Mythos, S. 27, Hamburg 1959.

Einige elementare Bücher zum Thema und darüber hinaus:
Hans Manfred Bock, Geschichte des „linken Radikalismus" in Deutschland, Ein Versuch, Frankfurt/M 1976 / Derselbe, Syndikalismus und Linkskommunismus von 1918–1923, Meisenheim 1969 / Die Linke gegen die Parteiherrschaft, Dokumente der Weltrevolution, Olten 1970 / Georges Sorel, Betrachtungen über die Gewalt, EA, Innsbruck 1928 / Emma Goldmann, Niedergang der russischen Revolution, Berlin 1987 / Anton Pannekoek, Paul Mattick u.a., Marxistischer Anti-Leninismus, Zur Kritik des Staatskapitalismus, Freiburg 1991 / Volin, Die unbekannte Revolution 1–3, Hamburg 1976/1977 / P. Arschinoff, Geschichte der Machno-Bewegung, Berlin 1974 / Erhard Lucas, Vom Scheitern der deutschen Arbeiterbewegung, Frankfurt/M 1983 / Fritz Mierau (Hg.), Russen in Berlin 1918–1933, Leipzig 1987 / Pierre Pascal, Strömungen russischen Denkens 1850–1950, Wien 1981 / Neben Franz Jungs Weg nach unten sind folgende autobiographisch gefärbte Berichte empfehlenswert: Victor Serge, Erinnerungen eines Revolutionärs 1901–1941 (Neuausgabe Herbst 1991) / Georg K. Glaser, Geheimnis und Gewalt, Frankfurt/M 1990 / Gustav Regler, Das Ohr des Malchus, Frankfurt/M 1960 / Angelika Balabanoff, Erinnerungen und Erlebnisse, EA, Berlin 1927 / Jan Valtin, Tagebuch der Hölle, Nördlingen 1986.

INHALT

Asien als Träger der Weltrevolution	7
Streng vertraulich!	11
Protokoll der Sitzung der Executive der Kommunistischen Internationale vom 20. und 25. Mai	12
Reise in Rußland	17
Die Wirtschaftsorganisation Sowjetrußlands	65
Staatskapitalismus	69
Hunger und Klassenkampf	72
Hunger an der Wolga	85
Die Aufgaben der Internationalen Arbeiterhilfe in Sowjetrußland	151
Die Schulkommunen der Internationalen Arbeiterhilfe im Ural	155
Über die Probleme der Arbeiterhilfe	158
Emigrant	163
Der neue Mensch im neuen Rußland / Rückblick über die erste Etappe proletarischer Erzählkunst	167
An die Arbeitsfront nach Sowjetrußland / Zum Produktionskampf der Klassen	181
Die Geschichte einer Fabrik	217
Das geistige Rußland von heute	295
Anhang Lutz Schulenburg: Rohbau	395

FRANZ JUNG WERKAUSGABE

Band 1/1: Feinde ringsum. Prosa und Aufsätze 1912–1963.
Erster Halbband bis 1930.
Band 1/2: Feinde ringsum. Prosa und Aufsätze 1912–1963.
Zweiter Halbband bis 1963.
Band 2: Joe Frank illustriert die Welt / Die Rote Woche /
Arbeitsfriede. Drei Romane.
Band 3: Proletarier / Arbeiter Thomas (Nachlaßmanuskript).
Band 4: Die Eroberung der Maschinen. Roman.
Band 5: Nach Rußland! Aufsatzsammlung
Band 6: Die Technik des Glücks. Mehr Tempo!
Mehr Glück! Mehr Macht!
Band 7: Theaterstücke und theatralische Konzepte.
Band 8: Sprung aus der Welt. Expressionistische Prosa.
Band 9: Abschied von der Zeit. Dokumente, Briefe,
Autobiographie, Fundstücke.
Band 10: Gequältes Volk. Ein Oberschlesien-Roman
(Nachlaßmanuskript)
Band 11: Briefe und Prospekte 1913–1963.
Band 12: Autobiographische Prosa.
Das Erbe / Sylvia / Das Jahr ohne Gnade.

Supplementband:
Franz Jung: Spandauer Tagebuch. April–Juni 1915.

Die Erscheinungsweise der einzelnen Bände folgt nicht unbedingt
ihrer numerischen Zählung. Die Bände der Ausgabe sind
sowohl englisch broschur als auch gebunden lieferbar.
Änderungen der Zusammenstellung wie auch eine
Erweiterung der Auswahl bleiben vorbehalten.
Subskriptionsnachlaß bei Abnahme aller Bände beträgt
10% vom Ladenpreis des jeweiligen Bandes.
Subskription weiterhin möglich.

Verlegt bei Edition Nautilus, Hamburg